情報倫理

技術・プライバシー・著作権

大谷卓史

みすず書房

情報倫理　技術・プライバシー・著作権　目次

第一章　揺らぐ公と私

1－1　顔がみたい　1
1－2　「正義のリスト」　6
1－3　忘却の利益と権利　9
1－4　「出産を支持しますか？」　16
1－5　子役と評判　19
1－6　リアリティ番組とプライバシー　24
1－7　塵芥とプライバシー　28
1－8　マルウェア対策の公と私　33
1－9　キンドルの『1984』　38

第二章　匿名性と個人情報

2－1　匿名と「言論の自由市場」　52
2－2　伝承の匿名空間　56
2－3　匿名性の信憑効果　60
2－4　実名・匿名論争1　63
2－5　実名・匿名論争2　68
2－6　マイナンバー　74

2－7　iCloud 流出　80
2－8　個人情報の危害行為　82
2－9　2ちゃんねる個人情報流出　86
2－10　クーポンと個人情報　89
2－11　人間関係構築・維持とプライバシー　93
2－12　匿名加工はどこまで必要か　98

第三章　ネットと世情

3－1　スマホと退屈　119
3－2　九時以降スマホ禁止　122
3－3　ＬＩＮＥの「声」　126
3－4　ネット選挙解禁　129
3－5　アフィブログ死亡　132
3－6　怪獣とハマコーとツイッター　136
3－7　バンクーバーの余波、ネットへ　139
3－8　ドローン少年　143
3－9　ＩＰアドレスの「精度」　147
3－10　ＩＣＴと犯罪報道　151

第四章　書籍と図書館の近未来
4－1　「図書館戦争」 162
4－2　でたらめな書棚 165
4－3　電子書籍端末 169
4－4　未来の教科書 173
4－5　アイパッドの密やかな衝撃 177
4－6　電子出版の「物質性」 182
4－7　グラドルと人文書の空間 185
4－8　佐藤秀峰問題 189
4－9　電子マンガの未来 193
4－10　グーグル・ブック検索 1 196
4－11　グーグル・ブック検索 2 200
4－12　電子図書館の「公」と「私」 203

第五章　著作権の哲学
5－1　インセンティブと市場経済 217
5－2　情報「所有権」の哲学的批判 226
5－3　著作権の制限の倫理的正当化 230

5－4　著作者人格権の倫理的正当化　232
5－5　創造のインセンティブは経済的利益だけか？　234
5－6　金銭的インセンティブ論から市場秩序維持機能論へ　237
5－7　著作物の生態系における著作者の権利の機能　246
5－8　ウィニー開発者判決を読む　250
5－9　著作権法改正とロビイング　259
5－10　視聴かダウンロードか　263
5－11　グレーゾーン　266
5－12　著作権の哲学から近未来を見る　270

第六章　メディアと現実

6－1　疑似環境とネット　300
6－2　「Tsudaる」の限界再考　309
6－3　人間交際のプラットフォーム　318
6－4　「現実」と共通経験　321
6－5　流言蜚語2・0　328
6－6　秘密と公開　335
6－7　台風とミクロなメディア　339

6-8　中世都市と地球村　342

第七章　人間の拡張と代替
7-1　セグウェイのメディア論　357
7-2　犯罪予測システム　361
7-3　パーソナルロボット　365
7-4　ネット・記憶・思考1　368
7-5　ネット・記憶・思考2　372
7-6　万物のグーグル化　375
7-7　スコア化した社会　379
7-8　自動運転死亡事故　382
7-9　限界費用ゼロ社会　386
7-10　「ガラスの檻」の実存　390

第八章　国家と公共性のゆくえ
8-1　破綻国家の「権利保護協会」　408
8-2　情報と祝祭的暴力　411
8-3　サイバー戦争の時代　415

8－4　電子コインの利と理　419
8－5　タックスヘイブンと情報の自由　422
8－6　炎上ポリティクス　425
8－7　マタイ効果とグーグル１　429
8－8　マタイ効果とグーグル２　432
8－9　グーグルと政治　435
8－10　インターネットの公共性　438

あとがき　472
参考文献　*9*
索　引　*1*

第一章　揺らぐ公と私

1-1　顔が見たい

写真週刊誌『FOCUS』を創刊した編集者斎藤十一は、同誌創刊に当たって「君たち人殺しの顔を見たくないのか」と編集会議で嘯いたという伝説が伝わる（斎藤 2006: 301-302）。

確かに、報道の顔写真には魔力がある。事件や事故の被害者・加害者の顔を見たいと、私たちは感じる。交通事故であろうと、殺人事件であろうと、事柄の性質の一部でも、その当事者たちの顔を見ることで理解できると思っているかのようである。顔の印象から、そのひとの性格や能力、世間的重要さなどを読み解き、それらを基盤に関係者の間の人間関係や事故・事件の背景と原因を推測しようという好奇心が、私たちの中にはどうもある。

たとえば、二〇一六年一月中旬に起きた軽井沢スキーバス転落事故(1)。年老いた運転手の写真からは、老後の再就職先で経験皆無の大型バスを運転せざるを得なかった悲哀と、事故原因の一端が読み取れたようにも思えた。

顔を見たいだけでなく、事件や事故の加害者・被害者がどこの誰かという事実にも私たちは興味津々だ。もちろん匿名の弊害もある。

実名・匿名報道の問題について論じた日本新聞協会『実名と報道』（日本新聞協会 2006: i–iv）では、実名発表と実名報道の問題を分ける。前者は、警察など官公庁発表における実名、後者は、新聞・雑誌やテレビなどの報道機関の報道における実名の取り扱いの問題である。

前者については、警察などの公官庁が発表を行う際に、以前なら実名で発表した内容を匿名で発表する傾向が増えており、その結果として、報道機関による事実確認や検証が困難になったという指摘がある（日本新聞協会 2006: 14–40, 44–47）。

一方、なぜ実名報道かという大きな理由に、読者への感情的訴求力の強さを、同書はあげる。読者に事件を強く印象付け、社会問題として多くの人が関心を持つことで、事件・事故の再発に役立つとされる。また、桶川ストーカー殺人事件のように、警察による隠蔽や歪曲を防ぐため、実名報道が必要ともいう（日本新聞協会 2006: 51–59）。

感情的訴求力という要素は顔写真にも当てはまる。スキーバス転落事故で繰り返し流された被害者の若者たちの写真や通夜の映像は、事故の悲惨さや被害者・家族たちの無念を、見る者の胸の奥へとねじ込むようであった。

軽井沢スキーバス事故を受けて、国土交通省の対策会議が事故の二週間後には創設された(2)。被害者の写真や通夜・告別式等の映像に揺り動かされた視聴者・読者の感情が、対策会議のスピード設置に影響したかもしれない。

一方で、事故被害者の死後ソーシャルネットワーキングサービス（SNS）から写真が多数使用されたが、本人意思は確認できないうえ、家族も掲載を望むとは限らない[3]。肖像権の法理は、死者にまで及ぶかどうか現在の裁判例や法解釈からは明らかではないように思われる。また、そもそも肖像権の根拠が何か法分野での議論に結論が出ているようには思えない。米国におけるプライバシー侵害の不法行為の分類によれば、肖像の無許諾利用は appropriation（流用・無断使用）の類型に当たるとされるものの、その根拠は財産権に基礎を置くとされる（Prosser 1960; Bloustein 1964）。ところが、報道写真においては、その写真の掲載じたいに財産的価値が生じるとは思えない。

さらに、インターネットに公開されている肖像であれば、新聞や雑誌等への転載は自由ではないかという議論もあるだろう。報道・出版の自由（freedom of press）の観点からすれば、公開されている肖像を使用する事件報道等を禁止するならば、それは重大な報道・出版の自由の侵害だろうという主張にも、一定以上の説得力がある。

しかしながら、報道・出版の自由にも限界があることには間違いがない。被害者や遺族に対して、あまりにも無残な事件の詳細すぎる報道が強い感情的苦痛を及ぼす点は容易に想像できることである。同一の情報（写真や文章、発言の報告等）であっても、その置かれた文脈によって意味や効果が変化し、プライバシー侵害になりうる（Kawaguchi and Kawaguchi 2012; 大谷 2016b）。こうした感情的苦痛は主観的なものであって、ひとによって感じ方がそれぞれであるのは確かに間違いがない。同一の媒体への掲載であっても、事故直後であるか、事故から数年経過した後であるかによっても、遺族へのその意味合いは変化しうる。だからこそ、一律に禁止するのでも禁止しないのでもなく、本人や本人の死後であれば遺族の同意が、こうした事件報道における詳細（顔写真や実名等の掲載も含めて）の報道をどこまで行うかを判断するうえでは重要であろう。ただし、事件・事故直後の動転した心理状態の中で、十分な判断ができるか疑問は残る。同意の撤回の権利も留保されるべきだ（1－3も参照）。もちろんこのような事件の詳細の報道に関して政府による規制として行われるのは報道・出版の自由の観点から見れば望ましいことではないので、報道機関や報道機関の団体による自主規制として検討を進めるべき課題であろう。結局のところ、当人が死んだあとSNSから肖像写真を無断で利用する行為は、被害者とその家族への配慮に疑問が残る。[4]

同年二月中旬発行の『週刊文春』の「少年A」の写真は、どうだろうか。一九九七年の神戸連続児童殺傷事件の加害者とされる人物の現在の生活の様子を取材し、その記事と写真が掲載された。両目に黒線、背景をぼやかし、通勤途中か道を急ぎ走る様子、電車内で携帯電話をいじる姿などが掲載された。また、取材を試みたところ、「命がけで来てんだろ？　お前、顔と名前を覚えたぞ」とすごまれ、追いかけられたという挿話もある。[5]

少年法六一条は、少年事件加害者の成人後の報道でも、「当該事件の本人であることを推知することができるような記事又は写真を新聞紙その他の出版物に掲載してはならない」とする。同事件にコメントした萩原猛弁護士によれば、犯罪やそれに関する事項は公共性が高く、十分な情報開示のもとで公共的討論にゆだねられるべきで、一律に少年法六一条を適用されるべきではなく、国民の関心に真摯に応えようとする報道ならば許容される場合もあるとする。同氏は慎重に一般論のみで、上記記事への直接の判断を避けている。[6]

元少年が本当に更生したか読者の判断に委ねるために、同記事は書かれたとされるが、更生は社会復帰以上の意味をもたない。少年事件の更生はどこまで生活や性格が改善すれば完成するか常に問題になるものの、品性や徳性が普通人以上に向上するまではなく、普通に社会生活を送れるまでに改善する以上のことは望むべきではない。普通人さえ品性や徳性の向上は望ましいとされても、不履行に罰が伴う義務ではない(7)。確かに、近代社会においては、刑罰は教育という側面を有する(8)。しかし、法律で決められた刑罰をすでに受けたり矯正・治療をすでに受けたりした者についてまで、自由な社会で心の中まで完全に統御することは望ましいだろうか。殺人の体験を発表することで、被害者遺族の感情を深く傷つけた点については、民事的救済が可能な法的枠組みを考えるべきだろう（1－3参照）。

元少年が逆上したのは、いつまでも追い掛け回され、過去を追及され続けるからだろう。遺族のために反省を迫るという理屈付けは私刑を正当化しているだけに見える。追い掛け回して逆上した元少年が暴力的な行動に及んだら、それは誰の責任となるのか。

上記記事の写真の幼さは私たちに何か伝えるように思えるものの、それ以上に世論による復讐・私刑の恐ろしさと、結果として問題行動助長の可能性も感じさせる。

顔写真には情報が凝縮されているようにも見える。また、世論の感情を揺り動かし、事件・事故の予防対策を早める力もあるだろう。そして、怒れる世論の復讐の道具にもなる。顔写真や実名が煽る感情と世論がこの世の主人だと達観すべきなのか。迅速な政策的対応が顔写真によって揺り動かされた感情的世論によって可能だとしても、その結果、政策的優先順位が歪められる可能性さえもあるだろう。そうすると、感情的世論の害を抑え込むべく社会的な感情の統御を目指すべきなのか。報道における顔写真の魔力に惹かれる自分自身を顧みつつ思う。

1−2 「正義のリスト」

確かに、公開情報をリストにしただけだったかもしれない。「プロパガンダ漫画家」を名乗るはすみとしこ氏のイラストを「はやし立てている下衆な連中」（原文ママ）とされる人々のリストのことである。はすみ氏は、シリア難民やSEALDs（シールズ）、シーシェパード、「在日」など、「反日的」と認定した人びとや運動などを揶揄するイラストを発表してきたアマチュアのマンガ家だ。[9]

筆者自身は、はすみ氏のイラストの主張は不快なので、ツイッターのタイムライン等でひょっとした拍子に流れてきたとしても、顔をしかめてやり過ごしてしまいたい。だから、はすみ氏のイラストやはすみ氏をもてはやす支持者を非難するひとの気持ちはわかる。

やり過ごすだけでなく、はすみ氏とその支持者を許せないと強く感じ、行動に移そうとした者もいた。たとえば、反レイシストを名乗る強面の男性は、はすみ氏のフェイスブックのコミュニティ（註(9)参照）で、彼女の支持者を「制裁リスト」に入れ、興信所を使って個人情報を調べてやると書き込んだ。

そして、二〇一五年一一月初め。ツイッターユーザー「反安倍　闇のあざらし隊」が、上記のコミュニティで「下衆な絵をはやし立てている（原文ママ）下衆な連中のプロフィールから、居住地、出身校、勤務先をリスト化する」と宣言し、四百人以上のリスト（以下、「はすみリスト」と呼ぶ）を公開した。

このユーザーは、前出のコミュニティで「制裁リスト」をちらつかせたのとは別の人物だ。彼は、在日韓国・朝鮮人に対して排外的運動を繰り返す「在日特権を許さない市民の会」[10]に、カウンターアタックを行ってきた「レイシストしばき隊」[11]の一員を名乗っていた。

確かに、フェイスブックユーザーのプロフィールは、ほかのユーザーが閲覧できる状態にあれば、公開情報と見なせるかもしれない。

しかし、その情報をまとめて、排外主義を標榜する「プロパガンダ漫画家」を支持する者たちとして、一つのリストとして公開するのは、別の意味を帯びてくる。

古いインターネットユーザーならば、「ニュルンベルクファイル」を思い出すかもしれない。一九九六年、米国で人工妊娠中絶反対運動を行う活動家が、中絶手術を実施する産婦人科医約二〇〇人を「赤ん坊殺し」としてリストにまとめ、顔写真・自宅住所・電話番号・医師免許番号を公開したものだ。情報は、医師免許に関連して公開されているものだった[12]。

暴力的な人工妊娠中絶反対派は、リストに載った医師たちを襲った。襲われて死亡した医師の写真は大胆に赤くバツが書き加えられた。プロチョイス派（女性の自己決定権を尊重し、人工妊娠中絶を認める立場の人々）は、情報を提示した団体とウェブサーバー提供者とを訴え、リストを削除するように求めた。人工妊娠中絶を容認すべきとする団体（Planned Parenthood）が起こした訴訟で、連邦巡回控訴裁判所は、ニュルンベルクファイルは脅迫に相当すると判断し[13]、現在ファイルはネットからは消えている。

日本では、一九九八年に当時中華人民共和国国家主席であった江沢民氏を招き、早稲田大学で開催された講演会の参加者名簿が、要人警護を理由に請求した警察等に本人に無断で提供される事件があった。早稲田大学のこの行為は、参加者名簿に載せられていた大学生の一部によって、プライバシー侵害として訴えられた[14]。

一般に、日本の裁判例では、①私事性、②非公知性、③一般人に強い羞恥困惑の感情を引き起こすことが、プライバシー情報かどうかの判断基準とされてきた（岡村 2016: 104-105）。したがって、氏名・住所・電話番号・学籍番号などは、プライバシー情報には当たらないとされる。しかし、最高裁判所は、大学が警視庁に名簿を提出した行為は、「上告人らが任意に提供したプライバシーに係る情報の適切な管理についての合理的な期待を裏切るもの」であるとした。つまり、合理的期待があるところではプライバシーは保護されるべきという理論から、大学のプライバシー侵害を認める判決を下した[15]（二名の少数反対意見あり）。

氏名・住所等の私事性が薄く、本人が公開している情報でも、物理的加害の準備に使える。また、中国国家主席の講演会参加者や排外主義者の支持者という情報の解釈枠組みを与えれば、リストは特別な意味を帯びる。リストに載った者は不当な社会的不利益を受けるかもしれない。そのうえ、講演会参加者の名簿と称する情報もはすみリストも出所不明のまま出回れば、内容が正しいか部外者は確認が難しい。だから、無関係な者の名前をリストに加えることも可能だ。ときどき出回る「当たり屋」の自動車ナンバー一覧と称するリストを思い出そう。あれはでっちあげとされる（佐藤 1999; サトウ 2004）。

政治デモで顔を出して発言した者のリストはどうだろうか。政治的信念を理由に企業採用に差をつけても違法ではないとされる[16]（私は、これは倫理的には誤りと思う）。採用で不利益を受けるとしたら、それはリストに含まれたことではなく、報道されるものと予測される場で公的に発言した事実がすでに原因となる。一方で、リストによって不当な不利益が生じる、予測される不利益が高まる場合には、リスト作成じたいは許容されても、公開は不正だろう。

排外主義者のレッテルを張られたら、張られた者は極端な反対側に振れ、極端な主張を繰り返さないとレッテルを外せないので、さらに立場を変えにくくなる。「敵」をリストにまとめ、レッテル張りするのは、敵と味方を分ける政治の初歩かもしれないが、おそらく問題をややこしくするだろう。

はすみリストを公開した男性はネットでやり玉にあがり、勤務先を暴かれ、同社に抗議が行われた。彼は外資系セキュリティ企業の幹部だった。二〇一五年一一月一五日には、自己の意思で退職したと、同社ウェブで発表された。

1-3 忘却の利益と権利

神戸連続児童殺傷事件の犯人「少年A」が著者とされる手記が発売された（二〇一五年六月二八日）。手記発売の数カ月前、事件の反省を語る手紙が被害者遺族には届いていた。手紙を受け取った遺族は、元「少年A」が自分の罪に向き合い悔いる姿勢を見せたと評価した[17]。

ところが、出版時期から逆算すると、手紙が書かれたのは、手記の出版準備が本格化した頃にあたる。手記を公刊したいがために、言い訳として反省の手紙を出したと遺族には受け取れるようなタイミングである。

遺族は手記出版に激しく抗議した[18]。件の手紙で強張りが解けようとした気持ちを裏切られたのだから、怒りはより強いだろう。

遺族の訴えに多くの人々が同調した。ブログやツイッターで、遺族の同意を得ない出版を非難し、出版中止・回収を多くの人々が求めた。同書の購入をやめた図書館や、販売をやめた大手書店チェーンもあった。大手出版取次の社員と思しき者が同書を流通させる自社の姿勢を嫌悪し、取り扱いたくないと表明する匿名ブログもあった。著名人もマスコミ・ネットメディアで、同書を非難した。

同書の出版社は社長名で、少年犯罪者が、事件当時とその後の自らの内面の動きを語る手記の出版の意義を訴えた。少年が抱えていた性的衝動は少年期に普遍的だが、彼は「紙一重の選択をことごとく誤」ったため、前例のない猟奇殺人者となってしまったこと、そして、社会復帰を遂げた彼には、少年犯罪を社会で考察するため、自分自身の体験を語る義務があると、出版社は主張した[19]（岡 2015）。

私自身は、手記の購入にも読むことにも躊躇いがあるので、概略を伝えるマスコミやネット上の情報しか見ない。また、出版メディアの「思惑」に踊らされる嫌悪もある。「顰蹙は金を出しても買え」を座右の銘とする出版人が出版に係わったとの報道もあった（田部 2015）。

同書はサブカル好きの凡庸な私小説との評価があるばかりで、文学作品として読む価値は低いようだ。前出の社長が言う、衝動が外部から少年や若者を突き動かして、特異な性行動や、殺人を含む暴力へと噴き出す体験は、私見では、三島由紀夫の『仮面の告白』や『午後の曳航』ですでに見事に描かれている[20]（三島 1950; 三島 1968）。

しかしながら、政府や世論が迫って、著者や出版社に出版の中止や回収を行わせたり、取次や書店に販売を行わせないようにするのは、出版の自由および表現・言論の自由の観点から大いに問題がある。出版の自由および表現・言論の自由は、民主政社会において、社会の成員一人一人が政治や社会、人間などの有り様を知り、政治や社会を判断するために必要である（6－1）。つまり、表現・言論の自由は、表現者個人の自己実現などの利益だけでなく、社会的利益を有する。不快な表現や言論にも一片の真理や、一種の反面教師としての有用な価値はあるかもしれない。件の手記も、仄聞する限り、拙いサブカル風の筆致であっても、学問的・文学的価値はなくても、少年犯の心の動きと、性的サディズム治療後の自己の行為への後悔と恐れの感情が描かれている点など教えるところがあるかもしれない。

そして、無益であったとしても、直接権利や利益を侵害する明白かつ現在の危機がない限りは、表現・言論の自由は認められるべきだろう。たとえば、民族学校や特定の民族が集まる地域での暴力的な言説や威嚇は、その場にいる限りはその騒音から逃れることができず、心理的ストレスを通じて身体的異常にも直結する一種の暴力であるから、政府（自治体）による規制があって然るべきである[21]。ただし、この同じ内容の表現・言論が、いやなら見ないで済む出版物やインターネットのウェブサイトにあるだけならば、それを政府が規制することは、出版の自由および表現・言論の自由から望ましいことではないように思う。

また、犯罪加害者が自らの犯罪を語ることから利益を得ることを禁じる「サムの息子」法[22]も必要ない。サムの息子法がなくても、被害者遺族への「少年A」の賠償金支払いが滞っているため、印税支払請求権の差し押さえで十分対応できる（江川 2015）。今後同様の事件があっても、同様の手段で、印税差し押さえと被害者への賠償金支払いが行える。この点で、「サムの息子」法の立法を訴える明石市長は勇み足だ[23]。

もちろん言論・表現の自由は絶対ではない。名誉棄損やプライバシー侵害などを理由に民事訴訟を起こし、不法行為を認定されれば、損害賠償・差し止めが命じられる。今回も、出版によって、再び事件の記憶が世間に蘇ることで、遺族の静穏な生活や感情が激しくかき乱される。一種のセカンドレイプだ。だから、救済が必要なことに同意する。ただし、その救済は政府や世論の圧力であってはならない。

ところが、日本法では、件の手記はプライバシー侵害にも名誉棄損にも当たらないように見える。加害者の内面が新事実で、被害者や遺族の非公知の事柄を明かしていないから、プライバシー侵害に該当しない。被害者や遺族の名誉声望を下げる内容にも見えない。これでは民事の救済は確かに困難だろう。

二〇〇〇年代末から「忘れられる権利」(right to be forgotten / Droit à l'oubli) が、ヨーロッパでは話題となっている。二〇〇九年フランスにおいてプライバシー権強化のための立法において提案されたとされる[24](今岡 2015)。二〇一〇年に欧州委員会が示した個人データの新しい包括的法枠組みのなかで、「収集された目的にとってもはや必要でなくなった際にはデータを完全に消去してもらう」権利として、「忘れられる権利」が掲げられた。その後、この法枠組みは二〇一二年には「一般データ保護規則[25](General Data Protection Regulation)」として示され、二〇一四年三月の修正で前述の「忘れられる権利」は「消去権 (erasure)」として規定された。また、二〇一四年五月には、欧州司法裁判所における先決裁定で、サーチエンジン事業者は、EU市民の過去の個人情報へのリンクを検索結果から削除する義務を負うものとした(今岡 2015; 宮下 2015: 219-263)。

消去権となった忘れられる権利は、①個人データが利用目的から見てすでに不必要になった場合、②データ主体が同意を撤回し、同意されたデータ保有期間が経過し、データ処理の法的根拠がない場合、③データ主体が個人データの処理に異議申し立てを行った場合、④その他の理由によりデータ処理が一般データ保護規則提案に違反した場合――この四つのいずれかの要件に当てはまる場合行使できる[26]（規則案第17条）。従来のEU個人データ保護指令（Personal Data Protection Directive）では、上記の③と④のみに、データ管理者に対してデータの削除と頒布の中止を請求できるものだった。つまり、従来の削除請求権を拡張するのが、消去権（忘れられる権利）である。

とくに、その人物が子どものときに開示したデータについて、個人データの消去と頒布の中止をデータ管理者に請求できるとしていることから、宮下（2015: 219-263）は、忘れられる権利は自我を造形する権利を支えるものだとする[27]。

過去に自分自身で公表した個人データは、現在の自分のアイデンティティの一部ではないと思われても、インターネット上においてはほぼ半永久的に消えることがない（Solove 2006）。デジタルスティグマとかデジタルタトゥーと呼ばれる所以である。従来は、こうしたデータの削除請求権（プロバイダ責任制限法にもとづく違法・権利侵害等を理由とする削除請求も含む）はなかった[28]。

また、過去を反省した犯罪者や加害者や、裁判で有罪にはならなかったものの被疑者として報道された者にとってみれば、いつまでも過去が追いかけてくることは悪夢でしかないかもしれない。すでに罪を償って相当の時間が経過した者や、結局のところ無罪となった者にとっては、インターネット上の情報がいつまでも残り続けることは、更生や社会復帰の妨げになるだろう。事件から相当期間が経過していれば、社会的利益もなくなっていると思われる。

現実的に見て、どのように消去権を実現するのか、技術的困難はきわめて大きい。いったんインターネットに公開された情報は誰かがダウンロードして保存すれば、いつでも再びインターネットに公開される可能性がある。また、忘れられる権利の中核には公開の同意の撤回という概念があるが、任意時点での同意の撤回を認めるとすれば、同意の実質が失われるのではないかとの懸念もある（宮下 2015 219-263, とくに 238-240）。また、サーチエンジンなど特定のサービスの提供者がデータ管理者に当たるかどうかという議論は、常に生じることだろう。そして、出版や言論の自由との衝突に関しては、数多くの懸念が提示されている。

出版・言論の自由およびそれに対応すると考えられる知る自由や権利を守るためと考えられる対応も行われてきた。たとえば、グーグル（Google）社は、ＥＵ一般データ保護規則採択前に、現在を反映していないと思われるＥＵ市民の個人データへの検索結果からのリンクを削除するよう求める要請に対応する際、検索結果からリンクを削除したという通知を、もとのデータの管理者に対して行っている。その結果、不正行為を働いたとされる会社経営者のニュース記事へのリンクが削除された際に、さらにもう一度このニュース記事とリンク削除に関するニュースが作成・掲載され、再び会社経営者の不正行為に注目が集まるという状況も生まれた（鈴木 2014; Westaway 2014=2014）（6－1）。

しかしながら、グーグル社の対応は、残念ながら、出版・言論の自由と忘れられる権利の調停を行ったのではなく、その摩擦をあらわにしたと言えるだろう。

このように、忘れられる権利は、過去を反省した加害者の権利と捉えられる場合が多いが、意に反して（再び）有名になって静穏な生活を妨げられない権利と捉えれば、ネット外でも、そして、被害者・被害者遺族にも必要とされる権利である。

被害者遺族は、事件から時間が経ち、家族を無残な仕方で失ったという苦悩から精神的に癒されることはなかったとしても、静穏な生活を送っていたにもかかわらず、同書の出版によって、再び事件の記憶と向き合わざるを得なくなるうえ、再び世間の注目を集めてしまった。出版の自由や言論の自由はあるとしても、被害者遺族は限度を超えた苦痛と苦悩を再び経験させせられることになるのではないだろうか。

確かに、同書で新たに明らかにされた事実は、殺人や死体損壊等の行為を行った者が被害者に対して行った行為や、加害者本人の心理であるうえ、被害者はすでに亡くなっているので、従来のプライバシー侵害の法理では、被害者遺族の感情的な苦痛を民事的に救済する根拠としては不十分である。

ところが、プライバシー権によって保護しようとする利益は、被害者遺族が静穏な生活を送る利益ときわめて近い性質を有しているように思われる。また、ある種の事実や記憶・記録と自分たちとを結び付けられることがないようにするという点では、被害者遺族の利益の保護方法は、「忘れられる権利」ときわめてよく似た性質の保護手段が求められているようにも思われる。

二〇世紀初頭米国で、勝手に自分の写真が商品広告に使われて、意に反して有名になって精神のバランスを崩した少女には、プライバシー権は認められなかった（*Roberson v. Rochester Folding Box Co.*）。写真には性的な意味合いもなく名誉棄損的な要素もなかったため、権利侵害や不法行為があったとも認められないことから、弁護人はウォーレンとブランダイスの論文（Warren and Brandeis 1890）に基づき、プライバシー権にもとづく不法行為を訴えたが、裁判所はこの権利を認めなかったのである。その後、当時の裁判所の判断に法学者から批判が集まり、一九六〇年、法学者プロッサー（Prosser 1960）は、名前や肖像の勝手な営利的利用はプライバシー侵害の一種だと論じ（1－1参照）、現在も米国不法行為法でこの説は有効である。

神戸連続殺傷事件の被害者遺族は世間が残酷な事件を忘れ、静穏な生活を取り戻しつつあった。彼らの救済には、意に反して注目され、感情や生活を著しく乱される危害から、民事的に救済する「忘れられる権利」の概念化が求められるように思われる。憲法第一三条の幸福追求権がこの権利の根拠となるだろう。

1-4 「出産を支持しますか?」

元フィギュアスケート選手の安藤美姫氏が、夜のテレビニュース番組で出産していた事実を告白すると、彼女の名前によるウェブ検索が急増した。二〇一三年七月一日のことだ。彼女は同年四月に出産したものの、この時点では婚姻届をまだ提出しておらず、父親も公表していなかった。そして、翌年のソチ冬季五輪の出場を目指して、練習も再開したとされた。

グーグルのトレンド (http://www.google.co.jp/trends/) を見ると、彼女の名前と関連するキーワードには「出産」や「父親」、そして同居が報じられたスケート選手の名前がある (二〇一三年七月八日現在)。誰が彼女の子の父親かが、世間の大きな注目の的だった。実際、この下世話な興味をくみ上げて、夕刊紙やスポーツ紙は父親探しを熱心に続けた。スキャンダラスな匂いがこのニュースに世間の目を引き付けたことがわかる。

一方、彼女の名前によるツイッター検索の回数を集計したトレンドを見ると、件のニュース番組が放送された七月一日以外に、もう一つの山がある。[29] 七月五日である。

この前日、『週刊文春』が、同誌の発行元、文藝春秋社のウェブで「緊急アンケート 安藤美姫選手の出産を支持しますか?」と題して、メルマガ読者向けにアンケートを開始した。質問は、「あなたは安藤美姫選手の出産を支持しますか?」と「子育てをしながら五輪を目指すことに賛成ですか?」の二点だった。

有名人の未婚の母親とその子どもの父親に対する強い興味が渦巻く中で、週刊誌がスキャンダラスな話題に食らいつくのは、商売上当然といえば当然だ。このアンケートには、メルマガ登録を促す文言があり、注目を浴びている安藤選手の出産をネタにメルマガ登録読者を増やすという目論見も、同社にはあったのかもしれない。

未婚での出産や子育てをしながらの五輪出場のための準備には、確かに賛否両論が世間にあった。実際、翌日付のスポーツ紙には、日本スケート連盟に、安藤がソチ冬季五輪を目指すとしながら出産した事実に苦情・抗議電話が「殺到」したとし、今までもフィギュアスケート関係者が妊娠をきっかけに結婚したことがあるとおもしろおかしく揶揄する記事も現れた。[30]

ところが、このアンケートは、インターネットユーザーの強烈な非難の的になる。この二つの質問ともに余計なお世話だし、安藤選手と子どもへの個人攻撃を助長する可能性がある、低俗だなどの批判が、巻き起こった。

リアルタイムで多数のユーザーが意見表明できるツイッターがその批判・抗議の主要な発信地だ。アンケートが掲載された「週刊文春ＷＥＢ」というキーワードを含むツイートが多数流れ、ツイッターの

「トレンド」に入った。また、同誌のツイッターアカウントに対して直接抗議のメッセージを送るユーザーも多く、いわゆる「炎上」状態も引き起こした。[31]

結局、同日午後三時には、『週刊文春』編集長名で、「このアンケートに不快な思いを抱かれたすべての方にお詫び申し上げます」という文言を添えて、アンケートの中止が発表された。インターネットユーザーの「力」がマスメディアの方針を大きく変えたわけだ。

とはいえ、もちろん「これがネット民主主義の力だ」と喜ぶわけにはいかない。『週刊文春』がアンケートを中止したのは、人びとに「不快感を与えた」ことが理由にすぎず、同誌の反省の弁では、有名人のプライバシーをどう考えるかというマスメディアおよびインターネットにおける重要な問題がまったく看過されている。

この前年（二〇一二年）も週刊誌の似た対応を目にした。『週刊朝日』が元大阪市長の橋下徹氏の出自を暴く佐野眞一氏の記事を掲載し、同市長からプライバシー侵害を理由とする抗議があるとすぐに引っ込める事件があった。[32] このときも、なぜ記事を掲載し、連載を中止するか明確な説明がなかった。明確な問題意識もなく、ただ毀誉褒貶を集める人物のスキャンダラスな事柄を暴くことで部数を積み増そうとする意思しかなかったのではないかと、非常にがっかりした。

倫理学の伝統では、その当人だけに係わる事柄はプライバシーに属し、政府や社会が法律や道徳的非難によって干渉すべきではないのは、他者危害原則によるとされる。他者危害原則とは、およそ判断能力のある大人の行為や生活については、他者に危害を与えない限り、政府や社会は強制力によって干渉すべきではないという原則である。[33] 一九世紀イギリスの哲学者J・S・ミルは、他者危害原則を根拠として、思想や表現の自由、内心の自由に加えて、私生活や結社の自由を擁護した（Mill 1859=1971）。グーグル・トレンドを見ると多くの人がこの事実に関心を持ち、詳細が知りたいと思っていたとしても、その限りでは強引に暴くことは社会的利益もなく、マスメディアが対象とすべき事柄ではない。ましてや、彼女と子どもへのバッシングを助長することが容易に予想されるアンケートは、他者危害原則から見ても非難に値する可能性がある。

根拠や理由が明示されないマスメディアの記事やアンケートの撤回は、むしろ、人びとの議論・討議を基本とする民主主義を危うくし、ムードによる「多数派の専制」を助長する。ツイッターや検索トレンドという形で、人びとの雰囲気や「力」が可視化される時代だからこそ、ムードによる「多数派の専制」を防ぐため、マスメディアには記事を書く理由や根拠が必要とされる。

1-5　子役と評判

はるかぜちゃんは「ボクっ子」である。

はるかぜちゃんは、小学六年生（二〇一二年当時）のタレント春名風花の愛称で、彼女はこの愛称でツイッターをやっている。はるかぜちゃんは女の子だが、一人称は「ぼく」。ウィキペディアの彼女の項目によれば、これはアニメのキャラクターからの影響だという。一人称が「ぼく」である女性・女の子は「ボクっ子」と呼ばれることがある。

彼女に注目が集まったのは、『朝日新聞』のいじめに関するリレーエッセイ「いじめと君」に登場してからだ。このエッセイは、いじめている子、いじめられている子それぞれに対して、著名人がメッセージを送るという形式のものだ。彼女の登場以前からこのエッセイは話題になることがあった。彼女は、リレーエッセイの最終回二〇一二年八月一六日に登場した（春名 2012）。

はるかぜちゃんのエッセイの一人称も、もちろん「ぼく」だ。エッセイの傍らに載った利発そうなかわいらしい女の子の写真と「ぼく」のギャップに、筆者は戸惑った。「この男の子はどうして女の子みたいな恰好をしているの？」と、帰省中の筆者の友人は御母堂に聞かれたらしい。

戸惑いながら読み進めると、一一歳のストレートなことばでつづられたエッセイの内容の洞察力と表現力に、筆者はびっくりした。

いじめている子はただ自分より弱いものをおもちゃとして遊んでいるだけで楽しんでいるから、「いじめている」という悪いことをしているという自覚がないという洞察。だから、いじめている子は「いじめをやめろ」と言われても、自分はいじめていないと反論する。いじめている子自身に当事者意識がないのだ。

解決は、いじめている子に想像力を働かせてもらうしかない。相手がもてあそんでよいおもちゃではなく人間であるという事実に対する想像力が欠如している結果だから。いじめている子たちの想像力を喚起しようと、はるかぜちゃんは、いじめられている子にも彼や彼女を愛している人びとがいること、いじめている子自身を愛してくれる人たちが彼ら・彼女らの行為を見て心を痛めるかもしれないことを思い出させようとする。

「いじめ」が、誰かをいたぶることで自分たちの力を確認し優越感を満たそうとする行為で、それが「遊び」だという指摘には多くの人がうなずくのではないだろうか。想像力と共感を喚起するという方法も陳腐かもしれないが、おそらく実際のところ共感は私たちの倫理の基盤の重要な要素であろうから、うまく働けばかなり有効であろう。

彼女の洞察力や表現力に心を動かされた読者は多いようで、『朝日新聞デジタル』の彼女のエッセイが掲載されたページは、フェイスブックで一万を超えるシェアが行われ、ツイッターでもこのページに直接言及して少なくとも八六〇〇回ツイートされている（二〇一二年九月七日現在）。

ところが、彼女のエッセイに反発を覚えた者もいたようで、匿名のツイッターアカウントから彼女に対して攻撃を仕掛けたユーザーが少なからぬ数いたようだ。前出のエッセイでも、ツイッターで「死ね」「うざい」などと罵倒されたという経験が書かれている。今回は、殺人予告のような具体的な脅迫行為にまで発展した。

彼女は恐るべきことにこのユーザーと粘り強く対話を試みて、説得もしくは撃退してしまった。公式・非公式のリツイートによって相手の誹謗中傷を公然化して記録し、反論するというごくごく当たり前の方法を着実に行うことで、問題を切り抜けたのである。彼女の発言の首尾一貫性と正直さがこの問題解決には大きく寄与したように感じられた。

ウィキペディアによると、彼女は三歳で携帯電話を与えられ、ブログを書くようになったという。「デジタルネイティブ」と呼ばれるにふさわしいインターネットユーザー歴で、幼いころからのインターネット経験が彼女の首尾一貫性や正直さを鍛えたと想像したくもなる。おそらく彼女は、幼少期のネット利用有害論に対する生きた反例であろう。

ただし、彼女の例を安易に一般化し、幼いころからソーシャルネットワーキングサービスやツイッターを始めさせれば、皆彼女のようになるとは言えない。彼女は資質と環境に恵まれていたのだろう。子どものインターネット利用は悪意のある人々に騙される危険もあるし、現在の社会への不適応を生むかもしれない。さらに、別の問題もある。

心理学者のシェリー・タークルは、フェイスブックを子どもたちに使わせるべきかどうかというジャーナリストのインタビューに回答して、フェイスブック利用は幼い子どもたちには重すぎると指摘した（Keen 2011）。

米国法においては、利用者の個人情報を取得・利用する米国のウェブサイトは、一三歳未満の子どもについては、保護者の同意がない限り利用させてはならないこととされている（COPPA: Children's Online Privacy Protection Act）。米国発のSNSやメッセージングサービスが多数あることから、このルールは実質的に世界共通ルールの一つである。一三歳未満の子どもは、年齢をごまかすなどの手だてを使わない限り、保護者の同意がなければSNSやメッセージングサービス等は使えない。フェイスブックの創業者マーク・ザッカーバーグは、同SNSのさらなる成長を目論んで、一三歳未満の子どもも自由にフェイスブックを使えるようにすべきだと主張した（Lev-Ram 2011）。

ところが、タークルによれば、インターネットでの発言や行為は「永続化した公知の評判」をつくり、子どもたちも大人と同じようにこれに耐えなければならない。とくに、実名制を標榜するフェイスブックではこの「評判」が一生つきまとう可能性がある。「評判」は、彼らの言動を解釈する枠組みをつくり、その枠組みを通して彼らは判断され続ける。

インターネットでの言動は首尾一貫性が求められるが、これは逆に言うと、一度できた「評判」が訂正されにくいことでもある。法学者ダニエル・ソローヴが『評判の未来』（Solove 2007）で指摘したように、インターネットにあがった個人情報はスティグマとして個人に一生つきまとう可能性がある。過去の自分から変化することが妨げられるし、歪んだ／誤った評判は訂正が困難である。

人生の初期に多くの人から「評判」を得るという経験は、多くの子役が経験してきたことで、この評判が彼女・彼らの人生におそらく影響を及ぼしてきただろうことが想像される。子どもたちに実名のネット利用を勧めることは、彼ら・彼女らに「子役」としての人生を歩ませることに近い。前出の米国法ＣＯＰＰＡは、親の同意がない一三歳未満の利用を禁止しているが、たぶんこれは正しいことのように思われる。自己の成長とアイデンティティ形成を阻害するインターネット上の対応には、１‐３で論じた消去権や忘れられる権利等の対応が必要となるだろう。

二〇一五年一月、はるかぜちゃんは度重なる炎上に巻き込まれたことから、アカウントを停止した。炎上の理由は、はるかぜちゃんのツイッターアカウントはお母さんとの共同利用ではないか、声優を目指すと自称する割には、声優関連の情報に疎い・情報に間違いがあるではないかなどのことだった。彼女は二〇一六年二月再びツイートを開始した。

1-6　リアリティ番組とプライバシー

リアリティ番組の快楽は、放浪と冒険の物語《オデッセイ》を読む快楽に等しい。リアリティ番組とは、いわゆる素人参加型番組のことで、特定状況に素人を置き、彼らが課題に直面させられ苦闘する姿や、その課題を乗り越え賞金や賞品、恋人などの「聖杯」を手にする物語を視聴者が楽しむ番組だ。

英BBCでプロデューサーとして長く活躍し、その後スタンフォード大学で演劇学の教鞭を執ったマーティン・エスリン（Esslin 1982=1986: 28-33）によれば、クイズなどの視聴者参加型番組は、実のところ「リアリティ」はきわめて低いとされる。

視聴者参加型番組は完全なフィクションであるドラマと比べると虚構の度合いは低いが、潜在的な演劇能力によって出演者を選択し、ホストが出演者のキャラクターをきわだたせ、ストーリーを操作する点で、かなりリアリティは低い。エスリンのリアリティのスペクトルの分類によれば、ドラマに次ぐ「リアリティ」のなさである。

しかしながら、視聴者はあくまでもそこにリアリティを見たがる。不透明な操作や演出がリアリティの隙間から閃くことがあっても。

米国のFOX TVが放映する『アメリカン・アイドル』は、全米で三〇〇〇万人以上が視聴した超人気リアリティ番組の一つだ。同番組は、歌手を発掘する公開オーディション番組で、優勝者はメジャーレーベルと最大六枚のアルバム制作の権利を獲得する。ただし、優勝せずとも、関係者の目に留まれば、歌手や俳優としてデビューできることもある。

同番組は、二〇〇二年に開始し、二〇一六年、ファイナルシーズンとなるシーズン15が放映された。二〇〇六年から二〇〇七年にかけてのシーズン6では、全米で三〇〇〇万人以上が視聴した。その後試聴者数は低迷し、シーズン14では一〇〇〇～一一〇〇万人程度と、試聴者数は減少した(34)。米国のケーブルテレビ契約者数は、二〇〇一年をピークに下がっており、二〇〇六年から見ると二〇一三年までに一〇〇〇万人以上減少している(35)。また、本人の容ぼうやファッションなどのアイドル・カリスマ性よりも、純粋に歌唱力を評価すると評する音楽オーディション番組「Voice」の登場と人気などによって、試聴者数は減少を続けた。しかしながら、米国における音楽オーディション番組としては、二〇〇〇年代を代表するものであることは間違いがない。

決勝には一二名の出場者が残る。決勝進出者は歌唱力とキャラクターで選ばれる。シーズン11（二〇一二年）を見ると、フィリピンとヒスパニックのルーツをもつ少女はパワフルな歌唱力で、元質店員だという青年はデイヴ・マシューズ張りの渋い歌声とロックセンスで、審査員や視聴者の支持を受けた。一方、ただ一人のアジア系米国人は、歌唱力よりも剽軽で軽妙な受け答えが支持されてきたようだ（ビリー・ジョエルの「マイ・ライフ」で悪ふざけして、審査員の一人スティーヴン・タイラーの不興を買ったが）。デイブ・マシューズ風の声の青年フィリップ・フィリップスは同シーズンで優勝し、同番組優勝記念で発売した「Home」が、同番組優勝者の優勝記念曲としては最大の売り上げをあげた。

「アメリカン・アイドル」の頂点を目指す「旅」の中で出場者たちが仲間と出会い、そして別れ、去っていく姿も視聴者には演劇的な快楽をもたらす。誰が生き残るか予想し、お気に入りの出場者を応援し、彼／彼女が落選することは不当だと憤るのも、演劇や物語を楽しむのと似た快楽の一部だ。審査員も演劇の小道具であるとともに、物語を盛り上げる共謀者である。この番組は、スター誕生までの長い旅の物語をシミュレーションして数カ月の間で描き出しているように見える。

シーズン11では、出場者の奇妙な浮沈が視聴者の心をざわめかせた。決勝には当初一三人が進んだ。これは異例である。予選で落ちたが、深みのある美しい低音を響かせていた黒人青年が、審査員の合議の結果として決勝で呼び戻されたためだ。

この意外な展開は視聴者に歓迎されたようだが、その後、彼は奇妙な経緯で間もなく消えてしまった。黒人青年は出場に当たって複数の逮捕歴を隠しており、「とんでもない令状が出ている」とテレビカメラのある場で暴露され、彼は失格を認めさせられた（de Moraes 2012; Mansfield 2012: Barnett 2012）。

ところが、この黒人青年によれば、番組参加前に逮捕歴についてプロデューサーに打ち明けていたという。にもかかわらず、なぜ突然問題にされたかわからないと、彼はCNNの取材に答えている。[36] 逮捕は喧嘩と交通違反、令状は逮捕時に偽名を使い裁判所に出頭しなかったための呼び出しだった。報道によれば、令状は五件、そのうち二件は警官に偽名を告げていたとされる。[37] いずれにせよ、黒人青年の失格劇があった回の視聴率は跳ね上がった。この事件はつくられたリアリティだったのだろうか。

誰でも一五分間は有名になれる社会（アンディ・ウォーホール）は、プライバシーがきしむ状況が多発する社会でもある。リアリティ番組の出場者は、自分自身の生い立ちや家族、生活という「私事」をキャラクターづくりの要素として利用する一方で、ときにセンシティブ情報が危うい仕方で演出に利用される。それも当の出演者にも予め知らせず不意打ちで。

黒人青年の主張が本当か、真相は藪の中だ。とはいえ、彼を不意打ちで呼びつけ、逮捕歴や偽名の利用をカメラの前で認めさせ、二〇〇〇万人以上の視聴者の目にうろたえる姿をそのまま曝したことには疑問が残る。

法律家リチャード・ポズナー（Posner 1983=1991: 211-231）は、プライバシーは自分に不利な情報を隠す力を個人に与えるから、社会にとって有害だと主張する。確かに悪事や疑惑に関するセンシティブ情報は常に隠されるべきとは限らない。開示されるべき場所や状況は、確かにある。とはいえ、黒人青年の軽犯罪の逮捕歴が仰々しく暴露されることは、黒人青年の将来に暗い影を投げかけるだけで、どれだけの社会的利益になるかは怪しい。あの青年は「悪名」を利用できるだろうか（彼はこの後 iTunes で曲の発表等をし、独立系映画に出演しているが、二〇一六年現在歌手としても俳優としても鳴かず飛ばずである）。二〇〇〇万人が目にする公開の場で軽犯罪歴が暴かれるべきだったのだろうか。リアリティ番組にとって「真実」は演劇的快楽に奉仕するものにすぎないとしても、人生は続く。プライバシーは、公開か隠蔽かの全か無かではなく、開示の仕方や状況こそ問題な場合が多いのである（Solove 2011: 33-37）。

二〇一二年三月には、グーグル検索で自分の名前を検索窓に入力すると、犯罪を想起させる関連語が表示されることで就職に失敗してきたと主張する男性の訴えが、東京地裁で認められた[38]（富田・高橋 2015）（1-3も参照）。グーグルは裁判所の決定に抗して、訂正を拒んでいるらしい。一度に多くの人々に対して、プライバシーを暴露されるのとは異なるが、彼に関心を抱く人々に犯罪を想起させる関連語が常に表示されることもプライバシーへの重大な脅威だ。同姓同名の犯罪者が他にいて、彼自身は無関係だとしても、書類選考でふるい落とされれば、弁明の機会さえも与えられないことになる。データベースで人びとの過去を検索できる社会では、悪名も遠くまで静かに鳴り響く。

1－7　塵芥とプライバシー

ゴミとプライバシーをめぐる論争がネットで話題だ（二〇一四年一〇月）。

論争に火をつけたのは、横浜市のごみ収集政策である。平成一九年（二〇〇七年）に成立した条例で、ごみの分別を義務付け、繰り返し注意しても改善がない場合過料二〇〇〇円を課すとしている。条例の実施に当たって、分別が守られているか、市職員が、回収したごみ袋の開封調査を行っている。論争の時点では千葉市が開封調査を含む同様の制度を運用しているほか、京都市が検討中（二〇一四年一〇月現在。二〇一五年秋から条例改正に伴い運用開始）、札幌市が同市とマンション・アパートの管理会社等と対策連絡協議会を設置して、共同住宅の開封調査を行ってきた（横浜市資源循環局 n.d.; 千葉市 n.d.; 京都市 2015.; 札幌市環境局環境事業部 2013; 札幌市 n.d）。

二〇一四年一〇月三日付産経新聞には、この問題をめぐって、弁護士板倉陽一郎氏と横浜市の廃棄物関連の審議会委員を務める筑波大学教授西尾チヅル氏の談話が掲載された(39)。

板倉氏は、開封調査はプライバシー侵害であり違憲の疑いがあると主張する。一方で、西尾氏は分別する人としない人の不公平感を防ぎ、分別する市民のやる気をそがないために必要という。西尾氏によれば、開封調査は全住民対象ではなく、袋の外から見て分別できていない「ただ乗り住民」の指導に限られる。

板倉氏がプライバシー侵害だと主張するのは、裁判で認められてきたプライバシー情報の定義と、国内でも注目されてきた「プライバシー情報の文脈依存性」によるものだろう。

法律的には、一般的に、プライバシー情報とは、①私生活にかかわる事柄である、②非公知である、③一般人の感受性を基準にして当事者の立場から見て公開を欲しないだろう出来事である、この三要件を満たす情報である（岡村 2016: 104-105）。

ごみ袋の開封調査では、中身や特定された人物は公開されないものの、ごみ袋の中の断片的情報（場合によっては封筒のあて名書きなど）から個人・家庭を特定できるうえ、板倉氏も指摘するように、妊娠検査薬やかつらなどセンシティブ情報がうかがわれる廃棄物が混入する可能性がある（断片的情報からの個人特定は、プライバシー情報の文脈依存性のため（Gavison 1980; Solove 2008=2013: 64-68; 大谷 2016b））。これらの廃棄物は困惑・羞恥が生じる可能性が高いプライバシー情報に当たり、板倉氏によれば違憲の疑いがあるという。

自宅を訪問した暴漢に殺害されたライターの村崎百郎氏は『鬼畜のススメ』（村崎 1996）でごみ漁りが趣味と明かし、分別や廃棄時の断裁処理が行われていないごみは個人情報の宝庫と断言し、拾い集めたごみの一部を紹介した。個人が特定できない形での公開なのでプライバシー侵害とは言えないだろうが、ごみから個人情報を特定する行動には恐怖と嫌悪を覚えた読者も多いと思われる。

文化人類学者のメアリ・ダグラス（Douglas 1966=2009: 268-298）が指摘したように、多くの社会を通じて身体から分離した有機物（髪の毛や爪、排せつ物など）や身体に触れていた衣服などは、廃棄後は穢れたものと認識される。ごみを漁られることの恐怖には、文化を超えた人間の感情の機構（伝染病や臭いを追跡する猛獣の忌避が適応的価値であるような）も関係しそうだ。

プライバシー保護の正当化は、他者への危害がない限り判断能力のある成人の行為や生活には干渉すべきではないという他者危害原則が用いられる。ごみの分別の不備も他者危害をもたらすわけではないので、開封調査は行き過ぎという議論にも相当の説得力がある。

ところが、環境倫理学の教えるところでは、ごみ問題・地球温暖化などの環境問題は一人一人無害な行為の集積から生じ、他者危害原則では解決できないとされる（加藤 1991: 1-12）。環境保護の観点からすれば、他者危害原則から見て開封調査は反倫理的であるとは必ずしも言えない。

また、情報を公開しなくても、市職員に見られただけで、法的なプライバシー権侵害となるかどうかは微妙だ。憲法三五条は所有物の不合理な捜索を禁止しているので、元の持ち主の所有を離れたごみに適用されるか疑問である。環境保護のためとはいえ、センシティブ情報が含まれるかもしれないごみ袋の開封調査は、きわめてデリカシーに欠けると評価できても、第三五条を根拠として違憲と断言できるだろうか[40]。

第一三条の規定に根拠を置くプライバシー権からこの問題を考察する場合も、従来の裁判から見て、情報が公開されない場合プライバシー権侵害となるかどうか検討が必要であろう。また、第一三条における幸福追求権は公共の福祉とのバランスで保護されるから、リサイクル促進やごみ行政の効率性という公共の福祉から見て、開封調査が個人のプライバシー権を侵害しているかどうか比較衡量が必要である。

しかし、プライバシー「権」侵害にならないとしても、ごみの開封調査は、何らかの慣習的制限

(Scanlon 1975) に対する脅威であることは間違いない。私たちの多くは、自分のごみの中身を覗かれることに、きわめて強い拒絶的感情が湧き上がるだろう。自分自身の所有を離れており、自分の私的領域ではないにもかかわらず、そこを覗かれることは私生活を覗かれるのと同等かそれを超える嫌悪感や辱めの感情を覚えるはずだ。これらの感情は、もちろん権利に基礎を置くものではないだろう。しかし、この強い嫌悪感や恥辱の感情は、ごみの中身を覗くことが慣習的に制限される行為であることを示しているように思われる。すなわち、開封調査は、法的な問題はないとしても、何らかの規範からの逸脱を示唆し、その行為はそのままでは倫理的に正当であるとは必ずしも主張できないことを示す。

さらに、ごみ分別の先進国であるドイツと比較しても、そもそもごみ分別の区分が厳格すぎるという反論は傾聴に値する。ドイツでは分別を推進するため、ペットボトルや食品容器などにデポジットを設け、回収すると消費者にお金が支払われたり、生産者に容器の回収と処分の費用負担を義務付けている[41]。日本では分別が細かすぎ、分別を動機付ける制度もないから、問題が生じる可能性がある。

環境問題はそもそも原因特定が難しいのだから、最新鋭のごみ焼却炉の導入など他の手段で環境負荷の低減ができる場合は、恥辱を感じるであろう個人特定や、強い恥辱や嫌悪を感じる開封調査は確実にやりすぎだろう。

ドイツ在住経験がある美術評論家山口裕美氏によると、ドイツ社会は相互監視が厳しく、ルール違反者を見逃さない傾向が強い[42]。こうした相互監視（よい面では、お互いの見守り）傾向が強い社会が望ましいかも併せて考えるべき課題だろう。

もちろん、その一方で、そもそも「ただ乗り」を許さない人間の社会的動物としての生得的傾向が相互監視とともに協働を支える基盤かもしれないという近年の進化心理学の教訓も想起すべきだろう。人間には生得的な協力傾向があるのは確かであるが（2－6）（Tomasello 2009=2013: 14-20）、フリーライダーを許さない罰と規範が人間社会の信頼の根底には存在している。そして、多くの場合、その規範は怒りなどの感情と結びつき、協力が失敗するなどのことが起こると、私たちは他人や自分に腹を立てている（Tomasello 2009=2013: 74-84）。協力をしない者にはコストがかかっても喜んで罰を与える傾向があり、それは繰り返し協力や取引の機会がある相手でなくても、二度と会わない相手であっても罰を与える傾向があるという（大槻 2014: 78-107）。私たちは協力し合うように生まれ、そして育てられる（Tomasello 2009=2013: 14）。また、監視行動も協力を高めるためには有効だ。目を印刷した紙を掲げるだけで、職場のコーヒーの自発的寄付金を払わないという行為が目に見えて減少することも実験的に確かめられている（Bateson et al. 2006）から、行動（ゴミの分別行動）や行動の結果（ゴミ袋の中身）の監視も確かに有効だろう。

ただし、やはり相互監視傾向の強い社会が本当に望ましいのかどうか考えなければならない。個人の社会的位置が固定的な身分制社会からの脱却と都市への人口流入と並行して、とくに都市における相互監視は弱まり、プライバシーを重視する傾向が強まっていった（Nock 1993: 20; 阪本 2009: 29-30）。私たちはこの傾向を良しともしている。コミュニティや中間団体からの抑圧が減少し、自由が拡大してきた事実は、歓迎されてきたはずである。[43] ごみの開封調査だけでなく、（実際には比較的無害な行動の集積として巨大な害をなすかもしれない環境負荷の増大があったとしても）公的な領域と一見関係がなく、他者に危害を加えることがないだろう行為への政府や社会の干渉は、私たちの自由を制限する不当な障害とみなされている。

いずれにせよ、まずは開封調査が必要なく、新型焼却炉の導入など環境負荷が低いごみ処分が可能ならばそうするべきだろう。開封調査を続けなくてはならないのならば、開封調査をできる者を市職員に限定したうえで、市職員の守秘義務を徹底するとともに、開封調査を実施できる要件を特定し、および最小限のプライバシー侵害となるよう開封調査実施の方法を指定する規則を設けることが必要であろう。そして、実際に、最小限の調査に留まるかどうか議会・住民が行政を監視できる規則も同様に必要と思われる。

1－8　マルウェア対策の公と私

インターネットバンキング利用者を狙った攻撃がさらに増加しているという。二〇一三年末から、偽サイトに誘導してユーザーＩＤやパスワードを奪う攻撃手法（フィッシング[44]）の報告の急増が報告されているが（情報処理推進機構 2014: 13）、すでに二〇一二年には、インターネットバンキングでの不正送金被害の増加に関して、フィッシングに加えて、マルウェア（コンピュータウィルスなど悪意あるソフトウェアの総称）を感染させて、偽の入力画面をパソコンに表示させる手法（MITB（Man-in-the-Browser）攻撃。マルウェアを感染させるなどの手法で本来の通信路とは別の通信路をつくり情報を奪う中間者攻撃（MITM: Man-in-the-Middle）の一種）や、感染したパソコンを遠隔操作して（クライアントＰＣのボット化[45]）指定口座に送金させる手法などが取り上げられている（情報処理推進機構 2013b: 14, 16, 26–27, 32）。さまざまな手口で、個人情報や口座のお金が狙われている。

二〇一三年には、総務省がインターネット接続事業者（プロバイダ）やコンピュータセキュリティ企業と共同で、インターネットユーザーのマルウェア感染被害防止実験を開始した。この取り組みは「官民連携による国民のマルウェア対策支援プロジェクト（ACTIVE）」と呼ばれ、①ユーザーのマルウェア感染の予防と、②自覚がないままマルウェアに感染しているユーザーへの感染事実とマルウェアの駆除方法の通知、これら対策の実証実験を行ってきている（予定では、二〇一七年まで）（田村 2013）。

二〇一五年四月一〇日、ACTIVEは、官民連携で不正送金を行わせるマルウェアの駆除作戦を行ったと報告した。対象は、VAWTRAKと呼ばれるマルウェア。これは、ユーザーのパソコンに「ボット」と呼ばれるマルウェアの子を感染させて、このボットに対して親サーバーから指令を送ってパソコンを操るものだ（ACTIVE 2015）。

これに先立ち、警視庁がボットに感染した約四万四〇〇〇台のパソコンのIPアドレスをつきとめた。ACTIVEは警視庁と連携し、このIPアドレスを管理するプロバイダに通知し、このIPアドレスに対応するパソコンのユーザーに対して個別に注意喚起を依頼した。

警視庁は、マルウェアに感染したパソコンのユーザーからパソコンの任意提出を受けて解析、親サーバーを特定した。そのうえで、親サーバーのふりをした偽サーバーを用意し、この偽サーバーを親サーバーと誤認して通信してきたパソコンのIPアドレスを集めて、感染パソコンを特定したという(46)（警視庁 2015; ニフティ 2015）。

前出のACTIVEの活動に関連して、感染パソコンのIPアドレスを特定し、このIPアドレスをプロバイダに通知して、プロバイダがＩＰアドレスからパソコンの持ち主・管理者を割り出すことは、通信の秘密に抵触しないかどうか、総務省の研究会が検討した。

この研究会によれば、ＩＰアドレスの特定手法のうち、前出の偽の親サーバーやハニーポットと呼ばれるおとりのコンピュータを用意して、通信相手のＩＰアドレスを特定するのは、通信当事者が通信の中身を見ることなので、通信の秘密を侵したことにならないという。また、プロバイダによるユーザーの特定も、当人に加え、感染拡大の可能性からその他の人に対する危険も大きく、緊急避難の観点から違法性が阻却されると解釈されるという（総務省電気通信事業におけるサイバー攻撃への適正な対処の在り方に関する研究会 2015）。

複雑な法理論的な問題は置いて、インターネットバンキングの不正送金のように、危害が明白な場合は、確かにＩＰアドレスやユーザーの特定を防ぎ通信の秘密を守るよりも、この危害を防止するほうが、利益が大きい場合が少なくないことは容易に理解できる。

一方で気になったのが、感染パソコンの特定とプロバイダを通じたユーザーへの通知というＡＣＴＩＶＥの活動とは別に、警視庁が直接パソコンに「解毒剤」と称するプログラムを使って働きかけ、不正送金マルウェアを無力化したという前出の報道の記述である。

警視庁も、協力したセキュリティ企業（セキュアブレイン 2015）も具体的手法を明らかにしていないため、何が行われたのか不明だ。コンピュータプログラムをユーザーのパソコンやルータ等まで送り込んだか、遠隔操作が行われたか、そのいずれかを想像させる新聞の記述ではある。パソコンの所有者・管理者の同意があったかどうかもわからない[47]。

ただし、パソコンの遠隔操作じたいは違法ではない。いわゆるパソコン遠隔操作事件の被疑者は威力業務妨害・偽計業務妨害・脅迫・ハイジャック防止法違反に問われたものの、遠隔操作じたいは該当する罪がないので、法律上問題とされることはなかった（3－9、3－10参照）。また、マルウェアの作成・提供にも当たらないだろう。

現在予防接種は任意だが、かつては義務付けされていた時期もあった。これは社会防衛の観点から、社会が受ける利益の大きさを考えれば、予防接種の事故リスクは許容できるとの考えがあったからだ（手塚 2010）。

マルウェアの駆除や無力化を目的としたパソコンの遠隔操作や通信の秘密の侵害も、予防接種の義務化と同様、他者に及ぼす感染の蓋然性までも考慮して、社会的利益を考えれば正当化できるかもしれない。そして、遠隔操作による修正に所有者・管理者に対する十分な説明と、その説明の十分な理解、理解に基づく自発的同意があれば、遠隔操作による修正には倫理的問題はないだろう。

問題はパソコンの所有者・管理者の同意がなくても遠隔操作による無力化が正当化されるかどうかだ。同意がなくても勝手に修正してくれたほうが楽だという所有者・管理者もいる一方で、前出のACTIVEの行う警告・通知と違って（前出のように、警告・通知の前提となるIPアドレス調査が通信の秘密を侵すかどうかに関して、総務省の研究会は検討し、一定の要件を満たせば違法性がないと判断している）、遠隔操作で内部がいじられたら、それが当人のためであっても自由が侵されると考える者もいるだろう。パソコン内部が私的空間であれば、同意なき侵入は正当化が難しいだろうが、パソコンとインターネットサービスは切れ目なくつながり始めている。

さらに、「モノのインターネット（Internet of Things: IoT）」が拡大すると、私たちはコンピュータと意識することなく、多くのコンピュータと日常的に相互作用するようになる。これがインターネットに接続する事態を考えると、従来のユーザー任せのセキュリティ対策はできなくなる可能性がある。つまり、ＩｏＴ機器を提供する事業者が継続的に機器を監視し、そのセキュリティを保護するようになるだろう。この監視と保護の一環として、ＩｏＴ機器が取得する情報やＩｏＴ機器の挙動について刻一刻と監視し、必要があれば、遠隔操作によってＩｏＴ機器のメモリや補助記憶装置に記録された内容を書き換えることができるようになるかもしれない。このとき、同意はどのように扱えばよいことになるのだろうか。ＩｏＴ機器には、日々の私たちの行動や思考の記録が残ることになるかもしれない。そこへの同意なき外部からのアクセスを許すことには大いに抵抗がある。

二〇一五年一〇月には、埋め込みシステム（コンピュータを内蔵する様々な機器は、このように呼ばれる。これがインターネットに接続されると、ＩｏＴの一部になる）のセキュリティを高める「ボット」ソフトウェアを開発し、世界中の約十万台のルータに感染させていた集団「ザ・ホワイトチーム」が、『フォーブス』のインタビューに回答し、その意図や背景を説明した。

彼らにとっては、この「マルウェア」をつくることが勉強として楽しいうえ、他人の役に立つというのが動機だという。セキュリティの無防備な埋め込みシステムが多数インターネットに接続されており、この無防備な埋め込みシステムを保護するため、自発的にボットをつくり、感染させてきたという(48)(Fox-Brewster 2015)。

彼らは、自分たちが何も悪いことをしていないというのは信じてもよいが、彼らに頼りすぎるのはよくないという。その一方で、『フォーブス』のインタビューでは、ユーザーは自分のデバイスに責任をもつべきで、企業にデバイスをコントロールされるべきではないと主張する（1-9参照）。

インターネットに接続された情報機器（パソコンやスマホ、IoT機器）の活用が進めば進むほど、情報機器の中身は私たちの頭の中身に等しくなり、私たち自身が記憶しない行動の記録も残る。この領域への侵入がどこまで正当化されるか明確にする必要が出てきていると思われる。

1-9　キンドルの『1984』

二〇〇九年七月一六日、ジョージ・オーウェルの『動物農場』と『一九八四年』を購入したキンドルユーザーに奇妙なことが起こった。「代金九九セントを返金する」という電子メールが届いたかと思うと、二冊ともユーザーのキンドル内の「ライブラリ」から消えてしまったのだ。(49)

キンドルは米アマゾンドットコムが販売する電子書籍端末で（二〇一七年三月現在は、日本のアマゾンからも購入可能）、同社のサイトから購入した書籍データを閲覧できる。ただ、二冊は著作権切れ扱いだったため、ユーザーは無料でダウンロードしていた。だから、九九セントの「返金」はまったく奇妙なことだった。

そこで、あるユーザーが、米アマゾンドットコム内のキンドルユーザーコミュニティにトピックスを立て、「最近同じ目にあった人、いませんか？」と質問を発した。(50)やはりというべきか、このユーザーだけではなかった。この二冊をダウンロードしたユーザーのライブラリから、データがそっくり消えて奇妙な九九セントが振り込まれていた[51]。

ビッグ・ブラザーが百科事典や書籍、雑誌の内容を自由に書き換え、本や記事そのものが消えてなくなる世界さながらの出来事が、まさにオーウェルの『一九八四年』に起こった。まるでできすぎた話だ。

実は、米国内では『一九八四年』も『動物農場』も著作権は切れておらず（米国著作権法では、著作者の死後七〇年間著作権は保護される）、この二冊を著作権切れ扱いしたのは、同社のミスだった。そこで、同社は自社サイトにある二冊のデータを消した。ユーザーのキンドルと同社サイトのデータは無線を通じて同期しているので、キンドル内のデータも消えてしまったのである（Stone 2009）。実は、キンドル向けに『ハリーポッターと謎のプリンス』の海賊版を販売してしまったときも、同様の事件が起こった[52]。

この話題は、奇妙なエピソードで終わる話ではない。インターネットは、管理不能なネットワークという側面を確かに持っている。たとえば、ウィニーを初めとする匿名P2Pファイル共有ソフトがそのうえで実装され、有象無象のユーザーが好き勝手に利用する例がみられる[53]（5-8）。ところが、今回の例に示されるように、インターネット上のサービスの設計によってはコントロールが過剰になり、企業なり国家なりが自由にコンテンツを消去したり、書き換えたりできる可能性もきわめて大きい。

P2Pファイル共有ソフトに限らず、低価格・高性能のデジタル機器が普及し、ネットワークで接続された世界では、一度ネットワークに流出した情報はなんであれコントロールできない。情報の削除や遮断をしようとしても、インターネットは、さまざまな関心・属性の人びとが参加する「群集のメディア」であって、誰かがその情報を見つけて自分の情報機器に保存してしまえば、好きな時に情報のアップロードをするなどどのように利用されるかも予想がつかない。まさに「アウト・オブ・コントロール」だと、筆者は論じたことがある（大谷 2008）。「忘れられる権利」（消去権）（1－3、1－5）の実効力の保障が難しいのも、インターネットのこのような性質にある。

しかし、だからといって、セキュリティやプライバシーの懸念から、企業がインターネットに接続した（キンドルのような）情報端末を自由にコントロールできる世界は、おそらくさまざまな意味での自由が失われるはずだ。

ハーヴァード・ロースクールの法学者ジョナサン・ジットレインは、むしろ「種々雑多な幅広い人々の貢献を選別せずに受けいれることによって思いもよらない変化を実現する能力」があるインターネットは、「肥沃なシステム」であると論じている（Zittrain 2008=2009: 126）。

ところが、その一方で、肥沃なシステムは、セキュリティやプライバシーの観点から見ると、無防備でもある。セキュリティ問題が深刻になるに連れて、パソコンではなくiPhoneやゲーム機などの情報家電をインターネットに接続するほうが望ましいとされてきた。情報家電は、目的が限定されていれば簡単に使え、安全である（Zittrain 2008=2009: 126）。

このように、端末ユーザーの行動を企業が許す一定の枠組みの中に囲い込み、インターネットを介してソフトウェアやデータの更新などもできる情報家電を、ジットレインは「ひも付き情報家電」と呼んで、批判する。新技術・新サービスを開発してイノベーションを起こす余地もなければ、企業の都合によって突然情報家電の機能が失われたり、ネット上に保存したはずのデータやソフトウェアが失われてしまう可能性があるという（Zittrain 2008=2009: 1－3章）。つまり、人々の行動に対しても抑圧的に働く可能性があるというのだ。

個人のデータをインターネット上の共有のストレージに預けたり、キンドルのように購入済みの情報を企業に預けて必要なときにダウンロードして使用したりするというやり方は、ウェブ二・〇（Web2.0）と呼ばれるインターネットサービスでは普通である。だが、キンドルの『一九八四年』の例を見ると、それらのデータがユーザーの所有物だという何らかの制度的根拠[54]と、企業の行動への歯止めが必要だろう（現在のところは、世論がこの歯止めとして機能しているようには思われる）。

ジットレインは、インターネットの「生みだす力」を守り、セキュリティやプライバシー侵害の問題を解決するため、インターネットの「エンド・トゥ・エンド」の基本方針を放棄し、プロバイダなどの中間事業者がコンピュータ・ウィルスなどの防御を行い、匿名性を一定程度制限する政策・技術を提唱する（Zittrain 2008=2009: 126: 7-9章）。これらのアイデアは一考に価するが、ネットワーク中立性や通信の秘密という理念を放棄してよいのかという別の価値問題を生む懸念もある。

とめどなくプライバシー侵害や著作権侵害が起こる制御不能の世界に住みたいと思う人々もいないし、誰かがプライバシーや著作権侵害と判断した情報が跡形もなく強制的に消えてしまうコントロール過剰の監視社会に住みたいと思う人々もいないだろう。両者の均衡はどこにあるのだろうか[55]。

註

（1）「軽井沢スキーバス転落事故」『Wikipedia』https://ja.wikipedia.org/wiki/%E8%BB%BD%E4%BA%95%E6%B2%A2%E3%82%B9%E3%82%AD%E3%83%BC%E3%83%90%E3%82%B9%E8%BB%A2%E8%90%BD%E4%BA%8B%E6%95%85（二〇一六年一二月一二日アクセス）

（2）国土交通省「軽井沢スキーバス事故対策検討委員会」（二〇一六年一月二九日第一回委員会）http://www.mlit.go.jp/jidosha/jidosha_tk1_000016.html（二〇一六年一二月一二日アクセス）。なお、二〇一六年六月三日、同検討委員会は、再発防止策を徹底的に検討した結果として、「安全・安心な貸切バスの運行を実現するための総合的な対策」を発表した。「『安全・安心な貸切バスの運行を実現するための総合的な対策』の公表について」http://www.mlit.go.jp/report/press/jidosha02_hh_000250.html（二〇一六年一二月一二日アクセス）

（3）「SNSからバス事故大学生の「顔写真」入手　大手マスコミのやり方に違和感や批判的な意見」『J-Cast ニュース』二〇一六年一月一八日。http://www.j-cast.com/2016/01/18255878.html?p=all（二〇一六年一二月一二日アクセス）

（4）正規のアカウント利用者の死後、生前に指定しておいた者、またはアカウント利用者の近親者と証明できる場合には、追悼用のアカウントに変更したり、そのアカウントの削除依頼ができるサービスが、複数のSNSやインターネットサービスで用意されている（大谷 2017b）。

Facebookにおいては、生前に死後のアカウント管理人を指定できるほか、利用者の死後死亡証明書等の書類を添えて申し込むことで近親者と証明できれば、利用者のアカウントを削除できる。死後のアカウント管理人の指定等については、「追悼アカウント」（https://www.facebook.com/help/1506822589577997/）、死後のアカウントの削除については、「亡くなった方のアカウントに関する特別リクエスト」（https://www.facebook.com/help/contact/228813257197480）をそれぞれ参照。

Googleの場合、一定期間利用しない際にアカウントを削除できる「アカウント無効化管理ツール」を提供する。一定期間利用がないことを近親者・友人等の指定した者に知らせ、必要があれば通知後三カ月間データダウンロードができるようにする機能もある（https://support.google.com/accounts/answer/3036546?hl=ja）。

Twitterには、死後近親者・友人等が削除できる機能がある。削除依頼を行うと、依頼者の身分証明書や個人の死亡証明書を送るなどの手続きを書いたメールが届くので、その手続きに従って削除を行う。また、個人の家族または法的資格を有する代理人が亡くなった人に関連する動画や写真（故人の死亡の原因となった事故やその前後を撮影した動画等）を削除依頼する機能もある。（https://support.twitter.com/articles/489599）。（以上のURLは、すべて二〇一六年一二月一二日アクセス）

しかしながら、これらの機能について、利用者の家族等が熟知している状況にはないし、多くの場合、利用者に起こった突然の事故・事件等の直後、SNSのアカウントや写真等の削除にまで残された家族・近親者に気が回るとは思えない。また、SNSに限らず、被害者写真の掲載について、事件・事故直後の遺族に同意を求めるため、マスメディアが殺到すること自体が望ましいことではないように思われる。

将来的には、SNSにおける写真等の死後における利用についてどのようにすればよいか、当人が生前に指定できるようなサービス等が必要かもしれない。また、死後の写真利用を好まないユーザーは、心拍等をモニタリングするウェアラブル機器とSNSのアカウントを連動させ、（電波の不達などの事故もありえるので）相当期間心拍が停止した場合アカウントの閲覧を停止し、さらに条件が整えばアカウントを自動削除する等の機能は実装できるだろう。

（5）「少年Aを直撃！『命がけで来てんだろ？　お前、顔を覚えたぞ』」『週刊文春』二〇一六年二月二五日号（二〇一六年二月一八日発売）、およびモノクログラビアページ（ノンブルなし）。

（6）「文春『元少年A』写真掲載は違法ではないか？　少年法と『表現の自由』から考える」『弁護士ドットコム』二〇一六年三月四日 https://www.bengo4.com/c_1009/c_20/n_4370/（二〇一六年一二月一二日アクセス）

（7）もちろん自由主義的個人主義に分類される道徳思想（功利主義であれカント主義であれ）に対して、社会における徳の実践と完成を目的とする徳倫理学の立場においては、立派な人柄をつくりあげること、すなわち品性や徳性の向上はきわめて重要な課題であるとされ、生涯その人柄の完成へと向けて努力するよう促されることであろう。徳倫理学に関しては、マッキンタイア McIntyre（1984=1993）および加藤・児玉編（2016）を参照。しかし、その場合においても、一般的には、立派な人柄や高い品性や徳性は賞讃の対象ではあっても、普通人であることじたいは非難されないだろう。私たちは普通人としてふるまうならば、それでまずは十分で、そこから先は、努力目標・課題となる。なお、本節の第一稿が書かれた時期（二〇一六年三月）において、元少年が普通人としての品性・徳性を身につけられたかどうかは、報道から窺う限り、確かに疑問は残るようにも思われるものの、元少年を執拗に追いかけまわすことは、彼の品性・徳性の向上に役立つとは思われないので、本節の結論は変わらないように思われる。

（8）教育刑論に関しては、山口（2015: 46-49）および Liszt（1905=1998）参照。

（9）はすみ氏の Facebook ページを参照のこと。「はすみとしこの世界」https://www.facebook.com/%E3%81%AF%E3%81%99%E3%81%BF%E3%81%A8%E3%81%97%E3%81%93%E3%81%AE%E4%B8%96%E7%95%

8C-984279651598190/（二〇一六年一二月一二日アクセス）

（10）「在日特権を許さない市民の会」『Wikipedia』https://ja.wikipedia.org/wiki/%E5%9C%A8%E6%97%A5%E7%89%B9%E6%A8%A9%E3%82%92%E8%A8%B1%E3%81%95%E3%81%AA%E3%81%84%E5%B8%82%E6%B0%91%E3%81%AE%E4%BC%9A（二〇一六年一二月一二日アクセス）

（11）二〇一六年一〇月現在の名称は、「対レイシスト行動集団」。詳細は、下記を参照。「対レイシスト行動集団」『Wikipedia』https://ja.wikipedia.org/wiki/%E5%AF%BE%E3%83%AC%E3%82%A4%E3%82%B7%E3%82%B9%E3%83%88%E8%A1%8C%E5%8B%95%E9%9B%86%E5%9B%A3（二〇一六年一二月一二日アクセス）

（12）「ネットが変える犯罪米国からの報告：中　ニュルンベルクファイル」『朝日新聞』一九九九年三月五日　朝刊三七面。

（13）"Planned Parenthood of Columbia/Willamette, Inc. v. American Coalition of Life Activists," *Digital Media Law Project*, Oct. 26, 2009. http://www.dmlp.org/threats/planned-parenthood-columbiawillamette-inc-v-american-coalition-life-activists（二〇一六年一二月一二日アクセス）

（14）最高裁判所 平成一四年（受）第一六五六号 平成一五年九月一二日 第二小法廷判決。

（15）少数反対意見は、大学の名簿提供行為は、同意手続きを経なかった点で配慮がなかったとしても、社会通念上許容される限度を逸脱した違法な行為とは言えないとする。その理由は次のとおりである。第一に、ここで問題となっている個人情報は、秘匿性の高いプライバシー情報とは言えない。まず、この個人情報は個人の内面にかかわるものではなく、社会生活を送る必要上明らかにした情報および個人識別情報にすぎないから、他人に知られたくないと感じる程度が低いものである。次に、名簿作成の意図が講演会の管理運営を円滑に行うためのものであった。第二に、大学の名簿提出行為は、国賓の講演会の警備必要性は極めて高いから、正当な理由がある。最後に、開示によって、原告に実質的な不利益が生じたようには見えない。

（16）「三菱樹脂事件」（労働契約関係存在確認請求事件）。昭和四三年（オ）昭和四八年一二月一二日第九三二号最高裁判所大法廷判決、民集二七巻一一号一五三六頁。

（17）「少年Aから今年も手紙　彩花さんの母『今までで一番事件に向き合おうとしている』」『産経ＷＥＳＴ』二〇一五年三月二三日。http://www.sankei.com/west/news/150323/wst1503230011-n1.html（二〇一六年一二月一二日アクセス）

（18）「神戸事件の遺族、加害男性の手紙や手記『絶歌』受け取らず　彩花ちゃんの母コメント全文」『産経ニュース』二〇一五年六月二三日　http://www.sankei.com/west/news/150623/wst1506230083-n1.html および、「土師淳君の父、守さん『息子は二度殺された』『匿名で出版ひきょう』」『産経新聞ＷＥＳＴ』二〇一五年六月二九日　http://www.sankei.com/west/news/150629/wst1506290010-n1.html、「加害男性の手記『今すぐ出版中止を』土師さん　神戸連続殺傷事件」『神戸新聞NEXT』二〇一五年六月一〇日　http://www.kobe-np.co.jp/news/shakai/201506/0008109910.shtml（いずれのＵＲＬも二〇一六年一二月一二日アクセス）。

（19）下記の担当編集者へのインタビューも参照。「神戸連続殺傷事件『元少年Ａ』はなぜ手記を出したのか？　太田出版・編集担当者に聞く」『弁護士ドットコム』二〇一五年六月一三日　http://www.bengo4.com/other/1146/1307/n_3240/（二〇一六年一二月一二日アクセス）

（20）筒井（1989: 12-13）は、三島由紀夫の思春期の性的な体験に関して文学的観点から分析している。

（21）大屋（2014b）は、ヘイトスピーチ規制は表現・言論の自由と衝突することから、日本国内においては、排外的な示威行為による被害が一部地域に集中しているため、それら地域を抱える自治体による条例での規制が望ましいとする。ただし、条例で規制する場合においても、政治的言論として認められなくなる限界がどこからなのか十分な検討が必要であろう。

（22）"Son of Sam Law," *Wikipedia*, https://en.wikipedia.org/wiki/Son_of_Sam_law（二〇一六年一二月一二日アクセス）

（23）「『サムの息子法』国に働きかけへ　明石市、『絶歌』巡り」『朝日新聞』二〇一五年七月二日朝刊、阪神・一地方面。

（24）同権利の創出に当たっては、Mayer=Shönberger（2009）における議論が重要だったとの指摘がある。壁谷彰慶氏の示唆による。

（25）ＥＵの規制には、規則（Regulation）、指令（Directive）、決定（Decision）、勧告（Recommendation）、および見解（Opinion）の五種類がある。規則は、すべてのＥＵ加盟国の国内に直接の効力を有し、国内法に優先する。指令は、名宛人となった加盟国はその目的に沿って国内法の整備を行う義務を負うが、その法令の実装には裁量権がある。決定は、特定の加盟国や私人（企業、個人等）に対して具体的な行為の実施や停止等を命令する行政規則である。勧告は、加盟国および私人に対して一定の行為の実施を期待するという欧州委員会の表明で、立法の準備を目的とする。それに対して、意見は拘束力がない特定のテーマに対する欧州委員会の意思表明である。これらの規制は、ＥＵの目標や原則、機構、立法制度等のあり方を定める条約を第一次法に対して、第二次法と呼ばれる。庄司（2015: 4-6, 41-43）を参照。

（26）一般データ保護規則案の日本語訳に関しては、一般財団法人日本情報経済社会推進協会（JIPDEC）による仮訳『『個人データ保護規則』案　仮訳』を参照のこと。http://www.soumu.go.jp/main_content/000196316.pdf（二〇一六年一二月一二日アクセス）

（27）なお、アイデンティティとプライバシー（権）のかかわりについては、曽我部（2013: 201-230）、阪本（1986）、棟居（2008: 173-214）、佐伯（1984）、van den Hoven（2008）、大谷（2016c）などを参照のこと。

（28）また、現在の個人情報保護法においては、データ主体による自己の個人データの開示・訂正・削除は請求権として定められているわけではなく、自己情報コントロール権の観点から見ると、不十分との指摘がある（今岡 2015）。

（29）「つぃっぷるトレンド」〈http://tr.twipple.jp/talent/month.html〉を参照。同頁の二〇一三年七月八日「有名人のカテゴリー」による。（二〇一三年七月八日アクセス）

（30）「安藤美姫の未婚出産　美談じゃ済まされない…スケート連盟に抗議殺到」『東スポ Web』二〇一三年七月六日 http://www.tokyo-sports.co.jp/sports/othersports/159368/（二〇一六年一二月一二日アクセス）

（31）「週刊文春『安藤美姫選手の出産を支持しますか?』アンケート実施で炎上→中止に」『ねとらぼ』二〇一三年七月五日 http://nlab.itmedia.co.jp/nl/articles/1307/05/news066.html（二〇一六年一二月一二日アクセス）

（32）「週刊朝日による橋下徹特集記事問題」『Wikipedia』https://ja.wikipedia.org/wiki/%E9%80%B1%E5%88%8A%E6%9C%9D%E6%97%A5%E3%81%AB%E3%82%88%E3%82%8B%E6%A9%8B%E4%B8%8B%E5%BE%B9%E7%89%B9%E9%9B%86%E8%A8%98%E4%BA%8B%E5%95%8F%E9%A1%8C（二〇一六年一二月一二日アクセス）

（33）なお、ミルの立論を見る限り、自己を配慮しない行為や生活について、家族や友人等が説得を試みることは、他者危害原則から見ても禁じられない。パターナリズムを批判した法学者ファインバーグにおいても、他者危害原則は、法の個人の生活や行動への介入の限界を規定するため、使われているに過ぎない。Feinberg（1984: 10-14）など参照。

（34）"American Idol." *Wikipedia.* https://en.wikipedia.org/wiki/American_Idol（二〇一六年一二月一二日アクセス）

（35）"Cable television in the United States," *Wikipedia. https://en.wikipedia.org/wiki/Cable_television_in_the_United_States*（二

〇一六年一二月一二日アクセス）

（36） YouTube で二〇一六年一二月現在も映像を見ることができる。"Jermaine Jones responds to American Idol exit (EXCLUSIVE)" *CNN* https://www.youtube.com/watch?v=coHePeUICUQ（二〇一六年一二月一二日アクセス）

（37） 以下を参照。"American Idol's Jermaine Jones wanted in three counties, gave cops false name twice:report," *Daily News*, July 3, 2012. http://www.nydailynews.com/entertainment/tv-movies/jermaine-jones-reportedly-kicked-american-idol-concealing-arrests-article-1.1038619; "'Idol' Finalist Has Five Active Arrest Warrants: Jermaine Jones may get boot for hiding record," The Smoking Gun, Mar 14, 2012. http://www.thesmokinggun.com/documents/jermaine-jones-american-idol-arrests-769123（いずれも二〇一七年二月二四日アクセス）

（38）「グーグルに名前入力→犯罪連想の語句表示　検索予測、差し止め命令　東京地裁」『朝日新聞』二〇一二年三月二六日朝刊三八頁。「グーグルのサジェスト機能が日仏で敗訴　世界で活動するネット企業に重い課題」『J-Cast News』二〇一二年四月二三日　http://www.j-cast.com/2012/04/23129858.html?p=all（二〇一六年一二月一二日アクセス）。なお、二〇一七年一月最高裁はサジェスト機能について「忘れられる権利」を認めない決定を行った（最高裁第三小法廷　平成二九年一月三一日決定）。奥田編著（2015: 72–138）も参照。

（39）「〈金曜討論〉〈自治体のごみ開封調査〉『住民の不公平感を払拭』西尾チヅル氏／『憲法に違反する可能性』板倉陽一郎氏」『産経新聞』二〇一四年一〇月三日　http://www.sankei.com/premium/news/141003/prm1410030011-n1.html（二〇一六年一一月一三日アクセス）

（40） 米国においては、*California v. Greenwood* 裁判において、街路に出したゴミにはプライバシーの期待はないとの判決が下りている。Solove（2008=2013: 29）参照。ところが、名和（2017）によると、二〇一〇年代に入って、警察による令状なしの捜索に関して、注目すべき判決と少数意見が登場している。*State v. McMurray*（860 N.W.2d 686, Minn. 2015）においては、少数反対意見（David Lillehaug 判事）として、現代においては、街路のゴミにもプライバシーがあるとの判断が示された。この主要な理由は二つである。第一に、ゴミの分別収集が定着し、とくにデジタル機器の分別が義務付けられるようになっているが、デジタル機器にはプライバシーが含まれる。「Internet of Things」の進展とともに、この傾向はさらに強まる。第二に、家庭ゴミの中には私たちの生物学的な痕跡が含まれ、ここから当局はＤＮＡを採取する。ＤＮＡは個人のプライバシーに当たる。一方、同少数意見が依拠した *Riley v. California*（134 S. Ct. 2473, 2014）においては、携帯電話のハードウェアは携帯電話型の拳銃など危険物の可能性もあるので、令状なしの捜索ができるものの、コンテンツは捜索できないとした。コンテンツには、個人のセンシティブ情報やプライバシー情報に該当するアドレスやメモ、預金通帳、検索履歴、処方箋が含まれている可能性がある。多くの写真も格納できる。さらに、その保存は購入時点またはそれ以前からの保管ができる。これらの理由から、コンテンツの令状なしの捜索は違憲であるとした。名和（2016b）が依拠するCampbell（2016）も参照。

(41)「環境大国ドイツはとても厳しい！　ゴミの分別における注意点」『俺ドイツ！』二〇一四年一〇月九日（二〇一五年七月三日更新）http://ore-germany.com/garbage/（二〇一六年一二月一三日アクセス）

(42) 山口氏より私信によるご教示を受けた（二〇一四年一〇月六日）。

(43) その一方で、共同体の弱化とともに、一八世紀から二〇世紀にかけては、全体主義国家による自由の抑圧が問題とされてきた。国家と共同体が個人の自由をめぐってお互いに牽制する立場にあるという直観は、大屋（2007: 24-25）などに見られる。

(44) なお、手法は巧妙化しているものの、オンラインショッピング（インターネット通販）やオンラインバンキング（オンライン銀行）などの偽のウェブサイトに誘導して、利用者にクレジットカード情報や銀行カードの情報など重要な個人情報を入力させるというフィッシング詐欺じたいは、二〇〇五年に「フィッシング対策協議会」（事務局：JPCERTコーディネーションセンター（JPCERT/CC））が設立された事実に見るように、相当古いインターネット悪用の手口である。

ところで、JPCERT/CCは、世界中で連携して活躍するコンピュータ緊急対策チーム（CERT）の日本版である。CERTが何の略称であるかは、それぞれの組織について異なるものの、その機能はほぼ同一である。すなわち、コンピュータセキュリティの脅威の発生に対応して、その脅威に関する報告を受け付けるとともに情報収集を行い、その手口や、付け込まれたシステムソフトウェアの弱点、対策等の分析を行い、広く対応策を広報して、システム管理者に対策を促すことで、インターネットやコンピュータシステムに対する脅威に対抗する、という機能を有する。このような機能を持つ組織の一般名称は、ＣＥＲＴではなく、ＣＳＲＩＴとされる（JPCERT n.d a）。

米国では、一九八八年のインターネットワーム事件を契機にＣＥＲＴコーディネーションセンターが設立され、その後各国で同様の機関が設立された。日本においては、JPCERT/CCが一九九六年に発足。一九九〇年、各国のＣＳＲＩＴの国際的連絡機関であるFIRST（Forum of Incident Response and Security Teams）が設立され、JPCERT/

CCは一九九八年に加盟（JPCERT n.d. b）。

（45）「ボット」とは、ソフトウェアロボットの略称と言われるが、インターネットを介して遠隔から、マルウェアを感染させたPCやスマホなどの情報機器を操る手法や、そのマルウェアに感染して操作されるPCやスマホなどの情報機器のことを呼ぶ。

（46）「警視庁、不正送金ウィルス無力化　民間とプログラム開発」『日本経済新聞』二〇一五年四月一〇日朝刊。http://www.nikkei.com/article/DGXLASDG09HA2_Q5A410C1MM0000/（二〇一六年一二月一三日アクセス）

（47）なお、警視庁サイバー犯罪対策課への問い合わせ（二〇一六年四月一八日）では、記事の内容が発表のすべてで、詳細に関しては捜査上の理由から説明ができないとのことだった。また、この捜査手法（対策・予防手法）が使われているかどうかは、別部署の担当で不明との回答だった。なお、警視庁の同作戦に関する広報資料（警視庁 2015）は削除され、二〇一六年四月現在は閲覧ができない。

（48）「一万台ものルーターを勝手にハックしてセキュリティを高めたハッカーの正体と目的が判明」『Gigazine』二〇一五年一〇月八日 http://gigazine.net/news/20151008-person-hacked-routers/ および、"The White Team / Linux.wifatch," https://gitlab.com/rav7teif/linux.wifatch も参照。（二〇一六年一二月一三日アクセス）

（49）"Mysterious George Orwell's Refund" *Kindle Community, Amazon.com* http://www.amazon.com/tag/kindle/forum/ref=cm_cd_pg_newest?_encoding=UTF8&cdForum=Fx1D7SY3BVSESG&cdPage=1&cdSort=oldest&cdThread=Tx1QUP1NLUY4Q5M&displayType=tagsDetail（二〇一六年一二月一三日アクセス）

（50）同トピックスにおけるCaffeine Queenの発言（Jul 16, 2009 10:56 AM PDT）http://www.amazon.com/tag/kindle/forum/ref=cm_cd_et_md_pl?_encoding=UTF8&cdForum=Fx1D7SY3BVSESG&cdMsgNo=1&cdPage=1&cdSort=oldest&cdThread=Tx1QUP1NLUY4Q5M&displayType=tagsDetail&cdMsgID=Mx22F5TVSLQG4GV#Mx22F5TVSLQG4GV（二〇一六年一二月一三日アクセス）

（51）前註(50)の各発言を参照。

（52）上記トピックスの bookprincess の発言 http://www.amazon.com/tag/kindle/forum/ref=cm_cd_et_md_pl?_encoding=UTF8&cdForum=Fx1D7SY3BVSESG&cdMsgNo=4&cdPage=1&cdSort=oldest&cdThread=Tx1QUP1NLUY4Q5M&displayType=tagsDetail&cdMsgID=Mx1DTK66NAVIQMF#Mx1DTK66NAVIQMF（二〇一六年一二月一三日アクセス）

（53）二〇一〇年代半ば頃から、匿名P2Pファイル共有ソフトウェアをはじめとする匿名通信ソフトウェアが構成するネットワークは、「ダークウェブ」と呼ばれ、インターネットのデータ通信量の相当の部分を占めるようになっているといわれている。セキュリティ集団スプラウト（2016）および大谷（2016f）を参照。

（54）ロック的な情報所有権の観点から、ユーザーのプライバシーの権利やクリエイターの著作権を基礎づける試みもある。Moore（2001）およびMoore（2008）を参照。

（55）Zittrain（2008=2009: 328–341）が扱ったパケット伝送制御・匿名制限論は、二〇一六年現在さらに難しい問題に直面する。

第一に、日本法における「通信の秘密」概念との関連から、どの程度パケット伝送制御・匿名制限が可能であるか。海野（2015: 207–208, 526–527）においては、円滑な通信・通信の安全性の確保という目的に照らして正当である方法と範囲・程度であれば、パケットヘッダにもとづくパケット伝送制御およびパケット追跡による匿名制限は、電気通信事業法上の正当業務行為と判断されるだけでなく、合憲でもあるだろう可能性を示唆する。しかしながら、海野（2015: 207–208, 526–527）の議論においても、パケットのペイロードの内容の監視に関しては、正当化が困難と考えられる。

第二に、「ダークウェブ」と称される強力な暗号と匿名通信技術を組み合わせたオーバーレイネットワークの広がり。これは、前出註(53)で触れたとおりである。ダークウェブは、一般的に犯罪行為に利用されるとの印象が強い。実際、闇のマーケットプレイスで、さまざまな違法な物品やサービス（殺人請負など含む）の取引が行われているとされる（セキュリティ集団スプラウト 2016: 29–44）。また、クレジットカード情報や与信情報などの金銭化ができる個人情報の闇取引も行われているという（セキュリティ集団スプラウト 2016: 48–72）。このダークウェブは、犯罪者やテロリストの集団が活用することで、個人や企業、国家の情報セキュリティや身体・生命・財産の安全に対する大きな脅威になる一方、外交・安全保障を含む政府の通信や、権威主義的国家や全体主義国家における市民の安全な通信のインフラストラクチャーとしても活用されていると見られる。

第三に、国家・企業・個人など、強力なインターネット監視技術を有する主体によるプライバシー侵害問題。二〇一三年、米国の諜報機関中央情報局（CIA: Central Intelligence Agency）および国家安全情報局（NSA: National Security Agency）において勤務経験がある情報技術者Edward Snowdenが、NSAによる自国民および同盟国民のインターネット監視の実態について、告発を行い、香港経由でロシアに逃亡した。NSAが、インターネットに対して、包括的かつ大規模な監視が行われている実態が明るみに出たことで、プライバシー保護のために匿名性はますます必要だろうとの議論も生じている。ＮＳＡによる市民監視について、簡便かつ要を得た説明は、次を参照。「世界を監視するアメリカ――〝スノーデン告発〟の衝撃」『クローズアップ現代』№三三八一 二〇一三年七月一七日（水）放送。http://www.nhk.or.jp/gendai/articles/3381/1.html（二〇一六年一二月一三日アクセス）

　暗号技術も匿名化技術も、「両用技術」の典型であって、遵法のユーザーにも脅威エージェントにも役立つ（名和 2005: 188-205）。スノウデン事件は、国家さえも監視技術の利用方法を誤れば、脅威エージェントになり得ることを示したものであろう。遵法のユーザーから暗号技術や匿名化技術を取り上げることは脅威エージェントから身を守るすべを取り上げることになりかねない。トア（Ｔｏｒ）と呼ばれる匿名通信ソフトウェアを利用する闇マーケットプレイスの運営者やその関係者の逮捕・摘発に当たっては、さまざまな追跡手法を組み合わせて、彼らの身元に迫ったことがうかがわれる（セキュリティ集団スプラウト 2016: 117-189）。この事例は、必ずしも匿名技術が広まることが捜査の手を縛ることにはならないことを示しているようにも見えるものの、現実のところどのような捜査手法がとられたか不明であるため（実のところ当局にとっても合法的捜査手段ではもうお手上げなのか）、匿名技術をどのように規制するべきか合理的意思決定は現段階では難しそうである。なお、Ｔｏｒの脆弱性に関しては、Zetter（2007）参照。また、Ｔｏｒブラウザはモジラ・ファウンデーションのFirefoxをベースに開発されているが、Firefoxの脆弱性の利用とＴｏｒブラウザのユーザーの追跡に関しては、Goodin（2016）参照。

第二章　匿名性と個人情報

2-1　匿名と「言論の自由市場」

「言論の自由市場」仮説は、魅惑的だ。言論を自由にすることが、真理を発見し普及させるには最良の手段である。これは、自由競争市場で、最適な資源配分が行われるという経済学的な仮定を意識した比喩だ。政府や世論の抑圧に対して言論・表現の自由を擁護したジョン・スチュワート・ミルが、この比喩の出所とされる。

「言論の自由市場」、または「思想の自由市場」（Marketplace of Ideas）の比喩は、一九五三年ダグラス判事が *United States v. Rumely* 裁判の同意意見で初めて用いたとされる。それに先立ち、一九一九年には、ホームズ判事が *Abrams v. United States* で、「思想の自由取引」（Free Trade in Ideas）ということばを使っている(1)。彼らの判決文は、前出のミルと、『アレオパジチカ』を著したミルトン（Milton 1644=2008）の影響を強く受けているように見える。

インターネットにおける匿名言論の擁護にも「言論の自由市場」の比喩が用いられる。つまり、誰の発言であろうと、ネットの言論の自由市場では、正しい意見が生き残るし、意見の均衡状態がもたらされるというのだ(2)。

しかしながら、インターネットでの匿名言論を見れば、必ずしもそうは言えないのではないかという疑いが起こる。米国では、匿名コメントを規制する動きが伝えられている。

まず、ニューヨーク州で、外食・レストランの口コミ評価サイトでの匿名レビューの「やらせ」が摘発された。州司法当局が、口コミ評価サイトでオンライン評価を操作していた一九企業に対して、「やらせ」コメントをやめることに加えて、総額三五万ドルの罰金を命じたという（AFPBB 二〇一三年一〇月二日）(3)。

次に、相次いで米国の著名メディアや大手メディアのウェブサイトが匿名コメントの排除に乗り出した。『ポピュラーサイエンス』誌では、偏向した匿名コメントがコメント欄の論調だけでなく、記事の解釈もゆがめることから、コメント欄を閉じた。動画共有サイトのユーチューブは、汚い言葉や差別用語を含むコメントを自動的にブロックする機能を導入し、ほかのユーザーの共感を得たコメントが上位に掲示されるしくみに変えた。ニュースサイトとして定評がある『ハフィントン・ポスト』は、コメントに実名の公表を義務付けた（岡田 2013）。

日本でも、二〇一二年にレストラン口コミ評価サイトの「やらせ」が問題になった(4)。同年、大手インターネットショッピングモールが自社発売の電子書籍端末の評価を操作していた事実も明らかとなり、社会的非難を浴びた（岡田 2012; 二階堂 2012; 藤代 2012）。また、ネットでの発言は実名にすべきか匿名を許すべきかという論争も、断続的に行われている(5)。

しかし、実名義務付けは匿名ユーザー問題を解決しない。インターネットで実名を義務付けても、国内のインターネットのサービスにおいては、ユーザー登録はメールアドレスで本人と本人の実在を確認したとするものがほとんどで、本人確認をより厳格に行う携帯電話番号登録も増えているものの、主要なサービスのうち携帯電話番号登録を必須とするものはない。無料メールのメールアドレスを複数取得すれば、いくらでも偽のアイデンティティをつくることができる。実際、実名登録を義務付けたフェイスブックで、偽のアイデンティティで友達申請を繰り返し、個人情報を奪取したり、アカウントを乗っ取ったりしようとする迷惑行為が問題になり続けている(6)(守屋 2013)。

匿名は「実名」の否定ではない(2-4、2-5も参照)。情報発信者の同定と追跡が困難であることが、インターネットにおける匿名の本当の問題だ。ただし、同定と追跡を厳密に行えば、その手段によっては非ネット世界以上の監視システムが出来上がる。いざというとき同定と追跡が可能でありながら、通常は監視を気にしないでもよいしくみが求められる(7)。

ネットの匿名発言は、自由競争だからといって必ずしも正しい意見は残らない。他人の発言を邪魔するだけのコメントを多数発信することにコストも手間もかからないから、数と量で真っ当な意見や真摯な意見を圧倒できる(8)(2-3参照)。多数者の圧政どころか、少数者が、場合によっては自動プログラムを利用して騒げば、フォーラムの意見を席巻し、奪い取ることができる。議論が行き詰まれば、人身攻撃による「炎上」も頻繁に起こる。「炎上」に加勢すれば、人びとに自分自身の力を暗く実感させる。「権力が隠す真実」という名のもっともらしい陰謀論が、匿名で横行する場合もある。単なる言論の自由競争は、混乱を増すだろう。

一方で、匿名の見解にも耳を傾けるべき真理が含まれる場合も少なくない。乱暴な言葉であったとしても、何らかの真実を衝いた発言があるかもしれない。とくに、誠実に対話し、根拠や理由を示す匿名者の発言は安易に無視すべきではない。匿名掲示板の2ちゃんねるにおける商品批評は、匿名の批評者が発言の疑問を質す問いかけに対して根拠・理由をあげながら回答している場合、必ずしも単なる誹謗中傷とは限らないことが多い。役立つ匿名レビューも、信頼できる根拠や理由を示すものだ。

ところで、「言論の自由市場」という用語は、ミルの『自由論』にはない。[9] そもそも市場の比喩もないし、正しい意見が生き残るという説明もない。むしろ私たちは無謬の存在ではないから、間違った意見だと思ってもその発表を禁じるべきではないし、意見の誤りを正すためには、自由な議論しか方法がないと主張される（Mill 1856=1971: 35–112）。「言論の自由市場」とは、経済的な自由放任主義を支持した（初期の）ミルの立場からの連想にすぎないように思われる。なお、ミルは、後年妻の影響から経済的自由に加えて、政治的自由の重要性を主張するようになり、その経済思想も、社会主義に接近した（Brink 2014; 小泉 1997: 139–144）。

言論の自由市場の比喩は、オープンかつ公正な場で言論が競い合い、人々の評価によって、ある言論（意見）がより多くの支持を受けることで、よりよい言論が何であるか明らかになる――こうした意味であろう。さらに進めて、言論の自由市場は、多数販売されるものがよい言論であるという含みがあるとすれば、芸術や学問的言説の価値は多数決によって決まるという帰結を導くように思われる。

ところが、理念的にも、また、現実においても、多数決や販売の多寡によって、芸術や言論の価値は定まらないように思われる。たとえば、書籍市場を見ると、必ずしも多くの人々の支持を受けないからと言って、すぐれた作品ではないとは断言できない状況にあることがわかる。

新潮社は、「新潮文庫の絶版一〇〇冊」と題して、二〇〇〇年、同文庫の絶版作品のうちから一〇〇冊を選び、CD-ROMに収録したパソコン用電子書籍を発売した。同電子書籍には、文学史的に重要な日本作品や世界的に著名な古典が収録されており、市場価値が低いとしても、文学的価値・歴史的価値の高い作品が存在することを明らかに示している。また、同時に、ある時代において多くの人びとに支持されないとしても、すぐれた芸術作品が存在することも事例として示唆するだろう。さらに、市場競争は比較的短期で商品の価値が判断される一方、芸術や言論（とくに、学問的言説）は、中長期的に評価されるように思われる（大谷 2017a）。

言論の自由市場の比喩は、超越的観点から言論や芸術の価値を独善的に判断することは不可能であり、かつ望ましくないので、人びとの目に触れる公開の場から事前に排除してはならない[10]という含意は評価できても、多数決や購買のような多数者の支持によって（のみ）言論の価値が決まるかのように見える点は、理念的にも現実的にも、言論や芸術の価値判断について誤解を招きかねない面があると考える。

無謬の存在ではない私たちは誤りを正すために議論に頼らざるを得ない。匿名コメントの過激な意見も意見として有益な場合もある。匿名コメントは操作されやすい事実を認識し、理由と根拠を問う習慣を身に付けることが、匿名に翻弄されない第一歩だろう。

2-2　伝承の匿名空間

インターネットには、俄かには嘘とも真ともつかぬ話があふれている。そのストーリーが語り手自身の体験談として物語られうるところが、非ネット世界とは違うところだ。

非ネット世界の都市伝説や噂、流言など、真偽があやふやな話は、一般的に伝聞によるという基本構造をもつ。「友だちの友だちが経験した」話だったり、「友だちが友だちから聞いた」話だったりする。現代都市伝説研究のきっかけとなったブルンヴァンの『消えるヒッチハイカー』(Brunvand 1981=1997)に記録された話にせよ、日本中を駆け巡った「口裂け女」などの現代のフォークロアにせよ(木下 1999)、直接体験した出来事ではなく、語り手自身が伝聞によって知ったストーリーばかりである。

もちろんネットにも、伝聞調の無責任な話は多い。たとえば、二〇一〇年七月の参議院選挙直後、ある与党の実力者が離島に釣りに出かけたところ、知日派の大物米国人政治学者が米原子力潜水艦に乗ってその前に現れ、極秘会談をしたという話が、伝聞、または伝聞の伝聞として一部のブログで流れた。まったく荒唐無稽で、事実とは到底思えないが、真偽が問題となるタイプの情報で、評価を含まない、流言集団が形成されたこと(つまり、一部のひとのみが信じて、多くの人びとが誰でも口にする「口裂け女」のような話ではない)、ニュースのような一過性の情報であることなどから、これは「流言」に分類される。(11)社会心理学者オルポートら(Allport and Postman 1947=2008: 41–60)が定式化したように、状況の曖昧さ(情報の不足)と問題の重要さの積によって流言の伝播量が決まるならば、この荒唐無稽な話が一部で広まったのは、権力の行方や政治的状況が不透明で、鳩山政権以来ぎくしゃくした日米関係への不安が広く存在し(状況の曖昧さ)、日米関係が日本の針路に大きな影響を与える(状況の重要さ)と人びとに感じられていたからだろう。

伝聞による奇妙な話が流れる一方で、匿名電子掲示板や匿名の人生相談においては、語り手自身が経験したと称する「実話」が物語られ、「私も似たようなことを経験した」という読み手が、さらに語り手となり、あらたな物語を紡ぎ出して尽きない。

たとえば、匿名電子掲示板システムの2ちゃんねるの、育児に関する話題を扱う「育児板」では、「セコケチママ」や「泥ママ」(泥奥)、「放置子《ほうちご》」など、符牒化した主題のもと、日常生活では公然と語られることもない隣人や家族との小さな葛藤や衝突が繰り返し語られる。

登場人物は、母親とその周囲の人びとで、近隣の女性の世界に起こった出来事を井戸端会議的に語る点が、どの話にも共通だ。ユーモラスなオチのある話も一部にあるものの、一読して落ち着きの悪い不安を覚えるものも多い。筒井康隆の連作短編集『家族八景』(筒井 1975)が、被害者の一人称の実話として語られると言えば、読後感は想像できるだろうか。

「セコケチママ」とは、当然の権利のように、金品や奉仕を要求する隣人のこと。狭い家にもかかわらず、「ママ友」に押し掛けられて無理やりパーティーを開かされたとか、一人っ子の自分の子どもの服や持ち物を「お下がり」するよう強要する近所の「ママ」など、節約と称して迷惑を及ぼす母親たちが語られる。「泥ママ」「泥奥」は、文字通り他人の物を盗む手癖の悪い「ママ」や「奥様」。奇妙な隣人たちは、「そんなものが欲しいの」と不思議に思うような品まで盗む。「放置子」は、実親に育児を放棄された結果、衣食住や愛情を得ようと近隣の家に出入りして迷惑をかける子どもたちだ。地域で子どもは育てるもの——これが放置子の親に共通の言い訳だ。

中には、都市伝説的なオチのある話もある。たとえば、「呪いの人形」の物語。どれもユーモラスな語り口で、恐怖譚の雰囲気は薄い。

類話1　語り手の家に代々伝わる市松人形が近所の主婦に盗まれた。犯人は、勝手に動き出した無人の軽トラックに轢かれて重傷を負い、なかなか人形を迎えに行かなかった語り手自身も微妙な不幸に遭った。今までに二十数回盗まれたり盗まれそうになっても、そのたびに人形が戻ってきた。(12)

類話2　語り手の義母お手製のウィスキー瓶のみすぼらしい人形が、捨てても捨てても戻ってくる呪いの人形。頼まれてももらいたくないような人形を盗む主婦も主婦だが、やはり、盗まれた人形は家に帰る。(13)

類話3　上司がインドネシア土産に買ってきた木彫りの仮面が、気持ち悪いし（通称、キモお面）場所ふさぎで捨てたいのだが、海外赴任中に盗まれても、語り手を追いかけて日本へと戻ってきた。キモお面を捨てずに大事にしてくれると喜んでいた上司が亡くなり、遺族の感謝の声も人づてに聞こえて、ますます捨てづらくなる。日本でもまた盗まれたが、我が家にやはり戻ってきた。(14)

いずれにせよ、匿名の電子空間で浮遊する物語は、語り手が真実と称しても、実話かどうか確かめようがない。とはいえ、信憑性をもって迫る話も多い。対面では、井戸端会議でも言いにくい、隣人や家族に対する小さな不満や不信が、いずれの物語の底にも沈んでいる。放置子のストーリーは家族の曖昧な境界を問題とし、セコケチや泥ママの物語は隣人の小さな悪意や嫉妬への不安を浮かび上がらせる。日常は口にしづらい微妙な話題で、細部や語り口に説得力があれば、匿名だからこそ告白できるのだという印象を生む。

匿名の電子空間は公共的課題を問う「公共圏」であるよりも、名前のない人びとが深奥の感情を吐露する親密性の場所のように思われる。何も仕掛けがないならば、匿名の電子空間は透明な公共的フォーラムとして成立する可能性よりも、民俗学者が読みといてきたフォークロアが語られる場所となるだろう。

2‐3　匿名性の信憑効果

計量政治学的に見ると、若者は右傾化していないという。

二一世紀に入ってから、一部で「若者の右傾化」が言われるようになった。確かに、匿名掲示板の2ちゃんねるを覗けば、周辺諸国への敵意・軽蔑をむき出しにして無条件に日本を礼賛したり、憲法九条を改正して自衛隊を日蔭の身から解放するとともにさらなる軍備増強の必要性を説く、「名無しさん」たちの熱い書き込みが多数見られる。彼ら右翼的言動を吐く人びとは、ネット上だけで威勢がよいという揶揄も込めて、「ネトウヨ」と呼ばれる。

2ちゃんねるの書き込みは、独特の冷めた皮肉や嗤いが感じられるものが多いにもかかわらず、このシニシズムが熱いナショナリズムと結合する奇妙な事態を見て、社会学者は「嗤う日本のナショナリズム」と題した書物を書いた（北田 2005）。自民党は、ネット上の評論活動で有名となった「ネトウヨ」の代表と思しき人物を二〇一〇年の参議院選挙（第二二回参議院議員通常選挙）の候補者として出馬させた。

ところが、「若者の右傾化」はあくまでもネットの中だけで、これを真剣に憂いているとしたら、その人は「ネットの見過ぎ」だと、計量政治学者の菅原琢（菅原 2009: 195–208, 230–235）はいう。世論調査を見る限り、「憲法九条を守るべき」、「プライバシー権や知る権利、環境権などの新しい権利を盛り込む憲法改正を行なうべき」、「天皇制を廃止すべき」という「左翼的な」回答は、二〇代が他の年代層と比較して多いそうだ。政治学者は、「若者の右傾化」を問題にさえしていない。

つまり、「若者の右傾化」は、データとして存在しない。「ネトウヨ」と呼ばれる人びとは、日本の二〇代人口と比較すればごくわずかにもかかわらず、ネット上の発言が目立つため、ネットに詳しい論者たちが取りあげ、争点化したことで、「若者の右傾化」現象が事実であるかのように見えるようになったのだろう。

匿名掲示板集合体の2ちゃんねるは、確かに実名を名乗る必要はないものの、多くの掲示板では「ID」が表示される。前出の菅原によれば、このIDを集計すると、多数の意見が表明されているように見えても、わずか二〇%程度の同一「ID」が六〇%の書き込みを行っているという（菅原 2009: 218–222）。「若者の右傾化」は、ネット上でもごくわずかな「ノイジーマイノリティ」の現象に過ぎない。現実に、件の「ネトウヨ」候補は、四万票余りを獲得しただけで落選した。[15] ネット上の「麻生人気」を信じ込み、「ネトウヨ」に同調するかのように右翼イデオロギーを前面に掲げる自民党も、空虚なネット世論に振り回されているのではないか。

「ネトウヨ」現象に見られるように、ネット世論は増幅されて認識される傾向がありそうだ。この増幅効果には「匿名性」が大きく寄与していると考えられる。

凄惨な誘拐殺人事件にかかわったとの噂を立てられて、一〇年以上にわたって、ネットでの誹謗中傷が続いたスマイリーキクチ氏の場合、一九名の中傷犯が逮捕・書類送検された。キクチ氏は匿名電子掲示板等での中傷による汚名を晴らそうとブログを開設したものの、ブログに対しても誹謗中傷が殺到した(16)(スマイリーキクチ 2011: 30-78)。

ブログのコメントは匿名・仮名で可能である。強い反感・攻撃性をもって書き込む人びとはごくわずかだとしても、「名前」が見えないことで、非常に多数の人びとが同一意見を持っているかのように見える効果が生じ、ブログの持ち主に大きな精神的ダメージを与える。

第二次世界大戦中に自死したヴァージニア・ウルフは、長く温めてきた独特の英文学史の構想をエッセイの形で残している。死後発見されたノートで、彼女は匿名性の口承文学が、印刷術の発達とともに作家性を獲得し、民衆から離れていく過程として、英文学史を描き出した(Silver 1979)。匿名の文学は誰によって語られたとも知れないものの、それがゆえに普遍性をもつと見なされた。

歴史家のロバート・ダーントンが観察したフランス革命前後の一八世紀パリの言説空間でも、上流階級に関する匿名の噂話がパンフレットや書籍などのメディアに固定されることで、信憑性を獲得し、さらに口承の世界に影響を与えて、噂話の流通が促進されるというメカニズムがあったとされる(Darnton 1995=2005: 251-272)。一八世紀は、公論・世論という概念が生み出された時代でもある(Habermas 1990=1994)が、これらの「声」も誰かのものではなく、匿名であるからこそ重視されるべきものだった。

一九世紀以降、欧米と同様、日本でも文学の匿名評論が流行するが、匿名とは世論の声の代弁であると考えられた。昭和の時代には、小林秀雄や大宅壮一の「匿名評論」論も現れている(森 2003)。伝統的に匿名とされた新聞記事も、誰がという主語がないことによって、多くの人が信じている事実であるという説得力を増す効果が実は与えられていた可能性がある。匿名の情報・言説が、メディアに固定されることで信憑性を獲得するという傾向が確実にあるのではないか。

匿名であるということは常識に信頼性がないという常識的な判断がある一方で、匿名発言が多数重なることで「みんなが言っている」という錯覚を起こしやすくなるように思われる。また、匿名性によって社会的な肩書や利害関係が見えなくなることで、言説の見かけの普遍性と信憑性も与えられるように思われる。これを「匿名性の信憑効果」と呼ぼう。

このような匿名性の信憑効果が、「若者の右傾化」現象を一部の論者に信じさせたように思われる。集合的な匿名発言は、個別の匿名発言を超えた効果を生むことに、われわれは注意すべきだ。

2-4　実名・匿名論争1

ツイッターには、「bot（ボット）」が多数棲んでいる。ボットとはロボットの略称で、自動的にテキストを読み込んでツイートに変換するソフトウェアのこと。天気予報や占い・鉄道運行情報などの役立つ情報をツイートして情報発信する者から、作家・芸能人などの有名人、アニメやマンガ・小説の有名キャラクターの名セリフをランダムに発信するものまで、ボットの種類はさまざまだ。Twitter BOT JAPAN（http://bot.cuppat.net/）によれば、二〇一〇年現在少なくとも四〇〇〇以上のボットが日本のツイッターには棲息している。(17)

中には、「手動ボット」と称して、ソフトウェアではなく人間が自分の手で、誰かの発言を装って入力するツイッター・アカウントも存在する。円谷プロの怪獣・ウルトラマンのツイッターなども手動ボット（もしくは、ソフトウェアの手助けを借りているかもしれないが）の一種と言えるだろう（3－6参照）。二〇〇九年一二月出現した実業家・俳人として著名な角川春樹氏の「手動ボット」は、ただ氏の過去の発言を引用していただけだが、そのツイートの破天荒な破壊力が注目を浴びた。残念ながら、すぐにこのアカウントは凍結されてしまったものの、現在もツイートの一部の記録はネット上に残っている（やまもと 2009）。

ボットの仕業とわかっていれば、有名人の発言と勘違いすることもないだろうが、中には有名人を装って意図的に偽情報を流す輩もいる。有名なところでは、ダライ・ラマやセント・ルイス・カージナルスのトニー・ラルーサ監督（Siegler 2009=2009）[18]、ブログサービスなどで著名なサイバーエージェント社の藤田晋社長[19]、鳩山由紀夫首相[20]（ぴこ 2009）などの「なりすまし」が話題となった。藤田社長のケースでは、彼と実際に親交がある堀江貴史元ライブドア社元CEOまでもだまされたと、ブログで告白している（堀江 2009）。

米Twitter社は、なりすまし対策のために、公共機関や著名人に対して、確かに本人であると確認したうえで認証済のアカウントを発行することを始めている[21]。また、当然ながら、なりすましアカウントの本人からの削除依頼にもTwitter社は応じている[22]（日本語可）。

匿名・実名問題が依然として喧しいが、ブログや通信サービスでただ実名による発言を義務付けても、本来解決しようとしている問題の解決にはほとんど無効である（2－1参照）ことが、ツイッターの「なりすまし」問題から明らかである。当然のことだが、インターネットでは、ある発言に誰かの名前が付されていたとしても、本当にその人の発言であるかどうかはまったく保証されないのである。

単に名前があるかないかという意味で「匿名性」を使う限り、匿名性とは何か理解できない。情報通信ネットワークにおけるコミュニケーションを考えれば、私たちと、情報通信ネットワーク上の「名前」とのリンク可能性がどの程度あるかが、匿名性の程度を決める（大谷 2008: 178-190; 折田 2008）。リンク可能性がどの程度あるかを見ない限り、あるユーザーに匿名性がどの程度あるかは判断できないのだ。

そして、ここでの「私」とは、私じしんとしての生活誌を有し、氏名や住所等の私に関連付けられるさまざまな情報が結びつけられる対象であって、私が行った行為に対して法的・倫理的責任を帰せられる主体であるようなものであろう[23]。

情報倫理学者のニッセンバウムは、到達不可能性を与えると指摘した（Nissenbaum 1999）。ところが、私たちが匿名性を欲するのは、必ずしも、ある種の行為や発話によって生じる法的・道徳的責任を免れようとしているだけではない（大谷 2008: 162-216）。

人びとは、家族や地域社会、学校、会社、その他の社会的ネットワークに所属して生きている。私が所属している社会的ネットワークにおいては、私が行うだろうとその社会的ネットワークに属するほかのひとが私に予期する行為や発話、あるいは、私がそれらの人びとに予期してほしいと思う行為や発話がある。私はこういう性格や能力等の属性を有する人間であると了解されており、その了解にしたがって、人びとの予期は成立している。個別の社会的状況において、私たちは一定の役柄を演技（パフォーマンス）しているが、この演技が成立するのは、この予期が存在するからである。役柄は私に与えられているものであるとともに、私がそうありたいと願うことで役柄をつくるという側面もある。私たちは役柄に合致するよう振る舞おうとする。そして、こうした役柄になろうとしてその役柄を演じるとともに、人びとの私の属性に対する了解をその役柄に沿ったものへと変えようとする。私は、このとき人びととの予期がこうあってほしいと願うとともに、その予期を操作しようとしているわけである。演劇論的な個人アイデンティティ論を展開した社会学者のゴッフマンが一連の著作で描き出した私たちの日常生活のあり方はこのようなものである。ゴッフマンは、人びとの予期を操作しようとする私たちの演技（パフォーマンス）を印象操作と呼んだ（Goffman 1959=1974: 243-279）。

人びとの予期を操作しようとする匿名性の利用については、印象操作としての匿名性と呼ぼう。一方、私たちがインターネットで使う「名前」は、「名無しさん」のような使い捨てのユーザー名かもしれないし、ひとりひとりに割り当てられて、インターネットを利用する限りついて回るユーザーIDかもしれない。場合によっては、誰かの「実名」が使い捨てのユーザー名として利用されることもあるだろう。その場合、「実名」であっても、その実名を有する人とリンク可能性はないのだから、匿名性はきわめて高い。

そもそも現実世界においても、私たちはそこそこの匿名性をもって行動している。ここでの匿名性は、到達不可能性としての匿名性と、印象操作としての匿名性の双方がある。私たちが逃亡者であれば、都市の人の海の中に紛れ込むことで、法的責任を免れるという意味での到達不可能性を実現したいと思うだろう。また、誰も自分を知る人のいない場所でのびのびと羽を伸ばしたいと思っても、やはり都市のひとの海は、社会的ネットワークを離れて、特定の社会的ネットワークの人びとが有する私たちに関する予期を受けずに行為することを助けてくれるだろう。私の生活誌や素性を知る知己に会う可能性が低い都市ではもちろん、挙動不審な行動をしたり、目立つ容姿をしたりしていない限り私たちが誰であるか注目されることもほとんどない。少なくとも、私たちはとくに何か特別なことがない限り必要以上に注目されることがないと信じて日常生活を送っている。だから、じろじろと誰かに見られれば不快に感じるし、食べこぼしたソースや汚れが服や顔についているのではないかと不安になる。

しかし、ここで匿名性が脅かされる恐れがあるとしたら、誰かがじろじろと眺めることで、「普段の私」、つまり特定の社会的ネットワークに所属しており、特定の属性をもった私、あるいは過去に何らかの違法な行為を行った私と、都市における私とがリンクされることに、私たちは不安を覚えているのである。何らかの違法な行為を行った私が想起されれば、警察に通報されるかもしれない。また、都市における私と特定の属性をもって特定の社会的ネットワークに所属する私とが結び付けられることによって、その特定の社会的ネットワークおよび私に対する特定の予期を前提とする特定状況における演技が破綻する可能性がある。これが、私たちが不安に思うことの原因であるように思われる。

インターネットの場合、とくに匿名性を高める（つまり、リンク可能性を弱める）技術を使わない限り、現実世界の都市における匿名性よりも匿名性は低くなりえる。もちろんユーザー同士の間では匿名性はないかもしれない。ところが、私たちがアクセスするサーバーの管理者や私たちがアクセスするネットワークの管理者たちから見れば、私たちが操作する情報機器のＩＰアドレスやＭＡＣアドレス等、情報機器に割り振られる、インターネット上で一意な「名前」は丸見えである。何か私たちが権利侵害行為や違法行為を行ったとして、プロバイダ責任制限法による申し立てがあったり、犯罪行為が警察に認知されたり、刑事・民事での告訴が起こされたりすれば、インターネットにおける私たちの到達不可能性としての匿名性は働かなくなるだろう。誰かのユーザーIDやパスワードをうまく奪取するなどの準備を行わない限り、電子掲示板やツイッターなどのサーバーに残るIPアドレスによるトレーサビリティを考えれば、実名を隠しただけで誹謗中傷や悪事を行おうと思わない方が利口だろう(24)。

不正アクセス禁止法は、本来はIDとパスワードによる本人認証をかいくぐって、リンク可能性を低めてインターネットで悪事を行う人びとを取り締まることを目的としているが、悪意のない技術的な探究行為も取り締まり対象となることに疑問が投げかけられてきた。限界はあるにしても、この法律はインターネットの匿名性の弊害に対する規制だ。

インターネットアクセスの条件として、国家が発行した一意のユーザーIDを利用させるなどの「実名制」には疑問があるが、インターネットでの選挙活動を許す公職選挙法改正にともなう「なりすまし」の規制や、名誉棄損などのインターネットにおける権利侵害に対する事後的な救済措置の充実が、現在のところは、匿名性に対する社会的な対応として現実的なところだろう。

2-5 実名・匿名論争2

メアリ・アン・エヴァンスが処女作「エイモス・バートン師の悲しき運命」(一八五七年)をジョージ・エリオットの筆名で発表したとき、彼女は世間から身を隠さねばならぬ理由があった。当時彼女はJ・W・クロスと同棲を始めていたが、正式に結婚していなかった。クロスの妻アグネスは彼のもとを出奔し、彼の友人のもとに走り、子をもうけていた。このような事情から、メアリは兄のアイザックから絶縁されていた（Mullan 2007:10–108）。

とはいえ、彼女が男性名の筆名を選んだのは、日陰の身だったからだけではない。「ジョージ・エリオット」がダメな作家だとわかったら、即座に切って捨てても彼女自身には影響がないという計算もあった。『フロッス湖畔の水車小屋』（一八六〇年）を出版した頃には、ジョージ・エリオットが誰か広く知れ渡っていたが、その後も彼女はこの筆名を使い続けることとなる（Mullan 2007:10–108）。

ヴィクトリア朝の一九世紀英国では女性に対する偏見が強く、作家志望の女性は作品を正当に評価してもらうため、男性の仮面が必要だったという一見説得力がある説を見かけるが、これは神話だ。一八世紀以来、「ある婦人による」と題された匿名の著者による本が多数出版されている。その著者の多くが実は男性だった。作者が無名の新人のため、名前を出しても売り上げが期待できないうえ、むしろ著者が女性だとほのめかすことで話題を呼び、高い売り上げが期待できたから、匿名女性の作品を装ったのだと、英文学者のマーガレット・J・M・エゼルは推測している（Ezell 2003: 63–80）。

ジョージ・エリオットの例でみるように、販売戦略上の有利さだけでなく、匿名は著者に大胆さも与えただろう。この小説がダメだったら名前を捨てればよいと思えばこそ、あえて出版するという冒険もできた。

匿名で投稿できるオンライン百科事典ウィキペディアのモットーの一つも、「Be Bold（大胆であれ）」だ。記事を編集するときは、気兼ねせず大胆に改善をしてほしいという意図だ[25]（Lih 2009=2009: 244）。

ただ、その改善を「批判」と受け取れば、元の執筆者や意見の違う編集者から再編集・改訂が入るかもしれない。あまりにも頻繁に意見の違う者同士で編集の「応酬」が行われることを「編集合戦」という。とくに、政治的に見解が分かれる項目やメディアヒーローの項目などでは編集合戦が多いように見える。ポーランドのある都市は「グダニスク」なのか「ダンツィヒ」なのかをめぐっても編集合戦が起きた（Lih 2009=2009: 244–249）。

ウィキペディアは、誰もが自由に投稿でき、名前も明かす必要はない。ただ、執筆希望者は簡単なプロフィールを添えて登録することを期待されている。完全な書き捨てを防ぎ、上記のように何か議論になったら、執筆者に連絡が取れるようにするためだ。とはいえ、登録を行わず、完全な匿名で執筆を行う人びとが、日本版にはとくに多いとも言われる[26]（湯地 2010）。

ウィキペディアに書き込み・編集が行われたIPアドレスを名寄せできる「ウィキスキャナ」というソフトでこの百科事典を見ると、政府・政治家や大企業からあまりに「大胆」な書き込み・編集が行われていることがわかった。日本の例でいえば、衆議院から政治家の項目を賛美する内容に書き換えたり、逆に省庁批判を公に繰り返す政治家の項目に悪口を書きこんだりする痕跡がはっきりと見えた[27]。

ある米国のジャーナリストは、自分のウィキペディアの項目を見ると、身に覚えのない殺人を犯したことにされていることに気づいた（Lih 2009=2009: 356–359）。場の雰囲気は違っても、不正確な情報や身に覚えのない不正確な情報が書き込まれ、利害関係者が自分に有利な情報を書き込む、いわゆる「自作自演」も横行するという点では、もしかすると匿名電子掲示板とウィキペディアは大きく変わらないかもしれない。

ウィキペディアの場合、このような匿名性の「害」を抑える仕組みが、誰でも執筆・編集できるという執筆者の多様性、公開で議論を行ってできるだけ客観的な「妥協点」を見出せるようにすることに加えて、専門知識がある管理者の存在だ。管理者はプロフィールを公開し、ネット上の信任投票で選ばれる（Lih 2009=2009: 190-193）。

とはいえ、管理者のプロフィールも信用できるとは限らない。一万六〇〇〇項目もの編集を行った管理者「Essjay」は神学の博士号を有する専門家だと称していたが、実は二四歳の大学中退者だということが判明する事件が、二〇〇七年にはあった（Lih 2009=2009: 364-376; 湯池 2010）。

誰でも編集できる「あまりに民主主義的な」運営と匿名性が悪い――という観点から、ウィキペディアの初期からの管理人だったラリー・サンガーは、信用できる実名の専門家による百科事典プロジェクト「シチズンディアム（Citizendium）」を開始した。精確で信用できる記事を載せたオンラインのフリー百科事典をつくることを大きく謳って、このプロジェクトは始まった。

しかしながら、英語版ウィキペディアが約五〇七万項目に対して、現在のシチズンディアムの項目数は約一万七〇〇〇項目と、伸び悩む(28)（二〇一七年三月一二日現在）。匿名ユーザーの「大胆さ」が百科事典を巨大化させていく推進力の一つであることは間違いない。

不正確だからと言ってウィキペディアが使えないわけではない。最近の出来事や存命中の人物に関する事件の経緯のまとめは、出典さえ信用が置けるものを使っていれば、ほぼ信用できるだろう。なぜなら、多くの人びとに関心があり、検証ができるので、内容はより正確になる傾向があると考えられるからだ。また、いわゆる理系・工学系の分野に関しても、その記述の水準はさまざまだとはいえ（あまりにも専門家向け過ぎて理解ができないという項目も多い）、信頼できそうな出典が明示されていれば、ある程度の検討を経て使うことができる。そもそもおおざっぱで不正確、客観性・中立性にも疑問がある記事もあるという事実を知っておけば、おおまかな事実や参考リンクを知るという知識探索の「出発点」にできる。

偽の情報は依然として残っている可能性があるとはいえ、編集者・管理者やユーザーの努力や注意によって摘発されてきた。英語版ウィキペディアには、意図的に書かれたと推測される偽情報が書かれた項目（「Hoax」と呼ばれる）のまとめがあり、このまとめによると、一年以上誰も気づかなかった偽情報の項目は、三〇五ある（二〇一七年三月一二日現在）。二〇一七年三月一二日現在もっとも長期間気づかれなかった偽項目は、実在しないスウェーデンの地元特産品小売店に関するものだとされる[29]（一一年八カ月、二〇一六年八月三一日発見）。この偽記事はかなりの長期に及んで誰にも虚偽と気づかれなかったとはいえ、誰も気に留めない記事だったからこそ長期にわたってウィキペディア上で虚偽のまま訂正されなかったと考えられる。前述のジャーナリストに関する偽情報は、一カ月で訂正された。多くの目があればバグは怖くないという、オープンソースソフトウェアのエヴァンジェリストであるエリック・レイモンドの説は、おそらくウィキペディアでも生きている[30]（Raymond 2000=2001）。ウィキペディアにおいても、多くの人びとが目を通す重要項目の偽情報や誤りは相当早く訂正されると考えてよい。

進化心理学者のマイケル・トマセロによれば、チンパンジーと幼いヒトのどちらも状況次第では他者を援助するものの、ヒトの子どもにしか見られない特殊な形態の援助行動があるとされる。それは、「必要とされる情報を提供すること」である。ヒトの子どもは一二カ月頃には、指さしによって他者に情報を提供するようになる。ホチキスで紙をとめるという大人の行動を観察していた子どもが、後から入ってきた紙の束を抱えた大人にホチキスがどの棚に入っているか教えるという援助行動が観察されている。チンパンジーにおいては、情報提供は自分自身が得をする場合においてのみ行われるものの、ヒトの子どもにおいては、自分が得をしなくても相手が必要とされる情報を提供するという行動がみられるという（Tomasello 2009=2013: 20–26）。つまり、人間は生得的に他者に正確な情報を伝えようという傾向を有しており、意図的に嘘をつくようになるのはその後だと、現代の進化心理学は教えている。トマセロは、この他者に正確な情報を教えようとする援助行動の傾向が、利他的行動の基盤の一つであるとしている。ウィキペディアがなぜうまくいくのかについてさまざまな説明があるが、一つには、トマセロが指摘するようなヒトの生得的な援助行動への傾向性が影響している可能性があるだろう。匿名であったとしても、このような傾向が働きがちであり、この傾向が、とくに配偶者選択による性選択によって世代を通じて引き継がれるだろうという予測は、ミラー（Miller 2000=2002: II 431–434）によって与えられている。

ウィキペディアは匿名であるがゆえに、もちろん「害」もあるだろう。前述の偽情報がその一例である。とはいえ、匿名の「害」を取り除くための制度的仕組みがさまざまに作りこまれている。管理者制度や出典明示の原則もそうであるし、編集過程を透明化したうえで、必要があれば、すぐに版を戻すことができる機能も、悪意ある加筆・訂正・削除等が行われた場合への対処である。このようなしくみを支えるのは、レイモンドが指摘した多くの目玉の法則であって、それを私たちヒトの生得的な援助行動を行う心理的基盤が支えている可能性がある。おおざっぱにはウィキペディアは信頼できる。そして、その項目の内容が使えそうかどうかは、記事を支持する出典がどのようなものかよく見たうえで（たとえば、専門的で信頼できる出版社から公刊された書籍や権威ある学術雑誌の記事を参照しているか)、記事内容も自分自身のもつ知識によってチェックしたうえで、その記事を参照できるかどうか検討する必要がある。学術的訓練を一定程度受けた者にとっては、ウィキペディアのどの記事が使えて、どの記事が使えないかは勘で相当わかるだろう。

前述のように、匿名の害は利益でもあって、匿名で大胆になれるからこそ多くの記事がウィキペディアには集まる。匿名の利益と限界を認識したうえで、その利益をうまく引き出すように、ウィキペディアを使う側も知識と知恵を活用する必要がある。そして、この知識と知恵は、ウィキペディアの執筆・編集や、学術情報の生産・編集等など、自らが知識の整理や生産に携わることで鍛錬されるように思われる。

2-6 マイナンバー

共通番号(マイナンバー)法が、第一八三回国会(二〇一三年)で成立した。

共通番号制度は、社会保障と税の一体改革を可能とする制度的・技術的基盤として提案されたものだ。政府資料(政府・与党社会保障改革検討本部2011: 2)を見ると、高齢化社会の進展や格差の拡大などの時代背景のもと、社会保障分野と税務の分野の個人情報が結び付けられることで、所得状況に応じた適正な社会保障を給付し、情報通信技術の発展に対応し、税・社会保障制度の設計と運営の効率性と透明性の向上などが目的とされる。

社会的背景としては、マスメディアで芸能人の家族の生活保護不正受給問題が報じられたこと（二〇一二年）に示されるように、税負担や社会保障給付の不公平感が一部で高まっていたこと、また、まだ記憶に新しい「消えた年金」事件（二〇〇七年）に見られるように、年金納付記録のような社会保障にかかわる分野で個人情報を適切にコンピュータで処理できない場合が相当あると見られたこと、こうした事件や出来事が、同制度の露払いになったようにも思われる[31]。

同一個人の年金納付記録を追跡するには、「名寄せ」作業が必要だが、氏名で名寄せする場合、氏名のふりがなが確定しないうえ、漢字も正字・俗字・異体字など多様な字形がある。外字で入力してしまった例や、JISコードで無理に異なる字形の文字を一つの漢字で表現しても、出力環境によって文字の字形が異なる問題も起こりえる。したがって、コンピュータで大量の個人情報を名寄せする場合、氏名は検索キーには使えない。そうすると、氏名とは別の個人情報の識別符号が必要だ。そのため、基礎年金番号が導入されたが、手続き上本人確認性が弱いとされる。したがって、本人確認が確実な共通番号が必要だという理屈である（榎並 2010: 38–67）。

ところが、社会保障・税共通番号制度の情報システムにおいては、共通番号（マイナンバー）そのもので各サーバーの検索を行うわけではない。共通番号で検索をかけると、国税庁なら国税庁の、社会保険庁なら社会保険庁の、都道府県・市町村ならばそれぞれの個人データを収容したサーバーの検索用の符号・識別番号等に変換したうえで、それぞれのサーバーの検索が行われるようになる。これは、共通番号によって複数のサーバーを串刺し検索できるようになることで、個人情報が一望されるプライバシー侵害を避けるとともに、複数のサーバーの情報を必要に応じて関連付けるための工夫である（内閣官

房社会保障改革担当室・内閣府大臣官房番号制度担当室 2015)。

もちろん社会保険庁の年金データであっても、個人が別の社会保険制度に異動するときに名前の表記を変えたり、誤登録したりする可能性はある。この場合には、各サーバー上で共通の符号・番号を個人に割り振ることに意味があるだろう。

しかしながら、複数のサーバーにまたがって検索を行う場合には、共通番号があるから簡単にできるというわけではない。都道府県・市町村の情報システムは一八〇〇以上あるとされるから、少なくとも一八〇〇以上の情報システムサーバーのデータベースを解析して、共通番号をそれらのデータベースの検索問い合わせに合うように変換し、目的とする個人のデータを一意に検索できるようにする必要がある。この変換作業を実現することが容易ではなく、そのために社会保障・税共通番号制度の情報システムの構築はきわめて高額の予算と時間を必要としている (安岡 2013)。

住民基本台帳ネットワーク (住基ネット) の住民票コードも本人確認性が強く、共通番号の候補となりえるが、プライバシー侵害を防ぐため、住基ネットは住民の生存や住所・生年月日等の公証以外には利用してこなかった。社会保障分野への応用もごくごく限定されてきた (前川 2009)。住基ネットに課せられた制約も共通番号の必要の根拠とされる。

共通番号制度で個人を識別する番号は個人番号と呼ばれる。個人番号は書面で住民に通知される。個人番号の通知カードを受け取った住民が申請すると、個人番号カードが与えられる。このカードには氏名・住所・生年月日・個人番号・顔写真などが記載され、同じ情報が電磁的データとして内部にも格納される。これはICカードが使われる (内閣官房社会保障改革担当室・内閣府大臣官房番号制度担当室 2015)。

個人番号は、当面社会保障分野（年金や失業保険、生活保護など）および税務分野（確定申告書などに記載し、当局の内部事務で使用）、防災（被災者生活再建支援金の支給など）に利用される。個人番号で転居手続きをすれば、ワンストップで社会保障関連の届け出もできるほか、年金手続きなどが容易になるなどの効能が謳われる。また、ネットの個人番号対応のポータルサイトで、社会保障関係のお知らせも受け取れるという（内閣官房社会保障改革担当室・内閣府大臣官房番号制度担当室 2015）。個人番号は、今後の法改正で、ほかの行政分野や民間での利用拡大を、政府や関係者は期待する。

ところで、個人番号は、住民票コードを数学的に変換して生成される。共通番号システムは住基ネットとは別のシステムではあるものの、共通番号制度は住民票がベースである。だから、事情があって住民票を持たない人びとが共通番号制度から漏れ、行政サービスを受けられないのではないかという批判がある（清水・桐山 2012: 11-13）。

しかし、個人番号を持つか持たないかが現在のところ行政サービスを受ける要件ではないので、この批判は、現在は当たらない（なお、生活保護の受給には、住民票は不要）。

ただし、すべての人びとが共通番号を使ってくれない限り、悉皆的な所得把握と納税の管理や社会保障の十分な給付は難しい。だから、政府は個人番号活用のための何らかの動機づけが必要と考え、すでに述べたように、ほかの行政分野や民間分野に応用範囲を広げて利便性を高めようという計画がある。

共通番号制度が適正に運用されているか、特定個人情報（個人番号と結びつけられた個人情報）の利用などを監視する第三者委員会（いわゆる三条委員会の位置づけ）や、特定個人情報や共通番号システムの不適切な利用に対する罰則もあるものの、プライバシーやセキュリティはやはり心配だ。

個人番号カードが本人確認に利用されるようになれば、共通番号は公開番号なので、民間にもそのまま渡される。これは、共通番号を検索キーとした個人情報の収集と悪用の危険性を高めるだろう。記載情報も目視できるから悪用の可能性がある（清水・桐山 2012: 57-60）。これらの点で、批判者の声には確かに耳を傾けるべきだ。

社会保障・税共通番号制度における特定個人情報の保護を監督する第三者委員会は、関連法の改正によって、二〇一六年一月特定個人情報保護に関する監督業務とともに個人情報保護法を所管する個人情報保護委員会に改組された。ＥＵ（ヨーロッパ連合）との間の個人情報・個人データのやり取りのためには、ＥＵにおけるプライバシー・個人情報保護と日本における保護が同水準と認められる「十分性認定」が必要とされる。この十分性認定の重要な要素が、プライバシーコミッショナー制度の創設であって、前出の個人情報保護委員会はその役割・機能を担う組織と期待される。ところが、現在（二〇一七年三月）のところ行政機関個人情報保護法・独立行政法人個人情報保護法および各自治体の条例等を所管するわけではないので、十分性認定はまだ無理ではないかとの声が、個人情報保護にかかわる法令の専門家にはある[32]（鈴木 2016）。

さらに、社会保障・税番号と身元確認証明、電子政府のポータルサイトのＩＤはそもそも機能が違うし、プライバシー侵害の可能性や利用の不便さが高まるうえ、国際的に特異な情報システムの導入で無駄な投資を招く懸念も強いので、一つのＩＤですべて済まそうとする現在のマイナンバー構想はおかしいという批判もある（八木 2012: 46-74）。

二〇一五年一〇月中旬以降、マイナンバーの通知カードの発送が順次開始され、二〇一六年一月からマイナンバーカードの発行が開始された。

マイナンバーカードの交付申請は、マイナンバー通知書とマイナンバーカードの申請書があれば、郵送やインターネット経由などで可能である（地方公共団体情報システム機構 n. d. a）。カードを受け取るには、地方自治体の窓口に、前述の通知カードおよび交付通知書、本人写真付きの本人確認書類（免許証、パスポートなど）か、保険証や年金手帳など写真のない本人確認書類の場合は二点を持って行き申請する（地方公共団体情報システム機構 n. d. b）。成りすましの危険性は、本人確認書類を使って本人確認を行うので、小さいように見える。

ところが、二〇一六年二月、京都市内の医師が不正に取得した通院患者名義の住民基本台帳カードを悪用し、交通違反の摘発を免れる事件が起きた。これは、本人確認書類として患者の預金通帳と年金番号通知書を提出して、住民基本台帳カードを取得したものだ。マイナンバーの場合も、マイナンバー通知書・マイナンバーカードの申請書と本人写真のない本人確認書類二点があれば、交付申請と受け取りができるので、これらの書類を何らかの仕方で入手できる機会や能力等があれば、原理的には、同様の不正取得は可能である[33]。

二〇一六年三月には、翌月には原因が特定され、改修が行われたものの、マイナンバーカードを発行する地方公共団体情報システム機構のシステムトラブルが生じ、カードの交付が遅れることがあった[34]（大豆生田 2016）。共通番号制度も、その基盤となる情報システムも、それらの構築・運用について、国民がよく見守り、必要があれば変えていく必要があるように思われる[35]。

2-7 iCloud流出

二〇一四年八月末、超有名女優・女性モデルの裸体写真がネットに流出し、多くの人々を驚かせた。これらの写真は、当人が米アップル社のクラウドサービスiCloudに保存していたものだ。

流出画像は、当初国際的な匿名画像掲示板「4chan」(http://boards.4chan.org/)に貼られた。4chanは、アラブの春などで注目を集めた国際的なハクティビスト(政治・社会活動としてハッキングを行う人々のこと)集団「アノニマス」の根拠地。とはいえ、匿名電子掲示板2ちゃんねるのユーザーと同じように、一般的に、ユーザー同士密接な横のつながりはない。多数の名無しユーザーが漠然と攻撃目標への対抗心・悪意、興味関心、そして、場合によっては、善意などで結びついているだけだ。

4chanに画像を貼った者は自分にビットコイン(8-4参照)を払えば、さらに過激な画像を公開すると、掲示板を見る者を煽った。画像を入手したとされる女優・女性モデルのリストに並ぶのは、約百名。「今をときめく」というあまりにも陳腐な表現が似合う第一線の若い女優・女性モデルの名前ばかりだった。画像は数千枚あるという推測もある。

iCloudは、スマートフォンのiPhoneやタブレット端末のiPad、パーソナルコンピュータのMacintoshなど米アップル社の製品のユーザー向けのインターネット上のサービス(OSがWindowsであっても使える)。これらの製品は、インターネットに接続して使うことが前提のインターネット端末である。

iCloudは、このインターネット端末で入力・記録したすべてのデータを保存する「インターネット上のハードディスク」的機能が基本機能だ。さらに、複数の異なる端末から、インターネットに接続できれば、どこでもアクセスできるメールやカレンダーなどの日常的なコミュニケーションスケジュール管理機能なども提供している。

さらに、「iPhoneを探す」という特殊な機能がある。これは、iPhoneだけでなく同社製の端末で、位置情報サービスを利用していれば、その場所を探し、誰にも利用できないようにロックしたり、拾った人向けに保管や届け出をお願いするメッセージを表示させたりすることができる機能だ。

今回のiCloud流出は、当初この「iPhoneを探す」機能の欠陥のせいと考えられたが（これも流出経路の可能性はある）、一度にすべてが漏洩したわけではなく、さまざまな時点と手法で流出した画像の寄せ集めだったようだ。

『Business Insider』の記事によると、4chanに画像を貼りつけた「OriginalGuy」は、「AnonIB」という4chanから派生したコミュニティに出入りし、多数のセレブの私的画像を集めていたという。これらの画像がコレクションとして大した価値がないと気づき、ひと儲けしようと書き込みをしたらしい（Cook 2014）。

これらの画像は、クラッカー（悪意のハッカー）たちの高度な分業で流出したものという分析もある。クラッカーたちは、ターゲットの公開情報やフェイスブックなどのSNS（ソーシャルネットワーキングサービス）の情報に加えて、公的機関に保管される情報も活用するという。場合によっては、偽アカウントを作成したり、ターゲットの友人に近づき情報収集も行う。別のハッカーが、クラッキングツールを駆使して、ターゲットのユーザー名やパスワード、秘密の質問の答えなどを突き止める。また、iCloudが狙われたのは、米アップル社製品では、カメラで撮影した画像が自動的にiCloudにバックア

ップされるしくみだったからと、同じ記事では推測している。(36)

いずれの手段を取ったにせよ、一人のアカウントをクラックすれば、その後の探索は楽になると予想される。iCloudのユーザーＩＤ（Apple ID）はユーザーがメインに使うメールアドレスだから、誰かの住所録を入手すれば、その友人知人のApple IDが芋づる式に見つかるはずだ。社会心理学者Ｓ・ミルグラムの発見した「六次のつながり」効果（スモールワールド効果）が威力を発揮する（Milgram 1967=2006; Buchanan 2002=2005: 12-17）。

「iPhoneを探す」機能にアクセスしたならば、セレブたちの位置情報を把握している者もいるかもしれない。メールもiCloudにバックアップしていれば、覗いているかもしれない。

Apple IDは、アップル社のサービスすべてに共通なので、悪用の範囲も広い。同じＩＤとパスワードで幅広いサービスを利用できるのは便利だが、同時に悪意ある人間も、ひとりの人間の情報を丸裸にできる可能性がある。

パスワードによるデータ保護がもはや限界という意見も大きいが、代替手段はまだない。今のところは、推測されにくいパスワードの利用と、「二段階認証」程度の対策である（Apple 2014）。二段階認証とは、アクセスしようとするたびごとに、携帯電話やパソコンなどにサーバー側から暗証番号が送信され、パスワードとこの暗証番号でログインするものだ。

2-8　個人情報の危害行為

通信教育の顧客名簿情報の闇市場への流出と、犯罪被害者や家族の個人情報の暴露は、確かにいずれも個人情報に係る不正行為ではあるものの、「同じ」ものなのだろうか。どちらがひどいなどの程度の問題ではない。むしろ種類が違うのではないだろうか。

通信教育大手のベネッセの顧客名簿情報約二〇〇〇万件が、顧客データベース管理を委託された外部会社で派遣社員として働くシステムエンジニア（SE）の手で持ち出され、名簿業者に販売されたことが、二〇一四年七月に明らかになった。SEは不正競争防止法違反（営業秘密情報の複製）で逮捕されたものの、名簿業者は、情報の出元を知らなかったとして、立件が見送られた。二〇一六年三月二九日、元SEは東京地裁立川支部において同法違反で懲役・罰金の実刑判決を受けた[37]。

日本のコンピュータ犯罪の歴史をひもとくと、一九七〇年、日経マグロウヒル社（現、日経BP社）の顧客名簿情報が、顧客への雑誌送付を委託されていた企業の再委託先から盗み出され、リーダーズダイジェスト社に販売された事件が[38]、コンピュータ犯罪の第一号と言われている。この事件は、磁気テープから名簿をコピーしたものだった（室伏 1987: 120–125）。

また、個人情報流出と言えば、住基ネット稼働が話題になり始めたころ起きた、京都府宇治市の二二万件の個人情報データ流出事件（一九九九年）を想起する向きもあるだろう。これもデータベース開発業務を受託した民間業者の再々委託先のアルバイト従業員が、金銭目当てでデータを持ち出した事例だった[39]（青柳 2008: 54–57）。

これら類似した事件を並べると、多重委託と派遣社員・アルバイト従業員の業務が当然という、下請けと一時雇用・派遣雇用に依存するIT業界の伝統的な産業構造が、金銭目当ての個人情報流出の背景にはありそうだ。

もちろん名簿に掲載されていた氏名や住所、電話番号は、その本人が社会活動を行うためには、状況に応じて開示する必要がある。だからこそ、これら情報とリンクされる本人（個人データのデータ主体）は、通信販売業者にはこれらの情報を進んで開示したわけだ。

しかし、名簿情報が流出すれば、その名簿に個人情報があった人びとや家族は、身に覚えのないダイレクトメールや販促電話が家にやってくるだけでなく、もしかするとそれが悪用されて自分や家族に何か危害が及ぶかもしれない。そして、電子データは複製が容易であるから、どこかに隠匿された名簿データが次から次へ名簿業者に、情報の出元は問われないままに売られていくかもしれない。自分の情報が自分の手の届かないところに行ってしまい、コントロールを失うこと。不安も含め、これらが名簿情報流出の「被害」だ。

一方、犯罪被害者やその家族が、報道によって生活や過去などの情報を暴かれ、多くの人びとに知られることの被害は、名簿情報の流出とはまた違った種類のものが加わるだろう。もちろん氏名や住所が特定されることで、物見高い人びとが家の周りに押し寄せたり、脅迫電話や愉快犯的ないたずら電話がやってきたりするかもしれない。個人情報の流れがコントロールできず無力さを感じるのも同じだ。

しかしながら、それに加えて、犯罪被害者であるという社会的なスティグマを負わされることになる。社会学者E・ゴッフマンが描いたように、社会の偏見によって、対人的な相互行為の中でスティグマが認識されれば、相互行為がうまくいかなくなるかもしれない（2-12参照）。社会の側が押し付けてくるアイデンティティを拒絶できないことになる。この結果、私たちは社会的活動への参加がうまくできなくなる可能性がある（Goffman 1959=1974; Goffman 1963=2003 など）。

つまり、家にまで誰かが来るかもしれないという不安と、自分自身が他人からどう見られるかというアイデンティティが歪曲されるかもしれないという不安は、同一ではない（2－5および2－11、2－12を参照）。

情報倫理学者J・ファン・デン・ホーフェンは、個人情報にかかわる不正行為を四つに分類した。①情報に基づく危害、②不平等、③不正義、④道徳的自律の侵害である。

①は、個人情報を悪用して身体・生命や財産を脅かす危害をもたらす不正行為である。私たちは個人情報を渡して利便性や役務などの利益を得る場合もあるが、ここで不平等な取り扱いを受ければ、②の不正行為の被害に当たる。③は、健康情報にもとづいて教育の機会が決まるなど、個人情報が別の領域での取り扱いを左右するような差別の問題だ。そして、④は個人がどのような人物かというアイデンティティを歪曲するような個人情報の取り扱いを行う種類の不正行為だ。このうち、④だけが、厳密にはプライバシー侵害にかかわる不正行為だと、ファン・デン・ホーフェンはいう[40]（van Den Hoven 1997; 奥田 2000; van Den Hoven 2008）。

このように、個人情報にかかわる不正行為は一つだけではない。ファン・デン・ホーフェンに付け加えれば、前述のような、個人情報がどうやってもコントロールできないという無力感のように、心理的・感情的危害もあるだろう。ただし、このような無力感のような心理的・感情的危害は、プライバシー侵害の危害およびこれからの保護を保証するプライバシーの権利の本質にあると考えられる一方で（Richards 2015: 18–19）、権利として保護するべきではなく、何らかの慣習・倫理による規制が望ましい可能性が高い（Thomson 1975; Scanlon 1975）。

さらに、個人情報に係る不正行為の被害は、その情報が帰属される個人にはとどまらない可能性もある。家に誰かがやってきたとき脅かされるのは、本人だけでなく家族の身体や財産、安寧である。犯罪被害者への誹謗中傷は、遺族や友人・知人の苦悩のもととなる。個人情報の危害の影響は、個人を超えて広がる。個人情報規制はこうした危害の性質も、十分考慮に入れる必要がある。

2－9　2ちゃんねる個人情報流出

匿名電子掲示板2ちゃんねるから個人情報と書き込みログファイルが流出した。個人情報は、「2ちゃんねるビューア」というシステムの利用権を購入したユーザー情報とその利用者IDなど。書き込みログファイルには、一般ユーザーが見られないIPアドレスや上記のIDなどが含まれるとされる。(41) 個人情報流出は、二〇一三年八月二六日に多くのユーザーに知られることとなったが、すでに八月二一日には、Ｔｏｒ（トール、トーア）という匿名化技術を利用する匿名電子掲示板に情報が流出していた(42)（須藤 2013a）。

2ちゃんねるの過去ログは、一定期間を過ぎると通常のブラウザでは読めなくなる。2ちゃんねるビューアは、読めなくなった過去ログを閲覧するための専用システムだ。これにログインすると、過去ログが読めるうえ、書き込みに関連するいろいろな規制が緩和される。このシステムを利用して2ちゃんねるに書き込むユーザーの名前欄には「●」という記号がつくので、このシステムは別名「●」と呼ばれる[43]。

今回流出したデータには、●を購入したユーザーのクレジットカード情報（セキュリティコード含む）や名前、住所、電話番号、メールアドレスのほか、書き込みデータと対照すると●購入者がどんな書き込みをしたかわかる手がかりとなるＩＤが含まれる。

このほか、「トリップ」や「キャップ」と呼ばれる2ちゃんねる上のユーザーＩＤも盗まれた。2ちゃんねるは匿名電子掲示板を強調しているが、確かに本人であると証明する必要のある場合がある。2ちゃんねるには、個別の電子掲示板（スレッド）を開始・削除するなどの作業をする管理運営ボランティアがいるが、彼らが本人であることを確認できなければ、2ちゃんねるの管理は無秩序となってしまう。運営ボランティアの本人確認には、「キャップ」と呼ばれるＩＤが使われる。一般ユーザーが、ほかの利用者に対して一貫した当人の書き込みであることを示したい場合には、「トリップ」と呼ばれるＩＤを使う[44]。

キャップやトリップのパスワードが流出したことで、勝手にスレッドを立てたり、有名なトリップの本人になりすまして書き込みをしたりするなどの悪戯・違法行為（不正アクセス禁止法違反の疑いがある）が行われた。

流出した●購入者の個人情報は、約三万七〇〇〇件。クレジットカードの不正使用の危険ももちろんだが、個人が特定されれば、さまざまな不利益を被る可能性がある。●購入者の個人情報から書き込んだ個人を特定するデータベースも公開された。このデータベース作成者が特定されてデータベースが消えると、さらにまた別のデータベースが現れるといういたちごっこが起こっている。

すでに作家や大学教授、有名企業の社員の書き込みが特定され、2ちゃんねるなどで身元と書き込みが曝されて「祭」になった[45]（大貫 2013）。匿名で同業者を中傷し自分の作品を持ち上げていた事実が露見した作家は、自分のウェブサイトで謝罪文を公開した（須藤 2013b）。管理者が「自演」（議論の流れを誘導する意図で、無関係の者になりすまして虚偽の発言をすること。前記の作家のような行為も自演と呼ばれる）や誹謗中傷などをしていたと判明した2ちゃんねるまとめサイト（2ちゃんねるの書き込みのハイライトを要約して提供するサイト）は閉鎖した[46]。荒らし行為を繰り返した人物の住所が特定され、ネットに曝された[47]。2ちゃんねるの書き込みがバレて会社や隣人、家族の信用を失ったという人びとの悲喜劇を報告する書き込みも相次いだ（ただし、これらの書き込みも匿名だから、内容が事実かどうか不明だ）。

このように、2ちゃんねるで暴言を吐き、荒らし行為をしていた者や、自演行為を繰り返していた者などの「小悪」が露呈する一方、政治家や企業などの組織的な世論操作の証拠は、二〇一七年三月現在も結局見えてこなかった。2ちゃんねるではさまざまな勢力や企業などが世論操作を行っているという疑いが囁かれ続けている。

自民党の政治家と同名の人物が多数の●を購入していたと報道されている。この政治家は、身に覚えがないとツイッターで釈明したが、その理由は説得力がないことが暴露された。この政治家と●を購入した人びととの関係は不明だ。大量の同一名による●購入は世論操作の動きと関係がないのだろうか。

八月に入って、国税庁から一億円の申告漏れを指摘された2ちゃんねるの元管理者は、個人情報流出の発覚後約二週間行方不明となった。個人情報流出が公けになった当日、彼のツイッターアカウントが乗っ取られ、情報発信がブログも含めて止まった[48]。再開後初のツイートは、話題のゲームにハマっていたらしいことをうかがわせるもので、深刻さのかけらもない人を食った態度は相変わらずだ。
「●」の発行会社は、個人情報流出当時の2ちゃんねるの運営会社とは別会社だ。同社は、二〇〇九年に元管理者から2ちゃんねるを譲渡されたものの、シンガポールのペーパーカンパニーであった。同社から報酬が流れていたことが明らかになったものの、確かに元管理者は形式上今回の事件と無関係だ。なお、同社は九月六日、更新手続きの不備からシンガポール法に従って、登記が抹消された[49]。

それでも、ボランティアの管理運営者と2ちゃんねるのデータを置くレンタルサーバー企業は残った。二〇一四年には元管理者が、2ちゃんねるがサーバー運営会社に乗っ取られたと主張し、新しい2ちゃんねるのウェブサイトが立ち上がり、二つの2ちゃんねるが並び立つ事態となり、現在へと至った[50]（久我山 2014）。いずれにせよ、広告やその他のお金が流れる限り、当分（二つの）2ちゃんねるは、謎とともに存在し続けるだろう。

2-10　クーポンと個人情報

近所のショッピングモールの入り口には、クーポン発行機が二台設置されている。お得感に弱い筆者もときどきこれらのクーポン機を利用してしまう。

一台は、クーポン発行の抽選のために、SuicaやIcocaという鉄道系ＩＣカードを読み取り部にかざすもの。もう一台は、このショッピングモールの運営企業が発行する電子マネーのＩＣカードをかざす。カードをかざすと抽選が始まり、運が良ければショッピングモールに入ったお店の商品やサービスが数パーセントか数十円安くなるクーポンがもらえる。割引金額は大きくないが、当たる確率は結構高い。カードをかざしながら、クーポンと引き換えに、たぶん個人データを吸い取られているのだろうなという小さな不安が頭をよぎる。ただ、あまりその場で深く考えることはない。

鉄道系カードは持ち主の乗車駅を見れば、ショッピングモールの商圏が推測できる。その日、その時間帯の天候や気温、行事などの情報と組み合わせて分析すれば、詳細に来訪の傾向が見えてくるだろう[51]。継続的に分析すれば、生活パターンも推測できるかもしれない。

電子マネーのほうは、誰がいつ来訪したかという情報とともに、レジの電子マネー利用のデータと照合すれば、来訪しても購買をしない人がわかる。来訪から購買までの時間を計測すれば、ショッピングモール内の滞留時間の推測もできる（ただし、入り口が複数あり、すべての入り口にクーポン発行機が設置されているわけではないので、かなり大ざっぱな推計となるだろう）。

これら個人データ利用法は筆者の想像だ。だが、小さなデータの断片を集積して消費者個人の行動や全体の傾向を見たいという企業の欲望がクーポンの向こうには確実にある[52]（柴田 2012）。

ショッピングモールや小売店では、ポイントカードやクレジットカード、電子マネーをつくるよう勧められる機会が増えた。お得なカードは顧客の囲い込みに加えて、顧客行動を収集し分析する目的がある。購買データに加え、上記のようなクーポン発行機などと組み合わせれば、複雑な行動分析もできる。

社会のあちこちに設けられた関門を通過するときのデータも収集されている。鉄道系カードは改札口を通過する際に、課金のために通過した日時を含む情報が記録される[53]（川上・高橋 2013; kitahashi 2015; 椎橋 2005）。また、高速道路料金を自動的に支払えるＥＴＣカードも、料金所通過の際に課金記録が残される[54]（東芝 n.d.）。これらのデータの利用目的は直接には課金のためだが、もちろん蓄積されたデータはほかの目的にも利用が可能だ。

私たちの消費・移動にかかわるミクロなデータは毎分毎秒発生する。データを大量に蓄積して分析すれば、世の中のいろいろな傾向がわかるはずだ。これが、「ビッグデータ」と呼ばれるデータ分析手法の基本的考え方だ（Mayer-Schönberger and Cukier 2013=2013: 17–19）。

もちろん問題は、プライバシーおよび個人情報に対する不安だ。データから名前を消去すればよいだろうという考えもあるが、個人情報の範囲は思ったよりも広い。名前を消しても匿名であるとは言えないケースも相当ある。継続的にデータを収集すれば、これは確実にこの人だろうという絞り込みができる可能性がある。ほかのデータと組み合わせれば、誰か特定の人が識別でき、重要なプライバシー情報が暴露されるかもしれない（大谷 2008: 折田 2009）。最近では、情報セキュリティ学者の高木浩光氏（産業技術総合研究所・内閣官房情報セキュリティセンター）が、この問題をわかりやすく整理した（高木 2013a）。

個人情報は名前と結び付けられていなくても、仮ＩＤと結び付けられて継続的に蓄積したり、個人が個人として識別されているだけでも、個人情報と見なすべき理由が十分にある。二〇一三年、ＪＲ東日本が個人名を消しただけで、日立製作所に Suica のビッグデータを販売していた事実がわかり、これが個人情報の売買に当たるのではないかと問題となった[55]。

日立製作所に渡された Suica のデータは名前が消されていた。しかし、前述のように、Suica カード一枚一枚が識別されている限り、継続的に蓄積されたデータを分析すれば、ただ一人の人物が浮かび上がるかもしれない。ほかのデータと結びつければ、誰がその Suica の持ち主か特定できる可能性もある。

浅川（2013）の分析に従えば、ＪＲ東日本は、個人を特定できる個人名や住所等の個人情報を消去したうえで、個々のSuicaの経路履歴データに対して、時間経過で変化する匿名ＩＤ（仮名）を割り振るという処理をしたうえで、日立製作所にデータを販売したと考えられる。時間経過にしたがって別の匿名ＩＤを割り振ることで、長期間にわたる履歴の追跡を不可能にしようとしている。また、契約によって、個人を再識別する行為を禁止し、厳格な監査を行うとしている。ただし、どのような罰則があったとしても、契約による制約は私企業間の関係にすぎず、逸脱行為の予防効果は限定的であるように思われる。こうした不安にも、ビッグデータを利用する事業者は配慮が必要だろう。(56)

なお、この事件を受けて、個人データを利用されたくないというSuica利用者が申し出れば、その人の個人データはこうした分析には利用されなくなった（東日本旅客鉄道 2013a; 東日本旅客鉄道 2013b）。

二〇一三年九月内閣官房に設置されたパーソナルデータに関する検討会においては、上記のSuicaの匿名化が本当に匿名化として有効かなども含めて議論が行われ、「個人が特定される可能性を低減したデータ」という名称で、その取り扱いが検討された。この検討を踏まえて、二〇一五年に改正された個人情報保護法においては、「匿名加工情報」の概念が置かれ（第二条第一項第九項）、その取り扱いについて規定が置かれた（第三六〜第三九条）。第三八条において、匿名情報の再識別化行為（個人情報から削除された記述や個人識別符号等の入手、加工の方法に関する情報の取得、ほかの情報との照合）が禁じられた（２−12参照）（日置・板倉 2015: 97-120; 岡村 2016: 221-240）。

ちょっとしたお得感や小銭を使わない便利さが、個人情報の代償だ。これらの代償で個人情報を集めて活用する社会はすでに成立しつつある。この社会に何か違和感をもつものの、何が問題かはっきりと指摘するのは、プライバシー概念の理解のないままでは、難しい。逆に、利用法さえ考慮すれば――つまり、個人情報利用におけるリスクよりも社会全体が受け取る利益が大きかったり、公共的利益やその個人情報のデータ主体に帰ってくる利益のために利用していたりという場合には、個人情報の利用に問題がないという場合もあるかもしれない。プライバシーの概念とその危害・迷惑など、プライバシーという謎を解くことが解決への近道だろう。

2-11　人間関係構築・維持とプライバシー

iCloudからの情報流出の例のように（2-7参照）、住所録が漏れると、人間関係を伝って情報漏洩などの危険性が高まる。さらに、人間関係も明らかにされるようになることは、プライバシーにおいて望ましいことではないように思われる。情報の中身よりも、人間と人間のつながりを明らかにすることの方が、プライバシーにとって脅威が大きいかもしれない。

二〇一三年、エドワード・スノウデンが暴露したところによると、米国国家安全保障局（NSA: National Security Agency）は、情報の中身ではなく、通信に関するメタデータの収集を行っていたとされる。ここで、通信のメタデータとは、電話の場合、通話者相互の電話番号・端末の個体識別番号・通話に利用されるコーリングカード番号（テレフォンカード）・通話時刻と通話時間・基地局から割り出した通話者の位置情報が含まれる（Zetter 2013=2013）。インターネットに関しても、同様のメタデータが収集されていた。[57] いずれも通話者・通信者の氏名や住所等の情報は通信とともに収集できないが（電話に関しては、電話会社のベライゾンが提供依頼を受けていたのは、上記のメタデータだけとされる）、ほかのデータベースと照合すれば、個人が誰か特定することは容易に可能である。メタデータによって、「データの中身を一つ一つ調べなくてもよくなりました。いったんメタデータを分析してしまえば、世界の人びとがどう関係し合っているか分かるからです」と、NSAの元幹部はNHKの取材に対して回答している（前出註（57）参照）。

iCloudの事例に戻れば（2－7参照）、通話のメタデータにはかなわないかもしれないが、住所録を入手すれば、その人の生活誌に関して調査する重要な手がかりが手に入る。ある人の住所録・電話帳から入手した連絡先をもとに、その人の人間関係に間接的に関与する手がかりも得られるかもしれない。

C・フリード（Fried 1968）やJ・レイチェルズ（Rachels 1975）などの哲学者・倫理学者が喝破したように、プライバシーは人間関係構築と密接に関係している。つまり、プライバシーは人間関係を自由に、そして自律的に構築する能力にかかわっている。ある人Aに自分自身についてのある情報を明かしたとしても、別の人Bにはその情報は明かさないということもあるだろう。人間関係の遠い近いだけがその情報を明かすかどうかを決めているわけではない。たとえば、友だち同士の秘密は親・兄弟などの血縁者には話さないかもしれない。逆に、友だちには家族の秘密は話せないということもあろう。さらには、友だちに話せない秘密や家族に話せない秘密であっても、ネット上で出会った匿名の誰かには、自分が匿名でさえあれば、その秘密を話すことがあるかもしれない。人間関係の遠近ではなく、その秘密を明かす、つまりその情報を伝えることで、その伝えた相手の自分に対する予期が影響を受け、その人と自分との役割演技に対して、自分自身が望ましくない変化をもたらす――自分にとって望ましいと思われる役割演技が不可能になるとか、不可能にならないまでも役割演技を真剣に受け取ることができなくなるとか、そうした変化があると思われる場合には、私たちは自分の情報をその人には伝えないようにしようと考えるだろう(58)（2－4参照）。

一般的に私たちが呼ぶ人間関係とは、それぞれの役割演技を相対的に安定的かつ比較的恒常的に行うひととひととのネットワークであるように思われる。ある人がある人、またはある人びととの間での役割演技がうまくいかなくなれば、その人間関係はある種の変容を被ることになるだろう。ネットワークはそのままで役割演技のみが変わることもあるだろうし、ネットワークそのものが組み替えられる（人間関係が切れるということも組み替えの一つである）こともあるだろう。自分が望む方向への人間関係の変化は歓迎したとしても、自分が望むのではない方向に人間関係が変えられることを私たちは避けようとしている。そして、人間と人間のネットワークが、その人の仕事や結婚、交友関係、その他人生にとって重要な要素の成否やそのあり方を決めるものであるから、人間関係を自由かつ自律的に構築・維持できる能力とは、人生を自律的に構築・維持できる能力の重要な要素と考えられる。つまり、プライバシーとは、人生を自律的に構築・維持する能力の重要な要素、少なくともその一つであることは間違いがない。

社会学者のピエール・ブルデュー（Bourdieu 1986）は、ある集団のメンバーシップ資格を裏書きする要素として、経済資本・文化資本・社会関係資本を指摘した。ブルデューの発見の重要なポイントは、集団のメンバーシップ資格から見て、人間関係構築（つまり、ある社会集団、ひいては階層等への加入）に当たっては、個人の意思だけではどうにもならない要素があるという点である。

しかしながら、そもそも人間関係がある社会集団・階層への加入資格を与える一つの要素であるとしたら、人間関係構築を自律的に行いえないならば、社会集団・階層移動に関して（ある社会集団や階層に留まるという選択に関しても）、まったく自由や自律的要素がなく、他者に操られるがままということになるだろう。

もちろんかつては、時代や地域、社会階層によっては、ある人の結婚相手や友人についても、親や近親者が選び、本人にはほとんど選択の自由がないということもあったかもしれない。また、本当は意図的であるにもかかわらず、偶然を装って人と人との出会いを作りだし、演出して、人と人とを仲良くさせたり、逆に仲たがいさせたりということは、ＩＣＴがない時代から行われてきた。

ところが、現代においては、ＩＣＴを活用するある種のサービスの提供者や管理者、もしくは、適切な技術および制度的位置にある者にとっては、ある人の人間関係を丸ごと把握できるようになってきた。これは、ＮＳＡがあらゆる通信のメタデータを収集し、それをほかのデータベース上にあるデータと組み合わせて、個人の交友関係や行動などを少なくとも原理的には把握できる状況にあった事実から明らかである。ＮＳＡが通信傍受を行っていた対象は潜在的テロリストやその関係者だけではなく、むしろ九割が一般の米国住民だったとされる（Gellman et al. 2014）。

国家が投網をかけるようにインターネットを監視するのでなくても、ＩＣＴサービスの種類によっては、ユーザーの人間関係を相当把握できる場合がある。フェイスブックやツイッターなどのＳＮＳ（ソーシャルネットワーキングサービス）は、ユーザー同士の「友達」としての結びつき、メッセージのやり取りや引用・言及関係などの記録を包括的に入手できる。そのサービスによって収集された情報の利用の仕方いかんによっては、人間関係構築維持に影響が及ぶ可能性がある。フェイスブックでは、タイムラインの画面右側に「知り合いかも」と友達リクエストを送るよう推薦するユーザーアカウントが表示される。これは人間関係構築を強制されるわけではないものの、どのようなアルゴリズムが背景に動いているのか不明なところでは、自分自身の自律的意思決定を超えて出会いをセッティングされるような気持ち悪い面がある。人々の通信記録のメタデータや、その他人間関係に関する情報を包括的に収集する具体的方法が登場した現代においては、原理的には、人間関係構築能力から自律的要素を奪うことも不可能ではないように思われる。

すでにみたように、社会資本・文化資本・経済資本は密接に関連しており、人間関係や慣習・価値観・趣味等が、どのような人生を送ることができるかに大きく影響する可能性がある。子どもの人間形成に大きな影響があるのは、家庭や学校での教育・しつけよりも、友人関係であるという有力な説がある（Pinker 2003=2004: 下巻 174–228）。だから、社会復帰や人生の立ち直りのため、または、子どもや青年の健全な発達・人間形成のため、経済的な支援を与えたり、職業をあっせんしたりするというだけでなく、人間関係を変えていくというアプローチも十分にありえそうだ。そのため、ＳＮＳ等の情報技術を活用して、その子供や青年（社会復帰に関しては、大人でも）にとって望ましいだろう交友関係に近づけるよう、政府（？）が友達を紹介していくということも重要な社会的支援であると言えるかもしれない。とくに、ＳＮＳにおいては、強制的要素がなく、個人の自律を侵すことがないので、自由主義の原則から見ても道徳的に正当化できると考えられないだろうか。

しかしながら、このように、自分自身の人間関係に介入されるのは、それが善意からであっても、やはりどこか気持ちが悪いという印象を逃れることができない。米国の法学者サンスティーンら（Thaler and Sunstein 2008=2009）によれば、人間の認知的傾向性を利用して、当人や社会にとって望ましい方向に人の行動を変化させるナッジ（nudge）による介入は、他者危害原則から見ても問題がないとされる。しかし、合理的説得によるのではなく、一般的に人が意識しているわけではない人間の認知的傾向性を利用する点で、本人が意図・意識しないままその人の行動を変えていくこととなるわけで、本当に自律的判断に影響を与えていないと言えるのかどうか疑問が残る。

2-12　匿名加工はどこまで必要か――社会的受容とマナーの問題

二〇一五年、個人情報保護法の改正が行われ、「匿名加工情報」とは、①個人情報に含まれる情報の記述を除去する、または、②個人識別符号を除去することで、特定の個人を識別できないようにするとともに、当該個人情報を復元できないようにしたもの、と定義された（第二条第九項）。

個人識別符号とは、

①個人の身体の一部の特徴をコンピュータで利用できるよう変換した文字・番号・記号など、

②個人に対して一意に割り振られる文字・番号・記号で、その個人を特定できるもの。

である。

なお、後者には、

②-1　個人が利用するサービスや購入する商品について個人ごとに割り振られるＩＤやクレジット

カードなど個人に発行されるカードその他に記載される文字・番号・記号など、

②－2　電磁的方式によって記録された文字・番号・記号などのうち、利用者・購入者・発行者を含む。

が含まれる。

つまり、個人識別符号とされるものは、商取引における個人情報に一意に付加される文字列・記号や番号などを想定していることがわかる。クレジットカード番号や、インターネット通販のユーザーIDなどである。

平成一五年（二〇〇三年）に成立した同法においては、個人情報の定義（第2条「生存する個人に関する情報であって、当該情報に含まれる氏名、生年月日その他の記述等により特定の個人を識別することができるもの」）にあいまいな点があり、整理が不十分との指摘があって、前出のような改正（平成二七年（二〇一五年）改正）が行われた。

とくに、個人情報とは何かその定義が問題となったのは、個人情報・個人データと匿名加工情報との相違を明らかにする必要があったからである。改正法においても、個人データ（「個人情報データベース等を構成する個人情報」）同法第2条4項）は、本人の同意なく第三者提供をしてはならない。ところが、匿名加工情報に関しては、第三者提供に際して、本人への通知・同意は必要としない（第37条）。ただし、匿名加工情報取り扱い業者は個人情報の再識別行為は禁止され（第38条）、安全管理措置を講じなくてはならない（第39条）。

内閣府に設けられた「パーソナルデータに関する検討会技術検討ワーキンググループ」では、匿名加工の観点から、個人に紐づけられる可能性がある情報を次の三つの状態に区別した。すなわち、そもそも一人一人が識別されない状態の情報（非識別非特定情報）から、個人は特定できないまでも誰か個人の情報であろうと識別できる情報（識別非特定情報）、個人が（識別されかつ）特定される状態の情報（識別特定情報）まで、三つの状態がある（技術検討ワーキンググループ 2013: 1）。このうち、特定の個人を識別できる情報とは、識別特定情報がそれにあたる。

同検討会および同ワーキンググループでの議論を踏まえて、日本から、匿名化に関する国際規格（ISO/IEC 20899 Privacy Enhansing Data De-identification Techniques）に関連して、上記の個人と紐づけられる売る情報の状態の三つの区別と匿名加工に関して、定義を提案している（佐藤 2016）。

個人情報に含まれる情報の記述を省略または抽象化することによって、匿名加工をする方法に関しては、匿名化の程度を示す概念と匿名化のための基本的操作について知っておく必要がある。匿名化の程度を示す概念には、k－匿名性（k－匿名化）やl－多様性、t－近接性などが知られている（白井 2010; 中川 2016a: 135-175, 2016b）。

統計的な研究調査やマーケティング等に使用するため収集した、複数の属性を有する個人データ多数からできている集合があるとしよう（図2－1）。この個人データの集合において、住所・性別・所属の属性の同じ組み合わせがいくつあるかを示すのがk－匿名性で、同じ属性の組み合わせが一〇あれば、k－匿名性は一〇、一つしかなければ、k－匿名性は一となる。このとき、住所・性別・所属の属性の組み合わせが一〇あれば、それが誰のデータであるかわかる可能性は低くなるものの、一つしかなければ、その個人データの属性の主体（データ主体）が誰であるか書いてなかったとしても、その個人データが誰であるか明らかになる可能性が高い。したがって、k－匿名性が大きければ大きいほど個人を識別・特定[59]されるリスクが低く、一に近づけば近づくほどリスクが高くなる。

k－匿名性を大きくするには、属性の抽象度を上げるか、分析に不要な属性の削除・省略を行えばよい。たとえば、図2－1の「属性A 住所」に関しては、市町村・特別区レベルでの記述ではなく、都道府県レベルの記述にする。そうすると、図2－1の「属性A 住所」は、「東京都」となって、この属性が揃う。さらに、分析したい内容から見て、「属性D 所属」が不要であるとすれば、「属性D 所属」の属性値を取り除けばよい。このように、抽象度を上げる、属性値の削除・省略によって、k－匿名性を上げることができる。

さらに、k－匿名性を補うものとして、ある属性にいくつのバリエーション（多様性）があるか示す概念・尺度がl－多様性である。あるデータ主体について、k－匿名性が、たとえば五であったとしよう（**図2－2**）。ところが、それらのデータのある属性のl－多様性が一であれば、そのデータ主体は確実に属性Eにある属性値を有することがわかる。たとえば、図2－2中の「属性E 趣味」が「読書」であるから、着目しているデータ主体が確実に読書が趣味であるとわかる。すなわち、l－多様性が低い場合、着目するデータ主体の属性を推測する手がかりを与えるリスクが高くなることがわかる。l－多様性が低い場合、あるデータ主体の個人データが何であるか推測されるリスクを下げるためには、一般的に、属性値の抽象化や属性値の削除・省略を行って、k－匿名性を大きくする操作が行われる。

k－匿名性を高めるような操作を行ったデータに関しても、着目する属性の属性値について、既知の属性値の標準分布よりも偏っている場合には、その属性を推測されるリスクが高まる。このとき、標準

図 2-1　k-匿名性の概念

	属性 A 住所	属性 B 性別	属性 C 年齢	属性 D 所属	属性 E 既往症	属性 F 運動習慣
データ主体 A	港区	男	33 歳	企業 A	とくになし	あり
データ主体 B	中央区	女	35 歳	企業 B	高血圧症	あり
データ主体 C	港区	男	33 歳	企業 C	胃潰瘍	なし
データ主体 D	千代田区	男	38 歳	大学 A	高脂血症	なし
データ主体 E	青梅市	女	36 歳	研究所 A	とくになし	なし

属性 A：「東京都」に抽象化
属性 B：項目を削除
属性 C：「30 代」に抽象化
属性 D：項目を削除

既往症・運動習慣以外の項目について、k-匿名性を 5 とすることができる

図 2-2　k-匿名性と l-多様性の関係

	属性 A 住所	属性 B 性別	属性 C 年齢	属性 D 所属	属性 E 趣味	属性 F 運動習慣
データ主体 A	港区	男	33 歳	企業 A	読書	あり
データ主体 B	中央区	女	35 歳	企業 B	読書	あり
データ主体 C	港区	男	33 歳	企業 C	読書	なし
データ主体 D	千代田区	男	38 歳	大学 A	読書	なし
データ主体 E	青梅市	女	36 歳	研究所 A	読書	なし

属性 A：「東京都」に抽象化
属性 B：項目を削除
属性 C：「30 代」に抽象化
属性 D：項目を削除

k-匿名性は 5

属性 E の l-多様性は 1
→ 着目するデータ主体の属性 E は、確実に「読書」

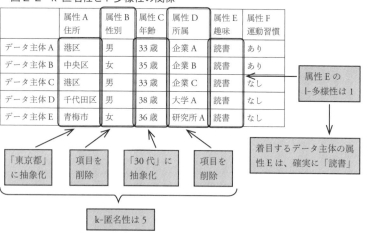

的分布からのずれを小さくすることができれば、推測されるリスクは低くなる。t－近接性は、標準的分布からのずれがt以下であることを示す概念である。

ところが、属性の削除・省略や属性値の抽象化を行いすぎると、データとして分析するのには適さないどころか、属性値の出現確率が既知の標準的分布と一様でそもそも新しい知見をもたらさない無意味なデータにどんどん近づいていく。また、実用的には、l－多様性およびt－近接性はあまりにも些末すぎるとの批判もある（白井 2010）。さらに、k－匿名性そのものが、その人のデータがk－匿名化を行ったデータ集合のなかにあるという事実だけが知られている無関係な人に対して濡れ衣を着せるうえ、l－多様性を高めようとすれば、さらに面倒なことになるという指摘もある[60]（中川 2014）。

どの程度まで匿名加工を行えば、個人が特定されるリスクや個人の属性を推測されるリスクが十分に低くなるのか、逆に、濡れ衣のリスクを抑えるのにはどのような工夫が必要なのかなど、まだ決定的な匿名加工技術の要件は定まってはいない。リスクに関しては、そのリスクを一般的に合理的な人であれば受け入れられるかどうかなど、社会的受容性の検討も必要であろう。

一方で、他人の個人情報、とくにセンシティブ情報に関心を持ちすぎるのはあまり品位のあることではない、社会的利益がないにもかかわらず、単なる好奇心のみで個人情報の詮索を行うのは立派な社会人の行いではないなどの良識を持つよう人びとに働きかけることも必要かもしれない。

住居の構造や住まい方などの歴史的変化に着目して、個人主義やプライバシーの意識が形成されてくる歴史が、ノルベルト・エリアスやルイス・マンフォードなどの学者によって描かれてきたもののの（Elias 1976a=2010; Elias 1976b=2010b; Mumford 1961=1969）、一方では、法学者のA・F・ウェスティン（Westin

1967: 8–51）は、エドワード・ホール（Hall 1966=1970）らの文化人類学的研究に依拠し、建物の構造だけではプライバシー意識の有無は決定できず、むしろ、地域・時代を問わず、建物の構造とプライバシー規範が補い合いながら、人のプライバシーを守ってきたという仮説を立てている。ただし、プライバシー規範はどの社会でも同一なわけではなく、それぞれの社会で、どのような状況において、どの程度の、そしてどのような様態のプライバシーが必要とされるかは異なっているとされる。

かつては、私たち日本人は障子とさほど厚くない壁で部屋と廊下、家と家とが隔てられた建物で生活をしていた。日本においても、「壁に耳あり障子に目あり」とのことわざがあったとしても、隣室の小声に聞き耳を立てたり、女性の行水姿を覗いたりすることは品位がないことと考えられ、とくに、後者の絵は、覗きをする男を嘲笑う滑稽な図として浮世絵や川柳に描かれてきている（渡辺 1996: 56–58）。また、江戸時代の日本人は、男女ともに銭湯で混浴をしており、裸体に対する羞恥心がなかったとの説があるものの、銭湯じたいが薄暗い場所でもうもうと湯気が立ち込めていてあまり周りが見えなかったとされる[61]（中野 2010: 43–44）。

H・P・デュル（Duerr 1988=1991: 120–134）は、日本における全裸での入浴習慣は一九世紀に限られる比較的新しいもので、むしろ男女ともに浴用着をつけ、男女ともに下半身を隠す習慣があったと指摘する。この指摘が正しければ、明治時代（往来での裸体等を禁止する違式詿違条例（百瀬 2008））以前の日本人は、裸体に無頓着であるというのは、粗雑な一般化である可能性が高い。

さらに、幕末から江戸時代にかけて日本を訪問した生物学者・考古学者のモース（Morse 1917=1970: 1巻 87-88）は、乳房を出して上半身裸体であったり、薄い布をかけただけで外から見えるところで行水する女性について恥を知らないと嘲る外国人に対して、そのようにいう外国人たちが彼女たちをじろじろと眺めて観察すると羞恥する様子があるので、じろじろと物見高く観察する外国人のほうが「無作法で慎みがない」ではないかと書きとめている。(62)

水谷ら（Mizutani, Dorsey and Moor 2004）は、日本のプライバシー慣習を紹介し、近代西洋社会やその影響を受けた社会以外であっても、それぞれの社会がそれぞれのプライバシー規範を有しているとする。プライバシー規範・慣習が時代や地域によって可変的であることを認めつつ、攻撃を受けやすい状態の身体の保護という生物学的な必要から、心理的・社会的距離の調整などの社会的な必要など、共通のプライバシーの必要があるのだという説は、たとえば、文化人類学者マーフィ（Murphy 1964）や社会学者ムーア（Moore 1984）、歴史学者デュル（Duerr 1988=2006）に見られる。

情報技術やメディアの発達によってさまざまな情報が露わにされる可能性があったとしても、私たちは、ある種の情報を見ようとしない・聞こうとしない、あるいは見えたり・聞こえたりしたとしても記憶に留めようとしないなどのプライバシー規範・慣習を確立すべきだろう（Mizutani, Dorsey and Moor 2004; 佐々木 2017）。その出来事や行為に同意のもとで関係している者以外に危害や不快さなどを与えない行為や生活の仕方などについては、私たちは注意を向ける必要はないのではないだろうか。ヌスバウムが言うように、少なくともプライバシーとして保護される情報の範囲は他者危害原則によって、政府や社会の介入が禁止される領域と重なるように思われる(63)（Nussbaum 2006=2010: 350-351, 372-382）。

ところで、従来他者危害原則の及ぶ範囲は、「法は家に入らず」などの法諺と同一視され、家庭内に政府や社会は介入をしてこなかった。ところが、配偶者間や親子間などの家庭内暴力や虐待、貧困家庭における飢餓や文化的生活の破壊などは、当事者にとって危害があるだけでなく、必ずしもその危害は当事者が望んだり同意したりしてその状態や関係に陥ったわけではない。他者危害原則を奉じる論者であっても、必ずしもそうした自分が望んだわけではない危害の防止や抑止などに対して、政府や社会が介入してはならないと考えるわけではない(64)(これは、最大化されるべき幸福とは選好の充足であると考える選好功利主義の立場である)。政府や社会が適切な程度と範囲(しかし、過剰ではない形で)、これらの家庭内の危害には介入するべきであろう。

註

(1) "Free Marketplace of Ideas," *Wikipedia*. https://en.wikipedia.org/wiki/Marketplace_of_ideas(二〇一六年一二月一四日アクセス)

(2) ただし、イングバー Ingber(1984)は、「言論の自由市場」仮説は、近代社会においては合理的意思決定が不可能であるという悲観的な見方が前提になっているのだと主張する。すなわち、合理的に誰の意見が真理であるか見極めることができないのであるから、自由市場に任せてその中からもっとも人気を獲得した意見を仮りに真理と見なすしかないという諦念が、この概念の背景にはあるとする。なお、リチャーズ Richards(2015: 33-40)は、人間は誤りうるので言論の自由が必要であるとの悲観論は一九二〇年代米国連邦最高裁判事として活躍し合衆国憲法修正第一条の言論の自由を強調する判決を下したオリヴァー・ホームズ Oliver Holmes に特有のものであって、同時代にホームズと同様に言論の自由を擁護する少数反対意見を多数書いたルイス・ブランダイス Louis Brandeis は民主政の基礎としていわば楽観論的立場から積極的に言論の自由を擁護したとする。また、大谷(2017a)も参照のこと。

(3) 「ネットで横行する『やらせ』の口コミ、その実態に迫る」『AFP BB News』二〇一三年一〇月二日 http://www.afpbb.com/articles/-/3000687(二〇一六年一二月一四日アクセス)

（4）『「食べログ」にやらせ投稿　カカクコムが法的措置も　三九業者特定　飲食店ランキング上げる狙い」『日本経済新聞』二〇一二年一月四日 http://www.nikkei.com/article/DGXNASDG0403M_U2A100C1CR8000/?dg=1、「『食べログ』不正、消費者庁が調査」『読売新聞』二〇一二年一月六日夕刊一六頁、「消費者相、食べログやらせ『景品表示法に問えぬ』」『日本経済新聞』二〇一二年一月六日 http://www.nikkei.com/article/DGXNASDG0601G_W2A100C1CR0000/?uda=DGXZZO0207877015012200900000（いずれも二〇一六年一二月一四日アクセス）

（5）匿名性をめぐる論争では、「デキビジ」（BSジャパン）における経済評論家の勝間和代氏と2ちゃんねる創業者の西村博之（ひろゆき）氏の対談が、日本のネットユーザーの注目を集めた（二〇一二年五月二日放映）。実名発言を義務付けよとする勝間氏に対して、いくら「実名」を表示して発言するよう義務付けても、それだけではその発言者が「実名」の人物とは保証ができないとするひろゆき氏は反論し、議論は平行線をたどった。映像は、下記の YouTube で閲覧可能。「デキビジ　勝間 vs ひろゆき」https://www.youtube.com/watch?v=maLb8-Qk404（二〇一六年一二月一四日アクセス）。2－4および2－5も参照。

（6）「Facebook でなりすまし友人申請に注意　三人以上承認するとアカウント乗っ取りのおそれも」『ITmedia』二〇一三年七月九日 http://www.itmedia.co.jp/news/articles/1307/09/news118.html、「フェイスブック『なりすまし』で発信者の住所・氏名の特定に成功『日本初』と弁護士」『弁護士ドットコム』二〇一五年一月九日 https://www.bengo4.com/internet/1078/n_2535/ など。二〇一五年から二〇一六年にかけては、人気タレント・俳優等のなりすましアカウントが問題となっている。「佐々木希、なりすましに注意喚起」『モデルプレス』二〇一五年一二月七日 http://mdpr.jp/news/detail/1547943、「『ビリギャル』石川恋、なりすましに注意喚起『辞めてください』」『モデルプレス』二〇一五年一二月三日 http://mdpr.jp/gal/detail/1561974 など。（いずれも、二〇一六年一二月一四日アクセス）

（7）ところが、現在のインターネットは、レッシグ Lessig（2006=2007: 66-86）がいうように、追跡可能性がきわめて高い（2－4参照）。ユーザー同士は匿名的に見えても、通信事業者やシステム管理者、インターネットで個人情報を探る人びとには、少なくとも通信を行う者同士のIPアドレスはすぐに検知できる。これをもとにIPアドレスが割り振られた情報機器の振る舞いを追跡することは技術的にはそれほど難しくはない。したがって、現在のインターネットはむしろ追跡可能性をどのように制限して匿名性をいかにするかが課題であるかのようにも見える。匿名性を創出するためには、匿名通信を実現するソフトウェア、たとえば、Torを使用する必要がある（「Ｔｏｒ」『ウィキペディア』https://ja.wikipedia.org/wiki/Tor 二〇一六年四月一八日アクセス）。ただし、Ｔｏｒは、３－９で見るように、自分の存在を目くらましたうえで、迷惑行為や違法行為、テロ活動等にも活用ができるため、その規制をめぐって議論が継続している。なお、Ｔｏｒの脆弱性や追跡可能性に関しては、第一章註(55)参照。

（８）ブログに対して多数の誹謗中傷発言が書き込まれる被害に遭ったスマイリーキクチ氏（スマイリーキクチ 2011: 148-176）によれば、数千に上る多数の書き込みにもかかわらず、ＩＰアドレスから辿りついた被疑者は一九人にすぎなかったとされる。

（９）ミル Mill の『自由論』*On Liberty* の全文テキストを公開する下記のウェブサイトにおいて、全文検索を行った。BertleBy.com http://www.bartleby.com/130/（二〇一六年一二月一四日アクセス）

（10）ただし、ほとんどの場合において（たとえば、誘拐報道において人質の安全を図るなど生命・身体の危険を防ぐために情報発信等の自主規制を行うなどのことはありえる）、情報の自由な発信と流通が望ましいとしても、情報発信コストと普及コストが極端に低下するインターネットにおいては、スパムやデマのような情報の拡散が問題となる。多くの場合、スパムやデマは比較的短期間で沈静化する傾向がみられるものの（ただし、一定程度の不合理かつ有害な健康情報や差別的言説等が中長期にわたって残るという現実がある）、その沈静化のためには、反対言論を発信・流通する相当のコストがかかる。

東日本大震災直後、震災によって破壊された工場からの有害物質の流出や、被災地における外国人犯罪グループによる組織的犯罪の発生などのデマが流れたものの、個人や行政の努力によって、これらのデマが沈静化された事例が知られている。荻上（2011c）は、この事実を示して、言論規制を行うよりも、自由に情報発信を許した方が、一種の自浄作用が働くことで、デマやスパムなどのごみ情報は排除されていくと主張する。おおむねこの意見に賛成するものの、デマを打ち消すための反対言論のために相当の社会的資源を割かざるを得ない事実は否定できない。また、６－５も参照。

（11）流言と都市伝説の区別に関しては、三隅（1991）および佐藤（1997）参照。また、ゴシップ・流言・都市伝説・デマ等の噂の分類に関しては、川上（1997b）、松田（2014: 15-21）、廣井（1988: 4-7）等を参照のこと。ところで、本文で紹介した「流言」は都市伝説と同様の性質も有する。ディテールが妙に詳しい点で簡潔性に欠けること、道具的な利益が何であるのか把握が難しいこと、道具的な利益が不明なために流言集団の境界がとくに不分明であることなどである。したがって、上記の三隅（1991）の整理する流言の定義には必ずしも完全に当てはまるわけではない。この話が繰り返し興味深いものとして語られるようになれば、それは流言ではなく、都市伝説と言うことになろう。現在のところ、虚偽のニュースとしてこの話は打ち捨てられ、都市伝説とはなりえなかった。

（12）「【オカルト注意】市松人形を盗んだ近所の奥さんが、軽トラにはねられ、漫画のようにスッ飛び田んぼに落ちた。」『育ママ速報』二〇一三年九月一九日 http://ikumamasokuhou.com/archives/33123951.html（二〇一六年一二月一四日アクセス）。なお、日付はまとめサイトの記事の更新日であり、2ちゃんねるの元記事は二〇〇九年九月四日から翌日にかけて書かれたもの。

（13）「呪いの人形が近所のａさんに盗まれた」『泣ける・感動2ちゃんねるまとめ』二〇一三年九月二二日 http://blog.livedoor.jp/namida2ch/archives/32362954.html（二〇一六年一二月一四日アクセス）。なお、日付はまとめサイトの記事の更新日であり、2ちゃんねるの元記事は二〇〇八年一〇月一〇日から一六日にかけて書かれたもの。

（14）「【お面スゲェｗｗ】『呪いのお面』をセット価格５００円でバザーに出し売れる↓後日、封筒に入った三千円と『すみません』と書かれたメモと一緒に、お面のみ返ってくる」二〇一四年一〇月二九日 http://mojomojo-licarca.com/archives/40383955.html（二〇一六年一二月一四日アクセス）。なお、日付はまとめサイトの記事の更新日であり、2ちゃんねるの元記事は二〇〇九年五月二六日から同年一〇月一八日にかけて書かれたもの。

（15）「三橋貴明」『ウィキペディア』https://ja.wikipedia.org/wiki/%E4%B8%89%E6%A9%8B%E8%B2%B4%E6%98%8E（二〇一六年一二月一四日アクセス）

（16）「スマイリーキクチ中傷被害事件」『ウィキペディア』https://ja.wikipedia.org/wiki/スマイリーキクチ中傷被害事件（二〇一六年一二月一四日アクセス）

（17）二〇一六年四月二五日現在 Twitter Bot Japan にはアクセスできない。（同サイトへの最終アクセスは、二〇一〇年五月六日）

（18）「マイクロブログサービス『ツイッター』の『ダライ・ラマ』サイトは偽物」『ＡＦＰ』二〇〇九年二月一〇日 http://www.afpbb.com/articles/-/2569883?pid=3773877（二〇一七年三月一一日アクセス）

（19）「Twitter で藤田晋社長なりすまし　本人『怒ってないですよ～』」『ITmedia』二〇〇九年六月一日 http://www.itmedia.co.jp/news/articles/0906/11/news027.html（二〇一七年三月一一日アクセス）

（20）「Twitter で鳩山首相になりすました男性が謝罪　『有名人でコントやってみたかった』」『ITmedia』二〇〇九年一

二月二八日、http://www.itmedia.co.jp/news/articles/0912/28/news014.html（二〇一七年三月一一日アクセス）

（21）「認証済アカウントについて」『Twitter Japan blog』https://blog.twitter.com/ja/2014-7（二〇一七年三月一一日アクセス）

（22）「なりすましアカウントを報告するには」『Twitter ヘルプセンター』https://support.twitter.com/articles/20170307（二〇一七年三月一一日アクセス）

（23）ところが、私が私であるという本人確認そのものがきわめて難しい。公的証明書を得るためには、別の公的証明書が必要であるという循環構造が一般には存在する。公的証明書によらず私は私であると証明しようとする場合には、社会的ネットワークにおける位置から私を証明することとなる。ある社会的ネットワークに所属する私を証明するためには、社会的ネットワークの構造を説明し、その構造中に私を位置づける知識を有する権威が必要であるが、その権威の正統性／正当性をどのように証明するかという問題が次には生じる。この事情に関しては、名和（2016）を参照。

（24）ところが、匿名化技術を考慮に入れると、ある人の情報機器に割り振られたＩＰアドレスがあるサーバー上に残っていたとしても、必ずしもその人が本当にそのサーバーにアクセスしたかどうかは確証できない。この問題に関しては、本書３－９を参照。

（25）「頁の編集は大胆に」『ウィキペディア』http://ja.wikipedia.org/wiki/Wikipedia:%E3%83%9A%E3%83%BC%E3%82%B8%E3%81%AE%E7%B7%A8%E9%9B%86%E3%81%AF%E5%A4%A7%E8%83%86%E3%81%AB（二〇一七年三月一一日アクセス）

（26）同記事では、日本版ウィキペディアの質が低いとの問題を指摘するものの、二〇一七年三月現在ポピュラーカルチャーに係わる項目以外でも内容が充実する分野が登場している。これは、インターネットでの知識共有を重要とみる研究者が同僚・学生などに呼びかけて、当該分野の項目の内容充実のため執筆・加筆を組織的に行うなどの草の根的な運動のおかげである。なお、二〇一六年四月一日から同月三〇日にかけては、日本版ウィキペディアが「加筆大会」と称して書きかけ（「スタブ」）となっている記事項目の加筆を呼びかけ、内容の充実を図るキャンペーンが行われた。「加筆大会」『ウィキペディア』https://ja.wikipedia.org/wiki/Wikipedia:%E5%8A%A0%E7%AD%86%E5%A4%A7%E4%BC%9A（二〇一七年三月一一日アクセス）

（27）「WikiScanner」『ウィキペディア日本語版』〈http://ja.wikipedia.org/wiki/WikiScanner〉、「Wikiscanner まとめ」

〈http://www40.atwiki.jp/wikiscanner/〉、および「総務省や文科省もWikipediaを編集していた『WikiScanner』日本語版で判明」『ITmedia』二〇〇七年八月二九日〈http://www.itmedia.co.jp/news/articles/0708/29/news059.html〉（いずれも、二〇一七年三月一一日アクセス）

(28) Wikipedia と Citizendium のトップページの記載から。なお、日本語版ウィキペディアは、二〇一六年一月に一〇〇万項目を超えた。

(29) "List of Hoaxes on Wikipedia," *Wikipedia.* https://en.wikipedia.org/wiki/Wikipedia:List_of_hoaxes_on_Wikipedia（二〇一七年三月一一日アクセス）

(30) レイモンド Raymond の原文は一九九七年に初版がインターネットで公開され、最新改訂は二〇〇〇年である。日本語版は、山形訳（2001）を参照。

(31) 政府・与党社会保障改革検討本部（2011: 3）においては、複数の機関に存在し、かつそれぞれに蓄積される個人の情報が同一人の情報であることの確認を行う基盤（税・社会保障共通番号制度に相当）がないため、次のような課題が生じているとされる。

1. 所得の申告漏れを防止するために税務署に提出される法定調書のうち、名寄せが困難なものには活用に限界がある。
2. より正確な所得・資産の把握にもとづくきめ細やかな社会保障制度・税額控除制度の導入が難しい（所得比例年金や給付付き税額控除等）。
3. 長期間にわたって個人を特定する必要がある制度の適正な運営が難しい（年金記録の管理等）。
4. 医療保険等において保険者等の関係機関相互の連携が必要（旧保険証利用を原因とした過誤調整業務等）。
5. 養子縁組による氏名変更を濫用された場合に個人の特定が難しい。

このうち、上記の3. は「消えた年金」問題を想起させる。

また、芸能人の家族の生活保護不正給付問題は、制度上問題がない形で給付を受けていたわけであるから、はたして不正と言える事例であるかどうか不明である。また、貧困家族の扶養義務を個人に負わせた場合、貧困家庭に生まれた子供が親と家計を切り離して独立して生計を営み、努力して経済的自立を達成する可能性を摘むなど、多くの不都合が生じる懸念がある。

(32) 鈴木正朝教授はインターネット上でことあるごとに、日本における個人情報保護法制の不十分さを指摘している。

(33) 下記記事を参照。「マイナンバーカードも不正取得可能　『本人確認の精度を高めるべき』と専門家」『産経ＷＥＳＴ』二〇一六年二月三日 http://www.sankei.com/west/news/160203/wst1602030013-n1.html（二〇一七年三月一一日アクセス）。ただし、本人を本人と確認するには、公的書類であっても、公的書類の循環構造があるので、根本的な保障は不可能である。名和（2016）参照。

(34) 「マイナンバーカード交付遅れ　システム機構不具合原因不明」『東京新聞』二〇一六年三月二〇日 http://www.tokyo-np.co.jp/article/politics/list/201603/CK2016032002000130.html　および、「マイナンバー障害頻発　カード交付遅れ　運用二カ月」『毎日新聞』二〇一六年三月六日 http://mainichi.jp/articles/20160306/k00/00e/040/102000c などを参照。（いずれも、二〇一七年三月一一日アクセス）

(35) なお、最近の共通番号法の逐条解説には宇賀（2014）、実務とのかかわりでは岡村（2015）などがある。

(36) 「iCloud経由でヌード画像が大量流出した手法の詳細と対処法を元ハッカーが解説」『Gigazine』二〇一四年九月三日 http://gigazine.net/news/20140903-celebrity-naked-photo-leak-method/（二〇一七年三月一一日アクセス）

(37) 「元ＳＥに実刑判決　ベネッセ顧客情報流出　東京地裁支部」『朝日新聞』二〇一六年三月三〇日朝刊三八頁。

(38) 東京地裁昭和四六年（ワ）第四〇九五号東京地判昭和四八年二月一九日民集第一三部判決。

(39) 「住民票データ流出　宇治市の二二万人分を業者、ネットで販売」『朝日新聞』一九九九年五月二二日夕刊一五頁、および「宇治市に慰謝料命じる　データ流出で京都地裁判決」『朝日新聞』二〇〇一年二月二四日大阪朝刊三一頁。大阪高裁平成一三年（ネ）第一一六五号大阪高判平成一三年一二月二五日。

(40) ファン・デン・ホーフェンへの着目は、東京藝術大学特任助教川口嘉奈子氏の示唆による。

(41) この事件で流出したデータに関しては、網羅的なまとめは公表されていない。概略については、たとえば、次のまとめを参照。「2ちゃんねる有料会員●個人情報流出関連コピペまとめ保管庫　未完全β適当版　更新日二〇一四年八月二六日」http://matome.naver.jp/odai/2137758052163007001　および「2ちゃんねるビューアの個人情報流出事件が悲惨すぎるｗｗｗ」（二〇一三年八月三一日最終更新）http://matome.naver.jp/odai/2137691758244270001（二〇一七年三月一一日アクセス）

(42) 「「2ちゃんねるビューア」ユーザー情報流出　カード情報など約三万二〇〇〇件の可能性も」『ITmedia』二〇一三年八月二六日 http://www.itmedia.co.jp/news/articles/1308/26/news068.html、および「『2ちゃんねるビューア』利用者約三万件分のクレジットカード・住所・電話番号などがTor上に流出」『Gigazine』二〇一三年八月二六日.

http://gigazine.net/news/20130826-2ch-personally-identifiable-information-leak/（二〇一七年三月一一日アクセス）

（43）「2ちゃんねるビューア」『ウィキペディア』https://ja.wikipedia.org/wiki/2%E3%81%A1%E3%82%83%E3%82%93%E3%81%AD%E3%82%8B%E3%83%93%E3%83%A5%E3%83%BC%E3%82%A2（二〇一七年三月一一日アクセス）

（44）「2chのアカウント大量流出祭りか？　有名トリップ・メールアドレスなどが流出」『秒刊サンデー』二〇一三年八月二六日　http://www.yukawanet.com/archives/4523104.html　また、トリップおよびキャップについては、「トリップ（電子掲示板）」『ウィキペディア』https://ja.wikipedia.org/wiki/%E3%83%88%E3%83%AA%E3%83%83%E3%83%97_（%E9%9B%BB%E5%AD%90%E6%8E%B2%E7%A4%BA%E6%9D%BF）および、「キャップ（電子掲示板）」『ウィキペディア』https://ja.wikipedia.org/wiki/%E3%82%AD%E3%83%A3%E3%83%83%E3%83%97_（%E9%9B%BB%E5%AD%90%E6%8E%B2%E7%A4%BA%E6%9D%BF）を参照。以下すべて、二〇一七年三月一一日アクセス。

（45）「【ネットろんだん】2ちゃん情報流出　「匿名の暴言」が突きつけた闇」『産経ニュース』二〇一三年九月六日、http://www.sankei.com/life/news/130906/lif1309060014-n1.html（二〇一七年三月一一日アクセス）

（46）「『なんJ』人気まとめサイトが閉鎖　2ch情報流出で過去の荒らし行為がばれる」『ITmedia』二〇一三年八月二八日　http://www.itmedia.co.jp/news/articles/1308/28/news075.html（二〇一七年三月一一日アクセス）

（47）二〇一五年一二月には、2ちゃんねるで荒らし行為を十年以上にわたって行っていたユーザーが特定されたという情報が流れた。以下を参照。「【ネット】2ちゃんねるで有名な荒らしコテハン『K5』が身バレか★125［無断転載禁止］©2ch.net」『2ちゃんねる』二〇一六年一月五日付 http://daily.2ch.net/test/read.cgi/newsplus/1451921842/（二〇一七年三月一一日アクセス）

（48）「案の定『ひろゆき』氏のツイッターやブログが乗っ取られ絶望状態へ」『秒刊サンデー』二〇一三年八月二六日 http://www.yukawanet.com/archives/4523351.html（二〇一七年三月一一日アクセス）

（49）下記の記事によると、二〇一三年六月から登記抹消の警告が掲示されていたという。「2ch閉鎖Xデーは九月六日か？『パケットモンスター』がついに登録抹消される可能性」『秒刊サンデー』二〇一三年八月二八日　http://www.yukawanet.com/archives/4525145.html（二〇一七年三月一一日アクセス）

（50）「現2chは『違法な乗っ取り』状態——ひろゆき氏？が新サイト『2ch.sc』開設を予告」『ITmedia』二〇一四年

四月一日 http://www.itmedia.co.jp/news/articles/1404/01/news146.html、「現2ch管理者、ひろゆき氏に反論 『何ら違法性ない』『法的対応を検討』」『ITmedia』二〇一四年四月四日 http://www.itmedia.co.jp/news/articles/1404/04/news045.html、および「ひろゆき氏の『2ch.sc』公開される 2chとほぼ同じだが『転載禁止』消える?」『ITmedia』二〇一四年四月一二日 http://www.itmedia.co.jp/news/articles/1404/12/news012.html（いずれも、二〇一七年三月一一日アクセス）

(51) コンビニエンスストアにおいては、夏場でも温かいおでんを扱っているが、これは、前日と当日に一定以上の温度差がある場合、おでんなど温かい食べ物が売れるという傾向を、気温と商品売り上げの相関を見る中でつかんだためと言われる（鷲巣 2008: 121-127）。ただし、ＩＣＴを活用した分析であるか、店員の経験による直感的な統計的判断であるのかは不明である。

(52) (2012)「特集 ビッグデータの流通革新」『流通革新』vol.50, no.10, 44-59 および、(2013)「特集 個客中心時代の幕開け：新しい商取引を実現するスマーター・コマース」『Provision』no.79, 4-65 など参照。

(53) 椎橋（2005）によれば、Suica の運賃データおよび経路情報等は、最終的にはセンターサーバーに記録されるものの、ネットワーク障害や機器の故障等で全体システムのどこかが故障する可能性があるものと仮定し、これらの情報をセンターサーバーに送りっぱなしにするのではなく、Suica カード内部および出改札機器に一定時間蓄積し、ネットワークが良好であれば、一定時間ごとに出改札機器からセンターサーバーに送信する。運賃処理は、端末とSuicaカード間で行う。このように、自律分散型の処理を取り入れることで、データの信頼性を高めている。また、同じ文献によれば、Suicaカード内のデータはファイルとして格納されるが、Suicaを共用する企業がそれぞれ秘匿性の高い情報を格納できるように、個別の暗号鍵による保護が可能であり、読み出し・書き出しに際しては、同時に八ファイルの読み、または書きができるようにしたことで、会社間での情報の漏えいがないようにするとともに、比較的複雑なデータ処理を可能としている。

(54) ＥＴＣは、ウェブで過去の利用証明書発行および利用明細の確認が可能である。ところが、二〇一六年六月三〇日まで、ユーザー登録をしなくても利用できる非登録型サービスがあった。「ＥＴＣ利用照会サービス（非登録型）」（http://www.etc-user.jp/ 二〇一六年五月一日アクセス）を利用すると、照会したいＥＴＣカード番号を入手することで、過去六十二日間の利用明細を確認できるので、ＥＴＣカードの正規の所有者でなくても、行動履歴を見ることができる可能性があった。一方、ユーザー登録には、ＥＴＣカードでＥＴＣ無線走行により高速道路を利用した際の車載器管理番号・車両番号・利用年月日が必要とされる。このユーザー登録によって、ある程度第三者によるETCカード利用明細参照リスクを下げることはできるだろう。二〇一七年三月現在のETC利用照会サービスに関しては、「ETC利用照会サービス」『ETC総合情報ポータルサイトGO！ETC』（https://www.go-etc.jp/detail/history/index.html 二〇一七年三月一一日アクセス）参照。

（55）「Suica 履歴　売り出す　JR東日本『個人特定はせず』」『読売新聞』二〇一三年七月一八日東京夕刊一頁。

（56）なお、その後、JR東日本は、有識者会議に対して、Suica に関するデータの社外への提供について検討させている。その内容は、Suica の経路情報データはどれだけ匿名化を行えば第三者提供ができるかに関しては論じられていない。むしろ匿名化は十分であったが、社会の理解を得るうえで失敗したとの考察が行われていることが興味深い。Suica に関するデータの社外への提供についての有識者会議（2014）を参照。

（57）「世界を監視するアメリカ――〝スノーデン告発〟の衝撃 二〇一三年七月一七日（水）放送」『クローズアップ現代』 http://www.nhk.or.jp/gendai/articles/3381/1.html（二〇一七年三月一一日アクセス）

（58）この考察に関しては、社会学者ゴッフマンの一連の著作が重要な示唆を与える。さしあたり、Goffman（1959=1974）および Goffman（1967=2002）を参照。

（59）個人情報保護法においては、個人が誰であるかわかることを個人識別性とするが、論者によっては、誰であるかわからないが、ある属性の集合が共通に帰属する主体があることがわかることを個人を「識別」するとし、その主体を具体的な個人と認識できる状態であることを個人を「特定」すると、区別することがある（パーソナルデータに関する検討会技術検討ワーキンググループ 2013）。高木（2013）では、前者は「不特定個人識別性」、後者は「特定個人識別性」と呼ばれる。

（60）もっと原始的な形での「濡れ衣」問題については、先住者が室内で何らかの理由から死亡した事故物件について、指摘する者がいる。事故物件の住所、そして集合住宅の場合は部屋番号までを特定しない限り、近隣の家や部屋までも事故物件ではないかとの風評被害が立つので、事故物件の住所や部屋番号を特定して公開すべきとの主張がある（鈴木（信）2016）。

ところで、死の穢れ（いわば、死や不幸が伝染するのではないかという）に対する不合理な恐れが、事故物件を避ける行動の背景にはあると思われるが、この死の穢れへの恐れがある限り風評被害が立つだろうから、死の穢れへの恐れがなくなれば、事故物件を公開する必要がなくなる。そして、同時に、死の穢れへの恐れがなくなれば、風評被害どころか、事故物件そのものを問題としなくなるかもしれない。

(61) なお、江戸時代の銭湯の様子に関しての説明として参照した中野(2010)は、江戸時代において日本人は裸体を恥ずかしく感じていなかったものの、近代化政策の中で西洋的な視線を自らのものとすることによって、裸体を恥ずかしいものと見るようになったという従来の通俗的な歴史観をそのまま踏襲している。この点、ここで私が述べようとする説とは異なる。

(62) モース Morse は、日本人にとっての入浴・行水における裸体が、西洋人にとっての食事と同じように、一般的には、羞恥とともに隠すものではないが、注視の対象となれば、恥ずかしさを感じるとともに、ぶしつけに見つめる視線の主を無作法だとみなすだろうと指摘する。

「事実をいうと彼等は子供のようで、私は日本人が見る我々は、我々が見る日本人よりも無限に無作法で慎みがないのであることを断乎として主張する。我々外国人が深く襟を切り開いた衣服をつけて、彼等の国にないワルツのような踊をしたり、公の場でキスをしたり(人前で夫が妻を接吻することさえも)その他いろいろなことをすることは、日本人に我々を野蛮だと思わせる。往来を歩きながら風呂桶をのぞき込む者があれば入浴者は、おそらく我々が食卓に向かっている時、青二才が食堂の窓からのぞき込んで行くようなことがあった場合に、いうようなことを、いい合うであろう。日本人のやることで我々に極めて無作法だと思われるものもすこしはある。我々のやることで日本人に極めて無作法だと思われることは多い」(Morse 1917=1970: 87-88)。

また、宮下(2008: 120-135)は、幕末・明治時代初期に訪日した外国人の記述をもとに、江戸時代の日本人にとって、裸体は目には映っていても、隠すべき性的な物とは映っていなかったと論じる。

(63) 一方、公共的な場所におけるコミュニケーションがうまくいくためには、ことさらにことあげせず口をつぐむことが必要な話題もあって、これがプライバシーで保護されるべき事柄であると、ネーゲル(Nagel 2004: 3-26)は説明する。ところが、このような考え方は、女性や身体障碍者など、自らや自らの存在を取るに足らない恥ずべきものと社会的に思い込まされてきた者から公共的な場所への登場とそこでの発言権を奪うと、ヌスバウム(Nussbaum 2006=2010: 372-399)は批判する。したがって、他者危害原則によってプライバシーの保護される範囲を確定すべきと、Nussbaum は主張する。

ところが、他者危害原則は法や強制による介入の可能な範囲を特定するだけであって、慣習的規範が制限する行為の範囲を定めるものではない。権利として保護されるべきプライバシーの範囲は、Nussbaum が指摘するように、他者危害原則によって保護される範囲に該当することであろう。その一方で、Nagelが観察し、その意義を解釈するプライバシーは慣習的規範の及ぶ範囲である。慣習的規範は、一般的に社会的衝突や不快さを相互に避けるために役立つものである。ある時代・地域の慣習的規範においては不快さを伴う話題であっても、普遍的な倫理的原則から見て、その話題は重要な意義を有し、社会的に検討されるべきものである場合もあるかもしれない。

たとえば、高齢者や身体障碍者・知的障碍者の性的問題は、現代日本社会または少し前の日本社会の慣習的規範においては、その話題を持ち出すことは不快であって、公共的な場所におけるコミュニケーションが擾乱されるものと考えられてきた。しかしながら、性的問題は、高齢者や身体障碍者・知的障碍者にとっても生活の質を維持・向上させるために重要であるだけでなく、生きがいのある人生を構築するうえでも重要な場合があると、だんだんと社会的認識が広がりつつあるように思われる。社会的慣習に反し、品位に欠けると思われても、長期的に見て社会的慣習がこの点では変わるべきだと信じるならば、私たちはこの話題を公共的な場で発言するべきだろうし、このような話題を持ち出したからといって、法や道徳、慣習によって罰せられてはならないと思われる。

その一方で、ある他者について社会的に差別される可能性がある属性（門地・身分・民族・人種・宗教・疾病など）を暴露したり、逆にその「濡れ衣」を着せたりするような話題をことあげすることは、身体・財産等への直接の侵害はないとしても、職業的・公共的・私的な交際について制限をもたらすなどの危害・迷惑を生む。このような行為は、Nagelの言う意味では品位に欠けるうえ、他者への迷惑を及ぼす可能性がある。表現・言論の自由との均衡から見れば、法的に禁止するわけではないとしても、品位に欠けるというマナーの非難ではなく、道徳的に強く非難されるべきだろう。一方で、ヘイトスピーチとして規制されるべきは、ヘイトスピーチの対象となった人々に対して身体的・心理的な脅威が及ぶことが明白かつ現在の危機であるような言論・表現となるべきと思われる。

(64)　Arneson (2005) は、狩猟期において森林に入る者に明るい色の衣服をつけるよう命じる法律を例として、Feinberg (1986) における議論を敷衍する。狩猟期に好んで森に入る者であっても、自ら進んで狩猟者の銃によって撃たれることを望んでいるわけではない。ところが、Feinberg (1986) は、自らに危害を招くリスクを伴う行為について規制してよいとするハードパターナリズムを認めないものの、十分に自発的な選択が原因となって自らに危害を招くリスクを冒す場合には、刑法的規制によってその行為を禁止するのは望ましくないと考える。すなわち、うかつにも狩猟期に鹿や雉などの動物と混同されるような服装で森に入って誤射される危険を冒すのは、十分に自発的な選択ではない。つまり、それは、自由な行為ではないので、森に入る者に対して明るい色の服装を義務付ける刑法的規制は正当化が可能である。

第三章　ネットと世情

3－1　スマホと退屈

スマホやめますか、それとも信大生やめますか――三〇年前の公共広告ばりのフレーズばかりが注目されたが、信州大学入学式の山沢清人学長の二〇一五年入学式のあいさつは、単純なスマホ悪者論かというと、なかなか一筋縄にはいかない(1)。創造性や個性がどのように育まれるか、深い洞察があるように思われるのだ。その核には、ゆっくりと考え、待つことが知性や思考の成熟には必要で、そもそも暇を無為な時間と見てはいけないという思想があるように思う。

山沢学長のあいさつでは、独創性や個性が今後の日本社会にはますます重要だとの認識を示し、そのためには自分探しは意味がないとする。そうではなくて、「時間的、心理的な『ゆとり』を持つこと、ものごとにとらわれ過ぎないこと、豊か過ぎないこと、飽食でないこと」（山沢 2015）が大事で、何よりも自分の時間を有効に使うため、自力で時の流れを遅くする必要があるという(2)。

モノやサービスがあふれる中で、無為に時間を潰せる機会が増えて、時間が速く過ぎ去ってしまうこと、このことを山沢学長は嘆く。無為に時間を速くする代表的な過ごし方として、スマホの問題を取り上げているのだ。

情報通信技術（ＩＣＴ）は、いまここにないものを目の前に示し、操作することを可能とするので、新しい物事や人々との出会いや交流を促進する一方、あまりにも過剰な情報の提示によって、ジンメルが二〇世紀初頭の都市生活にみたように、人間の感覚は麻痺状態に置かれることになる（Simmel 1903=1999; 北川 1997: 70–80）。

そして、この過剰な情報を縮減するため、個人の関心・興味に基づき限定する情報のフィルタリング機構を導入すれば、今度は、自分の見たい現実や慣れ親しんだ人びとと慣れ合うことで、狭い世界への閉じこもりも生む（Pariser 2011=2012）。

ものやサービスのできるだけ多くの享受、そして多彩だが形式的な社交で私的時間を過ごすことが、「リア充」の条件であれば、これらの追求が人々の重要課題となるかもしれない。一方で、モノやサービスの享受や社交の空白を、スマホをいじることで埋めて過ごせば、独創性や個性を生む揺籃である閑暇が無為な忙しさに紛れて速く過ぎてしまうだろう。

いずれにせよ、私たちは一人・少人数で静かに過ごす暇を充足した豊かな時間と代えるのではなく、ざわざわとした喧騒の中に身を置き忙しく過ごすことを人生の充実とおそらく「勘違い」させられているのである。

ウェブサーフィンの楽しみは、一九世紀キェルケゴールが批判した新聞（江口 2001b）と同様、傍観者として知識や情報を楽しむことで、重要なものを重要でないものから区別しないから、やがて退屈へと陥るだろう――哲学者ヒューバート・L・ドレイファスは、インターネット黎明期に、このように書いた（Dreyfus 2001=2002: 97-118）。

現代の特徴は真剣さや情熱に欠けることであって、自分の人生の一大事と関係のない可能性との戯れが生活のなかに溢れていると、キェルケゴールは観察した（Dreyfus 2001=2002: 97-118）。自分探しも、いまここにない自分を探そうとするならば、これも可能性との戯れでしかない。ＩＣＴは選択肢を増大させる。しかし、自ら決断し、コミットメントするという態度がなければ、私たちの人生は何が重要で何が重要でないかというパースペクティブに欠けたものとなり、選択肢がいくら多くても、一様にだらだらとした時間が継続する退屈なものとなるだろう。

スマホで無為な時間を過ごし人生の一大事にかまけるスマホ依存の問題は、生活や人生の時間配分問題に還元できるだろう（村上 2014）。ところが、そもそも人生や世界にパースペクティブがない人々にとっては、時間配分の優先順位さえも決められない。

むしろ人生や世界のパースペクティブを獲得したうえで、スマホやＩＣＴを活用して人生の課題に取り組み、さらにはスマホやＩＣＴの研究に打ち込むならば、この試行錯誤の営みは無為どころか、知性や個性、独創性を発揮すべき場となるはずだ。

だから、山沢学長の発言は、テレビＣＭめいた挑発的な言辞で聞く者の反感を呼ぶことで、ゆっくりと考えることが知性の成熟や人生のパースペクティブの獲得には重要だという真意を考えさせようというもので、単純なスマホ悪者論と聞くべきではない。

ところが、その数日後のＮＨＫ夜九時のニュースでは、学長のあいさつはスマホ依存症への批判とされ、識者が「だから大人が押し付けるのではなく学生・生徒同士の間でルールをつくるのが大事」と語る内容に矮小・歪曲されてしまった。(3) 新奇な事物が悪を持ち込むという常套句的な偏見の作用はかくも強い。

確かにスマホのサービスは、収益を上げるため強力な依存性を発揮するゲームやソーシャルネットワーキングサービスなどが多い (Thompson 2012=2014: 228-256) とはいえ、退屈した時間をただ無為に忙しくするスマホ以外のものも少なくない。大学時代、カフェテリアの決まった席で、いつもと変わらぬ仲間と単純なトランプ遊びで無為に忙しく過ごす退屈した後輩たちの姿も思い出す。スマホをはじめとするICTは、選択肢を増やし可能性との戯れを生むから、確かに閑暇を無為に忙しくする技術となりやすいかもしれない。ただこれを禁止するのでは、知性・思考の成熟や人生のパースペクティブの発見を促すことはできない。「どのように禁止するか」だけが問題とされる現状は確実に愚かだ。

3-2 九時以降スマホ禁止(4)

自治体による子どものスマートフォン（スマホ）の利用禁止・制限が広がっている。

二〇〇九年には、いわゆる「青少年ネット環境整備法」が施行された。同法は、一八歳未満の子どもが携帯電話・スマホを購入する際、携帯電話販売店にフィルタリングをかけて販売することを義務付けた。「フィルタリング」は、ネット情報のうち閲覧を許可するもの許可しないものを選り分ける技術である（高木ほか2016）。

同法によれば、保護者は子どもが利用する携帯電話・スマホを購入する場合、携帯電話販売店に申し出なければならない（第一七条第二項）。ただし、同法によれば、保護者が申し出れば、フィルタリングを解除できる（同条第一項）。東京都は、翌年、同法のフィルタリング解除のハードルをあげ、保護者が理由書を提出するよう義務付ける条例改正を行った（第一八条の七の二）。

どのネット情報の閲覧を許可し、どれを遮断するかは、スマートフォン・携帯電話の場合、各携帯電話会社が設定している。一般に、小学生では公式サイトのみへのアクセスを許可し、高学年になるに連れて「有害サイト」へのアクセスを禁止するフィルタリングへと変わる。

さらに、二〇〇九年六月には、石川県が同県の「いしかわ子ども総合条例」を一部改正し、防災・防犯などの必要がない限り、小中学生には携帯電話・スマホを持たせない努力義務を保護者に持たせた[5]（第三三条の二第三項）。二〇一四年四月には愛知県刈谷市児童生徒愛護会の発案で、親子の約束によるフィルタリングの義務付けに加え、同様の措置を取るよう、市内の全小中学校校長およびＰＴＡ会長に対して、要請を行った[6]（加藤2016）。

しかし、何よりも同市の試みが注目されたのは、午後九時以降は保護者が子どものスマホ・携帯電話を預かるという利用制限だ。つまり、午後九時以降スマホ利用禁止である。

同じ四月、仙台市も東北大と同市教育委員会の共同研究にもとづき、勉強時間・スマホ利用時間と成績との相関から、一日のスマホ利用を一時間以内とするように、中学生に呼びかける冊子を作成・配布した[7]。

二〇一四年末までに、携帯電話・スマホの利用時間制限は、ほかの自治体にも広がっている。福岡県春日市・福岡市、兵庫県多可町、山口県下関市が何らかの時間制限を設けている。静岡県ではPTAが同県教育委員会に制限を検討するよう呼びかけた。岡山県では県教育委員会が夜九時以降のスマホ・ゲームを利用制限するよう呼びかけた（子どもとネットを考える会 n.d.）。

仙台市の調査結果を見る限り、スマホや携帯電話そのものの悪影響よりも、スマホや携帯電話利用をなかなかやめられないことによる睡眠不足が、勉強時間が多くてもスマホ利用時間が多い子どもたちの成績が伸びない原因のように思われる。

スマホや携帯電話が悪いというより、子どもの生活習慣の整備が重要な問題ではなかろうか。そもそもスマホを使って勉強の解説映像を配信する通信教育サービスもある。その点で、携帯電話やスマホを学業の邪魔として悪者視するのは、朝食と学業成績との疑似相関を過度に重視するのと同じだろう。

ただし、場合によっては、一律制限を行う利点は確かにありそうだ。ゲームと違い、スマホや携帯電話によるコミュニケーションは相手があるので、各家庭の教育方針で制限しようとしても、一斉に制限しなければ、なかなか子どもがやめがたいかもしれない。

また、経済的事情が許さず両親ともに子どもと過ごす十分な時間が取れない家庭もある。そのような家庭はスマホや携帯電話の利用指導を十分に行えない場合もありそうだ。だから、行政や学校が一律に禁止・制限することで、本来なら家庭で行うのが望ましい子どもの情報通信技術（ＩＣＴ）利用指導を肩代わりする面もあるだろう。

しかしながら、情報社会で生きる子どもの自律やコミュニケーション能力の成長という観点から見ればどうだろうか。スマホやネットを活用する力が情報社会のコミュニケーション能力の基盤となる。はたして親たちはこの能力を教えられるだろうか。

確かにいじめも起きるが、そもそも保護者や教員など大人よりも子どもたちのほうがネットやスマホ利用に長けている。人間関係構築やトラブルが起きた場合の人間関係修復方法を子どもたち自身が育てているかもしれない。親や保護者が制限し、教えるという発想だけではうまくいかないように思われる。

情報倫理学者M・マティーセン（Mathiesen 2013）は、子どものネット利用を監視するよう勧める子育て書に反対している。ネット利用の監視は、子どもが親の目をすり抜けだますことを覚え、親との信頼関係構築の不全のリスクがあるという。また、子どもは成長にしたがって、大人に対して健全な秘密をもち、自分で自分の行為を選択する自律を成長させていくものである。こうした可能性を摘んでしまう可能性もある。

マティーセンは、保護者や教員など大人が子どもとネットやスマホなどの利用をめぐってオープンに対話できる環境を整備すべきだと主張する。親が子どもたちのネットやスマホ利用を見守り、ときに子どもたちに賢い利用法や安全な使い方を教わる。逆に大人たちが教えられる知恵は教える。こういう関係だ。彼女は、大人と子供の相互作用によってスマホやネット利用をうまく調整していくアプローチを「対話的調整」とよぶ（Mathiesen 2013; 大谷 2014a）。

利用制限だけでなく、家庭や地域社会での大人と子供の対話と教え合いが、情報社会を生きる力を育てるのではないだろうか。

3-3 LINEの「声」

広島の少女遺棄事件(8)、三鷹のストーカー殺人事件(9)。この二つの殺人事件で「LINE」というインターネットアプリケーションが使われ、注目が集まった。

LINEは、インターネット電話とメッセージ送受信の機能をもつソフトウェアで、これらの機能を組み合わせて、一対一、もしくは複数人でコミュニケーションを取ることができる。メッセージや電話機能は無料だが、「スタンプ」と呼ばれる感情やメッセージを表現する絵柄が多数有料で用意され、収益を上げている。世界で二億一八四〇万人以上のLINEユーザーがいる(二〇一六年三月末現在)(LINE 2016)。

LINEは、パソコンでもスマートフォンでも利用が可能だ。メッセージ送受信機能は「トーク」と呼ばれる。「トーク」は、複数でのメッセージのやりとりが便利なのが特徴だ。同じメッセージを送りたい相手をリストから選び設定すれば、彼らとメッセージをやり取りする「グループトーク」ができるようになる。

ところが、グループトークは未成年者ではいじめの温床という声もある。誰と誰がメッセージをやり取りしているか外部から見えないうえ、相手の追加・削除が容易で、グループ内では誰が「トーク」を読んだかもわかる。外部から見えないので、仲間が悪口を言うかもという疑念が募る。既読なのに返事をしないと仲間内の評判が悪くなる。相手の組み替えも自由なので、複雑な集団の操作も賢い人間は可能だろう。

スマートフォンの住所録を自動的に読み込む機能があることから、オンラインの人間関係をうまくさばききれなくなるリスクを恐れる筆者はＬＩＮＥを使わないが[10]、ネットには使い方の実例も含めて豊富な情報がある。

ＬＩＮＥは、冒頭の二つの殺人事件では、次のように使われた。

まず、七月に起こった広島の少女遺体遺棄事件では、被害者と加害者はＬＩＮＥで知り合った「友人」だった。加害者の少女と被害者は、事件前に仲たがいしていた。加害者の少女は、やはりＬＩＮＥで知り合った仲間を引き入れて、仲間に被害者少女を呼び出させた。仲間が運転する自動車の中で、ほかの仲間に激しい暴行を加えさせ、被害者がぐったりすると、首を絞め、その後首を折らせ、遺体を広島県の灰ケ峰山中に捨てた。

殺人に同行した加害者側の少女二人は、加害者にこのときはじめて対面した。このうちの一人は、暴行が始まる前にＬＩＮＥを通じて別の友人に助けを求め、友人は警察に行くよう助言したが、結局事件は起きてしまった。

報道によると、暴行を加える間加害者側の一人がＬＩＮＥで暴行状況をグループトークで実況し、四〇数人がこれを見ていた。しかし、誰もこの暴行を止めず、むしろ煽り立てる者が数名いたほどであったとされる。

事件後警察に逮捕された加害者は、ＬＩＮＥを通じて友人に事件を拙い言葉で説明し、不安を打ち明けた。このメッセージのやり取りが報道で紹介され、暴行の状況がわかった。

一方、三鷹の女子高校生がストーカーの無職男性に殺された事件では、二〇一一年秋ごろ加害者と被害者はフェイスブックで知り合った。留学を控えて交際を断った被害者に加害者がつきまといを開始。九月末加害者は京都から上京し、一〇月八日に事件が起こった。

この日午後には加害者が被害者宅に忍び込んで、クローゼットに潜み、この間LINEを使って、一時間に五六件のメッセージをグループトークで送った。刃物をもってクローゼットに忍び込んだものの、被害者を待つ間に後悔を募らせたのだろう、誰かに止めてほしいと哀願する内容のものだった。しかし、冗談と思った友人たちは誰も止めることがなく、「詰みだわ」というメッセージを残した加害者は、帰宅した被害者に凶行に及んだ。

LINEの五六通のメッセージは、感情と身体を制御できない自分を止めてほしかったものだろう。ソクラテスのダイモーンが、悪しきことをしようとする彼に「止めろ」と囁いた故事のように、おそらくこの加害者はLINEからの「声」を待っていた。

広島の事件での実況は誰が送信し続けたか明らかではないが、おそらくこちらも誰かに止めてほしかったのだろうと想像する。加害者側には面倒に巻き込まれたと困惑していた者が少なからずいたのは確かで、集団の同調圧力に逆らえなかったものの、LINE上に実況することで誰かに「いい加減やめろ」と言ってほしかったように感じられてならない。

古典学者のウォルター・オング（Ong 1982=1991）の指摘以来、口承や書字、印刷などのメディアが人間の意識やこころのあり方に影響を与えてきたという思想は、人口に膾炙した。だからといって、もちろんLINEなどの絵文字や断片的なメッセージのやり取りが殺人を招いたなどの短絡的な議論は馬鹿げている。ただ、気になるのは、ソクラテスのダイモーンは、近代では「良心」と呼ばれるものとなろうが、この二つの事例では、おそらく良心は内面から響くものではなく、ＬＩＮＥでつながった他者の「声」だったろうことだ。「やめろ」という声が聞こえなかった彼らは最後まで止まらなかった。

内面を有する自律的主体という虚構は、孤独な書字と黙読が支配的な近代に生まれたとされる(11)（Bolter 1984=1995: 341-360; Bolter 1991=1994: 365-376）。この仮定が正しいなら、孤独な書字と黙読と並んで、無数の会話が電子的に飛び交うようになった現代、私たちのこころは大きく変容しようとしているかもしれない。ＬＩＮＥの「声」は加害者の道徳的幼さの証明のようにも思えるし、同時に、自律的主体の虚構が終わりつつある可能性を示しているようにも思える。

3-4　ネット選挙解禁

インターネットでの選挙運動を認める公職選挙法改正案の本格的審議は、二〇一三年四月二日から衆議院の特別委員会（略称、倫選特）で行われた。提出された法案は二つ。自民党・公明党・日本維新の会（自公維案）と、民主党・みんなの党の案（民み案）だ。

公職選挙法（公選法）では、選挙活動と政治活動に分けて、候補者や支持者の活動を規制している。選挙活動とは、①特定の選挙において、②特定の候補者の、③当選を目的として、④投票を依頼する行為とされる（三好 2015: 33-35）。一方、政治思想や政策などの政治的主張を行い、それを支持したり、反対したりするなどの活動は政治活動とされる。

従来の公選法では、インターネットを利用する政治活動は認めていたものの、選挙活動については、頒布できる文書図画を選挙運動用通常ハガキ、選挙運動用ビラ、選挙運動用書籍・パンフレットに限っている。ウェブサイトや電子メールなどは、公選法上、文書図画という解釈が現在取られている。したがって、選挙期間中のツイッターやフェイスブックなどのSNS（ソーシャルネットワーキングサービス）などのウェブサイトでの有権者への働きかけや電子メールなどによる投票依頼行為は、公選法上許されないものだった（三輪 2006）。

アメリカでは、二〇〇八年、一二年の大統領選で、バラク・オバマが動画共有サイトやツイッター、SNSを駆使して勝利を収めたとされる（Harfoush 2009=2010; 清原 2010; 吉野・前嶋 2009: 37–44）。アメリカの場合、公選法の制約が少ないため、インターネットを活用して有権者に効果的に働きかけた候補者が選挙戦を有利に進める。

日本と同様に公選法上の制約が多い韓国では、二〇一二年にSNSによる選挙運動を含め、インターネットにおける選挙活動が解禁された。二〇〇二年の大統領選挙では、盧武鉉がホームページ開設や支持者のネットメディアでの活動によって若い層の支持を集めたとされるものの、当時はインターネットの選挙運動そのものは解禁されていなかった。徐々にインターネットでの選挙活動が認められたものの、二〇〇七年の大統領選挙では、動画共有サイトに候補者の支持を訴える動画を投稿した者が選挙違反で摘発される事件も起きた（趙 2012; 藤原 2012）。

こうした海外の事例を追いかける形で、日本でもインターネットにおける選挙運動を可能にする公選法改正が提案されてきた。二〇一〇年には国会に法案が提出されたものの、鳩山由紀夫首相の辞任とともに廃案となった。

今回の二つの案は、ツイッターやSNSを含むウェブサイトや電子メールを活用する選挙運動を解禁するとともに、誹謗中傷・なりすまし対策のために、連絡用電子メールアドレス等の表示義務や氏名の虚偽表示罪を設けている。ウェブサイトでの選挙活動をすべての人に認めるなどの多くの点では、自公維案と民み案は共通である。ただ一つ、民み案が電子メールによる選挙活動をすべての人に認める一方で、自公維案はそれを候補者・政党に限定するという点で、異なっている[12]（自民党 2013; 民主党 2013; BLOGOS 編集部 2013）。

前出の特別委員会での答弁では、「電子メールは密室性が高く、誹謗中傷、成りすましに利用される」というのが自公維側の説明だ[13]。しかしながら、必ずしも電子メールによる選挙活動のみ規制する理由は定かではないように思われる。

第一に、外部から活動が見えにくい個々の有権者に直接送られる電子メールは、SNSのメッセージと変わらない。外部から活動が見えにくく、誹謗中傷があっても候補者が気づかないで反論しにくい点で、電子メールとSNSは変わらない（これが「密室性」の問題だろう）。では、なぜ電子メールだけ規制するのか。これは前出の特別委員会の席上でも指摘された。

第二に、電子メールも半公開的な利用が可能である。メーリングリストでは、複数の人が電子メールの発信者と内容をチェックできる。メーリングリストにおいて、選挙期間中特定候補を支持する人が議論することが選挙違反の可能性が出てくるのではないか。また、選挙運動と政治運動の厳密な区別は難しい。この結果、電子メールを使う言論活動に萎縮効果が生まれたとしたら問題であろう。

さらに、自公維案も民み案も、誹謗中傷対策としてプロバイダ責任制限法の特例を設けている。候補者から名誉棄損の訴えがあった場合、プロバイダは匿名・仮名の情報を削除しても、発信者からの賠償責任追及を受けないというものだ（自民党 2013; 民主党 2013）。匿名・仮名の誹謗中傷や嫌がらせは愚劣かつ卑怯だが、正当な批判もあるかもしれない。プロバイダは名誉棄損と正当な批判とを区別し、正当な批判はネット上に残しておいてくれるだろうか。

インターネットにおける匿名・仮名発言が真実の暴露や重要な批判につながったことは例外的で（たとえば、ウィキリークスによる暴露。ただし、これらの隠された情報の暴露も多くの場合、既存のマスメディアが支援していた）、むしろ既存メディアによる取材活動や批判のほうが政治批判には有効という印象は強い。とはいえ、匿名言論への一定の枷となりえる規定の導入は、インターネット上の言論に影響がないか懸念される。

前出の特別委員会では、一定期間後に見直すとの付帯条項をつけて、自公維案が可決された。二〇一三年夏の参院選が、インターネット選挙解禁後初の国政選挙となった。インターネットにおける選挙活動を解禁して導入した新たな規制で、ネット上の言論への萎縮効果が生じたという報告は、現在のところ存在しない。言論・表現の自由に十分配慮した法律の運用が続くように願う。

3-5 アフィブログ死亡

2ちゃんねるが、一部の「まとめサイト」に対して、2ちゃんねるの書き込みなどのデータ利用を禁じると、メッセージを出した(14)（二〇一二年六月四日）。まとめサイトとは、2ちゃんねるなどの電子掲示板（BBS）のスレッドやツイッターから、書き込み（レス）やツイート（メッセージ）を抽出し、見やすく編集したウェブサイトのことだ。

2ちゃんねるのまとめサイトが問題になったのは、初めてではない。二〇一二年初めには、まとめサイトの「ステマ」をめぐる騒動が起きた。ステマとは、ステルスマーケティングの略で、芸能人などの影響力ある人物がブログやツイッターなどで、報酬を受け取っていると知らせずに、宣伝したい第三者の商品やサービスを推奨する宣伝手法を指す(15)。

二〇一二年一月、2ちゃんねるの複数のまとめサイトが、企業からお金をもらって、レスを恣意的に編集し、場合によっては捏造して、特定の商品やサービスを推奨しているのではないかという疑いが持ちあがった（久我山 2012）。この騒動は、大きく二波があった。

まず、アニメ関連のニュースに関するスレッドのまとめサイト「やらおん」が、時事のニュースについてユーザーが議論できる「ニュース速報」板から、レスを恣意的に抽出して組み合わせ、捏造して、特定のアニメ制作会社のアニメを宣伝しているのではないかと指摘された。名指しされたアニメ制作会社が、新商品発売のお知らせのリンク先にこのまとめブログの広告バナーにリンクを張っていたことが騒動のきっかけだ。これを発見したユーザーがステマだと騒ぎ出した。

この会社が、リンクはウェブ制作担当者が誤って張ったものと説明する正式の文書を発表したものの、疑心暗鬼がユーザーにさらに広まった。実は多くのまとめサイトがステマを行っているのではないかという疑いから、アクセスから利益を得ているまとめサイト全般へと批判の矛先は向かった

アクセスから利益を得るまとめサイトは、「アフィリエイト」と呼ばれる、クリックや売買の成約に

よって報酬が支払われる成果報酬型広告を掲載することが多い。このようなまとめサイトは、ブログ形式であることから「アフィブログ」とも呼ばれる。

この騒動をきっかけとして、アフィブログを嫌うユーザーは、ニュース速報から大挙して脱出し、「嫌儲」と通称される2ちゃんねるの掲示板に移った。嫌儲は、2ちゃんねるなど、無名ユーザーの共同著作物からお金を儲けることへの強い反発を抱く人や、この強い反発そのものを指す。

「嫌儲」掲示板は、アフィブログへの転載禁止を規約としている。「嫌儲」掲示板は、二〇〇五年にやはりアフィブログへの転載が問題になった時にできたものだ。実のところ、二〇〇〇年代後半から、何度も嫌儲とステマの騒動は繰り返されてきたのである。

次いで、同じような騒ぎが「ゲーム業界、ハードウェア」板でも発生し、ステマの疑いをかけられた大規模アフィブログ「はちま起稿」が謝罪文を掲載し、管理人が交代する事態となった（池谷 2012）。ユーザー数が多いブログだったため、こちらも注目を浴びた。

話をここで、今回のアフィブログへの転載禁止問題に戻そう。今回の転載禁止の意見は、ユーザーから沸き起こったものではなく、2ちゃんねるの「運営」から表明されたものだ。

自分の発言が捻じ曲げられて大手アフィサイトで紹介されたことに立腹した大手出版社の編集者が弁護士に相談するとツイッターでツイートしたところ、大手アフィサイトがこの情報を削除。この事件をきっかけに、ステマを行うアフィブログについて議論する「嫌儲」板のスレッドで、2ちゃんねるの創設者の西村博之氏（ひろゆき）が現れ、複数の大手アフィサイトへの2ちゃんねるのデータの転送を禁止するとの方針を表明した。これが、第三者に危害・迷惑をかけ謝罪しない人物には、2ちゃんねるの著作物を使わせないという、本節冒頭で紹介した宣言である。併せて、データ利用禁止を表明するページが2ちゃんねるに現れた(16)（藤井 2012; coldcup 2012）。この事態を指して、「アフィブログ死亡」と野次馬は騒ぎ立てた。

公式には2ちゃんねるの「運営」を離れているとされる西村氏の発言とその直後の2ちゃんねるの迅速な行動には、同サイト運営の権限や責任について疑問を投げかける記事もある（佐藤（勇）2012）。この問題をめぐる2ちゃんねるのあるスレッドの書き込みでは、西村氏と警察との水面下でのやり取りが背景にあるのではないかという推測もまことしやかに語られている。

いずれにせよ、第三者に危害・迷惑をかけるウェブ情報は謝罪・訂正なく削除しただけでは意味がないという西村氏の指摘は、そのとおりと言わざるをえない。削除してもサーチエンジンのキャッシュ（保存データ）などに残ることもあって、間違った情報が転々と流布し続けるかもしれない。第三者に危害・迷惑をかける間違った情報の発信には、その情報を明示して訂正・謝罪が必要だろう。

二〇一四年、2ちゃんねるは2ch.netと2ch.scの二つに分裂した（2－9参照）。2ch.netがもともとのドメイン名である。二〇一四年三月上旬、2ch.netは人気の掲示板の転載禁止を宣言、同二〇日、無断複写・転載を禁ずるとの表示を始めた(17)。2ch.netから、2ちゃんねるの書き込みを利用する電子掲示板のデータを転送・コピーして転載するまとめサイトの作成・運用は、これで原則的に不可能になった。その一方で、2ch.scが、2ch.netのログをコピーして内容を反映するミラーサイトとして機能するようになった。二〇一七年三月現在、2ちゃんねるのデータを利用するまとめサイトは2ch.scからの転載で運用されている(18)。

3-6　怪獣とハマコーとツイッター

多くのネットユーザーは、四月一日を楽しみにしている。毎年エイプリルフールには、インターネットを利用して企業がちょっとしたイタズラを仕掛けることが慣例化してきたからだ。ウルトラマンシリーズの特撮で知られる円谷プロダクションも、同社ホームページで同日限定の企画を特設してきた(19)（ただし、東日本大震災が起きた二〇一一年以降同企画は休止）。

同社のエイプリルフール限定企画は、ウルトラ兄弟や怪獣たちが利用する人気のインターネットサービスという設定。いつも非常に凝ったつくりで、思わずニヤリとさせられる企画が登場するので、多くのネットユーザーが心待ちにしている。SNSや電子掲示板、ブログ、動画共有サイトなど、その時々の話題のサービスが取り上げられてきた。

二〇〇九年は、おなじみのウルトラ怪獣や「光の国ではたらく隊長」ゾフィーのブログが開設された。なかでも、オタク・アイドルの中川翔子（しょこたん）風の口癖を駆使する怪獣ゴモラの「ごもたん☆ぶろぐ」は、尋常ではない食欲の食べ歩き日記と、それと裏腹のかわいい口調が人気を集めた。

二〇一〇年は、地球で流行のTwitter（ツイッター）と連携するM78星雲で流行の「円谷ッター」（ツブッター）。もちろんM78星雲とは、ウルトラ兄弟たちの出身という設定の銀河系外星雲である（オリオン座に見える同名の散光星雲は銀河系内星雲だから、別物だろう）。

ツイッターは、リアルタイムで一四〇文字の短文を情報発信できる簡易なウェブ応用サービス。この短文を書きこむことをツイートという（日本では「つぶやき」と訳されることが多い）。ＩＤ登録をして、「いまなにしてる？」という問いに答えて短文を入力するだけという簡便さが、新規参加へのハードルを下げている。

ツイッターの国内ユーザー数は、二〇〇九年後半から急激に伸びた。だいぶ推測が入った数字だが、国内ユーザー数は、二〇〇九年末で四五〇万人はいると推計された（アスキー総合研究所 2009）[20]。M78星雲にも類似サービスが登場し、流行が広がってもおかしくないかもしれない。

円谷ッターでは嫌われ者のマグマ星人が場を読まないツイートを連発し、ウルトラマンタロウは母と晩ごはん情報を交換、「冥王星なう」と実況するゾフィーは怪獣たちの大群に囲まれてピンチに陥る……と、迷発言・珍発言は、四月一日以降もネットに残った。「怪獣ブースカ」のツイッターは更新も続けられた。ただし、二〇一七年三月現在は、まとめサイトに少数の発言が残るだけである（いちる 2010）。

怪獣ばかりではない。二〇一〇年は、鳩山由紀夫首相[21]をはじめ、多くの政治家がツイッターによる情報発信を開始した。原口一博総務相[22]は、ときには五分ごとにツイートすることもあって、二〇一〇年当時もっともツイッターを使いこなしていた政治家といえるかもしれない。とはいえ、口の悪いネットユーザーには「ツイッター中毒なのではないか」と言う向きもあったが。

二〇一〇年初め、とくに話題となったのは、ハマコーこと浜田幸一元衆議院議員のツイッターだろう。公の場で杖先を向けて「ツイッター」と絶叫する奇矯な言動[23]はもちろん、「なさけなう」などの言語感覚、歯に衣着せぬ乱暴な発言が受けたのか、彼のツイッターをフォローするユーザーは一三万人超（浜田 2010)。もっとも、すべてがハマコー氏に賛同するユーザーばかりではない。フォロー数に気を良くしたのか、一二万人を目標とする小沢一郎幹事長の辞職を求める署名運動をツイッターで始めたものの、結局数千しか賛同を集められなかった(24)。

政治家がツイッターに注目するのは、ユーザー数やリアルタイム性だけでなく、ユーザーを動員する力のためもあるかもしれない。二〇一〇年三月、マンガやアニメなど、直接性被害にあう未成年者がいないコンテンツの児童ポルノ的表現を規制する条例案が東京都議会で審議されたが、この条例案に対する反対運動は、ツイッターを通じて反対者たちがきわめて短時間で連携し、動員できたとされる(25)。また、二〇一〇年三月二六日の原宿竹下通りに異常な数の人が集まり、将棋倒しとなった事件では、事件の発生はまずツイッターと、これに連動する動画サービスで伝えられ、それをマスメディアが追いかけた(26)。これも、ツイッターのリアルタイム性と情報伝播力のおかげだ。

ツイッターの情報伝播力は、リツイートという機能によるものだ。あるユーザーのツイッターアカウントをフォローするユーザーの集まりは、「クラスタ」と呼ばれる。同一ユーザーが複数のユーザーをフォローする、そして相互にフォローし合うことで、クラスタは重複しながらゆるやかにつながっている。リツイートとは、最初のユーザーがツイートした発言内容を、彼女をフォローするユーザーが、さらに自分をフォローするユーザーたちに向けて再度発信する機能だ。

このリツイートによって、情報は迅速に波を打つように、重複しつつゆるやかにつながるツイッターのクラスタからクラスタへと伝わっていく。短期間で多くのユーザーを動員するだけの力をもつので、前出の竹下通りの事件では、アイドルが竹下通りにいるというデマがツイッターで広がり、多くの若者が殺到したという、まことしやかな解説もあった(27)。クラスタのゆるやかな連携による情報の迅速な伝播をサポートするツイッターの機能は、リアルタイム性とあいまって興味深い(28)。

その一方で、二〇一〇年年初の雑誌『Newsweek』日本版の記事によれば、米国でのツイッター人気にはすでに二〇〇九年後半には陰りが見えていたという(29)。二〇一五年から二〇一六年にかけて、ツイッター社が業績不振から、ツイートの一四〇文字制限を撤廃するとの噂が流れた(30)(Wagner and Ray 2015)。二〇一三年の上場以来同サービスは、赤字続きだ(二〇一六年一二月現在)(31)。ツイッターの過去のツイートは一定数たまるとどんどん消されていく儚いものだが、今のところツイッターのサービスそのものも流砂のような基盤の上に建っている。

3-7　バンクーバーの余波、ネットへ

バンクーバー・オリンピックの余波が、日本最大の匿名電子掲示板2ちゃんねるのサーバーを直撃した。

二〇一〇年三月一日、2ちゃんねるのサーバーに対して、大規模な攻撃が加えられ、すべてのサーバーが完全にダウンした(32)。

このとき使われたのは、ごくごく単純な「F5リロード」攻撃と呼ばれる人海戦術である。インターネット・エクスプローラーやファイアフォックスなど、主要なブラウザは、コントロールキーと同時にF5キーを押すと、ウェブを再読み込み(リロード)して、画面情報を更新できる。このリロードを集

中的に行うと、サーバーに負荷がかかり、ほかのユーザーがアクセスしづらくなる状態が起こる。F5キーを押しまくるという「原始的な」攻撃法だが、多人数が参加すると、きわめて効果的な嫌がらせとなる。

2ちゃんねるでは、三月一日一一時五〇分から攻撃がはじまり、攻撃元のIPアドレスのアクセス制限を行うなどの対処を図ってきたものの、対応ができなくなったため、一七時一二分にサーバーを停止した。(33)

この攻撃は主に韓国からのもので、同国の三月一日の独立運動記念日に合わせて行われたものだという(34)(林(由) 2010; PIE データセンター 2010a)。

この攻撃の発端は、バンクーバー・オリンピックの女子フィギュア・スケートをめぐっての余波である。同競技では、韓国のキム・ヨナが二二八・五六点と、女子史上最高得点を更新して優勝を収めた。日本語のブログや電子掲示板では、ショートプログラム終了時から、キムの得点が高すぎると、公然と語られるようになった。

この批判は、感情的なものもあれば、過去三年間キムに有利なように(そして、ライバルの浅田真央には不利なように)不可解なルール改訂が行われてきたこと、トリプルアクセルなどフィギュア・スケートのスポーツ的要素が評価されないことの不備を指摘する、専門的内容のものもあった。

日本のネットユーザーが感情的不満をブログや電子掲示板、動画共有サイトのコメント欄などに吐き出す一方で、韓国のユーザーもフラストレーションを溜めていったようだ。

まず、ショートプログラム後の二月二六日、キム・ヨナが八百長をしているという無責任な噂が悪名高き2ちゃんねるに書き込まれていると、一部のユーザーが同電子掲示板の「801板」を攻撃した。ここでは、日本人を揶揄する発言が匿名で書きこまれ、無意味なスレッドを乱立させるなどの行為が行われた（ソル 2010）。

「801」とは、「やまなし、おちなし、いみなし」の略とされる「やおい」のこと。「やおい」は、マンガ・アニメや現実のアイドルスポーツ選手たちをキャラクターとして、ホモセクシャルな物語を展開するマンガや小説のこと、またはそれらを書き、読む女性を指す。すでに一九七〇年代には「やおい」的な同人誌マンガが存在し、さらに、「やおい」という言葉じたいは、一九六〇年代にマンガファンダムに存在したとされる。一九八〇年代には、アニメやマンガなどのオタク文化のなかで一つのジャンルとして確立されていった[35]（伊藤 2007: 213–228）。また、男性同性愛を中心的テーマとする耽美マンガ・小説誌『JUNE』や、オカルトや地下文化などを中心的な話題とするミニコミ誌『月光』の読者投稿欄における、男性スポーツ選手同士や刑事ドラマ等の男性登場人物、男性アイドルや男性ミュージシャンの間における性愛妄想の披露などが、その発展に大きく影響を与えたものと思われる。やおい作品を書く・読む女性は「腐女子」とも呼ばれる。

つまり、801板は女子フィギュア・スケートとも八百長とも関係なく、韓国からの攻撃はずばり「誤爆」だった。同板では、「韓国人さん！　八百長板へようこそ Korean's Welcome」などと、攻撃者をからかうスレッドが立てられ、（おそらく）女子たちの妄想のなかで攻撃者は弄ばれることとなった。

女子フィギュア・スケートのフリープログラム終了後には、冒頭に述べた三月一日の独立運動記念日を期して、大規模な攻撃が行われた。この攻撃を呼び掛ける韓国コミュニティの登録者は、一〇万人を超えたという[36]。

一時停止に追い込まれた2ちゃんねるは三月四日にはほぼ復活、攻撃元のＩＰアドレスからのアクセスを制限した。三月四日のDDoS（分散サービス妨害）攻撃、三月六日の攻撃も受け流したようである[37]。

この一方で、反韓感情を有するユーザーが集まる2ちゃんねるの一部掲示板では、反撃を計画し、実際に反撃が実行されたようだ[38]。

ところが、この攻撃は、おそらく攻撃者たちにとっても意外な余波をさらに及ぼすこととなる。問題は、日韓のファナティックな国粋主義者たちの争いでは終わらなかったのだ。

周知のように、2ちゃんねるのサーバーは、米国Big-Server.comが提供するもので、このサーバーは、米国のPacific Internet Exchange社のデータセンター（ＰＩＥデータセンター）に置かれている。同社は、この攻撃を「サイバーテロ」と見なし、米国ＦＢＩに対して、攻撃元のＩＰアドレス、2ちゃんねる攻撃を提案したネット上のコミュニティ、攻撃を煽ったり、表明した日本語・韓国語の個人ブログなどの情報を提供し、報告を行った（ＰＩＥデータセンター 2010b）。

この攻撃では、2ちゃんねるのサーバーだけでなく、ＰＩＥデータセンターが接続された米国の上位ノード（相互接続ポイント）や、その上位ノードに接続されたほかの米国のネットワーク、ＰＩＥデータセンターが管理する他のサーバーも巻き添えになった。このような背景から、ＦＢＩが捜査に動くこととなったようだ。韓国の「愛国的」攻撃者たちは敵国を攻撃したつもりで、まったく無関係の第三国も「誤爆」していたのである。

韓国の反日サイトや2ちゃんねるだけでなく、ネット上の国粋主義を煽るサイトや言説は数多い。地理的にまばらにしか存在しえない過激主義者が新参者をリクルートし、感情的紐帯を結ぶために、インターネットは有効な道具だ。同じ意見を反響させるエコーチェンバーをつくり、意見の過激化も推し進める（Sunstein 2001=2003: 80–97; Sunstein 2009: 116）。

騒動の発端となった近代オリンピックは、国民国家の展開と相互依存して発達し、国家間の紛争がその行方に大きく影響を与えた(39)（戦前の東京オリンピック、モスクワ・オリンピックの中止を見よ）（坂上 2001:29–45, 88–95）。ラジオやテレビによる近代オリンピックの中継は、国民国家を支えるメディアイベントとなり、ゼロ年代以降その波はインターネットにも広がった（Dayan and Katz 1992=1996: 268–272）。

しかしながら、国粋主義的言説の流通と過激化を促進し、国民国家の「幻想」を支えるインフラであるインターネットは、国境をやすやすと越えてボーダーレスに広がる。日本語のサイトであっても、米国やその他の第三国に置かれてもおかしくない。今回の事件は、現代における国民国家の幻想と技術・経済のグローバル化という現実の対立を垣間見せた。同時に、紛争解決にＦＢＩという国家機関が動く「現実」は、国民国家が簡単に退場できない事情も明らかにしたといえるだろう。

3-8　ドローン少年

東京浅草の三社祭でドローンを飛ばすと動画で予告した少年が逮捕された（二〇一五年五月二一日）。祭の運営を妨げた威力業務妨害罪だという(39)。

ドローンはまだ定義があいまいで、現在は、無線操縦できる航空機全般がこう呼ばれる。軍が偵察や攻撃に使う大型・小型の無人機もドローンだし、四つのローターで空を自在に飛ぶ玩具のようなラジコン機も指す。

しかし、本来ドローンと呼ばれる機器は、従来のラジコン機とは違い、コンピュータを搭載して、自律的に姿勢・位置・飛行等を制御できる、いわば「飛行ロボット」に限定される。自律飛行ができるローターで飛ぶタイプのドローンは、人間がとくに複雑な制御をしなくても、空中の一点に留まり、監視活動を行うことが容易である。また、自動車のオートクルーズのように、人間がリアルタイムで制御しなくても、予め定めたコースに従って長距離を飛ばすこともできる。

四つのローターで自在に飛ぶ玩具のようなラジコン機（「クワッドコプター」、「マルチコプター」などと呼ばれる）に関しては、自律飛行機能がなくても、業者が宣伝用にドローンの名称を使うケースが多い。(40)

福島第一原発事故直後に上空を飛び、撮影した無人機は、軍用の自律飛行ロボットである。玩具のようなドローンは、安価になったこともあり、上空からの中継を手軽に行えるので、テレビ中継でも活躍する。(41)

さて、冒頭の「ノエル」と名乗る少年は、「支援者」と称する大人から資金援助を受けて、動画のネット中継・配信を行ってきた。(42)

二月には、神奈川県川崎市の中学一年生の殺害に関与したとされる少年の自宅前でネット中継して、被疑少年の実名をさらし、家族が出入りする様子をそのまま流した。警官に職務質問を受け、別に法律違反はしていないと突っぱねる自分の姿も中継していた。(43)

五月、善光寺（長野県長野市）の御開帳をドローンで空から中継していたものの、ドローンが電波を見失い落下するという事故を起こした。(44) 一連の事件で少年は、ネットの内外で相当有名となった。すでに有名人の少年が三社祭での飛行と撮影を動画で予告したことから、おそらくネットユーザーが警察に通報し、何もしないわけにもいかない警察が逮捕して厳重注意したというところだと想像する。

技術を弄び、大人を愚弄して突飛な行動に出る少年は昔からいるものだ。かの偉人伝の定番であるエジソンも一二歳で独立を決意して家を出、こまごまとした仕事をしながら、実験と読書に明け暮れた。最初の当たり仕事が、地域の電信局に届くニュースを盗み見てつくった手製の新聞の販売事業だ。儲けを元手に地下室と列車を借りて化学実験に没頭した。列車に置き忘れた実験用の硫黄が発火しボヤ騒ぎを起こし、怒った車掌に手ひどく殴られて、これが難聴の原因になったと言われる(46)（Josephson 1959=1962: 34-35; Baldwin 1995=1997: 49）。

やる気と山っ気に満ちた問題児の中から、幸運と才能に恵まれた一部の者が発明やイノベーションに成功する構図はおそらく古来変わらない。狷介かつ自己顕示欲の強い少年の性格も、年を重ねれば和らぐかもしれない。

ただ、過激な行動に走れば報酬（お金）が与えられるとなれば、自分自身も破滅させかねない行動へと彼は走るかもしれない。報酬が過激な方向へと思考を引っ張り、自分の行動の危うさを学ぶ機会は遠ざかる。その行動や思考が危ういと教えて善導する大人が周囲にいないのは少年の不幸だろう。少年がひどく道を踏み外すことなく、そのやる気と山っ気を受け止めて社会に生かせるチャンスにめぐり合えればと思う。

一方で、ドローンで誰かに危害を及ぶのを防止する手だても必要だろう。ドローンがコントロールを失えば衝突や落下で怪我をするかもしれない（スペインの歌手が撮影用ドローンで手を切ったという報道がある（安藤 2015））。悪用すれば、微妙な位置や速度のコントロールも可能だから、化学兵器・爆弾等によるテロや要人暗殺にも応用できる。区域によっては、上空高く飛べば航空法違反の可能性がある。二〇一四年は現実に名古屋でラジコン飛行による同法違反で書類送検された例がある。(47) また、ラジコンは電波を利用するが、電波周波数は限られた資源だ。今後普及が進むにつれて、電波資源の割り当ても問題になるかもしれない。

二〇一七年三月現在ラジコン操縦を行うのに免許は必要なく、ラジコン用電波の管理・分配を担当する（財）日本ラジコン電波安全協会が操縦士登録制度と保険制度を推奨しているだけだ。

二〇一五年六月二日、政府は、同年四月首相官邸敷地に侵入・落下したドローンの発見事件も受けて航空法を改正し、ドローンの飛行区域の制限や許可を受けた事業者のみが雑踏上空のドローン飛行ができることなど、規制案の骨子をまとめた。同法案は、二〇一五年第一八九回国会で審議・成立のうえ、同年一二月二七日から施行された（国土交通省 n.d.）。今後、大型機は登録制度も導入予定という。政府規制ではなく、民間でできることとしては、安全性への技術的配慮や保険制度の充実をこれに加えることなどがあるだろう。

しかし、過剰な規制は社会的不利益のほうが大きい。ドローンはマスメディアが、空中からの映像中継に活用しているだけではない。さまざまな応用がある。たとえば、佐野日大高校ＩＣＴ教育推進室室長の安藤昇氏は、同校の生徒たちと制作した、ドローンで撮影した映像作品で著名だ。彼らの映像は、人間の目線から突然に舞い上がる上空からの視点への構図の転換などで、こころが浮き立つ映像の体験ができる。広くドローンの活用が開かれていることで、この映像は可能となった。

十分訓練を積み、安全に配慮して活用すれば、有用でおもしろい応用がありえる。災害・遭難時の救援活動や情報収集に使えるほか、米アマゾンが物流への応用を検討中との報道もあった。(48) ブラジルでは、ドローンを使って、人間サイズの人形を都市上空に飛ばすアパレルメーカーの広告キャンペーンが行われた（ロバーツ町田 2015）。二〇一六年四月、楽天がドローンを活用するゴルフ場内でのゴルフ用品・軽食・飲み物等の配送サービスを開始した（楽天 2016）。

やる気と山っ気を必要以上に抑え込むことなく、技術の新しく有用な利用を促進するしくみが求められる。技術やその応用の発展を止める過剰な規制は無用である。

3-9　IPアドレスの「精度」

大阪市のホームページに、大量殺人予告を書き込んだなどとして偽計業務妨害容疑で拘留されていたアニメ演出家の男性が、二〇一二年九月釈放された。

捜査を行った大阪府警は、大量殺人予告の書き込みに使われた情報機器のＩＰアドレスを割り出し、男性のパソコンにたどり着いた。

ＩＰアドレスは、インターネットで通信する情報機器すべてに割り当てられるユニークな数字で、インターネット上の住所に当たると説明されることが多い。

任意での捜査段階から、男性は一貫して犯行に身に覚えがないと否認していたが、大阪府警の調査では、サーバーに演出家のパソコンのIPアドレスが残り、マルウェア（いわゆるコンピュータウィルス）への感染も確認されなかった。複数の不可解な点があったにもかかわらず、「大人数を動員して大騒ぎになったので、立件するしかないという空気[49]」もあって、一カ月の任意捜査後、大阪府警は男性の逮捕に踏み切った。

ところが、九月になって、三重県警が、2ちゃんねるに伊勢神宮の爆破予告をしたとして逮捕した無職男性のパソコンから、パソコンを乗っ取って遠隔操作するマルウェアを検出した。県警からマルウェアについて連絡を受けた大阪府警は、そのファイル名で削除されたファイルを検索して、マルウェアの痕跡を発見した。約一〇日かけて復元し、第三者が遠隔操作でメールを送信したり、掲示板に書き込んだりする機能を突き止めた。

無職男性は逮捕後一週間で、処分保留で釈放され、冒頭述べたように、アニメ演出家の男性も起訴を取り消して釈放された。さらに、皇族の通う幼稚園に脅迫メールを送ったとして逮捕された福岡市の無職男性も、同様の理由で釈放されていたことが、判明した。

その後の調べで、大阪府の男性は、2ちゃんねるでタイマー機能を持つソフトがほしいと求めたところ、オンラインストレージサービスのドロップボックスへのリンクからダウンロードするように指示され、ソフトをダウンロードしたという。また、三重県の男性は、やはり同様に2ちゃんねるで教えられたリンクから、フリーの画像ソフトをダウンロードしていた。とくに、無職男性はそのソフトをダウンロードしてからパソコンの動作が急に遅くなり、ダウンロード一時間後に使用を中止したが、この間に「伊勢神宮を破壊する」という書き込みが行われたようだと証言している[50]（高木 2013b）。

このようにパソコンを遠隔操作するタイプのマルウェアは、「ボット」(1 - 8参照)と呼ばれ、すでに多数の被害事例が知られている。

たとえば、二〇〇九年には、韓国政府や企業に対する攻撃に、米国や韓国、日本のパソコンが遠隔操作で利用された。二〇一一年には、やはり韓国のサーバーへの攻撃に国内の情報機器が利用される事件や、日本の防衛企業にマルウェアを送りつけるのに、日本航空宇宙工業会のコンピュータが遠隔操作で利用される事件があった。その他、お金を振り込ませる詐欺行為への利用もあった[51]。

ボットを利用するケースでは、国家的規模のサイバー攻撃や銀行口座のお金を盗み取る経済犯罪に利用されるなどのケースが見られるものの、大阪と三重の事件は、愉快犯的な色合いが強い。感染させる相手はソフトをダウンロードする不特定多数であって、騒ぎとなるような書き込みを遠隔操作で行っている。何かの実験か示威かと思わせる行為だ。

果たして、一〇月一〇日、TBSに真犯人を名乗る者から電子メールが届き、前述の事件に加え、七月に大学生が逮捕された事件もやったと告白した。その内容には犯人しか知りえない秘密の暴露があった。動機は、「警察・検察をはめてやりたかった、醜態をさらさせたかった」というものだった[52]。

いずれにせよ、これらの事件は、IPアドレスがインターネットを媒介とする行為の行為者を特定する決定的手段ではないという当然の事実を再認識させることとなった。

IPアドレスは情報機器に割り振られるものだから、その情報機器を操作している者が誰かは、IPアドレスからはそもそも確実に知ることができない。そのうえ、無権限アクセスや今回の事例のような遠隔操作の可能性もあるので、ますますIPアドレスだけを証拠として、被疑者を特定することは危険だ。被疑者として逮捕されるだけで、信用や職を一挙に失う日本社会を考えれば、誤認が起こりやすいインターネット犯罪の捜査は慎重のうえに慎重を重ねるべきだろう。

ＩＰアドレス以外に新たなＩＤをインターネット利用者に割り振る構想もあるが、このＩＤを証拠として絶対視すれば、やはり同様の危険がある。犯行の直接目撃証言は、インターネットを媒介する行為であるという定義上、インターネット犯罪にはあり得ない。だから、ＩＤが割り出されたとしても、そのＩＤを偽装するクラッカーやＩＤを盗んだ悪戯者の犯行でないとは言い切れない。

インターネットを媒介する行為は、ＩＰアドレスやその他の痕跡による行為の追跡可能性は高い（２－４）ものの、その追跡可能性は一定の不確実性を必ず含むのである。

逆に、決定的証拠がないならば、インターネットは犯罪がやり放題だという議論も無理があるだろう。現実世界で迷宮入りの事件があるからと言って、現実世界で犯罪がやり放題という議論にはならないのと一緒である。

攻撃者の技術水準が上がる一方で、捜査機関の技術水準も上がっているからこそ、今回のような遠隔操作をするマルウェアの存在が浮かび上がってきた。通信記録を含む複数の証拠を突き合わせ、地道に分析することで犯人にたどりつけるケースが多いはずだ。

今回のような事件が起きると、なりすましを防ぐために監視を強めようという議論が起こる可能性もある。しかしながら、恒常的監視の導入は、無実の一般市民が自己の潔白を証明し続けなければならない異常な社会を是認するのに等しい。犯罪をゼロにする魔法の弾丸はインターネットでも存在しないことを確認し、防御技術の向上と慎重で地道な捜査の進展を願おう。

3-10　ICTと犯罪報道

再び「真犯人」からのメールが届いた。

二〇一二年初夏から秋にかけて、航空機爆破や殺人などの犯行予告がメールで送られたり、電子掲示板に書き込まれたりする事件が相次いだ。発信元のIPアドレスに対応するパソコンを使用していた四人の男性が被疑者として逮捕されたものの、その後これら一連の事件は、パソコンを外部から自由に操作できるマルウェア（悪意あるプログラム）と電子掲示板への自動書き込みスクリプトCSRFを用いたものと判明した。一連の事件は、「パソコン遠隔操作事件」と呼ばれる（3-9参照）。

二〇一三年二月、事件の被疑者として新たに逮捕されたのは、都内のIT関連会社社員だった。決め手は、真犯人がUSBメモリをネコの首輪に取りつけたとされる江の島で、この男性がネコに近づく姿やバイクで移動する様子が防犯カメラに収められていた事実だった(53)。

男性は犯行を否認し、警察・検察が男性の職場や自宅のパソコンで見つけたとする証拠は、男性も遠隔操作マルウェアの犠牲者である可能性を排除しないうえ、公判前の証拠の整理手続きでは情報開示が十分ではないなど、検察の対応に疑問を持たせるものだった。彼を支援するジャーナリストや技術者も現れた（江川 2013a; 江川 2013b）。

二〇一四年二月に裁判が始まったものの、被告男性が犯人だと示す決定的証拠がないのではないかという疑いも否定できない状況だった(54)。三月には男性の保釈が認められた。

五月一六日、真犯人「小保方銃蔵」を名乗るメールが、再び前出の弁護士と報道関係者などに届いた。このメールでは被告男性を被疑者に仕立て上げた手段などが書かれていた。

ところが、保釈後捜査員が被告男性を尾行し、男性が河川敷にスマートフォンを埋めたことを確認していた。このスマートフォンから「小保方銃蔵」名義のメールが送られ、被告男性のＤＮＡも同じスマホから検出された。保釈が取り消されると、被告男性は失踪し自殺を試みたものの死にきれず、翌日には身柄を拘束され、東京拘置所に収監された(55)。

被告男性は、一転して自分が一連の犯人であると認め、被告男性の弁護団団長を務める佐藤博史弁護士は、被告男性の告白に強い衝撃を受け苦悩する様子をにじませながら、それでも弁護を継続する意思を表明した。

被告男性の保釈取り消し後、最初から被告男性があやしいと思っていたなどの言説がネットにはあふれた。被告男性に騙された弁護団を嘲弄するマスコミ関係者のコラムも現れた。弁護側の視点から検察・警察やマスコミ報道に対して批判的論陣を張ってきたジャーナリストが自己検証する記事も書かれた（江川 2014）。

そして、再びのメールだった。六月一日「安部銃蔵」を名乗る者が、自分が代理人を介して被告男性を脅してメールを自作自演で送らせ、真犯人だと告白させたと、前出の弁護士および報道関係者にメールを送ってよこした(56)。

同メールには、警察・検察に被告男性を解放するよう迫り、五人目の犠牲者で終わらせるつもりだが、警察・検察の対応によってはさらに被害者が増えるとの脅迫めいたことばも書かれていた。このメールを受信した技術者が分析した通り、メールには真犯人しか知りえない秘密の暴露はなかった（satoru.net 2014）。翌二日、被告男性自身が改めて自分が一連の事件の真犯人で単独犯だと認め、このメールが事件とは無関係の第三者からのものだったと確定した。

一連の事件は、二〇一五年二月懲役八年の実刑判決が下されたが、情報通信技術（ICT）が事件の核心に絡む裁判の難しさと、この困難にかかわらず、報道も含む広い意味での「無罪の推定（推定無罪）」原則の厳守や、警察・検察の捜査の手続き厳守という課題があらためて注目される。

推定無罪原則は、本来裁判手続き上「疑わしきは被告人の利益に」という検察の挙証責任を規律するルールであるとされるものの、マスメディアが大きな力を有する現代においては、逮捕・起訴された段階で有罪と推定する報道が行われれば、裁判の行方にかかわらず、犯人であるとの印象を強く刻印される。

警察もしくは検察のリーク情報にもとづく記事が氾濫する中で、冤罪が作られるリスクは、二〇一四年三月再審が決まった袴田事件などでも明らかである。今回も被告男性の逮捕前から報道陣が張り付き隠し撮りした映像が盛んに使われた。弁護側の視点から報道・評論活動を行った江川紹子氏が自己検証するように、このように圧倒的なリーク報道の前では、弁護側からの報道・評論活動は十分以上の意義があった。

また、IPアドレスはオンラインでの不正行為の「犯人」を指し示す決定的な証拠と判断され、相当無理な取り調べが行われた結果、後に無罪と判明したにもかかわらず、当時都内の私立大学生だった男性は、心ならずも無関係の犯行を自供してしまった事実がある。

事件を追いかけ、被告男性を擁護したジャーナリスト・技術者も、警察・検察のリーク情報による圧倒的な報道に対する疑問や、ＩＣＴという新奇な技術による犯行と証拠を前に、警察・検察が「決定的証拠」を盾に強引な捜査を行わないか、また、合理的疑いが残ると裁判所が正しく判断できるか不安があったからこそ、あえて被告男性の擁護に取り組んだように思われる。

「安部銃蔵」が検察・警察の傲りを糺す義賊を気取っていたなら、思い上がりに過ぎない。しかしながら、確かに、その警察・検察批判にも一分の理があるかもしれない。「真犯人」や「安部銃蔵」の傲岸不遜なメールは、リーク報道も含め、わが国の刑事裁判をめぐる状況を問い直すべきことを微かなりとも示唆しているように思われる。

註

（1）平成二七年度信州大学学長式辞は、すでに信州大学のホームページからは削除されていたため、『Withnews』に残る式辞のコピーを参照した。

（2）この考えのうちに、ハイデッガーの『存在と時間』（Heidegger 1927=2013）の影響を見るのは、さほど的外れではないようにも思われる。

（3）二〇一五年四月六日（月）のＮＨＫニュース。「学長が入学式で『スマホより読書』学生の反応は」のタイトルで、ＮＨＫのウェブでも記事掲載。ただし、二〇一六年五月二日現在ウェブ記事はリンク切れ。下記のＵＲＬでアーカイブが見られる。http://archive.is/tWLx9（二〇一六年一二月一六日アクセス）

（4）本稿の執筆に当たっては、岡山情報倫理学研究会における議論が役立った。同研究会のメンバーに御礼を申し上げる。

（5）「いしかわ子ども総合条例改正について」石川県議会議員　宮元陸氏インタビュー『もっとグッドタイムス』

http://times.good-net.jp/2010/01/21-1448.html（二〇一六年一二月一六日アクセス）

（6）「刈谷市のスマホ夜間制限一カ月浸透は？『勉強時間増えた』前向き意見」『産経新聞』二〇一四年五月一日 http://www.sankei.com/life/news/140501/lif1405010006-n1.html（二〇一六年一二月一六日アクセス）

（7）「長々スマホ、学力に悪影響　仙台市教委と東北大、中学生調査」『河北新報』二〇一三年一二月一九日 http://www.kahoku.co.jp/tohokunews/201312/20131219_15010.html（二〇一六年五月二日アクセス。二〇一七年三月一二日現在リンク切れ）および、「スマホ・携帯は一日一時間以内　仙台市教委、注意喚起の中学生向けパンフ」『産経新聞』二〇一四年四月一一日　http://www.sankei.com/region/news/140411/rgn1404110002-n1.html（二〇一六年一二月一六日アクセス）を参照。

（8）「広島死体遺棄事件のまとめ」『少年院.com』二〇一四年六月四日最終更新　http://xn--0et88cjx0g.com/%E7%8A%AF%E7%BD%AA%E5%85%A8%E8%88%AC/%E5%BA%83%E5%B3%B6%E6%AD%BB%E4%BD%93%E9%81%BA%E6%A3%84%E3%81%BE%E3%81%A8%E3%82%81/（二〇一六年一二月一六日アクセス）

（9）「三鷹ストーカー殺人事件」『ウィキペディア』https://ja.wikipedia.org/wiki/%E4%B8%89%E9%B7%B9%E3%82%B9%E3%83%88%E3%83%BC%E3%82%AB%E3%83%BC%E6%AE%BA%E4%BA%BA%E4%BA%8B%E4%BB%B6（二〇一六年一二月一六日アクセス）

（10）ＬＩＮＥが二〇一一年六月登場後、二〇一二年三月までの仕様。規約に同意した場合、スマートフォン内部の住所録（アドレス帳）データを使って、自動的にＬＩＮＥを利用する友人を検索して友達に登録する機能にも同意したこととされた。その後規約が改訂され、アドレス帳データを使って自動的に友達を検索・登録するかしないか選択ができるようになった。すなわち、連載時のこの記述は、筆者の誤解であった。フィードフォース（n.d.）を参照。

（11）「私たちは、自分の思考、観念、感情が自分の『内に』あると考え、他方でこれらの心的状態が関わる世界の諸対象は『外に』あると考える。あるいは、私たちは自分の能力や潜在能力を『内なる』ものと考え、それらの能力がいずれ展開され、公的な世界で顕示され実現されるようになると考える。……世界のこの分割が私たちにとってどれほど強いものに見えようとも、〔また〕こうした場の区分がどれほど堅固であって、かつ人間という主体の本性それ自体に深く根を下ろしているように見えようとも、それは大部分私たちの世界、つまり西洋近代の人びとの世界の一つの特徴である。このような場の区分は普遍的なものではない……それは歴史的に限定された自己解釈の一様式が作用した結果である……この見解は独創的なものではない。数多くの歴史家や人類学者や他の人たちが、これをほとんど自明の理と見なしている」（Taylor 1989=2010: 130）。また、内面性という特徴を有する近代的自我の成立については、テイラー Taylor（1991=2004）も参照。こうした内面の形成に、個室生活と読書経験が重要だったとする代表的研究には、テュアン Tuan（1982=1993）がある。ただし、すでに別の場所（2－12）でも指摘しているように、プライバシーを尊重する慣習や自己のものへの他者のアクセスを禁じる慣習は、多くの社会に共通して存在してきた可能性があることから、自己意識や個人主義の成立とこれらの慣習との関係に関して、より詳細な歴史的分析が必要とされる。

(12)「【ネット選挙解禁】法案実質審議入りも課題浮き彫りに」『産経ニュース』二〇一三年四月三日　http://www.sankei.com/politics/news/130403/plt1304030033-n1.html（二〇一六年一二月一六日アクセス）

(13)「第一八三回国会　政治倫理の確立及び公職選挙法改正に関する特別委員会　第五号（平成二五年四月二日（火曜日））」http://www.shugiin.go.jp/internet/itdb_kaigiroku.nsf/html/kaigiroku/007118320130402005.htm（二〇一六年一二月一六日アクセス）

(14) 2ch.net/precautions.html の二〇一二年六月五日一〇時二六分の魚拓 http://megalodon.jp/2012-0605-1026-05/2ch.net/precautions.html、2ch.net/warn.txt の二〇一二年六月五日一〇時二六分の魚拓 http://megalodon.jp/2012-0605-1026-53/2ch.net/warn.txt（二〇一六年一二月一六日アクセス）

(15)「ステルスマーケティング」『はてなキーワード』http://d.hatena.ne.jp/keyword/%A5%B9%A5%C6%A5%EB%A5%B9%A5%DE%A1%BC%A5%B1%A5%C6%A5%A3%A5%F3%A5%B0（二〇一六年一二月一六日アクセス）

(16)「2ちゃんねるがまとめサイト五つに対して名指しで転載禁止を命令」『Gigazine』二〇一二年六月四日　http://gigazine.net/news/20120604-2ch-reproduction-banned/、「2ちゃんねる、一部まとめサイトを名指しで『転載禁止』に？」『ITmedia』二〇一二年六月四日 http://www.itmedia.co.jp/news/articles/1206/04/news035.html、「まとめサイトに鉄槌 2ちゃんねる、名指しで『転載禁止』の警告文」『ねとらぼ』二〇一二年六月四日　http://nlab.itmedia.co.jp/nl/articles/1206/04/news065.html、「有名2ch まとめサイトが転載禁止に→更新終了か？」『ネタフル』二〇一二年六月四日　http://netafull.net/news/040543.html など。（二〇一六年一二月一六日アクセス）

(17)「なぜ2ちゃんねるは『転載禁止』を選んだのか――『まとめサイト vs 住民』繰り返す歴史」『ねとらぼ』二〇一四年三月三日 http://nlab.itmedia.co.jp/nl/articles/1403/03/news140.html　および、「2ch『ニュー速ＶＩＰ』『なん

J』転載禁止の影響・拘束力とは　方針転換する大手サイトも続々、他板にも飛び火か」『ねとらぼ』二〇一四年三月三日 http://nlab.itmedia.co.jp/nl/articles/1403/03/news140.html、「まとめサイト」『ウィキペディア』https://ja.wikipedia.org/wiki/%E3%81%BE%E3%81%A8%E3%82%81%E3%82%B5%E3%82%A4%E3%83%88　などを参照。（二〇一六年一二月一六日アクセス）

（18）前註「まとめサイト」『ウィキペディア』を参照。

（19）二〇〇五年から二〇一〇年までの円谷プロダクションのエイプリルフール企画に関しては、次のまとめサイトを参照。「円谷プロのエイプリルフールネタまとめ二〇〇五〜二〇一〇年」更新日二〇一二年九月三日　http://matome.naver.jp/odai/2133316124298967701?&page=1（二〇一六年一二月一六日アクセス）

（20）二〇一五年末ツイッターにログインした月間アクティブユーザー数は、国内で三五〇〇万人、世界全体で三億二〇〇〇万人と、Twitter Japan 社は発表（安藤 2016）。

（21）https://twitter.com/hatoyamayukio（二〇一六年一二月一六日アクセス）

（22）https://twitter.com/kharaguchi（二〇一六年一二月一六日アクセス）

（23）「〝最強の81歳〟ハマコー、杖の先を向け絶叫『ツイッター！』」『ZAKZAK』二〇一〇年三月二九日　http://www.zakzak.co.jp/entertainment/ent-news/news/20100329/enn1003291647029-n1.htm（二〇一六年一二月一六日アクセス）

（24）「『小沢幹事長辞めて』『ハマコー』ツイッターで署名活動」『J-CAST ニュース』二〇一〇年三月二五日 http://www.j-cast.com/2010/03/25063020.html（二〇一六年一二月一六日アクセス）

（25）「『非実在青少年』問題とは何なのか、そしてどこがどのように問題なのか？　まとめ」『Gigazine』二〇一〇年三月一九日　http://gigazine.net/news/20100319_hijituzai_seisyounen/　など。（二〇一六年一二月一六日アクセス）

（26）「原宿パニック、Twitter に動画や写真で〝速報〟続々」『ITmedia』二〇一〇年三月二六日　http://www.itmedia.co.jp/news/articles/1003/26/news091.html（二〇一六年一二月一六日アクセス）

（27）この事件について流言の発生と伝播を調べた fut573（2010）は、ツイッターでの後日の検索、当日の報道などから、携帯チェーンメールや口コミで情報が伝わったものと推測する。

（28）ツイッターにおけるクラスタの重なりと、その間の情報の流れのイメージに関しては、6－4における社会的ネットワークの重なりに関する議論も参照。

(29)「ツイッター・ブームの勢いに陰り」『Newsweek』25（2）（二〇一〇年一月一三日号）、41.

(30)「一四〇文字から一万文字へ、Twitter がツイートの文字数制限を拡張する可能性」『Gigazine』二〇一六年一月一六日 http://gigazine.net/news/20160106-twitter-character-limit/（二〇一六年一二月一六日アクセス）

(31) Twitter 社の二〇一六年度（二〇一六年一二月三一日付）の 10－K 有価証券報告書（https://www.sec.gov/Archives/edgar/data/1418091/000156459017002584/twtr-10k_20161231.htm）を参照。

(32)「2ch サーバのデータセンター、『サイバーテロ』として米機関に調査依頼へ」『ITmedia』二〇一〇年三月二〇日 http://www.itmedia.co.jp/news/articles/1003/02/news070.html（二〇一六年一二月一六日アクセス）

(33)「2ちゃんねるのサーバ、韓国から五万人規模のＦ5リロード攻撃で停止に（ゼロ）」『ScanNetSecurity』二〇一〇年三月一日 http://scan.netsecurity.ne.jp/article/2010/03/01/24955.html（二〇一六年一二月一六日アクセス）

(34) また、前出註(32)および(33)の『ScanNetSecurity』、『ITmedia』記事も参照。

(35) 既存テクストに発見された「瑕」（マッチョな世界観に満ちたＳＦ作品中での同性同僚に対する繊細な気遣いなど）をきっかけに、自由にテキストを読み替える試みとしてのやおい現象に関する分析は、たとえば、小谷（1994: 243–263）などを参照。

(36)「2ch 攻撃の韓国コミュニティー、10万人超に」『産経新聞』二〇一〇年三月二日 http://www.itmedia.co.jp/news/articles/1003/02/news068.html（二〇一〇年三月八日アクセス。二〇一六年一二月一六日現在アクセス不可）

(37)「BIG-server.com binboserver.com メンテナンス／障害報告」〈http://www.maido3.cc/server/〉の「2010/03/01 11:48【2010/3/1】ネットワーク障害報告」を参照。（二〇一〇年三月八日アクセス）。二〇一六年一二月一六日現在アクセス不可。

(38)「『2ちゃんねる』ようやく復旧　日韓『サイバー戦争』勃発の末」『Ｊ－ＣＡＳＴニュース』二〇一〇年三月二日 http://www.j-cast.com/2010/03/02061365.html（二〇一六年一二月一六日アクセス）

(39) ただし、坂上（2001: 60–62）によれば、ベルリン・オリンピック（一九三六年）における日本国内の反応を見る限り、ベルリン・オリンピックというイベントに対して、ナショナリズムの高揚が見えても、軍は軽佻浮薄なお祭り騒ぎと白眼視していたとの記録や、多くの民衆にとっても、五・一五事件以来の暗い世相からの一次的逃避と解釈できるなど、一枚岩の反応ではなかったことに注意せよ。

(40)「ドローン示唆、15歳逮捕　三社祭を妨害容疑、否認」『朝日新聞』二〇一五年五月二一日夕刊一三頁。

（41）この辺りの事情に関しては、インターネットのQ&Aサイトにおける情報が充実している。たとえば、下記を参照。「ドローンと飛行型のラジコンの違いってなんなんですか？」『Yahoo! 知恵袋』二〇一五年四月二三日 http://detail.chiebukuro.yahoo.co.jp/qa/question_detail/q12144707092 および、「最近話題の空飛ぶドローンは何が凄いの？」『教えて！ goo』二〇一五年二月二八日 http://oshiete.goo.ne.jp/qa/8933553.html など。（二〇一六年一二月一六日アクセス）
なお、知的エージェントにおける「自律」の意味の違いに関しては、Noorman and Johnson（2014）参照。

（42）二〇一四年一〇月公開のロックバンド OK Go のミュージックビデオ「I Won't Let You Down」は、編集なしのドローンによるカメラ一発撮影で有名。二四〇〇名のパラソルとホンダユニカブを使ったマスゲーム的な映像を、空中の多様な角度から撮影し、最終的に七〇〇メートル上空まで上昇する。OK Go（2014）参照。

（43）「『ドローン少年』を金銭的に支援の男性、『二五万円振り込んだ』」『FNN』http://www.fnn-news.com/sp/news/headlines/articles/CONN00292980.html（二〇一五年六月一二日アクセス）。二〇一六年一二月一六日現在はアクセス不可。記事内容は、下記の2ちゃんねるのスレッドに残る。「【社会】『ドローン少年』を金銭的に支援した男性出頭『家族にパソコンを壊されたことをかわいそうに思い、二五万円を振り込んだ』」©2ch.net http://daily.2ch.net/test/read.cgi/newsplus/1432271065/-100（二〇一六年一二月一六日アクセス）

（44）生中継の録画が、YouTube にアップロードされている。「川崎市中一殺害事件容疑者宅前で生放送してたら職質されるも見事に警察をあしらう一五歳」『YouTube』二〇一五年二月二七日公開 https://www.youtube.com/watch?v=I1VxxvN_dW8（二〇一六年一二月一六日アクセス）

（45）「長野 善光寺 御開帳の最中にドローン落下」『NHK News WEB』二〇一五年五月九日 http://www3.nhk.or.jp/news/html/20150509/k10010074161000.html（二〇一五年六月三日アクセス）。二〇一六年一二月一六日現在アクセス不可。下記にアーカイブあり。http://archive.is/weBAg（二〇一六年一二月一六日アクセス）

（46）ところが、Edison の伝記作家である Josephson も Baldwin も、Edison 本人が繰り返し語った聴覚を失ったエピソードは、事実ではないとする。Josephson は、八歳で罹患した猩紅熱の後遺症と推測し、Baldwin は先天的な難聴と考えている。Edison には、権威主義的な大人からの迫害に負けず、刻苦勉励して自らの地位を築いたというイメージをつくろうという意図があったと、伝記作家たちは推測している。なお、Edison の発明や事業の歴史的意義に関しては、名和（2001）や Millard（1990=1998）などを参照。

(47)「ドローン、ルール途上　量販店に一〇種類、人気　首相官邸に落下【名古屋】」『朝日新聞』二〇一五年四月二三日朝刊三五頁。

(48)「三〇分以内の配達を実現するAmazonの配達ドローンが劇的進化、着陸方法など最新版ムービー公開」『Gigazine』二〇一五年一一月三〇日 http://gigazine.net/news/20151130-amazon-prime-air-in-30-min/、および「Amazonのドローン配達『Prime Air』の現状をAmazon副社長に直撃」『Gigazine』二〇一六年一月一九日 http://gigazine.net/news/20160119-amazon-prime-air-question/ など参照。(二〇一六年一二月一六日アクセス)

(49)「【殺人予告メール】『大人数を動員して大騒ぎ…立件するしかない空気に』」『MSN産経ニュース』二〇一五年一〇月八日 http://sankei.jp.msn.com/affairs/news/121008/crm12100810290004-n1.htm(二〇一二年一〇月九日アクセス)。二〇一六年五月四日現在はアクセス不可。下記の2ちゃんねるのスレッドに記事の一部が残る。「ウイルス冤罪事件　検察関係者『大人数を動員して大騒ぎ。立件するしかない空気になったので立件した』」http://hayabusa3.2ch.net/test/read.cgi/news/1349663826/l50

(50)二〇一二年、大阪府警・三重県警・神奈川県警が、パソコン遠隔操作事件における誤認逮捕に関する検証報告書を公開したものの、同年中にインターネットから削除されたため、情報セキュリティ研究者の高木浩光氏が同報告書のデータを自らのウェブサーバーで公開している。高木(2013b)はその経緯とデータへのリンクを含む記事である。パソコン遠隔操作事件の初期の報道に関しては、たとえば、次を参照。「別人がPC遠隔操作か　ネットに殺人・爆破予告　大阪・三重、逮捕の2人釈放」『朝日新聞』二〇一二年一〇月八日朝刊一頁、「PC悪用、なすがまま　裏で動作、検出困難　大阪・三重の2人釈放【大阪】」『朝日新聞』二〇一二年一〇月八日朝刊二九頁、「PC遠隔操作のウイルス、別々のソフトで感染か　大阪・三重、釈放の2人」『朝日新聞』二〇一二年一〇月九日朝刊三六頁。なお、事件報道直後(二〇一二年一〇月八日)に書かれた本文初稿では、大阪府および三重県の男性ともに「フリーの画像処理ソフト」をダウンロードしたとするが、その後大阪府の男性は、タイマーの役割を果たすソフトをダウンロードしたことがわかっている。「フリーの画像処理ソフト」に関しては、『NHK NEWS WEB』(http://www3.nhk.or.jp/news/)二〇一二年一〇月八日付の記事「釈放の2人　同じソフトをダウンロード」を参照したが、二〇一七年三月現在は同記事は存在しない(2ちゃんねるに同記事を複製して立てたスレッド(http://hayabusa3.2ch.net/test/read.cgi/news/1349659619/l50)が残る)。

(51)ボットに感染させるため、パソコンの利用者を騙して、ボットが仕込まれた電子メールの添付ファイルを開かせたり、本文にあるように、クリックするとボットがダウンロードされる電子掲示板のリンクをクリックさせたりしようとする、「標的型サイバー攻撃」と呼ばれる攻撃手法が使われる。情報処理推進機構（ＩＰＡ）の資料（情報処理推進機構 2013a）には、標的型サイバー攻撃の事例がまとめられている。

(52)「ＴＢＳに『真犯人』メール　パソコン乗っ取り 犯人しか知り得ぬ文言も」『日本経済新聞』二〇一二年一〇月一五日 http://www.nikkei.com/article/DGXNASDG1502L_V11C12A0CC0000/ など。（二〇一六年一二月一六日アクセス）

(53)「パソコン遠隔操作事件」『ウィキペディア』https://ja.wikipedia.org/wiki/パソコン遠隔操作事件（二〇一六年一二月一六日アクセス）

(54) 公判における技術的な論点に関する検討などは、「遠隔操作事件第二回公判のまとめ記事に対する反応（技術者中心）」http://togetter.com/li/641234 などを参照。（二〇一六年一二月一六日アクセス）。連載時には、遠隔操作によるディスクイメージのまるごとコピーや捏造の可能性に関しても触れたが、今回の加筆修正では削除した。

(55) 前掲註(53)「パソコン遠隔操作事件」『ウィキペディア』。

(56)「遠隔操作ウイルス事件『真犯人』メールが再び届く『早く片山さんに伝えて楽にしてあげてください』」『ITmedia』二〇一四年六月一日 http://www.itmedia.co.jp/news/articles/1406/01/news008.html（二〇一六年一二月一六日アクセス）

第四章　書籍と図書館の近未来

4－1 「図書館戦争」

映画『セブン』（一九九五年）でブラッド・ピット演じる若い刑事が、モーガン・フリーマン演じる老刑事に気色ばむシーンがある。

キリスト教の七つの大罪にちなむ連続殺人の捜査のため、老刑事は米連邦捜査局（FBI）と裏取引をして、公共図書館の貸出記録を違法に手に入れる。猟奇殺人と宗教に偏執狂的な関心を抱いている人間を探すためだ。貸出記録が打ち出されたプリントアウトに悠然と目を通す老刑事に、若い刑事は、思想・内心の自由という憲法の価値を侵すと、物凄い勢いで憤りをぶつける。

テロリズム捜査のため令状なしの通信傍受や、図書館貸出記録を含むビジネス記録の捜査などを捜査機関に許した「愛国者法」（二〇〇一年成立）以前の映画だから、若い刑事の怒りは、観客も共感したはずだ。なお、愛国者法は時限立法で、二〇一一年に主要条文について再延長、二〇一五年六月には延長されず失効した。(1)

日本ではどうか。「図書館の自由に関する宣言」は、日本図書館協会の綱領である（日本図書館協会 1979）。この綱領においては、利用者の読書事実について、憲法第三五条にもとづく令状を確認した場合以外、外部に漏らさないとしている（同宣言三―一）。誰がどのような本を読むかはプライバシーに属すると考えられるからである。

プライバシーがなぜ必要かという問いに対して、いろいろな解答が示されてきた。プライバシーは個人の都合であるから、社会的なより大きい価値の前では制限されるという議論もある。その一方で、プライバシーは社会的価値を有しているという主張もある。

たとえば、民主制の社会においては個人が抱く社会や政治に関する意見が社会的意思決定の基盤であって、プライバシーは個人が意見をつくるために必要だという議論がある。未成熟の意見は笑いものにされることもあるかもしれないし、主流派の見解と違えばその意見は最終的に価値があっても未成熟のまま葬られるかもしれない。じっくりと考えて意見をつくるには、他者の思想や意見、関連する情報に自由に接し、自由に考える必要がある。自由な思索の空間として私的空間は必要であるし、自由に意見や事実の情報に接するため、監視や検閲は避けなければならない。この議論では、政治参加という社会的価値を実現する重要な要素として、プライバシーに手段的価値を認めようとしている（水谷 2003: 66; Johnson 2001=2002: 180–183; Richards 2015: 95–108, 123–135）（その他プライバシーの価値や機能に関しては、1–3、2–4、2–8、2–11、2–12を参照）。

二〇一二年五月四日、佐賀県武雄市は、レンタルビデオ店チェーンのTSUTAYAを経営するカルチュア・コンビニエンス・クラブ（CCC）に、市立図書館業務を委託することを決めた(2)。このニュースは、読書のプライバシーを侵すのではないかという懸念を生んだ。民間企業が公共図書館運営をするうえ、個人情報がマーケティングに利用されるのではないか。心配する人々は、ツイッターなどを通して、同市市長（当時）樋渡啓祐氏を問いただした(3)（深水 2012a; 深水 2012b）。この騒動を有川浩の人気小説にちなみ「図書館戦争」と呼ぶのは悪乗りが過ぎるだろうか。

同氏はこれらの懸念に応えて、インターネット放送のユーストリームやブログを通じて、貸出記録の保全については安心してほしいと訴えかけた。図書館貸出記録はプライバシー情報と認めたうえで、CCCは個人情報保護に関する工業規格 JIS Q15001 に適合し、プライバシーマークを取得しているし、貸出記録をどのように利用するかは市民の意見を聞いたうえで決めるというのが主張の骨子である（樋渡 2012）。確かに、これだけならば、問題は少なさそうだ。

しかしながら、次のような意見には疑問が残る。第一に、貸出記録は個人を特定できないので、自由にリコメンドに利用できるとする見解だ。情報は文脈依存的であるから、使い方によっては、多数の貸出記録とその他の手がかりから個人を特定できる可能性がある（1-7、2-10）。個人と貸出記録を結びつければ、プライバシー侵害は容易に生じる。慎重さが必要だろう。

次に、「図書館の自由に関する宣言」は法的規制ではないので、実務上条例や法を優先して判断すべきという議論も疑問である。法的に見れば、同宣言の読書事実の非公開は、憲法における幸福追求権（第一三条）や思想・良心の自由（第一九条）などに基礎づけられるだろう。同宣言は憲法的価値や前述の倫理的価値に依拠して図書館業務について定めたものとすれば、条例や法が図書館設置・運営上問題を引き起こさないかチェックする際に参照すべき重要かつ有益な文書と思われる。

通念と異なる公共図書館設置・運用を実現するには相当の慎重さが求められる。方針に非同意の利用者は使わなければよいという一般ビジネスにおける安易な解決は、万人に情報アクセスを提供することが公共図書館の理念だとすれば（日本図書館協会 1979）、できないからだ。

財の貸与や継続的取引を行う場合、貸与・取引記録は残さざるをえない。消費者との取引記録がマーケティングに利用される以前、思想や内心に係る情報の継続的な取得・閲覧記録は、図書館にしか残らなかった。貸本屋の記録は小規模だから無視されてきたと考えられる。現在は書籍や雑誌、映像、音楽などの読書・閲覧・購入記録が電子的に記録され利用されている。こうした記録は個人の嗜好や思想傾向を反映している。武雄市の事件は、図書館だけでなくビジネスにおける利用者の情報閲覧・購入記録の保護・管理を再考すべきことを示唆しているのではないか。

4-2　でたらめな書棚

神奈川県海老名市立図書館の「でたらめ」な書棚と書誌分類が批判を浴びている。

海老名市立図書館は、音楽・映像・文具などを書籍・雑誌と共に扱う蔦屋書店や、CD・DVDなどのレンタルチェーンのTSUTAYAを経営するカルチュア・コンビニエンス・クラブ（CCC）が指定管理者を務める公共図書館の一つ（4-1参照）。

同図書館は二〇一五年一〇月一日にリニューアルオープンしたものの、九月の海老名市議会で、蔵書一万冊の選書リストに公共図書館としては不適切な図書が含まれているのではないかとの質問を受けた。

議員は若者向けのタトゥーファッションのシリーズが蔵書で、公共図書館にふさわしいかどうかと質した。この質問を受けて、同市教育長は見直しを約した(4)(Igaya 2015)。

オープン後には、同市図書館を訪れたツイッターユーザーが、タイの買春ガイドが書棚に並んでいると報告した(5)(杉山 2015)。

TSUTAYA図書館における選書の問題はまだある。やはりCCCが手掛ける武雄市立図書館では、市場で売れ残ったとしか思えない古いラーメン店のガイド(それも埼玉県の)などが大量に購入されている事実が問題とされた(興山 2015)。

さらに、オープン後には、図書・雑誌の分類が、一般的に図書館で利用されているNDC(日本十進分類)にしたがわず、図書の配架がでたらめで、本の分類そのものがちぐはぐだという批判も、ツイッターなどのネットメディアで多数流れるようになった(6)。

たとえば、旧約聖書の『出エジプト記』や『伊勢物語』、『奥の細道』が旅行ガイド、有川浩氏の小説『阪急電車』が「趣味実用/鉄道」と分類されている。中国の漢詩やイザベラ・バードの『中国奥地紀行』は、国内旅行の中国・四国の棚に、『カラマーゾフの兄弟』はロシアの旅行書の棚に置かれていた。暗号関連の書籍も語学やホームページ制作に分類されるものもあって、ちぐはぐさは多くの分野に及んでいるようだ。

ツイッターに上がった書棚の写真を見ると、古くなって背表紙が剝がれた書籍の補修も行われていないことが窺われ、分類や書棚の配架のでたらめさとあいまって、確かに言い知れぬ不安を感じる(7)。

とはいえ、CCCが指定管理者となった公共図書館に対する風当たりは強いし、「TSUTAYA図書館」と揶揄される同社の手がけた図書館の異様さはあるものの、公共図書館の将来を模索する試行錯誤の一つであろう。批判の理由が従来の図書館のあり方を壊すものだからというものにすぎないとしたら、それにはあまり賛同ができない。

情報通信技術（ICT）の発展と普及、そして、公共図書館を含む政府・自治体の財政的困難という状況を見ると、利用者や地域社会にとって意味のある「場所」であり続けられるよう、公共図書館の将来的な役割や機能をどのように定義するかはきわめて重要な課題である。選書および開架書棚のあり方も再検討が必要かもしれない。

まず、公共図書館の選書の困難さは、従来から指摘されていた問題である。利用者がベストセラーを図書館で借りて読みたがるのにただ従うだけでは、公共図書館は公設の無料貸本屋となり、著作者・著作権者に対して経済的な不利益を与えるとの指摘がある[(8)]。

そもそも現在売れている本を購入するだけでは、市場性は低いものの、研究や学習等に役立つ良書を揃えることができない。逆に売れないからと言って良書であるとはいえない（2-1も参照）。

図書館が、価値があると認めた本のみを受け入れ、価値がないとする本を受け入れないとする方針も、予算の厳しい制約という条件はあるとしても、一方的に、知識や情報へアクセスする利用者の自由を制限できるかどうかが問題である。

所蔵が問題となった書籍は、住民の購読要求に応えて購入したものかもしれない。どのような内容のものであれ、むしろ一般に不人気不道徳と言われる書籍・記事等の読書こそ、思想・内心の自由の観点から、保護すべきとの議論もある（Richards 2015: 123-135）。

また、後世から見ると、「悪書」が文化的価値を帯びるという可能性もある。一般に、前者の問題については、利用者代表である住民を交えた選書委員会の構成が活用されている。「悪書」問題は選書の「目利き」の問題で一筋縄にはいかない。当然ながら、クセ球のような書籍は都道府県内・市内の別の図書館に所蔵があれば、そこから貸し出しをうけることとなるだろう。

また、前述のように、住民の購読要求は、住民の知識や情報へのアクセスの自由を考えれば最優先されるべきであるが、複本を無制限に許す場合、前述の「無料貸本屋」問題は依然として生じる。限られた予算の中で、複本よりは、住民の学習や日常の必要に役立つよう各分野の基本書を整備するなどが優先されるべきだろう(9)。

次に、でたらめ書棚に関しても、そもそもオンライン蔵書目録による検索が十分に活用できるならば、分類や開架書棚の重要性は低下する可能性がある。また、本の速やかな出納が可能ならば、すべて閉架に移行する選択肢もあろう。開架書棚を眺めることで、思いがけぬ本との出会いが生じることは確かにある。だから、すべて閉架に移行するのは難しいかもしれないが、研究図書館としての性質が低い市町村の公共図書館の場合、書店や図書館の企画コーナーのように書籍を配架する空間を増やしてもよいかもしれない。企画配架は企画者の力量にもよるが、やはり思いがけぬ本との出会いを生むだろう。

そもそも多くの公共図書館の書籍には、NDC分類に加えて、受け入れなどの順序による資料IDが振ってあって、この資料IDによるコンピュータ管理を行っている。確かに、開架書籍は自由に本に触って選べるよさはあるものの、電子書籍化が進めば、さらにこの状況は推し進められるだろう。

「絶版マンガ図書館」を名乗る広告料収入による無料のオンラインマンガ書店が登場しているが(10)(なお、

二〇一七年三月現在は改称している)、今後図書館の形態や機能は多様化していくだろう。従来の図書館の形が図書館の最終形ではないことは確かだ。

海老名市の図書館のでたらめ分類は、セレクトショップ風の書棚をデザインしようとしたものの、そのセンスがあまりにも悪すぎたがゆえにあきれられたという事態のようにも思える。図書館をもともと利用しない層にアピールすることを目的とする改革が行われ、おしゃれで文化的な雰囲気はあるが、図書館機能は不完全な「ブックカフェ」ができあがってしまったのではないか。人が集まる町づくりという町の活性化策の一環として図書館を位置づけたものと考えるべきだろう(大谷 2016a)。利用者が必要な本にたどり着く方法を提供するとともに、図書館を魅力的な場所とするための工夫が今後ますます必要となるはずだ。

4-3　電子書籍端末

コンピュータやインターネットで書物という物質がデジタル情報に変容することが、問題の核ではないと、メディア学者の長谷川一はいう。問われるべきは、「出版という制度の次元における、そのメディアとしての変容」なのだ(長谷川 2003: 275)。

長谷川によれば、ただパッケージが紙から電子媒体に変わるという、あくまでも情報を伝達する経路だけ電子化するという発想は、現実を捉えていない[11]。新興メディアの台頭は「社会的・文化的な営み全体の再編成を不可避に伴う」という(長谷川 2003: 261-262)。つまり、新興メディアには産業構造そのものの変化が付随するはずだ。

確かに、出版をめぐる産業構造は大きく揺らぎだしている。二〇〇九〜一〇年には、中小出版社だけでなく、大手出版社が大きく収益を減少させ、経営不振に陥った書店チェーンを印刷会社が買収するというニュースが話題になった（小田 2009:63, 73–74, 135, 169–172; 小田 2010:125–128）。二〇一二年にはジュンク堂新宿店の閉店、二〇一六年には紀伊國屋新宿南店の実質的撤退という大型書店の閉店もあった（小田 2012b）。二〇一〇年代に入って、ますます出版産業全体の売り上げは下がり続けている[12]（電通総研 2016: 66）。学術出版に関しては、一九九〇年代電子ジャーナルの普及に伴う世界的な業界再編がさらに盛んとなり、一方で大学や学会の情報発信機能も大きく変容しようとしている（国立情報学研究所監修 2003；長谷川 2003: 188–203; 時実 2005; 名和 2010a: 152–155）。

さらに、メディアの興亡は、受け手そのものの変化も伴う。近代的な出版産業の勃興が近代読者の登場と歩を一にして進んできた歴史的事実は、ロジェ・シャルチエや前田愛などの読書史・読者論で解明されてきた（Chartier et Paire 1985=1992; Chartier 1992=1996; Chartier et Cavallo 1997=2000; 前田 1993）。

紙から電子へという岐路に立つ現代も、確かに従来の読者像が大きく揺らいでいる。長谷川が素描する日本における人文書とその読者の歴史から明らかなように、教養主義の衰退とともに、教養による人格の陶冶という表看板と内に秘めた立身出世主義（竹内 2003）を備えた読者は、書籍消費の場から退場し、それとともに日本の読書世界を支えてきた「人文書」空間に黄昏が訪れているように見える。

「読者」の変容をさらに追うならば、書籍の読書に代わって、インターネットでブログやＳＮＳ（ソーシャルネットワーキングサービス）の日記を読むという行為が、人々の「可処分時間」の多くを占めるものとなっているように思われる。これが読書の代替行為なのかどうか議論は分かれるだろうが、特権的な著者との対話から、等身大のブログ主との水平的なコミュニケーションへと、読むという行為が変容することは大きいことだろう。

読書行為の変化は、産業の基盤にも影響を与える。インターネットを電子書籍の伝達経路として利用しようとする場合、課金の困難さが、重要な問題である。物理的な課金システムだけではない。ブログにしろSNSの日記にしろインターネットの情報は無料という意識がユーザーに広がっているので、わざわざお金を払う動機付けが薄れてしまうのだ（5‐12参照）。

課金に関しては、インターネット書店が紙と同様に電子書籍を販売することでほぼ解決しつつある。インターネット書店から紙と並行して販売される電子書籍を購入することで、紙と同様に、お金を払って電子書籍を購入するという読者の習慣ができあがりつつある。

また、隙間時間の活用としては、ケータイよりも画面が大きな、さまざまなモバイル端末が、二〇一〇年代には普及した。

スマートフォンおよびタブレットPC・電子書籍端末が登場または普及し始めた二〇一一年以降、電子出版市場はこれらの「新たなプラットフォーム」が電子書籍売り上げのほとんどを占める[13]（電通総研2016: 79）。マンガを除く電子書籍の売上げは、紙の書籍（同じくマンガを除いたもの）と比較すると無視できるほど小さいが（二〇一四年の場合、紙の書籍：七三四〇億円、電子書籍（マンガを除く）：二四二億円）、電子のマンガ単行本の売り上げは紙のマンガ単行本の約半分にまで売り上げが迫る（二〇一四年の場合、紙のマンガ単行本：二二五六億円、電子のマンガ単行本：一〇二四億円）（電通総研2016: 79）。つまり、電子書籍市場はコミックスが売上げの多くを占める。この傾向は、ゼロ年代から変わらない（4－9）。アップル社のスマートフォン「アイフォン」やタブレットPC「アイパッド」で使えるソフトやコンテンツをダウンロードできるアップストア（AppStore）にも、コミックスが並ぶ。

二〇〇九年に始まる電子書籍端末普及初期の状況を振り返っておこう。

二〇〇九年五月、auは、電子書籍市場の成長を後押ししようと、読書ケータイ「ビブリオ」（biblio東芝製）を投入した。本機はauの電子書籍サービス「EZブック」に対応し、三・五インチのタッチパネル液晶で四八〇×九六〇画素と、当時の携帯電話に比べて大画面・高精細だった。IT関連の専門誌『ITmedia』によれば、「小説を含む電子書籍市場を活性化する狙いだ」とされた（岡田 2009）。ところが、その後スマートフォンの普及により、大画面化が進んだため、読書専用携帯端末の意義は薄まった。二〇一六年四月対応する電子書籍ストアが終了した。[14]

米国では、一足早く電子書籍端末の普及に勢いがつき、市場が形成されているようだ。米アマゾンが二〇〇七年一一月に発売した電子書籍端末「キンドル」（Kindle）は、二〇〇九年三月までに累計八〇万台売れた。二〇一一年には、アイパッド対抗機種で、電子書籍端末に加えて通常のPCのように使える機能を拡張した「キンドルファイア」（Kindle Fire）、二〇一二年には廉価な「キンドルペーパーホワイト」（Kindle Paperwhite）を発売した。二〇一七年三月現在日本語対応タイトルは約五三万冊とされる。[15]

同機の発売は、すでに国内では撤退したソニーの電子書籍端末「リブリエ」（LIBRIé）に刺激を受けたものだとされる。ソニーは販売不振から二〇〇七年五月で国内では同機の販売を中止した。しかし、二〇〇六年、「ソニー・リーダー」という後継機種を発売し、米国・欧州では販売台数を伸ばし、二〇〇九年一月末までに累計四〇万台、二〇一二年までに欧州で五〇万台を販売したと推測される[16]（Kozlowski 2012）。

アマゾンのキンドル対応のコンテンツは、オープンな電子書籍標準であるＥＰＵＢに対応するものではない（ただし、ＥＰＵＢ対応電子書籍やＰＤＦも、キンドルで表示できる）。一方、キンドルに対抗する電子書籍配信サイトは、多くがＥＰＵＢ対応とする。

『日経エレクトロニクス』誌によれば、電子書籍端末の成功の要件は、①電子書籍を読むのに適した端末、②誰もが快適に使える無線通信機能、③魅力的で充実したコンテンツが必要だという（小谷・Keys 2009）。ハードを除けば、電子書籍タイトルをどのように揃えるかが鍵で、電子書籍配信サービス・電子書籍端末の市場シェアもその順に並んでいるように思われる[17]（ＩＣＴ総研 2014; yama88 2016）。

電子書籍端末の何よりの「効果」は、価値ある情報ならという前提はあるものの、ネットの無料情報とは違うという意識をユーザーに与えられることかもしれない。『ニューヨークタイムズ』はアイフォン向けに無料でコンテンツを提供する一方で、キンドルには有料で提供して、二〇〇九年には販売が大部数に達していた（小谷・Keys 2009）。米国での電子書籍端末の普及は、出版・新聞業の選択肢の一つを示しているといえそうだ。

４－４　未来の教科書

米国では、アマゾンのキンドルやソニーのリーダーの大きな市場の一つは、大学の教科書の配信だと考えられている（小谷・Keys 2009; 吉田 2013）。

日本では教科書といえば、できるだけ薄いのが良しとされているが、海外の大学の教科書はともかく分厚い。持ち運びがたいへんで、映像で見る米国の大学生は大きなザックを背負っていることが多いのも、そのせいだ。価格も相当なものだ。半期一コースを修めるのには、教科書と副読本でだいたい一〇〇ドル程度の出費があるという。しかし、授業を聞いて繰り返し教科書を独力で読めば、一通りその分野の知識が身に付くようになっている。

教科書を電子化して、キンドルやリーダーで読めるようになれば、ずっしりとした教科書を何冊も持ち歩かなくてよくなる。価格も安くなるだろう。こういう目論見から、米国においては大学の教科書の電子化が期待されている[18]。

従来の教科書を単に電子化することから一歩踏み出す動きもある。たとえば、米国の「オープンテクストブック」（OpenText Book）や「フラットワールドナレッジ」（flatWorld Knowledge）というプロジェクトでは、現場で教える教師が自由にカスタマイズできる電子化教科書を提供している[19]。

本は固定的で、使う人は書き込みをしたり、分解をしたりはできるが、自由に編集して利用することはできない。前述の二つのプロジェクトは、インターネットで教科書を公開しているが、教師は自分の講義で必要な部分だけ組み合わせて、自分のクラスだけの教科書を編集することができる。

オープンテクストブックのほうは、無料で教科書をダウンロードして、プリントアウトして利用できるし、ダウンロードしたものをほかの人に渡す再配布も自由だ。一見してわかるように、ソースコードを公開し、その改善や再配布を自由にしたオープンソースソフトウェア運動にヒントを得たプロジェクトである。

一方、フラットワールドナレッジは有料サービス。オンラインで読むだけでなく、書籍として購入することもできるし、一ページあたりの料金を払ってプリントアウトすることもできる。教師が編集した教科書も購入できる。

さらに、教科書だけでなく、講義そのものもインターネットで公開し、共有する動きがある。MITで始まった「オープンコースウェア」(20)（OCW: Open Cource Ware）と、スタンフォード大学の教授が始めた「コーセラ」(21)（Coursera）が著名である。これらのインターネットでの公開授業は、大規模オンラインオープンコース（MOOCs: Massive Online Open Courses）と総称される。

OCWは、原則的に授業が無料公開である。シラバスを公開するだけでなく、講義の映像やスライド、講義ノート、参考文献表、宿題などを公開する。オープンライセンスで、非商用目的かつ作者をクレジットすれば、自由に再配布できるし、編集・加工した教材なども自由に利用できる。アップル社のアイチューンズ（iTunes）で講義映像や音声もダウンロードできる。米国内だけでなく世界中からアクセスがある。米国以外では、東アジアからのアクセスが多いという。

一方、コーセラは、営利企業として運営されている。多くの授業が、OCWと同様に無料公開だが、単位発行や職業に直結する専門的トレーニングの授業の受講に際して料金を徴収する。今後、指導担任制や職業仲介などで利益を上げるなどの構想もあるようだ（Young 2012）。

事業継続性という観点から見た場合、収益を考えない社会事業として実施するか、営利企業による事業として実施するかは、非常に難しい判断である。

日本でも、東京大や京都大、慶應大などが日本オープンコースウェアコンソーシアムを結成し、OCWと同様の試みを行っている。(22) 日本オープンオンライン協議会によるJMOOCもある。(23) いずれも非営利で、コーセラのような営利企業による運営ではない。

二〇一二〜一四年頃には、MOOCsの拡大によって、数十年後には全米の大学は一部の有名大学に集約されてしまうのではないかとの議論もあった。

背景には、高騰する高等教育コストの問題がある。米国の場合、学生のコスト負担が大きく、授業料の高額化という現象が生じていた。大学進学をしようとする場合、奨学金を受けられなければ、利子が高い教育ローンの利用が必要となる。結果として、卒業時点で一〇万ドル以上の借金を背負うことになる。つまり、大学進学がきわめてリスキーな投資となる。誰でもが無料で受講できるオープンな大学コースというMOOCsによって、この高等教育コストの高騰という問題は解決できるのではないかという期待があった。

ところが、インターネットを介して一流大学の一流教授による講義を誰もが無料で受けられるようになれば、あえて大学に進学する必要はなくなるかもしれない。大学の教師もいらなくなるうえ、大学の校地も教室も必要なくなる。成績評価のための試験や、学生同士のコミュニケーション、コミュニティの形成も、ウェブベース試験（WBT: Web-based Test）やソーシャルネットワーキングサービス（SNS）などで代替されつつある。この結果、大学は死滅する可能性があるうえ、学術情報の普及方法も大きく変わることから、併せて学術情報の知的生産のあり方も大きく変わっていくという（土屋 2013）。

日本国内でも、上記のように、OCWに倣って、大学が授業ビデオを作成してインターネットで公開するケースが増加している。現在のところ、オンライン講義によって、大学進学が代替される徴候は見えていない。日本のＪＭＯＯＣ（日本オープンオンライン教育推進協議会）等の授業を履修修得した場合、単位が発行されるわけではなく、修了証が発行されるにすぎない。したがって、大学の単位発行と学位授与の機能を完全に代替できるわけではない。

二〇一八年には、日本の一八歳人口がピークアウトし、以後大きく減少していくことが知られている。大学業界では「二〇一八年問題」と言われる。そうすると、高校を卒業して進学する一八歳を学生として受け入れることだけに注力していては、大学は事業を維持できなくなる可能性がある。ＭＯＯＣｓによる教育は、必ずしも一八歳で高校を卒業した直後の者たちだけを対象としているわけではない。ＭＯＯＣｓによって十分に収益をあげることができるビジネスモデルを構築して生き残ろうという大学も出てくるはずだ。多くの大学がそれに追随していくとなると、従来の大学の姿は大きく変わらざるをえなくなるだろう。

「大学の死滅」という未来像は、従来の大学のあり方からの転換という結末であるのか、それとも文字通り大学の事業継続性が終焉するのかどちらとなるだろうか。

4-5　アイパッドの密やかな衝撃

二〇一〇年一月二七日（日本時間では二八日深夜）、アップル社がタブレット型コンピュータ「アイパッド」（iPad）を発表した。発表に当たって、ネットブラウジング、メール、写真、動画、音楽、ゲーム、電子ブックという用途を主要な目的として、スマートフォンとノートブックの間を埋める第三のカテゴリだと、同社は説明した（林 2010a; 林 2010b）。

あるウェブマガジンの表現を借りれば、同社CEO故スティーブ・ジョブズが手にしたアイパッドは、『でかいアイポッド・タッチ（iPod Touch）』そのまま」にも見えた（元麻布 2010）。手のひらサイズのアイポッド・タッチは、フラッシュメモリを内蔵した携帯情報端末（PDA）。薄型のタブレットでほぼ全面が液晶ディスプレイなのは同じスタイルだが、画面サイズが九・四インチと小ぶりのノートPCサイズで大きい（アイポッド・タッチは、三・五インチ液晶）。無線LAN内蔵で、メモリは一六／三二／六四ギガバイト（GB）の三モデル。3Gモデム内蔵モデルもあって、携帯電話ネットワークに接続できる。アイフォンのアプリケーションがすべて動く。

日本では二〇一〇年三月販売され、無線LANに加え、MVNO（モバイル向け仮想ネットワーク運用事業者：Mobile Virtual Network Operator）による、いわゆる格安SIMカードも含め、携帯電話網への接続もできる。SIMカードは、電話番号などの携帯電話ユーザー情報を収めたフラッシュメモリだ。新しい携帯情報端末（スマートフォンや携帯電話、アイパッドなどのタブレットPCなど）を購入したら、手持ちの携帯情報端末からSIMカードを取り出して、新しい携帯情報端末に装着すれば、手続きなしですぐに新しい機種を使用できる。

マーケティング用語でいうところの「後期採用者」向けのPCだという評価もあった一方で、発表時には電子ブックリーダー「アイブック」のデモンストレーションにかなりの時間が割かれ、先行するアマゾン社のキンドルに対抗する電子書籍端末ではないかという声も高かった。実際、発表時にキンドルは「電子書籍分野の開拓者」だと、ジョブズは言及していたほどだ（林 2010b）。

ところで、そもそもジョブズは、キンドルに注目が集まった二〇〇八年「米国人は読書をしない」と発言して、あえて電子書籍端末の市場を無視する態度を明らかにしていた（Block 2008）。また、電子書籍端末としては、アイパッドは中途半端だという評価もある。アイパッドは通常の液晶ディスプレイを採用したため、バックライトで照らす必要があり、目にやさしくない。また、屋外で読書する習慣を持つ米国人は多いが、液晶では太陽光の下で読むのが難しい。

イーインク（E Ink）などの電子ペーパーは反射光で読めるので、電子書籍端末に採用すれば紙と同様の使用感があるとされるものの、現在のところ書き換え速度が非常に遅く、モノクロで表現力に乏しいという弱点がある。

だから、アイパッドは電子書籍端末以外の用途（動画やウェブブラウジングなど）を考えて、液晶を採用したと考えるのが自然だろう。アイパッドは、やはりタブレット型のポータブルPCとみるべきだ（Ueda 2010）。

しかしながら、アイパッドと同社が立ち上げる予定の電子書籍販売サイト「アイブックストア」（iBookstore）は、電子書籍の世界に密やかだが、重要なインパクトを与えることとなった。

アイパッド発表の翌日、米国大手出版社マクミラン社CEOのジョン・サージェント（John Sargent）が、アマゾン社が本拠を置くシアトルに乗り込んだ。九・九九ドルというキンドル向けの電子書籍の一律価格を引き上げることが狙いだった（鎌田 2010a; 鎌田 2010b）。

マクミラン社は、「エージェンシーモデル」と呼ばれる契約方式と、電子書籍の価格を一二・九九〜

一四・九九ドルに引き上げることを提案した。新しい契約方式で、アマゾン社は売り上げの三〇％の利益を得る。アマゾン社はこの提案を蹴り、一時はマクミラン社の紙の書籍も電子書籍も同社のサイトから引き上げるほど、両社の関係は悪化することとなった（鎌田 2010a; 鎌田 2010b）。

アイパッド発表後のインタビューで、前出のジョブズが「出版社は電子書籍をアマゾンから引き上げるだろう。不満をもっている（から）」と言及しているように、出版社はアマゾン社に対して、確実に不満と惧れをもっていた。その惧れとは、アマゾン社が電子書籍配信市場をほぼ独占することへの恐怖である。電子書籍端末に関しては、数百万台販売したキンドルと、数十万台のソニー製品が拮抗していたが、電子書籍配信に関しては、二〇一〇年当時アマゾン社が非常に強い位置にあった。その結果、電子書籍の価格決定権が、やがて出版社からアマゾン社に移ることが、出版社の重大な懸念事項だった（鎌田 2010b）。

携帯音楽・映像プレイヤー「アイポッド」（iPod）向けの音楽・映像配信分野で大きな成功を収めたアップル社が電子書籍分野に参入することで、電子書籍配信の市場をほぼ独占していたアマゾン社に強力な競争者が生まれる。アマゾン社も無碍には提案を拒否できない。こう考えて、マクミラン社は交渉に臨んだのだろう。

結局のところ、二月初めアマゾン社がマクミラン社の要求をのみ、決定的な対立は回避された。一律九・九九ドルという価格設定は見直され、一部の電子書籍の価格が改められた（鎌田 2010a）。

二〇一二年には、アップル社が大手出版社五社と談合し、アイブックストアで販売する電子書籍価格を不当に釣り上げたとして、司法省に訴えられた。大手出版社五社は、敗訴した第一審判決後司法省の訴えを受け入れて和解したものの、アップル社は法廷での争いを続け、二〇一六年三月米国連邦最高裁判所がアップルの上告を退け、四億五〇〇〇万ドルの賠償金支払いが決まった（Tane 2016）。

アップル社は出版社との連携で価格決定を行うエージェンシーモデルを採用しようとしたものの、結局のところ小売店同士の競争とその結果としての出版社同士の競争によって電子書籍の販売価格が下がるだろうホールセールモデルが、司法省と同社との裁判によってよしとされる結論となったと言えるだろう（鎌田 2010b; Tane 2016）。

二〇一七年現在、電子書籍配信とその端末の市場がどのような姿となるか、そしてその市場をいったい誰が握るのかという問題に関しては、一般に、アマゾンのキンドルが優勢と言えそうだ。電子書籍配信はアマゾンが相当優勢に見えるうえ（コボがタイトル数およびシェアでは対抗状況にある。4－3参照）、電子書籍端末はソフトウェア版キンドルが登場し、タブレットPCであるキンドルファイアが発売されたことで、主にタブレットPCの市場と重なるようになっている。タブレットPCは、二〇一五年のデータでは、台湾のPCメーカーであるASUSがシェア一位、二位にアップルのアイパッドが付けている。(24) ただし、電子書籍をよく利用する端末としては、スマートフォン（スマホ）がもっとも多いという調査がある（スマホ向けのキンドルアプリもある）（MMD研究所 2016）。

電子書籍市場は順調に伸びている。電子書籍をめぐっては、電子書籍配信と端末・ブラウザの市場シェア争いや電子書籍の価格決定権をめぐる出版社と小売店、端末・ブラウザメーカーの競争に加え、著作物の登録と著作権をめぐって国と企業、国同士の競争がある。これは、二〇〇〇年代末から問題となっていたグーグル・ブック検索問題と併せて扱う（4－10、4－11、4－12）。

4-6 電子出版の「物質性」

歴史的に見れば、出版流通の変化は、新しい出版文化の登場と並行して起こってきた。明治三〇年代、江戸時代から続く絵双紙屋・貸本屋が消えていくのと並行して、明治期に成立した学校制度で利用される教科書や、福澤諭吉『学問のススメ』などの啓蒙的ベストセラーや、近代的なオピニオン雑誌が登場した。明治期から大正にかけて多数の雑誌が創刊され、この多品種の商品が流通するために、書籍の卸制度（売捌、または取次）が発展する。また、大正時代、定価販売制と返品制が成立したことで、全国の地域に多数の書店が開業する状況が生まれ、『キング』などの大部数の大衆雑誌が販売できる余地が生まれた（柴野 2009: 34-48, 17-174; 小田 1999: 92-135）。

二〇〇八年のキンドルの登場以来、電子出版という新しい出版流通メカニズムの成立期が到来したと見ることができるかもしれない。課金と権利処理の問題から、専用ブラウザ、もしくは専用読書端末・アプリを使用する電子出版のみが、商業的に成功を収めつつある。アマゾンなどのインターネット書店からダウンロードする場合、紙の書籍と同様に、価格のある商品として、ユーザーは認識する。販売者から見れば、専用読書端末・アプリを利用させれば、お客の囲い込みにもなる。専用読書端末・アプリがインターネット書店ごとにあるのは、ユーザーにとっては不便が多いものの、紙の書籍と類似のＵＩであることから、読書の面倒は少なく感じられる。

一方で、新聞も含めて「汎用ブラウザとインターネット」の組み合わせによる商業的電子出版は苦戦している。インターネットの汎用ブラウザ（インターネット・エクスプローラーやファイアフォックスなど）で読める多くのインターネット上の情報が無料であるのに、なぜこのコンテンツはお金を支払わないと見られないのか。ユーザーはストレスを感じるだろう。この領域では、広告を含む広い意味でのスポンサード・モデルが有効だろう。学会誌ではなく、より公的な資金基盤がしっかりとした大学や研究機関を基盤とする学術情報の流通（機関リポジトリ）が盛んになっている現状も、広い意味でのスポンサード・モデルのインターネットにおける有効性を示している（土屋 2010; 西田 2010）。

電子出版が中抜きをもたらすとしたら、本当の危機は、出版取次と委託販売制が果たしてきた金融機能の消滅であろう。(25) 日本の出版社は、委託販売制度によって、初版を出せば、返品商品の清算を行うまで（一般的に、出版後半年〜八ヵ月程度）まとまったお金を手にできた。この制度が、書店や出版社の経営状態の把握を難しくしてきた一方で、大きな資金投下を必要にする割には個々の商品の単価が安い、出版ビジネスを支えてきた歴史がある。

その一方で、出版社の経営から見て、委託販売制度は、それがなかった場合と比べて、返品・在庫リスクを段違いに増幅してきた（星野 2009; 西 2009）。電子出版への移行は、返品・在庫リスクを減少させるとともに、出版社経営における会計の変更を迫ると思われる。また、出版社の大きな役割であった出版物のプロモーションも大きく変わっていくだろう。

児童書作家のアロン・シェパード（Shepard 2009=2010）は、ネット書籍販売大手のアマゾンの検索・販売システムと、プリント・オン・デマンド（ＰＯＤ）を請け負うセルフパブリッシング会社を活用すれば、個人でもベストセラーを生み出せることを証明した。彼は児童書執筆の入門書を書き、上記の方法で自費出版して、販売方法を工夫することでアマゾンのサイトでベストセラーを実現した。

シェパード（Shepard 2009=2010:78-130）によれば、タイトルなどに含まれるキーワードの工夫によりページランクをあげるサーチエンジン最適化（ＳＥＯ：Search Engine Optimization）の知識を使って、アマゾンで読者に商品が検索されやすくすれば、特別なプロモーションは必要ない。また、ＰＯＤで、返品・在庫リスクも減らせる。シェパードの例は、電子出版時代における出版社不要論の根拠のように見えるが、出版社にとってはプロモーション費用を節約し、在庫・返品リスクを減らすノウハウを提供してくれる事例である。返品・在庫リスクが減れば、少部数だが、確実に長期にわたって売れる「ロングテール」の出版物が生き残る余地が増える。

このように、電子出版の流通を考察すると、その内実は単純な「中抜き」論では終わらないことが明らかだ。実際、出版社や著者と小売店・消費者が直接に取引するだけでなく、コンテンツの卸売業者もあり、アマゾンやコボなどの電子書籍端末と組み合わされた電子書籍販売ウェブサイトが有力であるとはいえ、電子出版流通の確定した形はまだ見えない。また、紙の出版物が電子出版へと急速かつ完全に移行する兆しは、二〇一六年現在も見えない。

新しい出版流通の姿が朧なように、電子書籍の文化もまだ揺らいでいる。二〇〇九年頃まで、ケータイで販売される電子書籍の売れ筋はアダルトコミックスであり、ネットの電子書籍ではアイドル写真集だとされた（全国出版協会・出版科学研究所 2008: 35, 222; 全国出版協会・出版科学研究所 2009: 35, 231, 234-236; 全国出版協会・出版科学研究所 2010: 228-230, 290）。ただし、二〇〇九年の「電子コミック」の利用実態調査では、「少年・ヤングコミック」、「少女・レディース」、「成年コミック」、「ティーンズラブ（ＴＬ）」、

「BL（ボーイズラブ）」の順序で、あるジャンルを購読するとした回答者が多いとされる（全国出版協会・出版科学研究所 2011: 220）。ケータイ小説は、書籍化されて初めて大きな利益を生んだ。日蔭の欲望を満たす個人メディアという性格が、かつての電子出版の文化にはあった。俗悪とされた小説や漫画が出版ビジネス拡大に寄与したように、メディアが普及する中で必然的に観察される例だろう。

二〇一〇年五月末、人気作家の京極夏彦の新作『死ねばいいのに』（講談社）が、紙の書籍と電子書籍版で同時発売され、五日間で一万ダウンロードを超えた。(26) 安くて場所を取らないだけなら、電子書籍は文庫本と変わらない。だが、同書の事例を見ると、単行本と同時に電子書籍版を発売すれば、読者への訴求効果は大きい場合があることがわかる。同氏の人気作品を集めた『百鬼夜行シリーズ』が、二〇一七年三月現在電子書籍で販売されている。(27) 二〇一五年の全国出版協会・出版科学研究所（2016: 296–301）の調査によれば、国内における電子書籍の販売金額は、一五〇〇億円を超え、書籍・雑誌の流通形態として定着したことが見える。電子書籍の売り上げのうちコミックスの占める割合は相当減少し、二〇一〇年頃までとは大きく様相が変わった。また、定額制雑誌読み放題サービスの登場によって、電子雑誌の売り上げは、二〇一四年調査から前年比七八・六パーセント増と大きく伸びた（一一二五億円）。電子書籍は、書籍・雑誌の流通経路の多元化を促進してきたと、ひとまずは評価できるだろう。

4-7　グラドルと人文書の空間

旧知の技術系出版社の編集者から連絡をもらって驚いた。電子書籍の新しいレーベルを立ち上げたという彼の電子メールに書かれたＵＲＬ（http://www.ghv.jp）をクリックして現れたのは、グラビアアイドルの写真だった（なお、二〇一七年現在同ＵＲＬはアクセス不可。本節の内容は、二〇一一年八月当時のもの）。資格試験の受験書や技術入門書の出版で有名な同社のイメージとはかけ離れているあまりの意外さに加えて、大学の研究室で開いてしまった驚きで一瞬絶句してしまった。

説明を読むと、デジタルのグラビア写真集に加えて、コミックスの電子書籍も取り扱っていくという。技術系出版社の中では柔らかいイメージの同社だが、意外性は高い。

しかし、現在の「売れ筋」電子書籍を考えると、グラビア写真集とコミックスという商品選択は、たいへん「手堅い」ものだと思い直した。二〇一一年当時の電子書籍の売り上げは、パソコンではグラビア写真集、携帯電話向けではレディース・コミックがかなりの部分を稼ぎだしているといわれていた（全国出版協会・出版科学研究所 2010: 228-230, 290）。このように、普及当初の電子書籍は、個人メディアで楽しむ密やかな娯楽が支えていた。

また、同レーベルのコンセプト説明を読むと、モバイル機器市場への期待が強く打ち出されている（憑 2012）。「ガラケー」と呼ばれる従来の携帯電話に加えて、タブレットやスマートフォンなど、モバイル機器は確かに多様化し、普及・発展している。現在・将来の市場規模と表現力を求めてモバイル機器へと向かう姿勢も、やはり手堅い。言うまでもなく、既存の本や雑誌もモバイルメディアだ。

技術系出版社がグラビア写真集やコミックスへと進出するのは一見冒険じみているが、商品が時代の空気を捉えていれば、方向性は確かに間違っていないように思われる。電子書籍専門のレーベルを立ち上げるにあたって、自社のコンテンツ資産にこだわらなかった同社の姿勢は注目される。今後の戦略・

戦術は不明だが、まずは娯楽コンテンツで橋頭堡を築くという狙いだったのだろう（ただし、結局のところ、インターネット書店による電子書籍販売が定着した二〇一〇年代半ばには、レーベルからのダウンロード販売は難しかったようで、二〇一六年にはすでに同サイトは利用ができなくなっている）。

とはいえ、こうした現象を目の当たりにするとアダルトコンテンツがニューメディアを牽引するという安直な説にとびつきたくなるものの、これは必ずしも当たっていない（前述のように、二〇一七年現在同出版レーベルのウェブサイトはアクセス不可という状況である）。無線通信やパソコン、パソコン通信の普及は、技術オタクたちが支えたが、彼らの興味の中心はむしろ技術そのものにあった[28]（Standage 1998=2011: 131–147; Douglas 1987 :187–215; Spar 2003: 124–189; 富田 1994: 36–37, 101–108; SE 編集部 2010: 19–26; Campbell-Kelly and Aspray 2013:207–220）。さらに、テレビやラジオはどうだったか（吉見・水越 2001:58–63; 水越 2011:57–91; 水越 1993: 204–234; 高橋 2006）。ニューメディアをアダルトコンテンツが牽引するという説を否定する反例は枚挙にいとまがない。

むしろメディアの普及を決めるコンテンツは、そのメディアに比較的初期にとびついた読者・消費者・ユーザーの欲望や好みを反映したものという以外ないのではないか。その意味で、歌と同じく書籍・雑誌も世に連れ人に連れ変わっていくのが当たり前だ。おそらく人文書や教養書も同じだろう。

二〇一〇年冬、小説家・批評家の東浩紀が、出版社を自ら設立し『思想地図β』という思想誌を立ち上げた。著者が自ら出版社を立ち上げた事実に加え、発売二〇日で二万部を超えたというニュースは、出版界にとっては「事件」であった（斎藤 2011a; 斎藤 2011b; 斎藤 2011c）。また、「ファスト風土」などのキーワードで商業資本による生活の浸食というネガティブな文脈で語られがちな「ショッピングセンター」を肯定的に捉える特集にも、違和感や軽い衝撃を覚えた向きもあるはずだ。

ショッピングセンターというテーマを取り上げた背景には、生活の実感から見て、若い家族にとってショッピングセンターが生活のまさにインフラとなっている現実があるとともに、従来だったら人文書や教養書を読んだはずの読者の好みが変容しつつあるという予感があったと、東氏は日経ＢＰ社のインタビューに答えている（斎藤 2011b）。

このインタビューを読むと、ＩＴ起業家やＩＴエンジニアなど新しく勃興する階層に向けて、普通の生活実感のなかで生まれた思想を紡ぐことが、東氏の重要な狙いの一つだったことがうかがえる。勃興する新しい階層は、いずれにせよ本を読む人々だ。

さらに歴史を振り返れば、一六世紀科学革命期の自然哲学者たちは、正字法がやっと確立しつつあった自国語で書き、勃興する新しい階層である豊かな都市住民に語りかけ、自己の思想を宣伝した(29)(Eisenstein 1983=1987:254-257; 山本 2007b:556-620)。また、ルネサンス期の知識人の中にはそれこそ自ら起業家となり、出版産業を興した人々もいる。ピーコ・デッラ・ミランドラの師である碩学アルド・マヌーツィオは自ら印刷業者となり、古典の信頼できる校訂本を印刷しただけでなく、小型本をつくって印刷本をモバイル化した(30)(Febvre et Martin 1971=1998: 359-363; Pettegree 2010=2015:106-111)。知識人のあり方や思想もメディアや読者によって変わる（長谷川 2003: 234-235）。

『思想地図β』は紙の書籍だが、数万人のフォロワー（購読者）を有する東氏本人のツイートによるツイッターでの宣伝と読者との交流、アマゾンの「ｅ託販売」サービスによる直販など、新しいメディアの可能性を組み合わせることで、多くの読者に届いたと言えるだろう（斎藤 2011a）。

人文書や教養書の没落とは、すでにいない読者に向けて発信する試みのことを意味しているのかもしれない。人文書や教養書が大量に売れた時代こそが実は、二度と帰らない例外的な時期だった疑いもある。古典や良書を継続的に出版し、それを読む人々のコミュニティが存続するための手立てがデジタルの世界にありそうだと予感する一方で、次代を担う新しい読者や階層に向けて発信されるコンテンツの登場も歓迎したい。

4-8　佐藤秀峰問題

マンガ業界の内幕を赤裸々に暴露したウェブサイトが、物見高いネットユーザーたちの輪を越えて、広く注目を集めつつある。

佐藤秀峰は、『海猿』や『ブラックジャックによろしく』（以下、『ブラよろ』）などの映像化で知名度が高く、文化庁メディア芸術祭で優秀賞を獲得し（二〇〇二年）、実力も高く評価されてきた。

二〇〇六年、彼はそれまで講談社『週刊モーニング』で連載していた『ブラよろ』を休載。翌一月から、『新ブラックジャックによろしく』（以下、『新ブラよろ』）のタイトルで小学館『週刊ビッグコミックスピリッツ』で連載が始まった。突然の雑誌移籍にファンも業界も驚き、戸惑った。「真相」と称する物語もさまざまに語られた。二〇〇九年二月開設された「佐藤秀峰 on Web」[31]で、オンラインのマンガという形でその真相が明かされた[32]。

作品の方向性や内容をめぐっての編集部との確執。納得できる品質の連載を継続するために要求される過酷な労働と、それを支えるアシスタントの人件費というリアルな現実。結局、講談社が海外出版社に勝手に二次利用許諾を行った事件で、編集部への不信感はピークに達し、休載が決まった（佐藤（秀）2012）。

自分が描きたいマンガを描くという原点に戻り、自分の足で取材し、ネーム（マンガのプロット）を作成。その後、制作費を織り込んだ原稿料と、単行本印税の部数スライドを条件に講談社と交渉したものの、決裂。その後、掲載誌が決まらないまま制作をつづけ、小学館での『新ブラよろ』の連載が決まった（佐藤（秀）2012）。

さらに、同ウェブでは、事件の真相に加え、マンガ業界の現状も包み隠さず暴露された。

週刊コミック誌の連載は、毎日十数時間の長時間労働に加えて、何人もアシスタントを使わなければ成り立たないが、アシスタントの給料を払うと、新人マンガ家は明らかに赤字だという。そのうえ、原稿料の引き上げ交渉に成功した佐藤氏であっても、経費を差し引いていくと、単行本印税とあわせても、彼自身の月収は七〇万円にすぎない。高給取りの大手マンガ雑誌編集者の三分の二程度だ（佐藤（秀）2012）。

マンガ雑誌の状況も危機的だ。あるマンガ雑誌は毎週二〇〇〇万円の赤字。また、公称三八万部をうたう某誌は実売が一五万部に過ぎない。意外な事実が次々に明かされた。

四月一五日には、「通りすがりのマンガ家」を名乗る匿名のインターネットユーザーが、佐藤氏の原稿料の赤裸々な暴露は単に税金対策だと、「はてな匿名ダイアリー」でかみついた。「いい加減にしろ佐藤秀峰」と題して、「ワガママばっか言うな」「何も知らない読者を丸めこめようとするな」と突き上げ

た。(33)

この事件もあって、さらに佐藤のウェブは注目を集めた。「佐藤秀峰問題」という言葉で、業界の内幕を暴露した佐藤の行為が語られるだけでなく、マンガ業界の危機的状況もあらためて論じられるようになっている。

マンガ業界の混迷は、佐藤のウェブが初めて指摘したものではない。二〇〇四年には、マンガ評論家／原作者の竹熊健太郎が「マンガ原稿料はなぜ安いか」と題して、マンガ業界のビジネスモデルの限界を指摘している（竹熊 2004: 24-39）。

一九七〇年代に成立したマンガ業界のビジネスモデルは、竹熊によると、次のようなものだ。安い原稿料で週刊連載を行ってマンガ作品の知名度を高める。そして、すぐに収益の上がる単行本を発行し、出版社はコスト回収を図る。それとともに、作者にも印税を支払うことで利益を分配する――。

しかしながら、このビジネスモデルはマンガ業界全体が拡大する間は機能したものの、業界の縮小とともに無理をきたすようになる。大ヒット作も少なくなり、マンガごとの発行部数も減っている。マンガ雑誌の危機で、原稿料は依然据え置かれる。竹熊はマンガ業界のピークは一九九四年とするが、データによれば、一九九五年がマンガ雑誌・単行本の売り上げの頂点だ。二〇一〇年代には、市場規模は、ほぼ一九八九年頃の水準に落ちた（電通総研 2016: 75）。

その一方で、この間マンガ表現は高度化し、高い品質の絵と緻密に練られたプロットに加えて、作品に説得力を増すために綿密な取材も必要となった。取材は編集部が肩代わりするとしても、作品の品質を維持するためにアシスタントを雇わなくてはならない。原稿料の安さが「連載貧乏」というべき状況も生む。

出版社とマンガ家との関係も非対称的だ。佐藤のように、取材を任せていた編集部のミスでトラブルが生じても、責任は作者自身が取らなければならない。原稿料の値上げも一筋縄ではいかない。二次利用の許諾も出版社が勝手に出してしまう。これらは佐藤のマンガで赤裸々に描かれた。さらに、週刊マンガ誌編集部による原稿紛失や編集者によるマンガ家へのパワーハラスメントという事件も報道され、マンガ読者に衝撃を与えた(34)(雷句 2008; 新條 2008)。

週刊マンガ誌がすでに歴史的役割を終えたにもかかわらず、マンガ家や業界が依存せざるをえない状況に、おそらく問題の根源がありそうだ(35)。

佐藤は、ウェブで、出版社と漫画家が対等な立場に立つために、マンガのオンライン配信システムを立ち上げるとぶち上げた。週刊誌連載はすべてやめて、オンラインで定期的に作品を発表し、単行本についてだけ出版社と契約するという。出版社にとっても、週刊マンガ誌のリスクがなくなるメリットがあると、同氏は説明する(36)(佐藤(秀)2012)。

マンガ誌は、二〇〇〇年代後半から青年誌を中心に休刊が続く一方で、オンラインのマンガ誌やコミックスの配信に出版社は注力し始めているように見える。ウェブで小説などのマンガ以外の作品も掲載する総合的エンターテイメント誌への展開などの模索もある(『モーニングツー』(講談社)など)。オンライン配信のマンガの将来については、次節でさらに見る。

4-9　電子マンガの未来

オンラインマンガ誌に対する期待は、事実高まっている。連載は作品の知名度を上げる手段で、出版社と作家の利益は単行本であげるというビジネスモデルをうまく回すために、無料のウェブマンガ誌や試し読みサービスを使うことは、二〇一七年現在すでに定着した。

二〇〇九年五月、講談社の月刊マンガ誌『モーニング・ツー』が、発売日に丸まるウェブで無料公開したところ、雑誌の実売率が一八％アップしたという。同誌には、中村光の話題作『聖おにいさん』など、若手マンガ家の作品が多く掲載される(37)。

今まで雑誌発売から一カ月遅れでウェブにアップしていたが、同号では実験的に同日のウェブ公開を試した。電子書籍ビューワのダウンロードが必要だが、閲覧は無料。ただし、雑誌には別冊付録、雑誌とウェブで絵が異なるページをつくり、それを当ててもらうキャンペーンを今回行った。地方や海外など、今まで発売日に雑誌が読めなかった読者からとくに大きな反響があったという(38)。

同年四月には、高橋留美子の『少年サンデー』の新連載『境界のＲＩＮＮＥ』が、日本の発売日と同日に米国向けのマンガ配信サイトで公開された。

海外で日本のコミックスやアニメが大人気なのはよく知られた事実だが、マンガ誌やコミックスをそのままスキャニングして、Ｐ２Ｐネットワークなどに違法配信する輩も絶えない。このような配信が行われるのは、日本でのマンガ誌やコミックスの発売と海外での発売との間に時間差があって、早く読みたいという読者の需要が大きな理由だとされる。この時間差をなくすことで、違法配信を防ぐことも上記サービスの目的とされる。[39]

一方、ウェブだけでオリジナル作品を無料公開する試みも盛んだ。スクエア・エニックスは、二〇〇八年一〇月、やはり無料のウェブコミック誌『ガンガンOnline』を創刊した。掲載するほとんどがウェブ向けのオリジナル作品。一〇月から二〇〇九年一月までの累計ページビューは七〇〇万。同誌編集者によれば、思ったよりも良好という（宮本 2009）。七月には全作品を一斉にコミックス化する。[40]

ウェブからヒットした作品に、CATVのポータルサイトで毎日一コマずつ公開された『きょうの猫村さん』がある。『猫村さん』は猫の家政婦という荒唐無稽な設定のホームドラマ。絵もセリフもすべて鉛筆描きという実験作でもある。実験的作風とほのぼのとした雰囲気が絶妙の化学反応を起こし、一、二巻で九〇万部売り上げた（長岡 2007）。

『猫村さん』はウェブ連載だからこそヒットしたと、『ガンガンOnline』の編集者は分析する。既存のマンガ誌は少年・少女・青年などのジャンルがあって、雑誌によって作品傾向が決まりがちだ。また、鉛筆画はマンガ誌の印刷では生きない（宮本 2009）。ウェブならではのマンガ表現に可能性を見出す立場だ。

しかし、「佐藤秀峰問題」（4―8）で指摘された重要な問題は、マンガの無料オンライン配信ではまず解決されない。マンガ表現の高度化にともなって人件費や取材費などの制作コストが上昇したが、マンガの無料配信サービスでこれを埋めることはほぼ不可能だ。

閲覧が無料なら、制作コストを支払うには広告収入が必要となる。確かにインターネット広告費は、二〇〇六年には雑誌を追い抜き（インターネット広告費：四八二六億円、雑誌広告費：四七七七億円）、二〇〇九年には新聞を追い抜き（インターネット広告費：七〇六九億円、新聞広告費：六七三九億円）、二〇一四年現在まで順調に金額を伸ばしている(41)（電通総研 2016: 186）。とはいえ、個々のサイトへの広告費は公開されていないものの、ユーザートラフィックが大手ポータルサイトやＳＮＳ（ソーシャルネットワーキングサービス）などに集中する事実を考えれば、中小規模サイトに投下される広告費はそれほど多くないだろう。

本節初稿執筆時（二〇〇九年七月）の数字だが、月間ページビュー三〇〇万以上を記録するある人気ブログの場合、アマゾンのアフィリエイト（消費者を目的のサイトにうまく誘導すると代価が支払われるウェブ広告）による収入が月十数万円程度だという（野次馬 2008; 野次馬 2009）。

佐藤秀峰のサイトでは読者を募って、料金を支払ってもらい、佐藤らマンガ家の連載を公開していくとしていた。アフィリエイトとは収入源が違う。しかし、経験則では有料化するとアクセス数は、場合によっては十分の一近くまで激減するとされている。読者の基盤を固めることが最大の課題だ。そのため、漫画 on Web は、佐藤の最新作品を読める場所としてアピールし、紙の作品時代からの佐藤のファンを読者基盤としようとしている。

一方で、プラスに働くかマイナスに働くかまだ不明だが、ウェブでマンガを読むという経験は、新しい読書体験を創造する一方で、かつて存在した読書体験の喪失ももたらすだろう。コンビニや書店で多くのマンガ雑誌を一度にブラウズできるのと同じような体験は、ウェブでは経験しにくい。青年誌・少年・少女誌の枠を超えてさまざまなマンガを読む読者が従来はいたが、今後マンガ配信が主流化すると、ジャンルの「タコつぼ化」がさらに進み、マンガ文化も変質するかもしれない。現実に、既存のマンガ読者とケータイ配信のマンガ読者は重ならないという意見もある（日本出版協会・出版科学研究所 2009:234）。

ケータイをはじめとするコミックスのオンライン配信は、大きなビジネスに育とうとしている。二〇一五年度、電子コミックスの市場規模は約一二七七億円。電子書籍市場の八一％を占めるまでに成長した。（インプレス総合研究所 2016: 32）

佐藤が指摘するように、単に媒体が変わっただけならば、コンテンツの流通事業者（出版社やプロバイダ）と著作者であるマンガ家との間での権力関係の非対称性などの問題は解決しない。ネットやケータイ・スマートフォンに消費者の時間や金銭を奪われていく中で凋落してきたマンガが、今後ビジネスとしてだけでなく文化として生き残る条件の模索は当分続くだろう。

4-10 グーグル・ブック検索 1

二〇〇九年二月二四日、国内主要紙や雑誌『ニューズウィーク』に「法定通知」と題された奇妙な広告が掲載された。広告主は、世界最大のウェブ検索サービスで知られる米グーグル社。広告の文章はきわめて難解だが、日本国内の書籍の著者や出版社に対して、呼びかける内容らしいということは容易にわかるものだ。(42)

この広告のおかげで、出版業界や著作者団体は大騒ぎとなった。難しい法律用語と直訳調の硬い日本語を読み解いていくと、日本の著作者や出版社がこのまま何も行動しなければ、グーグルの書籍検索サービス「グーグル・ブック検索」（以下、「ブック検索」）から、日本の書籍がまるごと読めるようになるかもしれない――このように告げていたからである。いったい何が起こったのだろうか。

グーグルは、ウェブ検索サービスに加えて、さまざまな情報検索サービスを提供する。ブック検索もその一つで、そのサービス内容は次の二点である。[43]

①キーワードによる出版物の全文検索

②ウェブ上での閲覧（オンライン書店へのリンクあり）

たとえば、本のタイトルや内容をキーワードで全文検索をしたうえで（①）、ウェブで内容を閲覧し、必要箇所を読むことができる（②）。閲覧時には、著作権者等の意向によって、キーワードの前後数行だけの「スニペット表示」、またはそれよりも多くの部分の表示などが指定されている。閲覧ページには、同書を扱うオンライン書店へのリンクがある。ただし、オンライン書店からグーグル社も書籍データを提供した図書館（後述）も広告料等は受け取っていない。

もともとブック検索と連動して、冊子体の書籍を販売する計画があったものの、二〇一六年一二月現在はそのようなサービスはない。アプリを販売するグーグルプレイで電子書籍販売をしており、出版社向けにブック検索と連動して販売できる機能が用意されている。[44]

ブック検索で検索できる書籍データは、二つの方法で収集されている。一つは、出版社と著作権者から書籍データの提供を受ける「パートナープログラム」。こちらは、現在出版社が販売している書籍が対象である。一方、大学図書館と提携して、その蔵書をデジタル化する「グーグル・ブック図書館プロジェクト」（以下、図書館プロジェクト）である。こちらは、現在市中に流通している書籍、絶版書籍を問わず、蔵書すべてをデジタル化する。日本からも慶應義塾大学図書館が参加する。著作権者や出版社はパートナープログラムには文句を付けなかった。問題は、図書館プロジェクトだった（名和 2010a:4-6; 柴野 2010）。

二〇〇四年から、グーグル社は、米国内の複数の大学図書館と提携して、蔵書をデジタル化する図書館プロジェクトを開始した（高橋 2005）。同社は、ページをめくって自動的にスキャニングする装置を開発するほど、多くの力を割いてきた(45)。二〇〇九年現在ブック検索では七〇〇〇万冊以上がスキャンされ検索できるが(46)、これをはるかに超える書籍がすでに電子化されているとみられる。

このプロジェクト発足当時から、出版社や著作者の団体は、著作権侵害の疑いを表明してきたが、ついに二〇〇五年九月、八〇〇〇名以上の作家が加入する米国の著作者団体「オーサーズ・ギルド」が深刻な著作権侵害だとして、著作物の複製中止を要求する民事訴訟を起こした(47)（AP通信 2005; Mills 2005; 青木 2005a）。翌一〇月には、マグロウヒル社なども、著作権侵害の救済を求める裁判を起こした(48)（青木 2005b）。

オーサーズ・ギルドは、このとき、「集団訴訟《クラスアクション》」という訴訟形態をとった。これは、原告が同じような立場にあって被害を受けている人々を代表して訴訟を起こす形式をとることで、判決や和解などが直接訴訟に参加しない関係者にも及ぶというものだ(49)。

この裁判は、約三年かけて二〇〇八年一〇月、原告とグーグル社が和解に達した。その条件は、①グーグル社は、二〇〇九年一月五日以前に出版されて、米国の書籍流通では消費者の手に入らない（つまり、絶版状態の）書籍のスキャンデータを商用利用できる。②この商用利用から得られた収益の六三

％を著作者や出版社に支払うなどであった。

この和解は、もちろんグーグル社と米国内の著作者・出版社の契約だが、集団訴訟と著作権法の国際的枠組みによって、国外にもその影響が波及することとなった。

著作権法はベルヌ条約という国際条約によって、同条約加盟国の出版物はほかの加盟国でも著作権が保護される。したがって、日本などの同条約加盟国の出版物も米国内で保護されている。しかも、日本の出版物の多くは、米国内の書籍流通ルートには乗っていない。

そうすると、日本の著作者や出版社は、米国内で著作権が保護されるが、同国内で絶版状態にある書籍の著作者・出版社に該当することになる。したがって、日本の著作者・出版社もこの和解に参加するかどうか、否応なく向き合わされることとなったのである。

いかにも奇妙な理屈だが、前出の「法定通告」をつうじて、グーグル社は、二〇〇九年五月五日までに和解に参加するかどうか回答せよと迫った。出版社の多くが加盟する日本書籍出版協会では和解への参加が出版社や著作者の利益になるとの見解を示したが、著作者の意思確認をどうするかは個々の出版社に任されている（4‐11）。

グーグル社が公開するスキャン済みの書籍データベースを検索すると、日本の多くの作品がすでに電子化されていることがわかる。ブック検索の全文公開は米国内に限られるので「日本語の壁」があるから濫用は防げるかもしれない。しかし、世界中で人気がある日本の漫画も数多く登録されていることが、検索してみるとわかるはずだ。

グーグルの「図書館プロジェクト」は、著作者や出版社にとっては将来の業界の激変を予測させる不安の種だが、その一方で情報流通を促進させるという効果も確かにある（5－12）。たとえば、情報を蓄積し、社会に流通させるという機能をもつ図書館から見れば、ブック検索に「反対できない」と、ある国立大学図書館長を務め、学術情報の電子的流通に詳しい大学教授は筆者に漏らしている。

しかし、従来情報の蓄積・流通は主に公的組織の役割だった。公共図書館や大学図書館など公共性が高いと考えられる組織が、無料での情報の蓄積・流通を担ってきた。そこには、税金や公共的目的の寄付など公的資金が注がれてきた。それに対して、グーグル社は私企業にしか過ぎない。収益を第一の目的とする企業が情報の蓄積・流通を担う基盤を握ることは、私たちの社会のしくみを深いところで変えていくのではないか（8－11）。

当事者以外が和解に引きずり込まれる今回のやり口は明らかに強引だ。ヨーロッパの出版社などは、この和解の結果グーグルの力が強くなりすぎることを恐れて、対抗するプロジェクトを用意していると された（山本 2009; 国立国会図書館 2009; Mills 2009a=2009）。「邪悪であることなかれ（Don't be evil）」(50) という標語を掲げるグーグル社の行動を追うと、さらに不安は強まる。

4－11　グーグル・ブック検索2

グーグル・ブック検索でスキャンした書籍が商業的に検索可能になる代わり、グーグル社はその使用料を支払う。ただし、検索されたくない場合には書籍データベースからの削除を希望できる（この場合、一定の和解金が受け取れる）。期限までに回答がない場合、和解案に合意したとみなす——二〇〇九年二月末にグーグル社が提示した「和解」案はこのようなものだった（4－10）。それから日本の著者と出版社はこの和解案にどう対応するか大わらわだった。

国内の多くの出版社は、出版業界の任意団体である日本書籍出版協会（書協）による調査と見解の提示を待って動き出した。書協は、この和解案について海外の状況について情報収集を進め、同年三月一九日には推奨できる対応策をまとめた。書協の見解は、和解に参加しないと何も権利行使ができないので、「まずは和解への参加が妥当だ」というものだった。また、同文書では、出版社は著者に通知する法的義務はないことも付け加えていた（日本書籍出版協会 2009a; 日本書籍出版協会 2009b）（4－10）。

実際の出版社の対応は分かれたようだ。一般書籍を主に出版する企業では、やはりグーグル社の和解案について説明して、書協の見解に沿った説明を行うところが多かったようである（講談社など）（東 2009）。

学術出版社の場合、ウェブで書協見解に沿った説明を行って最終的には著者に対応を任せた会社（岩波書店）や、著者に郵送でこの問題について通知して、和解に参加したうえでデータベースからの削除を求めるとした会社（みすず書房）がある(51)。

原則的に小部数のターゲットを絞った学術書を提供する出版社の場合、検索が与える影響は大きいと考えられる。網羅的に調査はできていないが、データベースからの削除を求める学術出版社は多いと思われる。

一方で、技術系出版社は原則的に対応を取らない（自動的に和解となる）ところが主流だったようだ。大手老舗の技術出版社の編集幹部は「これは著作権にかかわることだから、著者の問題だ」という認識を示している。しかしながら、技術書、とくに変化が激しいＩＴ関連書籍の場合、書籍の寿命は一、二年であるからグーグル・ブック検索で本文が表示されるようになっても、売り上げには大きな影響がないという判断があったのかもしれない。技術系の中堅出版社の編集者も同様の意見を漏らしている[52]。

著者の団体では、日本文藝家協会が加入する著作者の意思確認調査を行った。回答した八割の著者が和解参加のうえでデータベースからの削除を望むとした[53]。同年四月一九日には、同協会は「権利者が何らかの措置を講じなければ今後も著作権侵害行為が公然と続けられる」として、抗議声明を発表した。グーグル社の行動は、「著作権法の特定の理解、価値観を一方的に押し付ける」ものだと、強く憤慨している（日本文藝家協会 2009）。

一方、詩人の谷川俊太郎氏ら日本ビジュアル著作権協会所属の著作者一七四人は、和解を拒否して個別に交渉に入ることとなった[54]。和解案に、それが影響を及ぼす日本の著作者の意見がまったく反映されていないことが重要な拒否理由とみられる。

この時点では、グーグル和解がどこまで影響を与えるかまだよく見えないものの[55]（おそらく直接の影響は少ないように思われる）、ここでどのような態度を取るかで書籍の電子流通の流れがある程度決定づけられる可能性を多くの人びとが感じていた。和解の手続きを仲介しながら抗議声明を発表する日本文藝家協会の態度もその反映だろう。

日本文藝家協会の抗議声明で明らかなように、グーグル社の提示する和解案には、著作権をどう理解するかというきわめて先鋭的な問題が含まれている。たとえば、「無方式主義」への挑戦。著作権法の国際的枠組みを定めたベルヌ条約では、著作権を享受するには何ら手続きは必要がないとする無方式主義を表明しているにもかかわらず、グーグル社の言い分を認めれば、著作権の享受には和解に参加するか拒否するかの「手続き」が必要ということにならないかという意見もある[56]（5-12）。

集団訴訟という枠組みが、国際条約と組み合わさると、思わぬ影響が生じるということがわかったのも今回の騒動の教訓だろう。知財分野では、知財の国際的流通を前提としてベルヌ条約をはじめとして数多くの国際条約があるので、集団訴訟の内容によっては今後も同じような問題が生じる可能性がある。

その一方で、現在の著作権のあり方が、書籍をはじめとする著作物の電子流通の阻害要因になっているのではないかと考える人びとにとっては、和解に応じた上でデータベースからの削除を要請するという多くの出版社や著者の対応は気落ちさせるものだったかもしれない。電子流通の普及によって収益構造がどのように変化するのか見えないうえ、インターネットやケータイ・スマートフォンの普及が、消費者の既存のメディア離れを起こしているという認識があるならば、一見有利に見えるグーグル社の提案にも二の足を踏むことになるだろう。

結局、当初の和解期限である二〇〇九年五月五日の一週間前になって、通知期間が同年九月四日まで延長されることとなった（Shankland 2009）。和解の周知が足りないという批判・抗議にこたえた対応だ。

4-12　電子図書館の「公」と「私」

日本国内の著作者や出版社も振り回されたグーグル・ブック検索をめぐる和解案は、結局破棄されて二〇〇九年は暮れていった。

日本では強力に和解を拒む著作者・出版社団体の動きが目立ったが、米国内では、州政府やＩＴ企業による反発も起きた。孤児著作物を利用する際に支払われる補償金収入が減ると、五つの州の司法長官が反対を表明した。また、アマゾン・ドットコム（Amazon.com）やヤフー！（Yahoo!）などライバル社たちが団体を組んで、「オープンな市場競争」を旗印に、グーグル・ブック検索の独占を許しかねない和解案の破棄を求めた。

二〇〇九年九月、米国司法省は、ブック検索の和解案について、反トラスト法違反の疑いがあるので、議論を継続するよう関係者に勧める見解を公表した(57)（U. S. Department of Justice 2009）。この見解を受けて、同問題を担当する米ニューヨーク南部地区連邦地裁のダニー・チン裁判官は、公聴会での証言や送付されてきた文書などを検討し、一〇月七日和解案の修正を命じ、その期限を一一月九日とした。事実上の当初和解案の破棄である。

発表された修正和解案では、二〇点の修正があった。とくに日本国内に影響が大きかったのは、対象となる書籍が、①二〇〇九年一月五日までに出版され、かつ米国著作権局に登録されている、そして、②同日までにカナダ、イギリス、オーストラリアで発行されている、この二つの条件を満たすこととされた修正である。つまり、日本の著者・出版社の執筆・発行した書籍の多くは、この集団訴訟の和解の対象ではなくなった（鳥澤 2009）。

グーグル社の文化支配にもっとも強硬に抵抗していたフランス国立図書館は、結局著作物データの電子化の遅れから同社との提携の道も探るほどとなっていたものの、ひとまずこれで、米国・カナダ・イギリス・オーストラリア以外の国においては、グーグル・ブック検索の脅威は過ぎ去った。

社会的合意をとる前にまず一歩踏み出すアグレッシブなグーグル社の姿勢は、「Don't be evil」という社是[58]があっても不安を呼びがちだ。

しかしながら、グーグル・ブック検索和解の暴力的ともいえる影響力に反発を覚えた諸勢力があった一方で、ブック検索は書籍へのアクセスを拡大すると、障害者団体や市民団体から成る団体などが、次世代のデジタル図書館の登場だと歓迎した事実も見逃せない（Krazit 2009=2009）。

デジタルデータはその可変性が大きな特徴だ。弱視の人のために文字を大きく拡大することもできるし、コンピュータに読みあげさせることもできる。図書館まで足を運ぶことが難しい寝たきりの人であっても、枕頭のパーソナルコンピュータからデジタル図書館にアクセスできるようになるかもしれない。もちろんアクセスの拡大は新しい読書習慣を形成する可能性もある。パーソナルコンピュータやスマートフォンなどから、思い立った時にデジタル図書館の書籍にアクセスできれば、読書機会・時間が増える可能性がある。実は、書籍のデジタルネットワークによる流通を恐れる著作者や出版社にとって、グーグル・ブック検索やデジタル図書館は、大きな福音という可能性もある[59]。

さらに、グーグルであろうと、それ以外の政府・企業であろうと、誰かが著作権取引のための世界的なインフラを構築してくれるならば、孤児著作物（著作者・著作権者が不明の著作物）の活用の問題や、著作物の利用促進と許諾料金の公正な徴収・分配との両立という課題さえも解決する可能性が出てくる（5–12参照）。

技術が成熟し、学術情報やウェブ情報の電子流通が盛んになっていく中で、書籍のネットワーク配信を行うデジタル図書館構想も何度も検討されてきた。グーグル・ブック検索という「黒船」のおかげで、日本のデジタル図書館構想が本格化しそうな予感が、この当時生まれた。

二〇〇八年四月、日本出版学会のシンポジウムでは、国立国会図書館長（当時）の長尾眞氏が、大胆なデジタル図書館構想を発表した[60]（長尾 2008）。なお、以下のシンポジウムでの長尾氏の発言の要約は、歌田（2008）をもとにしている。

出版社は電子本を図書館に提供し、利用者は国立国会図書館の全国総合目録データベースから検索してダウンロードする。利用者は館内閲覧も「貸出し」も受けられる。貸出しの場合、図書館に足を運ばなくてもよい。

ビジネスモデルは二つ。ひとつは、図書館が電子本を購入し、利用者は無料で利用できるが、同時に一人しか借りられないというもの。もう一つのビジネスモデルでは、出版社が電子本を無料で提供し、館内閲覧は無料だが、同時に何人でもダウンロードでき、ダウンロードにあたって利用者は「手数料」を支払う。この手数料は、ダウンロード回数やダウンロードされたページ数に応じて出版社に支払われる。歌田（2008）によれば、長尾氏は後者を推奨しているようだという。

二〇〇九年一一月四日には、日本文藝家協会や日本出版書籍協会などが、国立国会図書館蔵書の配信について、その仕組み等を検討する「日本書籍検索制度提言協議会」を設立した。この協議会には、前出の長尾氏も相談役として参加し、権利者と図書館との間で、関係者の利益と書籍のデジタル配信による公益とを均衡させるメカニズムを目指すものと考えられる[61]。なお、二〇一〇年四月には、提言を発表する予定とされていたものの、二〇一七年に至っても提言は発表されていない[62]。

一方で、著作権法と国立国会図書館法の改正によって、国立国会図書館所蔵資料の電子化とその活用に関しては、前進が見られた。

二〇〇九年六月には、改正著作権法が成立した。この改正案では、違法コピーのダウンロードを私的複製の範囲から外すかどうかがとくに注目されてきたが、著作物の電子化や電子化された著作物の流通・利用を促進する法改正も多く盛り込まれた。二〇一〇年一月一日施行の改正著作権法で、国立国会図書館は、著作者に許諾を得なくても所蔵資料を電子化できることとなった（新しく追加された第三一条二項）（文化庁 n. d. a）。さらに、二〇一三年施行の著作権法と国立国会図書館法の改正によって、国立国会図書館は、絶版等資料にかかわる著作物について、図書館等において公衆への提示を目的とする場合、上記の電子化した所蔵資料の複製物の自動公衆送信ができるようになった（文化庁 n. d. b）。

改正著作権法と業界との合意を受けた国立国会図書館は、所蔵資料のデジタル化とデジタルライブラリーの公開を積極的に進めた。二〇一六年九月現在、同図書館内および一部の公共図書館[63]で、多数のデジタル化資料を閲覧・印刷（印刷は複製とみなされ、著作権法第三一条一項の規定に沿って提供される）できるほか、一部著作権が消滅した過去の著作物や許諾が得られた著作物については、「国立国会図書館デジタルコレクション」としてインターネットからも閲覧ができるようになった。

また、全文を確認して受け取ることは困難であるものの、国立国会図書館の蔵書データベース（雑誌記事の検索も可能）で検索できる書籍および雑誌に関しては、遠隔地からコピーサービスを利用できる。

二〇〇九年当時の期待や構想とは大きく異なるものの、国立国会図書館の資料閲覧・複写サービスは、着実に利用者にとっての利便性があがってきた。「黒船」は二〇一七年現在のところ、国立国会図書館の利用者には正の影響のほうが多かったように見える。

その後のグーグル・ブック検索の経過を追っておこう。二〇一〇年二月八日、グーグル・ブック検索の和解案に関して、ニューヨーク南地区連邦地方裁判所で公正公聴会が開催された。二〇一一年三月二三日、同裁判所のチン判事は、この和解案を認めないと結論付けた。ユニバーサルなデジタル図書館の創設は多くの人びとの利益になるものの、この和解案はあまりにもいきすぎだというのが、その理由だ。グーグルは過去に出版された絶版書籍にまで大きな影響力を振るうこととなり、市場競争を行う他社に対してあまりにも有利になってしまう[64]（Mills 2009b; McCarthy 2011=2011）。

二〇一三年一一月一四日、ニューヨーク南地区連邦地方裁判所は、グーグルの書籍スキャニングはフェアユースに当たるとして、ライターズギルドなど原告の訴えを退けた。原告はこれを不服として、二〇一三年一二月控訴した[65]。二〇一五年一〇月一六日、連邦第二巡回区裁判所は、ブック検索は著作権法に違反しないとの判断を下し、同月原告は米国連邦最高裁判所に上告した[66]。二〇一六年四月一八日、米国連邦最高裁は上告の不受理を決定し、ブック検索はフェアユースに当たるとの判断が確定した[67]。

二〇一七年現在、グーグル・ブック検索の脅威は一見したところ去ったように見える。米グーグル・ブック検索の問題は、一企業が全世界の書籍を電子化した世界的な知識基盤を握ってしまうことだった。同社が取るスポンサーモデルは、確かに多くの人々に平等な書籍へのアクセスを保証し、孤児著作物の問題や著作物閲覧に対する公正な利用料金の徴収と分配の課題を解決するかもしれない。とはいえ、株価や収益に左右される私企業が、公共性の高いインフラを支配することには抵抗がある（8－9、8－10）。そして、依然として、電子書籍およびその著作権のデータベースと、そのデータベースを基礎とする著作権ビジネスで、世界市場において誰が優位に立つかという問題（5－12）は、水面下でくすぶり続けている。

註

（1）「愛国者法」『ウィキペディア』https://ja.wikipedia.org/wiki/%E7%B1%B3%E5%9B%BD%E6%84%9B%E5%9B%BD%E8%80%85%E6%B3%95（二〇一六年一二月一七日アクセス）。条文に関しては、U.S. Department of Justice (n.d.) を参照。

（2）「TSUTAYAが市立図書館運営　武雄市と提携　年中無休・ポイントサービス【西部】」『朝日新聞』二〇一二年五月五日朝刊西部版二六頁。

（3）なお、日本図書館協会（2012）も、図書館利用情報の利用・図書館利用に対するポイント付与のほか、指定管理者制度導入などについて疑問を示している。

（4）「『ツタヤ』図書館、佐賀のテツ踏みません　海老名市、追加八三〇〇冊精査へ／神奈川県」『朝日新聞』二〇一五年九月一九日さがみ野一地方版一九面。

（5）「風俗案内本を撤去へ　ツタヤ図書館／神奈川県」『朝日新聞』二〇一五年一〇月八日横浜1地方版朝刊二九面。

（6）「海老名市立図書館に行ってみた」『togetter』http://togetter.com/li/881393、および「海老名市中央図書館の謎分類メモ＃公設ツタヤ問題＃海老名分類」『togetter』http://togetter.com/li/881868など参照。（二〇一六年一二月一七日アクセス）

（7）ただし、二〇一六年五月九日現在のグーグル検索では、背表紙の破れた写真の画像は見つからなかった。

（8）「【図書館はいま】（中）『無料貸本屋』論争　販売部数を上回った貸出数」『産経ニュース』二〇一五年一一月三日　http://www.sankei.com/life/news/151103/lif1511030012-n1.html（二〇一六年一二月一七日アクセス）。同記事中で言及されるように、二〇一五年一〇月、全国図書館大会で、新潮社の佐藤隆信社長は、図書館のベストセラー書籍の複数冊購入、つまり『複本』による貸出しによって出版部数が伸びず、出版社の経営を圧迫しているから、新刊を一年間貸出し猶予してほしいと要請した。

（9）自治体の運営する公共図書館における選書方針の例に関しては、東京都千代田区立図書館の選書方針（千代田区立図書館 n.d.）を見よ。
（10） 「漫画図書館Z」。http://www.mangaz.com/（二〇一六年一二月一七日アクセス）
（11） 小田（2009: 126–127）によれば、既存の雑誌メディアの衰退は、「商店街の書店から始まる様々な個人商店をベースとする雑誌を読むインフラの解体とリンクし」、出版業界が一世紀かけて築き上げてきた雑誌・書籍を読む共同体を突き崩したという。商店街の書店での個人向け販売だけでなく、商店街の喫茶店や食堂、酒場、床屋、美容院などの町の社交場に週刊誌が置かれ、それを住民が読んでいた。その一方で、郊外ショッピングセンターが広く全国に出店されることで、この書店で売れる書籍・雑誌（たとえば、二〇〇八年頃から宝島社は、若い女性客層を対象とする雑誌を刊行して売上高を急速に回復した。さらに、二〇一〇年代前半には、そうした若い女性向け雑誌に高級服飾ブランドのポーチや高級フェイスパックの試供品など高価な付録をつけることで、雑誌の売り上げを伸ばした）が多く売られるようになる（小田 2009: 122–124, 126–127）。書籍・雑誌というメディアは、社会インフラとそこにおける利用とが組み合わさって成立していたことを示唆する見解である。
（12） 二〇一四年の雑誌・書籍の販売金額は一兆六〇六五億円で、販売金額のピークである一九九六年（二兆六五四六億円）と比較すると、一兆円以上減額している。一九八〇年の販売金額は一兆四五二四億円で、二〇一四年の販売金額は一九八〇年代程度に戻っていることがわかる。とくに、書籍に比較して、雑誌の販売部数・販売金額の増減が激しい（販売金額：一九八〇年　七七九九億円、一九九六年　一兆五六三三億円、二〇一四年　八五二〇億円、販売部数：一九八〇年　二四億七七八〇万部、一九九六年　三八億六三二〇万部、二〇一四年　一六億五〇九〇万部）（電通総研 2016: 66）。
（13） なお、電通総研（2016: 79）の「図表 I-2-38　電子出版市場」の統計は、二〇一三年までで電子書籍のプラットフォーム別の集計がなくなるので、最新の状況は不明である。
（14） 「biblio」『ウィキペディア』https://ja.wikipedia.org/wiki/Biblio（二〇一六年一二月一七日アクセス）
（15） Amazon.co.jp の「Kindle ストア」（https://www.amazon.co.jp/Kindle-%E3%82%AD%E3%83%B3%E3%83%89%E3%83%AB-%E9%9B%BB%E5%AD%90%E6%9B%B8%E7%B1%8D/b?ie=UTF8&node=2250738051）で、「Kindle本」の登録件数は、532,525 とされる。二〇一七年三月四日アクセス。
（16） 「LIBRIè」『ウィキペディア』https://ja.wikipedia.org/wiki/LIBRIe、および「ソニー・リーダー」『ウィキペディア』https://ja.wikipedia.org/wiki/%E3%82%BD%E3%83%8B%E3%83%BC%E3%83%BB%E3%83%AA%E3%83%BC%E

3%83%80%E3%83%BC（二〇一六年一二月一七日アクセス）
（17）ただし、楽天が提供する「コボ」（kobo）に関しては、開始当初タイトル数を増やすため、『ウィキペディア』の記事を電子書籍として配信するなど、相当の無理が見られた。「迷走止まらぬ楽天 kobo まさかの『Wikipedia 書籍化』で書籍数水増し？」『ねとらぼ』二〇一二年九月一八日　http://nlab.itmedia.co.jp/nl/articles/1209/18/news110.html　参照（二〇一六年一二月一七日アクセス）
（18）大学・大学院向け教科書の電子化は、大学主導で進んでいるケースが多い。吉田（2013）は、コロラド大学での大学教科書の電子化事例を紹介している。eText の検索語でネット検索をすると、関連する大学のサービスが多数発見される。ただし、著作権使用料の支払いや契約料金問題などが生じるケースもある。大学教科書購入の負担を減らすため、アマゾンの「Textbooks: Rent. Buy. Sell.」のように、レンタルや中古本の流通に力を入れるサービスもある。
（19）オーム社元専務森正樹氏のご教示による。
（20）MIT OPENCOURSEWARE http://ocw.mit.edu/index.htm（二〇一六年一二月一七日アクセス）
（21）Coursera https://www.coursera.org/（二〇一六年一二月一七日アクセス）
（22）日本オープンコースウェアフォーラム http://www.jocw.jp/index_j.htm（二〇一六年一二月一七日アクセス）
（23）JMOOC http://www.jmooc.jp/（二〇一六年一二月一七日アクセス）
（24）価格．ｃｏｍトレンドサーチ（http://kakaku.com/trendsearch/pvshare/pc/ccd=0030/）より（二〇一六年一二月一七日アクセス）
（25）大学改革支援・学位授与機構土屋俊教授の私信による。
（26）「電子書籍も本も好調　講談社『親鸞』『死ねばいいのに』」『朝日新聞』二〇一〇年六月一一日夕刊一二頁。
（27）京極堂電子百鬼夜行　http://hyakkiyako.kodansha.co.jp/（二〇一六年一二月一七日アクセス）
（28）Campbell-kelly and Aspray（1996=1999: 237-240）は、パーソナルコンピューティング産業とラジオ産業の勃興期におけるアマチュアの役割に着目し、技術に熱狂した人々が初期の産業の発展に果たした役割を強調する。また、綾部（1997）は、ラジオ産業勃興期におけるレイディオヘッド（Radio Head）と呼ばれるラジオ好きのアマチュアと、インターネット産業勃興期におけるハッカーの役割とを重ねて、専門家と非専門家との関係を問い返した。一九五五年、ソニーが発売したトランジスタラジオは、真空管式のポータブルラジオと比べて、本体は高価格だが、電池が長持ちし、経済的としてユーザーは購入したと考えられる（Otani 2017）。高橋（2006）によれば、日本におけるトランジスタラジオの普及には、当時流行のロックンロールをアウトドアで聞きたいとの欲求があったとの見方を示している。

一方、Markoff（2006=2007: 352-394）や、Rozak（1986=1989: 187-214）、Reingold（1993=1995）が描き出したように、パーソナルコンピュータ（パソコン）の普及においては、プログラミングなどの技術的実験に魅力を感じた人々に加え、社会変革やコミュニティ生成のツールとして、パソコンに興味・関心を抱いた人々も多かった。また、初期のパソコンの普及においては、コンピュータゲームの役割は非常に重要だった。一方、日本の場合、SE編集部（2010: 23）によれば、パソコン普及前夜登場したワープロは、家庭における年賀状等の印刷需要のために普及したとされる。日本においては、ワープロやパソコンなどの情報機器は、印刷による儀礼的コミュニケーションのための道具として普及した側面があるだろう。

（29）ヨーロッパにおける句読点法と分かち書きは、写本時代の中世を通じて、修道院等の図書館における黙読習慣とともに成熟していったとされる。Chartier et Cavallo eds.（1999=2000: 115-133, 157-188）参照。

（30）アルド・マヌーツィオの革新性は小型本（八つ折版）の発明とされることが多いものの、Pettegree（2010=2015:109）によれば、彼の著名な八つ折版の小型本出版（一四九〇年代）以前に、すでにアルプスの北と南で出回っていた。むしろ、Pettegreeは、マヌツィオが彼自身の学識と当時最盛期にあったヴェネツィアの富とを動員して、ギリシア語古典叢書を精力的に出版し、ヴェネツィアをギリシア古典研究の地の一つとした事実を評価する。

（31）二〇一〇年三月三〇日、佐藤以外のマンガ家にもオンラインコミックの公開・販売が可能なウェブサイトとして、「漫画 on Web」と名称を変更してリニューアルされた（佐藤（秀）2012）。

（32）二〇一六年五月現在、連載の移籍問題を含めて、佐藤の日常について漫画と文章でつづった日記はアクセスができなくなっている。「漫画貧乏」と題された、講談社とのトラブルと連載の移籍の経緯を交えての自己紹介マンガが、佐藤（秀）（2012）の冒頭に収録。同書はキンドル版のため、ページ数は言及できない。

（33）二〇一六年五月現在、匿名ブログにはアクセス不可。ら（2009）に、一部原文の引用が残る。なお、ら（2009）本文中の「増田」とは、ブログサービス「はてな」が提供する匿名ブログ「アノニマスダイアリー」の略で、本ブログのように、その書き手も「増田さん」と呼ばれることがある。

（34）「週刊サンデーに漫画家続々苦言　小学館はどうなっているのか」『J-CASTニュース』二〇〇八年六月九日

http://www.j-cast.com/2008/06/0902l499.html　および「雷句誠」『ウィキペディア』https://ja.wikipedia.org/wiki/雷句誠（いずれも二〇一六年一二月一七日アクセス）。また、本節が当初書かれた二〇〇九年以降のマンガ家と出版社・編集者とのトラブルに関しては、ysdx編（2014）を参照。

(35)　マンガ単行本の販売金額は、ピークの一九九五年（二五〇七億円）から二〇一二年（二二〇二億円）まで下がり続けてきたものの、その後二〇一四年（二二五六億円）まで二年間は前年度比で微増である。一方、マンガ雑誌販売金額は、ピークの一九九五年（三三五七億円）から二〇一四年（一三一三億円）まで一貫して減少し続けている。一九九〇年代から二〇〇〇年代まで、雑誌販売金額が単行本販売金額を上回っていたが、二〇〇七年に逆転し、二〇一〇年代では単行本優位の傾向がますます強まっている（電通総研 2016: 75）。

(36)　二〇一四年には漫画onWeb（http://mangaonweb.com/）はウェブ雑誌を創刊し、売り上げを掲載するマンガの作者でシェアする取り組みを開始した。「『漫画 on Web』刷新へ　Web雑誌創刊、売り上げを作家でシェア」『ITmedia』二〇一四年七月一一日　http://www.itmedia.co.jp/news/articles/1407/11/news122.html（二〇一七年三月二二日アクセス）

二〇一七年現在、「月刊漫画ライブ」「居酒屋たかし」と称するニコニコ生放送での月一回の放送番組や、漫画の絵コンテである「ネーム」の応募作品を審査するネーム大賞などのイベントも、オンライン雑誌やオンラインブックの配信に加えて実施されている。ネーム大賞には協賛企業によるスポンサードもある。開始当初と違い、投稿だけならば無料で行えるようになった。投稿作品は無料で閲覧・ダウンロードできる（ダウンロード期間設定あり）。投稿作品の多くはアマチュアのものがほとんどを占めている。有料の作品販売に関しては、電子書籍の取り次ぎサービス「電書バト」を提供する。

(37)　モーニング・ツー　http://morningmanga.com/twofree/（二〇一六年一二月一七日アクセス）

(38)　『やってよかった（涙）』モーニング・ツー、Web無料公開で売り上げアップ」『ITmedia』二〇〇九年六月一日　http://www.itmedia.co.jp/news/articles/0906/01/news051.html（二〇一六年一二月一七日アクセス）

(39)　「高橋留美子 新連載『境界の RINNE』米国サイトで同時配信開始」『アニメ!アニメ!』二〇〇九年四月一六日　http://animeanime.jp/biz/archives/2009/04/_rinne.html（二〇〇九年六月六日アクセス。二〇一六年一二月一七日現在アクセス不可）

(40)　「ガンガンONLINE　7月に掲載マンガ作品を一挙単行本化」『アニメ!アニメ!』二〇〇九年六月一日

http://animeanime.jp/biz/archives/2009/06/online.html（二〇〇九年六月六日アクセス。二〇一六年一二月一七日現在アクセス不可）

(41) なお、二〇〇四年には、すでにインターネット広告費（一八一四億円）がラジオ広告費（一七九五億円）を追い抜いた（電通総研 2016: 186）。

(42) 主要紙以外では、『News Week』二〇〇九年二月二五日号の表3広告に掲載。これに関連して、下記の記事を参照。「（時時刻刻）本の全文検索、波紋　米グーグル、ネット公開へ準備」『朝日新聞』二〇〇九年二月二三日朝刊二面、および「米グーグル『書籍全文検索』日本の絶版本も対象になる可能性」『J-CAST ニュース』二〇〇九年二月二三日 http://www.j-cast.com/2009/02/23036444.html、「グーグル書籍ＤＢ化　米の和解に日本人作家『えっ』」『読売新聞』（オンライン版）二〇〇九年二月二五日 http://www.yomiuri.co.jp/book/news/20090225bk03.htm（アクセス不可）、「米グーグル書籍ＤＢ化、申請なければ日本の作家拒めず」『読売新聞』（オンライン版）二〇〇九年二月二五日 http://www.yomiuri.co.jp/net/news/20090225nt01.htm（アクセス不可）、など。（二〇一七年三月二二日アクセス）

(43) 柴野（2010）にブック検索のサービス内容とその拡充予定の説明があるものの、二〇一七年三月現在は大幅にサービス内容が変わっている。

(44) 「Google ブックスパートナープログラムについて」https://support.google.com/books/partner/topic/3238497?hl=ja（二〇一六年一二月一七日アクセス）

(45) 書籍を自動的にスキャニングする機械については、日本放送協会（2007）のＤＶＤで実際にその動作する工場を見られる。同ＤＶＤの内容は、ＮＨＫ総合テレビが二〇〇七年一月に放映したもの。

(46) 二〇〇九年四月現在「グーグル・ブック検索」で検索できる書籍数は、Perez（2008）参照。なお、この記述は下記の契約書の内容を参照していると思われる。「Google ブック検索和解契約」http://books.google.com/intl/ja/googlebooks/agreement/（二〇一六年五月一七日現在アクセス不可）

(47) この訴状は、次のＵＲＬで見ることができた（二〇一六年五月一七日現在アクセス不可）http://www.authorsguild.org/advocacy/articles/settlement-resources.attachment/authors-guild-v-google/Authors%20Guild%20v%20Google%2009202005.pdf

(48) 訴状は下記のＵＲＬで参照できた（二〇一六年五月一七日現在アクセス不可）http://www.authorsguild.org/

advocacy/articles/setlement-resources.attachment/mcgraw-hill/McGraw-Hill%20v.%20Google%2010192005.pdf

(49) 「集団訴訟」の基本的説明と本事案における意義については、福井（2009）を参照。

(50) 二〇一五年一〇月二日、Google の親会社に当たる Alphabet 社は、「邪悪であることなかれ（Don't Be Evil.）」に代わって、同社および子会社の社員向けに新しい行動規範（Code of Conduct）「正しいことをせよ（Do the Right Thing.）」を発表した。ただし、Alphabet 社の行動規範が公表されても、同社の子会社の従来から存在する行動規範はそのまま引き継がれるとしている。「『Don't Be Evil』から『Do the Right Thing』へ、Google の新しい行動規範が公開されたことが判明」『Gigazine』二〇一五年一〇月五日、http://gigazine.net/news/20151005-alphabet-code-of-conduct/（二〇一七年三月四日アクセス）を参照。

(51) いずれも各社の編集者への聞き取りによる。

(52) いずれも私信による聞き取り。

(53) 「グーグルの書籍検索、作家ら二二〇〇人が削除希望　文芸家協会、二九三人容認、収益分配。」『日本経済新聞』二〇〇九年四月二九日朝刊三四頁。

(54) 「谷川俊太郎さんら一七四人、グーグルとの和解拒否　書籍検索サービス　【大阪】」『朝日新聞』二〇〇九年月二五日夕刊一〇頁。

(55) 結局のところ、このグーグル・ブック検索の和解は破棄されることとなった。本書4－12参照。

(56) グーグル・ブック検索と、このサービスが著作者・著作権者への要求の著作権制度に対する意義に関しては、本書4－12と5－12、名和（2010a）および名和（2010b）参照。

(57) グーグル・ブック検索訴訟の経過概要に関しては、Library Copyright Alliance の資料（Library Copyright Alliance 2015）を参照。なお、電子プライバシー情報センター（EPIC: Electronic Privacy Information Center）は、米国司法省と同じ時期に、ブック検索和解が書籍情報を閲覧するユーザーのプライバシー問題に関する配慮が行われていないと抗議する意見書を発表している（Electronic Privacy Information Center 2009）。

(58) 前掲註(50)参照。

(59) 二〇一四年アマゾン・ドットコム（Amazon.com）が開始し、二〇一六年にはアマゾン（Amazon.co.jp）も開始した一定金額を毎月支払えば、同社が指定した電子書籍が読み放題というサービスは、持続可能なものであろうとすれば、会員制電子図書館とでもいうべきものに近づいていくであろう。大谷（2016e）を参照。

(60) 長尾（2008）は、現在インターネットで見ることはできないものの、同講演で示された構想は、長尾（2010）で読むことができる。

(61) 「日本文藝家協会・日本書籍出版協会など、国立国会図書館蔵書の配信についての協議会を設立」『カレントアウェアネスポータル』（二〇〇九年一一月五日）http://current.ndl.go.jp/node/15171（二〇一六年一二月一七日アクセス）

(62) 提言が発表されない大きな理由は、グーグル・ブック検索問題がいちおうの落ち着きを見せたからと思われる。本書5－12も参照。

(63) 公共図書館で閲覧できる国立国会図書館のデジタル化資料は、絶版資料等入手困難資料のみ。国立国会図書館の「図書館向けデジタル化資料送信サービス」に関しては、「『図書館向けデジタル化資料送信サービス』（図書館員の方へ）」（http://www.ndl.go.jp/jp/library/service_digi/）を参照。また、国立国会図書館のデジタル化資料の一部を閲覧できる公共図書館に関しては、「図書館向けデジタル化資料送信サービス参加館一覧（二〇一六年九月一日現在）」（http://dl.ndl.go.jp/ja/soshin_librarylist.html）を参照。（二〇一六年一二月一七日アクセス）

(64) 「Googleブックス訴訟、連邦地方裁判所は和解案を認めず」『カレントアウェアネス・ポータル』二〇一一年三月二三日　http://current.ndl.go.jp/node/17822　United States District Court Southern District of New York (2010) "The Authors Guild et al. vs. Google Inc., Opinion, 05 civ. 8136 (DC)" http://www.nysd.uscourts.gov/cases/show.php?db=special&id=115（いずれも二〇一六年五月二三日アクセス）

(65) 「Googleブックス訴訟、Authors Guildが控訴」『カレントアウェアネス・ポータル』二〇一四年一月八日　http://current.ndl.go.jp/node/25218（二〇一六年一二月一七日アクセス）

(66) 「連邦第二巡回区控訴裁判所、Googleブックスは著作権法に違反せずと判断」『カレントアウェアネス・ポータル』二〇一五年一〇月一九日　http://current.ndl.go.jp/node/29682 および、「米国の著作権団体Authors Guild、最高裁判所に対して、Googleブックス訴訟の下級裁判所での判決を再調査するよう訴状を提出」『カレントアウェアネス・ポータル』二〇一六年二月四日　http://current.ndl.go.jp/node/30649（二〇一六年一二月一七日アクセス）

(67) 「米・連邦最高裁判所、Googleブックス訴訟におけるAuthors Guildからの上訴を受理しないことを決定」『カレントアウェアネス・ポータル』二〇一六年四月一九日　http://current.ndl.go.jp/node/31380（二〇一六年一二月一七日アクセス）

第五章　著作権の哲学

5-1　インセンティブと市場秩序――著作権の倫理学的・歴史的考察1[1]

社会的に望ましい著作権の保護水準は、どのように決定すべきだろうか。一方では、計量経済学的分析による著作権の保護水準による社会全体の便益と費用の推定が行われているが[2]、必ずしもその成果が政策に取り込まれてきたようには見えない。この理由の一つは、国際的な保護水準を満たすことが大きな制約となっていることと考えられる。

我が国の著作権法は、ベルヌ条約およびＷＩＰＯ国際著作権条約等の国際条約を批准し、それら条約に適合するための改正を重ねてきたことから、国際的な著作権の保護水準を満たす内容を有している。これらの著作権および関連する権利に関する国際条約は相互主義が原則であるから、日本で発行された著作物や日本国民の著作物が条約批准国において保護されるのと同様、国際条約批准国の外国で発行された著作物や外国人による著作物も日本で保護される。この意味で、著作権法は国際条約というより上位の制約があって、その中で著作権の保護水準を決定する必要がある。

とはいえ、条約といえども普遍の自然法則ではないのだから、社会的により望ましい著作権の保護水準が見出されれば改正されてもよいものである。

また、近年の著作権法改正においては、技術の進展に対応して強化される傾向があるとされるが、技術の進展による著作権侵害被害の推定に関する複数の調査結果は、必ずしも一致していない。たとえば、P2Pファイル共有ソフトウェアによる著作権侵害の被害が報道され、確かに著作権侵害の大きな被害があると思われるが、P2Pファイル共有ソフトウェアの利用者数の推定値も、政策立案で参照されることが多いウェブを通じたアンケート調査と、実際にP2Pネットワークに接続したソフトウェアを使ったノード数の直接的調査による数値とが乖離しているケースがまま見られる(3)(5−10参照)。必ずしも現実を反映した法規制が行われていないようにも見える。

むしろ関係者によるロビイングのほうが著作権法の保護水準を決定するには大きな影響力をもつように見えることがしばしばである(5−9)。平成二一年度著作権法改正において、いわゆる違法コピーのダウンロードの違法化(5−9)によって私的複製の範囲から外された著作物は、映画や音楽の著作物のみであった。これは、プログラムの著作物については違法配信からの複製の取り締まりについて要望が寄せられているものの、正規ビジネスに与えている影響の程度が不明であること、「その他の著作物の私的複製については、現在のところ、特に要望や複製実態についての報告は寄せられていない」ことが、理由に挙げられている(文化審議会著作権分科会 2009: 114)。関係者の熱心なロビイングが、音楽と映画の著作物の私的複製の範囲の見直しにつながったように思われる。

一般的に、著作権は、著作者および流通事業者の金銭的インセンティブの維持に強く関与する権利だと主張される。従来の著作権の哲学的・倫理学的分析においてもこの点が強調されてきた。しかしながら、金銭的インセンティブ論は、情報の過少生産を防止するシステムとして正当化されてきたにもかかわらず、経済合理的にふるまう主体を仮定する限り、むしろ情報の過少生産をもたらし、社会全体の文化的・経済的な便益を引き下げるという不合理に陥る蓋然性が高い（5－7）。とくに現今の状況を見る限り、金銭的インセンティブ論は著作権理解としては限界に達しつつあるように見える。したがって、むしろ著作権はその市場秩序維持機能を重視すべきであるし、著作者人格権とは違って、帰結主義的にしか正当化できないから、哲学的・倫理学的意味における権利ではない（5－7）。

我が国の著作権法第一条を見ると、著作権法の目的は、「文化的所産の公正な利用に留意しつつ、著作者等の権利の保護を図り、もつて文化の発展に寄与すること」だとされている。つまり、日本の著作権法においては、「著作者等の権利保護」は、「文化的所産の公正な利用」と同じように、より上位の目的である「文化の発展」に寄与する手段と考えられていることがわかる。「著作者等の権利」はそれ自体でよいとされるのではなくて、その結果として「文化の発展に寄与する」かどうかによって正当化されている。

したがって、「著作者等の権利保護」は手段的価値（instrumental value）であって、文化の発展に役立つかどうかという帰結主義的な枠組みで正当化される。権利や価値の帰結主義的正当化とは、権利や価値それ自体がよいということで正当化するのではなく、そのもたらす結果がよいかどうかで正当化することを意味する。著作者等の権利は、それ自体でよいとされるわけではなく、その結果――文化の発展によって正当化されるわけである。

また、日本の著作権法の標準的解説書によれば、著作権は、天賦人権のような自然権ではなく、法律によって与えられる権利であって、財産権（憲法第二九条）の一つとして公共の福祉に適合する範囲で法律を定めるものである（加戸 2013: 13-14）。近代における法は、何らかの保護法益を実現できるかどうかという点から帰結主義的に価値判断され、正当化されるものであるから、憲法の財産権を基礎に著作権法によって設定される著作権も同様の帰結主義的枠組みで正当化される。

レッシグによれば、知識や情報もコモンズである。多くの人びとが入会地や公海のように歴史的に蓄積されてきた知識や情報を利用することで、新たな知識や情報を創造できる。ただ、入会地や公海のような有体物のコモンズとは違って、過剰消費によって荒廃に陥る可能性は低く、むしろ過少供給による荒廃のほうが問題だとされる。確かに情報は誰かが使ってもなくならないから、他者を出し抜いて消費をさらに増やそうという過剰消費する動機付けは働かない。逆に、自分が知識や情報を創造しても、誰かがそれを簡単にコピーしたり、成果をただで使ったりできるとしたら、自分で創造するよりも、誰かが知識や情報を創造するのを待って、ただ乗りしたほうが得である(4)（Lessig 2001=2002: ch. 11）。

そこで、一定期間知識や情報を独占してそこから経済的利益を得る許諾権・報酬請求権を創造者に与えることで、新しい創造を行おうというインセンティブを与え、独創的な著作物の過少供給を防止する社会的装置が必要とされる。この社会的装置が著作権制度なのだと説明される（Lessig 2001=2002: ch. 11）。

哲学者カフリック（Kuflik1995）によれば、知的財産権制度によって創造者に独占権が与えられるのが努力・業績に対する報償だとしたら、次の三つの問題があるという。

第一に、創造者の試みがたとえ失敗しても、真剣な試みに努力と金銭を投資したならば報酬を与えられるべきだということになるだろう。しかしながら、著作権制度も他の知的財産権制度も、金銭と努力を注ぎながら失敗した者に報酬を与えるようにはなっていない。

次に、創造者の業績に対して与えられるとしても、著作権制度は無条件に創造者に金銭的報酬を与えるよう要求しているわけではない。現行の著作権制度の下では、創造者は何らかの仕方で著作物を市場に投入して、そこから金銭的報酬を得ることを求めている。

最後に、もちろん著作権は、市場における未来の経済的利益が努力や金銭につりあうものかどうかも保証しない。日本国の著作権法は、著作者の死後もしくは作品の公表後、五〇年間もしくは七〇年間の著作権の独占を保証するが、その結果として著作者が得る報酬が業績にふさわしいかどうかは誰もわからない。(5)

レッシグをはじめとする多くの著者が指摘するインセンティブに加えて、知的財産権制度には競争の公正さを保つ政策という意味もあると、カフリックは、指摘する。あなたの知的成果に誰かがただ乗りして経済的利益をあげるならば、著作物市場における競争の公正さが損なわれてしまう。競争の公正さを保つための政策として、独創的な知的成果に対する一定期間の独占権を認めることで、創造者を保護し、競争者によるただ乗りを排除することが合理的である。この点で、不正競争防止法的な発想が著作権法には組み込まれている。(6)

著作権制度は、複製技術の登場とともに成立したとされるが、歴史的に見れば、カフリックがその市場秩序維持機能を指摘するように、海賊版事業者の参入を抑えることで著作物市場の成立を促進し、著作物の市場取引における競争秩序を創造することが期待されて、著作権は導入されてきたことがわかる。

歴史研究によれば、一五世紀中葉活版印刷術が登場してすぐに著作物の市場取引が盛んになったわけではない。フランスの例を見ると、中世における写本の生産は修道院で行われ、主に著作物は内部生産・消費されるか、献呈によって有力者に贈与され、その返礼として著作者に金銭や恩典が与えられることが主流で、市場によって販売されることは例外的だった。写本から印刷へと移行する時期においても、有力者への献呈によって返礼を受け取って、出版社や著者は生計を立てることが普通だった（Davis 2000=2007: 87–89）。フランスにおいては、職業的作家の登場は一八世紀であって、売文を業とする作家を可能とする著作物市場の成立には、複製技術の登場から数世紀経過していることがわかる(7)（Viala 1985=2005: 107–154）。この時代、ディドロ（Diderot 1763=1986）が出版・印刷の独占と著作権について主張する論考を発表しており、出版物の市場取引によって生計を立てる職業作家や出版・印刷業が、海賊版出版によって自分たちの利益が脅かされ、市場秩序が混乱させられることを強く嫌悪していたことがわかる。

歴史的に見れば、著作権（copyright）は、印刷・出版業者の利益を保護するとともに、王権による検閲の執行に印刷・出版業者を協力させる特権として成立した。

イギリスの事例を見ると、著作権制度の歴史的起源は、一六世紀、印刷・出版業組合（ステーショナリー・カンパニー）に与えられた出版特許制度に遡る。政府は検閲制度と出版特許を組み合わせ、組合に印刷・出版の独占権を与える見返りに検閲も同時に行わせた。つまり、政府は印刷・出版のコントロールに出版特許を利用した。また、同時に、出版特許制度は、海賊版業者による組合員の出版物へのフリーライドを防ぎ、出版物市場の秩序を維持する役割も担っていた（白田 1998: 19–97; Feather 1988=1991:17–

119)。

これと似た事情は、江戸時代から明治時代初期（明治三二年旧著作権法成立以前）の日本においてもみられる（大谷 2013a; 大谷 2013b; 大谷 2013c; 大谷 2013d)。

その後、イギリスにおいてはピューリタン革命・名誉革命を経て王権と検閲制度が弱まり、一七一〇年、検閲制度と結びつかない出版権の期限付きの独占を認める成文法である「学習奨励のための法律」（通称、アン法）が成立する。ただし、当時のコピーライト法は、依然として、出版事業者の利益を保護するもので、著作者の利益を保護するものではなかった（白田 1998: 129–152; Feather 1988=1991:123–151)。

一九世紀イギリスにおいて、コピーライト法は出版社の権利ではなく、著作者の権利を保護する法律へと変容する。(8) 出版・印刷業者が著作者に対して、著作者が納得できる支払いを行わないなどの別の利害対立の調整機能も担うようになる。イギリスでは、新聞・雑誌などの定期刊行物が流行するなかで、流行作家が登場し、出版社との交渉力を増す中で、著作者の権利が確立され、やっと一八四二年に著作者の権利としての著作権が法律に取り入れられる（Feather 1988=1991: 291–307)。この時代、出版・新聞産業は、高速印刷技術の発達（例、スタインホープ印刷機）と広告の導入、識字率の上昇などの大衆化、印紙税の低減や出版検閲関連法の退潮等の要因から、大きく成長する（Smith 1979=1988: 159–209)。著作権制度は、この産業を育てる基盤となっていた。

一九世紀後半以降、著作物の新しい複製技術や流通技術が登場することによって、著作権法はさらに変容する。著作物の大きな市場であり、複製・流通技術のイノベーションの揺籃地となった米国においては、レコードや自動演奏ピアノが登場した当初は、これらの技術は楽譜販売の宣伝ととらえられていたが、やがて楽譜販売を脅かすという認識が生まれた。そして、一八三〇年著作権法改正で認められた音楽著作権は、楽譜印刷にかかわる権利だったものの、録音や演奏に及ぶ権利がなかった。楽譜を発行する音楽出版社が自動演奏ピアノの製造販売メーカーを訴えたものの、当時の著作権法では対処が不可能なため、立法による解決が必要と、連邦最高裁のホームズ判事は指摘した（*White-Smith Publishing v. Apollo*）。翌一九〇九年著作権法改正で、音楽演奏にかかわる権利が明文化され、その結果自動演奏ピアノ一台当たりの徴収額が決定されることとなった[9]（つまり、レコードの権利ではなく、自動演奏ピアノにおける演奏権問題として、著作権法の手当の必要が認識されていた）（Fisher 2012; 森 2008: 29–37）。

また、一九二〇年、最初のラジオの定期放送が開始された当初も、音楽の放送はやはり同じようにラジオ受信機を販売するおまけであり、レコードや楽譜の宣伝であると考えられていたが、一九二二年、レコードや楽譜の売り上げを脅かすという認識とともに、アメリカ作曲者・著作者・出版社協会(ASCAP: American Society of Composers, Authors and Publishers) は一日当たり五ドルの著作権料を支払うよう放送局に求めるようになった。一九二〇年代最初には、放送時間を販売して広告収入を得るＡＴ＆Ｔ傘下のＷＥＡＦ局のビジネスモデルは、一九二五年頃になっても完全に普及したとはいえないが、ＡＳＣＡＰが訴訟に訴えたこともあって、ラジオ局からの著作権料の徴収が徐々に広まっていった（水越 1993: 158–175; Spar 2003: 167）。

このような利害集団同士の法的紛争や論争を経て変容してきた著作権法は、「著作権法は、さまざまな利益団体の政治的圧力の影響を受けて、政策的考慮に基づいて創られた法律であり、純粋な論理が貫徹されている法律ではない」と称する著作権法学者もいる（田島 2002）。しかしながら、著作物の市場取引を前提として、創作者や流通業者に一定の権利を付与する点では、著作権制度またはコピーライトの制度は歴史的に一貫しており、共通する社会的機能を見て取ることは不可能ではないかもしれない。また、利益団体の圧力によって、その規制内容が左右されるとしたら、必ずしも著作権法による著作物利用の規制は、社会的観点から見て望ましいものとはならない可能性も高い。

ところで、明治三二年（一八九九年）に制定された旧著作権法では、「翻訳の十年留保」と呼ばれる次のような条文があった。

第七条　著作権者原著作物発行のときより十年内に其の翻訳物を発行せざるとは其の翻訳権は消滅す
前項の期間内に著作権者其の保護を受けんとする国語の翻訳物を発行したるときは其の国語の翻訳権は消滅せず

この規定にしたがえば、海外の出版物が過去一〇年間翻訳されていない場合、その著作物の国内における翻訳を自由に行えることになる。近代化に遅れて乗り出した後発国である日本にとって、海外の知識・情報を導入する翻訳はきわめて重要で、翻訳による知識・情報の輸入を促進する意味がここにはあったと考えられる。旧著作権法から現在の著作権法に変わるときに（一九七〇年）、この条文は消え、先に示した第一条の「文化の発展」という目的が加えられている。知識・情報の輸入を重視する著作権法から、創造による文化の発展を重く見る著作権法に変わったといえるだろう。

本節の議論は、次のように要約できる。著作権は著作物の市場取引が盛んになるとともに生まれ、情報の過少生産を防止する制度であるが、その正当化には、①著作権を金銭的インセンティブであるとする議論および、②フリーライドを防止し市場秩序維持を行う制度であるとする議論が存在する。①と②の機能のいずれを重視すべきかについては、次節（5－2）において論じる。

5－2 情報「所有権」の哲学的批判——著作権の倫理学的・歴史的考察2

著作権法の保護の対象は、本来著作物の「表現」に限定される。名和（2006a）によると、日本も加盟するベルヌ条約の前提・原則の中では（これを名和は「ベルヌ体制」と呼ぶ）、著作権の保護対象は、著作物の記号表現である「表現」と、その指し示す意味・着想・事実などの「内容」に分かれる。これを「表現／内容の二分法」という。また、保護対象に対する操作は、知的創作物の数を増やす「複製」と、知的創作物の消費である「使用（アクセス）」に分かれる。これは、「複製／使用の二分法」と呼ばれる。伝統的な著作権の保護対象は知的創作物の「表現」の「複製」である（**表1**）。

しかし、名和によれば、どこまでが表現でどこまでが内容かを示すことも、どこまでが複製でどこまでが使用かを示すことも難しいことから、表1の「領域A」と「領域B」に関しても、著作権を主張する傾向が表れているという。領域Aで私有化されつつあるものは、プログラムのアルゴリズムがあげられる。また、領域Bについては、プログラムの実行やプログラムの実行過程において生じる記憶装置への「一時的複製」も複製と見なすべきだという議論がある[10]（名和 2006a）。

著作権を拡張することによる知識・情報の公的領域の私有化が現実に進められているが、知識・情報

操作↓　　対象→	表現	内容
複製	著作権の対象	領域 A
使用	領域 B	一部，特許権の対象

表 1　知的創作物の保護対象（名和 2006a, p. 252）

の内容である領域Aの私有化を哲学的・倫理学的議論によって正当化することは困難である。これら領域の私有化を正当化するために、ときに「額の汗」理論が用いられることもある。この理論はロック的労働所有説を前提としているが、この解釈には哲学的に大きな問題がある。

ジョン・ロックの所有権論はさまざまな解釈が可能だが、ひとつの解釈は、あるものごとに労働を投資したことで、人はその対象に対する所有権を手に入れるという主張であると考えられる。森に行って木を切り倒して薪にすれば、その木はその人のものである。望むように使うこともできるし、売ることも家を暖めることもできる。何よりも大事なのは、他の人にその薪を使わせないことができる。この理論は私有財産に基礎を与えると同時に、近代的な商業・市場取引とも整合的である。知識や情報の創造にも労働が投資される。とくに、映画やソフトウェア、音楽などの商業的なコンテンツには、膨大な時間と労働が投資されるから、所有権を認めるべきだという議論ができるだろう。

しかしながら、知的活動の産物にロック的所有権を認めることには、三つの問題がある。

第一に、精神活動の産物に対して権利を与えるのだという議論は、あまりにも創造者に強い権利を与えすぎるという問題がある[11]。ロック的所有権は自然権であって天賦不可侵、すなわちどんな社会であっても、絶対に侵されざるべき人間の権利とされる。しかしながら、精神活動のすべての産物に自然権を認める知的財産権制度は、思想の自由や言論の自由を侵し、将来の創造活動への入力を妨害する負の効果のほうが大きい。知的活動の産物のうち、自然法則や数学的アルゴリズムなどは特許の対象とされていないものの、これらは将来の創造活動への入力として重要であるから、排他的独占権の対象とすべきではない。著作物に自然権を主張できるならば、著作権は制限されることはない。したがって、著作物の引用による正当な批評・報道もできないし、著作物の教育現場での利用も成り立たなくなる。そして、著作物の表現する思想・感情も、やはり新しい創造のための入力である。

第二に、ある人の知的活動は、多くの先人たちに負っているのだから、精神活動の産物に対して独占的な権利を与えるべきだという主張は、歴史上連綿と続いてきた精神活動の果実を表現したに過ぎない最後の一人だけに権利を与えるということを正当化しないとされる。ある作品は、文化や言語、科学などの蓄積の上に築かれている。知的労働は他者の労働の成果に基礎をもっているから、ロック的正当化によるならば、最後の一人だけが知的成果を独占するのには無理がある(Hettinger 1999)。

哲学者ヘティンガー(Hettinger 1999)によれば、「[米国著作権法は、]精神の産物の内容(その思想が埋め込まれている対象そのものではなく)は社会全体に属しているものの、もしより多くの産物が手に入るようになれば社会はさらに多くの利益を受け、創造者は自分自身の創造からいくばくかの経済的利益を受け取ることができる権利を与えられるものと考える」ことから、著作者に「表現」の「複製」に対する著作権を与えたとされる。

つまり、精神の産物である知識や情報そのものは、多くの先人がもたらした文化や言語、科学などにもとづくことから、社会のものであって、著作権法においては、インセンティブを与えるためにその

「表現」の「複製」に対する権利を与えたと考えるわけである。特許法では知識や情報の独占を許すが、これもやはり技術開発に対するインセンティブを与え、産業と技術の発展に資する限りで許されるもので、無制限に知識を所有できるわけではない。

最後に、最も致命的なのは、知的活動の産物である情報・知識は、そもそもロック的所有権による哲学的正当化の議論が通用しないことがある。一般に、ロック的所有権の哲学的基礎は、他者の自由を侵害しなければ、私は私の自由を最大化できるという自由権の思想だと考えられている。私たちが手に触れて目で見ることができる有体物の財産の場合、発見・占有された無主物や、市場取引によって正当に獲得されたものは、誰の自由も侵害することなく、所有者が自由に利用・処分・譲渡できるから、絶対的な支配を及ぼす所有権を認めることができる。確かに、有体物について正当に獲得した者の所有を認めないならば、正当に獲得した者によるその有体物の占有や使用を保証できない（正当に獲得した者の自由が侵されるのを防ぐ手立てがない）。しかしながら、知識や情報は、有体物とは異なって、誰か一人が使っても減ることがないし、同時に複数の人びとが使用できるから（競合性・排他性がない）、その知識や情報の創造者以外の人々が利用しても、創造者の占有や使用の自由を妨害するわけではない。したがって、知識や情報の独占を創造者に許したとしても、創造者の自由を拡大するわけでないし、単に他者の自由を制限するにすぎないから（他者の自由権を侵すから）、ロック的所有の議論によっては知識・情報の所有は正当化されない[12]（Johnson 2001=2002: 222-224; 森村 2001: 43-45; Johnson 2009:124-128）。つまり、著作権も特許権も、いかなる知的財産権制度のもとにある無体物に対する権利もロック的所有権によって説明・正当化することは原理的に不可能なのである。

5－3　著作権の制限の倫理的正当化――著作権の倫理学的・歴史的考察 3

著作権をどこまで拡張できるかは、インセンティブや競争の公正さの観点から、あくまでも政策のレベルで（つまり、自然権などの議論は持ち出すことなく）、文化の発展という目的に対して促進的か阻害的かを考慮していく必要がある。したがって、当然のことながら、文化の発展という目的に照らして、著作権は制限されてよい。また、言論の自由や教育、その他の価値の観点から著作権が制限されることも、帰結主義的な利益の比較衡量によって十分に利益が大きいならば、やはり当然制限されてよい。

実際、日本の著作権法では、「私的使用のための複製（私的複製）」（第三〇条）や「図書館における利用」（第三一条）、「公正な慣行に則った引用」（第三二条）などについて、著作権が制限されるケースを列挙している。ただし、日本の著作権法のもとでは、著作権が制限される場合であっても、著作者の利益を不当に害することは許されない。たとえば、著作権法の第三五条「学校その他の教育機関における複製等」や第三六条「試験問題としての複製等」によれば、著作権者の利益を不当に害する場合には、著作権の制限は認められない。また、教科書（第三三条）や教育用拡大図書の作成（第三三条の二）などで著作物を利用する場合、制作者は相当額の補償金を著作者に支払う必要がある。これらは、著作者に経済的な損害を与えることで、金銭的インセンティブを失わせないための政策的配慮と考えられる。

なお、パソコンやインターネットの急速な発展があったように、技術革新の時代には、著作権が制限される場合を列挙する日本の著作権法のアプローチは、新しい事態への対応を遅れさせるという批判もある。技術革新の激しい時代には、米国のフェアユース（fair use）のように、著作権が制限される原則を示して、良識を駆使して判断して行くほうが時代に即した制度が運用できるかもしれない(13)（5－7、5－12）（ただし、近年著作権法の改正において、権利制限規定の改正を技術やビジネス、利用の実態に即して素早く行っていく動きも見られる。平成二一年・平成二四年著作権法改正はその例である）。また、デジタル技術の発展とともに「私的複製」の領域をどのように設定するかが、前出の「一時的複製」と並んで、大きな話題となっている(14)。この問題について、後述（5－6）する。

場合によっては、言論・表現の自由と著作権が衝突するケースもあるかもしれないが、当然のことながら、言論・表現の自由という価値が著作権に優先される。言論・表現の自由は、個性の育成や表現という人間の人生を生きるに値するものとする内在的価値の一側面であるとともに（Mill 1859=1971: 113-150）、討議民主制（deliberate democracy）による社会的意思決定を基盤におく社会においては、よりよい社会的意思決定を行うために必要な手段的価値でもある（ただし、米国の憲法学者のサンスティーン（Sunstein 2001=2003:156-163）が論じるように、多様な意見が交わされる「公開フォーラム」とそのモデレータが言論・表現の自由には必要である。すなわち、野放図な言論・表現の自由は討議民主制を破壊する懸念がある）。すでに述べたように著作権は自然権ではなく、インセンティブと市場の公正さのための政策的装置であるから（つまり、哲学的・倫理学的根拠がない）、著作権と比べて倫理的・哲学的によく正当化されている言論・表現の自由のほうが尊重すべき理由が大きい。

5-4　著作者人格権（moral right）の倫理的正当化——著作権の倫理学的・歴史的考察 4

他方、日本の著作権法では、著作者人格権が明文化されている。この権利も、著作権法の枠内では文化的発展のための手段的価値と考えられるが、著作権（copyright）とは性質が大きく違う。著作者人格権は、作者に対して経済的利益を得る機会を与えるわけではないし、著作権のように譲渡ができない、一身専属の権利とされているからだ。

著作者人格権は、公表するかしないかを決める公表権、匿名・変名を含む氏名をどのように表示するかを決める氏名表示権、断りなく著作物を改変されない同一性保持権から成っている。これらの権利がなければ、誰がその著作物を制作したのかわからないし、著作者が公表したくないと思う日記や手紙、作品が世の中に出たり、また、同一性保持権がなければ、発表までの過程で表現が改変されてしまい、作品の評価が毀損されるかもしれない。とくに、経済的利益以外のインセンティブを機能させるうえで重要なのは、氏名表示権と公表権だろう。科学者や学者の活動にとっては、経済的利益を得る機会を与える著作者権は必要ないが、著作者人格権は重要な意味をもつ。

この権利は、法哲学者ヒューズ（Hughes 1988）が、精神活動の産物に対する権利を正当化する「ヘーゲル的正当化」と名づける議論に基盤がある。この理論では、知的な創造物は自己表現もしくは自己実現の行為だから、創造者の人格の延長であるとされる。つまり、知的財産は創造者の所有物ではなく、その一部なのである。したがって、人間／創作者は、自分自身の生き方を決められるのと同じように、創造活動によってなしたものを自分の思う通りにコントロールできるべきであるとされる。それゆえに、著作者の合意なく、著作物を公表したり販売したりすれば、それは人格の侵害となる。

倫理学者マクファーランド（McFarland 2001）によれば、この理論は、フリーソフトウェアを主張するストールマン（Richard Stallman）の思想を正当化する。ストールマンによればソフトウェアは売ることができるものではないし、労働の対価を得るものではない。彼が自分のプログラムの使用と再配布条件に対するコントロールを主張するのは、フリーソフトウェアが商業ソフトウェアの中に勝手に組み込まれるのを防ぐためである。このような行為は彼の成果を横取りして彼の人格を貶めることになる。環境保護に熱心な歌手が、自分の歌が環境破壊を行う企業のCMに使われたくないという事例における著作権のあり方も同じように正当化できる。彼女が拒否するのは、環境破壊を行う企業と彼女の人格を同一視されたくないからだ。

日本の著作権法では、「第一一三条　侵害と見なす行為」の第六項において、「著作者の名誉又は声望を害する方法によりその著作物を利用する行為は、その著作者人格権を侵害する行為とみなす」と規定されている。つまり、日本の著作権法は公表権・氏名表示権・同一性保持権のほかに名誉・声望保持権というべき権利を定め、著作者の名誉・声望を侵害する方法によってその著作物を利用する行為は著作者人格権の侵害とみなすとしている。同項の立法趣旨は、「著作物を創作した著作者の創作意図を外れた利用をされることによってその創作意図に疑いを抱かせたり、あるいは著作物に表現されている芸術的価値を非常に損なうような形で著作物が利用されたりすることを防ぐことにあ」るとされる（加戸 2013: 755）。

5-5 創造のインセンティブは経済的利益だけか?——著作権の倫理学的・歴史的考察 5

著作権は、市場競争で経済的報酬を得られるというインセンティブを著作者に与えるが、知識や情報の創造活動に対するインセンティブは経済的報酬に限られているわけではない。市場競争によって価値を決定することが向かない知識・情報も存在するし、歴史的に見れば、知的創造活動は、経済的動機だけではなく、名誉動機や宗教的動機、自己満足など、さまざまな理由から行われてきたことが知られている。

学者世界における科学知識・学問的知識の創造活動は、同僚科学者・同僚学者からの認知と賞賛を目指して実施されるものであると、一九七〇年代に隆盛を極めたマートン派の科学社会学は解明してきた(Merton 1973 など)。物理学における「ニュートンの運動方程式」や電磁気学における「マックスウェル方程式」のように、科学者の名前を成果に冠することで、科学者の業績を顕彰する「エポニミー」と呼ばれる慣習が、科学者共同体では観察される。権威ある科学組織への移動や科学組織内における地位の上昇、研究資金獲得機会の増大などに加えて、エポニミーのような声望によって、科学者たちの(名誉的)報酬・規範システムは駆動されている(新堀 1985)。

フリーソフトウェアやオープンソースソフトウェアの創造や保守・維持活動を行うエンジニアたちの主要な動機も、仲間による認知と賞讃だとされる(Moody 2002: 55–86; Raymond 2000=2001: 53–54, 111–121)。仲間からの認知・賞讃を通じて、就職や金銭的報酬の機会が得られるかもしれないが、科学者・学者やフリーソフトウェアのエンジニアたちの規範においては、経済的利益は二の次とされる。むしろ仕事への情熱こそがハッカーを動かす重要な倫理であるとの見方もある（Himanen 2001=2001: 21–38）。

宗教的動機も重要である。プラトンは、『パイドロス』において、神々から授けられた神がかりと狂気が予言や神託、芸術（詩）の根源にあると、ソクラテスに語らせている。(15) 柳田國男は、神に命じられるままに家を出て、諸国を遍歴して「自然に物を語り又歌舞せざるを得なかつた」女性たちを例とする、神の声に導かれて漂泊した芸能者の存在を指摘している（柳田 1938：232–234）。さらに、科学史においては、近代科学は宗教的動機から始まり、やがて宗教を否定するに至ったと考えられている。(16) また、日本の和算は、問題が解けると問題とその解法を記した「算額」を神社に奉納した。和算が西洋近代科学と同じ意味で科学であるかどうかは疑問であるが、(17) 精神活動の成果を宗教心と結びつけることは、前近代社会では広く見られた行動なのである。

そして、同僚の賞賛や認知を求める科学者やエンジニアたちの活動も含めて、これらの活動には、すべて自らが精神活動そのものから喜びを得る、もしくはすぐれた精神活動の成果に満足するという「自己満足」というきわめて強い動機が潜んでいることも間違いない。創造活動のインセンティブを経済的利益に閉じ込めることは、人類の創造活動の理解をきわめて狭いものとしてしまう危険性がある。

そもそも金銭的インセンティブが質の高い知的・美的創造への刺激になるという保証はない。金銭や一時的な人気が重要ならば、知的・美的創造に時間や労力、金銭をかけるよりも宣伝や広告に投資したほうがよいかもしれない。ブロックバスター映画やCDのミリオンセラーは、宣伝や広告費の投下によって造られる面がある。質の高い知的・美的創造へと私たちを駆り立てるものは、同僚・ライバルの評判や自己満足・知的好奇心・自己実現欲求・美への憧れ、宗教的動機などの非金銭的動機のように思われる。

実際、社会心理学的研究によると、金銭的報酬が必ずしも仕事への興味・おもしろさをあげるわけではないことが知られている。フェスティンガー（L.Festinger）とカールスミス（J.M.Carlsmith）の古典的実験（一九五九年）（Hock 2005=2007:229–338）では、七一人の大学生を被験者として単調な仕事をさせ、サクラになってくれとお願いしてほかの被験者（こちらが本当のサクラ）に対して「仕事がおもしろかった」と発言させた。そのあとで一ドルの報酬を与えた学生と、二〇ドルの報酬を与えた学生に、今度は質問紙で仕事のおもしろさを評価すると、一ドルの報酬しかもらわなかった学生のほうが、仕事がおもしろかった、もう一度実験に参加したいと評価する平均点数が有意に高かったと報告されている。

この実験は、自分の信念に反する行動を取った場合（おもしろくない仕事なのにおもしろいと公言する）、その行動を正当化する理由が不十分な場合（一ドルの報酬）、かなりの矛盾を感じるので、内的な信念を変えることでこの矛盾を解消しようとすることを示す経験的実験であるとされる。社会心理学では、自分の行動の原因・動機をどのように帰属するかという帰属理論の実験とされ、このように自分の内的状態の経験と外部的な観察との矛盾（不協和）を説明する十分な理由がないときには、その矛盾を解消するために内的信念が変えられるという、フェスティンガーの認知的不協和理論を確証する実験とされている（Festinger 1957=1965: 83–116; 青池・榊 2004: 95–96）。

このような社会心理学の研究の文脈があるものの、金銭的報酬が多いからと言って仕事がおもしろいとされたり、動機付けが高まるわけではないという可能性もこの実験は示唆しているように思われる。

著作権制度と並んで、市場競争以外の仕方で（も）その価値が決まる知識や情報があり、金銭以外の報酬を駆動力とする複数の規範・報酬システムが歴史上存在したし、現在も存在している。著作権や著作権法が創造のインセンティブ・メカニズムのすべてではない。

5-6　金銭的インセンティブ論から市場秩序維持機能論へ――著作権の倫理学的・歴史的考察 6

著作権および著作者人格権は、情報の過少生産を防ぐため、金銭的・非金銭的インセンティブによって、情報（著作物）の生産者の活動を刺激するために設定されたものと、一般的には想定されている。著作権がない場合には、市場取引において他者の著作物（情報）を複製して販売することで利益を上げるただ乗り（フリーライド）は、著作物（情報）の生産に対して時間および金銭、労働力等の投資を行う必要がないから、情報（著作物）生産への投資によって利益を得る期待が減少することで、情報の生産へのインセンティブは減退し、その一方で、情報をコピーして販売したいという動機づけが強く働くようになるであろう。この結果、社会的資源の状態から見て社会的に望ましいレベルよりも情報の過少生産が起こると予想される（5-1）。

このとき、著作者および著作物の流通事業者が経済的に合理的な主体であるならば、自身の経済活動によって生じた成果をできるだけ独占し、その成果が社会に対してスピルオーバーすることを防ぎたいとする動機付けが働くものと考えられる。研究開発活動は、一般的にその成果が情報であって、社会に対してその情報が広まることによって社会全体は経済的に正の効果を得ることができる外部経済性を有するが、できるだけ企業はスピルオーバーを防いで経済的利益を独占しようとするので、情報が秘匿さ

れたり、研究開発活動が停滞することが、科学史や研究開発活動の経済学的研究によって指摘されてきた。(18)

研究開発活動の事例から類推すると、一般的に次の三つの条件が成り立つものと、著作者および著作物の流通事業者、海賊版事業者によって信じられ、期待されているとき、著作権制度は金銭的インセンティブとして機能すると考えられる。

①正当な著作物／情報の生産による売り上げ－（マイナス）著作物の無許諾利用やその他の著作権の制限等によるスピルオーバー≒正当な著作物／情報の生産による売り上げ

②正当な著作物／情報の生産による利益＞フリーライドによる利益

③著作権侵害によって負わされるサンクションのコスト＞フリーライドによる利益

すなわち、著作権制度は、著作物市場におけるフリーライドとスピルオーバーを防ぎ、市場秩序を保護していると信じられなければ、インセンティブとしては機能しない。著作権法および各分野における慣習から構成される著作権制度を設計・実装する際には、関係者による上記の期待を満たす必要がある。

上記関係式の①より、複製技術の発展や普及など、新しい事態によって経済的不利益およびスピルオーバーが増大する可能性が予期されたり、著作物の売り上げ減少の原因が新しい事態の到来によるものと著作者や流通事業者に認知されたりすると、著作者や流通事業者は政府や議会、世論に働きかけ、著作権制度の変更を要求することがあると予想される。このとき、何らかの手段によって、著作物の合法な生産・流通による十分な経済的利益への期待を維持することが、市場秩序維持と情報の過少生産抑制には、必要であることが示唆される。したがって、直接的な著作物取引による対価・報酬によって金銭的インセンティブを維持することが難しい場合、私的録音録画補償金制度のように、直接の著作物の取引や著作権契約以外の金銭的インセンティブを与えることは決して不合理ではない（名和 2004: 83–95）。とはいえ、私的録音録画補償金などの補償金請求制度は、補償金の徴収と分配が概算であり、実数に一致しえないので、著作物の複製から報酬請求権が発生するという著作権法の条件と合致し、その正当性を示すことが必要となる。著作権の振興・普及事業への補償金の支出によって、私権である著作権の処理を調整・規律する著作権法が社会法的性格を帯びてしまったと、著作権法の変質を批判する論者がいるものの（北川 2003: 36–38）、むしろ補償金の返還や著作権の振興・普及事業への支出の措置は、金銭的インセンティブと市場秩序維持のための擬制である著作権制度維持のための補償金制度のその正当性を示すための「《アリバイ》作り的な意味を持っている」（中山 2014: 302–304）。ただし、擬制であるから現在の著作権制度は廃棄されるべきと本稿は主張するものではなく、この制度を相対化し、帰結主義的観点から設計・維持することを要求している。

近年問題とされている著作権の間接侵害事例においては、権利者の経済的不利益が現実に生じていないにもかかわらず、いわゆる拡張されたカラオケ法理の適用によって、新規の著作物利用ビジネスが差し止められることに異議を唱える議論がある。たとえば、ＭＹＵＴＡ事件東京地方裁判所判決[19]に対する論評で、インターネットのサーバーを介して利用者が正規に購入・レンタルしたＣＤを着うたに変換して、携帯電話にダウンロードできるようにさせるこのサービスは、権利者に経済的不利益を与える違法性がなく、違法性がないにもかかわらず、規範的な著作権侵害主体を探索して、この事業者にサービスの停止を請求することはできないのではないかと、北村（2007）は述べている。[20]

この議論には一定の説得力があるし、新たな富を生む新規ビジネスの芽を摘むことは社会的利益からみるとマイナスである可能性があるものの、広義の複製による著作物の利益に対するスピルオーバーによって権利者の金銭的インセンティブが弱まるので、差止請求権ではなく、この種のサービスについて報酬請求権を及ぼすべきだという議論にも、現在までの分析から一定の説得力はあるように思われる。この種のサービスには違法性がなく、私的複製に過ぎないという主張に対して、平田（2008）は、「携帯のショップや量販店などにおいて、ユーザの持参したCDと携帯を一時預かった上で、店頭のパソコンに接続してCDの音源から作成したファイルを携帯のメモリに転送するサービスを業として行ったとしたら」どうかと問いかける。

MYUTAも、平田（2008）があげる仮想的なビジネスも、いずれも業として著作物を利用して利益を上げており、何ら報酬請求ができないならば、著作物の利益のスピルオーバーが生じている。このスピルオーバーについて分け前を要求することはやはり自然権にもとづくものとは思えないが、著作権制度が金銭的インセンティブの維持による情報の過小生産を防ぐ制度であるならば、私的録音録画補償金制度は、消費者から「どんぶり勘定」で著作権料を徴収する制度であると解釈するよりも、著作物の利用から利益を受ける事業者に広く薄く報酬を請求することで、著作物の利用によって生じた利益のスピルオーバーを権利者に回収し、権利者の金銭的インセンティブを維持する制度であると見たほうがよいのではないだろうか。私的録音録画補償金制度は利益のスピルオーバーを防ぎ、金銭的インセンティブを維持する制度であると考えれば、正規に購入した音楽・映画の著作物などの複製に当たっても私的録音録画補償金を支払う必要が生じるし、私的録音録画補償金制度があるにもかかわらず技術的保護手段の回避の禁止が規定されているという点で、二重の制約、もしくは著作権料の二重取りが生じているのではないかと疑わしい事態も説明できる。現行の著作権法では、消費者が支払い義務者であると規定しているので、まるで著作権利用に当たって報酬の二重取りがなされているように見える。しかしながら、実は私的録音録画補償金制度は、著作物の利用によって利益を上げる事業者から、著作物利用の利益の分け前を受け取る制度であると考えれば、二重取りという疑念はなくなる。つまり、支払い義務者を消費者ではなく、著作物の利用によって利益を上げる事業者であると規定し直せば、この制度の趣旨が明確になり、論理的な破綻は防げる(21)。

しかしながら、金銭的インセンティブのみを重視して、著作者や権利者の声だけに合わせて著作権制度を設計する場合、逆に情報の過少生産が生じたうえに、さらにその他の弊害が生じる可能性もある。著作権を含む知的財産権があまりにも強くなりすぎるならば、知的財産を生産するさまざまな活動を阻害し、それとともに言論の自由や情報への公平なアクセス、プライバシーなどと衝突する可能性も指摘されている。これを金銭的センティブ論のパラドックスと呼ぶ。

情報（著作物を含む知的財産）の生産は、過去・同時代の著作物にも依存しており、直接的・間接的にそれらを利用することが必要となる。私的空間でじっくりと読み込み聞き込み視聴して、過去や同時代の知的財産を学ぼうとすれば、私的複製や図書館における複製が必要になるだろう。現代においては、さまざまなコンテンツがインターネット上にあるから、学習や研究、私的で著作権者に大きく不当な経済的不利益を与えない娯楽において、公衆送信権が制限された方がよい場合もあるだろう。パロディや二次創作の二次的著作物の創作やパスティーシュなど、原作品のさまざまな要素の模倣や翻案を行う芸術表現も多い（5－11）。

著作権は金銭的インセンティブの喪失を防止する社会的制度であるが、過去・同時代の著作物の利用を制限することによって、情報（著作物）の生産を阻害する可能性も有している。田中・大木（2008）による計量経済学的分析によれば、著作権の保護水準は現在高すぎる可能性があり、緩和することによってさらに社会的利益が増進する可能性があるという。

著作者や流通事業者への金銭的インセンティブは、文化の発展という上位の価値に対する道具的価値であるので、情報（著作物）の生産を阻害する著作権は正当化されない。また、著作権を強化することによって、著作物の私的領域における自由な利用や、言論の自由（報道・批評・調査研究等）、身体的・精神的障害の有無にかかわらない公平な学習機会、情報への公平なアクセスなどの情報に関わるほかの価値と衝突する場面も生じている[22]（名和 2004: 55–81）。これらの価値は、少なくとも著作権よりも重視されるべき重要な個人的権利・社会的利害であって、著作権がこれらの価値に優先されるべき理由はない。

今後、DRM（デジタル権利管理）の発達と普及とともに、著作権法第三〇条で定められた私的複製領域が縮小されていく可能性があり、明文化が難しい社会的・文化的な著作物の利用がますます困難になっていく可能性がある。私的録音録画補償金制度による現行の規制を契約によって置き換えて行く趨勢が強まる中で、複製を制限する技術的保護手段のみならず、特定の装置やソフトウェア以外での再生や視聴を制限するアクセス制限手段の解除・迂回（回避）についても違法化が提案されている。名和（1996: 147–156）が指摘したように、DRMは契約を技術によって表現し、法律に置き換えるものと考えられる。デジタルの形態による著作物流通がますます増大する中で、DRMによる著作物のコントロールを大幅に認めた場合、私的複製領域が大きく縮小される可能性がある。従来の法律の運用・適用においてはあいまいな領域が存在したものが、デジタル技術による強制が法律の規定と執行に置き換えられれば、確実にこのあいまいな領域が消えて行くだろう。私的複製によって、従来は学術・音楽・演劇・映画等のさまざまな分野の文化的活動について、独学やグループによる学習が行われていたと考えられる。また、本来は違法ではあるものの、仲間内での著作物の複製の流通によって、新興の文化的活動が社会に拡散し著作物の普及のための基盤が形成されただけでなく（例、米国の大学生の人的ネットワークを通じた日本アニメの複製の拡散）、次世代のクリエイターの育成にも寄与していたように思われる。また、特定の閲覧装置・ソフトウェア以外の利用を防止する機構を解除・迂回することが違法化されれば、近眼・老眼の読者が文字を大きくするソフトウェアで読みやすくしたり、読み上げソフトウェアを使って負担なく読書をしたりするなどの行為も不可能になる。つまり、私的複製領域の縮減は次世代の著作物の創造を抑制し、一般的に違法とは思われない著作物の利用をも違法化するという帰結を招く。

したがって、経済的利益を重視する著作者や著作物の流通事業者の意図や欲望に反して、一定のスピルオーバーがなければ、次世代の著作物の創造や解釈、批評などの複雑な相互作用が展開する著作物の「生態系」を維持することができないと考えられる。

また、上記で指摘した補償金制度をめぐっては、一方の当事者である著作者や流通事業者の代表は少なすぎると言い、メーカーや消費者は多すぎるという現状があるにもかかわらず、著作権とは著作者や流通事業者の金銭的インセンティブを支持する制度であるとするならば、あくまでも著作者や流通事業者がこれでは著作物創造に金銭や時間、労力を投資できないと主張することによって、製造事業者やサービス事業者の流通市場への参入や著作物利用によって生まれる経済的利益を阻害し、さまざまな価値を毀損する可能性さえ生まれかねない(23)。

さらに、著作権は著作者や著作物の流通事業者に、著作物の政策・流通に投じた資金や労力に見合うだけの金銭的利益を保証するわけではない。単に著作物の市場において、誰かがその著作物にただ乗りすることで不当に利益を奪われることがない、もしくは利益をあげる可能性が失われることがないということを保障するに過ぎない。

著作権は帰結主義的正当化以外不可能であるから、哲学的・倫理学的な意味では権利ではない。著作権は帰結主義的な正当化が行われる政策的に設けられた制度であるという前提に基づけば、この著作物の生態系を維持し、その他の社会的・経済的・文化的利益を保護するため、著作権は制限されるケースがあるし、金銭的インセンティブが失われるという権利者たちの主張によって、無制限に著作権が強化・拡大されるべきではないという結論が導かれる。また、著作物の公正利用とのバランスから、もしくはより優先されるべき価値への配慮から、制限されることもある（ただし、著作権が制限される場合でも、経済的インセンティブを奪われないよう政策的配慮が、現行の著作権制度には存在する）。

前述のように、著作権制度は、著作物の市場の存在を前提としている。著作物の市場において、情報（著作物）の生産者・流通事業者が、海賊版事業者によってその著作物のコピーを販売されることで、得られたかもしれない機会利益を奪われないようにすること、もしくは利益を上げる可能性が失われないようにすることを目的に、設定されている。情報の過少生産は、海賊版業者による他者の生産した著作物へのフリーライドによって市場競争の公正性や有効性が損なわれることによって生じると考えられる。

コンピュータ倫理学者のジョンソン（Johnson 2001=2002: 221–222）は、哲学者ノージック（Nozick 1974=2006: 293–294）の示した労働所有説への反例に一定の有効性を認めたうえで、現在の法律は労働所有説を肯定するような内容になっていて、A社の人びとの労働の成果であるソフトウェアをB社がコピーしてライセンス料も払わずに販売することは不正とされていると指摘する。(24)

もちろんジョンソン（Johnson 2001=2002: 233–237）も指摘するように、現在の法が禁ずることをさして理由もないのに破ることは市民的な義務に反している。しかし、著作権制度が労働所有説を肯定しているように見えるのは、実はこのような公正で有効な市場秩序を維持するためである。著作権制度は、前出のようにこのフリーライドを制裁することで、情報（著作物）の生産に対するインセンティブ減少や喪失を防ぐ手段である。したがって、コンピュータ・プログラムを著作物として認容する以前の著作権制度は、霊感にもとづく創造を行う天才というロマン主義的著者など、ほかの産業財産権法とは異なる仮定・前提を置いているという差異はあるものの、その登場以来市場秩序の維持をその重要な機能として有していたと評価できる。(25)

前節における議論から明らかなように、現代においては、金銭的インセンティブの維持という根拠から著作権を正当化することには理論的・実用的観点から見て大きな困難があり、むしろ公正で有効な市場競争を維持するとともに、著作物流通と利用による経済的価値の増進、およびその他の価値を考慮する帰結主義的な見積もりによって、著作権制度を設計・維持するべきだと考えられる。

5-7　著作物の生態系における著作者の権利の機能——著作権の倫理学的・歴史的考察 7

著作者人格権は、ヘーゲルの人格理論によって正当化される権利であって、著作権と違って道徳的根拠に欠けるとは一概には言えない。さらに、著作物から得られるかもしれない経済的利益を重視しない人々にとっても重要な意味をもっている。名誉・自尊感情と密接な結びつきがあるうえ、同僚や公衆からの認知・賞賛という金銭以外の報酬の基盤であるからだ。好奇心や美的関心、真理や崇高なものへの憧れなど、個人のなかで完結するいわば自己満足というべき報酬こそが、情報の創造や著作物の生産へと人々を駆り立てる重要なインセンティブであるのは確実であるものの、人間は共同体における承認や認知を求める動物であり、人格の延長である情報や著作物への権利は自然権であるから、自らが放棄するのではない限り、賞賛や認知を受ける権利を誰かに奪われる可能性は排除されなければならない。したがって、著作者人格権に制約を加える場合にはより慎重であるべきだ。

氏名表示権・公表権に関しては、前述のように金銭以外のインセンティブの基盤であって、深く慣習に根ざしているだけでなく、匿名や情報の秘密と結びついてプライバシー権とも深い関係がある。したがって、これらの権利の制限は難しいと考えられる。

しかしながら、知識や情報は最終的には社会のものであるという私たちの洞察がもし正しく、文化的発展こそ重要であるとする著作権法の根本的思想に同意するならば、必ずしも無制限であるべきとは断言できない。たとえば、デジタル時代には同一性保持権をもっと緩めていくべきではないかという主張は強まっている。デジタル情報は編集・加工性に優れるので、あるデジタル情報をベースとして編集・

加工によって、新しい表現を創造することが容易である。したがって、デジタル著作物の利用・活用を促すとともに、デジタル時代にふさわしい新しい創造活動を振興するためには、同一性保持権を緩和してもよいのではないかと主張する識者も増えてきた。名和（2006b: 251-262）は、同一性保持権の緩和を含めて、デジタル時代にふさわしい著作権制度の改革を構想し、それを「ほどよいコモンズ」と命名した。

著作権制度が前提とする社会・経済システムにおいては、一般的に、著作物（情報）の生産者は、市場競争を通じてその情報生産への投資に対する利益を得るが、これはその著作物（情報）の品質評価を市場／消費者に委ねていると考えられる。著作権は、その情報（著作物）の品質を問わず、情報の種類の豊富化を目的としていると、著作権法の教科書は解説する。著作権法における「文化の発展」とは情報の種類の豊富化であって、著作物（情報）の品質の維持や向上はその関知するところではない。著作物（情報）の品質の維持や向上は、金銭的インセンティブ論にもとづくならば、市場競争を通じて著作物の生産・販売によってより多くの利益を得ることが動機付けとなって、情報（著作物）の生産者・流通事業者が意図するものとなるだろう。消費者がよりよいと評価する著作物（情報）は販売数が増大し、情報の生産者・流通事業者が得られるだろう利益も増加する。

しかしながら、金銭的インセンティブだけであるならば、著作権侵害にならないさまざまな作品の二番煎じの小説・音楽・映画などや著名な俳優を出演者として揃えた映画、大量の宣伝費を投入して観客・聴衆などを動員できる大資本の作品など、確実な金銭的リターンを得られる情報のみが増加する可能性も排除できない。情報（著作物）の生産において品質を維持・向上させる動機付けを与えるのは、すでに述べたように、名誉獲得や先達・同僚からの承認獲得、宗教的信仰、真理・美・崇高なものへの憧れなどの金銭以外の動機付けである。金銭的インセンティブに動かされない、もしくはあまり影響されない著作者が必ずしも名前を表示したいと思うとは限らないが（たとえば、匿名電子掲示板で自然発生的に生まれてきたＡＡ（アスキーアート）の作者たちは、すべて無名・匿名の人間である）（大谷 2013e）、名誉・評判を動機とする場合、法的・慣習的に確立された著作者人格権（とくに、氏名表示権）がその動機付けが機能する必要条件である。氏名表示の権利は自然権であるとともに、一定の社会的状況では動機付けの基盤として機能している。

また、本書第二章（2－1）で論じたように、言論や芸術・文学などの表現は、必ずしも市場競争によって、その価値が決まるとは限らない。とくにその鑑賞と享受に一定の教育や訓練が必要とされるハイカルチャーは、比較的少数者にしか鑑賞・享受されない傾向があるだろうし、歴史的価値が高い古典であっても、同時代のベストセラーほどは売れないということがあって当然であろう。だから、市場競争によってのみ、言論や芸術・文学などの表現の価値が決まるわけではないことに注意しよう。経済的利益の動機のみで著作物が創作されるわけではない点は、こうした事実によっても示されるであろう。

情報の種類の豊富化は多様な情報が存在することを意味しており、Ｊ・Ｓ・ミルが『自由論』でフンボルトを援用して、多様性と個性を自由の重要な側面であると捉えたように、自由を重要な価値と認める社会においては、情報の種類の豊富化もやはり重要な価値として認められるだろう。情報の種類の豊富化は選択肢の増大を意味するから自由の拡大を意味するとともに、個性による自己実現を相対的に容易にするものと思われる。この意味で、情報の種類の豊富化は、さしあたり自由という価値を実質的にする要素であると基礎づけることが可能であろう[26]（詳細な分析を行えば、その他の価値による基礎づけもおそらく可能かもしれないが、ここでは論じない）（Mill 1859=1971: 113–150）。

一方、市場競争ではなく、国家や地方自治体など政府の支出によって、学術や芸術に関わる情報生産が行われることもある。大学は情報生産の一つの拠点であるが、その運営費は授業料収入などの学納金に加えて、公的支出に依存する面が大きい。八六国立大学法人および四つの大学共同利用機関法人の損益計算書によれば、経常収益三兆七〇二億円のうち、約三五％に当たる一兆八二八億円が政府支出（運営費交付金収益）によって賄われ、私立大学については、医歯学系を除く私立大学では一二％、医歯学系を含む全体では一〇％が公的支出に依存している[27]（平成二六年度）。

学術情報は市場的価値を有することもあるが、その多くは実利を意図して生産されるものではないから、市場に任せた場合には、過小供給が必然的に生じると考えられる。政府による支援・助成については、歴史的に培われてきた研究・教育や研究発表、表現・出版の自由によって、情報内容の豊富さと多様性が支持されるとともに、同僚・同業者評価によってその品質の保証が行われている。この世界においては、品質保証制度と非金銭的動機付けは、すでに見たように、著作者人格権のうち氏名表示権・公表権を前提とする。したがって、情報生産に関して、必ずしも著作権＋市場による解決が望ましいわけではなく、社会の諸制度（政府支出や学問の自由や言論・表現の自由、著作者人格権、同僚・同業者評価など）その他の形態による解決もありえることを示す傍証である。ただし、学会や学術誌の運営資金を調達するため、著作権による収入が重要な現状については見逃すことができない。学術情報であっても市場と接する部分があるという事実も、やはり確認すべき現実である[28]。

5-8　ウィニー開発者判決を読む

二〇一一年一二月一九日、最高裁で著作権法違反幇助に問われたWinny（以下、ウィニー）開発者の無罪が確定した[29]。二〇〇四年五月の逮捕から最高裁判決によって無罪が確定するまで、八年近くの時間が経過していた。

ウィニーは、Freenet（以下、フリーネット）と呼ばれる技術にヒントを得て開発されたP2Pファイル共有ソフトウェアである（金子 2005: 32-34, 39-47）。

P2Pファイル共有ソフトウェアは、ユーザーのパソコンやスマートフォンなどの情報機器にインストールすると、これらの情報機器（「ノード」）が相互に通信できる仮想的なネットワークを構成する。情報機器のあるユーザーが自分のほしいファイルを指定すると、このユーザーが使うノードは、P2Pネットワークを通じて、お互いの記憶装置に蔵置されたファイルを検索し、ほしいファイルが見つかると、そのファイルをもつノードに対して送信要求を出す。送信要求を受けた側のノードは、その要求を行ったノードに対してファイルを送信する。そして、もしこのユーザーのノードにあるファイルが送信要求された場合、今度はこのノードから別のノードに向けてファイルが送信される（大谷 2008: 50-58）。

お互いにファイルを送受信する点で、一方的に要求を行うクライアントと要求を受けてファイルを送信するサーバーと役割がきっちりと分かれているクライアント・サーバー型システムとP2Pシステムは大きく異なっている。

フリーネットは、圧政的政府のもとで自由に通信しあうことを目的として開発されたＰ２Ｐファイル共有ソフトウェアで、暗号技術などを使ってメッセージとその送信者・受信者を秘匿するしくみを有していた[30]（Langley 2001）。ただし、秘匿性を重視したため、二〇〇〇年代初頭において、メッセージなどの暗号化・復号化に相当時間がかかった。ウィニーは、送信するノードと受信するノードの隠蔽とメッセージの暗号化をより効率的に行うことに加え、クラスタリングという同じようなファイルを利用するノード同士をウィニーネットワーク上で接近させる技術を採用することで、匿名性を備えながらも効率的にファイルの送受信ができるようにしたものである（金子 2005: 57–81）。

ところが、この匿名性が著作権侵害コンテンツなど違法なファイルをやり取りしたい多くのユーザーを引き付け、著作権法違反でウィニーユーザーが逮捕される一方で、ハードディスクの内部をインターネットに公開するマルウェア（悪意あるソフトウェア）がウィニーネットワークで広がり、社会問題化した。こうした背景から、開発者の金子勇さんは逮捕され、長きにわたる裁判の被告となった（大谷 2008: 1–47）。

金子さんは、この間ウィニーの技術を応用して、著作権侵害の懸念が少ない技術開発なども行ってきたとはいえ[31]（江崎 2007: 157–182）、その進歩がドッグイヤーとも称される展開の速いＩＴの世界で、裁判に要した八年という歳月はひときわ長かったことだろう。

筆者の専門は、情報技術の科学技術史と情報倫理学である。筆者は、法律の外から、また、金子さんの支援・非難両方から距離を置き、科学技術史と情報倫理学の立場からこの事件や裁判の行方を見てきた（大谷 2004; 大谷 2008）。法律文書を読むために法的知識はある程度必要だが、焦点は法律文書に表れる価値の意識や社会・経済的関係、情報や知識への人々の態度などだ。いわば歴史家カルロ・ギンズブルグが、初期近代の人々の精神や社会を明らかにするため、法律記録を検討したのとアプローチは似ている。[32] 本件を検討する目も、あくまでも歴史家・倫理学者のものだということを断っておく。

著作権法違反幇助罪に問われたウィニー開発者に対する裁判は、一審[33]（京都地裁、二〇〇六年一二月）が有罪（罰金百万円）、二審[34]（大阪高裁、二〇〇九年十月）は無罪という判断が下った。二審判決に不服な検察が上告したものの、最高裁で上告は退けられた。

不特定多数の人々に対してある道具（ソフトウェア）を提供し、その道具を使用した人間のうちの何者かが違法行為を行った場合、その道具の提供者が違法行為の幇助者となるかどうかが、裁判所の判断のポイントだった。

刑法上の幇助行為が成立するには、①正犯による犯罪行為が現実に行われ、②故意に、③その行為を物理的・心理的に促進するという条件が必要とされる[35]（大塚・十河・塩谷・豊田 2016: 344-350; 336-337）。

この事件に先立って、オービス逃れを行うナンバープレートカバーを販売した業者が道交法違反幇助とされた裁判例があり（平成一二年六月三〇日大阪地裁）、この裁判例に照らして、ウィニー開発者は逮捕されたといわれる（北岡 2007）。

違法行為をしても見つからないという安心感を与えて心理的に促進する点で、両者は変わらないと考えられる。ウィニーの場合、強い匿名性があると信じられたことから、著作権侵害に当たる正犯の行為を心理的に促進したとされる（一審判決参照）。

問題は「故意」の認定で、一審は著作権侵害行為が行われていると認識し、それを認容（著作権侵害行為が行われてもかまわない）していたとする。証拠は、捜査段階の被告の供述や、匿名でウィニーや関連文書を公開していたこと、関連文書の内容、姉とのメールのやり取りに加えて、ネットや雑誌の記事で現状を知っていたはずという推測による。

一方、二審では、認容では足りず、積極的に著作権侵害を勧誘するところまでいかなければ、故意は成立しないとした。

最高裁は大阪高裁の故意の解釈は誤っていて、次の二つの場合に、故意が成立するとした。①「当該ソフトを利用して現に行われようとしている具体的な著作権侵害を認識、認容しながら、その公開、提供を行」う場合。②「入手する者のうち例外的とはいえない範囲の者が同ソフトを著作権侵害に利用する蓋然性が高いと認められる場合で、提供者もそのことを認識、認容しながら」、公開・提供を行う場合。前者は具体的な犯罪行為が行われている事実を知っていた場合だから、ウィニー開発者のケースには明らかに当てはまらない。

後者に関しては、客観的状況としては著作権侵害が行われていたが、主観的にはそうではないとする。被告はあくまでも「Freenet系P２P」の実用性を確認する社会実験のためソフトのβ版（試用版）を公開しただけで、著作権保護のためのメカニズムも構想していたとされる。また、インターネットや雑誌も状況を煽っており、客観的に著作権侵害が広がっていることを知る手掛かりにはならなかったとした。したがって、多くの者が著作権侵害に利用すると認識・認容していたとはいえないという判断である（以上、最高裁判決より）。

このような判断がある一方で、この判決には、被告は著作権侵害行為を行う利用者が相当数に達していたという認識・認容があったはずとする少数意見も付されている。[36] 主観的な状況の推測はきわめて難しい。

日本の最高裁における中立的技術の提供が著作権侵害の幇助に当たると判断される目安は、米国におけるピュア型のP2Pファイル共有ソフトウェアの提供者の責任をめぐる連邦最高裁判決と比較するとどのような共通点・相違点があるか。

連邦最高裁のP2Pファイル共有ソフトウェアの提供者の責任に関する判断を理解するには、ひとまず一九八〇年代にさかのぼる必要がある。

一九八〇年代、米国で家庭用ビデオ録画装置を発売した企業が、米国の映画製作会社に著作権侵害の幇助行為で訴えられる裁判が起きた。この裁判は連邦最高裁まで争われ、結局のところ、多くのユーザーは録画ライブラリを作成するためではなく、テレビ放送された番組を、時間をずらして視聴する「タイムシフト」のために利用しているので、映画製作会社に対する損害は軽微であるがゆえに、フェアユースに当たり、寄与侵害（contributory infringement. 著作権侵害を行うための道具や場を提供して利益を得るタイプの著作権の間接侵害のこと）に該当しないとの判断が下された[37]（*Sony Corp. of America v. Universal City Studios, Inc.*）。

日本の著作権法においては、著作権制限の一般規定としてフェアユースの抗弁は存在しないし、寄与侵害のように、特許法に由来する間接侵害の法理も存在しない。[38] なので、そのままウィニー裁判にこの規定が当てはめられたとは考えられない。しかし、ウィニー裁判に先立ち、米国におけるP2Pファイル共有ソフトウェアの提供者が、ユーザーが起こした著作権侵害に対して寄与侵害・代位侵害（マフィアのボスがその部下を使って人を殺した場合のように、人を手足のように使って著作権侵害を行って利益を得るタイプの間接侵害）を起こしたかが裁判で争われ、上記のビデオ録画装置の提供が著作権の間接侵害に当たらないという判例が、このP2Pファイル共有ソフトウェアの提供者の間接侵害責任を問う裁判の中で参照されていた（城所 2013:74-77）。

インターネットを介して著作権がある著作物を無許諾で送信する行為は、米国著作権法のもとでは「頒布権[39]（right of distribution）」侵害に当たるとされる。P2Pファイル共有ソフトウェアをめぐる裁判では、いわゆるサーバー型（ハイブリッド型）と呼ばれるタイプのP2Pファイル共有ソフトウェアについては、頒布権の代位責任・寄与侵害ともに認められ、ピュア型と呼ばれるタイプのものについては、著作権侵害を誘引した（induce）がゆえに著作権侵害に責任（寄与侵害・代位責任）があると認められた[40]（山本 2002; 井口 2005; 芹澤 2006）。

ピュア型のP2Pファイル共有ソフトウェアの提供者の間接侵害をめぐる裁判[41]（MGM Studios, Inc. v. Grokster, Ltd.）では、前述の家庭用ビデオ録画装置に関する裁判を参照し、家庭用ビデオ録画装置のタイムシフト的利用は七〇％程度であったのに対して、P2Pファイル共有ソフトウェアの著作権侵害などに当たらない適法な利用は一〇％程度に過ぎないと、原告側は主張した（城所 2005）。連邦最高裁はこの主張を受け入れ、確かにピュア型のP2Pファイル共有ソフトウェアは著作権侵害以外の利用法もできる中立的技術ではあるものの、家庭用ビデオ録画装置とは違って、著作権侵害が多くのユーザーの用途である事実を知っていたうえ、明らかに著作権侵害を奨励するメッセージが存在したことから（ナップスターをかつて使っていたユーザーに対して、自分たちのソフトウェアをダウンロードしてP2Pネットワークに参加すれば、引き続き自由に著作権のある音楽を利用できると勧誘するメッセージ)、同ソフトの提供者は著作権侵害を誘引したと判断した。(42)

日本の最高裁判決では、ソフトウェアの提供者が著作権侵害の幇助に問われる論拠としてこの誘引論を用いていないものの、中立的技術の提供者に、その技術のユーザーの著作権侵害の責任があるかどうかの判断基準の一つとして、その中立的技術の現実の利用用途のほとんどが著作権侵害で占められており、かつ提供者がその事実を認識しているかどうかという基準が、著作権侵害を助長・奨励したかという判断の論拠の一つに用いられている点は共通である。

匿名性を有するP2Pファイル共有ソフトウェアは、カボス(Cabos)やシェアー(43)(Share)、パーフェクトダーク(Perfect Dark)など、ウィニー以降も開発・提供され、二〇一五年現在ウィニーを含むP2Pファイル共有ネットワークに接続するノードが一五万程度存在するとされる(ネットエージェント2015)。

ウィニー以外のファイル共有ソフトウェアも、悪用・善用どちらにも用いることができる中立的技術である。この中立的技術が多くの者によって著作権侵害等の違法行為に用いられ、そのほとんどが著作権侵害等の違法行為に用いられていると知っている場合、その中立的技術の開発者は、刑事責任を問われる可能性があると、ウィニー最高裁判決は示している。あるソフトウェアの利用によって起こった危害や法律違反について、ソフトウェアの開発者・提供者の責任を問うとなれば、同様のソフトウェアの開発やその他悪用の可能性がある中立的技術の開発が萎縮する可能性が指摘されてきた。ウィニー以降、ほそぼそとながら同種の技術の開発が行われ、技術改良がされてきたところを見ると、インターネットアンダーグラウンドにおいては、実際のところ、開発の萎縮効果があったかどうかは、評価が難しいところだ。しかし、海外と比較して（P2Pメッセージングソフトウェアのスカイプや、P2P分散ファイル共有ソフトウェアのビットトレントなど）、国内において、P2Pファイル共有のメカニズムを活用する「表の」ファイル転送システムやメッセージングシステム等の開発や普及がそれほど盛んではないように見える事実は、萎縮効果が働いた結果のようにも見える。

すでに述べたように、匿名性や情報の秘匿を実現するテクノロジーは、著作権侵害などの違法行為に用いられる可能性が常に存在する一方、良心の自由や思想・表現の自由を守るテクノロジーにもなりえる。フリーネット開発者たちが構想したように、圧政的政府のもとでは、政府が好まない意見やニュース・事実を伝達しようとする場合、匿名化技術や情報の秘匿化技術は必須である。アラブの春において、通信路の暗号化機能をもつソーシャルネットワーキングサービス（SNS）のフェイスブック（Facebook）が、反体制派の連絡に使われたことは、有名なエピソードである。また、エジプトにおいて、同国内のコンピュータの国際的なインターネット接続が断たれた際には、ウィニーやフリーネットのまさに根本的なしくみであるP2Pネットワークを応用した技術によって、国際的なインターネット接続を回復する試みが実験された[44]（8－2）。

八割・九割のユーザーが著作権侵害や児童ポルノの交換・閲覧など違法行為のために匿名性と情報の秘匿化機能を有するテクノロジーを用いていたとしても、残りの人々が、圧政的な政府の批判や社会の主流派を批判する意見や、彼らが好まない情報の閲覧や交換のために用いていたとしたらどうであろうか。また、そもそもインターネット世界には、一般の公共空間で認められるような、だれであるか注目されずに行動する匿名性は必要ないのだろうか。哲学者ルース・ゲイヴィソン（Gavison 1980）によれば、匿名性はプライバシーを構成する重要要素の一つである。

中立的技術の提供者を罰する場合には、その中立的技術のよい利用法のために代替的手段があるかどうかも検討すべき要素であるように思われる。少なくともその判決の当時、代替的手段がなければ、その技術じたいを禁止するのは、よい使用法ができなくなることなので、望ましくないのではないか。たとえよい使用法が、現実には一〇％や五％であったとしても。むしろその技術の悪用を取り締まるべきであろう。

ウィニー提供者の責任に関する判決は、インターネットでの道具提供による違法行為の幇助の基準を示す一方で、なんとか被告を無罪にしようとする意志が感じられる。優秀なエンジニアを救おうという輿論に動かされた判決だったのかもしれない。

ウィニーのインターネットでの公開は、著作権侵害にもその他の用途にも使用できる中立的技術であるソフトウェアを公衆に提供する一種の社会実験を行ったものとみなせるかもしれない。この見方が正しければ、ウィニー開発者の逮捕から最高裁における無罪判決までの一連の顚末は、ＩＣＴを用いる社会実験が意図せざる結果を生み、開発者へのバックラッシュを起こした事例だったと考えるべきだろう(45)（大谷 2015a）。

ウィニー開発者の金子さんは、ある道具（ソフトウェア）が違法行為にも利用ができ、その違法行為に利用しようとするユーザーが多いと予測される中で、そのソフトウェアをインターネットで公開するという社会実験を行った軽率さがある。この点で、十分に社会的帰結を想定せずに技術を公開したという点で、技術者倫理の観点から非難されるのは仕方がないように思われる。

しかし、八年間も裁判で引き回され、開発者・研究者としての人生が脅かされるのに相当するような危害を世界に加えたかどうか、少なくとも筆者にはわからない。むしろ所属学会等が金子さんの行為（開発ではなく、インターネットでの公開）を非難して、学会メンバーが今後の善後策を真剣に考察する機会を設け、誠実に対策をとれば、十分であったのではないか(46)。その対策とは、当面の著作権侵害等の危害を防ぐ技術的対策に加え、その成員の技術者としての社会的責任の自覚を促進する学会の制度整備と運用となるだろう。

金子さんは、二〇一三年に逝去された。短すぎた人生を考えれば、さらに逮捕と裁判で研究開発の自由が制限された八年間の喪失感は深い。

5-9　著作権法改正とロビイング

消費税増税法案審議に注目が集まった第一八〇回通常国会（二〇一二年）で、著作権法改正案が成立した（文化庁 n. d. b）。この法律のポイントは、「DVDリッピング違法化」と「違法DL刑罰化」とされる。

「DVDリッピング違法化」とは、現在DVDで主流の暗号技術によるコピーガードを解除・無効化して複製する行為が違法とされたことを指す。DVDをコピーする行為を「リッピング」というが、リッピングをするには、上記のタイプのコピーガードをはずす必要がある。したがって、DVDリッピング行為が違法となったというわけである。

著作権法では、複製を妨害・防止する技術である「技術的保護手段」を回避して行う私的複製は私的複製とは見なさない（つまり、許諾がなければ違法。ただし、刑罰なし（著作権法第一一九条第一項））一方、もっぱら技術的保護手段の回避を目的とする装置・ソフトウェアの提供・輸入などを違法行為としてきた（刑罰規定あり（第一二〇条の二））。従来の「技術的保護手段」は、電気信号を付加して再生装置に特定の動作をさせてコピーを妨害・防止する技術のみに限定されていたが、今回暗号技術にまでこの技術の範囲が拡大された。

暗号技術はコピーガードだけでなく、視聴を制限する衛星放送のスクランブルなどにも利用される（今井 2006: 70-104）。このような制限を「アクセスコントロール」と呼ぶ。暗号技術によるコピーガードと視聴制限の境界はきわめて区別しにくい。暗号技術によるコピーガードが認められると、やがては著作者などにアクセスコントロールの権限も渡るのではないかという懸念がある（Lessig 2006=2007: 166, 259; 名和 2004: 171-173）。

著作権法はあくまでも複製をコントロールする権限を著作者などに与えるだけで、単なる視聴やソフトウェアの実行をコントロールする権限を与えるものではないとされる。立ち読みがまずいのは、お店や出版社の所有権や受託管理義務にかかわるからで、著作権問題ではない。単なる視聴やソフトウェアの実行をコントロールすると、著作者などに知る権利や表現・言論の自由を制限する強力な権限を与えることになりかねない（Lessig 2006=2007: 166, 259; 名和 2004: 171-173）。

暗号技術によるコピーガードを保護してほしいという業界の要望があったが、なかなか進まなかったのは、コピーコントロールを趣旨とする「著作権」概念自体が大きく変わる可能性があったからだ。改正著作権法の文言では、暗号を応用するコピーコントロールの技術のみを追加したので、上記のような懸念は当たらないかもしれないが、今後も注意が必要だ。そもそもDVDリッピングが違法化されることで、ユーザーの家庭内での行為を制限し、正規に購入したDVDのバックアップや（結果として）視聴環境を変えての利用も制限するので、現状でも問題は大きい。

「違法DL刑罰化」に対する識者やユーザーの批判はさらに大きい。

平成二一年著作権法改正で、違法コピーと知りながら、音楽・映像をダウンロードする行為が違法とされた（文化庁 n. d. a）。このときは、刑罰化はユーザーに対して過酷すぎるとの考えから見送られた。

第一八〇回国会では、衆議院文部科学委員会でリッピング違法化などの改正案が議論される中、いわゆる「違法DL刑罰化」の条文が、自民・公明の両党によって動議が起こされ、挿入されたと言われる審議会での議論でも刑罰化は否定された(47)（鈴木 2009）。（鈴木 2012）（前掲註(47)参照）。

「違法DL刑罰化」に対してRIAJ（日本レコード協会）が積極的だった一方、同じ権利者である日本音楽著作権協会（JASRAC）は比較的冷静だった。この法案が審議される中で、同協会理事長は「反対しない」とのみコメントした(48)。

この温度差は、音楽ソフトの売り上げと著作権料収入の現状の違いが反映しているように思われる。音楽ソフト（CDやレコード、テープなどのパッケージメディア）の売上金額は、ピークを迎えた一九九八年と比較すると、二〇一五年の売上金額は半分にも満たない。音楽配信の売り上げもさほどふるっていない。一方、JASRACの著作権料収入はここ一〇年ほぼ横ばいである[(49)]（日本レコード協会 2016: 4-5; 日本音楽著作権協会 n. d.）。

もちろん違法DLの刑罰化によって、音楽ソフトや音楽ダウンロード販売の売上金額が急に反転するとは思えないが、関係者への説明責任を考えると何もせず手をこまねいているわけにもいかないという事情がレコード会社やRIAJにはありそうだ。とくに上場企業は株主への説明のためにも何らかの対策を打つ必要があったのではないか。

関係者によるロビイングだけが著作権制度の行方を決める現状は危険と考える。著作権には最適な保護水準があって、現在の保護水準はもしかすると強すぎるかもしれないと、計量経済学的研究は推測している（田中・大木 2008）。にもかかわらず、このような研究は無視され、利害関係者の意見のみが反映される傾向が見える（5－1）。

これは、著作権は私権であって、クリエイターや流通事業者などのインセンティブのための制度であると考える限り変わらない。著作権が利害関係者にインセンティブを与えるとするなら、彼らが納得する限り著作権を強化し、当事者たちの契約に任せるのが正しいことになる。だが、著作権法は文化や市民社会の価値に強く関係することから、単なる私法と考えるのには無理がある。インセンティブ論から、著作権の哲学を転換することが求められている（大谷 2011）（5－1～5－7、5－12参照）。

5－10　視聴かダウンロードか

ファイル共有ソフトウェアの利用者が前年度と比較して大幅に減ったと、二〇一三年二月、コンピュータソフトウェア著作権協会（ACCS）が発表した（コンピュータソフトウェア著作権協会 2013）。この調査は、アンケートではなく、実際にファイル共有ソフトウェアのネットワークを流通する情報を分析することで得られたデータなので、確度は比較的高い。大幅な利用者減少は、違法コピーのダウンロード刑罰化やユーザーの厳しい取り締まりがきっかけだったと、同協会は評価している。

インターネットからのコンテンツのダウンロードは、コンテンツの公開自体が、一般に著作者・著作権者が不特定者にダウンロードして複製させることを意図しているので、コンテンツの公開者＝コンテンツの著作権者または著作権者から許諾を受けた者であれば、ダウンロード行為自体が著作権侵害に問われることはない。また、個人的・家庭内などの限られた範囲のみでの使用を目的とする場合、一般に、著作権侵害にはならない（著作権法第三〇条の私的複製。ただし、後述するように、例外あり）。

一方、インターネットに勝手に他人が著作権を有するコンテンツや放送番組のコピーなどを公開した場合（アップロードした場合）、公衆送信権・送信可能化権侵害に当たる。

「違法コピーのダウンロード刑罰化」とは、映像や音楽・音声について、それが著作権者に勝手に複製された違法コピーと知りながら、ダウンロードした場合、私的複製であっても、その行為が著作権侵害（複製権侵害）に当たり、さらに、その映像や音楽・音声が有償著作物等であれば、刑事罰の対象となるという法改正のことである（5－9）。この法改正は、二〇一二年一〇月から施行された。

ACCSの発表を見ると、ダウンロード刑罰化によって摘発されるユーザーが増えたように思われるが、毎年二月の全国集中一斉取り締まりでは、コンテンツを勝手にアップロードしたユーザーが摘発されている。また、二〇一三年二月には、日本音楽著作権協会（JASRAC）も、同団体の管理楽曲などを勝手にアップロードしたとして親子を含む五人を刑事告発している[50]（日本音楽著作権協会 2013）。ダウンロード刑罰化によって摘発されたユーザーは、二〇一七年現在まで報道されていない[51]。

とはいえ、「違法コピーのダウンロード刑罰化」は、過剰反応とも呼ぶべきインターネット利用の萎縮効果も一部では呼んだようだ。「この法改正で、YouTubeやニコニコ動画などの動画共有サイトも違法になる」と考えているユーザーが少数ながら存在する。二〇一三年一月、近隣の高校で出張講義を行ったところ、講義後の感想でそのように書いた高校生が各クラスに数名いた。

法改正を提案した文化庁の説明では、動画共有サイトの動画・音楽を視聴するだけでは、たとえそれが違法コピーであったとしても、著作権侵害には当たらないこととされている（文化庁 n. d. c）。ところが、前述の高校生は視聴だけでも違法と考えたのである。

実際、彼らの推論は、インターネットのメカニズムを考える限り間違ってはいない。インターネットのコンテンツの視聴には、必ず「ダウンロード」、つまりPCやスマートフォン（スマホ）などの手元の端末への複製が伴うからである。

動画共有サイトなどでは、動画・音楽ファイルを断片化してダウンロードし、ハードディスクなどのメディアに複製された断片からでは動画・音楽の再生がしにくくなっている。ネットにつながずに何度も再生できない点が、普通のファイル・ダウンロードとは違う。だから、この断片をつなぎ合わせて、ネットにつながなくても何度も再生できるようにすることが、動画共有サイトにおけるダウンロードなのだと、文化庁では説明する（文化庁 n. d. c）。

この説明だけならば、確かに辻褄はあっているようにみえる。ところが、「違法ダウンロードの刑罰化」やこの法解釈は、実は動画共有サイトを閲覧する端末側のソフトウェアの仕様を限定するのと等しい。端末側のソフトウェアによっては、そもそも仕様上ファイル断片をつなげて一つの音楽・映像ファイルとして保存してしまうものもある。

ＰＣでは、端末に動画を保存するソフトウェアは入手が難しくなっているものの、スマホでは、メーカーや携帯会社の公式サイトから、動画共有サイトの動画や音楽などを「保存」して再生するアプリが提供されている。

移動しながら無線でインターネット接続することがスマホの場合多いのだから、接続が切れる可能性を考慮して、必ずしもネットに繋がなくても再生できるよう、電波状況が良好なときにいったん端末にストリーミングデータを保存したうえで映像や音楽を再生するしくみとしたほうがよい。電波状況がその後悪くなっても安定的に音楽を再生できる。

ところが、このダウンロードする映像・音楽などのデータが違法コピーであって、その事実を知って上記のようにいったんスマホにデータをダウンロードして再生するソフトウェアでその映像・音楽を閲覧したとすれば、少なくとも形式的には、ユーザーは著作権侵害に当たる行為をしたことになる。つまり、こうした仕様のソフトウェアであれば、違法コピーをそれと知って閲覧したら、形式上著作権侵害になってしまう。

保存・再生できる動画・音楽は一〇個までと制限する再生ソフトウェアもあるが、これはおそらく米国著作権法のフェアユースの抗弁を意識したものだろう。なぜならば、フェアユースの抗弁においては、著作権者の経済的被害が著作権侵害成立の重要な判断ポイントになるからである（作花 2010:307–309; 中山 2014: 393–402）。とはいえ、もちろん日本の著作権法では、フェアユースの抗弁の法理は明文化されていないので、このような仕様のソフトウェアで、違法にコピーされた動画・音楽をそれと知りながら閲覧（かつダウンロード）したとしても、違法性が阻却されるとは思われない。(52)

国境を越えてコンテンツやソフトウェアが提供されるインターネットでは、一国の立法があっても、他国で開発されたソフトウェアはその法律に必ずしも縛られない。ユーザーも国境を越えて、自国の法律に縛られない他国のソフトウェアを利用もできる。「違法ダウンロードの刑罰化」は意図せぬ萎縮効果を生む一方で、スマホユーザーの間ではすでに空文化しているのではないだろうか。

5–11　グレーゾーン

多摩美術大学（多摩美）の卒業制作優秀賞(53)が、有名画家の作品の「パクリ」だと、ネットで一瞬話題になった。

多摩美は、二〇二〇年東京オリンピックのエンブレムを制作したデザイナー佐野研二郎氏が教授を務める。(54)佐野氏がデザインしたエンブレムは、著作権侵害疑惑が大きな騒動を呼んだ。ベルギー・リエージュの劇場のシンボルマークと酷似しているとして、このデザインを担当したベルギー人デザイナーが使用差し止めを求めるとメディアで発言したのである。(55)

これをきっかけに、2ちゃんねるなどで、佐野氏が過去にデザインした作品にネット上の写真・画像等を加工したものが多数あると指摘され、(56) さらには、エンブレム制作の経緯を説明するために持ち出された大会組織委員会に対する説明資料中に、ブログの写真を加工した画像がある事実も突き止められた。(57)この騒動があまりにも過熱し、家族や無関係な親族の写真もネット上にさらされるなどの攻撃が及び、「人間として耐えられない限界状況」として、二〇一五年八月三一日同氏はエンブレムの取り下げを申し出た。(58) 翌日、大会組織委員会は、このエンブレムの使用中止を決定した。

佐野氏が制作した多摩美のポスターにも、ネット上の写真・画像からの流用があるのではないかと指摘された。(59) 多摩美の教育・研究の疑惑にも飛び火し、多摩美の教員・学生の作品もネットで検証が行われることとなった。

この中で、二〇一五年のある卒業制作優秀作品の画風やキャラクターの造形が、いわさきちひろ氏の作品にそっくりだとやり玉にあがった。(60)「パクリ」と「パクラレ」として、いわさき氏と学生の作品の画像を並べ、多摩美は学生作品も「パクリ」だと非難が浴びせられた。

ところが、この作品は、現代の若者の行動や風俗をただ批判的に冷ややかに嗤うのではなく、そこに潜む宗教性に共感し肯定して描くため、わざといわさき氏の画風を借りたものだった。「量産型女子」「握手会」「抱き枕」などと題されたイラストでは、作風を模倣する「パスティーシュ」が行われていたわけだ。

現代の日本では、原作品を下敷きにして、あるいは原作品を再構成して新しい作品を創造する行為・技法は、区別はあいまいだが、パロディやコラージュ、パスティーシュ、オマージュ等と呼ばれる。音楽においては、先行作品の演奏をデジタル録音等で取り込み、再構成するサンプリングという手法がある。

アニメやマンガなどの先行作品の設定（作品世界）やキャラクターを借りて、新たな物語を創作する営為は、「同人誌」の世界で行われていて、「二次創作」と呼ばれる。

ところが、著作権法上は、これらの創造活動も、一般に、盗用・剽窃などのパクリとは区別されない。どれも、著作物に変形を加え翻案した二次的著作物（著作権法第二条一項一一号）に当たり、許諾を得ていなければ、著作権侵害となる可能性がある。

また、フォトコラージュ作家マッド・アマノ氏の作品は著作権侵害に当たらないとして上告された、いわゆるモンタージュ事件第一次上告審判決では、原著作物の「表現形式における本質的な特徴を直接感得できる」場合には二次的著作物とした。[61] 中山（2014: 151）によれば、翻案概念の解釈にこの判決は大きな影響を与えているという。

また、同上告審においては、先行作品の利用は著作権法第三二条の「引用」にあたり適法だと同氏らは主張したものの、最高裁判決は「引用」の要件である「明瞭区別性」「主従関係」（作花 2010: 336-341; 中山 2014: 322-325; 島並・上野・横山 2016: 184-185）を満たさないとした。

ただし、注意すべきは、画風を模倣しただけならば、著作権侵害に当たらないとされる点である。[62] したがって、二次創作の技法のうち、画風・作風およびモチーフなどを模倣して、新しい作品を創作するパスティーシュは、著作権侵害には当たらない。多摩美術大学の卒業制作作品は、いわさきちひろの画風を模倣して、新しいモチーフで、新しい作品を創作するパスティーシュであるから、そもそも著作権侵害であるとの非難が的外れだということになる。

そもそも、芸術やデザインでは、「パクリ」とパロディやパスティーシュなどの芸術技法・行為は区別される。後者はよい出来であれば賞賛される。現代美術の文脈では原作品をそのまま複写して、オリジナリティへの強迫観念や、機械的に著作権を適用してクリエイターを断罪する俗物意識を批評する「appropriation」と呼ばれる技法もある(63)。

ところが、日本の現行著作権法上は、「パクリ」もパロディも、その他原作品を下敷きとする「二次創作」(二次的著作物)は、画風・作風をまねるもの以外は、許諾を得ていなければ、著作権侵害(複製権・翻案権等)の可能性がある点ではまったく区別されない。

著作権法は、芸術作品やデザイン、知識など情報の創造・流通活動を統制する唯一の原理ではない。社会・経済・文化の各領域における慣行や倫理が、直接には情報の創造・流通活動を統制する。先行作品の加工・模倣によって制作される作品と「パクリ」は著作権法上の性質は同じでも、その意図や効果によって、芸術・デザイン上の意義が大きく変わる。

著作権侵害の多くが、被害者の告訴がなければ刑事・民事の救済手続きが行われない親告罪であることで、先行作品の加工・模倣による創造活動はかろうじて容認される。アニメやマンガ、広告デザインなどの商業作品は、投資家保護などを考えれば、許諾を求められても拒絶せざるを得ない。そのため、許諾を得ずに勝手に進めてくれたほうが黙認できるという「親心」が働く場合もあるようだ。現代の芸術・ポップカルチャーの創造には、権利者が黙認するグレーゾーンが必要なのだ。

また、複数の作品がたまたま似てしまうこともある(64)。著作権法は、言論・表現の自由との兼ね合いから、たまたま作品(著作物)が似てしまうことを許容する(つまり、先行作品との間に本質的類似性があったとしても、依拠性がない限り、後続作品は著作権侵害とはされない)。だから、たまたま似ただけでは著作権侵害は成立しない。「パクリ」とパクリではない類似作品の間にもグレーゾーンが広がる。

第三者が著作権侵害を言い立てる行為をよしとすれば、著作権侵害罪全般の非親告罪化への露払いとなる懸念もある。その場合には、「フェアユースの抗弁」という新しいグレーゾーンの導入がない限り(中山 2014: 402-409 ; 名和 2010a: 179-189)、芸術・知識の創造・流通活動は窒息させられていくだろう。

5-12 著作権の哲学から近未来を見る

グーグル・ブック検索と、同サービスに関するグーグル社および権利者との間の和解案は、現行の著作権法に対する大きな挑戦と受け取られた(4-10、4-11、4-12)。名和(2010a)は、グーグル・ブック検索が示した著作権制度の新しい在り方を「著作権2・0」と呼ぶ。

著作権制度は、要するに、著作者・著作権者に対してコピー(有形的・無形的再製)をコントロールする権利を与える制度である(5-10)。

著作権1・0とは、一九世紀に成立したベルヌ条約を核とする著作権制度を指す。霊感に導かれた天才的な著作者(ロマン主義的著作者(増田 2005 : 205))が、大衆に向けて著作物を一方向で発表する。そして、著作者・著作権者は、著作物流通チャネルを完全に支配できる。この二つが制度の前提だという(名和 2010a: 9)。

ところが、二一世紀初頭には、著作物のクリエイター兼消費者である「プロシューマー」が、(一定の資金的余裕と技能とがあれば）誰もがパソコンを活用して著作物を複製・加工でき、そして、インターネットで、自分の創造・編集した著作物を発表・流通させられるという世界が成立した。著作権２・０は、この世界での新しい著作権像を提案したものと考えられる（名和 2010a: 9–10）。

名和（2010a: 10–18）が指摘する著作権２・０の重要要素は二つある。一つは、著作物利用の許諾が「オプトインからオプトアウト」へと変更されること。もう一つは、利用者は原則的に直接お金を支払わずに無料で利用できる環境が著作物利用の前提となること。

著作権１・０の制度のもとでは、著作権の制限が及ばない限り、著作物をコピーするには、事前に著作者・著作権者の許諾を得なければ、著作権侵害である。つまり、他人が著作物をコピーしてもよいかどうか著作者・著作権者が「オプトイン」で選択できる。

これに対して、グーグル・ブック検索に関する和解案においては、グーグルが勝手に著作物をまずスキャニングして索引化したうえで、ユーザーの検索と閲覧に供してしまう。そして、ユーザーの検索と閲覧に応じて、著作権者に報酬を支払う。ただし、もし著作者・著作権者に異議がある場合には、その著作物のスキャニングデータをデータベースから削除する――このような内容であった（4–10）。

この和解案は、米グーグル社と米国の作家協会（ライターズギルド）その他の一部の著作者・著作権者や書籍の流通事業者との間で交わされた約束だったが、集団訴訟（クラスアクション）という訴訟の枠組みとその内容（当面米国内で絶版である書籍に対してクラスアクションの結果が及ぶ）のゆえに、世界中の著作者・著作権者が巻き込まれることとなった（4–10）。結果として、著作権１・０を世界的に置き換えるかもしれない著作権２・０構想の登場となったわけである。

著作物コピー許諾のオプトアウト化は、著作物の利用を促進し、結果として著作物の将来的な創造を活発にする可能性がある。名和（2010a: 10–11）の主張するところでは、孤児著作物が死蔵されることを防ぐうえ、無名の著作者の作品であっても、事前の許諾が必要ないとされれば、利用される機会が増加すると見込まれる。

孤児著作物とは、著作権者が不明の著作物のことである。現在でも、文化庁長官の裁定と通常の使用料に相当する著作物利用補償金の供託によって、孤児著作物の利用は可能である。とはいえ、文化庁長官の裁定を得るためには、著作権者の捜索を行った事実を示す必要があるため、相当のコストがかかり、孤児著作物の適法な利用は難しい(65)。

国立国会図書館では、所蔵資料の電子化を進めるとともに、「国立国会図書館デジタルコレクション」（以下、デジタルコレクション）と名付けるデジタルアーカイブによる公開を進めてきた（4–12）。平成二一年および平成二四年著作権法改正によって、国立国会図書館における所蔵資料の電子化には著作権者の許諾は不要となり、この電子化した所蔵資料のうち、絶版資料等にかかわる著作物の複製物は、公共図書館に対して公衆送信できるようになった。「デジタルコレクション」で公開する資料は、著作権など権利状況に問題がない資料に限っているとされる。孤児著作物に関しては、文化庁長官の裁定を受けて（補償金一冊五一円）（国立国会図書館 2010）、公開しているものもある。ところが、孤児著作物の利用にあたっては、文化庁長官による裁定を受けるとしても、著作権者やその連絡先を手を尽くして探したものの発見できないことを証明する必要があるため、いずれにせよ、許諾作業が必要とされる。二〇〇五年時点では、明治期刊行図書に関するこの許諾作業には、数億円の費用がかかっている（福井・岡本

2016; 国立国会図書館 2010)。

さらに、文化庁長官による裁定制度は、著作隣接権にまで及ぼす著作権法改正が行われたものの(平成二一年改正。第一〇三条の対象に著作隣接権を追加)、ローマ条約(実演家、レコード製作者および放送機関の保護に関する国際条約)は実演家の権利に関して強制許諾を禁止しているので、強制許諾の一種である文化庁長官の裁定制度は、十分に機能しないとも指摘されている(66)(玉井 2015; 鈴木 2015)。したがって、文化庁長官による裁定制度には、コストおよび実演家の著作隣接権にまで及びがたいとの難点があって、放送や録音物なども含む広く孤児著作物問題の解決には十分に役立たない可能性が高い。

一方、グーグル・ブック検索に限らず、インターネットで公開されるコンテンツは、原則的にすべて利用が無料であって、この環境に多くのユーザーは長く慣れてきた。ニュースや地図、映像、音楽など、ユーザーが直接お金を支払わずに利用できるコンテンツがインターネットには多数存在する。無料で利用できるとしても、それをまかなうお金を支払うスポンサー(パトロン)がやはり必要で、著作権2・0は新しいパトロンを支えるものでなければならないとされる(名和 2010a: 13-14)。

現在電子化とオープンアクセス化が進む学術ジャーナルの世界では、掲載料という形で著作者本人がパトロンとなる。そして、そのお金は、一般的には税金を原資とする公的資金である(67)(Robertson 2015)。そもそも学術ジャーナルは、学会費を原資として出版され、その読者は主に学会のメンバーであるという「クラブ財」的性質を有していた(名和 2002: 66-69)。

税金を原資とする掲載料が主要な収入源で、広く学会内外の人々を読者とするとなれば、学術ジャーナルや論文はクラブ財から公共財に転換する。学術ジャーナルに掲載された論文の価値を決めるのは、市場における売り上げや評判ではなく、クラブ財の時代は同じ学問分野の同僚の承認と評判、公共財に転換してからの時代は、同じ学問分野の同僚の承認と評判に加え、広く知的読者階層の承認と評判であろう。(68) そして、同時に、それらの評判が論文の品質の維持・向上のための動機づけを与えることになるだろう。資金的なパトロネージュと著作物の品質とは、おそらく直接の関係があまりない点に注意しよう(5-5)。

孤児著作物問題を解決する手立てとして、グーグル・ブック検索におけるクラスアクションの和解合意(4-10、4-11、4-12)を見ることができると、玉井(2015)は指摘する。クラスアクションの結果は、「クラス」の構成員すべてに及び、その結果、対象となる著作物には孤児著作物も含まれることとなる。その結果として、作家および出版社の団体が拡大集中許諾を行ったのと同じ効果が生じる。

拡大集中許諾(extended collective licensing)とは、「権利者団体が、構成員など所在の分明な権利者から明示的な委託や信託を受けて権利を集中管理する(集中許諾を行う)だけでなく、自ら名乗り出ることのない所在不明権利者の権利をも管理する仕組み」(玉井 2015)を指す。集中許諾・集中管理は権利者の委託を受けるオプトインを原則とするものの、拡大集中管理は、権利者が委託しない著作物についても、その意思に反しない限り(オプトアウト)許諾の対象とする。権利者の利益や推定的意思は同じ立場による権利者団体がもっともよく理解していると、玉井(2015)はいう。(69)

孤児著作物の利用に際しては、権利者団体が定めた対価基準にしたがって、権利者の委託著作物と同様に料金を徴収し、対価支払いのために権利者団体がその料金から手数料等を差し引いてプールする。孤児著作物の著作権者が名乗り出て、確かに著作権者であることがわかれば、この対価を支払い、また、孤児著作物の著作権者から申し出があれば、この枠組みからのオプトアウトも可能とする。

デンマークやスウェーデンなどの北欧諸国がすでに上記のしくみを実施するほか、ドイツにおいては、拡大集中許諾システムを許容するEU孤児著作物指令（二〇一二年成立）を受けて、絶版著作物に限って、権利集中管理団体に権利行使が委託されたものと推定されると、著作物利用法を改正したという（Lenz 2014: 城所 2016b: 3・9, 4・8, 6・3）。

EUは、欧州電子図書館構想実現のため、EU孤児著作物指令を作成し、当初の草案では、図書館などの公的機関に、商業利用も含む孤児著作物の利用許諾権限を与えようとするものだった。ところが、成立した孤児著作物指令においては、商業的利用を目的とする許諾事務の管理は、公的機関の公共性の観点から排除されたと、鈴木・玉井・村上（2013）は評価する。

拡大集中許諾システムは、その運用の仕方によっては、孤児著作物の問題に加え、名和（2010a: 13-14）が指摘するパトロン問題の解決にも寄与するかもしれない。著作物を登録簿に記載したうえで、その利用に当たって、薄く広く利用料金を徴収し、著作物の創作者を含む著作権者に対して、それを適切に配分できるようになれば、パトロン問題は軽減されるだろう。ただし、多くのインターネットユーザーにとっては、インターネット上の情報を無料で使用することが当たり前だから、直接の支払いには難色を示すだろう。したがって、著作物利用料金の徴収・分配は、コンテンツの流通事業者の広告収入から行うなど考える必要があるだろう。

その一方で、拡大集中許諾システムの設立と運用に当たっては、さまざまな懸念もある。

第一に、表現・言論の自由の基盤となる「知的プライバシー（intellectual privacy）」の侵害が懸念される。

フィッシャー（Fisher 2004）は、インターネット上の著作物利用に当たって料金を薄く広く徴収できる情報システムは取引コストを大きく下げ、巨大な社会的利益があると示した。ところが、名和（2004: 235-237; 2006: 83-95）は、同書（Fisher 2004）が提案するようなシステムにおいては、誰がどの著作物にアクセスしたか記録し個々の取引について支払い計算を行う取引システムの採用によって、プライバシー侵害リスクが高まると指摘している。リチャーズ（Richards 2015: 123-135）によれば、情報アクセスの秘密は、自由に情報にアクセスし、自身の意見やその基盤となる教養を構築する基礎となるので、民主政社会にとって、きわめて重要な社会的価値を有する。情報アクセスの秘密は、思想の秘密および通信の秘密と併せて、リチャーズ（2015）においては「知的プライバシー」と呼ばれる。知的プライバシーは表現・言論の自由の基盤であるうえ、情報社会においては、情報の管理者や技術的知識に長けた者が容易に侵害できることから、とくに保護が必要であると主張される。

第二に、教育・研究などの公共的利用や非営利的利用に対する配慮も必要であろう。公共図書館における万人に対する情報アクセスの無料提供は、経済的・社会的に自立するとともに、政治的判断力を備えた地域住民・市民を育てるための基盤となるから、民主政社会を支える重要な要素だとされてきた(70)。公共図書館においても、たとえば、電子化著作物の利用に関しては、すべての利用に対して料金が徴収されるとなれば、利用料金が支払えない、あるいは支払えたとしても大きな負担となるユーザーが生じる懸念があるから、公共図書館の重要な機能が損なわれる懸念もある(71)。

公共的利用・非営利利用に対して大きく道を開くと、フェアユースの法理は期待されているものの、後述するように、全能ではない(72)。フェアユースの法理によって認められないとしても、公共的・非営利的利用において、できるだけ容易に（著作権者を探して個別に権利処理を行う手間を省いて）、かつできるだけ著作権使用料金を抑えて著作物を活用したいというニーズは存在する。

したがって、拡大集中許諾システムを活用するなかで、公共的利用や非営利的利用において、利用者（公共図書館利用者や学校・各種学校等の教育機関で学ぶ学生・生徒、研究者など）が、少なくとも直接費用を負担しなくて済む（税金による支払い等）補助的なしくみを構想する必要がある。創作者は、事前意思表明システム（クリエィティブコモンズライセンスなど）を用いて、非商業的利用について自由に利用させるという意思表明を行ってもよい。ただし、この問題は、公立図書館や学校・各種学校等の教育機関、高等教育機関・研究機関等において、通常の会計の中に著作物利用費用を組み込めば済むことなのかもしれない(73)。

第三に、そもそも現行の著作権制度（ベルヌ条約）が無方式主義と登録簿への記載のオプトインを前提としていることから、オプトアウト方式は成立し得ないとする見解も強い（Lenz 2014）。それに対して、玉井（2015）は、欧州大陸法系諸国におけるローマ法以来の伝統である事務管理（negotiorum gesto）の法理を使って、このオプトアウト方式の正統性を主張しようとしている。著作物を取り囲む環境の変化（多数の実演家や創作者がかかわる著作物の生産形態の変化（増田 2005 など）、著作権保護期間の延長（玉井 2015; 鈴木 2015）、個人情報保護意識の高まりによる著作権者探索の困難化（鈴木 2015））によって、孤児著作物問題解決の取引費用が増大し、問題が深刻になっている。その一方で、デジタル化による著作物利用の可能性が拡大し、孤児著作物の二次利用を促すことでより大きな社会的利益がもたらされるとしたら、オプトアウトの手続きや権利者の利益の保護に関する規定を整備したうえで、登録簿への記載とオプトアウトにもとづく拡大集中許諾システムへの移行は、許容される余地がありそうだ。

最後に、著作物の登録簿の整備・運用を行う者が、著作物とその市場を独占的に支配する可能性が懸念される。グーグル・ブック検索の重大な懸念材料は、まさにこの著作物とその市場の独占問題であった(4-12)。公共性への配慮が必ずしも十分かどうかわからない私企業が、全地球的に登録簿を支配するとともに、権利処理を一元的に行うようになるのではないかと、多くの関係者が懸念を覚えたのである。著作物の登録簿の整備と管理は公的機関が行ったうえで、その権利処理には、複数の企業や団体が参入できる余地をつくることで、市場独占の弊害に加え、公共性への配慮が不明な私企業による登録簿や権利処理事業の支配を避けられるかもしれない。

たとえば、日本においては、国立国会図書館がデジタルライブラリー(4-12参照)の公開と活用のために行ってきた著作権調査の結果にもとづいて作成した著作権者の所在情報等のデータベースが存在する。この整備がどの程度進んでいるかに関しては、公開されていないものの、著作権等管理事業者や権利処理を実施する事業者が、このデータベースを国内の著作物登録簿として活用し、権利処理とオプトアウト業務を実施することが可能と思われる。

このように、拡大集中許諾システムも万能ではなく、解決すべき課題が多いものの、すでに裁定制度についてみたように、その他のメカニズムにも一長一短がある。

第一に、著作権法の外で、クリエイティブコモンズ(74)など事前の意思表明によって、著作物の流通と活用を促す試み(事前意思表明システム)もあるものの(上村 2006; 大谷 2014c)、そもそも著作者・著作権者が不明で意思表示のしようがない孤児著作物問題には無力である。

次に、英米流のフェアユースの法理による著作物の利用も、その適用がうまくいけば大きく新技術・新ビジネスの興隆を助け、著作物の流通と活用を促進すると期待されるものの、限界がある。フェアユースの法理の可能性としては、とくに新技術が登場し、新しい著作物の利用形態が登場した際には（検索エンジンやグーグル・ブック検索のようなデジタル化著作物の検索とその検索結果のみの一部表示など）、フェアユースの法理が使えるならば、安心して新技術開発と新技術によるビジネスの運用ができる可能性が高い。また、教育・研究などの非営利利用における著作物の利用においても、フェアユースの法理によって、その利用できる場面が豊かになるかもしれない。

たとえば、次のような奇妙な事態を解決することが期待できるかもしれない。

授業において、ウェブページや、インターネットで配信されるオンデマンド放送をスクリーンに投影して、学生・生徒に閲覧させることは、現行の著作権法上は、少なくとも形式上著作権侵害（伝達権（著作権法第一五条二項）の侵害）になりえる。著作権法第三八条第一項は、非営利・無料・無報酬の著作物の上映・上演・演奏等の無形的再製に関しては、著作権の制限がかかるとしているものの、自動公衆送信（ウェブによる著作物の閲覧はすべて自動公衆送信に当たる）によるデータの伝達には、この著作権の制限は及ばない(75)。

一方で、この同じデータをいったん、授業の過程で使用する目的で、ハードディスクドライブに保存し、スクリーンに投影したならば、この行為については、著作権法上著作権者に許諾を得る必要がないと考えられる。なぜならば、授業の過程で使用する目的の複製（ハードディスクドライブへの保存）は、著作権法第三五条により、無許諾でも著作権侵害とならないし、保存したデータのスクリーンへの投影は上映であるから、第三八条第一項によって、その上映が非営利・無料・無報酬であれば、著作権が制限されるからである。一般的に、非営利の学校教育委機関における授業における著作物の上映は、授業を行う者が給与を得ていて、学生・生徒が授業料を支払っていても、いずれも授業の実施による報酬と授業の受講に対する料金支払いであって、上映行為による報酬や上映行為に対する料金支払いではないと考えられるので、非営利・無料・無報酬とみなされる(76)。

実質的に同等と考えられる上記の二つの行為が、一方は著作権侵害となり、他方は許容される事態が発生するのを回避するには、フェアユースの法理の導入が、一つの解であると考えられる。

ただし、①著作物の利用形態が「変容的（トランスフォーマティブ transformative）」（元の目的での形態とは大きく異なる。この要素を満たすことから、新技術による新しい形態の著作物利用はフェアユース法理のもとで許される可能性が高い）である、②教育・研究などの非営利利用目的である、③元の著作物の市場に影響を与えない、④利用される分量・質が著作権者に経済的打撃を与えないなどの条件を満たしていない場合には、孤児著作物であったとしても、また、教育・研究利用目的であったとしても、自由利用ができるとの結論は導けない。たとえば、授業等で扱う文献を電子化して、学生に提供していたジョージア州立大学（Georgia State University）の事例においては、教育・研究等の分野における非営利的利用に関しても、フェアユースが認められない利用形態が存在した（城所 2016a）。

このように、裁定制度・事前意思表明システム・フェアユースの法理の導入という解決法はそれぞれ一長一短があって、孤児著作物問題のよりよい解決を含め、デジタル時代にふさわしい著作物の流通と活用を推進するとともに、それにともなう副作用を抑制するためには、著作権２・０の実現が待たれる。

上記の検討から、著作権2・0においては、次のようなメカニズムが必要となることがわかる。①著作権のオプトアウトを可能とする著作権制度の修正または解釈変更、②おそらく公的な管理のもとにある著作物の網羅的な登録簿、③複数の営利・非営利の著作物取引の権利処理システム、④公共的・非営利的利用を支える著作権利用料金の公的支出メカニズム、⑤利用者の知的プライバシー保護システム。

それでは、著作権制度のオプトアウトシステムへの変更は可能なのだろうか。5－1〜5－7の分析の通り、著作権はそもそも天賦人権ではないうえ、経済的・金銭的インセンティブを与えることを目的としているのではなく、むしろフリーライドを防ぎ、著作物取引の公正な市場競争に対する信頼を維持することで、著作物の過少生産を防ぐ制度であるとみなすべきである。著作者や流通事業者が著作物取引を通じて財産的基盤を築く余地を与えることで、副次的に言論の自由を保護する働きもある。金銭的インセンティブは、市場秩序・競争に対する著作者や流通事業者の信頼を維持する働きの一部に過ぎない。著作権をどのように設定するかは、文化的発展に寄与するか阻害するか、著作物創造・流通・利用に伴う社会全体の経済的利益を増進するか、また言論・表現の自由などほかの価値と整合的なのかという観点から、帰結主義的に政策的有効性の観点から判断されるべきである。(77) したがって、著作権は、義務論的枠組みで主張される権利ではない。

一方、著作者人格権のうち氏名表示権・公表権は、名誉・評判による動機付けの必要条件である。名誉・評判による動機付けは多くの著作物の生産に及んでいるので、氏名表示権・公表権の保護は重要である。同一性保持権については、名和が指摘するように、デジタル時代においては一定の緩和をしたほうが、社会全体にとっての利益は大きい可能性が高い（大谷 2014c）。

著作権が金銭的インセンティブであるならば、著作権によるフリーライドの防止と市場秩序の維持は、著作者や流通事業者、海賊版業者、利用者等の期待と信念に依存する。したがって、必ずしも計量経済学的分析が著作権政策や立法過程に強く影響を及ばさず、むしろ著作者や流通事業者による期待や信念にもとづくロビイングが大きな影響を与えるのは当然と言えるかもしれない。

しかしながら、この状態を放置することは、帰結主義的価値である著作権の性質から見て望ましくない。金銭的インセンティブの主張が無制限に認められるならば、逆に著作権によって文化的・社会的・経済的に帰結する利益は、望ましい水準よりもはるかに低くなるだろう。むしろ金銭的インセンティブ論が前面に出過ぎたために、私的録音録画補償金制度をめぐる議論は混乱しているように思われる。

社会的に望ましい著作権による保護水準を設定するには、著作権侵害の被害と著作物生産者・流通事業者の利益、著作物利用による社会的利益、社会的な著作物生産水準の上下等について、かなり厳密な調査方法と統計学・計量経済学等による社会的に望ましい著作権による保護水準の信頼できる分析を確立するべきである。著作権制度の立法・改正に当たっては、当事者以外の者である学者の手を借りながら、立法府や政府部局、公益委員会等が社会的に望ましい著作権の保護水準を実現する探究を推進し、著作者・流通事業者をはじめとする利害関係者間を調整する必要がある。

このように考えてくると、著作権システムをオプトインから、オプトアウトに転換すること自体は、むしろ帰結主義的に正当化される可能性が高い。また、著作物利用によって利益を上げているにもかかわらず、著作権使用料を支払わないというフリーライドを防ぐしくみとして、登録簿と権利処理方式はより望ましいように見える。これらのことから、著作権制度のオプトアウトは、本書で示した枠組みであれば、倫理的に正当化される可能性が高いことがわかる。

註

（1）　5－1〜5－7節および、5－12節の一部は、大谷（2011）にもとづく。
（2）　国内における計量経済学的手法による著作権制度と著作権の保護水準に関する研究の成果としては、林・田中編（2008）および新宅・柳川編（2008）などがある。
（3）　二〇〇三年一一月、ウィニー利用者が初めて逮捕された（5－8）（大谷 2008: 28–29）。この年前半、国内のウィニー利用者はピークを迎えつつあったと見られるが、この頃のP2Pファイル共有ソフトウェアを利用するユーザー数の調査では、音楽・映画やソフトウェアなどのデジタル著作物の著作権保護を目的とする社団法人コンピュータソフトウェア著作権協会（ACCS）と、インターネット調査会社ネットアーク（当時。二〇〇五年同社は株式会社クロスアークに吸収合併）が発表した推計値に大きな開きが見られる。「国内P2Pユーザー、ACCSは「一八六万人」、調査会社は「六万人」」『ITmedia』二〇〇三年六月一八日 http://www.itmedia.co.jp/news/0306/18/njbt_02.html（二〇一六年一二月一七日アクセス）を参照のこと。これは、推計方法の違いによると考えられる。社団法人コンピュータソフトウェア著作権協会（ACCS）によるP2Pファイル共有ソフトウェアの利用者数の推計には、インターネット利用者を対象とするウェブ調査が用いられた。ウェブを利用するアンケート調査は面接者によるアンケート調査よりも心理的・身体的負担が少ない一方で、虚偽の回答をしやすい（たとえば、アクセスするネットワークを変更して同一人物が二回回答するなど）傾向がある。また、この調査は、そもそもP2Pファイル共有ソフトウェアに関心がある層がアンケート調査に回答した可能性が高いことから、標本集団が偏っている疑いがある。一方、ネットアークの調査は、P2Pファイル共有ネットワークに接続し、到達可能なノードを計数する、いわゆる「クロール調査」にもとづいている。そのため、後者のほうが実態に近いのではないかと考えられる。その後、ACCSは、二〇〇七年度から二〇〇九年度までクロール調査とアンケート調査を並行して実施し、二〇一〇年度以降はクロール調査のみ実施して、結果を発表している。同協会ホームページの各年度の活動報告（http://www2.accsjp.or.jp/activities/二〇一六年一二月一七日アクセス）を参照せよ。

（4）ここで略述した「コモンズの悲劇（The tragedy of the commons）」については、Hardin（1968）参照。なお、この論文におけるHardinの主要な主張は、地球人口問題・地球環境問題（公害）は、「技術的解がない問題」であって、良心に任せることなく、税金による強制を行うことで、人口のコントロールを行うことが解決の道だというものである。無制限な自由を許すよりも、お互いに害を与える行為にお互いに強制的に制限を加えることで、人びとの自由はより増すと、Hardinはいう。産む自由（freedom to breed）をお互いに放棄することが、将来的な人口問題や地球環境問題に直面した私たちには必要だとされる。

（5）なお、著作権保護期間の長さによる社会の経済的得失については、林・田中編（2008）を参照。

（6）フリーライダーを道徳的に非難するには、クリエイターの労力・時間・コストなどの成果にただ乗りしてはならない、またはこうした投資を保護する必要があるという「額の汗」理論が用いられることがある。データベースの著作物の保護の正当化に使われる「額の汗」理論については、蘆立（2004: 15–18）を参照。しかし、一般的には、著作権の正当化において、額の汗理論が使えないことは、投資に見合うだけの報酬を知的財産権法が保証するわけではないというKuflik（1995）の立論からも明らかである。

（7）フランスにおいては、市場取引によって収入を得た初期の職業作家は、いかがわしい政治的パンフレットづくりやポルノグラフィーなど地下出版に多く手を染め、糊口をしのいでいた。Darnton（1982=2000: 55–157）およびDarnton（1995=2005: 168–169, 312–317）など参照。

（8）フランスにおいては、著作者の独創性を保護する法律として、アンシャンレジーム期から革命期にかけて著作権法が成立してきた（Davis 2002: 129–140）。

（9）一九世紀後半から二〇世紀初めにかけては、レコードの偽作よりも、自動演奏ピアノやダンスホールでの音楽利用が音楽産業にとっては、脅威と見られていた。一九世紀後半から、フランスにおいても、楽譜演奏の著作権料支払いが問題となり、作詞家・作曲家が、カフェやディスコ（ダンスホール）などからの著作権使用料徴収のため、一八四七年、著作権集中処理機構（SACEM: Société des Auteurs, Compositeurs et Éditeurs de Musique）を創設した（宮澤 1998: 153–181）。アメリカにおいては、一九一四年、SACEMの先行事例に影響されて、当時隆盛を極めたダンスホールからの音楽著作権使用料金徴収機構としてASCAP（American Society of Composers, Authors and Publishers）が設立された（Sanjek 1988: 37–38）。

（10）日本においては、現在のところ一時的複製は複製と見なさないとする学説が多数説である。なお、一時的複製を恒久的複製とは区別しない議論で注目されるのは、塩澤（1999）である。塩澤は、内外の学説を比較検討し、「一時的複製」と「恒久的複製」という区別は妥当ではなく、あくまでも「複製物」が生成する点では変わらないとする。しかし、複製物の生成の行為が意識的であるか無意識的であるかによって分けて、前者のように意識的に複製物を作出する行為は「複製行為」であって、複製物の存続が恒久的・一時的にかかわらず、著作権の対象となるとした。しかし、コンピュータ・プログラムの実行のように、メモリへの複製物の生成が伴うものの、複製の作出を目的としない行為は「複製行為」には当たらず、著作権の対象ではないと見なしている。なお、情報通信ネットワークにおける伝送にともなうバックアップやキャッシュサーバーへの保存や、ウェブ閲覧時におけるパーソナルコンピュータのメモリやハードディスク上のキャッシュメモリへのウェブデータの一時的蓄積については、明確に合法であることが、平成二一年度著作権法改正によって示されることとなった（著作権法第四七条の五、第四七条の八）。なお、ルータによるパケットの伝送にも必然的に複製がともなう（受けとったＭＡＣフレームからＩＰパケットを取り出し、新たなＭＡＣフレームにＩＰパケットを埋め込む際に、複製が行われている）が、この行為については、従来の多数説通り一時的蓄積として著作権法上の複製とは見なされないと解釈されるべきだろう。

（11）筆者はこの直観をKuflik（1995）と共有している。ただし、彼の議論は特許権中心の議論なので、ここでは著作権を対象として議論を組み直している。

（12）なお、Johnson（2001=2002: 222–224）での議論に対して、現在最新の第四版（Johnson 2009: 124–128）においては、ソフトウェアの「所有権」の自然権による正当化に対する批判として、①ある者が労働を事物に加えても必ずしもその人がその事物を所有できるとは限らないという、Nozick（1974=2006: 293–294）の指摘に加えて、②広義のソフトウェア特許を認めた場合、“mental step”の所有権を認めることとなるので思想の自由という自然権を侵害するという批判が、述べられている。Nozickのロック的自然権についての議論については、本章註(24)を参照。ところで、森村（2001: 44）は知識・情報の排他性のなさを問題にしているが、これは適切ではない。同時に複数の人間が使用しても目減りしないという性質は、まさに競合性のなさを示しているからだ。つまり、知識や情報は競合性がないから排他性を設ける必要もないのであって、排他性と競合性を混同して、排他性のなさを前提とするのは議論が転倒している。

（13）　著作権法へのフェアユース導入の賛成論としては、限定的賛成も含め、次のような論考がある。阿部（2001）および、椙山（2008: 第二章および第三章）、フェアユース研究会（2010）、椙山（2010）、上野（2007）、城所（2016b）など。また、山本・奥邨（2010）は、米国著作権法におけるフェアユースの法理や判例について詳細に解説したものである。ところで、中山（2014: 393-402）は、「現段階においてはフェアユースを正面から採用することは困難である」と結論づけた第一版（中山 2007 : 308-311）と比較して、フェアユース導入をより肯定的に捉えるようになっている。すなわち、パロディとネット・ビジネス、とくにクラウド・コンピューティングにおいて、フェアユース導入の意義は大きいと評価する。後者のクラウド・コンピューティングに関しては、技術の発達がすさまじいので、限定的規定では追いつかないだろうと予想する。

なお、日本の著作権法へのフェアユース導入の可否については、文化審議会著作権分科会法制問題小委員会が議論を重ね、文化審議会著作権分科会法制問題小委員会（2010）をまとめ、形式的侵害行為（映画・テレビなどで著作物が画面の隅に映り込む、など）、適法な著作物の利用を達成しようとする過程で合理的に認められ、社会通念上質的量的に軽微な利用行為（マンガのキャラクターの商品化許諾を得たうえで、企画書にキャラクターを複製する、など）、著作物の知覚を通じての享受以外の利用（技術開発時に映画の著作物を機械に読み込ませる、など）のような三つの類型について、ごく限られた範囲での一般規定の導入を提案している。ただし、中山（2014: 400）は、この審議会報告をもとに、平成二四年著作権法改正において導入された「日本版フェアユース」は、『名も実も捨てた』フェアユース」であるとして、形式的にも実質的にもフェアユースとは別物の、パロディやネット・ビジネスに対応できるようなものではないと否定的に評価する。

フェアユースによる著作物の活用と創造にかかわる課題の解決の限界に関しては、5－12参照。

（14）　著作権の制限をオーバーライドする契約については、文化審議会著作権分科会（2008: 18）では「限定的であるべき」とされる一方で、明示的な同意があればという限定つきではあるが、半田（2015: 164）は、第三〇条をオーバーライドする契約は、著作権法の立法趣旨に沿うものとして有効であるとする。一方、名和（2004: 83-95）は、情報通信ネットワーク環境に契約モデルを導入することによってプライバシー侵害のリスクが高くなり、私的複製および私的利用の領域を侵犯する懸念が強いので、私的録音録画補償金制度の拡大によって、DRM（デジタル権利管理システム）などの契約による解決は避けるべきだと論じている（5－12参照）。

（15）　プラトン『パイドロス』244B-245C参照。ドッズ（Dodds 1951=1972: 79-125）においては、神的狂気が与えるさまざまな才能や能力について、古代ギリシア文化全体の中での位置づけを説明している。

（16）　科学革命期の自然哲学者（この時代、科学者（scientist）の言葉・概念はまだ存在しない）たちを導いた思想や直観の主要な源泉は、新プラトン主義的なヘルメス主義である（坂本 2008（1974）: 218-224）。この思想は、現代の目から見ると、きわめて不合理なもので、錬金術やスピリチュアルな宇宙観と結びついたものであった。

新プラトン主義的ヘルメス主義は、ルネサンス期、ヘルメス文書の翻訳によって西ヨーロッパ世界に紹介された。この思想は、占星術と錬金術と結びついており、代表的な学者は、ネッテスハイムのアグリッパとパラケルススである。同時に、数学を重視する思想でもあった。ただし、現代の自然への数学の適用とは著しく異なった仕方（数秘術的な仕方で）で、自然を数学によって理解しようとするものであった。ルネサンス期から科学革命期にかけてのヘルメス主義の展開に関しては、ディーバス Debus（1977=1999）を参照。

この思想が近代科学の建設者とみなされている自然科学者に与えた影響は大きい。たとえば、コペルニクスの太陽中心説は、新プラトン主義・ヘルメス主義に由来する太陽崇拝から思いつかれたものであって、合理的な推論の結果ではない。むしろ太陽が世界の中心にあるべきとの信念に沿って、世界体系を構想したものと見たほうがよい。この新プラトニズムにもとづく太陽崇拝は、緻密な長期にわたるティコの観測結果から、惑星運動の三法則を導いたケプラーにも引き継がれている（Kuhn 1957=1989: 203-205）。

ニュートンの絶対時間や絶対空間の思想は、ケンブリッジプラトニストと呼ばれる新プラトン主義者たちの思想の中から生まれた。端的に言えば、ニュートンをはじめとするケンブリッジプラトニストによれば、絶対時間や絶対空間とは神のことである（Koyré 1957=1973:180-190）。重力・磁力などの遠隔作用・遠隔力は魔術的な力と見なされて、「合理的な」デカルトやメルセンヌらは認めなかった一方（デカルト派の宇宙では近接力が作用して物体が運動するとされ、近接力を働かせる渦が世界を満たしていた）、ヘルメス主義に影響されていたニュートンやギルバートは、その存在を受け入れた（Debus 1977=1999: 220-231）。また、ニュートンの光学やエーテルの概念も、彼の錬金術研究とヘルメス主義の産物と考えられる（Debus 1977=1999: 482）。

この世界が脱魔術化され、現代の科学的宇宙像へと変わっていくにあたっては、フランスにおける啓蒙主義の運動が重要だったと考えられる。近代科学成立における啓蒙主義思想の働きに関しては、村上（2002）を参照のこと。

（17）　ただし、現代の科学史家は和算と技術との結びつきを強調し始めており、庶民にまで裾野広く親しまれた芸事に過ぎないという和算像は崩れ始めている。近年の成果として、佐藤（2005）を参照。

（18）経済学や研究開発論においては、企業が合理的にふるまうならば知識や情報の生産に対して過小にしか投資しないか、知識や情報の囲い込みを進め、社会的に最適な水準から見て科学知識・情報の生産が過少にしか行われなくなることが指摘されている。まず、経済学的には、政府が研究開発活動を助成すべきという経済的根拠としては、技術的知識・情報の公共財的性質と不確実性に主に由来する過少投資の存在が指摘されてきた。技術的知識・情報は、その非排除性（特に知的財産権制度などの制約を設けない限り）と非競合性によって、技術進歩によって生み出された利益をその発明者や投資家が独占することは困難である。また、研究開発投資は必ずしも回収されるとは限らないし、また回収されたとしてもそれが遠い将来になる可能性があって、不確実性が高い。したがって、市場に任せておいたのでは、社会的最適水準から見て研究開発活動への過少投資が生じるので、政府助成が必要であるとされる。古典的研究としては、Arrow（1962）がある。若杉（1986: 第九章）を参照。また、科学史・科学社会学研究によれば、公共財とされてきた科学知識が企業や政府によって私有化され、秘匿化される傾向は、二〇世紀において科学技術が軍事・経済において大きな役割を果たすことが明らかになるに連れて強まったとされる。吉岡（1986）を参照。

（19）東京地方裁判所平成一九年五月二五日（平成一八（ワ）一〇一六六号）。

（20）この判決に対する批判としては、山神（2007）なども参照。

（21）録音録画補償金制度の支払い義務者が誰であるべきかという議論については、斉藤（2007: 233; 2014: 116–117）および作花（2008: 204–205）を参照。なお、私的録画補償金管理協会と私的録音補償金管理協会の調査によれば、二〇〇六年五月において、調査地である国々すべて（ドイツ、フランス、オランダ、オーストリア、スペイン、アメリカ、カナダ）において、すべて補償金の支払い義務者は製造業者・輸入業者とされている。また、ＥＵに対する調査においても、同様に製造業者・輸入業者が補償金の支払い義務者としている。社団法人私的録画補償金管理協会・社団法人私的録音補償金管理協会（2006）参照。

（22）ところで、Netanel（2008: 30–53）によれば、米国の伝統的な著作権法理解においては、著作物の市場的な流通を促進することで、国家の著作物への介入を回避し、言論の自由を促進する効果があったとされる。しかし、現在進行中の著作権の強化は言論の自由を促進しないと、言論の自由を専門とする憲法学者であるNetanel（2008:109–153）は、やはり同書で主張している。

(23) 東京地方裁判所平成二二年一二月二七日(平成二一年(ワ)第三〇三八七号)http://www.courts.go.jp/hanrei/pdf/20110106181237.pdf(二〇一六年一二月一七日アクセス)。同裁判においては、私的録画補償金管理協会(SARVH)が、デジタル放送専用レコーダーの私的録画補償金の支払いを拒否した東芝を告訴した。デジタル放送専用レコーダーが補償金支払いの対象となるか、メーカーによる補償金支払い義務があるのかの二点が争点であったが、同地裁判決は補償金支払い義務を認めず、東芝が勝訴した。同裁判の争点と概要については、次の記事も参照のこと。「デジタル専用レコーダーは補償金の対象か　SARVH・東芝訴訟、判決言い渡しへ」『ITmedia』二〇一〇年一二月二四日　http://www.itmedia.co.jp/news/articles/1012/24/news112.html、および「録画補償金訴訟で東芝勝訴　SARVHの請求棄却」『ITmedia』二〇一〇年一二月二七日　http://www.itmedia.co.jp/news/articles/1012/27/news054.html(二〇一六年一二月一七日アクセス)

(24) ところで、ノージック Nozick によれば自分の所有するものである労働を無主物に混ぜたとしても、必ずしも自分のものにならないというケースが存在する。「……私の所有物を私の所有でない物と混ぜ合わせることが、私の所有でない物を手に入れる方法にはならず、私の所有物を失うことになってもよいと思われるが、そうならないのはなぜか。もし私が一缶のトマトジュースを所有していて、それを海に注ぎ、その分子が海全体に平均的に混ざる(ジュースの分子に放射性原素[原文ママ]が加えられていて、私はこのことがチェックできる)ようにすれば、そのことによって私は、海を所有するに至るのか、それとも愚かにも自分のトマトジュースを浪費してしまったことになるのか」(Nozick 1974=2006: 293–294)。Nozick のこの一節を念頭に置いて、先人の業績に自分自身の労働を混ぜたとしても、それが自分のものであるとは権利主張できないと論ずることも可能である。なお、いわゆる「ウィルス性」を有するGPL(Gnu Public License)によって配布されるソフトウェア(コンピュータ・プログラム)に関しては、このライセンスに従う場合、自分のコンピュータ・プログラムに問題のGPLで配布されるコンピュータ・プログラムを組み込むことができるものの、自分のコンピュータ・プログラム自体もGPLによって配布しなければならなくなる。Nozick の海にトマトジュースを投入して混ぜてしまう逸話は、GPLを想起させる面があるものの、GPLで配布するソフトウェアであっても、自分がどのような貢献をなしたかに関しては主張できるから、自分の所有物とすることができなくても(ソフトウェアにおける「所有権」とは何かという問題は依然として残る)、著作者人格権やその他の社会的承認・称賛等による報酬は、GPLのもとでも受けることができるので、トマトジュースの事例とは、やはり大きく異なる。

（25）現行の著作権法・著作権制度が、孤独な天才という一九世紀的なロマン主義的著作者像を前提としているため、集団的な音楽実践を重要な契機とする現在のポピュラー音楽生産の現場の実情と大きくかい離しつつあるという問題については、増田（2005 : 205）などを参照。また、中山信弘は、プログラムの著作物や実用的文書などの経済財を取りこむことで、近年著作権法はビジネスロー的な性格を有するに至ったと評価している（中山 2014: 33–35）。

（26）テイラー Taylor（1991=2004: 43–58）は、西洋近代においては、近代的自由と個人主義の登場と普及によって、私たちは生きる意味と価値の基準を失ってしまったと指摘する。私たちは、自分自身のアイデンティティは、背景となる歴史や自然、社会からの要求と自らの選択とのせめぎあいから生まれるものではなく、自己の選択によってのみ生まれるものと考え、外部からの要求はそのアイデンティティ形成を妨げるものとみなす。このような見方は近代の不安の大きな原因の一つであって（Taylor 1991=2004:3–6）、他人や社会を手段（または障害）としか見ない自己達成の理念を生むとともに、歴史や自然、社会など、ほかからやってくる要求を無視することで、極端な人間中心主義に陥る（Taylor 1991=2004: 75–96）という。ミルの『自由論』における議論（Mill 1859=1971: 113–150）は、まさに Taylor（1991=2004: 91–96）が非難する「自己決定権的自由」の表現のようにも思われる。しかしながら、伝記（小泉 1997）に現れるミルの姿からは、「自己決定権的自由」を極度に推し進める利己主義者という面はまったく見えないように思われる。伝統的な社会の要求、すなわち因習の打破のため、同書では自己決定権的自由を強調する立場を取ったとも解釈できる。『自由論』におけるミルの自由概念がその他の時期のミルの自由概念とは異質で、同書で示されるよりも、ミルは自由に対してより穏健な思想を抱いていたというミル研究者の評価もある（Himmelfarb 2006: 94–120）。しかし、一貫して Himmelfarb は「二人のミル」説を掲げてきたにもかかわらず、その論証は不十分だという批判は根強い（村林 2006）。功利主義と自由主義をどう調和させようとしていたかを含めて、ミルの自由の哲学についての考察は、今後も重要な課題だろう。

（27）国立大学法人の主要な財務諸表（決算書）については、文部科学省（n. d.）を参照。私立大学については、日本私立学校振興・共済事業団私学経営情報センター私学情報室編集（2015: 10, 16）における、大学法人および医療系法人を除く「消費収支計算書」を参照。なお、私立大学全体（医歯系法人を含む）では、事業収入が収入の比較的多く（二八％）を占め、学納金は五一％、補助金は一〇％の割合となる。医療系法人を除く私立大学においては、学納金が六九％、補助金が一二％を占め、その他の要素は収入においては占めるところが小さい（平成二七年度)。

(28) 今日における学問の自由・大学の自律と財政的基盤の問題については、猪木(2009: 14–45, 89–119 など)を参照。自然科学中心の政府助成・支援制度の改革によって、巨大装置や巨額の投資よりも、外国語や古典語の基礎的訓練や古典との対話を通じた思索を重要な要素とするがゆえに、閑暇・時間を必要とする人文学・社会科学の研究や教養が損なわれているという指摘は、大学の現状を考察するうえでも重要である(とくに、猪木(2009: 121-147)を参照)。

(29) 平成二三年一二月一九日最高裁第三小法廷(平成二一年(あ)第一九〇〇号)。判時二一四一号一三五頁。最高裁判例 http://www.courts.go.jp/app/hanrei_jp/detail2?id=81846(二〇一七年三月一三日アクセス)

(30) 旧ソ連においては、ピュア型P2Pファイル共有ソフトウェアのように、政府が流通を禁じるニュースや禁書を人から人へと手渡しで流通させる地下出版(サミズダート(Samizdat))が存在した。クライアントサーバー型システムでは、中央サーバーが破壊されると、システムの機能がほぼ失われてしまうように、出版社を使う地下出版においても、出版社が取り押さえられれば、地下文書の流通は止まってしまう。一方、サミズダートは、誰かが捕まっても、あちこちに分散して蓄積された地下文書が残っていれば、それらの文書の流通は依然として止まることがない。サミズダートも、ピュア型P2Pファイル共有ソフトウェアと同様に、その流通ネットワークの一部に不具合が生じても、また、外部から攻撃があっても、全体のパフォーマンスがやや落ちたり、流通しない情報が生じたりしたとしても、完全な機能停止が起きにくいという特徴がある。サミズダートに関しては、Wikipedia(英語版)の同名の項目を参照("Samizdat", *Wikipedia*. https://en.wikipedia.org/wiki/Samizdat 二〇一七年三月一三日アクセス)。ウクライナにおけるサミズダートとP2Pファイル共有ソフトウェアの利用状況に関しては、Haigh(2007)を参照。また、地下出版全体とP2Pファイル共有ソフトウェアとの比較に関しては、大谷(2012d)を参照。

(31) 江崎(2007: 157–182)で紹介されたP2P応用の技術 SkeedCast は、金子氏が創業した株式会社ドリームボートでの開発を経て、現在は、株式会社 Skeed で製品名・製品ラインナップ名を変えて開発・販売されている。同社ホームページ(http://skeed.jp/)を参照。(二〇一七年三月一三日アクセス)

(32) たとえば、Ginsburg(1966=1986;1976=2003;1991=2012)などを参照。

(33) 平成一六年(わ)第七二六号京都地裁平成一八年一二月一三日判決。判タ一二二九号一〇五頁、

(34) 平成一九年(う)第四六一号大阪高裁平成二一年一〇月八日判決。

(35) 中立的行為による幇助に関する詳細な法的分析に関しては、小島(2010)などを参照。

(36) 大谷剛彦裁判官の少数意見。

(37) 464 U.S. 417 (1984).

(38) 米国特許法においては、間接侵害類型として、誘引侵害(induced infringement)(二七一条(b)項)、寄与侵害(contributory infringement)(二七一条(c)項)の二つの類型がある。誘引侵害は特許侵害の教唆行為をいい、後者の特許の寄与侵害は、特許の請求項(クレーム)の実施(製造や利用など)に不可欠な構成要素を特許侵害者に提供する行為を言う(その点で、著作権侵害における寄与侵害とは概念が異なる)。日本の特許法には、第一〇一条に間接侵害規定がある。この条文では、米国特許法の寄与侵害に当たる行為を規制する。なお、著作権侵害裁判では、代位責任(vicarious liability)の概念も使用されるが、不法行為において直接の行為者ではなく、第三者がその不法行為に対して負う責任のことで、一般的には、使用者責任や保護者の未成年者の行為に対する責任のことをいう。著作権侵害事例では、利用者の著作物利用行為は著作権侵害行為に当たらなくても、利用者を手足として使って、著作物利用行為によって利益を得ているなどの条件から、代位責任を認めるということがある。

(39) 日本法においては、頒布権とは、映画の著作物を譲渡・貸与等によって提供することを許諾する権利で、インターネットなどの公衆ネットワークを介して、クライアントやP2Pノード等からのファイル送信リクエストに応じて、自動的に著作権の対象となる著作物を送信する行為(自動公衆送信)を許諾する権利は、公衆送信権の一部である。なお、著作者の権利としての公衆送信権には、公衆送信の準備行為(たとえば、自動公衆送信を行うサーバーに著作物をアップロードする、P2Pファイル共有ソフトウェアをインストールしたパソコンの公開用フォルダに著作物を複製する、など)の許諾を専有する送信可能化権が含まれる。

(40) サーバー型とピュア型のP2Pファイル共有ソフトウェアについて説明する。前者は、ユーザーが自分のパソコン等に蔵置するファイルの名称やそのP2Pネットワーク上の位置などのデータベースを格納するサーバーを設け、ほかのユーザーのパソコン等からファイルをダウンロードする場合、このデータベースサーバーに問い合わせを行い、そのうえで、見つかったファイルを、そのファイルを蔵置するパソコン(P2Pネットワーク上では、ファイルの蔵置や問い合わせ・ダウンロードを行うそれぞれの情報機器は、「ノード」と呼ばれる)から直接ダウンロードする。一方、後者のピュア型P2Pファイル共有ソフトウェアの場合には、問い合わせのためのデータベースサーバーを設置せず、隣のノードにそのほしいファイルがあるか問い合わせ、もしそのファイルが隣のノードにない場合には、さらに隣のノードに問い合わせるという手順を繰り返し、ファイルが見つかった場合に、ダウンロードを行う（大谷 2008: 55-56）。

(41)　545 U.S. 913 (2005).

(42)　下記の翻訳も参照。井上雅夫訳（2005）「MGM v. Grokster P2Pソフト配布事件 合衆国最高裁判決　2005.06.27」http://www.venus.dti.ne.jp/~inoue-m/cr_050627MGM-Grokster.html（二〇一七年三月一三日アクセス）

(43)　作者がシャレでつくったので、Share と名付けたとの説もある。

(44)　「アラブの春」におけるインターネットの役割とエジプト政府によるインターネット回線遮断の顛末に関しては、以下のドキュメンタリー番組を参照。「ネットが革命を起こした――アラブ・若者たちの攻防」NHK総合テレビ、二〇一一年二月二〇日午後九時〇〇分~午後九時四九分。また、エジプト政府のインターネット回線遮断に関しては、川上（2011: 9-12）も参照。

　ところで、自由・民主主義が機能する社会を実現するという目的で、ICTが活用されたとされる「アラブの春」の帰結は、必ずしも当初の目的通りとは言えないように思われる。普通選挙をベースとする自由・民主主義が曲がりなりにも機能する社会へと時を置かず移行できたのは、チュニジア以外にないと言われる。また、池内（2015: 第4章）は、「アラブ

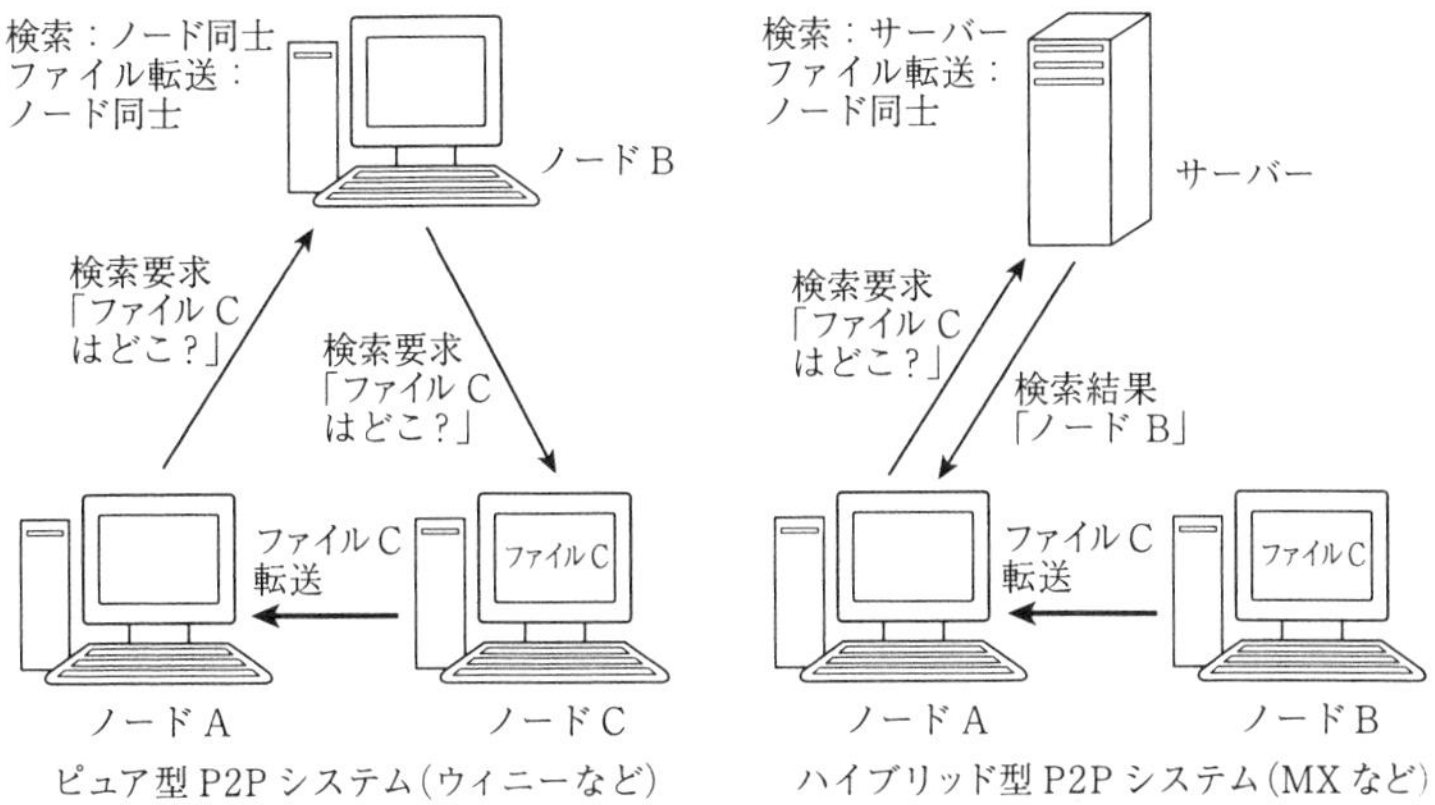

図5-1　P2Pシステムとクライアント・サーバー（C/S）システムとのイメージ

の春」によって、間接的にではあっても、自由・民主主義を否定する残忍なテロ組織であるＩＳＩＬ（イスラム国）の台頭が起きたと主張する。「アラブの春」が、社会秩序を重視する立場のみならず、自由・民主主義の立場から見て望ましい帰結をもたらしたかどうか、少なくとも現段階（二〇一七年三月）では決めがたいものがある。なお、池内（2015）は、電子書籍で閲覧したため、ページ数には言及しない。「アラブの春」に関しては、本書８－２、８－６も参照のこと。

(45) インターネットにおける社会実験は、現在も実験対象であるインターネットユーザーに対して通知されることなく行われている可能性がある。フェイスブックは、ユーザーに知らせることなく、同サービスにおける投稿の表示結果を操作し、ユーザー全体の気分や投票行動をわずかながら操作することに成功したとされる。このようなタイプの社会実験が許される手続きはどのようなものであろうか。大谷（2014b）と同文献にあげられている参考文献を参照。

(46) 現代の学協会は、社会に対して専門知識や技能を悪用せず、真理追究や人類社会の福利増進のために利用することなどを倫理綱領に掲げる。学協会に所属する研究者・専門家が、自学協会の掲げる倫理綱領に反する行動をとった場合どのような対処を行うかに関しては明示しないことが多い。八年間を裁判に浪費せざるを得なかった金子さんの例を見る限り、裁判と刑罰による規制よりも、学協会の倫理綱領・倫理規定等によって、会員に対して譴責や会員資格の一定期間停止（学協会での研究発表等の資格を失う）等の措置を取ることで、専門家の倫理にもとると考えられる行為を規制したほうが、社会的利益は大きいように思われる。ただし、金子さんは事件当時情報系学会に加入していなかったとのことである。

(47) 『「ユーザーも声あげて」――違法ダウンロード刑事罰化問題、予断許さぬ状況」『ITmedia』二〇一二年六月一四日　http://www.itmedia.co.jp/news/articles/1206/14/news021.html（二〇一七年三月一三日アクセス）

(48) 「JASRAC菅原理事長、違法ダウンロード刑事罰化に『反対はしない』」『ITmedia』二〇一二年六月一八日　http://www.itmedia.co.jp/news/articles/1206/18/news055.html（二〇一六年一二月一七日アクセス）

(49) 『日本のレコード産業』各年版（日本レコード協会 1999: 4-5; 2004: 3; 2009: 2; 2014: 2; 2016: 2）を見ると、近年のオーディオレコードの生産枚数・生産金額のピーク（総生産枚数：四億八〇〇〇万枚（一九九八年）、総生産金額：六〇七五億円（一九九八年））から、二〇一五年（総生産枚数：一億七〇〇〇万枚、総生産金額：一八二六億円）までで、生産枚数・生産金額ともに約三分の一までに縮小している。なお、日本音楽著作権協会の公開資料

(http://www.jasrac.or.jp/profile/outline/detail.html 二〇一六年一二月一八日アクセス)は、毎年直近一〇年間の音楽著作権使用料徴収額の推移を示すもので、二〇一六年一二月一七日閲覧時には、二〇〇六年(約一一一六億円)から二〇一五年(約一一一〇億円)までのデータが掲載されていた。

(50) 二〇一三年は、これ以外にもP2Pファイル共有ソフトウェアのパーフェクトダーク(Perfect Dark)やカボス(Cabos)、シェアー(Share)などを利用するユーザーの音楽著作権侵害を理由とする摘発が複数行われている。コンピュータソフトウェア著作権協会(ACCS)のホームページ(http://www.jasrac.or.jp/release/2013.html)参照。(二〇一六年一二月一七日アクセス)

(51) なお、匿名電子掲示板には、違法コピーのダウンロードによって逮捕されたと称するユーザーの書き込みがある。下記の2ちゃんねるのスレッドを参照。「違法ダウンロードで一時的に捕まったけど質問ある?」http://hayabusa.open2ch.net/test/read.cgi/news4vip/1398692439/(二〇一六年一二月一七日アクセス)

(52) なお、Decherney(2014=2015)によれば、一九九〇年代から二〇〇〇年代にかけて、米国以外に、フィリピン・イスラエル・韓国などがフェアユースの抗弁を著作権法に導入したとされる。城所(2016b: 1・6)の表1・4も参照。なお、同書は電子書籍のため、ページ数に言及できないので、節番号に言及する。以下同様。

(53) 「多摩美術大学卒業制作優秀作品集2015　情報デザイン学科情報デザインコース　金田沙織」http://www.tamabi.ac.jp/pro/g_works/2015/id/s14/(二〇一六年一二月一八日アクセス)

(54) 「多摩美術大学美術学部統合デザイン学科教員紹介」http://www.tamabi.ac.jp/integrated/member/(二〇一六年一二月一八日アクセス)

(55) 「あれ?　似てる?　ベルギーのロゴ・五輪エンブレム　東京五輪組織委は『問題ない』」『朝日新聞』二〇一五年七月三〇日朝刊三八頁、「五輪エンブレム問題、ベルギー側が提訴　使用中止求める」『朝日新聞』二〇一五年八月一五日朝刊三三頁など。その後、訴訟を起こしたデザイナーと劇場は訴訟を取り下げた。「五輪旧エンブレム、訴訟取り下げ」『朝日新聞』二〇一六年一月二八日朝刊二四頁参照。

(56) 「『酷似』ネット次々追跡　疑惑指摘、即座に投稿　五輪エンブレム白紙」『朝日新聞』二〇一五年九月二日朝刊三九頁。

(57) 「東京五輪組織委、写真三点無断使用　うち一点は所有者に謝罪・使用料」『朝日新聞』二〇一五年九月一二日朝刊三五頁。

(58)「『これ以上は人間として耐えられない限界状況』 佐野研二郎氏がエンブレム騒動についてコメント」『ねとらぼ』二〇一五年九月一日 http://nlab.itmedia.co.jp/nl/articles/1509/01/news181.html（二〇一六年一二月一八日アクセス）

(59)「【五輪】佐野研二郎多摩美術大学広告でも盗用発覚【犬影絵】」『Present the France Trip 炎上ニュース』二〇一五年九月一日 http://francepresent.com/sanokenjiro-3/、および「【墨水】佐野研二郎多摩美術大学広告作品盗用疑惑まとめ2【眼鏡】」『Present the France Trip 炎上ニュース』二〇一五年九月一日 http://francepresent.com/sanokenjiro-4/（二〇一六年一二月一八日アクセス）

(60)「多摩美術大学卒業制作優秀作品がいわさきちひろ作品と酷似」『Present the France Trip 炎上ニュース』http://francepresent.com/tamabijutu/ 「【炎上】多摩美術大学の卒業制作優秀賞、有名画家いわさきちひろの作品に酷似」『netgeek』二〇一五年九月三日 http://netgeek.biz/archives/47958「多摩美術大学 卒業制作優秀作品の金田沙織さんの作品が「いわさきちひろ」の作品と似ていると話題」『Naver まとめ』二〇一五年一〇月二八日 http://matome.naver.jp/odai/2144133324302245701（二〇一六年一二月一八日アクセス）

(61)最高裁判決昭和五五年三月二八日民集三四・三・二四四（モンタージュ写真事件第一次上告審）。

(62)書風や画風は、表現そのものではないから、著作権法の保護は受けられないとされる（平田 2015: 89）。「アイデアや着想、あるいは当該作品を特徴づける小説家や画家の作風や画風、表現手法などは、それ自体としては著作権法の保護対象ではない」（作花 2010: 82）。

(63)沖啓介東京造形大学特任教授のご教示による。

(64)依拠性の概念と依拠性の要件の根拠等に関しては、作花（2010: 212–217）および中山（2014: 587–592）等を参照。中山（2014: 590）の説明によれば、著作権法は、たとえ類似の先行作品が存在しても、独自創作であればそこに著作者の個性が表れているので、著作物の要件である創作性が認められ、著作権法上の保護が認められる。本稿においては、類似表現であるという理由のみによってある著作物の発表が妨げられるならば、言論・表現の規制となるという観点から、依拠性の要件の必要性を理解する。言論・表現の自由は、民主政社会に必要であるだけでなく、個人の幸福（自己実現など）の一つの要素を保障する（1−3、2−1）。

(65)ただし、星川（2016）によれば、それでもEU孤児著作物指令と比較すれば、我が国の権利者不明著作物の裁定制度は利用しやすいものとなっているという。二〇一六年一〇月には、オーファンワークス実証事業実行委員会（委員長・三田誠広日本文藝家協会副理事長）が、裁定制度の作業負担や作業コスト軽減に向けて、同制度の円滑化利用のための実証事業を開始した（長谷川 2016）。

（66）なお、TRIPS協定（知的所有権の貿易関連の側面に関する協定）においては、実演家の権利の条件や制限、例外、留保は、ローマ条約の範囲内で定められるとする（第一四条（6））。また、実演家の権利の処理を含む、映像コンテンツの二次利用にかかわる権利処理を行う団体として、一般社団法人「映像コンテンツ権利処理機構」（aRma http://www.arma.or.jp/ 二〇一六年一二月一八日アクセス）がある。

（67）オープンアクセスジャーナルの「パトロン問題」に関しては、二〇一四年度第一回 SPARC Japan セミナー「大学／研究機関はどのようにオープンアクセス費用と向き合うべきか— APC をめぐる国内外の動向から考える」(https://www.nii.ac.jp/sparc/event/2014/20140804.html) における各発表なども参照。（二〇一六年一二月一八日アクセス）

（68）学術論文・研究の知的インパクトを測定する新しい方法として、ウェブページの閲覧数や論文PDFのダウンロード数、ブログ・Wikipedia・SNSにおける言及、ソーシャルブックマークにおける保存などの方法が提案されている。決定的な評価方法は、現在のところ見えないようである。これらの学術論文・研究の知的インパクトの測定方法は、「オルトメトリクス（altmetrics）」と呼ばれる。詳細は、オルトメトリクスを主唱するNPOである alotmetrics.org のホームページ（http://altmetrics.org/manifesto/ 二〇一六年一二月一八日アクセス）を参照。

（69）城所（2016b: 3・9, 4・8, 6・3）も、ヨーロッパにおける拡大集中許諾システム導入による著作権法改正の動きを伝え、デジタルアーカイブを中心とするコンテンツ産業・デジタル情報流通産業等の振興政策として、フェアユース規定の導入に加えて、拡大集中許諾システムの導入が有効であると主張している。

（70）図書館の役割は、知的資源の蓄積と保存、提供である。たとえば、高山・岸田（2011: 3-5）においては、成熟した図書館を有する社会の特徴をあげたうえで、記録知の社会的な蓄積・交流の拠点として位置づけ、人類の知的財産の発展に寄与する存在として図書館を位置づけ、成熟した図書館が提供する高度な記憶は高度な（社会的）知能の実現の基盤であるとしたうえ、すぐれた社会知能を持つ社会がすぐれた図書館を有すると述べ、高度な記憶を提供する図書館は高度な知的社会の基盤であると循環的に説明する。

無料で万人がアクセスできる公共図書館においては、万人へのアクセスを提供することの結果として、人びとにとって、さまざまな社会参加の機会を高めるものと考えられる。アメリカ図書館協会は、"12 Ways Libraries are

Good for the Country"と呼ばれる文書で、公共図書館の社会的役割を説明し、公共図書館が政治的参加や経済的・社会的自立などの支援を与えるとする。同文書の翻訳と解説は、竹内（2014）を参照。

このように、政治的参加や経済的・社会的自立などの支援を行う者として、（公共）図書館の社会的機能をとらえる図書館概論の教科書も多い。大串・常世田（2014: 25）は、資料や知識、情報の提供を通じて、生活の質を高め、教育・学習を推進し、新しい知識や文化の創造をうながし、よりよい社会を実現することに寄与すること」を図書館の社会的意義とする。また、北嶋（2005: 15–46）は、図書館を生涯学習やコミュニティの拠点としてとらえる。さらに、山本（2015: 2–5）は、アメリカ図書館協会（ALA: American Library Association）の「図書館を利用する権利に関する宣言」を引用し、図書館は民主主義社会に必要不可欠であるとともに、人びとの「生活と人生を変える」社会的制度ととらえる。

（71）ただし、出版業界の売上低下の大きな原因の一つと考えられるベストセラーの「複本問題」に対しては、図書館における利用・閲覧料金の徴収が一つの解決となるかもしれない。ベストセラーの「複本問題」とは、図書館が利用者の要望に応じて、ベストセラーを複数購入し、それを利用者が貸出を受けて読書することで、本来ならば購入されたかもしれない部数が販売されず、結果として本来の売上が低下しているとの仮説である。書籍を含むコンテンツの企画開発は、市場に出してみなければ何が売れるかわからないという意味で、大きなリスクがあるため、そのリスクを見込んで各コンテンツの値付けを行った場合には、相当高額の価格設定を行わなくてはならなくなる。これは不合理であるから、多くのコンテンツの企画開発においては、ベストセラーとなった少数のコンテンツの販売売上によって、その他のコンテンツの企画開発・制作にかかった金額を回収することが目指されている（半澤 2016: 27–30）。複本購入による出版危機仮説に関しては、石井（2016）を参照。ベストセラーの複本購入による出版危機が本当に生じているのかどうか、管見の限りでは、実証的証拠はないものの、上記の出版業界をはじめとするコンテンツ産業の基本的な収益構造を前提とし、著作権の付与による著作物市場の成立が国家やパトロンから独立した言論・表現の領域を確保するという米国における著作権法理解（たとえば、Netanel（2008: 36–37, 89–92, 99–101）を参照）を考慮に入れれば、上記仮説は、検討に値する。

（72）また、フェアユースの法理によっては、電子図書館構想の実現は難しいとの見解もある。これは、電子化した著作物の全文提供は、フェアユースの法理においては、第一要素（著作物利用の目的と性格）について、変容的（transformative）、すなわち「もともと予定されていたのと異なる形態で」の利用であるかどうかがもっとも重視されるものの、電子化した形態での全文提供は、利用形態がまったく異なるとは言えないからである。玉井（2015）を参照。

（73）二一世紀型能力を育成する教育モデルの探索を目的とする任意団体 ICT CONNECT21（会長　赤堀侃司）の普及推進ワーキンググループ学習資源・データ利用サブワーキンググループ（リーダー　岐阜聖徳学園大学准教授芳賀高洋）においては、初中等教育における著作物利用を促進するため、著作権の集中管理体制および裁判外紛争処理システム（ＡＤＲ）を含む「クリアリングハウス」等のライセンシングを行う体制整備について研究中である。

（74）クリエイティブ・コモンズ・ジャパン（https://creativecommons.jp/）、および、とくに「クリエイティブ・コモンズ・ライセンスとは」（https://creativecommons.jp/licenses/）参照。（二〇一六年一一月一五日アクセス）

（75）この論点については、我妻潤子氏（株式会社シュヴァン）によって教示を受けた。記して謝意を示す。

（76）作花（2010: 367）においては、「学校の通常の授業における教科書の朗読や語学テープの再生は、本条の規定［第三八条一項。引用者註］により許容される」として、「生徒や学生から授業料を徴収していても、それは学校が物的・人的資源により教育を提供する対価として徴収するものであり、著作物の提供に対する対価ではない。教師の給与についても、学校の教育・研究および組織運営に携わることに対する対価であり、著作物の口述に対する対価ではない」とする。非営利・無料・無報酬の映画上映は、第三八条一項でやはり許容されるから、上記の作花（2010:367）を類推すれば、本文のような結論が得られる。

（77）この見解は、著作権について哲学的分析を加えた国内の先行研究の成果とも一致する。土屋（1990）および江口（2001a）を参照。なお、土屋の論文は、情報や知識の所有とは何を意味するのか日本語による哲学的分析を行った先駆的文献である。

第六章　メディアと現実

6-1　疑似環境とネット

「人間は直接に得た確かな知識に基づいてではなくて、自分でつくりあげたイメージ、もしくは与えられたイメージに基づいて物事を行っていると想定しなければならない」(Lippmann 1922=1987: 上 42)。世論・メディア研究を開拓したウォルター・リップマンの「疑似環境論」の前提である。

動物が環境に反応して行動するように、人間も環境に反応して行動する。ただ、この環境は、人間性と諸条件の混合物たる「疑似環境」だと、リップマンはいう。疑似環境は、人間が理解しやすいモデルとして加工された虚構である。人間は自身の経験した感情によって状況や事件を解釈する。人間の認知の限界を補うため、世界を認識するフィルタも必要だ。科学・社会理論も疑似環境たるモデルだ。つまり、そもそも私たちは疑似環境に反応して行動していると、リップマンは教える (Lippmann 1922=1987: 上 29-30)。

世界・現実と私たちを媒介するメディアも疑似環境を提供する手段であって、人びとの集団が頭の中に描く自分自身や他人、自分自身の要求、目的、関係のイメージである世論の形成に大きな力をもつ。人為的な検閲や社会的接触の制限、時間的制約、事件の要約にともなう歪曲、錯綜した出来事の説明の困難、習慣による惰性、そして先入見や偏見（ステレオタイプ）が、疑似現実を歪める（Lippmann 1922=1987: 上 47–48）。

そして、マスメディアにおいても、歪曲が入り込む。すでに、リップマン（Lipmann 1922=1987: 下 199–202）が指摘しているように、一九二〇年代には、企業や政府などの広報（「新聞担当係」、「広報係」）が所属集団の立場から事実を選択して、公衆に見てほしいと願うイメージを新聞に提供するようになっていた。事件報道のためには、背景となるデータが必要であるが、そのデータが十分に整備されていないかもしれない。潜在的な労働問題があったとしても、事件報道ができるのは、大規模なストライキなどの大きな問題が生じてからである。これらの大きな出来事は、錯綜した事件のプロセスの中の些細な出来事で、問題を合図する徴候にすぎないかもしれない。読者の手にわたる新聞は、内部で一通りの選択が行われた結果で、何をどこに印刷するか、何を強調するかは、明確な基準ではなく、慣例によって決まっていると、リップマンはいう。

リップマンにとっては、ニュースは真実ではなく、ニュースの働きは「一つの事件の存在を合図すること」にすぎないとされる。「真実のはたらきはそこに隠されている諸事実に光をあて、相互に関連づけ、人々がそれをよりどころとして行動できるような現実の姿を描き出すこと」だが、「社会的諸条件が認知、測定可能な形をとるようなところ」でなければ、真実とニュースは一致しない（Lipmann 1922=1987: 下 214–215）。

現在、疑似環境を媒介するメディアとしてインターネットが重要な役割を果たしているのは、言うまでもない。本節で紹介するフェイスブックとグーグルに関する二つの出来事は対照的だが、メディアの疑似環境形成に果たす役割について再考を促すものだ。

二〇一四年六月、米国科学アカデミー紀要に掲載されたフェイスブックのデータサイエンティストによる論文は、同サイトが約七〇万人のユーザーを対象に表示する投稿の気分を操作したところ、それを閲覧するユーザーの気分も操作されたらしいと報告した（Kramera, Guillory and Hancock 2014）。フェイスブックの「タイムライン」には、登録した自分の「友だち」やフォローした有名人や団体などの投稿した記事が表示される。どんな記事が表示されるかは、通常ユーザーの閲覧・投稿行動を分析して彼／彼女が好みそうな情報を表示するというものだ。

この実験では、ポジティブな感情を示す投稿だけ、もしくはネガティブな感情を示す投稿だけを対象とするユーザーのタイムラインに表示して、彼／彼女の投稿の気分がどう変わるかを試した。「友だち」の投稿がポジティブなものばかりだと気分が落ち込むという俗説を確認するのが目的だ。実際には、ポジティブな投稿ばかりだとポジティブな投稿が増え、ネガティブだと逆になるという結果で、俗説は否定されることとなった。

フェイスブックの利用約款にはこうした実験を実施する可能性を示唆する条項があるものの、対象となるユーザーに明示的に許諾を取らなかったことが問題という声が多いようだ。ところが、実験によって被験者は明白な危害を受けないので、倫理問題はないと倫理委員会は判断した。また、オプトアウトを認めると、結果に影響があるだろうから、実験の信頼性の観点から、それは不可能である。むしろ、フェイスブックの投稿の表示を制御することで、ユーザーの感情の操作が可能だという事実が示されたことのほうが、大きな意味を有するように思われる（Ross 2014）。

二〇一〇年には、フェイスブックは、大統領選に当たって、人間同士の社会的影響を測定する実験を行ったとされる。実験では、ランダム化した政治動員メッセージを六一〇〇万人のフェイスブックユーザーに送信した。その結果、これらユーザーの政治的自己表現や情報探索行動、現実の投票行動に直接影響を与えたうえ、さらには、その「友達」や「友達の友達」にも影響を与えた。友人同士の伝達によるメッセージの効果は、メッセージ送信よりも大きく、伝達が起きたのは顔を実際に合わせる関係にある「親友」同士の間がほとんどだったとされる（Bond, Fariss, et al. 2012）。

これらの実験は、社交仲間や友人との意見や感情のやり取りが、人々の意見の形成や感情の変化に影響を与えることを示唆している。マスメディアが直接人々に影響を与えるわけではなく、人々はマスメディアの意見や情報を取捨選択しているが、その取捨選択に当たっては、自分が所属する集団や下位文化の影響を強く受けているとされる(1)。

意見形成に対する友人関係の影響力は、前出のリップマンも気づいていたことで、リップマンによれば、『世論』初版発行当時（一九二二年）、平均的なアメリカ人が、一日の間に公共的な話題に注意を向ける時間は約一五分（新聞を二紙読む）程度に過ぎなかった。むしろ人びとは自分自身の社交仲間との接触によって、世界に関する情報や意見を得ることが多いのだという(2)（Lippmann 1922=1987: 上 67–71）。後のラザースフェルドの「コミュニケーションの二段階の流れ」論（Lazarsfeld, Berelson, and Hazel 1948）を先取りするような直観である。

友達や友達の友達との間で、意見や感情が伝染するとしたら、メッセージの影響は統計的処理によって出現するほどごくわずかだとしても、フェイスブックのユーザー数は巨大だから、社会全体の大きな変化の引き金になるかもしれない。ソーシャルネットワーキングサービスにおける意見や感情の操作については、公衆が警戒すべき問題であろう（大谷 2014b; 大谷 2016d）。

一方、現代においては、サーチエンジンの検索結果も、私たちにとっては疑似環境を構成する重要な要素となっている。つまり、サーチエンジンの検索結果は、ユーザーにとっては、社会や自然などの自分を取り巻く環境で何が起こっているか教えてくれる一つの合図である。検索結果に表示されたさまざまなウェブの情報を解読していくことで、私たちは疑似環境を脳内に構成し、環境を読む手掛かりを手に入れていく。質の良い検索結果であれば、環境をできるだけよく反映する疑似環境を構成する要素として役立つと考えられる。だから、質の良い検索結果を提供できるかどうかは、サーチエンジンの評価のうえではきわめて重要である。質の良い検索結果を提供できれば、多数のユーザーがサーチエンジンを利用するようになるだろう。

ただし、環境を正確に反映する情報を含むウェブが、本当に検索結果の上位に表示されているかどうかは、疑似環境の定義から明らかなように、私たちには、原理的には知ることができない。むしろ、ユーザーにとって、その関心・興味を十分満たすか、ウェブ検索を媒介にして行おうとしている行動を十分支援してくれるかなどの観点によって、検索結果を評価することとなるだろう。そのため、現在はユーザーごとにパーソナル化を進め、ユーザーの関心・（行動の）意図やニーズに合った検索結果を表示するように、グーグルはユーザーをクッキーなどで追跡してユーザー情報を集めている。この結果、一種のプライバシー侵害や、ジャーナリストのパリサーが指摘する「閉じこもるインターネット」問題（Pariser 2011=2012）が生じる（3－1）。その結果、私たちの社会は分断され、社会的紐帯を失うのではないかと、たとえば、政治哲学者のサンスティーン（Sunsteen 2001=2003: 102–114; Sunsteen 2009: ch. 4）は懸念する。

　この検索結果の質を決める重要な要素である検索結果順位の決定に関しては、多数のアルゴリズムが提案されてきたが、とりわけ、グーグルの「ページランク」が著名である。

　ページランクは、多数のウェブからリンクを張られているウェブは重要な内容のウェブであるという基本的なアイデアにもとづいて、検索結果の表示を行うアルゴリズムである。多数の論文から引用・言及される論文は優れた論文であるという科学論文の索引分析のアイデアを応用したもので、グーグル社創業者のセルゲイ・ブリンとローレンス・ペイジの二人が、スタンフォード大学大学院時代に開発した[3]（Brin and Page 1998）。

　サーチエンジンにおける検索結果表示順位は、インターネットにおける「マタイ効果」のゆえに、ウェブでビジネスを行うものにとっては、決定的に重要である。インターネットにおいては、「富める者はますます富み、持たざる者はその持てるものさえも取り上げられる」という新約聖書マタイ伝のくだりのように、一度著名な地位を築いたウェブや人物はますます有名になるという正のフィードバック効果が働く。このような正のフィードバック効果は、科学者の業績評価や経済学などで一九七〇年代から知られており、「マタイ効果」と呼ばれる（8－7、8－8）（Rigney 2010）。

　検索結果表示を上昇させるため、サーチエンジンの検索結果表示のアルゴリズムを推測し、そのアルゴリズムに適合した形式や内容に表示順位を上げたいウェブを調整する行為は、ＳＥＯ（サーチエンジン最適化）と呼ばれる。一般に、ＳＥＯは不正ではないものの、サーチエンジン運営者の意図とは違って、検索を行ったユーザーにとっては質の良くないウェブが上位に表示されるのはたいへん迷惑である。そうした行為は不正行為と言ってよいだろう(4)。

グーグルのページランクは、基本的アイデアは論文として公表されているため、検索結果の表示ランクを上昇させようと、中身のないウェブを作成して、自分の検索ランクを上げたいページにリンクをしたり、多数のウェブの間に相互リンクを網の目のように張って、やはりページランクを高くしようという不正行為が相次いだ。そのため、グーグルは、アルゴリズムを調整して、不正行為によってページの結果表示順位が上がらないように操作を加えるのだが、さらに、またグーグルのアルゴリズム変更を推測して、結果表示順位を上昇させる試みが行われる。その一方で、突然のアルゴリズム変更によって、グーグルの検索結果表示順位が急激に低下し、客足がぱたりと途絶えた個人のインターネット通販サイトも出てくるという副作用も報告された（日本放送協会 2007）。

いたちごっこはなかなか終わらないため、検索結果の表示アルゴリズムは隠蔽される傾向にある。この隠蔽の結果、アルゴリズムが実際にユーザーにとって役に立つものであるか、また、公正であるかどうかを直接検証する手立てはなくなってしまっている。今後、情報技術が社会の隅々まで浸透し、情報をフィルタリングしたり、自動的に評価したりするニーズが高まれば高まるほど、ウェブ以外の分野にもアルゴリズムの隠蔽が広がり、社会の不透明性が高まるだろうと、法学者のパスカル（Pasquale 2015）は懸念している。

その一方で、サーチエンジンとウェブが社会に浸透するなかで、検索結果において、もはや現在の自分とは一致しない過去の自分にかかわる情報が提示されることで、現在の社会生活や行動に不合理な制約がかかるという問題も、新たに注目されてきた。このような制約がアイデンティティに対する「スティグマ」(Goffman 1963=2003) となることを避けるため、二〇一六年正式に採択されたEU一般データ保護規則においては、「忘れられる権利」が明文化された(1-3)。

この規則が正式採択される前から、ヨーロッパにおいては、この「忘れられる権利」にもとづいて、法的救済を求める裁判が起こされるようになった。二〇一四年には、グーグルの検索結果から、「忘れられる権利」にもとづいてリンクが削除される措置が始まった。同年七月二日には、英BBCの記者が、グーグルの検索結果から、二〇〇七年に自身が書いたブログ記事 (Peston 2007) が削除されたと報告した (Peston 2014; Lane 2014)。この記事は、米メリル・リンチ社の巨額赤字の責任から辞任した元会長兼CEOに関するものだった。その他、英ガーディアンや英デイリーメールの記事も、グーグルの検索結果から外されたと報道された (Ball 2014; Watson and Greenhill 2014)。

この措置は、欧州司法裁判所が米グーグル社に対して、個人の名前が含まれ、公開当初の目的から見て、不適切、関連のない、もしくは関連のなくなった、行き過ぎた検索結果を削除せよという命令を下したことに対する対応だ。この命令後、同社には数万件の検索結果削除要請があったという。

グーグルは、単に検索結果からリンクを削除するだけでなく、そのリンク先のサイトに削除事実を通知することとした。その結果、ニュースサイトは、過去の記事を再び取り上げて別記事を掲載したため、逆に多くの人びとの目に触れる結果となっている。BBC記者のマッキントッシュ (McIntosh 2015; McIntosh 2016) は、二〇一五年六月、および二〇一六年七月に、各年五月までの一年間にグーグルの検索結果から削除された記事リストを公開している。

グーグルの対応は、「忘れられる権利」と現実の合図を伝達するという報道機関の役割（そして、ひいては、報道・言論の自由）（大谷 2016c）との均衡を求める試みである。「忘れられる権利」によって、半永久的に残る電子データのスティグマから逃れる力を個人に与える試みに一理あるのは間違いない。一方で、「忘れられる権利」が濫用されれば、私たちの環境の認知は歪む懸念が大きい（1－3）。

グーグルは検索結果から申し立てのあったウェブへのリンクを削除することで、プライバシー侵害のリスクを一定程度引き下げたと考えられる。もちろんインターネット上には情報が残っていれば、第三者が閲覧して、ある人の過去について知ることは可能であろう。ところが、過去においても報道された情報は図書館や文書館に行けば閲覧可能であったにもかかわらず、この時代には「忘れられる権利」の行使は考えられていなかった。それは、図書館や公文書館での過去の新聞閲覧のためには、一定以上のコストがかかり、容易には閲覧できなかったため、実質的に過去を（少なくとも遊び半分に多くの人が）知る可能性が低かったためと考えられる。ところが、インターネット上に過去の情報が半永久的に残り、容易に検索できるようになったため、プライバシー侵害の危険が大きくなった。法学者ソローヴ（Solove 2008=2013: 198-200）は、このように、情報のアクセスが容易になることでプライバシーが脅かされる事態を「アクセス可能性の増大」として、新しいプライバシー侵害の類型として整理した。

一方で、グーグルは、削除対象となるリンク先に通知することで、この通知先が情報や報道の価値を再考することを促し、報道・言論の自由を保護して私たちが（疑似）環境をできるだけ歪めずに知る余地を残そうとしたのだろう。実際、すでにみたように、BBCは、グーグルの通知も活用して、同サーチエンジンの検索結果からリンクが削除された記事のリストを公開し、過去に何があったか知りたい者はそれを確認できるようにしている。ＢＢＣのように、報道機関は、公衆に対して現実の合図を伝えるという役割を果たすため、どの記事が削除されたかなどの情報を自社ウェブサイトで保存し、提供することは、「忘れられる権利」のもとでも許されるべきであろう。

しかしながら、いずれにせよ、グーグルの対応は、必ずしも「忘れられる権利」と、言論の自由および自身の生きている環境をありのままに知るという利益などとを、十分に調停できているようには思われない。むしろ、個人の知られたくないという利益と、自余の人びとの知りたいという利益や言論の自由との軋みを表している事例のように思われる（1－1、1－3）。

疑似環境は現実ではない。電子データのスティグマは避けるべきである。しかし、疑似環境をほしいままに操作する力は政府・企業に許されるべきでないし、個人にも与えるべきではない。では、疑似現実はどこまで現実を正しく映すことができるか。個人の「認知の歪み」を正す疑似現実の加工は許されるのか。本稿で見たグーグルおよびＢＢＣの対応は一つの解決の試みであるが、疑似現実の操作が容易になればなるほど悩みは深くなると言えそうだ。

6－2　「Tsudaる」の限界再考

ツイッターで何事かを実況中継する行為は、「Tsudaる」と称され、いまやごく当然のこととなった。学会や研究会、審議会などのツイッター実況中継はそのまままとめれば、後から読み直せる簡単な報告にもなって便利である。ジャーナリズムの方法としてはもはや目新しさはないほどだ。

「Tsudaる」の起源はよく知られているように、ジャーナリストの津田大介氏の活動に由来する。彼は日本でツイッターを初期に使い始めたユーザーとして知られている。彼が二〇〇七年五月から自分が参加した審議会やシンポジウムの実況中継を始めたところ、好評を博し、さらにその約二年後に「Tsudaる」という動詞でこの行為が呼ばれるようになったとされる。もちろん「Tuda る」の命名者は彼自身ではない（津田 2009）。

「Tsuda る」行為は、いままで閉鎖的であったり、秘教的であった審議会やシンポジウムの場を公衆へと開く新しい方法を提示したことで、ジャーナリズムの新しい手段として定着した。ツイッターさえ使えば、テレビ番組の実況中継さえも「Tsuda る」と呼ばれる誤解もあるが、(5) このような誤解もこのことばが人口に膾炙した一つの証拠かもしれない。

その一方で、「Tsuda る」行為が言論を萎縮させるという批判も、二〇一〇年頃には出ている。たとえば、ツイートの内容が意図的に改ざんされたり、不正確であるため、発言者の意図が正しく伝わらないという問題が指摘されている。その結果として発言者が萎縮し、コミュニケーションのダイナミズムが損なわれるのだという批判がある(6)（藤田 2010）。

歪曲や不正確さが生じることは、マスメディアや人間を介する情報伝達にほぼ必然的に伴うといってよい問題である。従来のマスメディアの報道においても、歪曲や不正確さが問題とされてきた。だから、「Tsuda る」ことだけが、歪曲と不正確さにおいて批判されるのは奇妙である。自分自身の発言が「Tsuda られる」ことに人々が不安を持つとしたら、歪曲や不正確さがその不安の一部であったとしても、それだけが理由ではないように思われる。

「Tsuda る」ことが発言者に脅威と感じられるのは、むしろ文脈を容易に変更できる情報技術の力こそが理由であると、筆者は考える（6－1で指摘した「アクセス可能性の増大」によるプライバシー侵害の可能性を想起しよう）。モバイル情報端末の普及とインターネット接続のユビキタス化によって、現実世界の一部を切り取って、現実世界の出来事が遂行するのと並行して、同時に、インターネットで不特定の人々に提示することはきわめて容易になった。たとえば、火事や立てこもり事件などが起きたら、そのままインターネットで中継することができる。二〇一六年七月、米国ミネソタ州ファルコンハイツで生じた警察官による黒人青年の射殺事件は、黒人青年の自動車に同乗していた恋人によって、リアルタイムで動画中継され、大きな衝撃を生んだ（中井 2016）。

インターネットにおいて、現実に目の前で進行している事柄を不特定多数の人々に公開することで、従来ならば、力が強い当事者の都合がよいように、隠蔽されたり、歪曲されたりした事柄が、多くの人々が知ることができるようになる。公正さの実現という観点から見ると、インターネットによる情報の中継や公開は、よいことかもしれない。

ところが、目の前にいる聴衆は限定されているとしても、情報技術を媒介とすることで、発言や会話が不特定者に聞かれたり、発言のかきおこしや伝聞による間接的伝達によって目にされたりする可能性があるとなれば、発言者は、不特定多数者の聴衆を意識しなければならなくなるので、限られた聴衆の前ならばしたであろう率直な発言をためらうようになる可能性が高い（Bloustein 1978（2003）: 181-182）。

つまり、従来ならば目の前の人びと以外の不特定者を意識しなくてよかった発言の場が公共空間へと直接つながることになるから、発言者は目の前にいない不特定者の視線や解釈を意識して発言しなくてはならなくなる。

さらに、ツイッターのように、リアルタイムで発言をそのまま、もしくは要約して、不特定者に提示することができるようになると、発言者は、不特定者に観察・監視されているのとほぼ同じである。その不特定者は発言者からは不可視であるから、どのような対象を意識して発言すればよいか、発言者・会話者にはわからない。具体的な聞き手や読み手を意識せずに話すこと書くことはきわめて難しく、誰にも誤解のないように伝えようとすれば、私たちは当たり障りのないことしか言えなくなる(7)。法学者のジットレイン（Zittrain 2008=2009: 390-391）が、インターネットによる監視が遍在化することで、私たちが「記者会見行動」をとるようになると予言したのは、このようなことも含んでいるように思われる。

プライバシーは、嘲笑や嫌悪の対象となりえる未熟な意見を成熟させるために必要で、民主政治の基盤となる社会的価値でもある（4－1）。

しかしながら、新しい意見を一人でゼロから作ることは難しく、少数の仲間や弟子たちと議論して直観を得たり、思想を練り上げていくこともあるだろう。とくに、不人気な思想・仮説は、道徳非難や嘲笑の的にさらされる危険が高い。そうすると、結社の自由とは別に、集団的なプライバシーという社会的価値も想定する必要もあるかもしれない。

ダーウィンが『種の起原』をまとめるまでには、きわめて広い範囲の読書を行うだけでなく、彼が何をやっているか知っていた多くの専門家との情報・意見交換が行われた（Bowler 1990=1997: 98-99）。また、彼自身は影響を否定しているが、進化というテーマに関心をもつことになったのは、エディンバラの医学生時代、ラマルク主義者のロバート・エドモント・グラントと歩いているとき、突然ラマルクとその進化論について話しかけられ、驚いたことがきっかけだとする伝記作者もいる（Bowler 1990=1997: 30–31）。この時代、ダーウィンは、精神を独立した実体ではなく、脳の機能に過ぎないと論じた学者が非難され、その学会での発言が記録から削除されるのを目撃もしている（松永 2009: 45）。

一九世紀イギリスの作家で、『英国人名辞典』の編纂者レズリー・スティーヴンの家は、ハイドパークゲート二二番にあったが、サッカレーやトマス・ハーディー、ヘンリー・ジェイムズ、ジョージ・エリオットなどの作家が集まり、芸術や政治の分野の議論をするたまり場だった。彼の娘ヴァージニア（後のヴァージニア・ウルフ）は、父の死後イタリアとフランスを旅行して戻ってから、兄弟姉妹とともに、ロンドンの一角ブルームズベリーに移った。この家には、ヴァージニアの夫となるレナード・ウルフやリットン・ストレイチー、サクソン・シドニー・ターナーら、ケンブリッジ大学トリニティカレッジで知り合った友人たちを核とする人びとが集まった。この集まりには、経済学者メイナード・ケインズや画家・美術評論家ロジャー・フライが、後に加わった。ブルームズベリー・グループは、芸術・学問・文化の領域で広い影響を与えた人々が蝟集したことで知られるとともに、当時はその思想や生活、ホモセクシャル的雰囲気などが非難の的でもあった（Bell 1968=1972; von der Heyden-Rynsch 1992=1998: 227–232）。

一七・一八世紀イギリスでは、コーヒーハウス文化が栄え、見知らぬ人々とも談論風発して、政治・経済・学問・生活など神羅万象について語りあったことが知られている。ところが、このコーヒーハウス文化は、一八世紀になると相当変質し、大事な話は別室の小部屋で行い、そこに入れる者はメンバーに限るという文化が生まれる。これが、その後イギリス社会を特徴づけることとなる「クラブ」

の初期の姿とされる（川北 2005）。コーヒーハウスの中で生まれたとされる公共圏は、ハバーマスが言うように新聞広告の商業主義や大衆民主主義、福祉国家の勃興によって葬られるより前に（Habermas 1990=1990: 249–320）、すでにコーヒーハウスの中で徐々に衰弱していったようなのである。

クラブには女性は加入できなかったが、その代り王室や貴族、富裕な家の女性を中心とする社交的な集まりとして、ヨーロッパにはサロンがあった（赤木・赤木 2003）。サロンにおいてもさまざまな会話が交わされ、先端的な学問・芸術などが話題に去るだけでなく、一七世紀、一八世紀の新科学の普及に当たっては、集まった人士を前に実験や研究報告が行われるなど、大きな役割を果たしたとされる（von der Heyden-Rynsch 1992=1998; 赤木・赤木 2003: 140–152）。

これらの社交の場で交わされた会話や議論は、後に外部に報告されることがあったとしても、限られた聴衆だからこそ話せることがあっただろう。これは、コーヒーハウスにおける開かれた会話・社交から、クラブにおける閉じた会話・社交への移行などを見てもわかる。ダーウィンが観察したように、当時不人気な思想は、一九世紀であっても記録から抹消されるような扱いを受けた。「記者会見行動」を避け、実質的な議論を行おうとするならば、「集団的なプライバシー」が保たれるような場が、公開の社交や議論の場と並行して、必要なのである。

現代においては、集団的プライバシーの概念は矛盾した奇異なものと思われるかもしれないが、一九七〇年代まで、プライバシーは個人プライバシー（individual privacy）と集団プライバシー（group privacy）の二つの観点から論じられることが少なくなかった。プライバシーの不法行為の四類型を確立した法学者プロッサー（Prosser 1960）に対して、プライバシーの唯一の保護法益は人間の尊厳であるとして批判を加えた法哲学者ブラウスティン（Bloustein 1964）は、一九七七年に「集団プライバシー」のタイトルを掲げた論文を著す（Bloustein 1977）。この論文が書かれた直接の動機は、一九七二年に起きたニクソン大統領時代のウォーターゲート事件にあるとされる（Bloustein 1978（2003）: xiv）。

同論文の副題は「ハドルの権利」とするが、「ハドル」とは、アメリカンフットボールで、選手たちが円陣を組み作戦会議を練ることをいう。ブラウスティン（Bloustein 1977; Bloustein 1978（2003）: 123–186）において、プライバシーは秘密と同義であることに注意しておこう。その点で、個人プライバシーに関する議論と集団プライバシーに関する議論の連続性と不連続性に関してはまだ検討すべき課題は残る。

さて、ブラウスティンによれば、米国の法においては、個人の秘密・プライバシーを守るだけでなく、たとえば、不合理な逮捕・捜索からの自由は、結社の自由と対になって、政府に対して、集団への不合理な物理的介入を禁止する働きを有するとする（Bloustein 1978（2003）: 127–129）。また、夫婦においては、配偶者の不利になる証言を拒んだとしても罪に問われないという免責規定や、告解を受ける神父や刑事被告人の弁護を引き受ける弁護士、患者を問診する医師などの職業には、守秘義務と併せて、証言上の特権が与えられている。配偶者の免責規定は、夫婦にお互いを裏切らせるのは過酷であり、その相互信頼を裁判においても保とうとするものである。クライアントと専門職の関係における守秘義務・証言上の特権も、その相互信頼を保ち、専門職の社会的機能を実現するために必要とされる（Bloustein 1978（2003）: 129–137）。

続けて、ブラウスティンは、制定法や裁判例から、秘密結社や政党、企業、政府などの集団プライバシーの問題について、どのような場合にどのような情報の秘匿が許されるのか、情報の暴露が民法上の不法行為に当たるのか、政府や公務員の憲法違反にあたるのか、検討を続けていく（Bloustein 1978（2003）: 137-180）。

ブラウスティンによれば、「これら結社それぞれが機密をもつのは、それぞれ集団ごとに異なる目的を達成するためであるとわかる。しかし、共通なのは、それぞれの結社において、その結社の成功を確実にし、インテグリティを維持するために機密が役立っているという点である。社会学者ロバート・マートンの用語を借りれば(9)、これらの事例のそれぞれが、プライバシーが適切に機能する社会構造に不可欠であるという原則を示している」という（Bloustein 1978（2003）: 181）。

全体主義社会においては、結社の自由が認められず、家族や教会、慈善団体、企業、ＮＰＯ、政党などに政府が無制限に介入し、全体主義社会に同意しない場合、実用的なサポートや、感情的・精神的支持を求める場所がまったくないことになる。自由な民主主義社会においては、通常の場合、これらの結社の秘密が守られるべきだと、ブラウスティン（Bloustein 1978（2003）: 182）はいう。

もちろん集団による秘密が望ましくない場合もある。特権的な政治家や官僚、科学者の間でのみ、多くの人びとが影響を受ける政策的決定に関わる情報を秘匿する行為は、公衆を危険にさらす可能性がある。ブラウスティンは、集団プライバシーを無制限に認めるわけではなく、秘密が官僚制の腐敗の温床になる場合があること、不作為による怠慢や無能さを隠すために秘密が用いられることもあると認める。また、不正を隠すためにも用いられる。米国の情報公開法（ＦＯＩＡ）においては、国防関係の情報は秘密にしてよいが、本当にその情報が国家安全保障にかかわる重要情報を含んでいなければ違法である。したがって、公益とのバランスの上で、一般的には、集団プライバシーをどこまで認めるかが必要となる（Bloustein 1978（2003）: 183–184）。

公共政策にかかわる議論は、安全保障や外交などの交渉、犯罪捜査などの公益の観点から秘匿が必要とされる場合を除き、公衆の議論やチェックにさらす必要がある。ただし、未熟な議論を公開することで、公衆の議論を混乱させる場合もあるだろうし、また、金融・財政政策など適切な時点まで秘密にしておかないと、十分な効果が出ない情報もある。政府が収集した個人情報も公開されるべきではない。テロ捜査のための協力者リストなども、公開すれば、それらの協力者が危険にさらされるだろう。したがって、必ずしもすべての政府情報や公共政策にかかわる情報が公開されるべきとはいえない（Bok 1983=1997: 240–290）。ただし、政府が適切な理由から秘匿した情報も、政策の妥当性や当時の状況の再検討のため、公開しても公益を損なう懸念がなくなるほど一定期間が経過した後は情報公開を行い、公衆および歴史家の目による検討を行うべきであろう。

また、さまざまな社会活動のニーズや文脈に応じて、ほかの文脈においては秘密とされる情報を提供するよう結社の成員が要求される場合がある。法廷や新聞の取材では回答を拒んでもよいような配偶者の秘密であっても、社会福祉関連の申請時には回答すべき必要があるかもしれない。また、秘密にしてよい条件が決まっている場合もある。企業情報も政府官庁や株主の要求には公開しても、競合企業には公開しない場合もある。このように、個人プライバシーと同様に、集団プライバシーにおいても、社会的利益やその他の重要な利益とのバランスに加えて、法や社会的慣習などの社会規範に応じて、いつ誰にどのような情報を提供するかが決まってくる（Bloustein 1978（2003）: 183–184）。

集団プライバシーの問題は、結社の自由とセットで考えるべきことがわかった。活発な意見の交換によって新しい思想を鍛える場が、私たちの社会には必要である。忌憚のない意見交換を通じて、科学的仮説や政治的・社会的意見の揺籃となりうる小集団のプライバシーをいかにして守るかという議論が、「Tsudaる」行為に限らず、情報の文脈を容易に変更し、相対的に見て私的である空間を公的空間と直接つなぐ情報技術の脅威——あえて脅威というが——に対抗するために必要なように思われる。

6-3　人間交際のプラットフォーム

フェイスブックやツイッターをまったく見たことがない人間にどのように解説するべきか、講義室でふと迷うことがある。おそらく大学生ならば使ったことがあるはずと決めて話を進めるが、もしかすると利用したことがない者も数名はいるかもしれない(10)。

既存のメディアが新メディアのコンテンツとなり、アナロジーとなること（哲学者ボルターらは、「リメディエイション（remediation）」とこの現象を呼んだ）は多くのメディア学者が指摘してきたところだ（McLuhan 1964=1987: iii-iv, 7-22; Bolter and Grusin 2000; Bolter and Gromala 2003=2007: 120-138）。比喩に限界があって、的確な描写力を誇る応挙が（おそらく伝聞によって）描いた絵で、虎が猫になったような始末に陥るとしても、理解は促進する。

電子メールは手紙の比喩で、電子掲示板（BBS）は告知板や駅の伝言板の比喩で説明ができた（携帯電話が発達した現代では、駅の伝言板は消えてしまった）。ウェブには「ページ」という論理的単位がないにもかかわらず、「ウェブページ」と呼ばれるのは、紙の比喩がその理解を助けるからだろう。ハイパーリンクは、索引参照の比喩が使える。ブログは、ウェブページ（本文）＋掲示板（コメント欄）という比喩で説明できるが、ほかのウェブからリンクされている情報を示すトラックバックの比喩は難しい。スカイプは電話そのもので、電話帳やメッセージ機能も電話や手紙の機能から推測できる（ただし、スカイプのグループ通話やチャット機能・グループチャット機能は、後述のメディアと同様に、比喩が難しいだろう）。

それに対して、ツイッターやフェイスブック（そして、通話機能とメッセージング機能を有するラインも）は奇妙なメディアだ。従来の単一なメディアの代替だと説明したり、比喩で理解するのが難しいように思える。手紙や電話、電報、掲示板などのインターネット以前のメディアとの比喩がどれも当てはまるように思えないからだ。

電子掲示板と違って、フェイスブックやツイッターには生きて活動する人間の「現在」が流れ込んでくるので、話題ごとに発言を整理するのは難しい（ツイッターでは、ハッシュタグが必要だ）。むしろ人々の思い付きや生活の痕跡が、人間／名前を索引としてばらまかれているのが、フェイスブックやツイッターだ。手紙の比喩でもすべて捉えられないが、手紙や電話のような一対一通信の機能もある（ツイッターのダイレクトメッセージや、フェイスブックのメッセージ機能）。

ツイッターやフェイスブックでは、直接には自分自身のフォロワーや「友達」にだけメッセージ（投稿）を発信するものの、プライバシー設定によっては、インターネットを利用できる誰にでも、自分の投稿情報は公開されてしまう。ツイッターは個人放送局に例えられることもあるが、どちらのサービスも、不注意に声が大きいと関係ない人にも声が聞こえてしまう公共空間のような性質も持つ。

ツイッターもフェイスブックも、むしろ公園のような公共空間で叫びあっているようなイメージが当てはまりそうだ[11]。従来のインターネット・メディアは遠隔地を結ぶ既存のコミュニケーションの比喩で理解できそうだが、フェイスブックやツイッターは、町や村、公園のような相対的に閉じた空間の対面的コミュニケーションに似ている。放っておいても時間経過とともに誰かの声がどんどん流入し積み重なり、やがてタイムラインのかなたへ消えていく。記憶から滑り落ちていくように。

面白そうな人が漫談をしていれば耳を傾け、友人・知人を見つけたら、彼らの話が聞けるようにフォローしたり、友達登録をしたりする。叫び声がうるさければミュートし（ツイッターならば、フォローを外してリストに分類して登録という手も）、一部の友達と内緒話をしたければグループをつくって、囲いを作る。不愉快なことばを自分に向けて叫び続ける奇妙な人がいれば、その人の声だけに選択的に耳をふさぐこともできる（ブロック）。一歩進めると、ツイッターやフェイスブックのように、人間を単位とするコミュニケーションツールは、人間の交際全体を代替するかのような機能を有していると言えるかもしれない。

福澤諭吉は Society を「人間交際」と訳した[12]（福澤 2002a: 80-81）。ネットでの意見にも見られるように、ソーシャルネットワーキングサービス（ＳＮＳ）の「ソーシャル」は、「社会」よりも「交際」と訳したほうがしっくりきそうだ。福澤は広く交際を求めることを勧めたが、そのためには、活発で流ちょうな弁舌と快活な顔色容貌、広く友人を求める姿勢が重要と説く（福澤 2002b:186-196）。確かに多くのフォロワーを蓄積し、友達を集める人々はこうした要素を兼ね備えているようだ。

利用者である「私」から見て、「私」を中心とする人々が集う村や町が地球規模に広がっているというイメージが、フェイスブックやツイッターには、似つかわしいように思う。小さな町や村では評判が重要だ。無知な人にクリックさせて、下品な情報や卑猥な情報を勝手にフェイスブックのタイムラインに表示したり、ツイッターのフォロワーに意図しないメッセージを無差別に発信する悪戯の機能が仕込まれたウェブが存在するが、この悪戯のダメージが大きいのは、町や村での評判を大きく傷つけるからにほかならない。

かつて生まれ故郷を追われた人びとは都市に流れ込み、新しい人間関係を築き、成功を夢見るという幻想があった。(13) SNSという顔見知りがつくる町や村が世界を覆うとしたら、私たちが逃げ出すべき都市はあるのだろうか。デジタル社会における匿名性やプライバシー(14)は、私たちにデジタル社会に都市や家という逃げ場をつくるためにも求められている。

6‐4 「現実」と共通経験

首都圏反原発連合が二〇一二年三月に始めたデモは、同年七月には参加者が一五万人に達したとされる（主催者側発表。朝日新聞社の警察取材では、デモに約一万二〇〇〇人、国会包囲に約一万四〇〇〇人が参加）。毎週金曜日、夕方六時に首相官邸前に集まり、大飯原発稼働に反対する思い思いの表現をして、夕方八時には解散する。組合の旗や顔を隠してヘルメットという伝統的なスタイルの集団も確かにいる一方で、家族連れや年配の夫婦、スーツ姿のサラリーマン、普通っぽい（かつてのことばでいえば、「ノンポリ」ということになろうか）若者などが多く参加していると伝えられる。(15)

首相官邸前だけでなく、全国三〇カ所以上で脱原発・反原発を掲げたデモは起こっていて、いずれも動員されたと思しき人びとと個人で参加したらしい普通っぽい人びとの混成という同じような雰囲気だという（金城 2012）。

普通っぽい人びととは、ツイッターやフェイスブックなどのソーシャルメディアでの呼びかけに応じて参加した者であるとされる（平林 2013）。今回のデモが自然発生的という表現は、集団に動員された人びともいるので言い過ぎだし、逆に特定の集団が大衆を動員して組織の力を見せつけているのだという見方も一面的だろう。境界が明確な集団によって動員された人びとだけでなく、ソーシャルメディアによって関心を持った個人が参加して非常に大きな動きになったことに今回のデモは特徴があると理解すべきだろう。

境界が画然とした集団だけでなく、個人をノードとして不定形に広がるネットワークが、デモの巨大化に寄与しているという事態は、社会的ネットワーク分析が教える社会の在り方に近いように思われる（Granovetter 1973=2006; Rainie and Wellman 2014; 野沢 2009: 第6章; Buchanan 2002=2005: 47–69）。

人びとは、濃淡のある社会的ネットワークのさまざまな重なりの中に存在する。この社会的ネットワークは相互に重複があって、相互接続している。社会的集団があって、それからネットワークが広がるというより、個人をノードとするネットワークの中でグループが機能する。グループよりもネットワークが先に立つ。

こうした認識に立って、インターネット普及の初期、コンピュータネットワークに媒介されるコミュニケーションネットワークが新たな社会的ネットワークをつくると、社会学者のバリー・ウェルマンら（Wellman and Haythornthwaite 2002）は主張した。

確かに、ソーシャルメディアに媒介された人びとが集まり、共同行動を起こして大きくなった各地の脱原発・反原発デモは、ウェルマンの主張を裏書きしているように見える。

また、フジテレビが不自然な「韓流押し」を続けると憤慨したインターネットユーザーが、韓流ドラマのスポンサーである生活用品メーカーの花王の商品ボイコットのためにフジテレビ前に集まって抗議活動を行った例のような小さなデモ。(16) エジプト革命や日本の著作権法改正などで「誤爆」を繰り返しながらも示威的なインターネットでの攻撃活動を続けるアノニマス(17)（Olson 2012=2013）。これらも、コンピュータが媒介するコミュニケーションネットワークが社会的ネットワークとなった例だろう。これらの事例においては、おそらく電子掲示板がコミュニケーションの主要なプラットフォームだった。

電子掲示板と比較して、ツイッターやフェイスブックは、人びとが帰属感を有するコミュニティや、人びとがノードとなって多くの人びとと交流する社会的ネットワークを横断して、メッセージを伝達できるメディアという点で特徴がある（3－6）。脱原発・反原発の思想やデモの開催情報は、ソーシャルメディアを通じて、世の中に分厚い広がりを持って広がったと考えられる。そして、ツイッターやフェイスブックの社会的ネットワークやコミュニティを通してみる「現実（リアリティ）」は、テレビや新聞のようなマスメディアを通してみる「現実」とは大きく違う（3－1、6－1）。デモに参加した彼らの行動力を支えたのは、ソーシャルメディアを通して見た「現実」であったろう。

ソーシャルメディアは人間をつなぐだけでなく、「現実」の認識を人びとのつながりを越えて広げていく力がある。メッセージが人的ネットワークを通じて流通しにくい電子掲示板とはここが違うように思われる。

ところが、情報倫理学者ニコラス・ジョン・ミュン（Munn 2012）によれば、人的ネットワークを形成し、人びとを動員するソーシャルメディアには、友情をはぐくむといった新しい人間関係を構築していく力はないという。

没入型仮想世界であるMMORPG(18)（Massively Multi-player Online Role Playing Game: 大規模多人数同時参加型RPG）や現実世界は、一つの目標をともに達成させるといったような共通経験を人びとに提供できるが、フェイスブックはそのような経験を提供できない。アリストテレスの『ニコマコス倫理学』における友情論を引きながら、このような共通の経験を提供できるという性質からMMORPGや現実世界は友情を育み、新しい人間関係を構築できるものの、フェイスブックなどのソーシャルメディアは既存の人間関係の維持・保守にしか使えないと、ミュン（Munn 2012）は主張する。

カリアーンタ（Kaliarnta 2016）は、ミュン（Munn 2012）をはじめとするオンラインの友情に否定的な意見を批判し、オンラインの交友関係に対するアリストテレスの友情概念の適用が誤っているか、友情概念を狭くとらえすぎる傾向があるとしている。カリアーンタは、友情関係のオンラインにおける成立により肯定的で、正直な自己開示を行い、過去の出来事や考えていること、日々の出来事などをお互いに交換することで、オンラインであっても経験を共有し、友情をはぐくむことができると、ミュンに反論する。

ミュン（Munn 2012）の主張にうなずく者は、友達リストが学校時代の同窓会のようになっているユーザーや、友達リストの中で友情を感じる相手は、現実世界ですでに友情を育んでいる者ばかりだというユーザーだろう。一方、カリアーンタ（Kaliarnta 2016）を説得的と思う者は、オンラインで得難い友情を得た経験を持つ者だろう。

アリストテレスにおける友情論は、『ニコマコス倫理学』Ⅷおよび Ⅸ巻において展開され、現代語で友情と訳されるもとの語は、フィリア（φιλία）である。フィリアの語は、現代の友情よりも広く、アリストテレスのあげている例では、親子の関係や師弟関係、商売上の関係、若い恋人同士の関係などが示されている。つまり、現代的な意味での友情とフィリアは異なる意味を有するという点に注意しておこう。だから、友情ではなく、「友愛」とも訳される。これらのフィリアは、商売上の利益などに基づく有用さの友情、趣味や酒宴をともに楽しむなど快の友情、お互いの性格を好ましいと思う善の友情——この三つに分類されるという[19]（神崎訳 2014: 318–326）。

アリストテレスによれば、友人であることの一番の証は、「ともに生きること」であるとされる。逆に、お互いに快く、同じ事柄に喜びを見出す者でなければ、互いに時を過ごすことはない[20]（神崎訳 2014: 328）。そして、善き人びとの間の友愛がもっともすぐれた意味で友愛とされ、善き人は善き人に愛され、選び取るに値するもので、善き人同士はお互いに善きものを愛し、願望の点でも快さの点でも等しいものを与え返しあっている[21]（神崎訳 2014: 328）。

この「ともに生きること」とは、身体を持って同じ時間・場所を過ごすことであるとミュン（Munn 2012）は捉え、カリアーンタ（Kaliarnta 2016）は、時間・場所を共有することがなくても、オンラインで正直な自己開示を行い、お互いの情報を共有することが（場合によっては非同期的に時間を共有しなくても）「ともに生きること」に相当すると考えている。

オンラインにおける率直な自己開示と自己情報の他者との共有は、少なからぬ場合において、自らが

他者に対して匿名であると信じられているからこそ生じている可能性がある。佐藤・吉田（2008）によ
る社会心理学的研究によれば、自己が他者に対して匿名的であると信じられている場合、肯定的・否定
的にかかわらず（否定的自己開示とは、誹謗や侮辱的罵声などのことである）、自己開示を行う傾向が強まる
という。これは、バーなどで偶然隣り合った名前を知らない（だからこそ、相手も自分のことを知らないだ
ろう）他人に家庭や職場での悩みを打ち明けるのと、変わらないように思われる。富田（2009）は、イ
ンターネット以前のダイヤルQ2やツーショットダイヤル等の匿名的な通信サービスの利用行動の調査
研究を通して、親密さを感じる見知らぬ他人――「インティメイトストレンジャー」という概念を取り
出した。

彼らストレンジャーは、私たちの家庭や職場、地域社会などの生活上の利害にかかわる人間関係の外
にいる者で、彼らが私たちの心の奥の感情や日々の出来事を知らせたとしても、自分たちの人間関係に
影響を与えないと私たちは信じる。だからこそ、私たちは、積極的に自己開示ができる。そして、彼ら
が見知らぬ他人であるというよりも、むしろ私が匿名的であって、彼らにとって私が見知らぬ他人であ
るという事実こそが、彼らストレンジャーは私の人間関係や利害には関与せず、したがって、正直な自
己開示を行ったとしても、私は安全であると信じ、自己開示を行う主要な理由なのである。

ストレンジャー同士がお互いに率直な自己開示を重ね、自己情報の共有を重ねていくことで、私たち
はお互いの善き性格を愛するようになれば、確かに、アリストテレス的な意味での友情が生まれたとい
うことができるように思われる。

アリストテレスの友情論に付け加えるならば、人間関係の絆の堅固さは、その人との関係が別の個人

との関係とは代替が不可能または困難であると感じられるかどうか（「運命」や必然性ということばが、ときに使われることもあるだろう）、自分自身の人生の解釈や意味づけにとってその人間関係がどこまで重要であるか、その人間関係の維持や相手の人生に対して自分自身がどこまで関与しコミットメントしたかによって決定されるように思われる。

ミュン（Munn 2012）において強調される「共通経験」（shared experience）も、カリアーンタ（Kaliarnta 2016）の強調する自己情報の共有も、こうした感覚や意味づけ、コミットメントの原因や理由（つまり、必要条件）となりえるものであるし、逆にこれらが「ともに生きる」という経験や自己情報の共有のための条件ともなりえるだろう。

進化心理学者ダンバー（Dunbar 2014=2016: 293-300）によれば、実験によって明らかにされたところでは、男性と女性で、友情のあり方や友情を維持する方法が違うという。男性は気軽な友人を多数もち、クラブ的なつきあいを好む一方、女性は、ごく少数の特別に親密な友人がいる。そして、一般的に、友人関係は維持するのにコストがかかるが、男性は友情を維持するために何かを一緒にする一方、女性の場合は会話を交わすことだという。

ダンバーの枠組みにおいては、ミュン（Munn 2012）の論点は男性の友情の維持の仕方に、カリアーンタ（Kaliarnta 2016）のほうは女性のやり方に相当するように見える。この枠組みが正しいかどうかは置いても、友情のあり方や友情を構築・維持する方法は多様であって、必ずしもアリストテレスが記述したものだけに限られるわけではないことは示されているように思われる。したがって、この二人の説のいずれが正しいかは、実のところ決する必要はなく、友情を構築・維持するため、さまざまな手段・

方略がとられていて（ダンバーが指摘する男女の維持方法が大きく二つの分類と言えそうだが）、ソーシャルメディアにおけるコミュニケーションもその一手段となり得るとみてよいだろう。

ソーシャルメディアで知った街頭でのデモを通じて結婚へと至る者が少なくないと、金城（2012）は報じている。彼らは、ソーシャルメディアを通してともに行動することで、共通経験を重ね、友情や新しい結びつきが生まれ、「ともに生きる」ことを開始したと説明できるかもしれない。カリアーンタの指摘するように、ソーシャルメディアを通じて自己情報の共有も重ねたかもしれない。いずれにせよ、かけがえのなさや自分自身の人生に対するお互いの意義、コミットメントなどの要素が、そこにはあるだろう。おそらくメディアを通じたかかわりにおいては、身体性は必ずしも不可欠の要素ではないことがわかる。

6-5　流言蜚語2・0

二〇一一年三月一一日の東日本大震災は、物流だけでなく情報流通もずたずたに破壊された。東北地方から関東地方にかけて広範囲に大規模停電が生じたことで、被災地では速報性の高いメディアであるテレビからの情報が入らなくなった。携帯電話も輻輳や通話制限により発信・着信さえままならない状態が続いた。既存メディアによる被災地との情報流通は震災後だいぶ経ってからやっと回復した（執行2011b; 村上（圭）2011; 瀬戸山 2011）。

その一方で、インターネットは地震・災害に強いメディアで、インターネットを使えた人間と使えなかった人間で、情報に大きな差がついたと評価する論者もいる（執行2011b）。ノイズがあったとしても重要な情報がインターネットで伝えられたことから、メディア論者の小林弘人（小林（弘）2011）はこの震災で「メディアの序列が変わった」と主張した。核戦争を生き延びる情報通信ネットワークとして構築されたと半ば伝説的に語られるように[22]、どこかで経路が接続されてさえいれば、情報を小分けして冗長な迂回ルート経由で到達させることができるインターネットの強靭さ・堅固さが、これらの議論では強調されたのである[23]。

ところが、被災者のメディア行動と被災地における通信ネットワークの状況について、慎重な調査を行った社会学者の関谷（2014）は、東日本大震災に際してインターネットは必ずしも災害情報の伝達に役立ったとはいえず、被災者に限っていえば、固定電源を必要としないオールドメディアであるラジオと新聞が役立ったと評価すべきであると主張する。これは、被災地の停電および津波等による破壊によって、携帯電話基地局など通信インフラが停止していたことが大きな原因であるという。

関谷（2014）の分析は、二〇一六年現在から見れば、その参照する資料や調査等を含め、相当に的確であると考えられる[24]。関谷は東日本大震災におけるインターネット利用の限界を指摘するだけでなく、大規模停電の可能性が高い震災におけるインターネット利用が困難である一方、発災から停電まで相当の時間がかかる水害においての有効性も指摘する。

ただし、関谷（2014）も、スマートフォン等からソーシャルメディア（ミクシやフェイスブックなどのSNSおよび「ミニブログ」と呼ばれるツイッターなど）を利用できるユーザーにおいては、携帯電話基地局等の回復後は、被災地のミクロな状況を外部に伝達するには、ソーシャルメディアが相当有用であったことを認める。スマートフォンや携帯電話は、電力が途絶しても一定時間は通信を続けられる。コミュニティを横断してゆるやかに接続するツイッターは情報の迅速な拡散・伝播を可能とする（3－6、6－4）。発災から一〜二カ月経過後のインターネットユーザーに対するオンラインアンケート調査等の結果にも、これは一致している（吉次 2011; 執行 2011a; 執行 2011b）。

ところが、情報伝播力が強いツイッターなどでは、流言蜚語の拡散も問題とされた[25]。二〇一一年四月六日には総務省が、インターネット関連の業界団体に対して、流言蜚語の取り締まり要請を行った（総務省 2011）。「地震等に関する不確かな情報等、国民の不安をいたずらにあおる流言飛語［原文ママ］が、電子掲示板への書き込み等により流布しており、被災地等における混乱を助長することが懸念され」るというのがその理由である。

実際、震災直後ツイッターには外国人による犯罪が行われるという「煽り」が書き込まれ、「地震のどさくさに差別をたれ流す人々」として発言をまとめた情報がインターネットユーザーにさらされた[26]。被災地の警察[27]が、被災地の防犯・治安に関する不安を鎮めるために配布したチラシもインターネット上で確認でき、被災地に犯罪に関するデマが流れていることがうかがわれる（荻上 2011c: 49-70; 警察庁 2016: 21）。

震災直後、具体的な東京都内の地名を上げて、サーバーコンピュータに挟まれて、ひどい出血だが動けないというSOSがツイッターで発せられ、多くの人々がリツイート（転送）したが、実はこれが意図的な嘘だったという例もある（おさだ 2011）。支援物資が届かずある避難所では餓死者が続出しているという情報も飛び交ったが、これも事実ではなかったと判明した（荻上 2011b）。

善意によるリツイートでこれらの虚偽情報がツイッターを駆け巡ることで、サーバーやネットワークという資源を偽の情報が食ううえ、確かに社会的な混乱も生じる。とくに社会的信頼が損なわれるとしたら問題だろう。

ただ、行政等からテレコムサービス協会に対して削除要請された例は、取るに足らないものばかりだったように見える。今回の地震が某国による人工的に起こしたテロだという発言や、事故を起こした原発の原子炉メーカーに関する記述の不正確さなどが問題にされたことがわかる。震災後の死体等が映った画像以外は、同協会の削除基準に達しないため措置を講じなかったと発表されている（テレコムサービス協会 2011）。

オルポートとポストマンによる古典的研究によれば、デマの流布量は当事者に対する問題の重要さと、その論題についてのあいまいさとの積に比例するとされる（Allport and Postman 1947=1952（2008）: 41-44）。震災と原発事故という深刻な状況の中、断片的な情報を統合的・整合的に理解し、自己の生活や利害との関係づけを行うため、わかりやすいデマに飛びつきたいと人びとは思うだろう。虚偽情報によって取り返しのつかない事件が起きたり、社会的信頼が損なわれることで、復興に支障をきたすことは避けなければならない。

しかし、だからといって、デマや流言蜚語を禁じれば問題が解決するとは到底思えない。報道が「官報」を垂れ流し、公衆の生活の利害に直結する情報の解釈を与えなければ、デマや流言蜚語は終息しない。デマや流言蜚語は、公衆の利害によってさまざま内容のものが流れるだろうから、それぞれに対応して否定することも難しい。昭和一二年にすでに清水幾太郎が書いたように、「新聞が獨自の機能を失って官報化すればするほど、その空隙を埋めるものとして流言蜚語が蔓って來る」（清水 1937（2011）：41）。

原発事故に関しては、放射線防護に関する学説の対立に加え、直接原子炉内部を覗くことができず、放射性物質の飛散状況も数多くの仮定や理論にもとづいて推測されることから、情報が錯綜して伝えられている。どのような仮定や推測が行われているのかその根拠が示されず、信頼——というよりも信仰を求められる状況は大きなストレスだ。流言蜚語が生まれる土壌は十分である。

結果として、専門家や政府、マスメディアが信用されない傾向が生まれた。政府広報やマスメディアなどの公式の情報伝達経路から流れる情報を信用せず、インターネットに流れるオルタナティブな意見や情報を信用して多くの人が行動したように見える。政府や一部の学会等は、情報を一元化し、不確実性を含む情報の流通を防ごうとしたことがうかがえる。たとえば、気象学会は会員の大気シミュレーション結果などの公表を控えるよう要請したと聞く。(28) 不確実性を含み、専門家の解釈・説明がないまま（あるいは無視されて）情報が独り歩きすることを恐れたのだろう。前出のように、デマが出現することを考えれば当然である。ところが、政府や学会（専門家集団）が不確実性を含む情報の流通を防ごうとした結果として、マスメディアが「官報」化していると公衆に解釈され（つまり、マスメディアには重要な情報が流れず、隠されていると解釈され）、政府や専門家に対する不信が増幅されたように見える。

公衆に対するリスクコミュニケーションにおいては、わかりやすい目安を伝えて公衆がリスクの程度を判断しやすくするとともに、公衆の専門家に対する信頼を維持することが重要とされる。また、公衆の専門家に対する信頼は、専門家の意図が、安全などの公衆の利害と一致していると信じてもらうことが必要だという（中谷内 2006: 195–207）。つまり、リスクコミュニケーションにおいては、政府や専門家、マスメディアなど情報の発信者・伝達者の意図が、公衆の利害と一致していると認知されなければ、リスクコミュニケーションに対する信頼は低くなる。

そうすると、不確実性を含む情報の流通を防（いで混乱を防）ごうとする政府・専門家の善意があったとしても、重要情報を隠していると解釈された原因は、政府や専門家の意図が、公衆の安全ではなく、何か別の事柄であると解釈されたためだと考えられるだろう。災害の予防やその被害の低減（いわゆる「減災」）のためには、専門知を活かすことが必要であるから、学会・協会などの専門家集団は防災と減災のための専門知の研鑽に加え、その情報発信が信頼される必要がある。

ところが、大震災などの緊急時において突然こうした信頼は生まれるわけではない。政府だけでなく、学会・協会等の専門家集団も、公衆とのコミュニケーションを通じて信頼をはぐくむ必要がある。そのための一助となるものが、見逃されがちであるが、学協会の倫理綱領と考えられる。

学協会の倫理綱領の基本的機能は、専門家集団の基本的な価値と社会的機能を明らかにすることである（土屋 2011: 92–123; 川口（由）2014）。専門家集団は、真理追究を主とする学者・研究者の集団と、社会における職能の発揮を主とする専門職（profession）の集団の二つに、大まかに分類できる。ただし、一九世紀以降科学の応用が重視されるとともに、科学と技術の営みがきわめて接近してきたことから、この二つの集団の区別はそれほど容易ではない。また、学術活動は、とくに資金面で社会的な支援（政府からの科学研究費の支出や大学運営のための補助金など）を受けて実践されることから、社会に対する説明責任を負うようにもなっている。

したがって、学協会の倫理綱領は、学者・専門職の専門的知識や技能の研鑽および真理追究における責任を表明するとともに、公衆・社会に対する基本的責任を宣言するという基本的構造をもつのが、一般的である。すなわち、学協会の倫理綱領は、公衆・社会に対しては、専門知識を悪用せず、公衆の福利のために用いると宣言する一方で、専門家として、真理を公正に追究し、真理を正直に述べると表明する。(29)

倫理綱領があるからといって、それだけで公衆・社会の専門家に対する信頼が生まれるわけではないが（つまり、公衆・社会の信頼の十分条件ではない）、倫理綱領を通じて専門家としての価値観を表明し、その価値観にもとづいて真理追究や専門職としての社会的機能を実践することによって、公衆・社会の信頼を少しずつでも高めていけるように思われる。その点で、倫理綱領の社会的機能は重要と考える（大谷 2015b）。

そして、流言は、状況が重要であるにもかかわらず、状況を理解して、取るべき行動を判断するために情報が不足している場合に、なんとか手持ちの情報をやりくりして、解釈をひねり出そうとするときに噴出するという社会心理学・社会学の教えを想起しよう（清水 1937（2011）; 川上 1997a; 松田 2014: 33-34）。松田（2014: 54-56）は、清水（1937（2011））を引きながら、言論統制によって言いたいことがいえない中で多数の社会成員に共通する意見が流言蜚語として流れるのだと説明する。私（たち）は「Aを要求する」と表明し得ないがゆえに、「Bがあった」という話がつくられる。(30)その話も、手持ちの情報を合理的に説明のつく形で説明しようとする中で生まれるものだ。松田（2014: 240-243）では、「あいまいさへの耐性」が、風評被害等の流言による危害を防ぐためには必要だとされる。その一方で、政府・

専門家の意図の誤解と情報不足が、流言蜚語を生むという社会心理学の知見は無視するべきではない。情報を隠蔽していると誤解されないためには、公衆が必要とするだろう情報を適宜、どのように行動すべきかと合わせて提供するべきである。不確実性を含む情報が流れているならば、それをわかりやすく解説するとともに、流言を含む誤報に関しては、それが誤報であることを根拠とともに示すなどのことが必要となる(31)。

6-6　秘密と公開

情報は自由になりたがっていたのか――二〇一〇年から一一年初めまでの世界の動きを見ると、インターネットの情報を公開する機能が最大限に発揮されたかのように見える。

一〇年春から夏にかけて、元ハッカーのオーストラリア人ジュリアン・アサンジが編集主幹を務めるウィキリークスを通じて、アフガニスタン・イラク戦争に関する秘密情報が公開された。ウィキリークスは、二〇〇六年に存在が浮かび上がった匿名内部告発サイトだ。匿名技術をフルに使って内部告発者の安全を守り、政府や企業の秘密情報を公開することを目的としていると主張する（Leigh and Harding 2011=2011; Rosenbach, and Stark, 2011 = 2011）。

二〇一〇年四月には、バグダッド市内で起きた事件を収めた衝撃的な映像が公開された。カメラを構えるジャーナリストを、二人の米軍兵士が銃を持つテロリストだと主張し、ヘリコプターから銃撃を加え、さらに彼を助けようとした人びとも次々と銃撃でなぎ倒していった。同年七月、一〇月には、アフガニスタン・イラク戦争に関連する秘密文書が一九万点超公開された。戦争による現地民間人の死者数の記録はないと米国は主張してきたが、リーク資料には一万人超の記録があった。米軍がわざと見逃した現地警察の犯罪行為も残っていた。これらの情報公開には、英米独の一流紙も協力し、ウィキリークスの知名度と信用度を大きくあげた（Leigh and Harding 2011=2011: 81-92; Rosenbach and Stark 2011 = 2011: 135-311）。

その一方で、同年八月には、アサンジが二人の女性に対する婦女暴行容疑で、スウェーデンで告発される事件が起きた。スウェーデンは、ウィキリークスの匿名サーバーを預かるサーバー管理会社があった国だった。ウィキリークスの活動を止めるため、米国や関連諸国がアサンジを追っているとの報道も始まる（Leigh and Harding 2011=2011: 195-221; Rosenbach and Stark 2011 = 2011:229-257）。

二〇一〇年一一月末、ウィキリークスは、米国の一一万点以上の外交公電を公開した。この事件において、外交公電をそのまま公開すべきか、英米独の新聞（『ガーディアン』『ニューヨークタイムズ』『シュピーゲル』）は慎重に法的問題も含め検討を重ねた。『シュピーゲル』が三紙・誌の合意を破り、フラインで情報を公開したため、残る二紙も後を追いかけた。この事件をきっかけに、米国政府は、ウィキリークスと三紙・誌を強く非難する一方、ウィキリークスに反対する者によって、関連サイトを巻き込むサイバー攻撃が始まった。その結果、米国のインターネット決済サイトやサーバー管理会社もウィキリークスとの契約を打ち切った。ウィキリークスを擁護する者も攻撃を開始し、擁護する者と反対する者の間で関連サイトを巻き込むサイバー攻撃の応酬も始まった（Leigh and Harding 2011=2011: 264-306; Rosenbach and Stark 2011 = 2011: 279-349）。ウィキリークスを擁護する集団では、米国の匿名電子掲示板

「4chan」のユーザーが結成した匿名ユーザー集団「アノニマス」の存在が、この応酬の中で浮上した（Olson 2012=2013）。

国家の法律や国益に従わず、既存マスメディアの論理で抑えられないウィキリークスの危険な力には、期待と共感、そして半面の憤りと恐怖が向けられている[32]。

日本国内でも秘密のリークが続いた。二〇一〇年一〇月には、警視庁公安部外事三課のテロ捜査資料がウィニーを通じて流出した[33]。ウィキリークスでも用いられる匿名技術を使ったうえで、ファイル共有ソフトウェアのウィニーを通じて、ルクセンブルクのサイトから情報が流された[34]。

また、同時期、中国漁船と海上保安庁の巡視船の尖閣諸島沖での衝突の状況を撮影したビデオがユーチューブに投稿された[35]。名乗り出た犯人は、海上保安庁職員だった[36]。

同年一二月にも小さなリークが頻発する。都内のホテルでアルバイトする女子大学生が、ツイッターを通じて、スポーツ選手と女性タレントの密会や、日銀総裁と日産自動車CEOの極秘会合の事実を流した。この事件は、SNS（ソーシャルネットワーキングサービス）上の当人の情報が曝され、匿名電子掲示板で笑い者になったうえで、同ホテルの謝罪文が出て終息した[37]。

女性タレントが、元夫が婚姻中不倫していたとやはりツイッターでツイートしたことでも騒動が起こった。夫は著名なジャーナリストで、不倫相手も有名な女性タレントだったため、事件は世間の耳目を集め、ほかの重要ニュースもこの騒ぎにかき消された。

暴露メディアとしてのインターネットに対する期待とリークへの欲望は、年年高まっているようだ。真偽不明の陰謀論がインターネットで多数語られる現象も、時代の大きな転換期を迎えたにもかかわらず、マスメディアが機能不全に陥り、むしろ重要な情報を隠蔽して、事実を歪曲しているのではないかという疑念といら立ちが生んだものだろう。

ウィキリークスの秘密暴露を歓迎する一方で、国家や個人の安全が脅かされる危険があるのも疑いない。また、哲学者シセラ・ボクの秘密や嘘に関する論考（Bok 1983=1997）や、動物行動学者たちの霊長類社会の観察・考察（Byrne and Whiten 1988=2004）から見ても、権謀術数や秘密、嘘から人間社会が逃れる可能性は薄い。希少な資源をめぐる欲望や嫉妬、利害対立がある限り、残念ながら秘密や嘘は人間社会につきものだ。情報リークの日常化に嘘や秘密のない政治や外交の夢を見るのはナイーブに過ぎるだろう。

また、ウィキリークスは、内部告発者を誘い込み正体を暴くための罠ではないかという見方もある。尖閣諸島中国漁船衝突ビデオの流出時期が公安情報流出とあまりにもうまく重なっている事実に意味を見出す向きもある。秘密を隠す側だけでなく、リークする側にも深い闇に包まれた秘密があるのかもしれない。(38)

秘密と嘘は人間社会につきものだとしても、民主政社会のジャーナリズムやメディアはそれを暴き、真実を解明する機能を持たねばならない。既存のジャーナリズムやメディアは、国益や理想を言い訳として体制や反体制の権力と狎れ合っているのではないか——リーク現象とそれを歓迎した公衆は、危険な批判の刃をつきつけている。(39)

6-7 台風とミクロなメディア

二〇一一年九月三日、岡山・倉敷に台風一二号が上陸した。(40) 岡山県は災害の少ない地方として知られ、台風の直撃を受けるのはとても珍しい。

私自身は台風上陸の当日自宅で仕事をすることとしたのだが、会社での仕事が残っている妻は休日出勤となった。昼には雨が激しくなり、自宅の仕事場から見える駐車場の向こうの通りは、濁った茶色い水がたまり始めているようだった。大雨の際に雨水を逃がす用水が溢れ、水浸しになると聞いていたから、不安になり外に出た。角の理髪店の店主も不安そうに外を眺めている。

案の定というべきか自宅の脇を流れる水路は見たこともないほどに増水している。ただ、隣家との境界近くの暗渠には道路から降った雨水が絶え間なく流れ込み、家の前の道路は、水がたまることはないようだ。

しかし、傘をさして、先ほど水がたまっているように見えた通りを見ると、細長い池のように水がたまっている。足首ぐらいまでは確実に水に浸かりそうだ。道路の向こうでは、池を前に立ち往生している人も見える。店から出てきた理髪店の店主に聞くと、二〇年間で四、五回このようなことが起こったらしい。

この地域は雨水と下水を同じ古い下水管に流しているのだが、この管が細いため、大量の水が流れ込むと溢れてしまうのだという。確かに暗渠から下水管へと続く側溝の穴から水が溢れ湧き出しているように見える。

水に浸かった通りの家が老夫婦だけだったことを思い出して、意を決して水に足を踏み入れ、水を跳ね散らしながら訪ねたところ、もう土囊は裏の家の人手を借りて積み上げたところだった。自動車が通るたび水を跳ね、その水が閉めた戸の隙間から家の土間に流れ込んで困るが、これ以上できることはないそうだ。遅れてきた私はしばらく雨に濡れているばかりだった。

夕方自宅付近では雨が弱まり、用水は結局溢れることもなく収まった。妻に自宅の無事を伝え、会社付近の様子を聞こうと電話すると、市の広報車が出て近くの小学校に避難するよう勧告が出たとのこと。不安そうだが、外を見てもひどく増水している様子はないし、同僚が残っているとのことで、動くつもりはないようだった。

電話を終えて、ネットで検索すると、市内を流れる二つの川が増水し、水が堤防を越える可能性があるので、一八万人(41)に避難勧告が出たという。新聞と市の災害対策のページを見ると、妻や同僚たちの呑気さが信じられない状況だ。通りの増水ではなく、川の増水を心配するべきなのだが、会社から川は見えない。グーグルマップを見ると、妻の会社は海から数キロ、増水が危ぶまれる川に挟まれた場所にあり、川水が堤防を越えたら確実に孤立するか洪水の直撃を受けるだろう。

やきもきするが、間接的情報ばかりで、状況はわからない。妻に電話して、外の通りの状況は判断の当てにならないから、早く仕事場を出るように促すものの、まだ仕事が終わらないという。自動車で移動できるものと思い込んでいるようだが、増水が速く進めば、自動車での移動もままならなくなるかもしれない。過信ではないだろうか。しかし、こちらの不安を解消する情報も、妻の行動を変えるに足りる論拠となる情報もない――結局妻は無事に帰れたし、河川も無事放水ができたが、災害情報と行動・

判断を結びつけることの難しさを考えた。

まず、目に見える形でじわじわと迫って普通の判断力や想像力で危険が予測できるものと、できないものがある。前者は雨量と現在の水位で大まかな予測ができる洪水のようなものだ。後者は、断層やプレート境界にストレスが溜まっていることは観測からわかるが、このストレスがいつ放出されるかわからない巨大地震が典型だろう。鉄砲水や土砂崩れもこちらに近い。

台風が過ぎて、和歌山では自宅近くの川の様子を見に行った娘さんが流され、その直後に自宅と奥様も土砂災害で流された町長の痛ましい話が報道された(42)。

行政や大規模観測を行う科学者は情報を集めるマクロな「目」をもつものの、実際に被害に遭う可能性がある個人は、そうした間接的情報をメディアから得ながら判断するしかない。直接カタストロフの前兆を見ることができないと想像力で不安が膨らむ。その不安から、和歌山で起こったように、自分の目で確かめるという行動をとるのだろう。

洪水や土砂崩れなどを起こしかねない川や山をリアルタイムに直接観察できる手段があれば、その場を見に行って被害に遭う悲劇を防げるかもしれない。台風が過ぎて検索すると、県内の河川数カ所にライブカメラが設置され、画像が公開されていることに気付いた。カメラやコンピュータは安くなっているので、もっと密集させてライブカメラを設置すべきではないか。これら情報の利用について広報も強化してほしい(43)。

また、増水をカメラでとらえるだけでなく、川岸や橋脚などに水位を自動計測できるセンサ（おそらく感圧センサが適していると思われる）を設置して、リアルタイムで水位を知らせるとともに、降雨量その他の要素から水位の将来時点における予測値を伝えれば、判断を支援できるだろう（現在もすでに神奈川県などは雨量・河川水位の最近六時間の計測値の公開を行っている）。[44]

さらに、台風や長雨の際に派遣できるようカメラやその他のセンサ（風速や雨量等を計測・推測できるセンサ）を搭載した無人機（ドローン）を多数用意しておき、住民からの依頼があったら人間の代わりに危険な場所に行かせて中継できれば、被災防止に役立つように思われる。[45]

もちろん「生の」観測値やデータだけでは役に立たない。市井の人々に役立つよう専門家や、専門家の思考を模倣するエキスパートシステムの判断も活用する必要がある。[46] とはいえ、人間の直観や判断を働かす「ミクロなメディア」の応用はさらに開発が必要だろう。

6-8　中世都市と地球村

九月のブリュージュは死都どころか、笑顔の観光客で賑わうハイシーズンの観光地だった。パリからの特急タリスで一時間半。閑散としたブリュージュ駅でタクシーを拾い、二日間宿泊するB&Bへと向かう道すがら、旧市街に入ると、石畳の振動と、道にひしめき合う観光客で、タクシーの速度がぐんと落ちた。この町の名の由来ともなった運河をめぐる観光船の船着き場には、立錐の余地もないほど観光客がびっしりと並んでいた。

一五年以上前の冬、この町を訪れた妻は、驚きで声もない。その年の冬、ブリュージュには観光客の影はほとんどなく、中世の町はしんと静まり返っていた。彼女は、落ち着いた中世の街並みに強い感銘を受け、あまりにもその静かな佇まいに感動した彼女は、数カ月後春まだ浅いブリュージュを再訪したそうだ。よほどの感動だったのだろう。再訪の際には、家のハンディビデオを借り出し、静謐な町の風景をフィルムにも収めた。

あの冬、妻が訪れたこの町には、ロデンバックの描く、中世で時代が止まった石の町並みの幻想的な風景が広がっていたのかもしれない――しかし、今日はその雰囲気のかけらさえも見えない。

B&Bの主人によると、この賑わいは週末と祝日の昼間だけで、午後六時にもなると波が引いたように人々は消えてしまうのだという。彼らの多くはドイツ人で、陽が翳れば、タリスやICEなど高速鉄道でドイツへ帰る。

確かに、夕方妻と外出すると、駅へと向かう大きな人の流れができていた。駅前のカルフールで水やオレンジジュースを購入し、鐘楼のある市街に戻ると、石畳の通りから本当に人が消えていた。もはや日は翳り、肌寒い。この町は、休日のたびに、観光客が増減するリズムを繰り返すのだろう。

ブリュージュの石畳では、さまざまな速度が交錯する。徒歩、自転車、自動車、そして馬車とセグウェイ。

大部分の観光客は、徒歩。硬い石畳を歩くのは、固い路面を歩いてもその衝撃を吸収すると、靴店が請け負ったサンダルを履いていても、ひどく疲れる。石畳を派手な服装でサイクラーたちが駆け抜けて行き、自動車も最徐行で通り過ぎる。

観光馬車とも頻繁に行き交う。観光馬車の御者は皆若く、五対二程度の割合で女性が多い。大学生のアルバイトだろうか。馬糞を受ける大きな布が御者台の下に据えてあり、車上の客はひどい臭気に閉口しそうだ。セグウェイツアーは、妻とともにベルギーに入る前に訪ねた都市、パリと同様、この町にもあるが、セグウェイのデザインがパリと違う(7-1)。後で調べると、セグウェイの第二世代機(二〇〇六年発売)がブリージュでは使われているようだ。[47]

ブリュージュの町を二人で歩いていると、二〇代前半だろうか、レモン色のスニーカーが印象的な、大きな一眼レフカメラを首から提げた若い女性に妻が声をかけられた。

「私、インターネットでファッションサイトをやっているジャーナリストなのだけど、写真を撮らせてくれない?」彼女はこう言う。

唐突な申し出に妻は戸惑いながらも、OKすると、レモン色のスニーカーの彼女はカメラの調整を始めた。「どこから来たの?」妻が聞いた。「ルーマニア」。

数枚撮影して、「今日の服は何にインスパイアされたの?」。気づいてみると、今日の妻の服装は、どこか東欧の民族衣装風だ。そのうえ、九月というのに結構な厚着だ。確かに個性的かもしれない。「うーん、天気のせい?」。

あまり何も考えず、寒かったからこの服装を選んだらしい妻の答えは、今一つ彼女には納得がいかなかったらしい。「このサイトに載るから、今度メールして」と、妻にメモを押し付けると、母親らしき女性と去って行った。

URLとメールアドレス。どちらも、ドット・コムのドメイン名。彼女と私たちの会話は、英語だ。ルーマニア人と日本人が、ドイツからの観光客でにぎわう(ロシア人も中国人も見かけたが)中世ベルギーの町で、現代の共通語《リンガァ・フランカ》、片言の英語で会話しながら、(おそらく)日本製のカメラでスナップ撮影し、ドット・コムのメールアドレスを交換して、別れる。これが、現代における「地球村」(McLuhan 1962=1986: 37) にようこそ、ということなのだろうか。

ビジネスの論理が社会の全面を覆い、インターネットや高速鉄道網による技術が後押しして、社会の加速と流動化は進む。地球村では、ビジネスと政治の共通語たる英語への習熟は増しても、時をかけて積み重なる歴史や、国民文学の複雑な思想・感情の陰影に通じるのは難しい。中世の残映がいまだ石畳の町並みを照らすブリュージュに、ヨーロッパの人びとが押し寄せるのは、高速化し、流動化する生活への反動という面があるだろう。石畳や観光馬車、中世風の鐘楼や家々。ノスタルジーを刺激する事物に、この町は事欠かない。

だが、観光馬車の臭気も石畳の硬さも、日々経験したいと思うようなものではない。高速鉄道で足早に観光地を訪れた人びとは、また足早に去っていく。大きな二匹の猫が棲むB&Bも、妻がインターネットでお得情報を集めて探し、予約したものだった。社会の加速化を進めた道具が、束の間のノスタルジーに浸る経験を可能とする。おそらくこれは皮肉でもなんでもない――よいことなのである。

せわしなく通り過ぎる観光客たちは、ブリュージュに積み重なった歴史を見ることはできただろうか。しんと静まり返った町にはあった奥行きが、妻には見えなくなった気がしたのは勘違いなのかもしれない。中世都市の表層だけが広がる観光都市――ブリュージュはたぶん別の意味で、妻の中で死んだのだ。(48)

註

(1) たとえば、田崎・児島編著(2003)第四章で紹介されている諸理論を見よ。
(2) 同理論の現代における評価に関しては、たとえば、田崎・児島編著(2003)第三章および岡田(1985)を参照。
(3) なお、PageRank の名称の由来は、Webpage の page と開発者の Page の名前とをかけたものと言われる。
(4) 不正とみなされるSEOは、「SEOスパム」と称されることがある。SEOスパムの事例は、グーグル google の「ウェブマスター向けガイドライン」(https://support.google.com/webmasters/answer/35769?hl=ja 二〇一六年一二月一九日アクセス)における禁止行為に見ることができる。
(5) サーチエンジンで、「Tsuda る 実況」と検索すると、多数の用例が見つかる。
(6) なお、同記事(藤田 2010)は、「Tsuda る」の語源について誤解があるなど、事実誤認について指摘があり、訂正を経て、現在ではリンク切れとなっている。Togetter まとめ「津田大介氏にまつわる産経新聞の記事—— tsuda り批判」を参照(http://togetter.com/li/83761 二〇一六年一二月一九日アクセス)。
(7) だから、不特定の視聴者を前に臆せず発言するテレビでのコメンテーター等は、一般に特別の才能・資質を必要とするものと、筆者は考える。
(8) このように、思想の成長と成熟のため、小集団の秘密の交流が保護されるべきであり、通信の秘密も新思想の揺籃たる小集団の秘密の交流を助けるために必要とされると、Richards (2015: 136-150) はいう。Richards (2015) においては、言論の自由の前提として、思想・読書(情報アクセス)・機密保持(通信の秘密)を保護する「知的プライバシー(intellectual privacy)」が必要と主張される。現代においては、Bloustein の「集団プライバシー」概念よりも、知的プライバシー概念のもと考察したほうが、私たちがなぜ自分の思想や感情を正直に打ち明けられる小集団やそこにおける機密が守られた交流活動が必要とされるか理解しやすいように思われる。
　もう一つ Richards (2015) で注目すべき論点は、思想も読書も通信も、その内容にかかわらず保護されるべきと強調する点であろう。たとえば、読書(情報アクセス)のプライバシー保護に関しては、SMポルノ小説であって、芸術的評判もさんざんな *Fifty Shades of Gray* が、電子書籍端末を通じて女性読者に受け入れられたという例が取り上げられる。電子書籍端末は読書する姿からは何を読んでいるかわからないがゆえに、女性読者は同書のようなポルノグラフィーを読むことができたのだと、Richards (2015: 136-137) はいう。しかしながら、電子書籍の販売側からすれば誰が購入したか記録は残るし、政府や企業、技術にたけた個人が電子書籍端末をのぞき込むことができれば、プライバシーは守られることがない。内容がどのようなものであったとしても（*Fifty Shades of Gray* のようなSMポルノであったとしても）、思想・言論の自由一般のため、その読書（や情報アクセス）の秘密は差別なく守られるべきだと、Richards（2015: 136-150）は主張する。

（9）社会学者ロバート・マートン Robert Merton に対する Bloustein の言及については、Merton（1957=1961: 341）参照のこと。

（10）二〇一四年の筆者らの調査によれば、岡山県高梁市内の普通科高等学校の場合、ＳＮＳのうちフェイスブックを「一番よく使う」、または「一番よく使うＳＮＳ以外によく使う」と回答した生徒は合計で一四名のみ、ツイッターについては、合計で二三〇名（回答者四四六名中）であって、実際、この二つのＳＮＳを知らない大学新入生は存在する可能性がある。

（11）ツイッターや電子掲示板などの炎上現象が起こる原因について、次のように、ネットの安全利用の啓発家小木曽健（株式会社グリー）は説明する（信原 2016）。インターネットは誰もいない広場のように見えるが、実は、そこは、人通りの多い交差点のように、多数の人が行きかっており、そこで発言するということは自分の主張を書いたプラカードを掲げるような行為であるから、そこに多くの人がいら立つような主張を書けば、多くの人が注目し、通り過ぎる人ごとに文句を言われるのは当然である——この比喩は、中学生・高校生に限らず、インターネット利用経験が浅いうえ、技術のアーキテクチャに関する想像力に限界がある人びとに対する教育においては、きわめて有効なものと思われる。

（12）福澤（2002a: 81）本文「人間交際」の語に当てられた註を参照のこと。また、同書編者によれば、福澤（2002b: 240）においては、society には「世俗」の語も当てられているという。

（13）西欧近代社会およびそこでの自由の原型を中世の自由都市・自治都市に求める「自由都市論」は、批判的検討を経て、現在では一種の理念型であって、必ずしも現実の都市の姿とは一致しないとの理解に達している（高谷 2016: 291-321）。批判的検討が進む中で、都市と農村とを異質なものとして対立的にとらえるのではなく、都市と農村は相互の関係の中で規定される組織だという見方が広がった（河原 1996: 3）。したがって、ヨーロッパおよび日本等における中世都市における自由に、西欧近代社会の自由のあり方を過剰に読み込むことには警戒が必要であるものの、人類社会に通底する自由の理念やイメージを知るうえでは、やはり現在においても、中世の自由都市・自治都市における自由・自治の概念は重要と思われる。

日本の中世社会における自由と類似の概念に関しては、網野（1996; 2013など）が、「無縁・公界・楽」の概念によって、考古学や歴史地理学などの成果を取り入れて、学際的に論じている。彼は一連の著作で、主従関係・親族関係などの世俗の縁や「私有」から切り離された公の世界に生きる漂泊の人びとや、道などのさまざまな人びとが交通する場所、聖なる空間などが、商業や金融などを生み出すとともに、自由と平和のアジールであったことを示す。世俗的な集団による保護を受けない代わりに、さまざまな集団や場所を自由に往来する遍歴の「職人」（芸能民や神社との縁を結んだ神人などだけでなく、医師などの知識人も中世においては、「職人」とされる）や、縁切寺などの寺社や人々が集まる市場（市庭）、自治都市などが論じらる。

林（1986: 19–33）によれば、ドイツの中世都市は、一一世紀以降、国王や領主から自由を特権として獲得していった。特権としての自由の内容には、商人の自由と都市共同体そのものの自由がある。前者に関しては、人格的自由（隷属身分からの解放）、通行の自由・商業の自由・関税免除があった。都市の自由とは、自治の自由であって、代表を選出する自由、自治行政を行う自由、裁判権、市民の人格的自由、訴訟に関する市民の特権、取引の自由・商業上の特権、軍役免除、家の平和（家の中に逃げ込んだ犯罪被疑者は手続きによらなければ出頭義務がない）がある。都市の自治に関しては、Mundy（1985=2007）も参照。

また、小倉（2007: 40–45）によれば、「都市の空気は自由にする、一年と一日後に」（Stadtluft macht frei nach Jahr und Tag）という法諺（市風自由の原則）は、一九世紀のグリム兄弟らロマン主義の産物とされ、ブランシュヴァイク都市法やゴスラー都市法など複数の都市に見られるとされる。中世における隷属身分の自由獲得は、都市領主支配下の住民の垂直的身分上昇と、荘園領主の下から都市共同体の下への水平的移動があり、小倉が同書で主に研究対象とするフランクフルトでは、その両者に関する自由条項があるという。後者の荘園領主の支配からの国王都市への逃亡による自由獲得の動きに関しては、一二世紀から盛んとなり、一三世紀には聖俗諸侯と国王都市との間に激しい紛争があったとされる。国王は聖俗諸侯に譲歩し、諸侯の支配下から逃げ込んできた隷属身分民を受け入れないよう国王都市に禁じた。一二九七年のフランクフルト市の都市証書には、移住後の隷属民保護と領主の利益とを調停させるような条文が見られる。その結果、農村に居住する市外市民や、移住した隷属民の保護に関して、都市法の規定によって市民権を獲得することで、人格的な束縛から解放され、さまざまな自由を獲得する一方で、旧来の領主と関係が完全に断ち切れない（貢納や奉仕の義務が継続する）という場合があったとする。

なお、河原（1996: 85-87）によれば、高度な自由と自治を享受した「自治都市」のイメージは、ドイツ・フランドル・北イタリアなどごく一部の地位の限られた大都市にのみあてはまるとする。ドイツにおいては、弱体の皇帝権のもと、大諸侯に対抗すべく、神聖ローマ皇帝が都市に同盟を求め、「帝国都市」群が成立した。北イタリアにおいては、神聖ローマ皇帝の権威失墜後都市の自由が高まり、都市国家体制が成立した。フランドルでは、経済的繁栄を背景にして、伯や侯に対抗する勢力を維持できた。これらの地域に共通なのは、国家としてのまとまりを近世以降になってももてなかったことである。

高谷（2016: 291-322）においては、近年のイスラム社会における「自由都市」の研究等も引きながら、ヨーロッパと日本にとどまらない、最近の比較都市論の広がりを示し、都市における流動という観点から、都市の開放性や自由が論じられている。

（14）匿名性とプライバシーの関係は、論者によって理解が異なる。たとえば、Gavison（1980）においては、匿名性（anonymity）は、秘密（secrecy）・隔離状態（solitude）と並んで、プライバシーを構成する一要素である。本文で、プライバシーと呼ぶのは、さしあたり物理的アクセスまたは情報的アクセスのない状態のことである。

（15）「整然と、前例なき『革命』　毎週金曜、官邸前の脱原発行動」『朝日新聞』二〇一二年七月一八日朝刊一八頁。「(街頭へ) 国会囲む原発NO　抗議開始四カ月」『朝日新聞』二〇一二年七月三〇日朝刊一頁。「(街頭へ) 脱原発、脱政治色　多様な参加者求め　抗議開始四カ月」『朝日新聞』二〇一二年七月三〇日朝刊二頁。

（16）匿名電子掲示板2ちゃんねるの既婚女性板（通称、既女板（または鬼女板））では、二〇一一年八月七日にはお台場に向けての「お散歩」、八月八日に花王に抗議文を送る運動が提唱されたほか（「8／8花王の返品運動」http://toki.2ch.net/test/read.cgi/ms/1312180112/ 二〇一六年一二月一九日アクセス）、九月一六日に花王本社前で一二〇〇人のデモが行われた（怪盗らんま 2011; 深水 2011）。

（17）二〇一二年、アノニマスは、日本の政府官庁街の「霞が関」と間違えて、「霞ヶ浦河川事務所」にサイバー攻撃を行った。この出来事について、アノニマスの公式ツイッターは、日本語で謝罪した。「『誤爆ごめんな（笑）』アノニマス、霞ヶ浦河川事務所へのサイバー攻撃は間違いだったと謝罪」『はてなニュース』二〇一二年六月二八日　http://hatenanews.com/articles/201206/9394（二〇一六年一二月一九日アクセス）

（18）著名かつ古典的なMMORGには、ウルティマオンライン（Ultima Online）やエヴァークエスト（Everquest）

などがある。日本のスクエア・エニックス社によるファイナルファンタジーXI（二〇〇二年開始）も、MMORPGの例である。

（19）1155b10-1157a30.

（20）1157b10-b20.

（21）1157b20-b30.

（22）通説では、ランド研究所のBaranが米国空軍の依頼を受けて、核戦争にも耐える通信ネットワークとして分散型通信ネットワークを構想し（Abbate 1999=2002: 17-30 ; Baran 1960）、これがインターネットの基本設計になったとされる。ところが、Baranの構想は空軍に拒否された一方、Baranと同時期、イギリスにおいて、Daviesが独立で同じ基本的アイデアに基づく分散型ネットワークの設計に到達しており、パケット交換ネットワークと呼ぶようになっていた（Abbate 1999=2002: 32-48; Davies1986）。ARPAネットの構想に当たっては、国防総省高等研究計画局（ARPA: Advanced Research Planning Agency）の情報処理技術室（IPTO: Information Processing Techniques Office）プログラムマネージャーのRobertsが、前出のDaviesに接触し、パケット交換ネットワークの採用を検討したことが知られている。交換ノードとネットワークリンクの信頼性が低い中で、できるだけ安定的に通信を行うことが、ARPAネット設計上の課題で、核戦争に耐えるネットワークの構築を目的にしていたわけではない。ARPAネットの設計・構築とその背景に関しては、Abbate（1999=2002: 13-116）およびSalus（1995: 19-38）を参照。また、インターネットの構想に当たってはARPA IPTO室長のRickliderの構想と役割が強調されることが多いものの、実のところ、MIT Lincoln LaboratoryのClarkの構想に加え、IPTOを引き継いだTaylorの役割が重要だったと、喜多（2012）は解明した。

（23）執行（2011b）によれば、発災直後は、停電のため、被災者はテレビとインターネット利用が制限され、ラジオを利用、その後（「地震発生の翌々日〜一週間（三月一三〜一九日）」）、テレビとインターネット利用が増えていくという状況がみられたとされる。一方で、停電によるテレビ利用ができない被災者に対して、広島の中学生が無許諾でNHKの地上波テレビ放送のユーストリーム中継を開始し、その後NHKがこの利用を認め、同局じたいがユーストリーム中継を開始するなど、インターネットの「強靭さ」を利用して、既存メディアの情報発信を補う状況があった。村上（聖）（2011）を参照のこと。

（24）関谷（2014）を読み、本稿においても、初稿発表時の大震災時におけるインターネットの通信基盤としての有用性に関する評価は見直した。

(25) 廣井（2001: 80–81）によると、あらゆる流言は、噴出流言か、浸透流言かに区別されるという。第一に、噴出流言は、災害による破壊が甚大で、社会組織や社会規範が一時的に消滅した状態で、普段接触のない人々の間で急速に広がる流言で、短期間で消滅するものの、人々を極端な行動に駆り立てるとされる。次に、浸透流言は、社会組織や社会規範が残っている状態で、友人・知人のネットワークを通じて広がる流言で、じわじわと広がり長時間持続する。こちらは非合理的行動の引き金になることは少ない。東日本大震災に際して、福島第一原発事故や京葉工業地帯における工場火災に関連して、ツイッターやSNSで広まった流言は、噴出流言の一種と考えられるだろう。廣井（1988: 163–217）においては、高度情報社会における流言の問題を取り上げ、防災通信ネットワークや緊急警報システム活用による防災情報の伝達や、これらの情報システムを悪用して、故意に虚偽情報を流す行為の危険性を論じる。この当時においては、インターネットのように、公衆が参加してお互いに情報を自由に交換する情報通信ネットワークのイメージが存在せず、1対n型のマスメディア型の広報システムとして、高度情報システムを想定し、「高度情報社会における流言の問題」が論じられたことがわかる。約四半世紀後、一九八八年当時想像がされていなかったような、情報通信ネットワークを通じて「噴出流言」や「浸透流言」が複雑に相互作用しながら拡散する様子が観察されることとなったのは、この間の技術進歩の急速さとそれに伴う社会変化を理解させるのに十分な事実である。

(26) 「地震のどさくさに差別をたれ流す人々」http://togetter.com/li/110468 二〇一六年七月一五日現在、同トゥゲッターのまとめは削除されている。ツイッターで拡散された当時の被災地デマ情報に関しては、「東日本大震災の直後に広がった人種差別と『レイプ多発』というデマ」http://togetter.com/li/110490 にまとめられている。また、このまとめには、上記の削除されたまとめの魚拓へのリンクもある。（二〇一六年一二月一九日アクセス）。なお、インターネット上のデマのまとめは、荻上（2011a）などがある。

(27) 本記事執筆二〇一一年五月当時。二〇一七年三月現在は、デマに対する注意喚起を行う当時のチラシは、インターネット上では直接確認はできない。南出・平井（2011）参照。

(28) 二〇一一年三月二一日付で、日本気象学会理事長新野宏が「東北地方太平洋沖地震に関して日本気象学会理事長から会員へのメッセージ（2011.03.21）」とする文書をインターネット上で公表し、放射性物質拡散の大気シミュレーションはきわめて複雑で、拡散源のデータが不完全な中では、信頼性が低くなるので、公衆に伝わるような情報提供はやめるべきだと、次のように示唆した。「当学会の気象学・大気科学の関係者が不確実性を伴う情報を提供、あるいは不用意に一般に伝わりかねない手段で交換することは、徒に国の防災対策に関する情報等を混乱させることになりかねません。（中略）防災対策の基本は、信頼できる単一の情報を提供し、その情報に基づいて行動することです。会員の皆様はこの点を念頭において適切に対応されるようにお願いしたいと思います」。この文書（http://wwwsoc.nii.ac.jp/msj/others/News/message_110318.pdf）は、二〇一六年七月一七日現在インターネット上からは削除されているものの、次のウェブなどにコピーが残る。「東北地方太平洋沖地震に関して日本気象学会理事長から会員へのメッセージ（2011.03.21）」『猫の手ブログ・日替り定食』（http://chatterie.exblog.jp/16187070/）。この文書について報道したasahi.comの記事は、下記のとおり。「放射性物質予測、公表自粛を気象学会要請に戸惑う会員」『朝日新聞Digital』二〇一一年四月二日 http://www.asahi.com/special/10005/TKY201104020166.html（二〇一六年一二月一九日アクセス）

（29）なお、専門家・専門職の責任は、公衆の安全・福利への配慮、および真理追究（事実やデータの尊重なども含む）に限定されるものではない。クライアントに対する忠実義務や、市民としての法の順守の義務、管理者としての義務などの規定がある。詳細は、土屋（2011: 92-123）を参照。また、研究倫理において求められる真理追究における公正さ（ねつ造・改ざん・盗用の禁止）は、科学者共同体における公正な競争や評価にかかわるルールであって、直接には、社会・公衆に対する責任とは関係がないと、中村（2016）は指摘する。

（30）噂の合理性に関しては、第八章註(14)も参照。なお、Darnton（1984=2007: 2-101）は、「農民は民話を通じて告げ口をする」とし、民話が民衆的な記憶を変形させながら（その変形は一定のパターンがあるため、類似する民話が多数存在することとなる）保存しているとした。現代・近代における流言蜚語と同様、民話は民衆の精神世界と生活とを照らす補助具となる。清水（1934（2007）: 15-19）では、処刑されたプガチョフが生きているとの流言が、同書の扱う対象の定義の代わりに示されているが、時代を隔てて近代・現代の都市伝説と近代以前の民話の接近をうかがわせる。

（31）本稿の結論は、初稿発表時と大きく変わっている。大気中における放射性物質の拡散シミュレーションをもとに、公衆・社会の安全を守るためには、事実やデータを収集し解釈する専門家の役割が大きく、非専門家による専門家の活動のモニタリングや解釈、議論は、必ずしも、公衆・社会の安全を守るためには役立たないかもしれないという認識がある。放射性物質の拡散シミュレーションとそれを根拠として立案する避難誘導政策は不確実性を含むので、政治的意思決定の入る余地が大きい。ところが、非常時においては、公衆に公開された議論を通じて、多くの人びとが納得できる解や政策を導くことはきわめて困難である。したがって、平常時において、非常時の避難誘導とその基礎的なデータの活用に関して議論を行う一方で、緊急時においては、専門家が、その時点で入手可能なできるだけ正確なデータをもって責任をもって判断するとともに、その判断の妥当性を後世が評価できるように、専門家の基礎的データや考察、議論など専門家による判断に至るプロセスを正確かつできるだけ網羅的に記録することが望まれる。大雨等による河川氾濫や土砂災害の危険を予測する基礎情報として使えるライブカメラ情報（6－7）は、一般的傾向はわかるものの、やはり不確実性を含むにもかかわらず公開が進んでいる。ライブカメラ情報と、放射性物質の拡散シミュレーションの性質が異なるとしたら、後者の扱う気象現象が一般的には降雨量に比例するとみなせる水位の上昇・増水と比較してきわめて複雑であることに加え、シミュレーションには理論的推論にもとづく一定の判断が含まれているので、シミュレーションの確実さに関する専門家の知識による評価と補正が必要とされる点にあるように思われる。

(32)「ウィキリークス現象」については、小林（恭）ほか（2011）参照。

(33)「警視庁：国際テロ捜査情報がネット流出 内部資料か」『毎日 jp』二〇一〇年一〇月三〇日 http://web.archive.org/web/20101104005451/mainichi.jp/select/jiken/news/20101031k0000m040066000c.html（インターネットアーカイブ。二〇一六年一二月一九日アクセス）、および「テロ捜査協力者、記載 警察資料？ 大量に流出」『朝日新聞』二〇一〇年一一月一日朝刊一頁。

(34)「テロ情報流出、複数国経由か 警視庁、米などに協力要請」『朝日新聞』二〇一〇年一二月一九日朝刊三九頁。

(35)「尖閣沖の衝突ビデオ？ ネット流出」『朝日新聞』二〇一〇年一一月五日朝刊一頁、「尖閣ビデオ、流出四四分 海保撮影の可能性 対中関係に影響も」『朝日新聞』二〇一〇年一一月五日夕刊一頁。

(36)「神戸海保職員、逮捕へ 尖閣映像流出の疑い、ネットカフェに形跡」『朝日新聞』二〇一〇年一一月一〇日夕刊一頁。

(37)「稲本潤一と田中美保の twitter 炎上事件を起こした従業員の「Tweet まとめ」『Naver まとめ』二〇一三年一月一四日 http://matome.naver.jp/odai/2135561319292318001（二〇一六年一二月一九日アクセス）

(38) ウィキリークスが内部告発者を誘い込み正体を暴く罠であるという見解に関しては、現在のところそれを支持する証拠は見当たらない。イラク・アフガニスタン戦争にかかわる秘密を暴露したブラッドリー・マニング

Bradley Edward Manning（二〇一七年三月現在は、性別を変更し、チェルシー・マニング Chelsea Elizabeth Manning と名乗る）は、オンラインチャットで知り合った人物に、軍の機密情報を盗み出した事実を告白したことをきっかけに、ウィキリークスへの情報提供が露見し、訴追を受けた。その他、ウィキリークスへの情報提供者が訴追・処罰や何らかの危害を受けたとされるニュースは知られていない。また、尖閣諸島中国漁船ビデオとイスラム教徒の内偵状況に関する公安情報の流出時期の接近については、とくに説得力のある説明は見つからない。

(39) なお、二〇一一年九月二日には、ウィキリークスが編集を加えずに、米国の外交公電二五万件の公開に踏み切り、この出来事に関しては、同団体に協力してきた米『ニューヨークタイムズ』、英『ガーディアン』、独『シュピーゲル』の三紙・誌も、関係者の身の安全などを考慮し、同ウェブサイトを批判した。「ウィキリークス、米外交公電を未編集で全面公開　協力メディアは批判」『AFPBB』二〇一一年九月四日 http://www.afpbb.com/articles/-/2824397?pid=7717124（二〇一六年一二月一九日アクセス）。情報のリークに基づく報道の限界に関しては、他者危害原則から論じた論考として、谷川（2014）がある。

(40) 「台風一二号直撃、各地で浸水　一二万世帯に避難勧告／岡山県」『朝日新聞』二〇一一年九月四日朝刊二六頁、および「七九〇〇戸、浸水や損壊　小学校に土砂崩れ　台風一二号／岡山県」『朝日新聞』二〇一一年九月五日朝刊二九頁を参照。

(41) 最終的に岡山市内では、二二万人に避難勧告が出たという。前出『朝日新聞』二〇一一年九月五日付記事参照。

(42) 「奪われた、家も娘も　町長、遺体と対面30分　和歌山・那智勝浦　台風一二号【大阪】」『朝日新聞』二〇一一年九月六日朝刊三九頁。初稿時「裏山の様子を見に行った」としたが、新聞記事から「川の様子を見に行った」に訂正した。

(43) 河川の現在状況を観察できるインターネットライブカメラは、次のウェブにまとめられている。

「川のライブカメラ」『LiveCam Japan』http://orange.zero.jp/zad23743.oak/livecam/kawa.htm（二〇一六年一二月一九日アクセス）

インターネットライブカメラ画像は静止画だが、平常時との比較ができるものは、増水の程度がわかりやすいと思われる。ただし、川や周囲の音や動きがないため、増水の程度や危険を直感的に知るためには情報が足りないように思われる（が、直感的に危険を知ったときには、おそらく川の状況を見に行ってはいけないときであろう）。

(44)　神奈川県の「雨量水位情報」ホームページにおいては、降雨量および河川水位の計測情報が公開されている。「神奈川県雨量水位情報」http://www.pref.kanagawa.jp/sys/suibou/web_general/suibou_joho/index.html（二〇一六年一二月一九日アクセス）
ただし、現在の水位や降雨量を知るためには、ホームページにアクセスしたうえで、知りたい時点でホームページの更新動作が必要になる。より便利に使うためには、こうした降雨量情報および河川水位情報を行政が公開し、個人やＮＰＯなどが、雨量・水位の情報を自動的に一定時間（三分毎など）ごとに取得し、スマートフォン等にわかりやすく表示するアプリを作成・配布することが望ましいだろう。ただし、雨量・水位情報の取得のために、多くのユーザーのアプリが更新を頻繁にかけると、行政のウェブサーバーに対する負荷が高くなるため、災害時等にこの不可に耐えられるよう行政はウェブサーバーを設計する必要がある。

(45)　災害時におけるドローン利用を目指す実証実験が行われている。たとえば、日本気象協会は、二〇一四年度から京都大学防災研究所と共同で、ドローンによる高層気象観測技術の研究開発を進め、火山ガス・火山灰や大気汚染物質の観測などの分野における応用可能性を確認したとされる（「日本気象協会、ドローンを活用した高層気象観測の実証実験を実施」『Response』二〇一六年五月一三日　http://response.jp/article/2016/05/13/275096.html 二〇一六年一二月一九日アクセス）。二〇一五年九月には、愛知県警が南海トラフ地震を想定して、ドローンを活用した防災訓練を行った。震度七の地震が起きたとの想定で、破壊された四階建ての建物の屋内に取り残された人がいないかドローンで確認した（山本・後藤 2015）。二〇一五年六月には、川の増水事故で中州に取り残された少年二人にライフジャケットを渡すため、ライフジャケットにロープをつないだうえで、ドローン（Phantom3）を使ってロープのもう一方の端を少年たちに渡して、無事ライフジャケットを届けることに成功したというニュースがある（Charms and Reagan 2015）。徳島県・福島県では、ドローンの災害時の情報収集・救助活動等への実証実験・開発拠点の誘致を目指しているとされる（「ドローン『実証実験誘致を』　県が検討会、被災地の確認など計画／徳島県」『朝日新聞』二〇一六年五月一一日朝刊（徳島全県版）三二頁および、「ドローン開発施設、南相馬・浪江に整備　県、滑走路など建設へ／福島県」『朝日新聞』二〇一六年五月一一日朝刊（福島中会版）二五頁）。

(46)　将来の事象の推移や被害・リスク等の予測においては、ただデータを公開するだけではあまり役に立たず、専門家の知識を活用するべきという点では、６－５における放射性物質の拡散シミュレーションと同様である。

（47）　セグウェイ第一世代機は、二〇〇一年発売。セグウェイ社の日本語版ホームページの「Segway とは？」（http://www.segway-japan.net/technology/segway/）を参照。（二〇一六年一二月一九日アクセス）

（48）　連載時では、テクノロジーの発達によって、中世都市がその風景と意味を変容したことを死としたものの、むしろ中世都市とそこに生きる人びとが現在と未来を生きている姿だと見たほうが良いと思う。昼間の町中あふれんばかりの観光客がすべて宿泊するわけではないものの、夕方の町の飲食店はそこそこ混雑し、私たち夫婦が宿泊したB＆Bも満室であった。中世の貿易拠点として栄えた当時とはまったく違う形で、ブリュージュは再生しているのである。都市の活力と盛衰に関しては、たとえば、Jacobs（1984=2012）を参照。

第七章　人間の拡張と代替

7－1　セグウェイのメディア論

「ニンテンドーのWii（ウィー）はやったことがある？　セグウェイはWiiと同じ技術を使っているから、ちょっと練習すれば、誰にでもできるわよ」

インストラクターの早口の英語についていくのはなかなかたいへんだ。パリジェンヌ達の英語は、なぜ皆早口なのか……と、サイクリング用のヘルメットと工事現場の作業者が羽織りそうな反射テープ付きのベストを着せられ、ぼくと妻はやや落ち着かない気持ちでいる。困惑気味と言ってもよい(1)。

午後六時半。パリの夜の街をセグウェイに乗って観光する「セグウェイツアー」の集合場所は、エッフェル塔の「サウスレッグ」。奇妙な集合場所だと思いながらエッフェル塔に向かうと、その脚には確かにそれぞれ「ノール（Nord）」、「エスト（Est）」、「ウエスト（Ouest）」、「シュド（Sud）」と書いてある。パリ・エスト駅で見かけたのと同じ、重機関銃を提げた迷彩服の兵士たちの巡回(2)を横目にしながら、南の脚に行くと、セグウェイに乗った若い女性と観光客らしき白人男女が話していた。

ぼくらに加えて、二組の男女が揃い、セグウェイの女性を先頭に移動が始まった。着いたのは、低層ビルの一階にあるサイクルショップのようなセグウェイツアーの事務所。実際、自転車による観光ツアーもあるので、ショップの中も外も自転車ばかり。セグウェイはショップのずっと奥の壁際に置いてあった。

ヘルメットとベストを受け取り、ショップの奥から運び出した、電源を切ったセグウェイを受け取ると、ビルの横の広場で講習を受ける。ボタン型のスイッチを押すと、セグウェイに電源が入る。何か未来のロボットめいた生き物にスイッチが入ったようだ。

彼女の早口の英語と、初めて乗るセグウェイに戸惑いながらも、実際に乗ってみると、自転車よりも簡単だ。体重移動とハンドルの傾け方で、スピードの調節も、左右の転回もスムースにできる。バイクや自動車のような内燃機関の爆音もなく、電動機で動く直径五〇センチメートルほどのホイールで滑るように動き回ることができる。オーストラリアから来た夫婦は、数日前にもセグウェイに乗ったそうだ。

「はーい、みなさん。これから街に出ますが、四つのPに気をつけること。第一のPは、ピープル(People)。人間にぶつからないように。つぎのPはプードル(Poodle)。犬や猫などの小動物、人間の子どももスピードに乗ってくると見にくいものです。三つ目のPは、プープ(Poop)。パリには犬のうんちがいっぱい落ちています。これを車輪で巻きあげちゃうと、ズボンだけじゃなくて背中がうんちまみれになります。最後のPは、ポール(Pole)。自動車除けのポールが歩道や道路にあるけど、車体感覚をしっかり持たないと、車輪がポールに引っ掛かります。では、これから出発しまーす」

こんな説明を聞いてから、セグウェイレディを先頭に、ぼくらは動き出した。運動神経がほぼ皆無の妻も、それよりも鈍くさいぼくもなんとかセグウェイの列に乗って動き出す。総勢九名の一行。ともかくセグウェイによる観光ツアーの始まりだ。

ゆっくりとジョギング並みの速度から、徐々に自転車並みの速さへ。走ってみると、道路はかなりバリアフリーが進み、車輪でスムースに走行できる歩道・道路が多い。とはいえ、それでも段差があるので、結構なスピードに乗っていると、ガタンと体に響く振動は、覚悟していても驚かされる。

最初に向かったのは、フランス革命でバスティーユ監獄を襲ったパリ市民が銃器を奪ったアンヴァリッド。裏側からナポレオンの墓があるドームを眺めながら休憩。その後表に回って、砲台などが並ぶ様子を見学する。アンヴァリッドを後にして走り出すと、エッフェル塔から発せられた光線が夕闇の中に消えていく様子が遠くに美しく見える。

そこからエールフランスの事務所がある建物前の広場に行き、「それでは、しばらくセグウェイを練習してくださーい」とのセグウェイレディの掛け声で、八名の客たちはセグウェイを乗り回し、駆け回る。スピード感を楽しむこともできるし、ぶつかりそうになっても簡単に急減速できるので、けがをする心配は少なそうだ。自由自在に動き回れる体感は、かなりおもしろい。

マクルーハンによれば、人間の知覚を変容する経験を提供する技術はすべてメディアであると言うが、明らかにセグウェイは、自動車や自転車とも異なる経験を与える（McLuhan 1964=1987:59-64）。それも、ボルター／グロマラのいう「透明性」がきわめて高いメディアだ（Bolter and Gromala 2003=2007:39-43）。徒歩では敵わない高速で、自転車や徒歩のような体力の消費もなく、滑るように高い視点からすべるように街を移動することで、身体そのものが拡張された全能感を強く感じることができる。ポールに気づかず衝突したり、セグウェイ社の社長が不幸にも転落事故に遭った（Hannaford 2010=2010）ことからも、「透明性」が高すぎることがうかがえる。

セグウェイで走り回りながら、セグウェイレディとほかの客との話が耳に入ってくるのを聞くともなく聞くと、彼女は、フランスの高校を出てからアメリカの大学に行ったそうだ。フランス語の訛りをあまり感じない流暢な英語の理由が分かる。「OK, Guys!」セグウェイレディの掛け声で、ぼくらは再び動き出す。その前に、彼女が小声で「OK, Kids...」と言ってみたのをぼくは聞き逃さなかった。確かに、セグウェイに夢中で、ヘルメットと反射テープ付きベストを身に着けた大人たちは、小学生のようでもある。

動き出したぼくらは、ポン・デサンバリッドに差し掛かり、この橋の歩道の中央で小休止を取る。セグウェイレディが橋の欄干にかけられたたくさんの錠前をぼくらに見せ、恋人や夫婦が永遠の絆を結ぶためにこんなおまじないをするのだと説明する。恋人や夫婦の観光客たちの浮かれ具合に苦笑するぼくら夫婦も、おそらく周囲から見ればそう大差ないだろう。

橋を渡り、右岸のチェルリー庭園前へ。ここで再び、小休止。コンコルド広場には、すっかりと陽が落ちた闇の中で、エジプトの太守から贈られたオベリスクがそびえる。その遥か遠くに凱旋門。

ジョルジュ・ポンピドー道路をセーヌ川沿いに川上へ向かい、ルーブル美術館へ。実は同じ日の午前中には日本語解説付きのルーブルツアーに参加したので、同日二回目のルーブル訪問だ。午後九時に近いが、ピラミッドが明るく輝き、人通りも絶えない。妻は中国人観光客に話しかけられ、セグウェイツアーの時間や料金を聞かれている。中国語なまりで「Cool」と言うと、にこっと笑って去って行った彼も、ツアーに申し込むだろうか。

再びジョルジュ・ポンピドー道路に出て川下へ。石造りのほかの多くの橋とは異なり、金属で構築されたレオポール・セダール・サンゴール橋の上で小休止を取ると、強烈な光線を川岸や天へと向けながら、観光船が橋の下を通り過ぎて行った。同じように、強烈なライトを掲げる船が何隻も行き交う。

川沿いを下り、ブランリ通りから再び、エッフェル塔を望む広場へ。数秒間静止させるとセグウェイは停止するが、Wiiフィットでバランスを取るのと同じように、これがなかなか難しい。塀があれば立てかければよいが、この広場には塀がない。結局ぼくはセグウェイから下りないままを選んだ。街灯が照らす公園の中を最後に数回往復して、九時半過ぎ、事務所に戻り、セグウェイを返して、ぼくらのツアーは終わった。

マクルーハンによれば、ベケットの芝居で、自転車は軽業師的な専門家を象徴し、人間のトータルな状態は無力な道化に表現される（McLuhan 1964=1987:187）。セグウェイの全能感の一部は、人間・機械系の制御・調整をコンピュータが肩代わりし、透明性を高めたためだ。セグウェイが、技術が内的・外的自然を征服した後の全能の人間の表現だとしたら、この全能感に馴れた人間は、身体／自然と機械の境界に転落する辺縁を危うく走行しているのだろうか。

7-2　犯罪予測システム

京都府警が、二〇一六年一〇月から、「予測型犯罪防御システム」を導入するという。

開発中のこのシステムでは、過去一〇年間の府内で発生した犯罪情報をもとに、統計的に事件の起こる可能性が高い地域、時期などを予想する。身近な街頭犯罪を減らすことで、体感治安を高めることが狙いとされる（宮川 2016）。二〇一〇年には神奈川県警も類似のシステムを導入し、強制わいせつ事件を解決したとの記録もある。(3)

これらの犯罪予測システムは、いずれも米国における「コムスタット（compstat）」という犯罪捜査を効率的に行う管理手法を手本としている。コムスタットは犯罪発生の減少を目的として、コンピュータによる過去の犯罪の分析と犯罪予測を行うことに加え、この分析・予測をもとに警察人員の戦略的な配置を行うことで、限られた資源のもとで効果的に犯罪を防止し低減することを目的としている（Kochetkova 2015; Wyllie 2013: 警察庁 2002: 79）。

地図上に犯罪発生日時や場所、特徴などを記録し、全体パターンから容疑者を予想し、次の犯罪の発生を予測することは、伝統的に行われてきた。海外刑事ドラマなどでもおなじみのシーンだ。前出記事（宮川 2016）によれば、国内の警察も、窃盗や性犯罪が連続して発生する傾向があることから、人手で犯罪データや発生場所を地図でまとめ、予測してきたという。

現在では、管轄地域内の過去の犯罪発生に関するデータを大量に蓄積し、それをコンピュータで分析するビッグデータの手法によって、さまざまな犯罪予測が可能になっている。

世界最大の電気・電子工学学会ＩＥＥＥのニュース誌『ジ・インスティテュート（The Institute）』によれば、テロ防止や逃亡犯の場所特定、犯罪被害者傾向の予測、仮釈放順位の決定などに、ビッグデータ分析が活用されているという（Rozenfeld 2014）。マイクロソフト社は、九一％の確率で仮釈放された受刑者が再犯するかどうかを予測できるシステムを開発したという（ただし、シミュレーションのみ）（Libertore 2015）。

最近では、二〇一一年にサンタクルーズ市警察が採用した窃盗犯罪予測システムが有名で、二〇一五年一月放映のＮＨＫの番組「ネクストワールド」でも、同市警の警官が犯罪予測システムの指示通りに街のある交差点に行きしばらく待つと、不審者が現れる様子が映されていた。不審者に職務質問をしたところ、麻薬とナイフ、盗品と思しき貴金属を所持していた（ＮＨＫスペシャル「NEXT WORLD」制作班 2015: 164–167）。

コムスタットの発想に見るように、限られた予算・人員で効率的に犯罪を防止しようとするならば、このような予測システムは、確かに有効な面があるだろう。

しかし、次のような問題がありそうだ。

第一に、ビッグデータ分析が統計的相関しか示さないため、犯罪抑止の考え方が、近視眼的な対策に偏り、中長期的な原因の除去という発想が薄まる懸念がある。

ビッグデータ分析は、因果関係は不明でも、事象と事象の統計的相関を示すことが得意だ（Mayer-Schönberger and Cukier 2013=2013: 80–114）。犯罪予測に関しても、サンタクルーズ市警の警官たちが、理由不明のままある場所に行って不審者を捕捉できたという例に見るように、因果関係が不明な犯罪防止活動が中心となる。このような犯罪予測の枠組みでは、犯罪の社会的な原因の考察は入り込む余地がない。

ところが、麻薬の濫用も含めて、多くの犯罪は、個人的動機はもちろんだが、社会的背景があると考えるのが常識で、個々の犯罪の防止や解決を図るとともに、社会的な原因の除去が中長期的には犯罪の減少には重要だ。犯罪予測システムで、社会の犯罪の認識・理解が変質しないだろうか。

次に、SFで描かれてきた個人が犯罪被害者・犯罪者になると予測するタイプのシステムでは、ある個人が悪い人間であるからその犯罪が起きたと推論させる効果があるように思われる。成育歴やその背景となる社会の問題、巡りあわせなどのさまざまな要素を無視させるような社会的理解が生じると、犯罪の原因となる社会問題等を解決しようという一般の関心が薄れていくのではないか。

現代においては、ゲーテッドコミュニティに見るように、犯罪を起こす人びとを自分たちから（あるいは、逆に自分たちを）隔離することで社会の安全を図ろうとする傾向がある。犯罪者予測システムは、こうした動機づけが強まり、社会の分断を推し進める懸念がある（大屋 2014a: 164–219, 222–235）。

最後に、犯罪予測・予防で補足される「将来犯罪を起こすだろう人物」は、どのように扱われるべきか明らかではない。サンタクルーズ市の例では、麻薬不法所持はあったが、貴金属が本当に窃盗の果実だったたか不明だ。

映画『マイノリティ・リポート』では、「プリコグ」と呼ばれる、ビッグデータと同様に因果的説明が不在だが、やはりそれでも当たる犯罪予測システムが登場する(4)。同作品は、二〇五四年の世界が舞台で、この時代には、プリコグと呼ばれる予知能力者の未来予知に基づいて、犯罪予防が行われている。この未来予知は、三人の予知能力者の未来ビジョンの多数決で決まり、この多数決の結果重大犯罪を起こすと予知された者は、否応なく警察に逮捕されてしまう。犯罪抑止という点では確かに有効そうだが、何も罪を犯していないのに自由を奪われ、屈辱的な目に遭わされるのは道理に合わない。

将来の犯罪者を特定する犯罪予測システムが必ずしも万能ではなく、その予知が確実ではないとしたら（前出のプリコグによる予知システムも多数決という不確実さを含むものであった）、人種差別・偏見にもとづき特定の人種や民族を犯罪予備軍と見なすのとあまり変わらないだろう。そもそも未来は不確定であって、さまざまな偶然的要素が入り込むだろうから、ある人が犯罪を起こすと確実には言えないはずである。ある種の生得的性質によって犯罪を起こしやすい人物であると特定することと、プリコグの犯罪予知はアナロジカルであって、生得的性質による予防拘束と、プリコグの犯罪予測に基づく犯罪者となり得るとされた者の自由の制限は、同じ道徳的問題を含むように思われる。

犯罪予測・防止という夢は甘いものの、それに付随する懸念は相当に苦い。

7-3　パーソナルロボット

奇妙だがかわいらしい風貌と、とぼけた雰囲気のロボットが巷に登場した。

二〇一五年六月、ソフトバンクは、感情を認識すると称するパーソナルロボット「Pepper（以下、ペッパー）」の販売を開始した(5)。価格は一九万八〇〇〇円（二〇一六年七月三〇日現在）。このロボットは、持ち主やその家族を個人として認識し、表情と顔から感情を認識する機能に加え、自らも感情を持つように振る舞い、自律的と見える行動を行う。

一方、長崎ハウステンボスでは、「変なホテル」と称する、ロボットが接客・案内等を行うホテルが開業した(6)。フロントでは、恐竜型・女性型のロボットが出迎え、ポーターも産業用ロボットのようにも見えるロボットカートである。部屋には、小型ロボットがコンシェルジュ役で控え、部屋の空調・照明などの調節は「彼女」にお願いする。

前述のペッパーは毎月一万四八〇〇円の維持費がかかる。(7) これは、日々家庭内の出来事を情報収集してユーザーをより深く知り、豊かな感情(と見える反応)を育てる費用だ。

ペッパーは、ユーザーと会話するだけでなく、家庭内の状況や会話の内容、感情に係わる表情などさまざまな情報を集め、インターネット上のサーバーと通信して、それらの情報を蓄積する。この蓄積された大量の情報を分析して、ペッパーというロボット全体の反応や対応がより感情豊かに自然に見えるように改善される。さらに、個々のペッパーについても、個性が育ち、ユーザーの問いかけ・働きかけにきめ細かい反応ができるようにどんどん成長していくと、同社の解説にはうたわれている。(8)

「変なホテル」のロボットには、お客それぞれの情報を分析してお客の行動や好みなどに適応する機能はないようだ。とはいえ、原理的には、やはりお客個人を認識して個別的なサービスを行うことも不可能ではない。

つまり、ペッパーや接客ロボットは、私たちの発話や顔・声の表情、行動など、さまざまな反応を収集する入力インタフェースであり、なりえる可能性がある。今後多くのパーソナルロボットは、よりきめ細かいサービスのため、ペッパーと同様にクラウド連携型の情報収集・分析を行うと予想される。この結果、私たちはインターネットでの行動履歴だけでは把握できないさまざまな個人情報を収集され、分析されるだろう。

ところが、私たちは個人情報を収集するペッパーに警戒的かと言うとそうでもない。奇妙だが愛嬌のある風貌や動作。少し間が抜けた人のよさそうな会話や表情。ペッパーは、家庭や職場に溶け込みやすいようデザインされている。私たちは「彼ら」に心を許して、内心を含む秘密を漏らしてしまうかもしれない。

すでに述べたように（2－11）、プライバシーは人間関係を構築し、維持するために必要とされる。これは、法哲学者・倫理学者であるチャールズ・フリード（Fried 1968）とジェームズ・レイチェルズ（Rachels 1975）の洞察だ。私たちは、親しい人間関係を構築するのに経験や感情、思い出などいろいろなものを共有する。誰とどのような情報を共有するかが、さまざまな人間関係をつくることとなる。つまり、情報共有の程度が人間関係の濃淡を決める。法学者アラン・ウェスティン（Westin 1967: 33–34）も、「中核的自己」と他者との社会的距離によって人が他者にどの程度の秘密の情報を打ち明けるかが変わると指摘している(9)。

思い出や家族に係わる事柄、内心の感情など、私的な情報を共有するのは、たいがいの場合、親しい友人や恋人などであろう。職場で愚痴をこぼす相手もやはり親しい相手でなければならない。人間関係が近しいと思わなければ、私的な話題は避け、当たり障りのない天気やスポーツの話題で済ますはずだ。

ところが、ウェスティン（Westin 1968: 33–34）の主張に反して、私たちは見知らぬ匿名の他者に対して、よりあけっぴろげに自分の内心や秘密を話してしまうことがある。私たちは思いがけず、旅先や深夜のバーで出会った見知らぬ人に、親しい者に決して見せない内奥の秘密を明かすことがある。インターネットでの匿名コミュニケーションでも、家族や友人には話さないだろう経験や感情を吐き出すユーザーがいる（佐藤・吉田 2008）。

このように、匿名の他者に家族や友人にも話さない秘密を明かすのは、彼らが私たちの持続的な人間関係の輪の中にいないからだ。(10) 家族や友人に秘密の経験や黒い感情、内奥に秘めてきた情熱などを明かせば、私たちへの見方が変わり、関係が変容するかもしれない。そのため、話さないこと、話せないことがある。ところが、匿名の見知らぬ他者とのかかわりはその場限りであるか、継続しても匿名の他者同士のままのかかわりで、持続的かつ日常的な人間関係への影響は薄い。持続的かつ日常的な人間関係の外部や周辺にいる人間に対してこそ秘密は明かしやすい(2-4、2-11、6-4)。

パーソナルロボットは、家庭内にいながらも人間関係のネットワーク外という絶妙の社会的位置にいる。とぼけた風貌と愛嬌のある反応で家庭内の風景に溶け込んだら、私たちは彼らに日常生活を見せるだけでなく、ペットに話しかけるように内心の秘密をもらすようになるかもしれない。

ところが、これらの情報も企業のクラウドに送信されて集積・分析される。この分析結果を用いて、企業は私たちが買いたいと思う商品・サービスのリコメンドに活用するかもしれない。さらに、統計的処理によって非個人化されたデータが外部に販売されて、たとえば選挙対策等にも用いられるかもしれない。

その結果私たちは自分自身の生活や人生の判断を大企業や政府にゆだね、自分で決定したと思いながら実は大きな力に誘導されて人生を生きる。そんな未来図も想像できる。

7-4 ネット・記憶・思考 1

記憶も思考も、社会的なものだ。

たとえば、アメリカ映画や最近のポピュラー音楽でちょっと思い出せないことがあれば、この話題に詳しい妻に聞き、SFならば大学時代の友人、古いロックならばまた別の大学時代の友人に……と、こういった具合に、私が使える知識は、自分の脳の中だけに格納されているわけではなく、家族や友人、知人の中に分散している。

記憶は、人間同士のつながりを越えて広がる。私たちは、雑誌や書籍に書かれた知識にも頼る。自分の中に確実な知識をすべて溜め込まなくても、自室や図書館の本棚のどのあたりにある本や雑誌のページを開けば知りたいことにたどり着けるかの索引的な知識があれば十分だ。

だから、私たちの記憶は、脳の中だけで完結しているわけではない。私たちと交流する人びとやさまざまな文化的所産にまで広がっている。人びとや書籍・雑誌などの文化的所産とのつながりが断たれれば、私たちの記憶も思考もあいまいでぼんやりとしたものになっていくだろう。

最近は、私たちの記憶を支える社会的存在のうちに、コンピュータとインターネットも含まれるようになっている。心理学実験によると、コンピュータに情報を記憶させると、私たちはその情報を忘れる傾向が強く、難しい雑学問題を考えるときにはインターネットで調べてみようという連想が強く働くという（Wegener and Ward 2013=2014）。

そのうえ、雑学問題にインターネットを使ってそのまま解答した後で被験者に質問すると、まるで被験者は自分の頭が良いかのように誤評価するらしい。インターネットを使って難しい雑学問題に解答させると、解答したばかりの人は、自分自身の記憶力・認知力を高いと評価する傾向があるという（Wegener and Ward 2013=2014）。

ウェゲナーら（Wegener and Ward 2013=2014）は、これはインターネットが自身の知能を構成する道具の一つになったという感覚をもち、あたかも「自分は知っている」と感じてしまうからだと説明する。つまり、自己とインターネットの境界があいまいになっているのである。

私たちはインターネットが自分の記憶・思考の延長だと感じられるようになり、その道具に適応することで、自分自身の記憶力が弱まるということを経験していると言えるだろう。ジャーナリストのニコラス・G・カーは、この現象を神経可塑性によって説明した。

脳は道具に適応して自らを物理的に変えて、まるで道具を身体の一部のように見なすようになる。これは（薬物や行為の依存症になるのと同じような）強化の働きによって後戻りしない傾向がある。そして、今まで使っていた知的スキルの活用（記憶や思考、理解など）をやめたら、そのために使われていた脳の部位は、新しく習得したスキルによって乗っ取られるという（Carr 2010=2010: 34–57）。

この結果として、プラトンが「パイドロス」(11)で書いたように、文字を使うようになって、私たちの記憶は、文書記録の中に明晰できわめて長期間残されるようになった半面、ホメロスの叙事詩や古事記を記憶・再生するような個人の記憶力は衰えたとされる。インターネットやグーグルのおかげで断片的な記憶の領域はほとんど無限に広がった一方で、記憶力はますます衰えていくのかもしれない(12)。

しかし、記憶力の衰えは、私たちが文字やインターネットという新しい道具をよりうまく使いこなし、私たち自身と私たちが属する社会全体の能力を拡張したことも意味する。つまり、文字を使うようになって、私たちは口承的な記憶を失ったが、より正確な記録と書字による論理的な思考を手に入れた。コンピュータやインターネットによって、私たちは漢字を忘れ、雑学的な知識を失いつつあるが、従来はありえないほどの大量の知識・情報に目を通し、大量の知識・情報を生産できるようになった。オング（Ong 1982=1991: 176）は、私たちは機械を、自分のこころの一部、すなわち第二の本性とするまで使いこなし、学ぶことによって、人間は非人間的になるどころか、「技術の使用によって、人間のこころは豊かになり、人間の精神は広がり、その内的な生は密度を濃くすることができる」という。

コンピュータやインターネットは、このように私たち個人のこころを変えるだけではない。社会的な知識・記憶観から言えば、グーグルは、私たちの社会の一員となり、知識や文化をつくりあげる担い手の「一人」となったといえるだろう。そして、「彼」――グーグルはとてつもない記憶と知識の巨人である。この巨人にとって、私たちは何者だろうか。

私たちが知識の断片をブログやツイッターなどに書き込むと、グーグルなどのサーチエンジンが収集して、それをデータベースの一部に組み込む。最近では、書籍や学術論文などの知的資産もインターネットの一部になった。

私たちは何か知りたいと思えば、サーチエンジンを検索し、知識の断片を引き出す。検索で用いるキーワードやリンクのクリックは、グーグルにとっては私たちの関心や興味を知るだけでなく、膨大な断片的知識を整序するための重要な手がかりでもある。

私たちは記憶の巨人に奉仕して知識の断片を入力し、関心や興味、物の見方を教えることで、巨大な社会的な記憶装置を構築しているのだと言えるかもしれない。

理想的には、私たちはグーグルに記憶を任せることで、思考や創造に専念できることが一番良いだろう。巨大な記憶を活用し、人びとが通信し合うことで、豊かな文化と生活を実現できることが望ましいはずだ。
しかし、前出のカーはより不安な可能性を指摘する。記憶の衰えだけでなく、インターネットは私たちの文化や思考により悪影響を与えているらしい。

7-5 ネット・記憶・思考2

一九世紀から二〇世紀初頭にかけて、大都市ベルリンを観察した哲学者ゲオルク・ジンメルは、絶え間ない突発的・断片的な感覚への刺激が、都市生活者の心性を形作ると指摘した。「速度と多様性」が都市生活の感覚的刺激の特徴である。その結果、大都市で暮らす私たちの態度は主知的なものになるという。

都市生活では、あまりにも感覚への刺激が過剰であるので、深い無意識の層に根差す感情や情緒において、いちいち刺激に反応していたのでは身が持たない。だから、「もっとも表面的な、意識された透明な層」である悟性による得失の判断が優位になる。

都市に浸透した貨幣経済が、この態度をさらに助長する。貨幣経済は、人間と人間との関係を人格的交流ではなく、貨幣を媒介とした商品と貨幣の交換関係として、つまり自分自身の欲求を相手が満たすかどうかによって判断する関係へと変えていく。

かくして、都市生活における人間関係は冷ややかな得失計算と非個人的な匿名性に特徴づけられることになるという(13)(Simmel 1957=2004: 269–285)。

感覚への刺激の過剰に着目し、都市生活とそこでの人間関係の特徴を際立たせたジンメルは、現代の心理学や脳科学の発展を知らなかった。だから、「深い」無意識と表層的な悟性という伝統的な哲学の言語と同時代に勃興しつつあった精神分析学の思想を借りて、都市生活者の心性の変化を説明しようとしたのであろう。

一九世紀欧州で経験されつつあった都市の間断ない感覚的刺激（ジンメルによれば、とくに視覚の圧倒的優位な感覚刺激が大都市の経験の特徴だというが、これは自動車の騒音を知らなかった時代の認識だろう）に対して、二〇世紀末から私たちを捉えるようになったネットの感覚刺激は、私たちにどのような効果を与えているのだろうか。

ジャーナリストのニコラス・G・カーは、現代において強力に発展しつつあるように見える脳科学の用語を使って、私たちのネット経験とそれによる私たちの心性・知性、そして文化の変化を説明しようとする。

私たちは、ディスプレイに表示される情報にもとづいて、マウス・キーボード操作を何度も繰り返し、その間に視覚野・体性感覚野・聴覚野に絶え間なくインプットが与えられる。ネットの刺激は絶え間ないだけでなく強力で、じっと私たちはディスプレイを注視し、ひたすらキーとマウスを操作する。操作の結果起こるネットの反応は、私たちの脳の報酬系を刺激する。送ったメールやメッセージの返信が数秒で戻り、ツイッターやフェイスブックへの書き込みにも誰かから反応があり、友人が増え、「いいね！」の数が増える（Carr 2010=2010: 166–167）。ネットは社会関係に埋め込まれているだけでなく、場合によっては社会関係そのものだから、ネットへの依存は非常に高まる。

こうしたネットへの集中を促す要素に加えて、注意を分散させる傾向もある。多数の競合する情報や刺激が与えられるので注意が分散し、気づくと自分の当初の意図とはまったく関係がない情報の閲覧や投稿をしているという経験を持つ者は少なくないだろう。神経科学者クリングベリ（Klingberg 2007=2011: 205-206）によると、人間はより多くの複雑な情報を求める傾向があるとされ、同時に複数の動作を行うよう要求する状況や情報量に圧倒されたがるという。(14) 膨大な情報に目を通し、複数の課題を同時にこなそうとする。カー（Carr 2010=2010: 164-200）は、このような状態を複数の課題を同時にこなす「ジャグラー」のようなものと表現する。

現代の脳科学は、私たちの脳には、感覚から得られた情報を記憶や加工のために一時的に置くための作業用スペース「ワーキングメモリ」があるという仮説を提示する（Klingberg2007=2011: 40-53; 苧坂 2014）。ネットの刺激は、次から次へとやってくる圧倒的な量の情報と目まぐるしい感覚刺激によって、ワーキングメモリを占領してしまい、記憶や深い読み、熟慮などを妨げることとなると、カーは仮説を立てる。その結果、私たちの思考はきわめて浅い表層的なものになり、深い洞察と賢慮に満ちた大河小説よりも浅い読み物が好まれるようになる。

ネットによって、思考も文化も浅く表層的になっていくと、ニコラス・G・カーは指摘する。カーの『ネットバカ』（青土社）（Carr 2010=2010）の原著タイトルは「浅瀬（The shallows）」というものだが、ネットによって浅くなってしまった私たちの思考や読書体験、文化を指すものだ。

カーの論考は、メディアによる人間の思考・記憶・文化の変化に関する文学者や哲学者、社会学者の直観を説明する点でも興味深い。ただ、脳科学そのものが現在発展途上であり、脳科学の説明が私たちのこころや文化のあり方とどうかかわるかの考察はこれからも課題であろう。

カーの論調はきわめて悲観的であるものの、私たちはもはやネットのない時代に戻ることは困難である。ネットのもたらす弊害を理解し、それをできるだけ小さくし、ネットが与える恩恵をできるだけ大きくすることが、私たちのやるべきことだろう。

ジンメルは都市生活と貨幣経済が、都市の冷ややかな人間関係をもたらした一方で、因習的生活と集団的監視を逃れた個人の自由を拡大したと指摘した。都市生活の発展の向こうに、没個性的・画一的な都市生活を超えて、自由と平等の両立の可能性を見た（Simmel 1957=2004: 284-285）。

ジンメルの示唆するように、諦めも単純な告発も私たちの生を押し流す大きな潮流には無益で、むしろそれを理解し、そこからよき可能性をくみ出し活用することが、私たちには求められる。

7-6　万物のグーグル化

東日本大震災などの大ニュースにかき消されてしまったが、二〇一一年三月二三日、ニューヨーク州南部連邦地裁は、グーグルと出版社・作家団体との間で交わされたグーグル・ブック検索に関する和解案を認めないという判断を下した。理由は、和解案が競合他社に対してあまりにもグーグルに強い著作物の支配を認めるからというものだ（4-10、4-11、4-12、5-12）。

さらに、裁判所は、グーグルが著作者・権利者に無許諾で書籍を電子化でき、事後的に著作者・権利者の明示的な反対があった場合に、データベースから書籍データを取り除く「オプトアウト方式」をあらため、著作者・権利者の許諾を得たうえで電子化する「オプトイン方式」に変更するよう求めた[15]（4－12）。

確かにグーグルに対する好意的見解もある。ドイツの知的財産権・競争法学者と経済学者による研究（Mueller-Langer and MScheufen 2011）では、著作権法の観点から見て、権利者・消費者・グーグルにとって和解案は利益があるという。とくに権利者が見つからず、市場に出せない「孤児著作物」問題を解決する可能性が高い。また、競争法の観点から見ても、グーグルの価格政策は優れた解決だと評価する（5－12も参照）。

しかし、オプトアウト方式の利点を認める一方で、グーグル・ブック検索のデータベースによって、グーグルが書籍・刊行物データベースを世界的に支配することとなると、懸念する意見も強い。とくに、確かに利点はあると認めるものの、公共的な観点から見ると、グーグルに対して、電子書籍だけでなく、知識や情報の世界の、あまりにも強い支配を与えてしまうことを心配する論者が多い。

ヴァージニア大学のメディア研究・法律学教授のシヴァ・ヴァイディヤナサン（Vaidhyanathan 2011）は、「万物のグーグル化」という言葉で、私企業によって、知識や情報の世界が支配されることを強く心配する。

もちろんグーグルが検索エンジンの支配的な位置にない国々も多い。とくに、アジアの場合、日本ではヤフー！ジャパンがグーグルよりもアクセスで上回るし、中国では百度（バイドゥ）、韓国ではネイバーがグーグルよりも圧倒的なシェアを有している[16]。

とはいえ、グーグルは、「世界中の情報を整理し、世界中の人々がアクセスできて使えるようにする」

というミッションにしたがって、ウェブ検索だけでなくあらゆる情報の電子化と収集・整理を進めている。書籍の電子化だけでなく、地図や動画（ユーチューブは同社の傘下のサービス）、電子メール（Gメール）、街角の画像（グーグルストリートビュー）など、情報の収集と整理を着々と進めている。

このようにすべてが情報化され検索できるようになることが「万物のグーグル化」だ。人々はグーグルの「邪悪であることなかれ」というモットーを信じているものの、[17]ヴァイディヤナサンの言葉を借りれば、同社にとって、インターネットユーザーは、結局は「顧客ではなくて、製品である」（Vaidhyanathan 2011: 3）。というのも、広告企業である同社は、私たちの夢想や欲望を吸い上げて整理し、広告主に販売することから収益をあげているからだ。その意味で、私たちは同社の製品なのである。

グーグルは、普遍的な方針と基準にもとづき、善意によって世界中に広がっていく。米国発の検索エンジンが世界に広まっても、文化帝国主義的侵略が起こり、「西洋的」な価値や知識がその他の地域を呑み込んでいくという懸念はおそらく的外れだ。なぜなら、情報の流れとそこからの収益がグーグルの第一の関心だからである。グローバル資本主義に批判的な情報も流れるし、アフリカやアジアの音楽の情報も同等に流れる。だから、むしろどのような知識であれ、人間の夢想や欲望を商品とするシステムが世界中に広まるのは、「インフラ帝国主義」とでも言うべき事態だと表現される（Vaidhyanathan 2011: 107-111）。

ヴァイディヤナサン（Vaidhyanathan 2011: 111-114）によれば、インフラ帝国主義による「監視」は、人びとの逸脱を視線によって取り締まるパノプティコンとは異なる。むしろ夢想や欲望はロングテールの消費を促進するから、「製品」である人々は自由に欲望し、自分らしく表現することを期待される。

ただ、自由の基盤となる選択できるオプションは限定的だ。グーグルが上位に表示しない情報は選択もされない。SEO（サーチエンジン最適化 Search Engine Optimization）と呼ばれる検索結果上位に表示されるテクニックやそれを応用したビジネスが盛んなのも理由がある。

グーグルの検索結果は多くのユーザーに信用されているが、そのユーザーが本当に必要な情報にたどりつけるかは確実ではない。グーグルのアルゴリズムにも一定のバイアスがあり[18]、それがユーザーのニーズと必ずしも合致していない可能性がある。また、グーグルの検索結果はユーザーのそれまでの行動によって（どんな検索キーワードを入力するかや、検索結果のうち何をクリックするかなどによって）、人それぞれ別のものが表示される。つまり、自分からどのような情報が見えていないかがわからない。それゆえ、グーグルのバイアスに多くのユーザーが無自覚だ（6－1）。

現在までのところ、グーグルの脅威はその図体の巨大さと普遍性に比べると、私たちには強く感じられるものではない。同社の「善意」のおかげだろうか。とはいえ、株主利益と収益のために同社の方針は将来大きく変わるかもしれない。私企業の視点はあまりにも短期的だ。また、私企業の意思決定は可視性が低く、利益やコストという言説以外での制御も難しい。ここが、ヴァイディヤナサンの懸念の大きなポイントだ。

国家も王や貴族たちの「私物」であった時代から、やがて歴史を経て公共性が徐々に形成されてきた[19]。だから、私企業であるグーグルも社会のインフラとなることで、将来的に透明性と社会的制御を受けいれ、公共性を獲得する——こんな夢想も可能だが、現在のところ株主利益によって動かされかねない同社の「善意」だけがすべてだ。グーグル・ブック検索も同社の対応によっては、多数の選択肢がある。その意味で、情報社会の未来は相変わらず宙ぶらりんで見通しが悪い。

7－7　スコア化した社会

社会的流動性の高い社会では、相手が信頼できるかどうかが重大な問題だ[20]。現代において、典型的には、多数の取引相手が存在する、インターネットのオークションサイトでの取引をいかに安全に行うかが、信頼が問題になる局面だろう。

信頼研究には二つの方向性がある。一つは、取引相手やその候補が信頼できるかいかに確認するかを追究する方向。もう一つは、そもそも信頼とは何かを考究する道だ。前者は、安全なインターネットオークションの構築のための基礎技術の開発へとつながった[21]。後者は、九〇年代からゼロ年代、山岸俊男の社会心理学的な信頼研究が注目された[22]（山岸 1998: 山岸 1999: 山岸 2008）。

インターネットオークションにおいて、相手が信頼できるかどうか察知するテクノロジーは、売り手・買い手が取引を行って相手が正直かどうか親切かどうかなどを評価するという評価システムの構築へと至った。評価システムは、今まで正直な取引をしてきた人は一般に正直だろうし、自分自身の信用を失うと恐れるだろうから、将来にわたって正直に振る舞うだろうという予測に基づく。五段階程度の点数評価がその基本となる。

ネットの外でも、クレジットカードやローンなどの信用調査が点数化・序列化されている。一定の点数（クレジットスコア）に到達しなければ、カードを持てずローンも組めない。金融機関側のリスクを避け、結果として社会全体のコストも下げる意図だ。

また、ソーシャルネットワーキングサービスやメールなどの利用で、性格や知的能力などの推測に使える大量のデータがインターネット上に残る。将来は「モノのインターネット」（IoT: Internet of Things）を通じて、健康や運動能力、対面交渉能力などの情報も収集できるだろう。大量のデータをもとに個人を分析すれば、本人申告よりも正確に判断できるので、私たちは求職者や結婚相手を自動的に点数化・序列化（以下、スコア化）して選別するはずと、個人や企業の評判のコンサルティングを行うファーティックとトンプソン（Fertik and Thompson 2015=2015）はいう。

そのうえ、分析結果自体は開示されず、自動的なアルゴリズムやビッグデータを利用する人工知能が自動的に判断するので、私たちはカフカ的不条理を経験する恐れがある。

スコア化じたいは適切な指標として使えれば不確実な状況下での意思決定に役立つものの、自動的なアルゴリズムによるスコア化が社会の全面を覆えば問題は深刻化すると、法学者のシトロンとパスカルは懸念する。彼らは、このような社会を「スコア化した社会」（The Scored Society）と呼ぶ（Citron and Pasquale 2014）。

スコア化のアルゴリズムは、おそらく秘密にされる。グルメサイトの点数評価は、点数の単純な平均ではない。グーグルなどの検索エンジンの検索結果は、ウェブページの情報の豊富さや有用さなどを独特のアルゴリズムで判断して表示している（日本放送協会 2007）。これらの評価におけるスコア化のアルゴリズムは不正防止のため公開されない。

不正操作を防ぐには、スコア化の根拠となる指標が何かも教えないほうがよい。一般的に、支払い能力や性格・知的能力・身体的能力・健康さなどを直接示すデータは存在しない。過去の業績・実績も現在の能力を示す指標に過ぎない。現在の能力は何らかの指標によって代理するしかないが、指標を操作されたら、能力が正確に測定できない。

この結果、スコア化された個人情報について、当人がアクセスして訂正や破棄するなど、個人情報コントロールが効かなくなる。差別されても、確認訂正ができなければ、被害回復の手がかりがない(Pasquale 2015: 145-153)。シトロンとパスカルは、一定の法的規制があるクレジットスコアを例として、個人がデータとスコアの正当さの確認・訂正に関与できる適正手続きを提案する(Citron and Pasquale 2014)。

さらに、スコア化によって、人生そのものの意味が変わるかもしれない。映画『マネーボール』は弱小球団の総支配人(ジェネラルマネージャー)が統計を駆使して、常勝球団をつくる物語だが、この物語がスコア化の一つの帰結を教えてくれる(Lewis 2003=2013)。

野球を「二七人がアウトになるまで終わらないゲーム」と再定義し、このゲームで有利な特性をもち、相対的に格安な選手ばかりを集めたのが勝利の秘訣だ。分析の結果、盗塁やバントが得意な選手は勝利には不要という結論が出た。作戦も変わった。ゲームを再定義することで勝利のアルゴリズムが見えたことで、野球の意味が変わってしまった(23)。

人生にはおそらく「勝利」や「優勝」はないが、スコア化を進めると、人生の意味の再定義が起こるかもしれない。人間や人生のよさを判断する軸は多数あるが、効率的に出世できる、有利な結婚・就職ができるとなれば、スコア化の軸が一つに収束し、その軸の評価が絶対視されるかもしれない。社会や環境の変化で有利さや効率は変わるし、人生の意味づけが幸福には重要だが、目の前のスコアが重視されれば、これらの要素は無視される可能性がある。合理的な人生設計は設計者自身を裏切るかもしれない。

ところで、前出のもう一つの方向はどうか。山岸理論は、信頼とは不合理なバイアスだと教える。根拠なく相手を信じる、人間一般の善意を信じるのが信頼だからだ。不確実な状況下では、不合理な信頼が結果として有利さを生む場合もある。スコア化を超え、見知らぬ人を信頼し、仲間として受け入れることで、思いがけぬ幸福な機会や成果を得るかもしれない。また、社会や経済の前提にも「信」がある（Bernstein 2004=2006; Fukuyama 1995=1996; Fukuyama 1999=2000）。合理性を超えた要素が合理性を支えている。

7-8 自動運転死亡事故

米テスラ・モーターズ社の電気自動車「モデルS」が、オートパイロット機能（自動運転機能。内容は後述）で走行中死亡事故を起こした。同社のオートパイロット機能は導入以来二億キロメートルの走行実績が全体であるが、その初めての事故とされる。二〇一六年五月のこの事故を受けて、同年七月には、米運輸省道路交通安全局（ＮＨＴＳＡ：National Highway Traffic Safety Administration）が予備調査を開始したという（Shepardoson, Sage, and Woodall 2016）。

問題の「モデルS」は幹線道路の交差点で、トレーラートラックの車体と道路の隙間に突っ込んで、死亡事故を起こした。当日の明るい空を背景にして白いトレーラーは、そこに溶け込んでひどく見えにくかった可能性が高い。そのため、オートパイロットシステムも運転者もこのトレーラーに気づくことがないまま、突っ込んでいった――このように、同社ブログでは原因を推測する（Tesla Team 2016）。また、トレーラーの車高が高く、たまたま交差点で曲がろうとしたところだったため、衝突ぎりぎりになってもオートパイロットシステムはトレーラーの車体を感知できず、その結果としてブレーキをかけた痕跡が見当たらないのではないかとも推測している。

二〇一五年発表された「モデルS」のオートパイロット機能は、現在最新の日本車にも取り付けられている衝突回避システムとオートクルーズに加えて、ステアリング自動操作を実現する。

衝突回避システムはレーザーや可視光・赤外線などを応用して、進行方向の物体を検知して自動的にブレーキがかかるシステム。オートクルーズ機能は、設定速度または前方の自動車の速度に合わせて、巡行する機能。これらの機能は、一般の自動車ユーザーにもすでに相当なじみ深くなっているはずだ。

一方、「モデルS」のステアリング自動操作は、走行レーンの白線を頼りに緩やかなカーブなどもきれいに曲がれると、試乗レポートはいう。また、同記事によれば、レーン変更を指示すると、自動車が自分でタイミングを見てウィンカーを出して、車間距離も保ちながら走行レーンを変更できる（小沢2016）。

このステアリング自動操作は、完全自動運転への重要なエポックであると、「モデルS」はその発表以来評価を受けてきた。先の市場レポートの評価も上々である。この「モデルS」が事故を起こしたことで、自動運転に対する不安が生まれているようである。

しかし、オートパイロットは完全自動運転というわけではない。また、同社は、オートパイロットは開発中の技術（パブリックベータ）で、オートパイロットモードでもステアリングに手をかけて、前方に注意を払うよう再三啓発してきたと、前出のブログ（Tesla Team 2016）で強調している。

二〇一六年七月四日ロイターの報道では、オートパイロットモード中に、件の運転者はＤＶＤを鑑賞していたのではないかとされ(24)（衝突したトレーラーの運転手の証言では、「ハリーポッター」が運転席のＤＶＤ再生機にかかっていた）、運転者の責任がクローズアップされそうだ。

今回の事故原因がテスラ・モーターズ社の推測通りならば、時々刻々と、そして状況によって千変万化する自然環境の中で、センサがどのように働くか事前に検討するのは極めて難しく、今後も同様の事故が起こることが予想される。ここから帰結するのは、自動運転の研究は無意味だということではなく、少くとも現在のところ、千変万化する自然環境の中で進化してきた人間が、自動運転車の不備を補う必要がある、ということだろう。

また、飲酒運転や前方不注意などのリスクがないことから、人間の運転に比べれば、自動運転には大きなメリットがある可能性が高い。ミシガン大学交通研究所の調査（Schoettle and Sivak 2015）では、人間の運転よりも自動運転のほうが、はるかに安全性が高いとされる。自動運転車の事故は、自動運転が原因となっているものはないとされる（だからこそ、今回の自動運転車が原因となった事故がクローズアップされている）。

一九世紀は、内燃機関の発明に加えて、ボイラーの小型化などで、機械を動かす動力の著しい普及を見た時代だが、この時代ボイラー事故が頻発し、その対処に社会が苦慮したことが知られている。結局のところ、ASME規格という安全規格の創設と、技術者倫理の確立という社会的対応によって、このボイラー事故を社会的に許容できる水準にまで抑え込んだ歴史がある（坂本 1987: 58, 182-185; 大谷 印刷中）。私たちはこうした歴史を踏まえて、おそらく技術の展開に応じた社会的対応をうまく創造して、新テクノロジーの不確実性に備えていくことができるだろう。

ただし、情報技術に関しては、バグとクラッキング（不正なハッキング）は、今後も問題となるはずだ。現在のところ、バグをすべて取り除くことは無理で、テストを繰り返し、実際に使いながら直していかざるをえないとされる[25]。バグがあれば、それを悪用するクラッキングも、人間の悪意や好奇心がなくならない限り消滅しない。ところが、好奇心は技術の善用のためにも必要で、その芽をただ摘むのは賢いことではない。善用させるための別の配慮や仕掛けが必要だ。

テスラ・モーターズ社の推測や報道が正しければ、進化の産物たる人間と設計の産物たる機械とが協働すべき課題が多いことを、今回の例は示しているように思われる。二〇一七年一月、NHTSAは、テスラ「モデルS」には欠陥が見つからなかったとの報告書を出した。むしろユーザーが、現在の自動運転車（レベル2）の衝突回避機能に限界があることをよく理解し、過度な依存をするべきではないと、警告した[26]。やはり、少なくとも現在のところは、人間と機械との協働を促進する社会的制度や価値意識が、技術の開発とともに必要とされるだろう[27]。

7-9 限界費用ゼロ社会

ジェレミー・リフキン『限界費用ゼロ社会』(Rifkin 2015=2015) は、「モノのインターネット」(IoT: Internet of Things) による経済・社会の変化の行く末は、限界費用ゼロ社会であると主張する。「モノのインターネット」のイメージはさまざまだが、次の二点はほぼ共通である[28](大谷 2015b)。

まず、従来インターネットに接続されていなかったさまざまなモノが接続機能をもつようになる。自動車や家電、家などに超小型化・高性能化されたセンサや情報機器が取り付けられ、さらに、道路やビルなどの巨大な人工物に加え、自然環境にもインターネットへと情報を流すセンサが取り付けられる。人間や動植物なども対象だ。すでにペットには、迷子や誘拐防止などのため個体識別ができる無線タグ埋め込みが始まっている(日本獣医師会 n. d.)。人間の場合、イギリスの研究者ケヴィン・ウォーウィックが実験的に無線タグを自分に埋め込んだが (Warwick n. d. a; Warwick n. d. b)、一般には健康モニタリング用センサが装備されたウェアラブル機器からインターネット接続が始まっていくだろう[29]。

二〇一四年の複数の事件から話題を呼んだドローン(3-8)も、環境をモニタリングする装置の一つだ。ドローンは、従来のラジコンと違い、自動的な姿勢と位置の制御機能をもつので、人間が操縦しなくても自律的に空中の一点でとどまれる。モニタリングに最適だ。エネルギー供給の課題はあるが、火山の噴火監視など人間が行けない場所での定点観測や安定した足場がなく固定カメラを置けない視点からの観測が可能で、機動的に追尾しながらのモニタリングもできる。

次に、モノや環境に埋め込まれたセンサや情報機器から発生する大量の情報がインターネット経由で吸い上げられ、サーバーへと送られて、モニタリング・集計・分析される。あまりにもデータが膨大な場合、人間の手には負えないので、人工知能が活用されるだろう。また、データ化によって、人間よりも人工知能のほうがこれら情報を扱いやすいはずだ。いわゆるビッグデータ分析と組み合わせられるわけである。(30)

ドイツでは、製造業の革新のため、IoTとビッグデータの活用を構想する。この「インダストリー四・〇(Industrie 4.0)」構想では、原材料・部品の調達から、消費者への商品の供給までの製造業の流れをIoTでモニタリングし、需要を先取りして、この需要に応じた調達や製造を実現するという。需要に応じて部品調達や製造を調節するトヨタのカンバン方式は、米国にわたって情報技術と組み合わされリーン生産方式になったが、今度はドイツでIoTと結びつきインダストリー四・〇として脚光を浴びている。(31)

リフキンによれば、二一世紀には、情報とモノ、エネルギーの三つのインターネットによる革新が生じるという。限界費用とは単位当たりの製品・サービスの製造や供給のコストのことだ。インターネットや情報技術の普及によって、まず情報の生産・加工・複製・伝達等の限界費用が急激に低下した。次に、前出のインダストリー四・〇やその先にある3Dプリンタによる製造と輸送の革新で、モノの生産や物流の限界費用が急激に下がる。情報を3Dプリンタに送れば、その場でモノを生産できるので、物流費用は究極的にはゼロになる。さらに、電池や再生エネルギーの発展とインターネットへの接続で、エネルギー分野で急速な限界費用低下が起こる。太陽電池や風力発電、水力発電などの再生エネルギーの「燃料」は確かに無料だ。さらに、電力変換用機器コストも急激に低下するという(Rifkin 2015=2015:

106–168)。

この結果あらゆる産業で生産性が向上するものの、企業や投資家は投資に見合った儲けを得ることが極めて難しくなるとともに、経済活動の中で人間の労働がますます不要になる。そして究極的には、情報・モノ・エネルギーの限界費用がゼロの社会が到来すると、リフキンは予言する（Rifkin 2015=2015: 186–233）。

誰も儲けられない社会では、所有よりも使用が重要となる。また、失業や賃金低下に備えるためにも、低価格で必要なモノを使用できるシェアリング経済が重要になる。ＩｏＴの発展とともに、シェアリング経済の意義がますます大きくなると、リフキンはいう（Rifkin 2015=2015: 236–421）。

富や生産設備の管理方式も協働的なものになるといい、協同組合の重要性が高まると予想する（Rifkin 2015=2015: 327–337）。確かに現在の社会システムのまま限界費用ゼロ社会に突入した場合には、一部の権力者や富裕な者以外が割を食うのは明らかなので、組合員の福利や公共的な価値への奉仕をうたう協同組合の重要性は高まりそうだ。

今後、おそらくインターネットやＩｏＴは、生活や産業を支える公共インフラに近い役割を負うことになるだろう。インターネットやＩｏＴが生活や就業の前提となる社会においては、誰もがこれらのインフラに合理的かつ安価にアクセスできることが、基本的な利益として重要になっていくはずだ。すでに相当通信費用は低下しているとはいえ、家計全体に占める通信費用の割合はなお大きい。比較的遠い未来かもしれないが、何らかの政策的対応が求められるだろう。ただし、共有地は単位当たり生産性が低い森林や草地で、生産性の高い農地などが共有されるケースは稀だから（加藤 2001:119–124）、インターネットやＩｏＴの上で提供される高度なサービスは、逆に高価なものになるかもしれない。

一方で、限界費用ゼロ社会は、経済成長がないことから、長期的な停滞社会となるだろう。この停滞社会では、人間の動機付けや幸福のあり方も変わらなければ、抑圧的雰囲気が支配的になりかねない。

停滞社会において、できるだけ豊かな生活を送ろうとすれば、財物の共同利用やサービス化を促す必要がある。このように財物の共同利用や財物のサービスとしての活用を中心に置く経済は、シェアリング経済（Botsman and Rogers 2010= 2016）と呼ばれることがある。シェアリング経済はコミュニティに基盤を置く評判社会でもある（Botsman and Rogers 2010= 2016:263-279）。評判の低下は生存リスクに直結する。グローバルな評判社会で、どう逃げ場を確保するかも重要な課題だろう。

そして、現在私たちが生きる社会における究極のシェアリング経済は、わずかな日銭で生き、住所を失った人々の生きる世界かもしれない。もちろん住所を持たず、移動し続ける生活を送る者は、「永遠の旅行者」（８－５）のように、相当の資産と収入をもっていたり、国内外にさまざまな知己や頼るべき家族・親戚のネットワークを有していたりして、人生のリスクを極度に低減するセーフティーネットのおかげをこうむっている人々もいるだろう。だが、インターネットカフェを仮の宿として移動し続け、体を伸ばしたり座り心地の良い椅子に座ったりして体を休める空間や、その日暮らしの仕事を見つけ、社会とつながる通信手段としてインターネットを借り、無料の食品と飲み物とを腹に詰め込む者にとっては、シェアリング経済は最低限のセーフティーネットであっても、その生活は不安や空腹、不快感に満ちたものであろう。

また、財産は自由や自律の基盤であって、財産を放棄してしまえば、表現・言論の自由や内心の自由さえもないかもしれない。米国においては、市場において著作物から利益を上げることができるようにする著作権法は、表現・言論の自由の基盤だという思想があるが、これは、多くの人が気に入らない、不快だと思う思想（それは真理かもしれない）を表明して、社会やコミュニティからはじき出されても、定期的な収入や財産さえあれば十分に生きていけるから、言われることである。一般に、財産は誰かがコントロールするものであるから、多くの人が所有せず、借りて共同利用するというシェアリング経済が到来したときにも、その財産を「持てる者」がいるはずである。そうすると、その「持てる者」たちだけが自由で自立・自律しているという世界が、シェアリング経済の世界であるかもしれない。財産の放棄を理想とするかのような思想は、警戒せざるをえない。

国家・共同体・市場は、個人にとって、相互に「逃げ場」である。市場の暴力から国家や共同体が守り、共同体の残酷な排除からは、匿名的な市場や国家の法治が逃げ場になる。国家の暴力も市場や共同体が牽制する。[32] 国家も市場も死滅した限界費用ゼロ社会が逃げ場のない社会だとすれば、自由を知ってしまった私たちには生き難い場所かもしれない。

7-10 「ガラスの檻」の実存

サイバネティクスの創始者であるノーバート・ウィーナーは、一九五〇年公刊した『人間の人間的利用』（邦題、『人間機械論』）で、情報通信技術の登場を「第二の産業革命」と名付け、この産業革命は、動力における革新であった「第一次産業革命」よりもはるかに広範な分野に浸透すると予想した。つまり、「低い水準の判断を行うあらゆる労働」が情報通信技術を応用した機械に置き換えられる可能性があると考えたのである（Wiener 1954=2014: 167）。

ウィーナーは、自動機械によって代替された労働は奴隷労働と経済的に同じ価値を持つので、私たち人間の労働はこれらの自動機械によって奪われ、失業すると予想した（Wiener 1954=2014:170–171）。

まさにこのウィーナーの予想は、現在人工知能学者や経済学者が、人工知能の発展によって多くのホワイトカラーの仕事が奪われて、失業が広がるだろうとする予測と重なっている（新井 2010; Brynjolfsson and McAfee 2011=2013）。ただし、ウィーナーは、代替される労働が「低い水準の判断を行う」ものと考えたが、近年のコンピュータと人工知能技術の発展は、より徹底して多くの仕事が、人間から奪われるだろうと予想する。

たとえば、一〇～二〇年で米国の被雇用者の仕事の四七％が自動化されるというオックスフォード大学のマイケル・A・オズボーンらの研究（Frey and Osborne 2013）は、日本国内のマスコミでも何度も取り上げられてきた。日本では、東京大学入試を突破できる水準の知能を有する人工知能「東ロボくん」（新井 2014）を開発してきた情報科学者の新井紀子が、人工知能による失業問題に警鐘を鳴らしていた[33]（新井 2010）。

これらの主張はきわめて有意義かつ重要であるものの、社会が大きく変革されて、まさに人間が働かなくても食っていけるようなユートピアが生まれたら、と考えてみれば、失業による経済的問題の多くは解決するだろう。機械に働いてもらうことで、私たち人間は楽ができると考えてもよいはずである[34]。

ところが、ジャーナリストのニコラス・G・カーは、『オートメーション・バカ』（Carr 2014=2015）で、機械が人間の労働に置き換わることで、人間にとっての労働の意味が激変するだけでなく、さらには人間の実存そのものが変容する可能性を示し、人工知能による労働の代替が単なる経済問題ではないことを示した。

まず、複雑な技能のオートメーション化が進むことによって、人間が無能力化する危険がある。エアバス機によるパイロットの人為ミスによる事故が頻発したことがあったが、これは、カーによれば、オートメーションのせいだという。とくに、三つの問題がある（Carr 2014=2015: 62-86）。

一つは、人間の仕事が機械のモニタに限られたため、いざというときに注意力が散漫になるという現象である。次に、人間の技能や知能が使うことによって洗練され維持されるという性質を持つことから、単なる監視ではいざというときに使える技能・知識が失われるという問題。最後に、オートメーションのユーザーインタフェースの機械や環境からの適切な身体的フィードバックがなくなるため、操作が正しいかどうか環境がどうなっているのか身体で把握することができなくなる問題。

これらの現象について、カーは、オートメーションは「ガラスの檻」に私たちを閉じ込めると表現する。これが原著書名でもある。

そして、オートメーション化による労働の代替は、私たちのアイデンティティや生きがいを奪うと、カーは考える。私たちは労働を通じて自らを何者かとしてつくりあげ、自分自身が何者であるかを認識する。労働を失うことで、私たちは生きがいを喪失し、世界・環境とのつながりを失うと、カーは予測する（Carr 2014=2015: 270-297）。

プラトンが「パイドロス」の中で、ソクラテスに語らせているように、文字は人間の記憶力を強化したわけではなく、文字によって人間は忘却するようになり、むしろ想起する力を高めただけにすぎないかもしれない。人間の能力を代替する技術はすべてこの文字のような性質を有する。サーチエンジンも私たちの記憶力や思考力を置き換えているという指摘もある（7－4）。

しかしながら、文字は私たちの記憶力を衰退させたとしても、一方で、社会全体としてのより正確かつ大量の情報蓄積や時間的距離的に離れた人々へのより正確な情報伝達を促進して、私たちを集団として賢くしたように思われる。[35] また、過去の記憶を蓄積し、過去と現在とを記録に基づいて比較して未来を予測し、世界や自分自身を分析的に考察する知性を手に入れることとなった（Ong 1982=1991: 167–171; Bolter 1991=1994: 365–468）。オートメーションも同じで、個々の人間から技能や知識を奪っても、何か大きなものを私たちに与えてくれるかもしれない。ただ、「いざというとき」私たちが無力化されていたら、ニコラス・G・カーが示した破局が訪れるだろう。

そうすると、オートメーションを進めるならば、「いざというとき」が訪れないまでに極端まで推し進めよとの結論が得られるかもしれない。人工知能が将来発展して、二〇四五年頃には人間の知能を追い抜くと予測され、このシンギュラリティ（技術的特異点）において、人間の知能を凌駕するとされる人工知能にすべて任せ、あらゆる破局を防いでもらおうという構想も生まれそうだ。完璧な人工環境を構築し、私たちはそこに住まえばよい。人間は何もしなくても、人工知能が社会や機械をうまく動かし、小さな事故も、ましてや破局的事態が起こることはありえなくなるだろう。つまり、「いざというとき」を完全に防げれば、人間の技能や知識の喪失も問題とならないかもしれない。

そのとき私たちはどのような存在になっているだろうか。奴隷が経済活動を担った古代ギリシアでは、自由人たちは政治・言論活動を含むコミュニティ活動が仕事だった。機械が労働を引き受ける未来社会でも、公的生活=労働の世界から私的領域（家庭や親密圏）への退却を幸福とした近代（Arendt 1960=2015: 73–93）とは異なり、コミュニティにおける公的生活への参加と充実が幸福となるかもしれない。哲学者ハンナ・アーレントも、経済学者ケインズも、万人が労働に勤しみ、労働こそが人生に意味を与える公的活動である労働社会において、オートメーションが限界まで進み、私たちが労働を失ったとき、私たちは何を生きがいにすればよいかと問いを発した（Arendt 1960=2015: 8; Keynes 1930=2010）。労働や仕事の性質や意義が今後大きく変わらなければ、機械の代替は私たちに空虚な生をもたらすだけだろう。

その一方で、このシンギュラリティ（技術的特異点）の到来が人類の滅亡や無力化を意味すると危惧する向きもある。[36] Barrat（2013=2015）は、シンギュラリティを防ぐため、人工知能の研究開発には一定の枠をはめるべきと主張する。とくに、人工的な進化による自己増殖的な知性の発達を防ぐため、進化的手法による人工知能の研究開発には、一定の制限を設けるべきとする。また、人間の無力化や労働の喪失を防ぐため、あらゆるデジタル制御に現実との接点を失わないユーザーインタフェースを導入し、社会的合意で人間の労働を守る選択肢もある。人間が世界とかかわる物理的・心理的手ごたえをデジタル機器の操作に与え、労働の代替を制限する。自律的機械が人間の手を離れて制御不能となり、自由と責任が消え去る歯止めにもなろう。人間の力で技術と経済を制御しガラスの檻から出る道だ。自律的機械が人間の手を離れて制御不能となれば、自由と責任の不在の世界が到来する。これを防ぐ道でもある。快適さや安全と引き換えに、自由や生き甲斐を手放すべきか。古い問いが繰り返される。

註

（1）本稿の内容は、二〇一〇年九月のパリ訪問時のセグウェイ体験にもとづくものである。二〇一五年以後本註執筆時の現在（二〇一六年七月）まで、複数のテロや大量殺人事件がフランスで起こり、二〇一〇年の旅行時の記憶とは隔世の感がある。

（2）二〇一五年のシャルリ・エブド襲撃およびパリ同時多発テロ以後、日本の報道等で、重機関銃を提げた兵士によるパリの警備が話題となる例が増えたが、少なくとも、筆者らがセグウェイツアーを利用した二〇一〇年には、すでに同市内の主要施設の警備はきわめて厳重であった。

（3）「神奈川県警が次に事件が発生する場所を予測し、強制わいせつの容疑者を逮捕」『Gigazine』二〇一〇年六月三日。http://gigazine.net/news/20100603_comstat_kanagawa/（二〇一六年一二月一九日アクセス）。および、「次の発生場所を予想、強制わいせつ容疑者逮捕　読売新聞」『YOMIURI ONLINE』二〇一〇年六月三日、「読む神奈川：県警コムスタット導入五カ月　試行錯誤する現場／神奈川」『毎日新聞』二〇一〇年八月二八日朝刊二七頁。さらに、前出の『Gigazine』記事によれば、二〇〇二年に埼玉県警が埼玉版コムスタットを導入したとのこと。埼玉県庁による発表記事、および『YOMIURI ONLINE』の記事は、二〇一六年九月現在はすでにリンク切れ。また、読売新聞本紙データベースにも収録されていない。記事内容とされるものは、次の2ちゃんねるのスレッドに残る。「次の発生場所を予想、強制わいせつ容疑者逮捕」http://tsushima.2ch.net/test/read.cgi/news/1275523583/（二〇一六年一二月一九日アクセス）

（4）映画『マイノリティ・リポート（原題 Minority Report）』（監督：Steven Spielberg, Dreamworks Pictures and 20th Century FOX）は、Philip K. Dick の同題の短編小説（Dick 2002=1999）を原作とする作品で、二〇〇二年公開。DVD『マイノリティ・レポート　特別編』（二〇世紀フォックス・ホーム・エンターテイメント・ジャパン）所収。

（5）二〇一五年七月から、「ロボット人材派遣サービス」と称する時間貸しサービスを開始。また、二〇一六年七月から一般の家電量販店での販売も開始した。以下のウェブを参照。「Pepper（一般販売モデル）」『SoftBank』http://www.softbank.jp/robot/consumer/、および「Pepper（ロボット）」『ウィキペディア　日本語版』https://ja.wikipedia.

org/wiki/Pepper_(%E3%83%AD%E3%83%9C%E3%83%83%E3%83%88)（二〇一六年一二月一九日アクセス）

（6）「変なホテル」http://www.h-n-h.jp/（二〇一六年一二月一九日アクセス）

（7）会話やアプリ、キャラクターを楽しむため毎月の支払い（二〇一七年三月一三日現在、一万四八〇〇円）と、一八〇日間の無償修理と支払期間中の修理費用の九〇％ディスカウントなどの「保険パック」の支払い（同、九八〇〇円）が、本体価格とは別にかかる。前出のウェブ「Pepper（一般販売モデル）」を参照。なお、法人向けモデルの場合、毎月五万五〇〇〇円の支払いで、ペッパーが派遣される。「Pepper for Biz（法人向けモデル）」http://www.softbank.jp/robot/biz/（二〇一六年一二月一九日アクセス）

（8）ペッパーとどのような暮らしが可能となるか説明する「Pepper と暮らす一日」http://www.softbank.jp/robot/consumer/enjoy/life/oneday/（二〇一六年一二月一九日アクセス）を参照。

（9）船越（2001: 54-55）も同様の捉え方をしている。

（10）社会心理学者の菅原（2005:150-155）は、自己評価の不安定度と関係の重要度の掛け算によって、恥意識の程度（振る舞いによる印象管理の失敗によってどれだけ恥ずかしさを感じるか）が決まると説明する。この結果、日本人の恥意識は、「セケン」という中間的な親密さの他者に対してもっとも高まるという。菅原は、井上（1977）（筆者は、井上（2007: 112-125）を参照）を参照し、日本人の人間関係は、「ミウチ」「セケン」「タニン」の三層構造を持つとする。このうち、家族・親族などを中心とする最も親密な人間関係が「ミウチ」で、この人間関係は運命共同体できわめて重要であり、かつ互いを知り抜いているので、自己評価は極めて安定している。つまり、多少の失敗や迷惑も許される。したがって、人間関係の重要度が高い一方で、自己評価の安定度は高い。さらに、旅などで時々出かける村の外は、「タニン」の世界で、ちょっとした振る舞いによって、自分への印象が決定づけられるものの、嫌われても疎まれても無関係である。つまり、自己評価の不安定度は高いものの、人間関係の重要度は低い。井上によれば、日本人がもっとも恥ずかしさを感じた相手は、「ミウチ」と「タニン」の間の中間的な親密さの「セケン」で、伝統的に、日本人は地域社会の「セケン」にさまざまな形で依存する一方で、関係はミウチほど安定的ではない。そのため、人間関係の重要度も自己評価の安定度も中程度の「セケン」に対して、もっとも恥意識を持ちやすいと、説明する。この説明は、恥の意識について、相当程度説得力を有する一方で、日本人と日本社会を特別なものとみなす点で、プライバシーは欧米近代に特有のものであって、日本人をはじめとするアジアやアフリカ、オセアニアなどのほかの地域の人々には見られないとする考えと対照的であるとともに、比較文化の視点を持たないままに、特定の文化を特別扱いする点で同様の限界・歪曲を有する可能性がある。どの社会においてもプライバシーが存在する可能性を示唆した重要な論考として、Westin（1967: 11–22）がある。

（11）274C-275E. 藤沢令夫訳「パイドロス――美について」田中美知太郎・藤沢令夫編集（1974）『プラトン全集5』岩波書店、二五四–二五六。同所で、プラトンは、神話として、エジプトのテウト神（トキの姿で表象されるト神、ヘルメス・トリスメギストスの別名あり（坂本 1978（2008）: 22））が親切心で、人間に文字を教えたものの、その結果として人間は記憶力を弱めることとなったと説明する。

（12）オング（Ong 1982=1991: 167–168）は、「今日、コンピュータに対して世間でよくなされている議論と本質的にはおなじ議論が、プラトンによって、……書くことに対してなされている」と述べる。また、印刷技術が登場した際にも同じような議論があったという。「イエロニモ・スクァルチャフィコは、実際にはラテン語の古典の印刷を推進したのであるが、それと同時に、一四七七年にはつぎのように論じてもいた。すなわち、すでに『書物はあふれすぎて、人々はますます怠け者になっている』と……。というのも、書物は、記憶を破壊し、精神を仕事から解放しすぎることによって〔かえって〕精神を弱め（ここでもまた例の電卓〔ポケ・コン〕への非難）、その結果、ポケット版提要〔ポケ本?〕が広まる代わりに、賢者のレベルは低下しているからだ、と」。その一方で、「もちろん、その他の人びとは、印刷を平等をもたらす歓迎すべきものと考えていた。なぜなら、すべての者がひとしく賢者になるのだから」とも、Ong（1982=1991: 169）は述べている。さらに、プラトンの哲学（認識論）そのものが、文字という技術によって変容された思考の成果だったと、Havelock（1963）を引きながら、Ong（1982=1991: 170–171）は説明する。イデア（idea）はギリシア語の「見る」（idein）に由来し、視覚的なかたちとの類比によって考えられたものであり、声によって交流する人間の生活世界から分離されている。

（13）エッセイ“Die Großstädte und das Geistesleben”は、ベルリンを観察対象として一九〇三年に書かれたもので、本節で参照した文献は、Simmel の死後遺稿集として編まれた *Brücke und Tür* を底本とする翻訳である。また、北川（1997: 70–80）も参照している。

（14）Carr（2010=2010）は、論拠や事例について相当 Klingberg（2007=2011）における議論に依拠しているものの、結論は真逆であることが興味深い。すなわち、後者においては、同時多発的な情報フローに私たちはさらされたがるうえ、これが私たちの幸福な集中状態「フロー」を生むものと考えられているからである。

（15）「Google ブックス訴訟、連邦地方裁判所は和解案を認めず」『カレントアウェアネス・ポータル』二〇一一年三月一三日　http://current.ndl.go.jp/node/17822 United States District Court Southern District of New York（2010）“The Authors Guild et al. vs. Google Inc., Opinion, 05 civ. 8136（DC）” http://www.nysd.uscourts.gov/cases/show.php?db=special&id=115（二〇一六年一二月一九日アクセス）

（16）視聴行動分析サービスを提供するニールセン社の資料（ニールセン 2014; 2015; 2016）では、二〇一四年、二〇一五年、二〇一六年におけるパソコンからの利用者数について、インターネットサービスを比較すると、すべての年において Yahoo! Japan が一位、Google が二位であるとされる（二〇一四年 Yahoo! Japan 約四〇九八万人　Google 約二七七二万人、二〇一五年 Yahoo! Japan 約三八九二万人　Google 約二四九一万人、二〇一六年 Yahoo! Japan 約三四一二万人　Google 二二一七万人）。この利用者数は、オークションやショッピング、動画などのサービスすべてを合計したものである。

なお、年を追うごとにパソコンからの利用者数が減少しているのは、同じ資料において、スマートフォンからのインターネットサービスへの利用者数が軒並み増加している事実から説明が可能なように思われる。

ところが、StatCounter GlobalStat（2014; 2015; 2016）を参照し、検索サービスの利用のみについてみると、Yahoo! と Google の関係は逆転する。検索サービスの市場シェア（単位：%）についてみると、二〇一四年から二〇一六年にかけて、一貫して Google の検索サービス利用者が圧倒的に多い（二〇一四年一二月 Google 五七・〇八%　Yahoo! 四〇・〇三%、二〇一五年一二月 Google 六二・二三%　Yahoo! 三四・七九%、二〇一六年一二月 Google 六九・〇八%　Yahoo! 二六・三五%）。

したがって、本文の記述は誤っているが、連載当時（二〇一一年六月）の認識を示すために記述を残す。

（17）二〇一五年一〇月、Google 社の親会社 Alphabet 社は、新しい行動規範として「Do the Right Thing」を発表した。第四章註(50)参照。

（18）あらゆるコンピュータシステムにおいては、設計者や実装者のバイアスが入るリスクがあると、Friedman and Nissenbaum（1996）は指摘している。

（19）このような歴史的転換点にあった重要な書物は、言うまでもなく、王権神授説を否定して、人びと（被統治者）の権利と所有権の保護・保全が国家の重要な機能であると定義したロック（Locke 1690=2010）であろう。

（20）身分制社会から社会的流動性が高まった近代社会への移行と都市化によって、人びとの結びつきが流動化し、匿名化が進んでいったとする。Nock（1993）によれば、匿名化した近代社会においては、信頼・信用できる相手かどうやって見分けるかという課題が登場し、また、自らが信頼・信用できる人間であると証明するよう要求されるようになったとされる。この結果、個人にとって評判の管理が死活問題となったため、一九世紀において性的スキャンダルをもととする脅迫が行われるようになった。また、自らの能力を証明するため、学校の卒業や専門資格の証明が重要な意義を有するようになったとされる。性的スキャンダルを基礎とする脅迫の歴史に関しては、Hepworth（1975）も参照。また、Nock（1993）を含め、親密さという意味でのプライバシーの変遷および、現代における親密さと私的領域の結びつきの衰退との観点から分析した論考に、阪本（2009: 135-162）がある。

（21）Dellalocas（2005）において、インターネットオークションを含む非対面型の売買システムにおける評判メカニズム（reputation mechanism）に関するレビューが行われている。同レビュー論文によれば、法と国家主権による強制力を伴う契約履行の成立以前には、評判メカニズムが経済・社会活動を促進する重要要素だったとする。

（22）なお、本文中でも触れるように、インターネットオークションにおける信頼と評判の関係については、山岸・吉開（2009）において実験心理学的な検討が行われている。

（23）ただし、Lewis（2003=2013）はきわめて魅力的な書物である。同書の主人公ビリー・ビーンは、将来を強く嘱望されながら、メジャーリーグの野球選手としては大成できず、リーグの裏方へと転身した弱小球団のジェネラルマネージャー（GM）である。彼は、それまでほかの球団経営者や管理スタッフ（スカウトなど）に無視されてきた、統計学・行動経済学的な知識をもとにした選手の獲得・起用方法論を採用し、破格の安値でチームの勝利に貢献できると予想される選手を獲得することで、経営が苦しく選手獲得にお金をかけられなかったオークランドアスレチックスを優勝争いの常連にまで育て上げた。この方法論は、「セイバーメトリクス（Savermetrics）」と呼ばれ、ビーンが球団GMに就任する以前に、野球の統計好きのアマチュアの分析家が相当程度に研究を蓄積してきたものである。ビーンは、行動経済学を学んだハーヴァード大学出身の若者を右腕として、上位球団と比べて圧倒的に資金面で不利にもかかわらず、相対的にお買い得な選手をうまく集めて、弱小球団をプレーオフに毎回出場できるだけの常勝球団へと改革する。本文で述べた野球の再定義と野球選手の資質の分析によれば、野球選手として必要な資質は、出塁率と長打力、その基礎となる選球眼であって、走力や守備力は定量化が困難で、どこまで勝利に貢献しているか不明だとされる。この認識に基づき、他球団では使い物にならないとされた選手を買い集め勝利する過程（そして、使い物にならないとされた選手が野球選手として人間として自信や気概を取り戻していく過程）に加えて、元エリートであった主人公のGMが、古いタイプの自球団内のスカウトやスタッフ、そして、他球団のオーナーやＧＭ、監督らと、頭脳的かつ「ダウン・トゥ・アースな」交渉を繰り広げる様など、きわめて読みどころが多いノンフィクションである。

(24)「テスラ車死亡事故、自動運転中にＤＶＤ鑑賞の可能性」『ロイター』二〇一六年七月四日 http://jp.reuters.com/article/tesla-autopilot-dvd-idJPKCN0ZJ0Z1（二〇一六年一二月一九日アクセス）

(25) ソフトウェアが要求仕様を満たしているかどうかの検証には、ソースコードから形式的に記述した要求仕様へとたどり着くかどうか検証するソフトウェア（たとえば、Ｃ言語によるプログラムは、ＣＢＭＣというツールで検証できるという）を使うなどの方法がある（藤倉 2012: 111-119）。また、藤倉（2012: 12-15）によれば、プログラム開発は演繹的に行えるところ、発見的に（アブダクションによって）行わざるを得ない部分があり、できるだけ前者が多ければ、プログラム・コードとしての正しさや、要求仕様を満たしているかどうかなどに関しては、間違いが少なくなるとされる。いずれにせよ、コードを自動生成する場合でも、人間が要求仕様を記述するなどの人間が介入する部分が入ることから、バグをなくすことは、複雑なプログラムではきわめて難しいことがわかる。また、ソフトウェアのテストをしても、そのテストの中にまた間違いが紛れ込む可能性があるので、注意せよと、Weinberg（2008=2010）などは警告する。

(26)「テスラ『自動運転』事故、リコール求めず　米運輸省」『日本経済新聞』二〇一七年一月二〇日。（http://www.nikkei.com/article/DGXLASGN20H0W_Q7A120C1000000/ 二〇一七年三月四日）および、National Highway Traffic Safety Administration（2017）を参照。また、NHTSAは、テスラモデルSの事故を受けて、自動運転開発ガイドラインを公表した。National Highway Traffic Safety Administration（2016）を参照。

(27) ただし、自動運転のレベル3（緊急時のみ人間が運転を行うレベルの自動運転）におけるように、人間が機械（ＡＩ）の運転を監視するタイプの、人間と機械の協働はむしろ事故を増加させる可能性が高い。人間にとって長時間注意を持続し、単調な時間経過に耐えなければならない監視業務は退屈であるうえ、突然に、緊急事態に操作を任されても、普段から機械・装置の運転をしていないならば、操作スキルが低下し、適切な操作ができるとは限らないからである。Carr（2014=2015: 61-86）および、7-10参照。なお、自動運転のレベルに関しては、二〇一六年九月アメリカ運輸省道路交通安全局（NHTSA: National Highway Traffic Safety Administration）が、SAE（Society of Automotive Engineers）の六段階の定義（SAE J3010）を採用したことから、これが共通の尺度として利用されるようになっている。SAE J3016の自動レベルの定義は次のとおりである。

レベル〇：運転自動化なし。人間がすべて運転する。
レベル一：運転者支援。運転タスクの一部が自動化され、自動システムが人間の運転者をときどき支援する。
レベル二：部分的運転自動化。複数の運転タスクが自動化される一方、人間は運転環境の監視と残る運転タスクを実施する。
レベル三：条件付運転自動化。運転タスクはすべて自動化されるものの、人間は運転環境の監視と緊急時の対応を行わなくてはならない。
レベル四：高度運転自動化。自動システムが運転タスクを実施する一方、人間は運転環境の監視を必要としない。ただし、自動化システムの運転には環境的・条件的制約がある。
レベル五：完全運転自動化。自動システムがどのような場合も運転タスクを実施する。

内閣官房ＩＴ総合戦略室（2016）を参照。

（28）Internet of Things（IoT）の用語は、一九九九年、MIT Auto-ID センターを共同設立したアシュトン（Kevin Ashton）がある講演で初めて使ったとされる（Ashton 2009）。ところが、この用語以前に、あらゆる物体にコンピュータを埋め込み、それを情報通信ネットワークで接続するというアイデアはすでに存在した。

一九九一年、ＸＥＲＯＸ社パロアルト研究センター（PARC: Palo Alto Research Center）のワイザー（Mark Weiser）が論文で、ユビキタスコンピューティング（Ubiquitous Computing）概念を提唱した（Weiser 1991）。この概念を受けて、認知科学者ノーマン（Donald Norman）は、「見えないコンピュータ」（Invisible Computer）という概念をつくり、環境に溶け込む「透明性」（transparency）の高いメディアとなるコンピュータが、人間のさまざまな活動を支援する社会を描いた（Norman 1999=2009）。

なお、ユーザーインタフェースにおいては、必ずしも透明性が求められるわけではなく（つまり、情報技術のすべてが情報家電のように環境の中で見えなくなる必要はない）、むしろ私たちの行為の意味を照らし出す反映性（reflection）が求められる場合もあるのだと、ボルターとグロマラ（Bolter and Gromala 2003）は指摘している。たとえば、メディアアートにおいては、私たちの行為の意味を反省するため、わざと反映性を持たせるように、コンピュータなどの情報機器・情報装置を配置する。メディアアートは単にある種の芸術表現として機能するだけでなく、ユーザーインタフェースとしての意義を有する場合がある。ここから、彼らは、ユーザーインタフェースにも反映性が必要とされる場合がありえると考える。

一九九八年、ワイザーのユビキタスコンピューティングの発想を受けて、フィリップス社とＩＳＴＡＧ（Information Society Technology Advisory Group）は、環境に知性が埋め込まれているかのように機能する情報通信ネットワークの将来像を示し、「環境知性（AmI: Ambient Intelligence）」と呼んだ。ＩＳＴＡＧは、ＥＵ委員会（EU Commission）に対して、情報通信技術に関する政策提言を行う審議会・諮問委員会である。その後、ＥＵ委員会は、AmIに関する技術的検討に加え、社会的影響および倫理学的課題に関する研究チームを立ち上げ、複数の報告書を提出している。

一方、Auto-IDセンターは、ＲＦＩＤ（Radio Frequency Identification）活用のため、一九九九年、ＭＩＴに設立された研究開発・普及機関である。日本国内では同センターとの連携のため、七大学が協働して研究開発を進めており、慶應義塾大学にオートＩＤラボを設けている。ＲＦＩＤは、「電子タグ」や「無線タグ」とも呼ばれ、人間をはじめとする物理的対象に対して、全世界で一意なＩＤを割り振ることができる。固有の無線周波数を個別の証明書として用いて、個々の（人間を含む）物理的対象を識別できるようにすることを目指す。いわば、無線版バーコードである。日本においては、二〇〇三年に、トロンプロジェクトがユビキタスＩＤセンターを設置して、「ユーコード（ucode）」と呼ばれるＲＦＩＤの普及活動を行っている。

その後、Auto-IDセンターの活動を受けて、ドイツにおいては、製造業の革新として、将来的な需要予測に応じて部品や原材料の調達・在庫を調整し、劇的なコスト削減と製造期間短縮を行おうとするインダストリー四・〇（Industrie 4.0）構想が生まれる。

インダストリー四・〇構想においては、部品や単位当たりの原料容器にＲＦＩＤを割り振って、個別の部品や原材料がどのように流通しているか場所を追跡するとともに、需要予測に応じて、これらの部品や原材料を工場へと迅速に運ぶとともに、組み立て途中の製品に関してもＲＦＩＤを割り振って、製造期間中追跡する。将来需要に応じて、無駄なく部品や材料を調達することに加えて、無駄な生産を行わないことによって、コストと製造期間の短縮を図ろうとしている。

この構想は、当然ながら、一九七〇年代に、トヨタ自動車が開発した「カンバン方式」および、一九八〇年代、米国において「カンバン方式」を発展させた「リーン生産方式」を連想させる。「カンバン方式」は、過去の実績や現在の市況などから将来の需要予測を行い、それに合わせて部品・原材料の調達・入庫を適宜（ジャストインタイムで）行うしくみである。「リーン生産方式」は、情報技術（ＩＴ）を活用し、それをより効率化したものである。日本国内においては、インダストリー四・〇は、これらの生産方式を応用し、部品・材料・仕掛かり途中の製品などをＩｏＴの応用によって追跡することで、さらに高度化する試みと理解されてきた。そのため、日本国内においては、単なる既存のアイデアの応用で、新味がないうえ、日本企業は上記のような需要予測に基づく在庫圧縮と個別生産（多品種少量生産）を徹底して行っているため、インダストリー四・〇に学ぶところは少ないとの評価が強かった。

第五期科学技術基本計画において、ＩｏＴによる製造業の変革を狙うインダストリー四・〇を超えて、社会・経済システムにおける全面的なサービス化とサービスのジャストインタイムを構想する「ソサエティ五・〇」構想が唱えられた背景には、製造業を高度化するインダストリー四・〇だけでは、すでに製造業の高度化が進む日本社会に対するインパクトは弱く、さらに一歩進めて社会全体の全面的な改革を目指すべきとの認識があったことがうかがえる（内閣府 2016）。

ところが、米国とヨーロッパが、製造業におけるＲＦＩＤおよびＩｏＴの活用に関して国際統一規格を設けようとしているとの報が、二〇一六年春にあったことから、インダストリー四・〇など製造業で活用される国際規格づくりに参加すべきとの意見が強まっているとされる。「『第四次産業革命』で米独が連合　日本の官民はまたも『負け組』に」『選択』42 (6)（二〇一六年六月号）、82-83 参照。

（29）IoT および AmI の概念の歴史的背景に関しては、大谷（2015b）および Bibri（2015: 83-124）を参照。また、"A Brief History of Internet of Things," *Postcapes* http://postscapes.com/internet-of-things-history（二〇一六年一二月一九日アクセス）も、IoT にかかわる重要な出来事について概観するのに役立つ。

（30）たとえば、次の商品・企業ウェブページを参照。『fitbit ホームページ』https://www.fitbit.com/jp、「タニタ カロリズムシリーズ」http://www.tanita.co.jp/content/calorism/、「オムロン 歩数計・活動量計」http://www.healthcare.omron.co.jp/product/hja/（二〇一六年一二月一九日アクセス）

（31）近年のビッグデータ応用の事例に関しては、『日経ＢＰムック 二〇一五年のビッグデータ』（日経ＢＰ社、二〇一五年）を参照。

（32）第四次産業革命の基本的考え方と、この変化を示す近年の事例に関しては、『日経ＢＰムックまるわかりインダストリー四・〇　第四次産業革命』（日経ＢＰ社、二〇一五年）所収の記事を参照。

市場と社会（国家・共同体）が相互に補完的であって、歴史的に見ると、市場があまりにも強くなると、社会の逆襲が行われるという見方は、よく知られているように、Polanyi（1941（1957）=1975）が第二次世界大戦前の危機的世界の分析で示したものである。

また、匿名的市場で成功を収めた人びとが、共同体の中では迫害されるマイノリティである（あった）などの例に加え（例、当時賤業とされた金融業に進出した被迫害者であるユダヤ人（Sachar 1964=2003: 442-443））、市場における富や国家・共同体における地位がある種可換的であって、他者に対する権力として作用し得ることはよく観察される。

チャールズ・ディケンズ（Dickens）が『クリスマス・キャロル』で、ジョージ・エリオット（Eliot）が『サイラス・マーナー』で、共同体における義務や倫理を無視・軽視する守銭奴の姿を描いたが、これも共同体のセーフティーネットなしで、金銭によって財や他者のサービスを購入できるからこその行動である。匿名的市場においては、金銭の支払い手が誰であるか、そしてその人柄がどのようなものであるか、一般的には問題とされないので、社会（共同体）が要求する義務や倫理を無視しても十分自らは安全であると考えることができる。

ところが、逆に言えば、社会から差別され追放された者にとっては、匿名的な市場、すなわち、それが誰であろうと金銭の支払いによって財やサービスを調達できる市場が逃げ場となることも、ここでは示唆される。たとえば、「村八分」（葬式の世話と火事における消火活動を除き、成人式・結婚式・出産・病気の世話・新改築の手伝い・水害時の世話・年忌法要・旅行におけるつきあいを断つこと）は互酬的なサービス提供の環から排除されることが生活上の死活的不便を生むことから制裁となりえるわけだが、市場から「八分」のサービスを調達できれば、村八分は制裁として機能しえない。なお、村八分の制裁は、必ずしも普遍的正義にもとづいてなされるわけではなく、共同体における上位者との折り合いの悪さや仲間の不正の告発などがきっかけとなったり、仲間になじむことがない者に対して発動される場合もあることはよく知られている。下記のウィキペディアにおける事例を参照せよ。「村八分」『ウィキペディア日本版』https://ja.wikipedia.org/wiki/%E6%9D%91%E5%85%AB%E5%88%86（二〇一六年一二月一九日アクセス）

その一方で、金銭によって財や他者のサービスを購入できない、または十分に購入ができない状況に陥った場合には、国家・共同体がセーフティーネットとして機能することを、私たちは期待する。前出のPolanyiが観察したところでは、第二次世界大戦前の世界においては、市場経済が社会のほぼ全面に展開したにもかかわらず、市場経済が資源・富の配分機能を十分に果たしえなかったがゆえに、社会（国家・共同体）が市場の役割を縮小する方向へと逆襲したとする。たとえば、アメリカは政府や共同体自由民主主義を維持しながら政府が公共投資を行うニューディール政策を採用し、ドイツ・イタリア・日本においては排外的・侵略主義的なナショナリズムと社会主義政策を組み合わせた国家社会主義を掲げる政府が興り、ソ連においては部分的に資本主義を取り入れる政策（ネップ）の停滞後に統制計画経済（第一次五カ年計画）を採用したことなどが、Polanyi（1941（1957）=1975）では、社会の逆襲の例として指摘されている。

（33）人間と同じようにセンター試験を解かせ、東京大学合格圏内の成績を目指すという「東ロボくん」プロジェクトは、コンピュータが苦手な意味理解の能力を向上させるには、膨大な時間とコストがかかるとの見通しから、社会的により重要な課題に集中するため、二〇一六年一一月に凍結された（山口 2016）。

なお、AIやビッグデータ活用の進展によって、雇用がどのように変化するか、楽観論と悲観論に関しては、経済産業省経済産業政策局（2016: 15）に一覧表でまとめられている。

経済産業省産業構造審議会（2016a: 18-21; 2016b: 38-47）によれば、ビッグデータおよび人工知能（AI）の活用自体が雇用の減少をもたらすというよりも、雇用の大幅な減少は、ビッグデータおよびAIの社会・経済の活用が進む事態に社会的対応をこまねくことによって生じるとされる。現状を放置すれば、七三五万人の雇用減少、新しい社会・経済に対応した変革を行えば、雇用減少は一六一万人でとどまるとされる。

この計算の前提となる社会・経済の変容は次のようなものである。経済産業省経済産業政策局（2015）によれば、ビッグデータおよびAIの活用によって、価値の源泉はデータ収集と蓄積・解析へと移ることで、現在の産業構造はすっかり変わり、従来の産業区分が無意味となる質的転換が生じる可能性があるという。現在日本の経済構造は特定のグローバル製造業に依存するもの、今後価値の源泉が財の製造販売からデータの解析と活用にシフトすることで、日本企業の多くが欧米企業の提供するプラットフォームのもとで下請け的な物作りに終始することとなれば、高付加価値部門を失うと予想する。その一方で、就業構造に関しては、ビッグデータおよびAIの活用は、日本の人手不足が顕在化している産業部門（例、介護・物流・対人サービス・警備等）においては、非定型的業務にもその影響が及ぶことで人手不足を解消するとともに、仕事の内容はより創造的な分野や複雑な業務へとシフトしていくとする。併せて、従来の雇用契約ベースの正社員的な働き方から、クラウドソーシングやスーパーテンプなど、高度専門職の自由かつ自律的な働き方が生じるとの予測もある。日本社会においては、より柔軟な労働時間制度の導入や、ビッグデータやAIの活用による産業構造の転換を支える人材などの制度的・人材育成的な対応が必要と、同報告書は主張する。経済産業省産業構造審議会（2016a: 18-21; 2016b: 42-47）においては、マクロ経済・産業構造・就業構造に関する定量的予測のもと、上記の対応を行わないことによって、雇用の減少は深刻になるという結論が導かれている。なお、「スーパーテンプ」とは、「一流企業で高度な勤務実績を積……［み］、プロジェクトごとに会社を移動して、革新的な業務を成功させていく」きわめて優秀な人材のことを指すとされる。Miller and Miller（2012=2013）参照。

二〇一五〜二〇一六年にかけて、AIやロボットの普及による仕事の代替と新規の仕事の創出に関して、予測や対応方法に関する調査・研究結果がいくつか公表されている。

総務省（2016:248）によれば、AIの普及によって機械化可能性が高い仕事が高い職種のタスク量が減少する一方、「AIを導入・普及するために必要な仕事」と「AIを活用した新しい仕事」の二種類が増加することで、より雇用が増加するとみる。雇用の一部代替や補完が起こる一方で、産業競争力が増すことで雇用が維持・拡大され、フレキシブルな働き方が可能となることで女性・高齢者等の就労が改善するとも予想する。

代替される可能性が高い仕事に関しては、アメリカ大統領行政府（Executive Office of President 2016）は、時給二〇ドル以下の仕事の八三%が機械に代替され、自動運転に関して言えば、バス運転手や長距離トラックの運転手の代替の可能性が高い一方、対人的な配慮や運転以外の業務が関わる宅配やスクールバスなどの運転手は代替可能性が低いとする。また、同資料は、新規に創出される仕事としては、「AIと協働する仕事（Engagement）」や「AIの開発（Development）」、「AIの監督・改善（Supervision）」、「AI時代への移行を円滑にする仕事（Response to Paradigm Shift）」を上げる。

データアナリストのダベンポート（Davenport 2015=2016; 2016=2016）によれば、AIが普及しても生き残る方法は5種類あるとされる。すなわち、①専門知識と常識を背景とする総合的思考による大局的判断を発揮する（Step-up）、②機械が苦手な人間との繊細な交流や芸術などの分野に専念する（Step-aside）、③自動システムを監督し、補完・改善する（Step-in）、④自動化コストが利益を下回るごく狭い領域の専門性を発揮する（Step-narrowly）、⑤自動化領域を広げ、深化させる（Step-forward）、である。

また、江間ら（2016）によれば、運転や防災、軍事、介護などは機械に任せてもよいとする者（研究者・SF作家・一般人）が多い一方、育児や創作、人生選択は任せるべきではないとする者が多い。後者が人間らしさの中核と考えらえているように思われる。また、一般的に、一般人（Public）が研究者・SF作家よりも何らかのタスクを機械に任せてよいとする者の比率が低いことが注目される。

(34) この視点に関しては、ＡＩＲ（人工知能が浸透する社会を考える）研究会において、金沢医科大学本田康二郎准教授にご示唆をいただいた。

(35) メソポタミアにおいて粘土板に残された多くの資料には、公文書や会計文書・契約書（手形のような役割をする「刻印」を押されたトークンもある）が含まれている。文字・数字が発明され、さまざまな事物が持続的に記録できるようになったことで、当地や商業・交易の時間的・空間的範囲が大きく広がったことが推測される（小林 2005; 中田 2007）。

(36) 二〇一五年、物理学者のスティーヴン・ホーキング（Stephen Hawking）や企業家のイーロン・マスク（Elon Musk）に加え、複数の人工知能研究者が、人間知性を超える人工知能は莫大な利益をもたらす可能性がある反面、使い方を誤ると人類を終焉させる可能性があるので、人工知能の社会的影響を研究すべきだとする公開書簡を発表した。本書簡が、人工知能脅威論としてはもっとも有名であろう。

"Research Priorities for Robust and Beneficial Artificial Intelligence: an Open Letter," *Future of Life Institute.* http://futureoflife.org/ai-open-letter/（二〇一六年一二月一九日アクセス）

同書簡は、ウェブの入力フォームを用いて、誰でも署名ができるようにされているが、前出の二名に加えて（なお、両名は、同公開書簡を掲載するシンクタンク Future of Life Institute の Scientific Advisory Board のメンバーである）、多くの学術・ビジネス業界の者が署名を行っている。同書簡の背景やインパクトに関しては、ウィキペディアの該当ページを参照のこと。"Open Letter on Artificial Intelligence," Wikipedia. https://en.wikipedia.org/wiki/Open_Letter_on_Artificial_Intelligence（二〇一六年一二月一九日アクセス）

なお、Barrat（2013=2015）における人工知能脅威論は、自己修復・自己増殖機能を有し、自らの自己保存の利益を追求する人工物のリスクを主張するものであって、この議論は、Joy（2000）を想起させるものである。Joy（2000）は、ロボティクスと遺伝子工学、ナノテクノロジーの発展によって、自己増殖的かつ自己保存の利益を追求するロボットが生み出されることによって、世界が滅ぼされる可能性があるとする。この論考においても、人間の知性を超える知能機械（Intelligent Machines）が生み出されると、人間を必要とせずに、自己修復・自己増殖を続けるだろうことを指摘している。なお、Joy（2000）が発表されたのは四月一日であることを付記する。

第八章　国家と公共性のゆくえ

8-1　破綻国家の「権利保護協会」

一九九〇年代内戦から無政府状態に陥ったソマリアは、アラビア海につきだした「アフリカの角」に位置する。二〇一七年三月現在この国の内部には、三国が鼎立する。

まず、戦乱が続き、二〇一二年、連邦共和国が成立したものの、イスラム原理主義勢力が入り込んで混迷を深めているとされる南部ソマリア。映画『ブラックホーク・ダウン』の舞台となった都市モガディショもこの地域にある。次に、東部ソマリアは、「プントランド」と呼ばれ、国家ぐるみで海賊ビジネスに精を出す。北部ソマリアは、「ソマリランド」を名乗り、例外的に平和状態が回復した地域だ。独立国家を称しているものの、国境線の変更が、ほかの国々の内部の民族・氏族対立を激化させるなどの影響を恐れ、国際社会は独立国家として承認していない(1)。

破綻国家地域も含め、ソマリア全域には、なぜか電気・ガス・水道・通信サービスが存在する。とくに、携帯電話とインターネットの通信サービスについては、ジャーナリストの高野秀行（高野 2013: 66）

が報告するように、良質かつ低価格だ。(2)

高野によると、電気・ガス・水道などのサービスは、その地区を支配する氏族が会社を経営して供給している。破綻国家であるがゆえに、国家による規制が皆無の中で、通信会社が競争を行った結果、アフリカ有数の低料金と高品質の携帯電話とインターネットサービスが実現しているという。ソマリアは氏族社会で、各氏族は武将（ウォーロード、軍閥）に率いられている。氏族単位で合従連衡が行われ、戦争が展開される。現在のモガディショは、氏族単位で地域が分割されている。

ところが、通信やインターネットは地区ごとに分割するわけにはいかない。また、送金会社も送金できる範囲が狭くては利便性がない。ソマリアには産業がないため、氏族・個人は、ともに国外のディアスポラ(3)（国外に在住する同じ民族・氏族の人びと）からの送金で暮らしを立てている。だから、通信会社も送金会社も広い地域をカバーしたほうが、効率が良いし、利用者にとっても利便性が高い。

武将たちは、激しく戦争を行っていても、現地の通信会社と送金会社は攻撃しない。戦争遂行のためには、携帯電話やインターネットなどの通信サービスが不可欠だ。また、武将（軍閥）たちが資金を得るのも、国外のディアスポラからだ。これらの理由から、武将同士の戦争・戦闘はいくら激しくても、通信会社と送金会社は攻撃しない。その代わり、支店が地域を支配する武将に税を支払うのがルールだ。ところで、ほかの二地域と違い、ソマリランドは平和を回復し、国際社会が認めないとはいえ、政府の樹立に成功した。これは、いったいどうしてだったのか。高野の報告が、あら削りだが、非常に参考になる。

結局、戦争を続けていた主要な氏族同士が、中立の仲裁者（中立の弱小氏族）の介入によって和睦し、戦争を停止した。この和睦に先立ち、グルティと呼ばれる各氏族の長老が問題が起こると伝統的に開いてきた会議が、開催された。グルティが和睦の道筋を決め、それにしたがって和睦のプロセスが進められた。グルティは、ソマリランド建国後も、議会（衆議院）の決定のチェックと、紛争の調停役を果たす組織として残された。

氏族の長老と氏族の和睦で実現された平和だが、ソマリランドの政治には、氏族分裂を防ぐ仕組みがある。議会を構成する公認三政党が、事実上いずれも全氏族からの支持を得なければならない仕組みが導入されているのである。そのため、議会では氏族益だけを追求するわけにいかない。

さらに驚くべきは、氏族に入るには血縁・婚姻などの条件はない。氏族に入りたいと契約を行えば、その氏族に入ることができる。

軍事・警察・電気・水道・ガスなどの基本サービスを提供し、契約によってサービスを受けられる集団と言えば、政治哲学者ロバート・ノージック（Nozick 1974=2006）の「権利保護協会」を思い出す者もいるだろう。まさに、ソマリランドでは、権利保護協会たる氏族が成員に保護を提供し、保護協会同士が交渉し和睦することで、支配的保護協会たる国家が生まれたように見える。(4)

ソマリランドの例を見ると、ジャーナリストの武田徹（武田 1995: 123-161）が吉本隆明に疑問を呈したように、国家は必ずしも家族のような「共同幻想」ではない可能性がある。(5) 契約や利害調整、交渉というドライなプロセスで生み出される個人や小集団を守る保護協会が発展しても、国家は生まれるのかもしれない。そして、通信や送金システムのように保護協会より広域でないと非効率なサービスは、対立する保護協会が相互利益のために、攻撃の埒外に置かざるを得ない。

グーグル社会長のエリック・シュミットは、二〇一三年上梓した同社の立場表明書『第五の権力』(Schmidt and Cohen 2013=2014: 341-394) で、国家・政府が破綻した社会では、復興の原動力は情報通信産業だと述べている。法の支配や物資の配分などのため、通信インフラが欠かせないからだ。シュミットの南部ソマリアについての分析は、残念ながら高野に比較すると空論めいている。しかし、現地の保護協会＝氏族のルールに則って和睦を実現し、統治するため、やはり通信インフラは重要だ。国家や保護協会の範囲を超える通信インフラの性質はより注目されるべきだろう。

8-2　情報と祝祭的暴力

『ガーディアン』匿名取材チームの『ウィキリークス アサンジの戦争』(Leigh and Harding 2011=2011: 305-306, 332-334) によれば、ウィキリークスによる「史上最大の情報漏洩」はチュニジアのジャスミン革命の重要な推進役になったという。

ジャスミン革命の発端はすでによく知られている。二〇一〇年一二月、失業中の若者による焼身自殺事件である。若者が広場で野菜売りをしていたところ、警察に販売品を没収されて排除され、販売品を返して欲しければ賄賂をよこせと要求された。若者は、県庁舎前でシンナーをかぶって焼身自殺を図った。(6)

この事件をきっかけに、大学卒業後就職できない若者を中心にしてデモが起こり、全国に波及していった。デモはやがて暴動へと発展する。抗議行動と警察隊の衝突が続く中で、二三年間続いてきた独裁政権が崩壊した（川上 2011: 4-7）。

さらに、民衆蜂起は、エジプトやアルジェリア、バーレーンなどの中東諸国に飛び火し、エジプトではムバラク大統領の退陣と暫定的な軍事政権支配への移行が起こった。

中東諸国では、若者の高学歴化が進展する一方で、若者の失業率が高い傾向がある。(7) 二〇年以上にわたる独裁政権により言論の自由などは制限され、政権の中枢から末端までの汚職・腐敗に国民は辟易としていた。それでもエジプトのように、安価なパンを政府が配給するなどの貧困者・福祉政策も行われてきたが、昨今の穀物・原料価格の高騰によってパンの価格が値上がりを見せていた。

このような沸騰直前の状況の中に「情報」という火種が投げ込まれ、民衆蜂起へとつながったというストーリーは確かにわかりやすい。誰もが知っていたが公言できなかった政権の腐敗が、外交公電の暴露によって、米国外交官の声として公開された。これが民衆蜂起の契機だというチュニジアの若者の声が、前出の『ウィキリークス』（Leigh and Harding 2011=2011: 333-334）には紹介されている。

このような見方は、一九八〇年代末の東欧革命で、ラジオと衛星放送が民衆蜂起の重要なきっかけになったという仮説と符合する。衛星放送もラジオも、対象となる国以外にも電波が〝リーク〟しているので、アンテナを適切に設置すれば隣国などから情報が入ってくる。東欧諸国の人びとは国営メディアに接するだけでなく、地下メディアであるラジオ短波放送で海外事情について知るようになり、自国の政権の不公正さや生活水準の低さなどを知るようになる。そして、一九八〇年代末、東欧諸国で次々に社会変革の動きが起こると、近接する国々には、衛星放送のスピルオーバーによってそのニュースや諸事情が入ってくるようになり、他国で社会変革運動が起きていることを隠せなくなったとされる。(8)

一方、情報技術は革命の火種ではなく、革命行動の指揮・連絡の道具であるという仮説もよく披瀝される。エジプトでは、フェイスブックが革命の作戦会議に用いられたという。通信が暗号化され傍受されず、実名による特定の相手とのみの通信が可能だったからだ。H・ラインゴールド（Rheingold 2002=2003: 289-294）によれば、二〇〇一年腐敗したフィリピンのエストラダ大統領を退陣に追い込むに当たって、携帯電話で連携した人々の運動が有効だった。〇二年の韓国大統領選挙でもネットと携帯電話が駆使され、左派の盧武鉉の当選の追い風となったとされる（孫 2002; 高槻 2002; 伊藤 2003）。

中東においても、〇九年のイランでの改革派が負けた大統領選挙後の抗議運動や、〇八年のイスラエルのガザ攻撃に対するパレスチナ人の抗議行動で、携帯電話やインターネットが活用された（酒井 2011）。

遡るならば、民衆蜂起における情報技術や情報の役割は、歴史的研究を見る限り、少なくともフランス革命まで追跡が可能だ。フランス革命でも、法律家を中心とする高等教育を受けた失業中の若者が増加していたこと（一部は地下文書作家となった）、政権の腐敗や言論の自由の弾圧があったこと、暴動直前における食糧価格の上昇があったことなど、中東の民衆蜂起と共通する点は多い(9)。

アンシャンレジーム期の読書史で著名なロジェ・シャルチエと、同時期の地下出版の歴史で著名なロバート・ダーントンの論争では、非合法の誹謗文書や政治的ポルノグラフィーなどがフランス革命にどれだけの影響を与えたかが問題になった（Darnton 1982=2000; Chartier 1990=1999）。初期のダーントンは地下文書がフランス革命に与えた影響を大きく見積もっていたが、シャルチエらが指摘していた王権の聖性の低落と王権と民衆との心理的距離が開く長期的な傾向が存在することを認め、その傾向の中に地下文書を収めるように自説を修正していった（関根・二宮 2000）。

また、ダーントンは、王室や政権の腐敗や堕落に関する情報やその他ニュースを伝達する人間的ネットワークがパリにはあったことを指摘しているが、このネットワークは書物やパンフレットなどの出版物と対面の噂によって構築されていた。匿名の噂話が人々の間で流通し、それをパンフレットや書物が印刷によって固定すると、それがもとでまた噂が流通する——というような情報の流通システムが存在したとされる（Darnton 1995=2005: 251-272）。

現代では、情報技術がこのネットワークを補完する。エジプトの民衆蜂起においては、政府がインターネットの国際的な接続を断つと（川上 2011: 9-12）、それに抗議する匿名インターネットユーザー集団「アノニマス」がエジプト政府のサーバーを攻撃する一方で、「オープンメッシュプロジェクト（openmeshproject.org）」を名乗るＮＰＯが、ウィニーやフリーネットと同じＰ２Ｐ技術を応用するモバイルネットワーク技術で、同国とインターネットとの接続を回復する試みを行った[10]（Lyons 2011）。今後は、政府監視下でも即座にインターネット接続を可能にする機器——たとえば、ルーター機能を果たすよう改造された無線ＬＡＮ接続機能を持つコンピュータやスマホが人びとによってひそかに持ち込まれ、民衆蜂起を支援する可能性がある[11]。人的ネットワークと情報技術は絡み合って拡大・展開する。

中東の動乱は中国にも飛び火する勢いだ。政府に不満を持つ若者を繁華街の米国資本のマクドナルドなどの店（象徴的だ）に誘導して集会を呼びかけた[12]（小林（哲）2011）。若者の高学歴化と失業率上昇、食料・エネルギー価格の上昇は、中東と共通だ。当局は鎮圧と外部向け宣伝に躍起だ[13]。

暴力的祝祭が旧体制とは別の現実を認識させる役割をもっていたというダーントンの仮説（Darnton

1984=1990: 256-261）はあまりにも血なまぐさく承認したくない。情報による混乱も社会的信頼を破壊するので、望ましいこととはあまり思えない。情報伝達の捉え難さは陰謀論も引き起こす[14]（Allport and Postman 1947=1952（2008）: Shibutani 1966=1985; 清水 1937（2011））。フランス革命はフリーメイソンやイルミナティの陰謀とされた[15]。民衆蜂起に追い詰められたカダフィは、アルカイダの陰謀を口にし始めたうえ（山本 2011）、欧米が背後にいるとの見方も示した[16]。

いくら秘密を公開しても不信があれば、秘密は依然隠れていると人びとは思うものだ。秘密公開が血なまぐさい祝祭へのパンドラの箱を開けただけに終わらないことを願う[17]。

8-3　サイバー戦争の時代

ゼロ年代末、情報セキュリティへの脅威はサイバー戦争の脅威に大きく変質した（大谷 2012a; 2012b）。九〇年代後半、社会や軍が情報通信技術に深く依存し始めたことを目撃して、アメリカと中国で新しい軍事思想が登場した。

アメリカでは、アーサー・セブロウスキ（Arthur K. Cebrowski）海軍中将が「ネットワーク中心の戦争（Network Centric Warfare）」という概念を提示した。情報通信技術によって情報共有を進め、高い精度で戦術を実行する。また、軍事組織と戦略・戦術を刷新し、コストダウンをはかる。多分にビジネス業界で話題となったＢＰＲ（ビジネスプロセスリエンジニアリング）の影響を受けたこの概念は、その後ＲＭＡ（Revolution in Military Affairs 軍事革命）の名で知られるようになり、ブッシュ政権が強力に推進した[18]（高木

2015a）。

一方、インターネットや非政府組織、企業のボーダーレス化などから、中国人民解放軍中佐の喬良と王湘穂は、「超限戦」という未来の戦争の概念を指摘した。これは、あらゆる事物や情報が関連するグローバル社会では、物理的な破壊だけでなく、金融、ネットワーク、法律、メディアなどあらゆる分野で国家や組織が戦争を行うという主張だ。軍人・非軍人の区別はあいまいになり、攻撃目標も多様化し、あらゆる手段が利用される（喬・王 1999=2001）。

民間人として暮らしてきた国際テロ組織メンバーが旅客機を奪取して兵器とする九・一一事件は、まさに「超限戦」の例だ。RMAは、GPS（全地球測位システム）と無人兵器を組み合わせ、対国際テロ組織の非対称戦で大きな威力を発揮した[19]（Singer 2009=2010）。

軍事思想の変化の一方で、クラッキングによって情報通信技術に深く依存する施設や組織が甚大なダメージを負うことも見えてきた。一九九六年、クリントン政権が「重要インフラストラクチャー防護大統領委員会」を設立し、社会インフラへのサイバー攻撃に対する防衛について検討を開始した[20]（名和 2005: 223）。一九九七年、日本でも、この動きを追いかけて重要インフラ防護の検討が始まった[21]。「サイバーテロ」によって経済や社会が大きなダメージを負うことが懸念されるようになったのである（名和 2012; 大谷 2012a）。

九〇年代後半から日本政府の担当者や学識経験者などが、米国などのサイバーテロ防御演習に参加していたものの、サイバーテロの現実性に対する社会的認識は低かった。軍事思想の変化とインターネットの情報セキュリティとは直接現実に結び付くことはなかった。

しかし、ゼロ年代末クラッキングによる国家への攻撃が常態化し、「サイバー戦争」が現実として語られるようになった。米国の安全保障専門家リチャード・クラークらによれば、サイバー戦争とは、「損害や混乱をもたらす目的で、国家が別の国家のコンピュータや、コンピュータネットワークに侵入する行為」（Clark and Knake 2010=2011:13）だ。

日本では、二〇〇九年の北朝鮮から韓国に対する大規模攻撃が脅威を認識するきっかけだった。[22] 二〇一一年には、情報を盗むために防衛産業や議会を狙って悪意あるコンピュータプログラム（マルウェア）が送り込まれた事件が注目された。[23]

二〇〇九年の北朝鮮からの米韓政府へのサイバー攻撃をきっかけとして、情報セキュリティにおける国家安全保障上の脅威と、企業や個人などが直面する高度化・複雑化・多様化する脅威に対応するため、二〇一〇年五月、情報セキュリティ政策会議は、「国民を守る情報セキュリティ戦略」を策定した。この戦略においては、①サイバー攻撃事態の発生を念頭に置いた政策の強化および対処体制の整備、②新たな環境変化に対応した情報セキュリティ政策の確立、③受動的な情報セキュリティ対策から能動的な情報セキュリティ対策へ、の三つが基本方針とされた（情報セキュリティ政策会議 2010; 情報処理推進機構 2011: 70–91）。

サイバー戦争はつかみどころがないところが大きな特徴だ。まず、サイバー攻撃があったとしても、その攻撃主体の正体はなかなか見えない。エストニアがロシアの戦勝記念碑を取り壊すことを決定すると、ロシア国内のクラッカー集団がエストニアに集中攻撃を仕掛けた[24]（Evron 2007; Clarke and Knake 2010=2011: 19–31, 60–86）。また、中国の黒客や紅客を名乗るクラッカー集団は、二〇〇〇年に日本の官公庁のウェブを書き換え、二〇〇五年ベオグラード中国大使館誤爆事件が起こると、米国にサイバー攻撃による報復を行った（国際社会経済研究所 2007: 53–57, 99）。これらの攻撃は、ロシアや中国政府が黙認しているとの見方もある。つまり、黙認することで、敵対する国家に対して脅威を与えているというのである（Clarke and Knake 2010=2011: 19–31）。

次に、戦争状態と平和状態の区別もない。戦争になったら即座に攻撃にかかるためには、平和時から敵国のコンピュータやネットワークに侵入する必要がある。米国の電力システムに、表向きは戦争状態にないある国が論理爆弾を仕掛けたとの報道もあった。

イランの核濃縮施設を狙ったとされる「スタクスネット」というマルウェアはＵＳＢメモリ経由で感染するもので、当初は制御系への感染以外の狙いが不明だった[25]（Falliere, O'Murchu, and Chien 2011）。日本の防衛産業や議会への攻撃も、誰が何の目的でやったか謎である。サイバー戦争には、既存の戦争概念をぬるりとすり抜ける「新しさ」がある[26]。

米国は情報通信技術のチャンピオンであるが、社会や経済が深く情報通信技術に依存するがゆえに、サイバー戦争にきわめて弱い。前出のクラークは中国やロシアなどがサイバー攻撃による「超限戦」を仕掛けてくるのではないかと警戒し、「ティア１」[27]と呼ばれる大規模ＩＳＰ（インターネット接続事業者）の国外と接するネット回線に、サイバー攻撃を防ぐ長大なファイアウォール（ＦＷ）を築くよう提案した（Clarke and Knake 2010 =2011: 185–187, 255–293）。

中国政府は、国民が反政府情報にアクセスしないよう国境にＦＷを設けて検閲している（遠藤 2012: 65–79）。これは「万里のＦＷ」と揶揄されるが、クラークのアイデアは米国版万里のＦＷだ。

これは過激なタカ派のアイデアに過ぎないと見逃すのは危険そうだ。二〇一一年一二月に成立した米国の二〇一二年度防衛予算では、国防総省のネットワークやティア1のISPの国外接続を防護する「関門」の開発・実装予算が計上された(28)。この「関門」が検閲手段として用いられたとしたら、ボーダーレスな変化をもたらすインターネットに重い足枷が課せられるかもしれない(29)。

8-4　電子コインの利と理

二〇一三年一二月の大暴落と二〇一四年に入ってからの取引所の閉鎖で先行きが危ぶまれた電子コイン「ビットコイン」だが(30)、一カ月以上経過して、ひとまずは峠を越えたようだ。日本や米国は通貨として認めず、資産として課税する方針を決め、税法上の扱いが確定した。合法的利用の場も広がる。ネットの闇市場どころか、ネット通販最大手のアマゾンドットコムや米国の有名飲食チェーンの一部店舗、NBAのスタジアム観戦などで、ビットコインを支払い手段として受け入れている(31)。

ビットコインとドルの交換相場は、世界最大のビットコイン取引所マウントゴックスの破綻を受けて、一ビットコイン（BTC）＝一二万円台から五万円台にまで急落した。この破綻は、ビットコインの中核を直撃した大事件のように報じられたが、野口（2014）が言うように、これは比喩的に言えば、市中銀行が銀行強盗に遭ったに過ぎない。

ビットコインは、実体があるものというより、「ブロックチェーン」と呼ばれるネット上の多数のP

Cに分散して格納された分散データベース中の貸し借りの記録である。銀行振込が、支払い者の預金残高から受取者の預金残高へ帳簿上お金を動かすのと一緒だ(32)（野口 2014）。つまり、ブロックチェーンは、ビットコインの「分散支払い記録簿」である。

ビットコインの支払いが行われると、ビットコインのネットワークに参加したコンピュータが計算量の大きな複雑な計算を行い（この複雑な計算を「プルーフオブワーク（POW: Proof of Work）」と呼ぶ）、いち早く解答を出せたコンピュータ一台のみがこの記録をブロックチェーンに追加する。

この記録簿によって、ビットコインの二重発行や二重使用を防ぐ。これで、ビットコイン一枚一枚の真正性が保障される。また、記録は、支払い者と受取者の名前がハッシュ関数によって数字に変換されており、匿名的だ(33)。つまり、誰が誰に対して支払ったか追跡が困難である(34)。

ブロックチェーンに新たなブロックを追加したコンピュータは、その褒美としてビットコイン二五枚が与えられる。このようにプルーフオブワークに参加し、ビットコインを得ることを「マイニング（採掘）」と呼ぶ。

支払い記録簿に偽のブロックを追加できれば、偽造者は大儲けできそうだ。しかし、偽造者はプルーフオブワークと同様に、コンピュータできわめて複雑な計算をしなければ偽のブロック追加ができない。そうすると、むしろビットコインネットワークの維持・管理に貢献して、二五ビットコインずつをもらったほうがよい。これが、ビットコインの偽造を防ぐとともに、ビットコインを利用し、採掘に参加しようというインセンティブになる（Nakamoto 2009; 岡田・高橋・山崎 2015: 51-70）。

マウントゴックス取引所の事件では、このビットコインを支えるしくみは攻撃されていない。ビットコインのブロック追加には、本人証明をする「電子的な実印」（電子署名）が必要だ。同事件は、セキュリティが甘い取引所を狙って、強盗がこの電子的な実印を奪い、この実印でごっそりと数百億円分のビットコインを移転させ、攫ったものだ（野口 2014）。

ビットコインは上記のインセンティブによる投機的採掘に加えて、決済・支払手数料がごく小さいことが魅力で、多くのユーザーを引き付けた。三月には、ビットコインを構想した謎の科学者サトシ・ナカモトと思われる日系米国人が特定されたが、彼の発明の動機は、趣味である鉄道模型の部品を輸入する際の為替手数料の節約だったのではという推測もあった（Goodman 2014）。なお、この日系米国人はビットコイン発明者ではないと公式声明を出した。(35)

ビットコインは無限に採掘できるわけではない。ブロックチェーンの更新は一〇分で一回、そのたびにプルーフオブワークに貢献したコンピュータに二五枚のコインが支払われる。そして、だんだんと計算が難しくなり、ビットコインを得るには、大量の計算機能力が必要になる。やがて、二一四〇年にはその上限に達し、ビットコインの発行は終了する。構想者は、この収穫逓減と上限のメカニズムによってビットコインの減価を防ごうとしている（Nakamoto 2009; 岡田・高橋・山崎 2015: 95–102; 岩村 2016: 134–136, 164）。

しかし、岩村充早稲田大学商学研究科教授は、ビットコインのしくみは出来が悪いという。収穫逓減と採掘への投機的インセンティブが強いため、強力なコンピュータでビットコインネットワークに参加し、採掘を力ずくで行うケースが増えてきた。強力なコンピュータは大量の電力を必要とする。つまり、投機を煽るビットコインはエネルギー浪費的な電子コインなのだ。ビットコインは、エネルギー浪費を促進することで、子孫の生存可能性を狭めてしまうと言う[36]（山中 2014）。

冷戦終結後インターネットが新たな経済圏を開いたことで、国家の幻想から解放され、経済的な「利」の追求が人類の未来を拓くように見えた。だが、「利」の無際限の追求は、リーマンショックにおけるような大きな社会的混乱や、地球環境問題や公害など莫大な環境負荷を引き起こすこともはっきりしてきた。

ビットコインの採掘に血道を上げれば、エネルギーが浪費され、子孫の生存可能性を狭める。地球環境の限界が見えるとき、エネルギーを浪費する投機的な「利」の追求に合理性はない。「理」によって「利」の追求をどう制御するか。ビットコイン騒動から、この問いが不変の課題であることが見えてくる。

8-5 タックスヘイブンと情報の自由

国家の要求から逃れるため、居所を移し、世界中を旅し続ける「永遠の旅行者」と呼ばれる大金持ちたちがいる。彼らは、税金がないかきわめて安いタックスヘイブンに資産を隠し、居住実態や活動実態に応じてかかる税金を逃れるため、頻々と居所を移して、国家の税要求から逃れ続ける（橘 2008: 223-249; 志賀 2013: 第六章五節、二五段落）。

OECD租税委員会によれば、現在では、タックスヘイブンは税率が著しく低いことよりも、秘密保護法制などによって、タックスヘイブンに集まった資金の状況が見えないことが問題とされている[37]（志賀 2013: 第一章二節、一—六段落)。このように資金状況が不透明であることから、大金持ちがタックスヘイブンに資金を隠して、転々と居所を変えることでどの国からの課税をも逃れることを可能にする。また、アングラマネーやテロ資金のマネーロンダリングにも利用される。資金の動きが捕捉できないことこそが問題だというのだ。転々と居所を移す「永遠の旅行者」は、タックスヘイブンにさえも税金を払わないこともある。これは、タックスヘイブンにおける資金の秘密の保護によって、資産の実態が捕捉されないためである。

もちろん企業の税逃れにも、タックスヘイブンは利用されている。二〇一二年から、タックスヘイブンへ利益を移動させたり、名ばかりの本社・支社を置いたりして、租税を回避するIT企業に対する風当たりが強くなってきた。同年、イギリス政府は、米アップル社や米アマゾンドットコム社、米グーグル社などのIT企業が、同国であげた利益を海外に移し、税逃れをしていると非難した。二〇一三年五月には、ヨーロッパ首脳がやはりIT企業をターゲットに租税回避を非難し、米国議会も同様にこれらの企業をやり玉に挙げて攻撃しだした(38)。

アップル社はアイルランド、アマゾン社はルクセンブルク、グーグル社はバミューダ諸島と、法人税や付加価値税の税率が極端に低いタックスヘイブンに利益を移している。こうすることで、経済活動の実態のある地域の政府への税の支払いを逃れてきた。マイクロソフト社やオラクル社も同様とされる。

二〇〇〇年代前半からIT産業の集積地として注目されるようになったアイルランドは、一九九二年に法人税率を劇的に引き下げ、海外投資を呼び込む政策を始めた。OECD理事会で同国は非難されたものの、この政策は続いている。オランダやベルギー、スイス、ルクセンブルク、オーストリアなども、同様に低税率の税や資金の秘密の保護によって、企業や資金を引き付ける政策を採った[39]（志賀2013：第一章二節、九、一四―二四段落）。

つまり、資金や企業を呼び込む方法としては、タックスヘイブンになることが手っ取り早い。そのため、税率を下げ、資金に関する秘密保護法制を整備してタックスヘイブンになろうとする誘惑は、先進国にも強い。永く不況に苦しみ、一九九〇年代になってタックスヘイブンとなったアイルランドの成功を見れば、その誘惑の強さはわかる[40]。横並びの国際的規制を行おうとする一方で、なんとか自国で課税しようと各国は躍起である。

租税負担を逃げる富裕層や法人のために、各国の財政基盤は大きく揺らいでいる。リーマンショック以来の世界的不況によって各国の財政とそれを支える税収が危機的であって、なんとか税収を上げるため、タックスヘイブンに逃げ込んだ資金を捕捉しようと懸命で、そのために世間に大きく訴える手段として、国境を越えて派手に活躍するIT企業をやり玉に挙げているだろうことは、容易に想像できる。これらの企業を揺さぶって、社会の注目を集め、租税回避を行う富裕層や企業一般への締め付けを考えているのだろう[41]。

ところで、SF小説の世界では、国家の干渉からデータを保護する「データヘイブン」というサービスが登場することがある。SF作家ニール・スティーヴンソンの長編小説『クリプトノミコン』（Stephenson 2002=2002）では、強力な暗号技術で守られたデータセンターがデータヘイブンとして登場する。太平洋上の南国の島にこのデータセンターがあるという設定だ。タックスヘイブンもデータヘイブンも秘密保護が重要な前提である点は同じである。

米国政府の秘密を暴露して有名となったウィキリークスは、そのデータを一種のデータヘイブンに保管していた。二〇一〇年一一月二八日の米国政府の外交公電の公開をきっかけに、ウィキリークスに対する攻撃が始まり、それまで使用していた米国内のアマゾンドットコムのクラウドサービスＥＣ２を使えなくなってしまった。ウィキリークスは、スイスのドメインを取得するとともに、憲法で定められた通信の秘密を厳格に守るとするスウェーデンの企業にデータを預けた（Hanlon 2010; Leigh and Harding 2011=2011: 276–279）。国境を越えてデータを移動させることで、情報の自由を守る点では、タックスヘイブンを利用して、自ら居所を転々と変えて資産を守る富裕層と似ている。アサンジ自身も国家の法を逃れようと転々と移動した（Leigh and Harding 2011=2011; Rosenbach and Stark 2011=2011）。

一九九六年、ジョン・ペリー・バーロウが「サイバースペース独立宣言」を発表し、国家のインターネットへの干渉を攻撃し、物理的実体がないサイバースペースには国家の法が適用されないと主張した（Barlow 1996）。しかし、サイバースペースにはデータセンターやコンピュータ、物理的データなどの物理的基盤が必要で、これらは国家の規制を容易に受ける。規制を逃れ、独立や自由を実現しようとするならば、暗号技術の活用と国境を越えて転々と移動する必要がある。究極の情報の自由主義者の姿も、「永遠の旅行者」に似ているかもしれない。

8-6　炎上ポリティクス

耳目を集め続けること。これがセンセーショナルな映像や画像を提示し、政府や世間を翻弄するＩＳ

IL（Islamic State in Iraq and the Levant）の狙いなのだろう。

二〇一五年一月二〇日、「イスラム国」を名乗る集団（以下、ISIL）が、七二時間以内に二億ドルを支払わなければ、日本人二人を殺害すると予告するビデオを公表した。ビデオでは、通称「ジハーディ・ジョン」と呼ばれる黒衣の男が、オレンジ色の囚人服を着せられた二人の日本人の中央でナイフを見せつけながら、殺害予告と日本を非難する演説を行った。(42)

同二四日には一人を殺害したとする静止画を公開。この静止画では、一人生きているとされた日本人ジャーナリストが、殺害されたとする日本人の写真を胸の前に掲げさせられていた。さらに、日本政府がISILの要求を入れなければ自分も殺されると予告する本人とされる音声が添えられた。二七日には、ISILは、残る一人とヨルダンに拘留されている死刑囚との一対一交換を要求。応じなければ日本人よりも先に、やはり捕獲されたヨルダンの戦闘機パイロットを殺すと、日本人ジャーナリストとされる男性の声で予告した。

二月一日、黒衣のジハーディ・ジョンがオレンジ色の囚人服でひざまずく日本人ジャーナリストの首元を摑みながら演説する映像が公開。この映像で黒衣の男は、日本の悪夢が始まると宣言し、最後にこの日本人ジャーナリストの遺体が映し出された。

さらに、四日、二〇分以上の「長編」動画がネットに流れた。この動画では、米軍中心の有志連合によるISILへの空爆が非戦闘員を殺し苦しめていると訴えられた。捕らえられていたヨルダンの戦闘機パイロットが登場し、有志連合のパイロットに空爆をやめるようにと語りかける。やがて場面が変わり、パイロットが、がれきの山を背景にISILの迷彩服の多数の兵士たちが銃を構えて立つ街へと迷い込むように入り、映像のなかをゆっくりと進み、巨大な檻に入る。そして、この檻に火が放たれ、パイロットは焼き殺される——黙示的な雰囲気の乾いた映像はきわめて映画的だ。

誠実さに欠けるかもしれないが、筆者は、日本人二人やヨルダン人パイロットの殺害場面や遺体画像は目にしていない。(43) ＩＳＩＬは、見る者に衝撃を与え、その衝撃が映像を他の者へと伝達しようとする感情を刺激し、さらに怒りや驚き、嫌悪などの感情が広く巻き起こることを期待している。そうすることで、世界中の不満を抱え、世界を呪う者たちをＩＳＩＬへと誘い、それ以外の者はＩＳＩＬを強く意識するよう強制される。勝手に国を名乗るＩＳＩＬを国として認めるまでに強く意識するだろう。ＩＳＩＬのやり口は、「炎上」で注目を集める「炎上ポリティクス」とでもいうべきものだ。この意図に絡め取られたくないし、自分自身が残酷な映像に耐えられないことも知っている。

やや主題を離れるが、ＩＳＩＬは一九八〇〜九〇年代の記憶の断片を刺激する。領土を持たない国家・国家内国家の幻想と無差別の暴力は、九〇年代半ばに起きたオウム真理教事件の記憶をかするように思い起こさせる。

ヨルダン人パイロットの焼殺映像でニュースから借りて来られた精密爆撃映像は、湾岸戦争で、私たちが初めて目にした。英国の反骨のロックアーティスト、マット・ジョンソンは、「真実の甘き小鳥」のタイトルで湾岸戦争の精密爆撃を呪い、「アーマゲドンの日、再び」でイスラムと西欧の戦争を予言的に叙した。(44)

そして、いつ撮影されたか加工されているのか一般人にはわからない映像や画像は、仮想的な映像と情報が先進国へと送られてきただけの湾岸戦争は、「起こらなかった」と記したポストモダン思想家のことばも想起させた（Baudrillard 1991=1991）。

この三〇年間の強烈な記憶が先進国の人々に呼び起こされるのも、ＩＳＩＬは狙っていたかもしれない。ＩＳＩＬの「映像スタッフ」は、明らかに先進国で映像やメディアに従事していたように思われる。[45]記憶が映像をより印象的にする効果を狙ったとも疑う。

日本では、日本人二人の殺害予告を受けて、ＩＳＩＬの映像のキャプチャ静止画を加工しツイッターで発表する、「クソコラグランプリ」と俗に言われるイベントが、自然発生的に起こっていた。クソコラグランプリの参加者は日本語による広報を行うＩＳＩＬの兵士に絡み、この兵士にすごまれるということもあった。[46]

さらに、ＩＳＩＬの自爆攻撃要員を名乗る日本語のたどたどしいツイッターユーザーと交流する日本人も出てきた。この交流を通じてＩＳＩＬの人々の苦悩や、イスラム教徒としての誇り、ごく普通の若者としての気持ちを汲もうとする日本人ユーザーがいたのに対して、結局のところＩＳＩＬは人質を弄んだうえで残酷な手立てで殺すテロリストだと思い起こすべきだと強調する声も大きかった。[47]

いずれにせよＩＳＩＬは注目を浴び続けることが、「国」としての存立と、「国民」のリクルートには欠かせない。インターネットはそのための格好の道具なのである。

他者危害原則と人権保護という普遍的価値の観点からＩＳＩＬの成員の行動は判断すべきで、宗教的立場の違いから人権侵害を許すべきではないように思われる。しかし、ＩＳＩＬに対して単に復讐や殲滅を誓うのも、普遍的価値に照らして望ましいことではないだろう。ＩＳＩＬへと惹かれる者たちの社会・経済環境の改善と教育という陳腐だが重要な働きかけへと向かうためのきっかけを探るべきように思う。ＩＳＩＬの炎上政治に流されないためにも。

8-7　マタイ効果とグーグル　1

社会学者のＤ・リグニィ（Rigney 2010）によれば、科学・技術・経済・政治の分野にわたって、「マタイ効果」が観察されるという。マタイ効果とは、聖書マタイ伝にある「持っている人は更に与えられて豊かになるが、持っていない人は持っているものまで取り上げられる」（マタイによる福音書 25: 29 新共同訳）という一節に由来する。持てる者と持たざる者の格差が拡大する現象を示す用語である。

マタイ効果は、社会学者のＲ・Ｋ・マートンの科学者共同体に関する研究で有名になった。ノーベル賞受賞者が無名の科学者と仕事をすると、ノーベル賞受賞者の貢献が不釣り合いなほど大きく認知される。有名な科学者はますます尊敬と認知を獲得し、無名な科学者は無名なままにとどまらざるを得ない(48)(Merton 1968b; Merton 1988)。また、Ｈ・ザッカーマンによれば、ノーベル賞受賞者の半数は、それ以前のノーベル賞受賞者のもとで研究したことがある（Zuckerman 1968）。著名な研究機関の科学者はそうではない科学者よりも注目され、さらに昇進する（Merton and Zuckerman 1973）。

マートンはこうした現象をマタイ効果と名づけ、自分自身が指摘した「自己成就予言」の一つの例であると考えた。自己成就予言もしくは予言の自己成就とは、本当ではない（かもしれない）発言が社会に影響して自動的にその発言内容が実現してしまうことをいう。経営に問題がない金融機関が、「あの金融機関は危ないらしい」という根拠のない発言がもとで取り付け騒ぎが起こり、本当に破綻した事例

（伊藤・小川・榊 1974a; 1974b）が例としてよく引かれる。マートンが同名の論文で示した例では、白人が偏見にもとづいて黒人を恐れ、ひどい扱いをすることから黒人が怒り白人を攻撃する悪循環がある（Merton 1957=1961: 382–398）。

科学者の世界においては、有名な科学者の最新の研究は重要なものであるはずだという一般の確信からその研究により多くの注意がむけられるため、さらにその科学者は有名になる傾向がある。また、制度レベルで言えば、有名な科学研究機関・大学はより多くの資金や優秀な研究者、学生を引き付けるのでますます有名となる。このように、初期状態の優位性がそれ以後の状態に作用するのである。[49]

リグニィ（Rigney 2010）によれば、マタイ効果は大きな入力が出力を増幅させるポジティブフィードバックの例であり、学説史を追っていくと、経済学や政治学などでも同じような現象の観察と報告がある。適切な政策的介入がなければ、経済的・政治的格差はとめどなく拡大される傾向があるというリグニィの主張は、現在の米国の状況を見るとより考えさせられる。[50]

インターネットの世界にもマタイ効果が観察されるが、グーグルはその原理からマタイ効果を増幅する疑いがある。

グーグルは、創業者であるL・ペイジとS・ブリンの大学院時代の研究から生まれた（Battelle 2005=2005: 102–122; Auletta 2009=2010: 48–76; Levy 2011: 9–35）。彼らはサーチエンジンの検索結果を最適化する方法を考察していた。

効率よくサーチエンジンを利用するためには、検索結果上位にユーザーにとって役に立つ情報がなければならない。グーグル以前には、内容の重要度が高いウェブページが上位に表示されるための工夫として、ページの内容を自動的に解析して検索語の出現頻度やその出現位置から情報の適合度を見る技術などが、開発されていた。

グーグルの創業者たちは、そうではなくて、ほかのページから多数言及されている、つまりほかのページから多数リンクが張られているページは重要であるという原理によって、検索結果の表示順位を決めることにした。彼らはこのしくみを「ページランク・アルゴリズム」と名づけた（Brin and Page: 1998）（6－1）。

これは科学論文の重要性を被引用回数によって計測する科学引用索引（SCI）と同じ発想である。SCIは、情報科学者E・ガーフィールドが開拓し、科学者の業績を計測する手段として利用されている。著名科学雑誌はインパクトファクターが大きいなどの補正がある。[51] マタイ効果を考えると、SCIに頼る業績評価はやはり無名科学者の業績を埋もれさせる結果を招くかもしれない。

ページランクにも引用／リンクが多く、インターネット・ユーザーによく知られたウェブページは重要であるという仮定がある。多くのユーザーが上位のウェブページを参照しリンクを張れば、ページランク・アルゴリズムにおけるそのウェブページの重要性は向上する。この過程が続けばほかの有名ではないウェブページとの間の格差が拡大し、マタイ効果が生じる。

グーグルで検索すると、ウィキペディアの該当ページや関連ページが真っ先に上位に表示されるのもこのような原理によるものだろう（Vaidhyanathan 2011: 61-62）。ウィキペディアは一定程度の信頼性はあっても、必ずしもすべてのユーザーに役立つものではないし、正確性や説明のわかりやすさ・的確さなどが必ずしも保証されているわけではない。もっと役に立ち、わかりやすいページが下位に埋もれているかもしれないのである。[52] グーグルはウェブ世界のマタイ効果を拡大する傾向があるとはいえないだろうか。

グーグルは私たちの世界認識や学習のための出発点になりつつある。情報科学者のS・ヴァイディヤナサン（Vaidhyanathan 2011）が指摘するように、グーグルが知的状況や世界認識に大きな影響を与えるならば、このマタイ効果の増幅現象も少なからぬ問題をはらむだろう（6－1）。

8－8 マタイ効果とグーグル 2

製品や技術のデファクト標準の形成原理にも、一種のマタイ効果――ポジティブフィードバックが観察される。経営学者の山田英夫によれば、普及率二～三％で、市場で圧倒的優位に立つデファクト標準は決まる（山田 2009: 260-261）。同じ仕様の製品のユーザー／採用者が増えれば増えるほど指数関数的にユーザーに与える効用が増加するという「ネットワーク外部性」が働く製品は、デファクト標準が形成されやすい[53]（山田 2009: 67-69）。

製品を無料もしくは低価格で配布する「フリー」の市場戦略（Anderson 2009=2009）が注目される例があるが、これは製品の導入期にシェアを一気に拡大して、ポジティブフィードバックによってその後の圧倒的優位なシェアを築く戦略である。その後は有料の補完財で稼げばよい。[54] 文書閲覧によく利用されるファイル形式のPDFの閲覧ソフト（アドビ・アクロバット・リーダー（Adobe Acrobat Reader））は無料で配られる一方、これを作成するソフト（アドビ・アクロバット[55]（Adobe Acrobat））は相当高価な価格で販売されるのは、その例である。

インターネットやウェブは「ひとり勝ち（Winner-take-all）」の世界[56]などとよく言われるのも、マタイ効果の結果だ。先発者となって、導入初期に圧倒的シェアを獲得した製品やサービスが残り、自余のものは消え去るか、非常にわずかなシェアで耐え忍ぶしかない。だから、ドットコムバブルの際には、投資家も、将来の圧倒的シェアの有利さを見越して、利益よりもシェアやユーザー数を重視して、先行するドットコム企業に投資した。

その意味で、インターネットやウェブ関連市場においては、後発者は不利な立場に置かれる。後発者が先行者を追い抜くにはいろいろな工夫が必要だ。マイクロソフト社はブラウザとウェブサーバーの市場をネットスケープ・コミュニケーションズ社から奪うため、別の市場――ＯＳ市場における自社の力を梃子のように利用した。クライアントＰＣ向けのウィンドウズにインターネット・エクスプローラー、サーバー向けにはＩＩＳというウェブサーバーをバンドルして市場を奪い取った（山田 2009: 225–230）。これも前述の「フリー」の市場戦略の一つだ。

現在世界のサーチエンジン市場で圧倒的なシェアを占めるとされるグーグルも、後発者だった。確かにグーグルの検索と検索結果の表示技術は当初から強力だったが、一九九八年、同社が創業したときには、すでにヤフー！やライコス、アルタビスタ、インクトミなどのサーチエンジン企業が鎬を削っており、市場には入り込む余地がないように見えた。マタイ効果に重要な知名度もなかった（Battelle 2005=2005: 58–95）。

とはいえ、多くのサーチエンジンがフリーであるから、フリー戦略はここでは無駄だ。何か目先を変える必要がある。

市場状況を見て、投資家は彼らの検索技術を既存のサーチエンジンに販売することを勧め、実際創業者たちもヤフー！やエキサイトなどに売り込んだ。しかしながら、結局同社の技術を導入しようという企業はなかった。ある意味仕方なくグーグルは、サーチエンジンビジネスを始めることとなったのである[57]（Battele 2005=2005: 123-127; Levy 2011: 27-34; Auletta 2009=2009: 70-74）。

最終的に、グーグルがマタイ効果を飼いならし、サーチエンジン市場を席巻するに至ったのには、次のような理由が考えられる。

当時ほかのサーチエンジン企業は、一カ所でユーザーが必要なサービスをすべて提供するポータルサイトという新しいビジネスの構築に夢中で、検索技術そのものはもはや重要ではないと考えていた。しかし、やがてユーザーが成長するに連れて、ポータルサイトそのものに飽き足らなくなり、むしろ強力なサーチエンジンを欲するようになっていた。このとき、シンプルで強力なウェブ検索を提供するグーグルは魅力的な選択肢に映った（米国の技術史家トマス・ヘイグの説（Haigh 2008））。

さらに、ウェブではユーザーをつなぎとめることが容易ではなく、新しい魅力的なサービスが登場するとすぐにユーザーはそちらに移る傾向がある。つまり、ネットワーク効果が働きにくい。先発企業は確かに有利だが、ユーザーをロックインするしくみがないので、先発企業であるだけで市場に盤石の地位を築けない（国領 1999; Spector 2000=2000: 199）（現在データや連絡先を預かるインターネット・ビジネスが盛んなのは、それらを人質にとってユーザーをつなぎとめる戦略でもある[58]）。これもグーグルには有利に働いた。

しかし、創業が遅れたグーグルは、ドットコム企業の勃興期に創業したヤフー！などと違って、過熱するマスコミの注目と報道による追い風はなかった。知名度が有利な地位を生むマタイ効果はこのままでは生じない。

グーグルは、シリコンバレーの高級エンジニアや科学者のサークルの口コミで広がったとされる（ジャーナリストのケン・オーレッタの説（Auletta 2009=2009: 84-91））。グーグルに有利なマタイ効果は科学者や高級エンジニアの小さなコミュニティで働き出すが、このコミュニティがインターネットの世界に大きな影響力を有していたことが重要だったように思われる。

私たちの社会は一枚岩ではなく、多数のコミュニティ（クラスタ、ネットワーク）に分割されており、各コミュニティが有するほかのコミュニティへのリンクを通じて口コミが広がる（3－6および6－4参照）。グーグルを支持したコミュニティが、インターネット世界に参加するコミュニティに多数のリンクを有していたことで、グーグルを有名にするポジティブフィードバックが働いたのではないだろうか。

多様な集団が複雑な人のつながりを有する事実が、マタイ効果を動揺させ、社会にダイナミズムをもたらす。社会・文化の一様化への動きはこの点でも警戒すべきだ。

8－9　グーグルと政治

バラク・オバマとグーグルの縁は深い。著名なＩＴジャーナリスト、スティーヴン・レヴィ（Levy 2011: 315-317）によれば、二〇〇四年イリノイ州議員から上院議員に立候補しようとしていた頃、すでに同社を訪ねていたという。二〇〇七年には、グーグルの政策チーフがオバマに助言を与えるようになっていた。同社のブログサービスの「ブロガー（Blogger）」のプロダクト・マネージャーは、上院議員に立候補したオバマのブログの管理をしていた。

前出のグーグルの政策チーフは、オバマ大統領の誕生後、連邦政府の技術最高責任者（CTO）に就任し、同社の社長であったエリック・シュミットは大統領科学技術諮問委員会の委員に就任するなど、グーグルの人材がオバマ政権の政策を支えている（Levy 2011: 321）。

二〇〇七年一一月の訪問では、大統領候補だったオバマは、同社の創業者の一人ラリー・ペイジに案内されて、巨大なフラットパネル・ディスプレイに投影された地球の姿を見た。この地球には、グーグルをまさに検索する活動が光の点で映し出されていた。訪問者に対するいつものデモンストレーションではあったが、オバマはこの映像に魅了されたようだ（Levy 2011: 315-316）。オバマは自叙伝で次のように書いている。

「その映像には人の心を魅了するところがあった。機械的というよりむしろ有機的で、まるで加速がつきはじめた何かの進化の初期過程をみているかのようだった。そのなかに人間をへだてる境界線――国、人種、宗教、富――は何ひとつみえないし、関連性を持たないため、ケンブリッジの物理学者も、東京のボンド・トレーダーも、インドの辺鄙な村の生徒も、メキシコシティの百貨店のマネージャーも、単一の絶え間ない会話のうねりに引きこまれ、時空は光で紡がれた世界に取って代わられていった」（Obama 2006=2007: 152）。

オバマのヴィジョンは、グーグルの創業者たちの目指す未来と驚くほど似ていると、レヴィは指摘する（Levy 2011: 317）。スタンフォード大学の大学院生時代に同社を創業したラリー・ペイジとセルゲイ・

ブリンは、世界中のデータを体系化しアクセスを確保することで、世界をよりよい場所にすることが目標だと公言してきた。世界中のデータや知識へのアクセスを万人に与えることによって、世界をよりよく、より平等で、より人々に力を与える場所にすることができると、二人は信じている。

オバマも、やはりこの二人と同じデータを信じる者だ。前出の訪問時、オバマはグーグルの人びとに向かって、自分の医療改革の構想を説明した――データと論理によって。オバマは、グーグルの創業者や彼らが集めた社員と同じように、事実やデータ、理性が問題解決に役立つと信じている。正しい情報を与えれば、アメリカ国民は常に正しい意思決定を行う。こう彼は主張する。論理と事実、データの公開が世界をよりよく変えると、オバマもグーグルの社員たちも口を揃える（Levy 2011: 317）。

事実やデータの公開が世界を変えるという主張は、ウィキリークスにも共通だ（8－2）。チュニジアに端を発したエジプトの民衆蜂起では、グーグルの現地社員が大きな役割を果たした（高橋 2011）。中国政府の検索結果への規制やその他の干渉にグーグルが抗議し、同国から撤退した際（Levy 2011: 302-314）にも、実は人権を重視するオバマ政権の後押しがあったのだとする解釈も根強い。

目の前に散らばった点と点を結んでみると、グーグルとオバマ政権の世界戦略をつなぐ線が見える気もするが、これは俗耳に入りやすい「陰謀論」だろう。むしろ事実やデータの公開と直接民主主義的な公開の議論の重要性を主張する政治思想が、現在非常に力を有しており、プロの政治家にもＩＴの世界のエリートにも非常に大きな説得力を有しているという事実を示していると考えるべきであろう。

グーグルに限らず、情報公開を促進するＩＴツールを使い、ソーシャルメディアによる公開の議論で政治的意思決定を行う構想が力を得ている。この潮流は **Gov 2.0** と呼ばれる。このキャッチフレーズは、

ＩＴ業界の流行語をつくることに長けた、米国の技術系出版社オライリーの社長ティム・オライリーの命名だ[59]（O'Reilley 2011）。

オバマとその支持者はこの潮流を的確にとらえた。ユーチューブを活用して、「Change」のキャッチフレーズを効果的に広め、ブログやソーシャルメディアを使って支持者のコミュニティを構築し、大統領選を勝ち抜いた（吉野・前嶋 2009: 37–44; Harfoush 2009=2010）。

ユーチューブは二〇〇六年にグーグルに買収されていたが、グーグルが検索や表示を操作して、ほかの候補者のビデオではなく「Change」の映像を検索結果上位に表示し続けたとしたら、どうだろう。明らかに利用者の信用を失い、同社のビジネスは大きなダメージを受けただろう。

だから、大統領選挙中、同社はオバマを会社として支持することはなかった。同社の大統領選挙における態度は、政治活動のプラットフォームとして同社のサービスが中立的である（少なくとも、そう見える）ように配慮した結果だろう。

その意味で、多くの利用者の企業の監視は、インターネットサービスやサーチエンジンの公共性を支える重要な要素だ。グーグルなどの検索エンジンは公共性を要求されながら、株価や配当など株主への短期的配慮が必要で、公共性が二の次にされる危険がある。現在のところ、インターネット検索の公共性は、多様・多数のユーザーたちの視線によって支えられている[60]（８－10）。

8－10　インターネットの公共性

私たちが日々経験しているように、インターネットは、私的／公的という区別がきわめて困難な空間である。まずは、公的なもの、私的なものとは何かを簡単に見よう。

ハンナ・アーレントによれば、パブリック Public という語は、二つの事柄にかかわる。まず、「現わ《アピアラ》れ《ンス》」にかかわるもの。公であるとは、「…万人によって見られ、聞かれ、可能な限り最も広く公示されるということを意味する[61]」(Arendt 1958=1994: 75)。公的舞台に登場するものが、公けのものだ。

次に、パブリックとは、私たちが共通に経験する「共通世界」も指す。多様な人びとが関わる公的な共通世界は、ギリシアのポリスのように死すべき存在である私たちと比べれば相対的に不死の、永続するものだ。共通世界に関わる私たちは、立場やその他視点の違いから共通世界の多数の側面を見る(Arendt 1958=1994: 75–86)。

公的なものに対して、魂の拠り所としての親密圏や私生活、私有財産や私的利益などが対立する。私的なものには、共感や労働、生活の必要の充足など、さまざまなものが押し込められている（Arendt 1958=1994: 49–59, 87–103)。

インターネットは、ことばによって相手を説得し、公共に関わる事柄を決定する公的領域として期待される一方で、濃密な親密圏の場所である。そして、公的領域と親密圏の境界は不分明である場合が多い。

インターネットは、公的舞台であって、そこにアクセスする万人によって見られる[62]。インターネットやインターネットが提供する一種の空間は、死すべき存在の人間よりも相対的には永続するから、ポリスと同様にそれを存続させることで、自分たちが存在したという痕跡を残し、相対的な永続性に与ることができるかもしれない(63)。

にもかかわらず、インターネットは公的舞台としての性格に欠けている。見通しが悪く対話・議論の相手は想像できても、アクセス可能である万人が不可視で、想像が難しい(64)。他者に見られないように仮名のもとに自分を隠す匿名的コミュニケーションは、内奥の秘密を打ち明け共感を求める親密圏を生む(65)。触覚的メディアである映像(66)の視聴や共有は、公共に関わる事柄の議論を促進するよりも、親密圏で交換されるべき感情や苦痛の表現・伝達の手段となるだろう。

さらに、インターネットは、現代人にとって本当にポリスのような存在たりえるだろうか。インターネットのある空間で称賛を得ても、それを私たちは消費し、飽きたら別の空間へと簡単に移動できるならば、場所・空間の相対的永続性の感覚を得ることは難しいだろう。

ところで、私たちが「公共的」というときには、万人のアクセスに対して開かれているとともに、私的利益や立場による偏向がない中立的なものという意味が前提として含まれているように思われる。たとえば、公共図書館は、公平な情報へのアクセスと住民要求にもとづく資料収集を使命とする。私的立場や特定の価値からの資料収集は許されない。

ヴァイディヤナサンの主張（Vaidhyanathan 2011）によれば、インターネットにおいても、公共図書館と同様に、万人に情報へのアクセスが保証されるとともに、隠れた価値による情報のコントロールが設けられるべきではない。

インターネットへの万人のアクセスは、先進国においては公共図書館が提供しようとしている。隠れた価値による情報のコントロールを防ぐには、公共図書館の場合にはフィルタリングのポリシーを公開し、ポリシー策定に住民が参加することが一つの解決だろう。

前節（8－9）で見たように、グーグルは、多様な立場や視点を有するインターネットユーザーの視線に見守られることで政治的中立性を維持せざるをえない。グーグルなどのサーチエンジンにおいては、検索アルゴリズムの隠蔽や偏向という問題は残るものの（6－1）、露骨な政治的・道徳的偏向はビジネスを阻害する。また、サーチエンジンの利用は、広告によるパトロネージュによって原則的に無料だ。その意味で、市場の透明性とユーザーの監視が政治的・道徳的中立性を支持し[67]、広告を必要とする現代の企業活動が無料のアクセスを支える。ネットの公共性の（脆弱な）基盤の一部は、市場と企業だ。

また、一九世紀以後、先進国においては中央政府・地方自治体が公共図書館を支えてきたから（大谷2016(a)）、インターネットへのアクセスという公共的価値の実現は国家に期待したいところだが、必ずしも政府に頼ればよいという結論は導けそうもない。中東の民衆蜂起において各国の政府がインターネットを遮断し、中国政府が国家規模のインターネットの検閲・情報遮断を行っている事実が、国家への期待に対する反例である（8－2、8－3）。

政府と市場の役割が逆転したように見えるこの現象は、私的なものと公共的なものの供給者が誰であるか図式的には決められないことを意味している。たとえば、公共図書館は、資料へのユニバーサルアクセスを保証し、資料収集についても住民意思を尊重することが求められる[68]（日本図書館協会図書館ハンドブック編集委員会 2010: 207–215）。

検索アルゴリズムの隠蔽や偏向に批判はあるものの（6－1）、露骨な政治的変更などはグーグル社のビジネスを阻害する。広告というパトロネージュによって、グーグルのサービスそのものも原則的に利用は無料なので、アクセスも（インターネット接続ができて、言論・表現の自由がある諸国にいる）万人に開かれている。

そもそも必ずしも国家が、ア・プリオリにネットワーク中立性とアクセスを保証するわけではない。国家がインターネットを強力に統制・管理したり、場合によっては、その基盤となるネットワークを所有する発展途上国や中央集権的政府の下では、政治的中立性は必ずしも保証されない。これも、やはりすでに挙げた中東の民衆蜂起や中国によるインターネットの検閲・情報遮断が例となろう。

すでに指摘したように、一九世紀以後、先進国においては、政府が公共図書館を支えてきたものの、インターネットにおいては、私企業が政治的中立性とアクセスを提供する一方で、国家が政治的中立性とアクセスを危うくするという状況は、私的なものと公的なものの供給者が誰かを図式的には決められないことを意味する。

この現象は、市場と国家の役割分担の再定義が行われ、民主制を採用する先進国においても、必ずしも国家が公共性を支える基盤として認識されなくなっている事実を背景としているだろう。政府財政上の問題だけでなく、欲求と私的利益にもとづく私的領域が公的領域を覆うことで、人びとが国家や政治に失望し白けてしまったことも理由だろう(69)。

いずれにせよ、公共性を含む倫理的価値は、歴史的に、共同体の実践の中で育まれ、哲学的・実践的議論の中で見出されてきたもので、市場や国家に内在するものではない。インターネット接続が言論・表現の自由を構成する重要な要素で、インターネット接続の遮断は市民的・政治的権利の侵害であると指摘する国連の報告書が二〇一一年五月に発表され注目されたが（La Rue 2011）、これも普遍的なルールや価値を見出そうとする精神があってこそのものだ。インターネットの公共性は、こうした市場や国家の外の価値によって支えられるべきものだろう。

註

（1）本節は、高野（2013）の記述に多く依拠する。同書は、文化人類学的冒険譚という趣で、たいへんおもしろい内容であるうえ、表現も可読性が高く、すぐれたルポルタージュである。しかし、ソマリア現代政治の専門家である遠藤（2016）を読むと、同書には、やや誇張された情報や、著者の経験から拡大解釈された要素があるようにも思われる。両書を並行して読むことで、現代のソマリアの国内・国際的政治状況とその背景が、立体的に理解できるように思われる。なお、遠藤は、国内で研究が手薄なソマリアの地域社会および政治に関して、高野（2013）の重要な情報源の一人で、同書にもたびたび登場する。

以下、本段落の記述について、遠藤（2016）をもとに、補足・修正を加える。

中・南部ソマリアは、現在複数のイスラーム法廷の連合による「アッシャハーブ」と呼ばれるイスラム主義勢力によって支配されている。高野（2013: 186–198）の記述では、きわめて好戦的な原理主義的勢力として描かれているものの、遠藤（2016: 165–190）によれば、一九九〇年代初頭の現地の伝統的氏族のみに基盤を有していたシアド・バーレ体制の頽落から崩壊によって無秩序な混乱状態に陥っていた南部ソマリアに、アッシャハーブは、二〇〇〇年代以降、イスラム主義の法と暴力によって曲がりなりにも秩序を回復したものと、一定の評価がされる。限定的とはいえ、現地にはアッシャハーブを支持する向きもあるという。

なお、二〇一七年二月には、選挙の結果、米国で大学・大学院教育を受け、公務員としても働いた経験があるモハメド・アブドゥライ・モハメドがソマリア連邦共和国大統領に選出された。

次に、プントランド。ソマリア海賊について記述する遠藤（2016: 193–211）には、国家ぐるみでプントランドが海賊ビジネスを行うとの記述はない。むしろ、海上遠隔交易において、交易の安全を保障するため海上・沿岸の有力者に、一種の「料金」「税」を支払う慣習があり、これが船舶を拿捕して身代金を奪取するという「海賊」行為へと転化したとされる。この慣習は、「保護」または、「保護する者」という意味をもつ「baan」というソマリ語で呼ばれる。プントランド政府は、海外の民間警備会社とも契約して、沿岸警備を実施してきたが、この沿岸警備に就いた人びとの中から、技術を身に付けて海賊となった者たちがいることが、遠藤（2016: 2012）の記述からはうかがえる。「baan」の思想は、ソマリアの伝統的思考に発するものであること、ソマリア社会にはクラン（氏族）のつながりが縦横無尽に張り巡らされていることなどから、政府や沿岸警備隊の人びとと海賊がさまざまなつながりを通して近いこと、「baan」の保護概念が容易に海賊行為に転化しやすいことなどが理由となって、プントランド政府が国家ぐるみで海賊を行っているとの理解も国際的にあるのではないかと推測する。

ソマリランドは、奇跡的に秩序を回復した地域として、高野（2013）では描かれている。この地域の秩序が回復されるまでの経緯は次のようなものである。一九六九年クーデタによってソマリアの政権を奪取したシアド・バーレ政権は、社会主義を標榜しながら、氏族に依存する縁故政治を進め、この政権時代、北部ソマリア（のちのソマリランド）の氏族（イサック族が中心）は、歴史的経緯により政府から排除されたうえ、開発も取り残された。一九六〇年の独立以来、ソマリアは、氏族を超えてソマリ民族を糾合する「大ソマリ主義」によって国家統合を実現しようとしてきたものの、その内実は、きわめて複雑な氏族対立が存在した。一九九〇年代、シアド・バーレ政権の腐敗・頽落からの崩壊（一九九四年）に際して、一九九一年、北部ソマリアの住民は、イサック族を中心として、ソマリランドの建国を宣言し、氏族の長老による統治と政党政治とを巧みに組み合わせた統治システムをつくりあげ、例外的に、比較的平和な統治を実現するに至った。国際的には、同国は国家として承認されていないものの、政府の統治は比較的行き届いていることから、国家として承認されながらも統治が存在しない「崩壊国家」（一時期の南部ソマリア）に対して、「未承認国家」と、遠藤（2016）では呼ばれる。「崩壊国家」「未（非）承認国家」の概念に関しては、遠藤（2016: 13-33）参照。

ソマリランドは、ソマリア全域の統合を目指す大ソマリ主義に背を向け、この地域のみの国家樹立を目指すことから、大ソマリ主義を象徴する、ソマリア国旗の白い星に対して、黒い星をその国旗に組み込んでいる。

一方で、プントランドは、ダロッド族（クラン・ファミリー）のサブクラン（下位氏族）であるハーティを中心に、ソマリランドを模倣して国家を創建した。ところが、プントランドは、正式の国家としてソマリランドを認めていない。ソマリランドは旧イギリス支配地域であることから、イギリス領を利用してイサック族が国家樹立をたくらんだと見なし、正統性がないとするのである。また、ソマリランドが主張する境界はイギリス統治の名残だとして認めないうえ、そもそもハーティが分布していた地域がプントランドの領域だと主張することから、両国の境界地域が重複し、国境線は確定していない。プントランドがソマリランドを模倣するとともに、国家の正統性と国境線について複雑な対立関係にあるのは、プントランドがソマリランドの国家アイデンティティに対抗するため、ハーティの住む地域を国家領域だとして、土地と氏族との結びつきを強調した結果と考えられる（遠藤 2016: 143–164）。

このように、アッシャハーブの支配する南部ソマリア、イサック族中心のソマリランド、ダロッド族中心のプントランドは、内実が相当に複雑なうえ、その相互関係も、同地の氏族の歴史と分布によってきわめて複雑なものとなっている。

なお、ソマリランドにおける氏族と政党政治のハイブリッドシステムの限界を指摘する研究もあるとのことで（遠藤 2016: 242）、ソマリランドの今後も見通しにくい点がある。

（2）　遠藤（2016: 91–112）によれば、一九九一年のシアド・バーレ政権の頽落を経て国家崩壊を遂げたソマリアでは、主要経済指標・生活の質（QOL: Quality of Life）を示す指標が軒並み好転する現象が見られたという。この時期、国家機能が喪失した空隙を埋めるべく、さまざまな制度や組織が、それ以前と比較して代替的な公共財を提供し、その結果として、腐敗した政府の統治下よりも生活の質が向上したからだとされる。ソマリランドやプントランドは、同地の有力クラン（氏族）を中心として政府が樹立され、公共財の提供が再開された。中・南部ソマリアにおいては、前出のイスラム法廷が治安と司法にかかわるサービスを提供する一方、クラン内部またはクラン間の紛争を解決するヒール（xeer）と呼ばれる慣習法体系も機能していた。また、Warload と呼ばれる「軍閥」も、その支配が暴力的かつ人治的なものであるとしても、支配地域の行政や司法・治安を提供した。さらに、その他、流通や通信、送金、建設、運輸、港湾・空港管理、ホテル経営、商業的農業、軽工業、食品加工、国際援助機関との契約などについて、通常国家が行うべき領域まで、「ビジネスマン」と呼ばれる人々がサービス提供を担当することとなった。彼らは、民兵を抱えて自営する点で武装組織の一面をもつものの、契約と金銭支払いによって、通常は公共サービスとして実施されるさまざまなサービスを提供する事業者でもあった。多数の「ビジネスマン」やウォーロード（軍閥）との間で事業者間競争が働くことから、高野（2013: 62–70）が言及するサービスの多くは、きわめて安価なものだったと解釈できる。

（3）　ソマリア社会におけるディアスポラの位置に関しては、遠藤（2016: 213–233）参照。ディアスポラは、外貨を稼いでソマリア社会の経済を支えるほか、ソマリランドにおいては、ディアスポラが政府の要職を占める率が高いとされる。

(4) 一方、遠藤(2016: 240)は、先行研究を要約しながら、ホッブズやロックのように、個人をベースとした社会契約による国家形成モデルはソマリランド(および、それを模倣したプントランド)の国家形成の理解には使えない一方、集団をベースとする社会契約を主張するルソーのモデルは有効との見方を示す。

(5) ただし、武田(1995: 123-161)が、吉本が考察した家族の拡大版の共同幻想である国家像に対置するのは、ノージック Nozick 的な国家の果たすべき国防と警備など個人の保護と権利の実行を保障する機能のみを有する権利保護協会から発展した最小国家ではなく、都市共同体としての国家である。

(6) ジャスミン革命の背景と推移に関しては、下記のウィキペディアの記述が参考になる。「ジャスミン革命」『ウィキペディア 日本版』https://ja.wikipedia.org/wiki/%E3%82%B8%E3%83%A3%E3%82%B9%E3%83%9F%E3%83%B3%E9%9D%A9%E5%91%BD(二〇一六年一二月一九日アクセス)

(7) エジプトにおいては、当時失業率は約一〇パーセント。若者に限ってはさらに失業率が高いうえ、給与格差がきわめて大きいとされる。川上(2011: 37-41)参照。

(8) ただし、西側の衛星放送がどこまで東欧諸国に対して影響があったかは、当時の東欧諸国における衛星放送受信機の普及状況がわからない現在においては、不明というよりほかはない。むしろ、東欧諸国の人びとは、海外ラジオの傍受や、東西の経済交流を通じて得られた知識・情報の地下出版(サミズダート、第五章註(30)参照)、家族・友人・知人等の口コミのネットワークを通じて、海外事情を知るようになったと考えるべきだろう。

木戸(1990)によれば、一九七〇年代から、デタントを背景に全欧安保協力首脳会議(ヘルシンキ会議)で、人権や情報の流通を全欧州共通の課題と位置付けて改革を進めたことに加え、東西ドイツにおいては、ホーネッカー(Honecker)政権が政治的・イデオロギー的に、西ドイツとの差異と断絶を強調する一方で、積極的に経済交流を進めた。この結果、東西の人的・情報的な交流が高まるとともに、西側の人権意識が東欧へと浸透し、七〇年代後半からの諸改革運動(たとえば、チェコスロヴァキアにおける「七七憲章」など)に結び付き、これが八〇年代末の東欧諸国における改革開放へとつながったと評価される。

衛星放送やラジオ、地下出版などの技術が要因の一部だったとしても、これらのみが大きな社会的改革を起こした原因とみることはできない。また、情報流通のチャネルとネットワークの実態は、おそらくきわめて複雑であろう。社会主義体制下の東欧におけるメディア聴取行動に関しては、清水(2009)が現地の調査を引用して分析している。この分析では、サミズダートや短波ラジオなど地下メディアへの接触が存在し、オフィシャルメディアとの接触と併せて、東欧旧社会主義国におけるメディア空間は、重層的なものだったと示される。「この重層的メディア空間の中でリアリティを構築し、長期的に形成された社会意識が社会主義体制の崩壊を準備してきたと捉え直すこと」ができると、清水（2009）は論評する。

（9）　柴田（2007: 74–88）によれば、革命が起こる一般的条件は、三点あると考えられてきた。第一に、既存の支配体制の統合力の破綻。第二に、都市・農村における大規模な民衆騒擾・民衆蜂起。第三に、新しい指導集団になりうるものの存在。フランス革命に関して言えば、第一の条件は、特権階級の反抗と絶対主義国家を支える中間団体（社団）の解体が、それにあたる。現代のフランス革命史学においては、一七八七年からフランス革命が始まったとされることが多いが、これは、この年に、ルイ一四世時代からの多くの戦争およびアメリカ独立革命の支援による国家財政難による増税への特権階級の反抗（名士会の招集と高等法院の反抗）が始まったと目されるからである。また、一八世紀に入って、経済発展の結果、数々の特権と引き換えに王権を支えてきた社団内部の集団に経済的に豊かな者と没落する者とが現れ、階層分化が進むことで、社団の解体が進む。その結果として、国家構造が揺らいでいくこととなる。第二の民衆騒擾・民衆蜂起に関しては、やはり経済的理由から一八世紀フランスでは、多数の民衆騒擾が起こっていた。景気の下降局面と天候不順による凶作が重なると、都市の民衆だけでなく、農村においても、穀物価格上昇が小作農の生活を直撃することとなる。農村においては、小作農がほとんどであった。その結果として、都市でも農村でも、民衆騒擾・民衆蜂起がおこり、不穏な社会情勢が生まれる。最後に、ブルジョワジーの間で、経済・社会の変化によって急激に社会的上昇を遂げて貴族化する者がいる一方、特権ポストの制限などから思うように社会的上昇ができない多くの者においてはアンシャンレジームに対する不満が高まる。イギリスの史家コリン・ルーカス（Lucas 1973）は、このような閉塞状況をストレスゾーン（stress zones）と呼ぶ。ストレスゾーンに陥ったブルジョワジーのうち、既存の社会の秩序原理に代わる新しい原理で理論武装した政治集団が登場するとともに、全国三部会が招集される（一七八九年）ことで、発言権を獲得し、かつ理論武装したブルジョワジーが指導的集団として登場することとなる。

（10）　Open Mesh Project のホームページ（http://openmeshproject.org/index.php）を見よ。同サイトは、二〇一一年一月二五日、エジプト政府が国際的なインターネット接続をブロックすると決定した日に立ち上がり、無線ＬＡＮ機能付きのコンピュータやスマートフォンの相互接続によってネットワークをつくり、国際的につながるインターネットにも接続できるオープンソースのモバイルルータソフトウェアを開発・配布している。（同ウェブサイトには、二〇一六年一二月一九日アクセス）

(11) 前掲註で言及した、無線ＬＡＮ機能付きのコンピュータやスマホなどを、インターネットのデータ（パケット）を転送する装置（ルーター）として機能させて、インターネットに接続されたネットワークを構築する技術（やそのネットワーク）は、「アドホックネットワーク（ad-hoc networking）」または「メッシュネットワーク（open mesh networking）」と呼ばれる。これらの技術は、通信網が破壊されたりうまく機能しなかったりする災害時における通信や、恒久的なインターネット設備が存在しない未開拓地等における応用にとどまらず、多数の機器が相互に通信してネットワークをつくる「モノのインターネット（IoT: Internet of Things）」においても活用が期待されている。大谷（2003）におけるスカイリーネットワークス（http://www.skyley.com/index.html 二〇一六年一二月一九日アクセス）に関する記述および間瀬・阪田（2007）などを参照。

(12)「中国、治安部隊を大展開　デモ厳戒、外交官まで連行」『朝日新聞』二〇一一年二月二一日朝刊四頁、「ジャスミン革命、当局厳戒で数人連行か」『香港ポスト』二〇一一年二月二二日　http://www.hkpost.com.hk/index2.php?id=906#.V7K3lZiLTIU（二〇一六年八月一六日アクセス）

(13) たとえば、北村（2009）や、「中国の大卒者、半年後に約一割が失業状態に」『人民網』二〇一二年六月一二日 http://j.people.com.cn/94476/7843445.html、および「中国で〝史上最悪〟の就職難＝『卒業、即失業』の背景にある問題点とは？——香港メディア」『Record China』二〇一四年七月九日　http://www.recordchina.co.jp/a90848.html（いずれも二〇一六年一二月一九日アクセス）などを参照。

(14) 噂は、深刻な事件によって危機や不安が増大して、情報が不足したあいまいな状況の中で、手元の材料からできるだけ合理的に状況を解釈・理解しようとする試みであって、噂の生まれる過程は、必ずしも情報が歪曲される「情報の崩壊過程」のみに限らず、「情報の生成過程」でもありえると、松田（2014: 39-73）は、本文中で言及した古典研究を整理したうえで論評する。陰謀論は「情報の崩壊過程」で生じたゆがめられた知識と考えられるものの、松田（2014: 104-106）の示唆するところによれば、理解・解釈が難しい断片的な現実を手元の材料からなんとか解釈しようとする合理的行為でもあって、批判的思考のみでは払拭できず、「対抗神話」によって、人びとが陰謀論に与することの無価値を悟るまでは残り続けるだろう。

(15) 本文では結社成員と結社名とを区別しなかったが、湯浅（1990: iii）によれば、フリーメイソンとは結社の個々の成員を指す言葉で、結社そのものはフリーメイソンリーと呼ばれるとされるので、本註ではこの用語に従う。

長谷川（2006a）によれば、一八世紀末反革命の立場から、フランス革命は王権と協会に対するフリーメイソンリーの陰謀から始まったという説が登場したとされる。長谷川（2006a）および湯浅（1990: 118–142）、綾部（2006）による限り、現実のところ陰謀があったかどうかは不明だが、フランス革命に対してフリーメイソンリーの政治文化や社交文化の直接・間接の影響があったとみるのがよさそうである。

一七一七年スコットランドで生まれた近代フリーメイソンリーは、この世界の創造主である神を信じるほか、宗派を問わないという宗教的寛容と、道徳や法を順守し、名誉を重んじるという社会秩序順守をモットーとする結社であった。綾部（2010: 66）によると、「メーソンの目的は、失われた『エルサレムの殿堂の象徴的再建』、つまり彼らの考える人類の完全な発展が可能であるように、合理的な原理に合致した社会を建設することである」。フリーメイソンリーは、結社内に秘密の位階をもち、入会する際、また位階を上昇する際に「死と再生」を象徴した儀礼が行われるが、これらの位階や儀礼に関しては秘密にする義務を負う（ただし、誰がフリーメイソンであるか、ロッジがどこにあるかなどは秘密ではない）。この点で、フリーメイソンリーは秘密結社と呼ばれる。法廷でも秘密事項は守秘するべしとされた（綾部 2006: 長谷川 2006a; 湯浅 1990: 10–16, 23–30）。

フランスには、一七二五年頃にはロッジ（フリーメイソンリーの基本単位で、集会所の意味もある）が設立された。当時のフランス人のイギリス趣味とも呼ぶべき風潮に乗って、フリーメイソンリーは広がり、一七四四年頃には、フランス国内に約二〇のロッジがあり、地方にもロッジが設立されるようになっていた。フリーメイソンリーに対しては、キリスト教の異端派の陰謀の温床となることを恐れて王室や教会の弾圧が行われることはあったものの、一般に黙認が続いた。また、この時期には、フランスのフリーメイソンリーは、イギリスの影響を脱し、独自の思想や位階等をもち始めたとされる。一七七三年には、パリと地方のロッジが大合同して、イギリスのフリーメイソンリーの影響を大きく排除したフランス大東会（Grand Orient）が設立された（長谷川 2006a）。大東会は、その成員の資格から世界の創造主を信じるという条件を外したことで、無神論的傾向が強いとされる（湯浅 1990: 10–11）。

フリーメイソンリーは、必ずしもブルジョワジーを含む平民だけが加入する結社ではなく、王侯貴族が加入する場合もあった。ロッジの最上位者であるグランドマスターや高位の位階（初期は「親方（大棟梁、棟梁）」「職人」「徒弟」の三つの位階、その後三三の位階に発展）へは、貴族が名誉職的な立場で就任することが多かった。

王制のもとでは、大棟梁（大ロッジの棟梁）や棟梁には王侯貴族が就任し、大詩人であっても平民出身のゲーテは、心からの懇願によってやっと棟梁になることができたとされる（湯浅 1990: 20-21, 60-61）。

しかしながら、一八世紀全体を通してみると、聖職者四％、貴族一九％、平民七七％と、フリーメイソンリーの団員は圧倒的に平民が多かった。前出のように身分による差別はあったものの、平民は、フリーメイソンリーにおいて自由に社交生活を送ることができた（長谷川 2006a）。ただし、肉体労働者は排除されていたうえ、高額の会費を納める必要があったので、平民の会員は政治家・公務員や専門職、学者、商人などのブルジョワジーである（湯浅 1990: 21-23）。

また、結社の精神は人類愛や友愛、宗教的寛容を基調とするものであったうえ、ロッジの棟梁は総会（議会）における選挙で選ばれ、フリーメイソンは、身分を超えての互助を義務付けられていた。身分制社会における限界はあったものの、フリーメイソン内部における近代的な政治文化や啓蒙思想の広い浸透は、フランス革命に間接・直接に影響を与えたと考えられる（長谷川 2006a）。

では、フランス革命への影響はどのような仕方であったと考えられるだろうか。まず、そのエリート層における数の多さに注目すべきであろう。一八七九年におけるフランスのフリーメイソンは約五万人に達していたが、これは、当時隆盛していた地方の富裕層・知識人層が集まった地方アカデミーのメンバー（約二〇〇〇～二五〇〇名）よりも数が多い（長谷川 2006a; 2006b）。

第二に、前記のエリート層における会員数の多さの結果として、フランス革命の指導者の多くにフリーメイソンがいた。オルレアン公ルイ・フィリップ二世（フィリップ・エガリテ）や、ミラボー、ラファイエット、ロベスピエールなどがあげられる。ミラボーはフリーメイソンリーの影響から『プロイセン王国論』（一七八八年）を著し、立憲君主制を支持した。また、ラファイエットをはじめとするフリーメイソンが「人権宣言」を起草し、ラファイエットは「自由・平等・博愛（Liberté, Égalité, Fraternité）」を象徴するフランス共和国の三色旗を考案した。この標語は、やはりフリーメイソンであったスコットランド人のラムジーが、一七四〇年にフランス大ロッジで講演した内容であったとされる（綾部 2006; 湯浅 1990: 117, 122-124）。

第三に、湯浅（1990: 121-122）は、軍隊の将校の多くがフリーメイソンであって、反革命の命令に対してサボタージュを行ったとしている。ただし、国外からの反革命の干渉に対して、スウェーデン国王・神聖ローマ皇帝の暗殺を含む陰謀によってフリーメイソンが対抗したとする湯浅（1990: 129-130）の記述はにわかには信じがたい。

なお、イルミナティ（Illuminati イリュミナティ、啓明会）は、一七七六年バイエルン王国のインゴルシュタット大学の教員ヴァイスハウプト（Adam Weishaupt）によって設立された秘密結社で、イエズス会の組織をモデルとして位階システムをつくり、秘密結社のあり方としてはフリーメイソンリーを参考にしたとされる。イルミナティがフランス革命を起こしたという説もあるが、湯浅（1990: 77-86）は当時のイルミナティのフランス大東会（とくに、レ・ザミ・レユニ　Les Amis Réunis と呼ばれる過激なロッジ）への影響を記す文書を紹介するのみで、判断を保留している。

(16) リビア内戦時におけるカダフィの公言していた情勢認識に関しては、たとえば、次の記事などを参照。「リビア政府兵、戦う理由　敵はアルカイダだと聞いた　報酬は六九万円・車・結婚相手」『朝日新聞』二〇一一年四月一七日朝刊七頁および「カダフィ氏責任転嫁　『アルカイダが操っている』」『東京新聞』二〇一一年二月二五日朝刊四頁。

(17) 二〇一六年現在におけるアラブの春の評価は難しいものの、池内（2015: 第四章）は、次のように、「アラブの春」はISILの台頭の原因の一つだと評価する。

「最終的な帰趨は定かではないにしても、『アラブの春』が短期的に中東地域にもたらした状況が、『イスラーム国』の台頭に力を貸したことは確かである。『アラブの春』の当面の帰結は、次の四点にまとめられる。

（一）中央政府の揺らぎ
（二）辺境地域における『統治されない空間』の拡大
（三）イスラーム主義穏健派の退潮と過激派の台頭
（四）紛争の宗派主義化、地域への波及、代理戦争化」（池内 2015: 第四章一節、四－五段落）

これらの四要素によって、ISILが台頭する条件の重要な一部が中東において整い、その結果として二〇一二年以降ISILがイラクからシリアに広がったと、同書では指摘する。

(18) 「ネットワーク中心の戦争（NCW: Network Centered Warfare）」戦略は、G・W・ブッシュ政権（2000-2008）によって強力に推進された後、提唱者であるCebrowski の逝去（二〇〇五年）と、米軍のトランスフォーメーション（軍隊版BPR）を推進してきたOFT（Office of Force Transformation）の閉鎖（二〇〇六年）、Rumsfeld 国防長官の退任（同）を経て、NCWと関連の深かった作戦計画（Effect Based Operation）の放棄宣言（二〇〇八年）をもって、ほぼ終焉したと考えられる。オバマ政権に入ってからも、ＮＣＷに関連する部署の閉鎖が続いた（高木 2015a）。

ＲＭＡによる兵力削減と少数精鋭化を目指す「軍再編成（トランスフォーメーション）」に関しては、野木（2005）を参照。また、イラク戦争におけるRMAの効果に関しては、江畑（2003）を参照。

一方、中村（2001: 27–28）によると、軍事革命（RMA: Revolution in Military Affairs）の淵源は、一九七〇年代末ソ連に遡る。ソ連の若手戦略家が、情報技術と精密誘導技術の著しい進歩によって、戦闘力を倍増させる兵器システムが登場すると予測し、「軍事技術革命（MTR: Military Technical Revolution）」と呼んだとされる。この予測においては情報技術のインパクトは兵器技術のみに及ぶものとされ、軍隊の運用法や編成・組織にまでは及ばないと考えられていた。一九八三年には、当時のソ連軍参謀総長ニコライ・オガルコフ将軍が、ソ連軍の増強努力を、戦車・火砲・戦闘機などの戦闘兵器（戦闘用プラットフォーム）の量的増強から、情報技術と精密誘導兵器を駆使する兵器システムの開発へと転換する提言を行った。ところが、これは当時の同国軍内では受け入れられなかったという。

一九八〇年代中ごろには、ソ連軍の量的優位に対して脅威を抱いていた米国に「軍事技術革命」の思想が伝わり、一九九一年の湾岸戦争によって、米軍はこの将来性に確信を抱くようになったとされる。湾岸戦争前高い戦闘力を評価されていたイラク軍（ソ連製の近代兵器を装備する世界で四番目の戦闘力（戦車四〇〇〇台）、多国籍軍の補給路一万キロメートルに対してイラク軍数百キロメートル、イラク・イラン戦争の歴戦の軍指揮官）は、あっけないほど早期に多国籍軍に敗北した。米軍指導部や戦略家は、「C^4I（指揮・統制・通信・情報）兵器システム」と「精密誘導兵器システム」の威力が決定的要因の一つだったと評価した。湾岸戦争で使用されたC^4Iシステムは、偵察衛星、衛星位置測定システム（ＧＰＳ）、新世代レーダー偵察機（統合地上攻撃目標監視レーダー機（ＪＳＴＡＲＳ）や空中警戒管制機（ＡＷＡＣＳ））、暗視装置などの情報収集のための兵器や機器に加え、衛星通信システムやデジタル通信（強力な暗号化で保護されたインターネット）などの指令・伝達システムから構成されていた。湾岸戦争当時のC^4Iシステムや精密誘導兵器システムはまだ初歩的なもので、制約も大きかったものの、米軍や米政府関係者が軍事技術革命の可能性を確信するきっかけとなった（中村 2001: 29–34）。

米国の軍事・安全保障の専門家は、軍事技術革命について研究を進める中で、そのインパクトは、「兵器技術、軍隊の運用法、軍隊の編成・組織に大きな変革を生じ、戦いの形態さらには戦いの性格さえも変〔える〕可能性がある」と気づいた。彼らは「軍事革命（ＲＭＡ）」の名前でこの将来的な変革を呼ぶようになり、「軍事技術革命」概念を技術偏重であると批判するようになった。とくに、「軍事技術革命」における兵器技術は民生技術との両用技術である点に大きな特徴があり、誰でも入手できる兵器であれば、その運用や運用を行う軍の編成・組織にこそ重要な意義を有するとされた（中村 2001: 35–39）。

ＲＭＡの結果として、軍隊運用の原則は、敵の脆弱な地点を精密に叩く「要打撃」と、多目標に対する、または連続して敵を攻撃する「同時打撃」となる。

工業時代の戦争は物的な力を重視し、敵主力部隊と全面的な火力の戦争を行い、敵主力部隊を破壊・殺傷する「消耗戦」であった。情報化時代においては、無形の情報の力によって、脆弱な「要」となる地点に対する打撃を加える「要打撃」が可能となることで、指揮・統制機能を無能化して敵主力戦闘部隊の機能をマヒさせる「麻痺戦」となるという。「要」となり得るのは、戦闘機能、指揮・統制機能、情報収集機能、補給機能、移動機能のうち、それぞれどこかを叩く、または麻痺させると、軍全体が麻痺する箇所である。それぞれの機能のうちどこが「要」に当たるか知るには、敵軍隊全体の中での各兵器・各部隊・各施設の地位・役割を判断する必要がある。そのため、米国は、ＲＭＡの重要な目標として、「システムのシステム化」を進めている。「システムのシステム化」とは、陸海空の三軍の情報収集システムから得られた情報を、統合司令部にすべて送信して、統合一元化して、総合・分析するしくみである（中村 2001: 49–70）。

多目標に対する同時打撃は、情報技術によって広域の敵に対して攻撃がしやすくなることから、前線・後方の敵を同時打撃するとともに、立体的に攻撃できるようになることから実現する。また、「ＩＤＡサイクル（情報収集と判断、行動のサイクル）」が早くなることから、連続して打撃を加えることが容易になるので、「連続的同時打撃」が可能となる。これは、戦力を集中して敵を打ち破るという「集中打撃」の思想からの転換となる（中村 2001: 89–112）。

その他、中村（2001）においては、ＲＭＡにおいては、クラッキングやマルウェアを使用したサイバー戦争の可能性（71–88）や、サイバー戦争においては攻撃側がきわめて有利になること（113–132）、「サイバー戦略攻撃」の名称で民間の重要インフラへのサイバー攻撃（80–82, 136–137）などが示されている。後述の註(26)も参照のこと。

(19)　高木（2015b）は、イラク戦争における非正規戦においては、指揮官が判断に使用できる情報不足という「戦場の霧」を解決して軍を機能させるため、市街戦におけるロボット技術の投入があったとする。なお、同論文の判断では、戦場においては、ビジネスの現場とは違って戦闘地域や相手を自由に選べるわけではないうえ、サイバー戦によって情報技術と精密誘導技術を駆使するＮＣＷ（またはＲＭＡ）が混乱させられ、無効化させられるリスク、およびＮＣＷのコスト高となる傾向などによって、「戦場の霧」は晴れないとする。なお、同論文においては、将来的に軍事ロボット（war robot）のリスクとして、相当無批判に自律ロボットの反乱をあげており、この点は感心できない。マルウェアやクラッキング等による攻撃やバグ、そもそもの自律ロボットの道徳的地位のあいまいさ（軍関係者から見た場合には、その結果としての世論の反発等を考慮すべきということになろう）など、より検討すべき課題があるように思われる。自律性を有する戦闘ロボットの道徳的意義に関しては、たとえば、Galliott（2015）などを参照のこと。

（20） Executive Order 13010 (1996), *Critical Infrastructure Protection*, Federal Register, vol. 11, no. 138, 37347–37350. Homeland Security Presidential Directive 7 (2003), Critical Infrastructure Identification, Prioritization, and Protetion. https://www.dhs.gov/homeland-security-presidential-directive-7（二〇一六年一二月一九日アクセス）

（21）「大規模プラント・ネットワーク・セキュリティ対策委員会」https://www.ipa.go.jp/security/fy11/report/contents/intrusion/psec/index3.html（二〇一六年一二月一九日アクセス）

（22）「日本のウイルス感染サーバー八台などが指示　七月、米韓にサイバー攻撃」『朝日新聞』二〇〇九年一二月一七日夕刊一五頁、および「電脳攻撃、見えぬ敵　ウイルス感染二万台　米韓の政府サイトなど被害」『朝日新聞』二〇〇九年七月一一日朝刊三頁。

（23）「ＩＨＩ・川重も標的　ウイルス添付メール」『朝日新聞』二〇一一年九月二一日朝刊三九頁、および「三菱重にサイバー攻撃か　ウイルス感染、防衛関連含む一一カ所」『朝日新聞』二〇一一年九月二〇日朝刊一頁、「軍事・原発情報、流出か　戦闘機・ヘリ関連も　三菱重へのサイバー攻撃」『朝日新聞』二〇一一年一〇月二四日朝刊一頁、「情報流出、一年前からか　三菱重サーバーに痕跡　サイバー攻撃事件」『朝日新聞』二〇一一年一〇月二六日夕刊一一頁、「キーボード記録、盗難か　衆院議員ＰＣにソフト仕込む　衆院サイバー攻撃」『朝日新聞』二〇一一年一〇月二六日夕刊一頁、「参院パソコンもウイルス感染か　二議員の情報、米国に流出」『朝日新聞』二〇一一年一一月三日朝刊三八頁など参照。

陸上自衛隊システム防護隊の初代隊長を務めたとされる伊東（2012: 3-4）によれば、二〇一一年の事例が初めての日本企業に対するサイバー攻撃ではなく、同年何らかの理由から、日本企業や議会に対するサイバー攻撃の事例が公然化したにすぎないとされる。

(24)「Black Hat USA 2007――初の〝サイバー戦争〟!? 狙われたＩＴ先進国エストニア」『マイコミジャーナル』二〇〇七年八月一四日　http://journal.mycom.co.jp/articles/2007/08/14/blackhat1/index.html（二〇一六年一二月一九日アクセス）

(25) その後、このマルウェア（ワーム）の開発・製造と配布にイスラエルとアメリカの関与が強く示唆されることとなった（Broad, Markoff and Sanger 2011）。さらに、スタクスネット（Stuxnet）の先祖に当たるマルウェア「フレイム（Flame）」と、その変種である「ガウス（Gauss）」が発見された。「フレイム」も「ガウス」もコンピュータやプリンタから機密情報やパスワードなどを盗み出す機能を有し、スタクスネットのように、制御装置を破壊するなどの機能はないものの、ワクチンソフトによる検知を避けるなど兵器レベルの洗精度を有するとされる（Kushner 2013）。

(26) 本節においては、重要インフラへの攻撃のみの危険について論じているものの、当然ながら軍同士の戦闘において、サイバー攻撃が用いられる。伊藤（2012: 95-105）によれば、サイバー戦は、機動打撃戦（戦車）・火力戦（大砲）・電子戦（通信妨害）等と並ぶ戦闘手段であるとされる。また、より広い概念として、情報戦があり、米国空軍の定義するところでは、情報戦は、サイバー戦・電子戦・心理戦・宣伝活動・謀略活動などが含まれるという。

サイバー空間は、現代の戦争においては、宇宙空間と並んで、敵の動きを一望できるところから、仮想的な高地に相当するとされる。通常の戦争においては、開戦すると、交戦国はお互いに航空基地の破壊や通信妨害によって指揮命令系統を混乱させ、その結果航空機の出動を牽制・妨害することで、制空権を奪い合う。これは、上空（高地）から見下ろすことで敵の動きが一望できるようになるため、制空権を握ることが、戦闘・戦争において有利な立場を得る第一歩だからである。これと同様に、サイバー空間を制することで、相手の軍や国の動きをつぶさに知ることができるようになるうえ、サイバー攻撃を加えることで、敵の軍や国内に大きな混乱を作り出せるので、現代の戦争においては、第一撃はサイバー空間で加えられるものと、伊東（2016: 30-33）はいう。

伊東（2012: 96-102）によれば、サイバー戦には、四つの特徴がある。第一に、秘匿性と柔軟性。どこからだれによって攻撃がされているかきわめてわかりにくいうえ、そもそも誰かの攻撃なのか単なる故障なのか知ることが困難である。第二に、費用対効果の高さ。すぐれた知性と創造性を有するハッカー／クラッカーと情報機器のみで敵中枢に甚大なダメージを与えられる。第三に、一過性と不完全性。これはサイバー攻撃の欠点で、攻撃に気付かれた場合攻撃の性質が徹底的に研究され、完全な対策が取られるため、攻撃は一過性のものとなりやすい。また、この一過性のため、テストなしのぶっつけ本番で兵器を利用することになるので、バグ等の問題から本当に効果があるかどうか不明である。これが不完全性である。第四に、攻撃と防御の非対称性。攻撃者は好きな時間・場所に対して攻撃できるうえ、攻撃者は自分の身を容易に隠すことができるため、圧倒的に攻撃側が有利である。

これらの特徴から、サイバー戦争は先手必勝となるうえ、防御側は、十分に防衛をしようとすると、防御のための資源を分散配置しなくてはならないので、非常に大きな負担が生じる（伊東 2016: 101-104）。

サイバー戦の登場によって、戦争の概念が変わるかもしれないと、伊東（2016: 37-40）はいう。自分の意志を相手に強制する手段が戦争であるとすれば、現代の戦争は、経済の戦争から情報の戦争に移行している。情報戦の「究極の目標は、相手の意思決定をこちらの都合の良いようにコントロールすること」とされ、サイバー技術の利用が手段として加わったものの、情報戦は心理戦・謀略戦による情報操作等の延長とされる。その結果として、情報戦は軍事領域だけに限られず、政治・経済・外交・軍事の四分野で争われることになるという（伊東 2012: 241）。

伊東（2016: 171-177）は、サイバー戦を戦う兵士は、高度な教育訓練を経たセキュリティエンジニアに加えて、遊軍的に活動する特殊部隊やゲリラ、民兵、傭兵が登場すると予想する。上記のように、攻撃者が誰であるかわかりにくいことから、サイバー戦においてゲリラや民兵、傭兵の活躍する余地は非常に大きいと考えられる。

サイバー戦は、このように正規の兵士とゲリラや民兵との境界が曖昧であることから、民間人同士のサイバー空間における小競り合いがエスカレートすることで戦争状態に突入するなど、戦争発生のハードルが下がる傾向がある（伊東 2016: 217-218）。

前記のようにサイバー攻撃は攻撃者がだれかわかりにくいうえ、サイバー攻撃による反撃を行って失敗すると、反撃の手口がわかって対策をとられてしまい、その効果も薄いことから、サイバー攻撃のみを考える限り、抑止が困難である。もし抑止を行おうとするならば、二〇一二年以来米国が方針を転換したように、サイバー攻撃に対しては物理的反撃を行うことを明言し、実際に反撃を行うしかないと、伊東（2016: 210-222）は説明する。

さらに、サイバー戦争は、戦争終結がきわめて困難と考えられる。全面的なサイバー戦争の場合、相手の情報システム・通信インフラがほとんどダウンしていることが想定され、敵国の代表・首脳との通信をどうするかが第一の問題であり、次に、戦争の終結をどうやって国民に伝えるかが次の問題である。その一方で、部分的なサイバー戦争が行われた場合、ほとんどの人はその痛みを感じないので降伏しようとはしないため、サイバー戦はなかなか終結せず、国民が疲弊しきるまで応酬が続くと考えられる（伊東 2016: 50–52）。

以上のように、サイバー戦はその抑止も終結もきわめて厄介であるうえ、先進国が情報技術に社会システムを高度に依存するようになっていることから、本文でも言及したように、クラークおよびネイク（Clark and Knake 2010=2011: 255–293）で主張されるように、サイバー軍縮条約の必要性が指摘されている。伊東（2012: 188–199）は、同様にサイバー軍縮条約の必要性を認めながらも、有効なトレースバック技術が存在しない現在、攻撃者特定がきわめて困難であるうえ、世界政府のように条約違反を罰する上位権力が存在しないことから、サイバー軍縮条約の制定・締結・実効はきわめて困難で、むしろ次のサイバー戦の勝者がサイバー空間の軍事ルールについては決定権を有することになるだろうと、きわめて悲観的な見通しを示す。

（27）　ティア1（Tier 1）とは、国内・国際的なインターネットの最上位層に位置するインターネット接続事業者（ISP）を指す。現在のインターネットは、相対的に大規模なISPに対してそれよりも小規模なISPが接続する多段階の階層的な構造を有している。国内におけるその最上位層のISPが「国内ティア1」に相当する。その構造上、国内ティア1同士が経路情報を交換すると、国内の目的地へ送信される、あるパケットの経路情報がすべて入手できることになる。一方、「グローバルティア1」と呼ばれるISPは、各国の国内ティア1に国際的なバックボーン回線を接続して提供する（これは、接続回線の卸販売（トランジット）と呼ばれる）超大手事業者で、世界中で約一〇の事業者のみが該当する。そのほとんどはインターネットが米国発祥であるという歴史的理由から米国のISPであって、日本においては、グローバルティア1はNTTコミュニケーションズのみである。NTTコミュニケーションズは、米国のグローバルティア1ISPであるベリオの買収（二〇〇〇年）によって、グローバルティア1となった。「Tier1とは」『日経ネットワーク』二〇〇八年一一月二六日（http://itpro.nikkeibp.co.jp/article/Keyword/20081125/319829/?rt=nocnt 二〇一六年一二月一九日アクセス）を参照。

（28）　S. 1867 Engrossed in Senate (ES), Congressional Bills 112th Congress, From the U.S. Government Printing Office. https://www.gpo.gov/fdsys/pkg/BILLS-112s1867es/html/BILLS-112s1867es.htm（二〇一六年一二月一九日アクセス）

なお、二〇一六年現在のアメリカ国防総省のサイバー戦争戦略に関しては、Department of Defense（2015）を参照。

(29) さらに、註(27)で説明したように、グローバルティア1がインターネットの階層構造を考えると、本文で述べたようなマルウェアを含むネットワークの検閲が強まると、米国政府によるインターネット支配がさらに高まるものとも予想できる。

(30) ビットコインに注目が集まるきっかけは、租税回避地、いわゆるタックスヘイブンとして知られるキプロスの金融危機だったとされる。

二〇一三年三月、キプロスは、ギリシャ国債の暴落とともに金融危機に陥った。一九九〇年代からロシアからのアンダーグラウンドマネーがキプロスの銀行には大量に流入していた（志賀 2014: 第五章一節、一－四段落）。キプロスの金融危機に際して、海外送金を監督する厳しい当局の目を逃れて、海外に資金を逃避させるため、ビットコインが利用されたと言われる（岩村 2016: 53-55）。タックスヘイブンに関しては、8－5参照。

二〇一三年一〇月中国のサーチエンジン「百度」（バイドゥ）がビットコインによる決済を受け付けると発表して同国でビットコインへの投機熱が高まったものの、同年一二月、同国の中央銀行である中国人民銀行がビットコインを決済に使うことを禁止する通達を出したところ、ビットコインの価格が急落した。「仮想通貨ビットコイン、中国で縮小　取引停止相次ぐ」『日本経済新聞』二〇一三年一二月二七日（http://www.nikkei.com/article/DGXNNSE2INK01_X21C13A2000000/）、および「架空通貨「ビットコイン」暴落　中国が決済禁止通知」『朝日新聞』二〇一三年一二月二一日などを参照。さらに、二〇一四年二月二八日には、渋谷に本社をもつビットコインの取引所（ビットコインを預かるとともに、顧客の要請に応じて円やドルなどの通貨とビットコインを交換するサーバーを管理する企業）であるマウントゴックスが、東京地裁に民事再生法の適用を申請したと発表した。同社は、顧客保有の七五万ビットコインと自社の一〇万ビットコイン（時価で合計約四七〇億円）、および客からの「預り金」が最大二八億円消失したことで、債務超過に陥ったことを、民事再生法適用申請の理由とした。「マウントゴックス破綻　ビットコイン一一四億円消失」『日本経済新聞』二〇一四年二月二八日。（http://www.nikkei.com/article/DGXNASGC2802C_Y4A220C1MM8000/）を参照。（いずれのウェブも、二〇一六年一二月一九日アクセス）

(31) 「ビットコイン死なず…米では利用広がる 通販やゲーム、企業が続々参入」『日本経済新聞』二〇一四年三月三一日 http://www.nikkei.com/article/DGXNASGM2701Q_Q4A330C1FF8000/（二〇一六年一二月一九日アクセス）

（32）　ビットコインの技術的しくみに関して、日本語で読める文献には、本文で主に参照した野口（2014）のほか、岡田・高橋・山崎（2015）、岩村（2016）などがある。岡田・高橋・山崎（2015: 31-112）においては、Nakamoto（2009）における説明にできるだけ沿うように手堅い技術的解説を行っている。岩村（2016: 55-108）は、「伝言ボード」や「メモ」などの一見大胆に見える比喩を使いながら、ビットコインの原理（公開鍵暗号やブロックチェーンなど）を解説する。要点に関しては、『ウィキペディア』における記述も有用である。「ビットコイン」『ウィキペディア』https://ja.wikipedia.org/wiki/%E3%83%93%E3%83%83%E3%83%88%E3%82%B3%E3%82%A4%E3%83%B3（二〇一六年一二月一九日アクセス）

（33）　ハッシュ関数は、元の数の並びを別の数の並びへと常に一意に変換するものの、変換後の数の並びから元の数の並びを推測することがきわめて困難な関数（一方向性関数）の一種である。また、とくに操作を加えない限り元の数の並びが同じ別の数の並びに変換されることがない。辻井（2012a: 53-54）などを参照。また、本文では「匿名的」と表現しているものの、取引の当事者のユーザー名（は、仮名の一種である）を別の仮名に置き換えていることから、ここでは、仮名的とする表現のほうが適切であるものの、一見したところ身元が分からないという意味で、ここでは匿名的とする。ビットコインにおける仮名性に関しては、岡田・高橋・山崎（2015:74-75）を参照。

（34）　一般的に、所有者とマネーとの紐づけが容易であるクレジットカードや銀行振込などによる決済（支払い）と違って、現金はその支払者と受取者が誰であるか（つまりその身元を）お互いに知らなくてもよいし、誰が誰にマネーを支払った（あるいは誰が誰から受け取ったという）という記録が残りにくい性質を有する。前者を支払者と受取者の匿名性と呼び、後者を取引の追跡困難性と呼ぶならば、ビットコインは、上記の仮名システムによって、現金と同様に、支払者と受取者の匿名性に加え、取引の追跡困難性を有している。しかしながら、岩村（2016: 82, 84）が指摘するように、ビットコインの取引は完全に匿名ではないことから、取引の名残がどこかに残ってしまう。それゆえに、追跡困難性は完全なものではないから、支払者と受取者の身元が突き止められる可能性がある。
　岩村（2016 :84）は、匿名通信ソフト「Ｔｏｒ」とビットコインを使って、麻薬や偽造パスポート、銃器、偽札などの違法な商品を取引していたマーケットプレイス「シルクロード」の運営者は、ビットコインの取引記録を丹念に調べることで逮捕されたと推測する。シルクロードの主宰者とされる被疑者が突き止められた経緯は、その裁判記録によれば、ログイン時に送信される一部のファイルに送信元ＩＰアドレスが残っていたからだとされる。しかし、セキュリティ集団スプラウト（2016: 160-189）によれば、この説明は虚偽か誤りで信用しがたいという。したがって、岩村の推測が正しいかどうかは不明である。ただし、シルクロードの捜査の過程で、捜査員がビットコインを横領していたことが発覚した際には、岩村の推測のとおり、マーケットプレイスの主宰者を脅してビットコインを振り込ませたメールの記録と、振り込みが行われた口座を追跡して、その口座の持ち主が突き止められている。

岡田・高橋・山崎（2015:7-20）によれば、匿名性と追跡困難性は、そもそも仮想通貨（岩村（2016）の用語では、暗号通貨）の本質的性質ではなく、①「決済手段」、②「転々流通性」、③「国家の裏付けの不在」の三要素が、仮想通貨には重要とされる。

まず、仮想通貨は、電子データそのものに価値あるものという意味で、「決済手段」である。そして、この決済手段は、鉄道会社や小売りチェーンが発行する一般の電子マネーと違って、不特定多数の人との間で使え（流通可能性が高い）、多くの物・サービスの支払いに使えるものである（汎用性が高い）。次に、ネットワークを通じてそれを受け取った者が別の者に対する支払いに使えるという「転々流通性」を有す。第三に、国家が強制通用力を保障しないという意味で、国家の裏付けが不在である。

ところで、暗号技術（公開鍵方式暗号）によって実現された仮想通貨に、現金が有する匿名性や追跡困難性を持たせようとする試みは、一九八〇年代から存在した。Chaum（1983）が、その先駆けとされる。

(35) Goodman（2014）の記事の最後に、同記事でビットコイン発明者と名指しされたDorian Nakamotoの声明が掲載されている。二〇一六年五月には、自分が発明者であると、オーストラリアの起業家が名乗りを上げた。二〇一五年末からこの起業家がビットコインの発明者ではないかとの推測が流れ、誹謗中傷によって本人・家族が被害を受けたことから、名乗り出て公式に弁明することで誹謗中傷を抑えようとしたものだという。しかし、自分が発明者のNakamotoであると示すには、その証拠として初期のビットコインにアクセスする暗号鍵の公開を行う必要があり、この証拠開示の影響が大きすぎるという理由から、この起業家は、名乗りを上げた直後に、自分がビットコインを発明したという主張を撤回した。"Australian Craig Wright claims to be Bitcoin creator," BBC News, May 2, 2016（http://www.bbc.com/news/technology-36168863）および、「『私がBitcoin発明者』と告白した起業家が誹謗中傷を受けブログで謝罪、説明は一切しない方針に転換」『Gigazine』二〇一六年五月六日（http://gigazine.

net/news/20160506-craig-wright-I-m-sorry/）参照。（二〇一六年一二月一九日アクセス）

（36）岩村（2016）によると、実は、この電気代が、無から有の価値を生み出すかに見えるビットコインの価値の源泉であるという。まず、岩村（2016: 145）は、太平洋上のヤップ島で使用されてきた石貨とビットコインを比較して、いずれも費用と苦労が価値の源泉だとする。石貨は遠い島から運ぶ苦労と費用、ビットコインの場合は、プルーフオブワーク（ＰＯＷ）がそれにあたる（岩村 2016: 145）そして、この「ＰＯＷ」は、実体としてみれば、計算機を駆動する電気に依存する。その結果、原油価格が暴落すれば、ビットコインの価値も暴落するという（岩村 2016: 280–281）。

ＰＯＷを価値の源泉としている限り、ビットコインは銀行券と比べて高コストすぎるという問題を抱えざるを得ない。電気代の源泉は地球資源である。「地球の希少な資源をたかがオカネを作り出すのに使うのは『もったいない』のです。それが、貨幣の歴史の中で、実物貨幣である金貨や銀貨などが、銀行券という信用貨幣に取って代わられてきた最大の理由でしょう」と述べる（岩村 2016: 252–253）

ビットコインは価格が安定すれば、金利がつく通貨になるという。価格安定がされるようになったビットコインの市場価格は、自由市場であれば、「限界費用価格」だとされる（岩村 2016: 153–154）。これを前提とすると、ＰＯＷモデルの貨幣は、「計算パワー本位制」あるいは「計算コスト本位制」の貨幣であると、岩村は説明する（岩村 2016: 157）

しかし、岩村の議論は興味深いものではあるとはいえ、必ずしも素直に首肯することはできない。実物貨幣の価値の源泉は、一般に稀少性に求められるものの、その稀少性は需要と供給によって決まるものと考えられ、採掘等にかかるコストは必ずしも問題とならないように思われる。一度掘り出されてしまい、流通した金や銀などの貴金属は、流通にかかるコストは採掘等にかかるコストと比較すれば微々たるものであるものの、やはりそれでも価値を有している。実物貨幣に対する（熱烈と言ってもよい）需要を説明することには困難がある。貨幣の起源に関しては、たとえば、Polanyi（1977=1980: 447–480）および、同書をもとに、さらに貨幣の呪術性を強調する栗本（2013: 175–241）の議論などを参照。

また、貨幣一般の価値がそれを作り出すコストに由来するとしたら、信用貨幣の価値の源泉を説明することができない。一円玉を作り出すよりもアルミニウム製錬と鍛造にかかるコストのほうが高いにもかかわらず、一円玉は一円でしか流通しない。なぜ信用貨幣では、実物貨幣と違って、そのものの物質としての価格が価値に反映しないのか説明が必要であろう。

さらに、ビットコインの価格が乱高下するのは、それが投機対象となっているからである。原油価格や電気代とは関係なく、そもそも人々がそれをほしがるだろうという将来的な需要予測のもとで、証券類と同様に投機が行われていることが価格変動の原因である。

結論として、POWは「採掘量」をコントロールすることで、需要に対するビットコインの供給の稀少性を生むことから、ビットコインの価値を生み出すと言えるものの、POWにかかる電気代やエネルギーコストがビットコインの価値の源泉であるという議論は、相当乱暴ではないかと考える。

(37) 同所（志賀 2013: 第二章二節、一一六段落）においては、タックスヘイブンに当たるかどうかの基準として、OECD租税委員会が一九九八年に公表した『有害な税の競争』報告書から、次の四つを示す。
①まったく税を課さないか、名目的な税を課すのみであること。
②情報交換を妨害する法制があること。
③透明性が欠如していること。
④企業などの実質的活動が行われていることを要求しないこと。
租税委員会はその後もプログレス・リポートを公表し、最終的には、上記の②と③を重視した判断基準に収斂したという。

(38)「税逃れにG8包囲網　逆風、タックスヘイブンの島」『朝日新聞』二〇一三年六月一六日朝刊二頁、「税逃れに多国網　OECD、未加盟国に呼び掛け」『朝日新聞』二〇一三年七月二〇日朝刊八頁。インターネット上の記事には、次のようなものがある。「クローズアップ現代 No.3353 二〇一三年五月二七日（月）放送 〝租税回避マネー〟を追え――国家vs.グローバル企業」(http://www.nhk.or.jp/gendai/articles/3353/1.html)、および「低税率国を使う過度の節税が米議会で槍玉。サプライチェーン国際化の他山の石」『FACTA』二〇一三年七月号 (http://facta.co.jp/article/201307006.html)、「スタバ、グーグル…米企業の租税回避が論議、怒る英首相、欧米間の火種に」『産経ニュース』二〇一三年五月一四日。(http://www.sankei.com/world/news/130514/wor1305140010-n1.html)、「アップル『課税逃れ』追及へ　米上院がCEO招致」『日本経済新聞』二〇一三年五月二一日 (http://www.nikkei.com/article/DGXNASGM21031_R20C13A5MM0000/)、「スターバックスが『自発的』税金支払い」『日本経済新聞』二〇一二年一二月七日 (http://www.nikkei.com/article/DGXNASGM0705G_X01C12A2FF2000/)。（いずれも、二〇一

六年一二月一九日アクセス）

(39)　アイルランドには、著名なＩＣＴ企業が本社やデータセンター等の重要拠点を置いている。たとえば、グーグル（Google）、およびヤフー（Yahoo!）、フェイスブック（Facebook）、マイクロソフト（Microsoft）、アマゾンドットコム（Amazon.com）、アップル（Apple）などがある。

アイルランドの法人税は一二・五パーセントと低いうえ、二〇一五年一月まで、「ダブル・アイリッシュ・ウィズ・ア・ダッチサンドイッチ」と呼ばれる節税手法が使えた。これは、次のような手法だ。志賀（2014: 第五章一節、一四–一六段落）、および “Double Irish Arrangement,” *Wikipedia* (https://en.wikipedia.org/wiki/Double_Irish_arrangement) などを参照した。

①アイルランド国内外に経営や事業の実態がある多国籍企業Aが、同国内に企業Bを設立し、営業権をライセンスする。

②企業Aは、企業Bとの間で研究開発や知的財産創出にかかわる費用共同負担の契約を結び、企業Aはその費用負担に見合う知的財産権の利益を企業Bに移転する。そうすると、この利益の課税が行われる土地は、企業Bがあるアイルランドとなるので、低い法人税が享受できる。

③さらに、企業Bは、管理機能を、海外のタックスヘイブン（たとえば、英領バージン諸島）に置く。こうすることで、企業Bはアイルランドの非居住者となるので、アイルランドの法人税課税を免れることができる。

④企業Bは、アイルランド国内に企業Cを設立し、さらに営業権をサブライセンスする。この企業Cは、米国外の企業Aの事業の統括を行う。米国外の事業からの収益は、企業Cに集まる。

⑤このとき、企業Cからの企業Bへのライセンス料の支払いは、オランダを経由する。これは、アイルランドとオランダとの間の租税条約で、アイルランドからオランダへのライセンス料の支払いの源泉徴収は行われないからである。

こうすることで、企業Aのグループは、全体として低い法人税率を享受することができ、節税ができる。オランダは、このような図式で利用されて、企業から税収を得られないとしても、同国の金融機関（アムステルダムに多数集まる）を大量の資金が通り抜けるので、同国はヨーロッパの金融センターとしての地位を保てる（志賀 2014: 第五章一節、二四段落）。

しかし、タックスヘイブンと、タックスヘイブンを利用して税逃れをする多国籍企業に対する国際的な批判が高まってきたことをうけて、この枠組みが使えないように、二〇一四年税制の改正が行われ、二〇一五年一月から施行された。「アイルランド、多国籍企業の税制優遇廃止」『日本経済新聞』二〇一四年一〇月一五日（http://www.nikkei.com/article/DGXLASGM1402B_U4A011C1FF2000/）参照。

（本註におけるURLは、二〇一六年一二月一九日アクセス）

（40）アイルランド産業開発庁（IDA Ireland: Industrial Development Agency (Ireland)）は、企業が投資先として同国を選ぶ理由として、人材や教育、都市・クラスタなどの多くの理由を挙げ、税制はその一つに過ぎないとする（IDA Ireland 2015）。

（41）同記事執筆時以降の動きを簡単に記す（8－4も参照）。

二〇一三年六月、ICIJ（国際調査ジャーナリストコンソーシアム International Consortium of Investigative Journalists）を名乗る団体が、「オフショアリークスデータベース」と名付けたデータベースを公開した。このデータベースは、身元を隠して租税回避地を利用する個人・企業等を検索できるとするもので、英領ヴァージン諸島およびケイマン諸島、クック諸島、シンガポールに設立された一〇万超の秘密企業や財団等のデータを収容していると称している。データの分析には、五八カ国一一二人のジャーナリストが参加した（Guevara 2013）。また、「タックスヘイブンを使ったのは誰かが検索できる秘密ファイルのデータベース公開、日本の住所も多数あり」『Gigazine』二〇一三年六月一五日（http://gigazine.net/news/20130615-icij/）も参照。

ICIJは、この後も継続して、世界中の個人・企業の秘密財産の追跡を行っていて、その途中経過に関しては、同団体のホームページの特設コーナー（https://www.icij.org/offshore）で読むことができる。後述する「パナマ文書」事件でも、同団体は資料の解読・分析に協力したことで知られる。

タックスヘイブンに対する厳しい追及によって、前出のように、アイルランドは、二〇一四年一〇月、同国における法人税制改正を発表した。これによって、二〇一五年一月から、同国に企業を設立した場合、タックスヘイブンに置いた関連企業に同企業の監督機能を持たせたとしても、非居住者扱いとはされなくなった。

二〇一六年四月、南ドイツ新聞と前出のICIJが、タックスヘイブンの会社設立などを手掛けるパナマの法律事務所から顧客リストを入手したと、報道された。この文書は、「パナマ文書」と呼ばれ、一〇カ国の現旧指導者一二人を含む公職者一四〇人の関係会社が見つかったとされる。この文書によって、アイスランドのGunnlaugsson 首相（当時）は親族がタックスヘイブンに会社を所有していたことを理由に辞任した。また、イギリスのCamelon首相（当時）は、父親がオフショア信託した株の所有を理由に責任を追及された。その後のＥＵ離脱を巡る国民投票で離脱が優勢との結果が出たことから、ＥＵ残留を支持した同首相は辞任することとなった。また、タックスヘイブン関連の情報と関連して、国際サッカー連盟（ＦＩＦＡ）の不正疑惑等も報じられた。日本に関連しては、中国ビジネス関連の企業や個人の名前が多く記載されていたという。これらの企業は、中国でのビジネスに際して、同国各地で会社法や税法などが異なるので、進出・撤退をしやすくするため会社設立が容易なタックスヘイブンを活用することが主目的で、租税回避が目的ではないとの回答が報道されている。年金消失が問題となった投資顧問会社の元社長がタックスヘイブンの法人の株主となっていたことも明らかとなった。

　パナマ文書を巡る動きに関しては、下記の新聞記事を参照。「租税回避地に関係会社　ウクライナ大統領・サウジ国王ら　資料に記載」『朝日新聞』二〇一六年四月四日朝刊一頁、および「アイスランド首相辞任へ　パナマ文書、租税回避の批判受け」『朝日新聞』二〇一六年四月六日夕刊二頁、「パナマ文書、各国衝撃　アイスランド、首相辞意で混乱　英、メディア追及　中国、沈黙」『朝日新聞』二〇一六年四月七日朝刊三頁、「タックスヘイブン、実態あらわ　パナマ文書に現旧首脳一二人ら」『朝日新聞』二〇一六年四月一三日朝刊三頁、「中国ビジネス関連、目立つ　パナマ文書、日本の人・会社四〇〇」『朝日新聞』二〇一六年四月二七日朝刊一頁、「税回避、危うい利用　パナマ文書、日本企業・個人は　会社購入、香港業者が助言」『朝日新聞』二〇一六年四月二七日朝刊三頁、「パナマ文書、二一万法人公開　日本関連、大手商社など」『朝日新聞』二〇一六年五月一〇日夕刊一頁など。

　二〇一六年六月三〇日・七月一日ＯＥＣＤ租税委員会が京都市で開催され、個人の金融情報を隠蔽して、脱税を助ける悪質なタックスヘイブンについては、制裁を検討することとした。これは、多国籍企業が国際的な税制の隙間や抜け穴を利用して税負担を軽くする問題（税源浸食と利益移転 BEPS: Base Erosion and Profit Shifting）に対応して、国際課税ルールを検討する「ＢＥＰＳプロジェクト」の一環である（風間 2015）。二〇一六年二月中国上海で開催されたＧ20国務大臣・中央銀行総裁会議では、このＢＥＰＳプロジェクトの推進について、ＯＥＣＤ租税委員会の提案が支持された。「二〇カ国財務大臣・中央銀行総裁会議声明（仮訳）（二〇一六年七月二三－二四日於：中国・成都）」（http://www.mof.go.jp/international_policy/convention/g20/g20_160724.htm 二〇一六年一二月一九日アクセス）参照。

（42）池内（2015: 第一章、三一段落）によれば、人質にオレンジ色の服を着せてカメラの前で語らせ、処刑するという手順は、アメリカ側が行った不正に対する「正当な」復讐であることを強調する演出であるとされる。米国法が及ばないグアンタナモ米軍基地収容所における敵性戦闘員とされたイスラム教徒への尋問や、イラクのアブー・グレイブ刑務所で発覚した捕虜虐待に関連して、公開された写真・映像には、オレンジ色の囚人服を着せられた収容者の姿があった。欧米人（や日本人など、アメリカ側とされた人びと）を拘束し、オレンジ色の囚人服を着せて辱めてから処刑することが、上記の復讐の正当性をイメージづける儀式として演じられているというわけである。

（43）池内（2015: 第七章、二五‐二八段落）によれば、人質の殺害映像には、殺害の瞬間が写されていないという。今にも切るという瞬間に至ると、画面が暗転する。そして、再び明かりがつくと、殺害された死体が横たわるという演出が行われている。つまり、実際に斬首するシーンはカットし、前後関係のみで殺害の事実を推測させる編集を行っている。処刑人もその編集を意識した「演技」をしている。この点で、『その瞬間』を映さず、聴衆に想像させるのは、演劇的な手法」と言われる。つまり、ＩＳＩＬの映像は、きわめて巧みな演出で恐怖を煽る一方で、真に残酷な一部は取り除かれていることから、単なる殺人ビデオではなく、非常に洗練されており、テレビ等のドラマのように見ることができる。「うっかり」この映像を見てしまった者が、友人や知人に転送しても、「人格を疑われてしまいかねない」という惧れを抱かなくてもよい。その結果、無関係な第三者が興味本位で転送を続けることで、映像が世界中に広まり、効果的に宣伝が行われる。「それほどの高度な演劇的演出のテクニックを熟知した人間が、『イスラーム国』の人質殺害映像には関与している可能性がある」（池内 2015: 第七章、二八段落）という。

（44）Matt Johnson に関しては、一人プロジェクトの The The の公式ホームページ（http://www.thethe.com/）を参照。（二〇一六年一二月一九日アクセス）。「真実の甘い鳥（Sweet Bird of Truth）」は、The The の二枚目のアルバム *Infected*（一九八六年）に収録。「アーマゲドンの日、再び」（Armageddon Days Are Here (Again)）は、三枚目のアルバム *Mind Bomb*（一九八九年）に収録。前者は、中東への欧米への介入、後者は、イラク戦争や中東紛争を混迷させる原理主義的宗教や国際政治に対する批判と解釈できるものの、いずれも湾岸戦争・イラク戦争等よりもはるか以前にもかかわらず（サッチャー政権およびレーガン政権に対する批判と読むことができる）、予言的な内容と雰囲気であることに慄然とする。ただし、一九八〇年代において、すでに、キリスト教原理主義を背景にして、中東やイスラム教徒に対して最終戦争を挑むという集団的な妄想が、とくに米国に既に存在し、レーガン政権を支える一翼を担っていた事実は、再度指摘されてもよいかもしれない。Halsell（1986=1989）を参照。

（45）前出の池内（2015: 第七章、二八段落）を参照のこと。

(46)　「【不謹慎すぎる速報】『#ISIS クソコラグランプリ』が登場　表現が自由すぎてヤバい」『Togetter』二〇一五年一月二〇日　http://togetter.com/li/772269、および「クソコラグランプリに激怒したＩＳＩＳ関係者にリプライする日本人」『Togetter』二〇一五年一月二一日　http://togetter.com/li/772527（二〇一六年一二月一九日アクセス）。ただし、ＩＳＩＬのメンバーを名乗るツイッターアカウントが本当にそのメンバーであるかどうかはわからない。この出来事については、ＥＳＱ（2015）なども参照のこと。

(47)　ＩＳＩＬのメンバーを名乗るツイッターアカウントと日本人のやり取りに関しては、次を参照。「ＩＳＩＳ戦闘員と日本の Twitter ユーザーのやりとりが話題に」『そくどく‼』http://blog.livedoor.jp/sokudokuex/archives/43089158.html（二〇一六年一二月一九日アクセス）。ただし、繰り返すが、ＩＳＩＬのメンバーを名乗るツイッターアカウントが本当にメンバーであるかどうかは、やはりわからない。

(48)　Merton（1968b）は、Merton（1973: 349-459）に再録。

(49)　科学者集団・科学制度・科学組織の概念に関しては、松本（2016: 36-45, 140-149）を参照。

(50)　アメリカの大学は、社会的平等推進のための装置（Great Eualizer）と考えられているものの、残念ながら、現在のアメリカの大学は、格差拡大装置として働いていると言われる。アメリカの大学は、貧しい家庭出身者や親が大学進学をしていない家庭の子などを優先的に入学させる「ホリスティック入試」や、マイノリティーを優先的に入学させるアファーマティブアクションなど社会的平等を促進する制度（ロバーツ 2017: 第4章）がある。ところが、いわゆる人物優先入試である「ホリスティック入試」において親や親戚がその大学の出身者である「レガシー」を優先的に入学させる制度を取る大学も多い。「レガシー」の家庭はほとんどが裕福で、そのおかげでお金のかかるスポーツや音楽の部活もできるうえ、高校時代の夏休みの短期留学や外国のボランティアもできることから、人物優先の入試でさらに有利になる。この「レガシー」の優先的入学が象徴的であるが、裕福な家庭の子どもほど、ＳＡＴのような学力入試でも有利な傾向が強い（ロバーツ 2017: 第4章）。また、大学の授業料はきわめて高騰化し、庶民の進学はきわめて難しくなっているうえ、教育ローンを借りた場合には、卒業後借金地獄に陥ることとなる（ロバーツ 2017: 第3章）。まさに、「庶民には手の届かないアメリカの大学」（ロバーツ（2017）の第三章タイトル）である。この結果、社会的平等促進のための装置という大学の建前の役割にもかかわらず、大学は階級の再生産を行う傾向がさらに強まるという。

(51)　引用索引（citation index）および引用分析の歴史に関しては、次の文書を参照。Garfield（2007）および、

"History of Citation Indexing," Thomson Reuters http://wokinfo.com/essays/history-of-citation-indexing/（二〇一六年一二月一九日アクセス）。また、同分野の基本的アイデアに関しては、Garfield（1955）およびGarfield（1963）などを参照。

(52) ただし、二〇一七年段階で、ウィキペディアは相当の項目において正確さや網羅性を有するようになっている。2-5で論じたように、論争が行われている項目以外、「おおざっぱには」信頼してよいと思われる。

(53) さらに、山田（2009: 243-256）は、事例研究を通じてネットワーク外部性の概念を分析し、「ソフトのストック的価値」と「他者とのやり取りの必要性」の二つの要素が高い製品ほど、デファクトスタンダードを形成しやすいとの結論を得ている。

「ソフトのストック的価値」とは、二種類あって、第一に、ユーザーの製品知識や製品操作技能の蓄積による効果を指す。すなわち、ユーザーの操作技能の習得によって使える機能が増加したり、その習得に時間がかかるという点が、その価値にかかわるとされる。第二に、外部記憶装置への、アプリケーションソフトウェアや、そのアプリケーションソフトウェアで作成したほかのアプリケーションソフトウェアと互換性の低いデータの蓄積による価値の増大。これら二つの種類の「ソフトのストック的価値」が高ければ高いほど、ユーザーはほかの製品に乗り換える「スイッチングコスト」が高くなるので、ユーザーの囲い込みが生じる。

一方、「他者とのやり取りの必要性」は、作成したデータをほかの装置やアプリケーションソフトウェア等で読み込む必要性があるかどうか。たとえば、ある機能を有するアプリケーションソフトウェアＡで作成したデータが、それとほぼ同等の機能を有するが、別のブランドの製品であるほかのアプリケーションソフトウェアＢで利用できないにもかかわらず、他者とのやり取りが必要となれば、あるアプリケーションソフトウェアＡをもつ人が多いと認識すれば、新しく購入しようとするユーザーは、アプリケーションソフトウェアＡを購入しようとするだろう。

山田の挙げる例はやや古いものの（フロッピーディスクを利用するワープロ専用機やパソコンが例に挙がる）、現代であれば、ソーシャルネットワーキングサービス（ＳＮＳ）やメッセージングサービスを考えればよい。ＳＮＳやメッセージングサービスはそもそも他者とのやり取りのために使用するものであるから、あるユーザーは、その友達が多く参加しているＳＮＳやメッセージングサービスに申し込みをしやすくなると予想できる（「他者とのやり取りの必要性」の高さ）。また、そのＳＮＳやメッセージングサービスの機能に習熟し、友達とのやり取りの記録がそのＳＮＳに残るようになれば、なかなかそこから退出がしにくくなる（「ソフトのストック的価値」の高さ）。したがって、ＳＮＳやメッセージングサービスも、少数のサービスがデファクトスタンダードを形成しやすいことがわかる。ただし、多くの場合無料サービスであるから、十分に魅力的なサービスであれば、新たに多くのユーザーを惹きつけることも可能である。その結果として、ＳＮＳの栄枯盛衰が起こる。

（54）ヴァージョン6から11までは、アドビ・リーダー（Adobe Reader）が製品名だったものの、二〇一七年三月現在の最新版は、アドビ・アクロバット・リーダーＤＣ（Adobe Acrobat Reader DC）の名称である。

（55）現在の最新版は、アドビ・アクロバットＤＣ（Adobe Acrobat DC）。

（56）Frank and Cook（1995=1998）は、インターネットやウェブの外部であっても、社会政策の失敗によって、「一人勝ち」の社会が生じ、それが結果として、熾烈な足の引っ張り合いを生み、経済成長を阻害していると主張する。

（57）その後、Google がサーチエンジンとして成長した後、Yahoo! は、Google を同社のサーチエンジンとして採用している。

ところで、本文では十分に書くことができなかったが、Page と Brin はそもそもビジネス志向ではなく、技術的・知的関心が彼らの行動を大きく導いている。

二人は、博士課程の大学院生時代に、当時所属していたスタンフォード大学内で Google のサーチエンジンサービスを実験的に開始した。非常に軽快に検索ができるとの評判から、Google へのネットワークトラフィックが爆発的に増大し、その結果、スタンフォード大学のネットワークを追い出され、ビジネスの世界へと押し出されていった。

Stross（2008=2008: 71-73）によれば、二人は、インターネットのすべてのウェブを網羅するという目標がきわめて技術的に困難であったため、インターネットにおけるウェブの拡大につれて規模が拡大できるサーチエンジンを構築するという目標を定め、採算性を度外視して、ハードウェアに投資を続け、多数の安価なパーソナルコンピュータによって、全体として信頼性が高いデータセンターを構築するという技術を身に付けていったとされる。この記述どおりであれば、きわめて技術志向の強い企業であることがわかる。

なお、Google のデータセンターの設計思想と基本的技術に関しては、西田（2008: 39-60）を参照。

（58）Blackwell and Stephan（2001=2002）において、インターネットビジネスの成功の鍵が顧客の囲い込みであると強調されるのも、こうした背景がある。また、大谷（2012c）も参照。

(59) また、オライリー O'Reilley の下記の講演も参照。"Gov 2.0 Expo 2010: Tim O'Reilly, 'Government as a Platform for Greatness'" https://www.youtube.com/watch?v=dYB8xokkWjg および、"Tim O'Reilly: Government 2.0" at *DC Law.Gov Workshop sponsored by the Center for American Progress in July 2010.* http://www.oreilly.com/tim/gov2/（いずれも二〇一六年一二月一九日アクセス）

(60) ここでは、レイモンド（Raymond 2000=2001）のいわゆる「多くの目玉の法則」（"given enough eyeballs, all bugs are shallow"）を意識している。これは、「Linus の法則（Linus's Law）」とも呼ばれる。以下の Wikipedia の記述を参照。"Linus's Law," Wikipedia. https://en.wikipedia.org/wiki/Linus%27s_Law（二〇一六年一二月一九日アクセス）

(61) アーレント（Arendt 1958）には、そのドイツ語訳 Arendt（1960）があり、その日本語訳も出版されている。本稿においては、初出時のまま、Arendt（1958=1994）に依拠する。

(62) ただし、アクセス認証や特殊なソフトウェアの利用によって、限られた人間しかアクセスできない領域（ディープウェブとダークウェブ）が存在するとの指摘がある。セキュリティ集団スプラウト（2016: 20-29）を参照。

(63) 逆に、情報が消去されず、半永久的であるからこそ、自己が発信した情報や自己にかかわる情報の削除権が重要課題として議論されることとなる。Mayer-Schönberger（2009）を参照。また、この指摘を機に、EUが制定した「データ保護一般保護規則」（General Data Protection Regulation）における「忘れられる権利」に関しては、JIPDECによる仮日本語訳が以下のURLにある。http://www.soumu.go.jp/main_content/000196316.pdf また、1-3を参照。

(64) インターネットにおける匿名性は、それほど強いものではないものの、一見したところ、コミュニケーションの相手が誰であるか不明であったり、自分ではないかのように偽装したりすることも可能である。たとえば、Johnson（2009: 62-64）参照。また、本書2-4、2-5なども参照。ただし、このような特性はインターネット特有ではなく、通俗的に「オレオレ詐欺」と呼ばれる電話を利用した特殊詐欺の例のように、電話コミュニケーションにおいて他者に偽装することは、それほど困難ではない場合がある。

(65) 佐藤・吉田（2008）によれば、自分自身が匿名であると信じることで、積極的な自己開示が起こる。この結果として、匿名的なインターネットコミュニケーションが親密圏と同様に自己開示を促進する場合がある。ただし、心の奥底の感情を吐露することによって、罵倒や中傷などの交換が生じるという場合もあると、前出の文献では示唆されている。2-4、および2-5、2-11なども参照。

(66) マクルーハンMcLuhanは、諸著作の中で、電話やラジオ、テレビ等の電子メディアは、視覚優位の文字メディア以前の前文字文化・口述文化を呼び起こすとされ、触覚的であると主張する。たとえば、McLuhan (1964=1987: 326) は、次のように述べる。「テレビの映像は、各瞬間ごとに、まるで発作のように感覚を参加させて網の目の空間を『閉ざす』ことを要求する。そしてこの参加は、深層に働きかける運動的触覚的なものである。というのは、触覚性は単に皮膚と事物が接触するというのではなくて、むしろ諸感覚が相互作用を起こすものだからである」。

(67) インターネットにおける「ネットワーク中立性 (network neutlity)」に関する解釈には、インターネットを通過するデータ (パケット) の中継において選別・優先制御を行わない、ひいては差別を行わないという意味で、政治的中立性の基盤であるという考え方がある。なお、米国の文脈においては、二〇一〇年一二月、米国連邦通信委員会 (FCC: Federal Communication Commission) が、ネットワーク中立性実現・維持のための規制根拠として「オープンインターネット命令 (Open Internet Order)」を公表したものの、これは、二〇一四年一月の連邦コロンビア特別区巡回区控訴裁判所の判決で無効とされている。ネットワーク中立性とオープンインターネット命令に関しては、海野 (2015: 416-418) を参照。一方、情報セキュリティを保護しながら、インターネットの多産性を守るためには、今後ネットワーク中立性は放棄し、プロバイダなどのデータ中継を行う事業者に、一種のデータ中継における制御機能を持たせ、エンドポイントにおける情報通信機器の自由を守るべきだと、Zittrain (2008=2009: 283-367) は議論している。この意見は、現在のところ、やや例外的である。

(68) なお、大塚 (2005: 187) は、住民の知る自由の実現が公立図書館 (公共図書館) の役割だとしても、図書館の資料収集方針に対する恣意的な外部からの干渉を防ぐには、最終的には、選書の権限は図書館長の基本的任務であるという条項を、図書館運営規則に導入すべきと主張する。

(69) 米国においては、一九六〇年代にすでに本文で書いたような状況が観察されている。Lowi (1969=1981) は、連邦制と国土の広さを背景とする多数の利益集団によるバランスによって、民主主義が維持されるとするフェデラリストの理想は、議会を迂回して行政府に利益集団が働きかける利益集団民主主義が常態化することによって、もはや成立しないと指摘している。派閥による壟断の危険を防止する連邦制の機能については、Madison (1787=1999) を参照。

あとがき

本書は、二〇〇九年五月から二〇一七年三月まで、月刊『みすず』に連載された「メディアの現在史」と、二〇一一年に発表した「著作権の哲学——著作権の倫理学的正当化とその知的財産権政策への含意」（『吉備国際大学研究紀要 国際環境経営学部』(21)1-24）（本書5－1〜5－7、5－12）に加筆修正したうえで、書き下ろしを加えて構成したものである。加筆修正に当たっては、連載当時・発表当時の事実の誤りの訂正に加え、二〇一七年三月までの社会的・技術的変化やその後の考察の深まりによる筆者の意見の変化にともなう記述の修正や加筆を行った。

月刊『みすず』の連載に当たっては、主に時事のネット上の話題を取り上げ、その話題の事実説明に加え、情報倫理学的観点からの考察を加えた。事実の記録を積み重ねていくことから、「現在史」という語を用いたが、これは、名和小太郎先生のご紹介で、吉岡斉責任編集（二〇一一－二〇一二）『新通史 日本の科学技術』（原書房）に参加するにあたって、参考として読んだ中山茂・吉岡斉（二〇〇二）『科学革命の現在史』（学陽書房）のタイトルから借用したものだ。その後、歴史家のジャック・ル＝ゴフが『歴史と記憶』（法政大学出版局）において、この語を使っているのを見た。一般的には、一九四五年以降の近現代史研究が"contemporary history"と呼ばれるが、さらに同時代史の意味をもつようになっている。

社会史・民衆史の分野を中心に、重層的に積み重なる歴史的な過去と同時代とを往還しながら、現在を記述・理解する試みを含め、まさに今生成しつつある歴史を記録するとともに、現在を歴史的視座から分析理解しようとする試みが行われてきた。この数十年で、おもに統計学や口承資料の活用など新しい方法によって、歴史学の領域や方法論は広がってきている。

連載を行う間に、二〇一二年には、情報倫理学の教養課程向け教科書を編集・執筆することができた。また、科学研究費補助金の助成を受けプライバシーに関する研究を実施することができた（二〇一七年現在継続中）。今回本書をまとめるにあたって、本書の核となった『みすず』の連載や、『情報管理』（科学技術振興機構発行）における連載（「過去からのメディア論」）をあらためて見直すこととなったが、情報倫理学的な考察に関して、著作権からプライバシー、マスメディアやオンラインにおける社会認識など、自身の関心が広がっていったことが確認できた。

情報倫理学は、情報社会を理解し、そこでよりよく生きるために役立つ学問であるべきと考える。筆者のバックグラウンドは、哲学・倫理学および科学技術史ということになろうが、本書において見るように、情報社会を理解しようとするにあたっては、相当に雑多な分野横断的な現在使える知識はすべて使い、体系化を行うというよりも、よりジャーナリスティックに、問題に即して考察を進めるという姿勢で当たってきた。本書の種子となった文章が月刊連載であったというもともとのテクストの性質に加え、この執筆を行ってきた間にも、新しい技術が次々と登場し、さまざまな事件が起こったうえ、技術の発展や普及が急速に進むとともに、社会や経済、生活、人間の交際などにもいろいろな変化が起きることから、なかなか体系的記述は難しいということもあった。そのため、問題に対する確かな結論を示すよりも、むしろ、情報社会におけるさまざまな事件や問題・話題を取り上げて、情報社会におけるさまざまな問題の所在を明らかにしたうえで、それらの問題が、私たちが価値あるものとみなすさまざまな事柄や生活、生き方などにどう関係するかを示すこととした。情報社会を分析するさまざまな視座・分野は存在するが、必ずしも方法論が完成しているわけではない。それゆえ、使えそうなものであれば、雑多な分野の知識や知見に頼ることとなった。少なくとも本書を通じて多面的な情報社会の姿を浮き上がらせることができたならば、目的の一部は達せられたものと思われる。

その意味で、本書はいまだ生成途上にある情報社会のランニングコメンタリー（解説付き実況中継）のようなものである。読者が、本書を手掛かりにして、情報社会をより広く深く理解し、私たちの生活や常識の中でそのあり方をとらえ、よりよい情報社会での生き方を考察していくための手がかりを与えられることができたならばと思う。

本書の各章・各節は、ほかの章や節と重なり合う話題や問題を扱っているほか、そこで論じられている話題や問題を理解するにあたって、基礎・前提となったり、関連する知見や考察・分析が論じられたりする章や節がほかにもあるものが多い。そのため、できるだけ各章・各節の話題・問題を理解しやすくし、読者の考察を助けるため、関連する節等に関しては、それぞれの場所で言及した。ただし、本書の各節は、多くのものは独立した論考であるので（一部、連続して一つの問題を考察する数節の論考もある）、どこから読んでもかまわない。その場合も、ほかの節への言及が、各節の理解に役立つことだろう。

本書における考察を進めるにあたっては、さまざまな人びとから助力や支援、刺激などを受けた。まず、大学学部時代からの指導教員や講義・演習等でお世話になった先生方には、学問的な基礎を身に着けるうえで大事な教えを受けた。故坂本賢三先生、土屋俊先生、廣松毅先生、橋本毅彦先生、加藤尚武先生、飯田隆先生、高橋久一郎先生、斉藤憲先生には、お名前をあげてお礼を申し上げたい。また、情報倫理学に関しては、コンピュータ倫理学やメディア、コミュニケーションの倫理学としての情報倫理学を日本に導入するにあたって、大きく力があった日本学術振興会未来開拓学術研究推進事業「情報倫理の基礎（ＦＩＮＥ）」プロジェクトの主要メンバーの水谷雅彦先生・越智貢先生・名和小太郎先生にも、前出の土屋先生・加藤先生と並んで、この分野への水先案内を受け、その後もご著書や謦咳に接することで、さまざまな教えを受けた。とくに、上記の先生方のうち、名和先生と土屋先生には、著作権の哲学的・倫理学的考察を手掛かりに情報倫理学に取り組むきっかけをいただいた。

また、さまざまな学会・研究会での議論もありがたかった。いちいちお名前を上げることは控えるものの、次の方々に感謝を申し上げる。土屋俊監修『情報倫理入門』（アイ・ケイコーポレーション、二〇一二）の共著者（大学教養課程向け情報倫理入門書として好評を得た本書は、二〇一四年に改訂新版が出版されている）、『ＩＣＴとメディアの知的財産権』（共立出版）の共著者に加え、応用哲学会および電子情報通信学会技術と社会倫理研究会（ＳＩＴＥ研究会）、新通史フォーラム（座長：吉岡斉）、日本科学史学会等において議論いただいた先生方や、同研究会専門委員会（委員長：岡田仁志国立情報学研究所准教授）委員・顧問の先生方および同研究会共催・併催・連催の同学会研究会と情報処理学会各研究会の先生方、ＡＩＲ（Acceptable Intelligence with Responsibility 代表：江間有紗東京大学特任助教）メンバーの皆様、電子情報通信学会倫理委員会事例集検討小委員会（委員長：吉開範章日本大学教授）委員の方々、岡山情報倫理学研究会メンバーの皆様。その他、さまざまな発表の機会をいただいた諸機関や皆様方、また、本書に関連する話題について議論をしていただいたり、刺激をいただいたりした方々に感謝を申し上げる。

吉備国際大学の上司・同僚の先生方や職員の方々には、筆者の研究活動にご理解をいただき、ご助力やご支援をいただいたことも、ありがたいことである。

また、吉備国際大学附属図書館や岡山大学附属図書館などの大学図書館、国立国会図書館や岡山県立図書館、倉敷市立図書館などの公立図書館、国立情報学研究所CiNiiや各大学・研究機関のオープンアクセス事業には、調査研究を進めるうえで必要な知識・情報へのアクセスを助けていただいた。相当幅広い分野の文献・資料を参照する必要があった本書の執筆にあたっては、一般市民向けの身近な公共図書館も含め、図書館や情報アクセスを可能とするさまざまな機関のありがたさを身にしみて感じた。

本書執筆を行う間に、子どもが生まれ、母が亡くなるなどの私生活のうえでの大きな変化があった。こうした事情もあり、発行予定が相当遅れたことをみすず書房にお詫び申し上げる。同社担当編集者の島原裕司さんには、連載時も本書執筆にあたっても、適切な時期に、適切かつ親切な励ましやリマインドをいただき、とてもありがたかった。執筆が遅れご迷惑をおかけしたが、島原さんのご定年に何とか間に合うことに安堵している。

本書は、昨年九月に亡くなった母とその思い出にささげようと思う。生前母に十分に感謝を伝えられなかったこと、一昨年生まれた娘もまじえ、穏やかな時間をもっと長く過ごせなかったことに大きな後悔が残る。

なお、本書は、科学研究費補助金基盤（C）「歴史的・論理学的手法を用いるプライバシーの多義性と文脈依存性に関する研究」（JP23520048）および科学研究費補助金基盤（C）「プライバシーと自己決定権の限界――情報倫理学的知見と歴史的事例からの考察」（JP26370040）の研究成果の一部である。

二〇一七年三月二八日

大谷卓史

大谷卓史
情報倫理
技術・プライバシー・著作権

2017年 4 月21日　印刷
2017年 5 月 1 日　発行

発行所 株式会社 みすず書房
〒113-0033 東京都文京区本郷 5 丁目 32-21
電話 03-3814-0131(営業) 03-3815-9181(編集)
http://www.msz.co.jp

本文組版 キャップス
本文印刷・製本所 中央精版印刷
扉・表紙・カバー印刷所 リヒトプランニング
装丁 安藤剛史

ISBN 978-4-622-08562-1
[じょうほうりんり]

著者略歴

（おおたに・たくし）

1967年生まれ．吉備国際大学アニメーション文化学部准教授．専門は情報倫理学，科学技術史．編集者，サイエンスライター，東京大学大学院工学系研究科博士課程を経て現職．著書：『アウト・オブ・コントロール――ネットにおける情報共有・セキュリティ・匿名性』（岩波書店2008），編著書：『改訂新版 情報倫理入門』土屋俊監修（アイ・ケイコーポレーション2014），共著書：『メディアとICTの知的財産権』（共立出版2012），訳書：ダニエル・J・ソローヴ『プライバシーの新理論』（みすず書房2013），共訳書：ヴィクター・J・カッツ『カッツ 数学の歴史』上野健爾・三浦伸夫監訳（共立出版2005）ほか．

索　引

あ 行

愛国者法　162, 209
アイチューンズ（iTunes）　27, 175
アイパッド（iPad）　80, 172, 177-181
アイフォン（iPhone）　40, 80-82, 172, 173, 178
アイポッド（iPod）　178, 180
アグリッパ，ネッテスハイムの　287
浅川直輝　92
浅田真央　140
アサンジ，ジュリアン　335, 336, 411, 425
東浩紀　187, 188
アップル社　80-82, 175, 177, 180, 181, 423, 462, 463
アノニマス　80, 213, 323, 337, 349, 414
アフィブログ　132, 134, 135
アフィリエイト　133, 195
アマゾン（Amazon）　38, 147, 160, 172, 173, 178-184, 188, 195, 204, 210, 215, 419, 423, 425
網野善彦　348
綾部恒雄　449
新井紀子　391
有川浩　164, 166
アリストテレス　324-327
アーレント，ハンナ　394, 439, 470
安藤昇　146
安藤美姫　16, 17, 46
池内恵　451
イスラム国（ISIL）　294, 425-429, 451
板倉陽一郎　28, 29, 47
一般データ保護規則　12-14, 46, 307
伊東寛　454, 455
井上忠司　396
違法 DL 刑罰化　259, 261-266
いわさきちひろ　267, 268, 296
岩村充　421, 459-461
イングバー，スタンリー　106
インティメイトストレンジャー　326
ヴァイスハウプト，アダム　451
ヴァイディヤナサン，シヴァ　376-378, 432, 440
ウィキスキャナ　70
ウィキペディア（Wikipedia）　19, 21, 69-74, 110, 111, 201, 207, 211, 404, 407, 431, 446, 459, 468, 470
ウィキリークス　132, 335-338, 353, 354, 411, 412, 425, 437
ウィーナー，ノーバート　390, 391
ウィニー（Winny）　39, 250-254, 256-258, 283, 337, 414
ウェゲナー，ダニエル　370
ウェスティン，アラン・F.　103, 367
ウェブベース試験（WBT）　176
ウェルマン，バリー　322, 323
ウォーウィック，ケヴィン　386
ウォーホール，アンディ　26
ウォーレン，サムエル　15
歌田明弘　206
ウルフ，ヴァージニア　62, 313
ウルフ，レナード　313

噂　57, 61, 62, 108, 139, 140, 352, 414, 448
映像コンテンツ権利処理機構　297
エヴァンス，メアリ・アン（ジョージ・エリオット）　68, 69, 313, 404
江川紹子　153
エジソン，トマス　145, 159
エストラダ大統領　413
エスリン，マーティン　24
エゼル，マーガレット　69
江間有沙　406
エリアス，ノルベルト　103
遠藤貢　443-446
王湘穂　416
大木良子　242
大谷剛彦　292
大宅壮一　62
荻上チキ　108
小倉欣一　348
小沢一郎　138, 157
オズボーン，マイケル・A.　391
オバマ，バラク　130, 435-438, 452
オプトアウト　271, 272, 274, 275, 277, 278, 281-283, 302, 375, 376
オプトイン　271, 274, 277, 282, 376
オープンコースウェア（OCW）　175, 176, 211
オープンテクストブック　174
オープンな市場競争　204
オライリー，ティム　438
オリジナリティ　269
オルポート，ゴードン　57, 331
オング，ウォルター　128, 371, 397

か 行

カー，ニコラス・G.　370, 372-375, 391-393
学術情報　74, 176, 183, 200, 205, 249
拡大集中許諾　274, 275, 277, 278, 297
カダフィ大佐　415, 451
勝間和代　107
角川春樹　64
金子勇　251, 258, 259, 291, 294
ガーフィールド，E.　431
カフリック，アーサー　220, 221
カボス　256, 295
カリアーンタ，ソフィア　324, 325, 327, 328
カールスミス，メリル　236
カルチュア・コンビニエンス・クラブ（CCC）　163-166
河原温　349
キェルケゴール，セーレン　120, 121
北川東子　397
北村行夫　239
北村豊　448
キム・ヨナ　140
喬良　416
京極夏彦　185
共同幻想　410
ギルバート，ウィリアム　287
金城珠代　328
ギンズブルグ，カルロ　252
キンドル（Kindle）　38-41, 172-174, 178-182, 210, 212
グーグル（Google）　14, 16, 19, 27, 42, 196-205, 208, 209, 214-216, 270, 271, 302, 304-309, 370, 371, 375-378, 380, 398, 411, 423, 429-438, 441, 463, 469
グーグル・ブック検索　181, 196-198, 200, 202-205, 208, 270, 271, 273, 274, 278, 279, 375, 376, 379
グーグルマップ　340
クラウドサービス（iCloud）　80-82, 93, 94, 112, 425
クラーク，リチャード　417, 418, 457
クラッカー　81, 150, 417, 456
クラッキング　81, 385, 416, 417, 453, 454

グラント，ロバート・エドモント　313
クリエイティブコモンズ　277, 278
クリングベリ，T.　374
グロマラ，ダイアン　401
ゲイヴィソン，ルース　258
ケインズ，メイナード　313, 394
ゲーテ，J. W. v　450
ケプラー，ヨハネス　287
言論の自由市場　52, 53, 55, 56, 106
公共図書館　162, 164-168, 200, 207, 209, 216, 272, 276, 277, 297, 298, 440-442, 471
江沢民　7
国立国会図書館　206, 207, 216, 272, 273, 278
孤児著作物　204, 205, 208, 272-275, 277, 278, 280, 296, 376
個人情報保護　46, 78, 92, 98, 111, 115, 164, 277
コーセラ　175, 176
ゴッフマン，アーヴィング　66, 84, 115
小林恭子　353
小林秀雄　62
小林弘人　329
コピーライト法　223
コペルニクス，ニコラウス　287
コムスタット　362, 363, 395
コンピュータソフトウェア著作権協会（ACCS）　263, 283, 295
コンピュータ犯罪　83

さ 行

斎藤十一　1
サイバー攻撃　35, 149, 161, 336, 349, 416-418, 453-456
サイバー戦争　158, 415, 417, 418, 453, 455-458
サイバーテロ　142, 158, 416
サージェント，ジョン　179
サーチエンジン最適化（SEO）　184, 305, 306, 378, 430
ザッカーバーグ，マーク　22
ザッカーマン，H.　429
サッカレー，W. M.　313
佐藤隆信　209
佐藤秀峰　189-192, 194-196, 212
佐藤博史　152
佐藤広英　326, 470
佐野研二郎　266, 267, 296
佐野眞一　18
「サムの息子」法　11, 45
サンガー，ラリー　71
サンスティーン，キャス　98, 231, 305
シェアー　256, 295
ジェイムズ，ヘンリー　313
シェパード，アロン　183, 184
執行文子　350
思想の自由市場　52
シチズンディアム（Citizendium）　71, 111
ジットレイン，ジョナサン　40, 41, 312
シトロン，D. K.　380, 381
ジハーディ・ジョン　426
清水幾太郎　331, 334, 352
清水真　447
社会的意思決定　163, 231
シャルチエ，ロジェ　170, 413
集団訴訟　198, 199, 203, 204, 215, 271
集団プライバシー　312, 314-318, 346
住民基本台帳ネットワーク（住基ネット）　76, 77, 79, 83
手段的価値　163, 219, 231, 232
シュミット，エリック　411, 436
消去権　12, 13, 23, 40
「少年A」　4, 9, 11, 43

情報処理推進機構（IPA）　161
情報セキュリティ　50, 91, 160, 415-417, 471
情報通信技術（ICT）　74, 120-122, 124, 151, 153, 154, 167, 258, 390, 391, 402, 415, 416, 418
ジョブズ，スティーブ　178-180
ジョンソン，デボラ　245
ジョンソン，マット　427, 466
シンギュラリティ　393, 394
新野宏　351
ジンメル，ゲオルク　120, 372, 373, 375
菅原健介　396
菅原琢　61
スコア化　379-382
鈴木正朝　111
鈴木雄一　275
スティーヴン，レズリー　313
スティーヴンソン，ニール　424
スティグマ　13, 23, 84, 307-309
ストールマン，リチャード　233
ストレイチー，リットン　313
スノウデン，エドワード　49, 93, 115
スマイリーキクチ　62, 108, 109
スマホ（スマートフォン）　38, 49, 80, 119-127, 152, 154, 155, 171, 172, 178, 181, 186, 196, 203, 205, 250, 264-266, 329, 330, 355, 398, 414, 448, 449
3D プリンタ　387
青少年ネット環境整備法　122
関谷直也　329, 350
セブロウスキ，アーサー　415
センシティブ情報　26, 27, 29, 30, 48, 103
ソクラテス　128, 235, 392
ソーシャルネットワーキングサービス（SNS）　3, 4, 22, 42, 43, 81, 96, 97, 122, 130, 131, 136, 170, 171, 176, 195, 297, 304, 320, 321, 329, 337, 380, 468, 469
ソーシャルメディア　322-324, 328, 329, 437, 438
ソマリア　408, 409, 411, 443-445
ソマリランド　408-410, 444-446
ソローヴ，ダニエル　23, 308

た 行

大規模オンラインオープンコース（MOOCs）　175-177
タイラー，スティーヴン　25
ダーウィン，チャールズ　312-314
高木浩光　91, 115, 123, 148, 160, 415, 453
高野秀行　408, 409, 411, 443-445
高橋留美子　193
高谷知佳　349
ダグラス，メアリ　29
ダグラス判事　52
タークル，シェリー　22
竹熊健太郎　191
武田徹　410, 446
ターナー，サクソン・シドニー　313
田中辰雄　242
ダベンポート，T. H.　406
玉井克哉　274, 275, 277, 299
ダライ・ラマ　64, 109
ダーントン，ロバート　62, 413, 414
ダンバー，ロビン　327, 328
知的財産権制度　220, 221, 228, 229, 241, 284, 288, 374, 463
知的プライバシー　275, 276, 281, 346
著作権 1.0　270, 271
著作権 2.0　270, 271, 273, 280, 281
著作権侵害　41, 198, 202, 218, 238, 239, 247, 251-259, 263-266, 268-271, 279, 280, 282
著作権等の権利保護　39, 199, 217-219, 221, 225, 226, 242, 277, 282
著作権法　39, 199, 202, 206-208,

216-221, 223-226, 228, 230-233, 237-239, 241, 242, 246, 247, 250-252, 254, 255, 259-263, 265, 266, 268-270, 272, 273, 278, 279, 284-286, 288, 290, 295-298, 323, 376, 390
著作者人格権　219, 232, 233, 237, 246, 248, 249, 281, 289
著作隣接権　273
チン，ダニー　204, 208
ツイッター（Twitter）　6, 10, 16-19, 21-23, 42, 63, 64, 68, 88, 96, 109, 113, 130-133, 136-139, 157, 158, 164, 166, 188, 309, 310, 312, 318-323, 329-331, 337, 347, 349, 351, 353, 371, 373, 428, 467
通信の秘密　35, 36, 41, 50, 276, 347, 425
津田大介　310, 346
ツタヤ（TSUTAYA）　163, 165, 166
筒井康隆　45, 58
ディケンズ，チャールズ　404
ディドロ，ドゥニ　222
ディーバス，アレン・G.　287
テイラー，チャールズ　156, 290
デカルト，ルネ　287
デジタル権利管理（DRM）　242
デジタルライブラリー（国立国会図書館）　207, 278
データ保護　12-14, 46, 82, 307, 470
デマ　108, 138, 330-332, 351
デュル，ハンス・P.　104, 105
ト（ー）ア（ル）（Tor）　51, 86, 107, 108
討議民主制　231
匿名加工情報　92, 98, 99
図書館の自由に関する宣言　163, 164
ドッズ，E. R.　286
トマセロ，マイケル　72, 73
富田英典　326
ドレイファス，ヒューバート・L.　121
ドローン　143-147, 158-160, 342, 355, 386
トンプソン，デイヴィッド　380

な 行

長尾眞　206, 216
中村光　193
中村好寿　452, 453
ナカモトサトシ　421
中山信弘　268, 286, 290, 296
なりすまし　64, 68, 87, 88, 107, 109, 110, 131
名和小太郎　47, 48, 110, 112, 159, 170, 198, 215, 226, 242, 247, 260, 270-272, 275, 276, 281, 286
西尾チヅル　28, 47
二次創作　241, 268, 269
二次的著作物　241, 268, 269
西村博之　107, 134, 135
2ちゃんねる　55, 58, 60, 61, 80, 86-89, 106, 109, 112, 113, 132-135, 139-142, 148, 156, 158-160, 266, 295, 349, 395
ニッセンバウム，ヘレン　65
日本オープンオンライン教育推進協議会（JMOOC）　176, 177
日本オープンオンライン協議会　176
日本オープンコースウェアコンソーシアム　176, 211
日本音楽著作権協会（JASRAC）　261, 262, 264, 294
日本書籍出版協会（書協）　199, 201
日本新聞協会　2
日本図書館協会　163, 209
日本ビジュアル著作権協会　202
日本文藝家協会　202, 206, 216, 297
日本レコード協会（RIAJ）　261, 262
ニュートン，アイザック　234, 287
ニュルンベルクファイル　7, 44

ヌスバウム，マーサ　105, 116
ネイク，R. K.　457
ネーゲル，トマス　116
ネットワーク中立性　41, 442, 471
ネトウヨ（ネット右翼）　60, 61
ノイジーマイノリティ　61
ノージック，ロバート　245, 289, 410, 446
ノーマン，ドナルド　401

は　行

ハイデッガー，マルティン　154
萩原猛　4
パクリ　266-270
橋下徹　18, 46
パスカル，フランク　306, 380, 381
パスティーシュ　241, 267-269
はすみとしこ　6, 8, 9, 43
長谷川一　169, 170, 449
パーソナルロボット　365, 366, 368
ハーディー，トマス　313
バード，イザベラ　166
鳩山由紀夫　57, 64, 109, 130, 137
ハバーマス，ユルゲン　314
パーフェクトダーク　256, 295
浜田幸一　137
原口一博　137
パラケルスス　287
パリサー，E.　305
春名風花（はるかぜ）　19, 20, 23
バーロウ，ジョン・ペリー　425
犯罪予測システム　361-364
万物のグーグル化　375-377
ピーコ・デッラ・ミランドラ　188
ビッグデータ　91, 92, 114, 362-364, 380, 387, 403, 405
ピット，ブラッド　162
ビットコイン　80, 419-422, 458-462
ヒューズ，ジャスティン　232
平田直人　240
廣井脩　351
樋渡啓祐　164
ファイアウォール（FW）　418
ファインバーグ，ジョエル　46, 117
ファーティック，マイケル　380
ファン・デン・ホーフェン，J.　85
フィッシャー，ウィリアム　276
フィッシング　33, 48
フィリップス，フィリップ　25
フィルタリング　120, 122, 123, 306, 440
フェアユース　208, 231, 254, 265, 266, 270, 276, 279, 280, 286, 295, 297, 298
フェイスブック（Facebook）　6, 7, 21, 22, 42, 54, 81, 96, 97, 107, 128, 130, 257, 302-304, 318-324, 329, 373, 413, 463
フェスティンガー，レオン　236
福澤諭吉　182, 320, 347
藤田晋　64, 109
不正アクセス禁止法　68, 87
船越一幸　396
フライ，ロジャー　313
プライバシー侵害　3, 7, 8, 11, 12, 15, 18, 28, 29, 33, 41, 50, 75, 76, 78, 85, 164, 276, 286, 305, 308, 311
ブラウスティン，エドワード　315, 316
フラットワールドナレッジ　174, 175
プラトン　235, 286, 370, 392, 397
ブランダイス，ルイス　15, 106
フリード，チャールズ　94, 367
フリーネット（Freenet）　250, 251, 257, 414
フリーマン，モーガン　162
フリーライド　32, 222, 226, 237, 238, 244, 245, 281, 282, 284
ブリン，セルゲイ　305, 430, 436
プリント・オン・デマンド（POD）

183, 184
ブルデュー，ピエール　95
ブルンヴァン，J. H.　57
ブロシューマー　270
ブロッサー，ウィリアム　15, 314
プロバイダ責任制限法　67, 131
フンボルト　248
ヘイグ，トマス　434
ペイジ，ローレンス（ラリー）　305, 430, 436
ベケット，サミュエル　361
ヘーゲル，G. W. F.　232, 246
ページランク　184, 305, 306, 431
ペッパー（Pepper）　365, 366, 396
ヘティンガー，エドウィン　228
ベルヌ条約　199, 202, 203, 217, 226, 270, 277
ホーキング，スティーヴン　407
ボク，シセラ　338
ポストマン，レオ　331
ポズナー，リチャード　27
ボット（bot）　33, 34, 37, 49, 63, 64, 149, 160, 161
ポップカルチャー　269
ホッブズ，トマス　446
ホーフェン，J. ファン・デン　85, 112
ホームズ判事　52, 106, 224
堀江貴史　64
ホール，エドワード　104
ボルター，J. D.　318, 359, 401
本田康二郎　407
翻訳の十年留保　225

ま 行

マイクロソフト社　362, 423, 433, 463
マイナンバー（共通番号）　74-79, 111, 112
前田愛　170
マクファーランド，マイケル　233
マクルーハン，マーシャル　359, 361, 471
マシューズ，デイヴ　25
マスク，イーロン　407
マタイ効果　305, 429-435
マッキンタイア，アラスデア　43
マッキントッシュ，ニール　307
松田美佐　334, 352, 448
マッド・アマノ　268
マティーセン，M.　125
まとめサイト　88, 109, 113, 132-135, 137, 156, 157
マートン，ロバート・K.　234, 316, 346, 429, 430
マニング，ブラッドリー（チェルシー）　353, 354
マヌーツィオ，アルド　188, 212
マーフィ，ロバート　105
マルウェア　33, 34, 36, 49, 148-150, 251, 417, 418, 453-455, 458
マンフォード，ルイス　103
三島由紀夫　10, 45
水谷雅彦　105
三田誠広　297
宮下規久朗　116
宮下紘　13
宮元睦　154
ミュン，ニコラス・ジョン　324, 325, 327
ミラー，G. F.　73
ミラボー，オノーレ　450
ミル，ジョン・スチュワート　18, 46, 52, 55, 82, 108, 248, 290, 291
ミルグラム，S.　82
ミルトン，ジョン　52
ムーア，バリントン　105
ムバラク大統領　412
村上愛　275
村上聖一　350
村崎百郎　29
メッセージングサービス　22, 468,

469
メルセンヌ，マラン　287
モース，E. S.　104, 116
モノのインターネット（IoT）　37, 38, 47, 380, 386-389, 401, 403, 448

や　行

柳田國男　235
ヤフー！（Yahoo!）　204, 376, 398, 433, 434, 463, 469
山岸俊男　379, 382, 399
山口裕美　31, 42
山沢清人　119-121
山田英夫　432, 433, 468
湯浅慎一　448-451
有害サイト　123
ユーチューブ（YouTube）　47, 53, 107, 159, 264, 377, 438
吉田富二雄　326, 470
吉開範章　399
吉本隆明　410, 446

ら　行

LINE　126-129, 155
ラインゴールド，H.　413
ラザースフェルド，P. F.　303
ラファイエット　450
ラマルク，ジャン＝バティスト　313
ラムジー，A. M.　450
ラルーサ，トニー　64
リグニィ，D.　429, 430
リチャーズ，ニール　106, 276
リップマン，ウォルター　300, 301, 303
リフキン，ジェレミー　386-388
流言／流言蜚語　57, 108, 109, 157, 328, 330-332, 334, 335, 351, 352
ルイ・フィリップ二世　450
ルーカス，コリン　447
レイチェルズ，ジェームズ　94, 367
レイモンド，エリック　72, 73, 111, 470
レヴィ，スティーヴン　435, 436
レッシグ，ローレンス　107, 220, 221
ロック，ジョン　227-229, 285, 398, 446
ロベスピエール　450

わ　行

忘れられる権利　12-16, 23, 40, 307-309, 470

[アルファベット]

ACTIVE　34-36
DVD リッピング違法化　259, 261
EU 個人データ保護指令　13
IC カード　76, 89
IP アドレス　34-36, 67, 68, 70, 86, 107, 108, 110, 140, 142, 147-151, 153, 460
P2P ネットワーク　193, 218, 250, 255, 257
SIM カード　178
TRIPS 協定　297
WIPO 国際著作権条約　217

参考文献

欧文

Abbate, Janet（1999）*Inventing the Internet. Cambridge*, MIT Press. =（2002）大森義行・吉田晴代『インターネットをつくる——柔らかな技術の社会史』北海道大学出版会.

Allport, Gordon W. and Postman, Leo Joseph（1947）*The Psychology of Rumor*, Henry Holt. =（1952（2008））南博訳『デマの心理学』岩波書店.

Anderson, Chris（2009）*Free : the Future of a Radical Price*, Random House Business. =（2009）高橋則明訳『フリー——〈無料〉からお金を生みだす新戦略』NHK 出版.

Apple（2014）"Apple Media Advisory: Update to Celebrity Photo Investigation." http://www.apple.com/pr/library/2014/09/02Apple-Media-Advisory.html

Arendt, Hanna（1958）*The Human Condition,* Chicago University Press. =（1994）志水速雄訳『人間の条件』筑摩書房.

Arendt, Hanna（1960）*Vita Activa oder Vom tätigen Leben*, Kohlhammer. =（2015）森一郎訳『活動的生』みすず書房.

Arneson, Richard J.（2005）"Joel Feinberg and the Justification o Hard Paternalism," *Legal Theory*, 11, 259–284.

Arrow, Kenneth J.（1962）"Economic Welfare and the Allocation of Resources for Invention," in R. Nelson, Richard ed.（1962）*The Rate and Direction of Incentive Activity*, Princeton University Press, 609-625.

Ashton, Kevin（2009）"That 'Internet of Things' Thing: In the real world, things matter more than ideas," *RFID Journal*, June 22, 2009. http://www.rfidjournal.com/articles/view?4986

Auletta, Ken（2009）*Googled: The End of the World as We Know It*, Penguin Books. =（2010）土方奈美『グーグル秘録——完全なる破壊』文藝春秋.

Baldwin, Neil（1995）*Edison: Inventing the Century*, Hyperion. =（1997）椿正晴『20 世紀を発明した男——エジソン』三田出版会.

Ball, James（2014）"EU's right to be forgotten: Guardian articles have been hidden by Google," *The Guardian*, July 2, 2014. https://www.theguardian.com/commentisfree/2014/jul/02/eu-right-to-be-forgotten-guardian-google

Baran, Paul（1960）*Reliable Digital Communications Systems Using Unreliable Network Repeater Nodes*, Report P-1995, Rand Corporation.

Barlow, John Perry (1996) "A Declaration of the Independence of Cyberspace." https://www.eff.org/cyberspace-independence

Barnett, Annie (2012) "American Idol': Jermaine Jones disqualification captured on tape. What are the chances?!," *Entertainment Weekly*, Mar. 14, 2012. http://www.ew.com/article/2012/03/14/american-idol-jermaine-jones-nigel-lythgoe-disqualified

Barrat, James (2013) *Our Final Invention : Artificial Intelligence and the End of the Human Era*, Thomas Dunne Books. ＝水谷淳訳（2015）『人工知能――人類最悪にして最後の発明』ダイヤモンド社.

Bateson, Melissa, Nettle, Daniel and Roberts, Gilbert (2006) "Cues of Being Watched Enhance Cooperation in a Real-World Setting," Biology Letters, 2, 412-414

Battelle, John (2005) *The Search : How Google and its Rivals Rewrote the Rules of Business and Transformed Our Culture*, Portfolio. ＝（2005）中谷和男訳『ザ・サーチ――グーグルが世界を変えた』日経 BP 社.

Baudrillard, Jean (1991) *La Guerre du Golfe n'a pas eu Lieu*, Éditions Galilée. ＝塚原史訳（1991）『湾岸戦争は起こらなかった』紀伊國屋書店.

Bell, Quentin (1968) *Bloomsbury*, Wedenfeld and Nicolson. ＝（1972）出淵敬子訳『ブルームズベリー・グループ―― 20 世紀イギリス文化の知的良心』みすず書房.

Bernstein, William J. (2004) *The Birth of Plenty : How the Prosperity of the Modern World Was Created*, McGraw-Hill. ＝（2006）徳川家広『「豊かさ」の誕生――成長と発展の文明史』日本経済新聞社.

Bibri, Simon Elias (2015) *: Historico-epistemic, Socio-cultural, Politico-institutional and Eco-environmental Dimensions*, Springer.

Blackwell, Roger D. and Stephan, Kristina (2001) *Customers Rule!: Why the e-commerce honeymoon is over and where winning business go from here*, New York: Crown Business ＝島田陽介訳（2002）『なぜ誰もネットで買わなくなるのか――米国 e ビジネスの失敗に学ぶ』ダイヤモンド社.

Block, Ryan (2008) "If Jobs says" people don't read anymore, "does this headline really exist?" *engadget*, Jan. 16, 2008. http://www.engadget.com/2008/01/16/if-jobs-says-people-dont-read-anymore-does-this-headline-rea/

Bloustein, Edward (1977) "Group Privacy: The Right to Huddle," *Rutgers-Camden Law Journal*, 8(2)(Winter, 1977), 219-283.

Bloustein, Edward (1978 (2003)) *Individual and Group Privacy*, Transaction Publishers.

Bloustein, Edward J. (1964) "Privacy as an Aspect of Human Dignity: An Answer to Dean Prosser," *New York University Law Review*, 39, 962-1007.

Bok, Sissela (1983) *Secrets: On the Ethics of Concealment and Revelation*, Random House. ＝（1997）大澤正道『秘密と公開』法政大学出版局.

Bolter, Jay David (1984) Turing's Man: Western Culture in the Computer Age, The University of North Carolina Press. = (1995) 土屋俊・山口人生訳『チューリング・マン』みすず書房.

Bolter, Jay David (1991) *Writing Space : the Computer, Hypertext, and the History of Writing*, L. Erlbaum Associates. ＝（1994）黒崎政男・下野正俊・伊古田理訳『ライティングスペース――電子テキスト時代のエクリチュール』産業図書.

Bolter, Jay David and Gromala, Diane (2003) *Windows and Mirrors: Interaction Design, Digital Art, and the Myth of Transparency*, MIT Press. = (2007) 田畑暁生訳『メディアは透明になるべきか』NTT 出版.

Bolter, Jay David and Grusin, Richard (2000) *Remediation: Understanding New Media,* MIT Press.

Bond, Robert M., Fariss, Christopher J., Jones, Jason J. Kramer, Adam D. I., Marlow, Cameron, Settle, Jaime E. and Fowler, James H. (2012) "A 61-million-person Experiment in Social Influence and Political Mobilization," *Nature*, 489 (7415) (Sep. 13, 2012), 295-298. doi:10.1038/nature11421.

Botsman, Rachel and Rogers, Roo (2010) *What's mine is yours : the rise of collaborative consumption*, Harper Business. = (2016) 小林弘人監修・解説, 関美和訳『シェア＝SHARE ――〈共有〉からビジネスを生みだす新戦略』NHK 出版.

Bourdieu, Pierre (1986) "The Forms of Capital," in Richardson, John C. (ed.) *Handbook of Theory and Research for the Sociology of Education*, Greenwood, 241-258.

Bowler, Peter J. (1990) *Charles Darwin: The Man and His Influence*, Basil Blackwell. = (1997) 横山輝雄『チャールズ・ダーウィン――生涯・学説・その影響』朝日新聞社.

Brin, Sergey and Page, Lawrence (1998) "The Anatomy of a Large-Scale Hypertextual Web Search Engine," Seventh International World-Wide Web Conference (WWW 1998), April 14-18, 1998, Brisbane, Australia.

Brink, David (2014) "Mill's Moral and Political Philosophy," *Stanford Encyclopedia of Philosophy*. https://plato.stanford.edu/entries/mill-moral-political/

Broad, William J., Markoff, John and Sanger, David E. (2011) "Israeli Test on Worm Called Crucial in Iran Nuclear Delay," New York Times, Jan. 15, 2011. http://www.nytimes.com/2011/01/16/world/middleeast/16stuxnet.html?pagewanted=all&_r=0

Brunvand, Jan Harold (1981) *The vanishing Hitchhiker : American Urban Legends and Their Meanings*, Norton. = (1997) 大月隆寛訳『消えるヒッチハイカー――都市の想像力のアメリカ』新宿書房.

Brynjolfsson, Erik and McAfee, Andrew (2011) *Race Against the Machine : How the Digital Revolution is Accelerating Innovation, Driving Productivity, and Irreversibly Transforming Employment and the Economy*, Digital Frontier Press. = (2013) 村井章子訳『機械との競争』日経 BP 社.

Brynjolfsson, Erik and McAfee, Andrew (2014) The Second Machine Age : Work, Progress, and Prosperity in a Time of Brilliant Technologies, W. W. Norton. = (2015) 村井章子訳『ザ・セカンド・マシン・エイジ』日経 BP 社.

Buchanan, Mark (2002) *Nexus: Small Worlds and the Groundbreaking Science of Networks*, W. W. Nortn. = (2005)『複雑な世界, 単純な法則――ネットワーク科学の最前線』草思社.

Byrne, Richard W. and Whiten, Andrew (1988) *Machiavellian Intelligence : Social Expertise and the Evolution of Intellect in Monkeys, Apes, and Humans*, Oxford University Press. = (2004) 藤田和生・山下博志・友永雅己監訳『マキャベリ的知性と心の理論の進化論 1・2』ナカニシヤ出版.

Campbell, Brittany (2016) "The Big Stink About Garbage: State v. McMurray and a Reasonable

Expectation of Privacy," *Boston College Journal of Law & Social Justice*, 36(3), 1-26. http://lawdigitalcommons.bc.edu/jlsj/vol36/iss3/3/

Campbell-Kelly, Martin and Aspray, William (1996) *Computer: A History of the Information Machine*, MIT Press. = (1999) 山本菊男訳「コンピューター200年史——情報マシーン開発物語』海文堂.

Campbell-Kelly, Martin and Aspray, William (2013) *Computer: A History of the Information Machine, 3rd ed.*, MIT Press.

Carr, Nicholas G. (2010) *The Shallows : What the Internet is Doing to Our Brains*, W. W. Norton. = (2010) 篠儀直子訳『ネット・バカ——インターネットがわたしたちの脳にしていること』青土社.

Carr, Nicholas G. (2014) *The Glass Cage : Automation and Us*, W. W. Norton. = (2015) 篠儀直子訳『オートメーション・バカ——先端技術が私たちにしていること』青土社.

Charms, David and Reagan, Mike (2015) "Drone helps with Mechanic Falls river rescue: 2 boys tubing stuck on rocks in Little Androscoggin," *WMTW.com*, June 1, 2015.

Chartier, Roger (1990) *Les Origines Culturelles de la Révolution Française*, L'univers historique. = (1999) 松浦義弘『フランス革命の文化的起源』岩波書店.

Chartier, Roger (1992) *L'ordre des Livres: Lecteurs, Auteurs, Bibliothèques en Europe entre XIVe et XVIIIe Siècle*, Alinea. = (1996) 長谷川輝夫訳『書物の秩序』筑摩書房.

Chartier, Roger et Cavallo, Guglielmo eds (1997) *Histoire de la leclure dans le monde occidental*, Éd. du Seuil. = (2000) 田村毅・片山英男・月村辰雄・大野英二郎・浦一章・平野隆文・横山安由美訳『読むことの歴史——ヨーロッパ読書史』大修館書店.

Chartier, Roger et Paire, Alain (1985) *Pratiques de la Lecture*, Rivages. = (1992) 水林章・露崎俊和・泉利明訳『書物から読書へ』みすず書房.

Chaum, David (1983) "Blind signatures for untraceable payments," *Advances in Cryptology: Proceedings of Crypto*. 82 (3), 199-203. doi:10.1007/978-1-4757-0602-4_18.

Citron, Danielle Keats and Pasquale, Frank (2014) "The Scored Society," *Washington Law Review*, 89, 1-33.

Clarke, Richard A. and Knake, Robert K. (2010) *Cyber War: the Next Threat to National Security and What to Do About It*, HarperCollins Publishers. = (2011) 北川知子・峯村利哉訳『世界サイバー戦争——核を超える脅威 見えない軍拡が始まった』徳間書店.

Cook, James (2014) "'OriginalGuy': The Full Story Of The iCloud Hacker Who Leaked Those Naked Celebrity Photos," *Business Insider*, Sep. 3, 2014. http://www.businessinsider.com/originalguy-the-icloud-hacker-who-leaked-naked-celebrity-photos-2014-9

Darnton, Robert (1982) *The Literary Underground of the Old Regime*, Harvard University Press. = (2000) 関根素子・二宮宏之訳『革命前夜の地下出版』岩波書店.

Darnton, Robert (1984) *The Great Cat Massacre and Other Episodes in French Cultural History*, Basic Books. = (1990) 海保眞夫・鷲見洋一訳『猫の大虐殺』岩波書店.

Darnton, Robert (1990) *The Kiss of Lamourette : Reflections in Cultural History*, W. W. Norton. = (1994) 海保眞夫・坂本武訳『歴史の白昼夢——フランス革命の18世紀』河出書房新社.

Darnton, Robert (1995) *The Forbidden Best-Sellers of Pre-Revolutionary France*, W. W. Norton. = (2005) 近藤朱蔵訳『禁じられたベストセラー——革命前のフランス人は何を読んでい

たか』新曜社.

Davenport, Thomas H. and Kirby, Julia（2015）“Beyond Automation,” *Harvard Business Review*, June 2015. https://hbr.org/2015/06/beyond-automation ＝（2016）DIAMONDハーバード・ビジネスレビュー編集部訳「オーグメンテーション――人工知能と共存する方法」DIAMONDハーバード・ビジネスレビュー編集部（2016）『人工知能――機械といかに向き合うか』ダイヤモンド社，11-36.

Davenport, Thomas H. and Kirby, *Julia* (2016) *Only Human Need Apply: Winners and Losers in the Age of Smart Machines*, Harper Business. ＝（2016）『AI時代の勝者と敗者――機会に奪われる仕事，生き残る仕事』日経BP社.

Davies, Donald Watts（1986）“Oral history interview with Donald W. Davies,” 1986-03-17, Charles Babbage Institute. http://conservancy.umn.edu/handle/11299/107241

Davis, Gillian（2002）*Copyright and the Public Interest*, Sweet & Maxwell.

Davis, Natalie Zemon（2000）*The Gift in Sixteenth-century France*, University of Wisconsin Press. ＝（2007）宮下志朗訳『贈与の文化史―― 16世紀フランスにおける』みすず書房.

Davis, Richard W. ed.（1985）*The Origins of Modern Freedom in the West*, Stanford University Press. ＝（2007）塩田さおり・鷲見聖一・田上雅徳『西洋における近代的自由の起源』慶應義塾大学法学研究会.

Dayan, Daniela and Katz, Elihu（1992）*Media Event*, Harvard University Press. ＝（1996）浅見克彦『メディア・イベント――歴史をつくるメディア・セレモニー』青弓社.

de Moraes, Lisa（2012）“‘American Idol’: After Jermaine Jones is disqualified, who will go home?,” *Washington Post*, March 15, 2012. https://www.washingtonpost.com/lifestyle/style/american-idol-after-jermaine-jones-is-disqualified-who-will-go-home/2012/03/15/gIQAc0LcES_story.html

Debus, Allen G.（1977）*Chemical Philosophy: Paracelsian Science and Medicine in the Sixteenth and Seventeenth Centuries*, Science History Publications. ＝（1999）川崎勝・大谷卓史訳『近代錬金術の歴史』平凡社.

Decherney, Peter（2014）“Fair Use Goes Global,” *Critical Studies in Media Communication*, 31 (2), 146-152. ＝（2015）城所岩生・城所晴美「グローバル化するフェアユース」『GLOCOM REVIEW』12 (1).

Dellalocas, Chrysanthos（2005）“Reputation Mechanisms,” Working Paper, University of Maryland. http://www.mv.helsinki.fi/home/aula/Top20/dellarocas-reputation-mechanisms.pdf

Department of Defense（2015）“The DoD Cyber Strategy,” April 2015. http://www.defense.gov/Portals/1/features/2015/0415_cyber-strategy/Final_2015_DoD_CYBER_STRATEGY_for_web.pdf

Dick, Philip K.（2002）*Minority Report*, Gollanz.（Kindle版）＝（1999）浅倉久志訳「マイノリティ・リポート」『マイノリティ・リポート　ディック作品集』早川書房，7-76.（日本版編集，浅倉久志他訳）

Diderot, Denis（1763）“Lettre Historique et Politique Adressée à un Magistrat sur le Commerce de la Librairie, Son État Ancien et Actuel, ses Règlements, ses Privilèges, les Permissions Tacites, les Censeurs, les Colporteurs, le Passage des Ponts et Autres Objets Relatifs à la Police Littéraire.” ＝（1989）原好夫訳「出版業についての歴史的・政治的書簡」原好夫訳『ディドロ著

作集 第3巻 政治・経済』法政大学出版局，121-162.
Dodds, E. R.（1951）*The Greeks and the Irrational*, University of California Press. =（1974）岩田靖夫・水野一訳『ギリシァ人と非理性』みすず書房.
Douglas, Mary（1966）*Purity and Danger : an Analysis of Concepts of Pollution and Taboo*, Praeger. =（2009）塚本利明訳『汚穢と禁忌』筑摩書房.
Douglas, Susan J.（1987）*Inventing American Broadcasting: 1899-1922*, Johns Hopkins University.
Dreyfus, Hubert L.（2001）*On the Internet*, Routledge. =（2002）石原孝二訳『インターネットについて——哲学的考察』産業図書.
Duerr, Hans Peter（1988）*Nachtheit und Sham: Der Mythos vom Zivilisationsproß*, Band 1, Surkamp. =（1991）藤代幸一・三谷尚子訳『裸体と恥じらいの文化史——文明化の過程の神話 1』法政大学出版局.
Dunbar, Robin（2014）*Human Evolution*, Penguin Books. =（2016）鍛原多惠子訳『人類進化の謎を解き明かす』インターシフト.
Eisenstein, Elizabeth（1983）*The Printing Revolution in Early Modern Europe*, Cambridge University Press. =（1987）別宮貞徳監訳『印刷革命』みすず書房.
Ekman, Paul（2003）*Emotions Revealed: Understanding Faces and Feelings*, Weidenfeld & Nicolson. =（2006）菅靖彦訳『顔は口ほどに嘘をつく』河出書房新社.
Electronic Privacy Information Center（2009）"EPIC Moves to Intervene in Google Books Settlement Case, Citing Absence of Privacy Safeguard" https://epic.org/press-releases/090409pressrelease.pdf
Elias, Norbert（1976a）*Wandlungen des Verhaltens in den weltlichen Oberschichten des Abendlandes*, Suhrkamp. =（2010）赤井慧爾・中村元保・吉田正勝訳『文明化の過程〈上〉ヨーロッパ上流階層の風俗の変遷』法政大学出版局.
Elias, Norbert（1976b）*Wandlungen der Gesellschaft Entwurf zu einer Theorie der Zivilisation*, Suhrkamp. =（2010）波田節夫・溝辺敬一・羽田洋・藤平浩之訳『文明化の過程〈下〉社会の変遷 / 文明化の理論のための見取図』法政大学出版局.
Esslin, Martin（1982）*The Age of Television*, Freeman. =（1986）黒川欣映訳『テレビ時代』国文社.
Evron, Gadi（2007）"Estonian Cyber-War Highlights Civilian Vulnerabilities," *eWeek.com*. Aug. 7, 2007. http://www.eweek.com/c/a/Security/Estonian-CyberWar-Highlights-Civilian-Vulnerabilities/
Executive Office of President（2016）Artificial Intelligence, Automation, and the Economy, Dec. 2016. https://obamawhitehouse.archives.gov/sites/whitehouse.gov/files/documents/Artificial-Intelligence-Automation-Economy.PDF
Ezell, Margaret J. M.（2003）"'By a Lady' : Mask of the Feminine in Restoration, Early Eighteenth-Century Print Culture," in Giriffin, Robert ed.（2003）*The Faces of Anonimity: Anonymous and Pseudonymnous Publication from the Sixteenth to the Twentieth Century*, Palgrave.
Falliere, Nicolas, O'Murchu, Liam and Chien, Eric（2011）"W32.Stuxnet Dossier Version 1.4（February 2011）," Symantec. https://www.symantec.com/content/en/us/enterprise/media/security_response/whitepapers/w32_stuxnet_dossier.pdf
Feather, John（1988）*A History of British Publishing*, Routledge. =（1991）箕輪成男訳『イギリ

ス出版史』玉川大学出版部.

Febvre, Lucien et Martin, Henri-Jean (1971) *L'Apparition du Livre*, Albin Michel. = (1998) 関根素子・長谷川輝夫・宮下志朗・月村辰雄訳『書物の出現 上・下』筑摩書房.

Feinberg, Joel (1984) *Harm to Others: The Moral Limits of the Criminal Law*, Oxford University Press.

Feinberg, Joel (1986) *Harm to Self: The Moral Limits of the Criminal Law*, Oxford University Press.

Fertik, Micael and Thompson, David (2015) *The Reputation Economy: How to Optimize Your Digital Footprint in a World Where Your Reputation Is Your Most Valuable Asset*, Piatkus Books. = (2015) 中里京子訳『勝手に選別される世界――ネットの「評判」がリアルを支配するとき, あなたの人生はどう変わるか』ダイヤモンド社.

Festinger, Leon (1957) *A Theory of Cognitive Dissonance*, Stanford University Press. = (1965)『認知的不協和の理論――社会心理学序説』誠信書房.

Fisher, Daniel (2012) "SOPA, Meet The Player Piano Copyright Threat," *Forbes*, Jan. 18, 2012. http://www.forbes.com/sites/danielfisher/2012/01/18/sopa-meet-the-player-piano-copyright-threat/#2a8163338ece

Fisher, William (2004) *Promises to Keep: Technology, Law, and the Future of Entertainment*, Stanford University Press.

Fox-Brewster, Thomas (2015) "Meet The Mystery Vigilantes Who Created 'Malware' To Secure 10,000 Routers," *Forbes*, Oct 6, 2015.

Frank, Robert H. and Cook, Philip J. (1995) *The Winner-take-all Society : How More and More Americans Compete for Ever Fewer and Bigger Prizes, Encouraging Economic Waste, Income Inequality, and an Impoverished Cultural Life*, Free Press. = (1998) 香西泰監訳『ウィナー・テイク・オール――「ひとり勝ち」社会の到来』日本経済新聞社.

Frey, Carl Benedikt and Osborne, Michael A. (2013) "The Future of Employment: How Susceptible are Jobs to Computerisation?" presented at "Machines and Employment" Workshop, Sep. 17, 2013. http://www.oxfordmartin.ox.ac.uk/downloads/academic/The_Future_of_Employment.pdf

Fried, Charles (1968) "Privacy [A moral analysis]," *Yale Law Journal*, 77, 475-493.

Friedman, Batya and Nissenbaum, Helen (1996) "Bias in Computer Systems," *ACM Transactions on Information Systems*, 14 (3), 330-347.

Fukuyama, Francis (1995) *Trust: The Social Virtues and the Creation of Prosperity*, Free Press. = (1996) 加藤寛訳『「信」無くば立たず』三笠書房.

Fukuyama, Francis (1999) *The Great Disruption: Human Nature and the Reconstitution of Social Order*, Free Press. = (2000) 鈴木主税訳『「大崩壊」の時代 上・下』早川書房.

Galliott, Jai (2015) *Military Robots: Mapping the Moral Landscape*, Routledge.

Garfield, Eugene (1955). "Citation Indexes for Science: A New Dimension in Documentation through Association of Ideas," *Science*. 122 (3159), 108-111.

Garfield, Eugene (1963) "Science Citation Index," *Science Citation Index* 1961.1, v-xvi. http://garfield.library.upenn.edu/papers/80.pdf

Garfield, Eugene (2007) "The Evolution of the Science Citation Index," *International*

Microbiology 10, 65-69.

Gavison, Ruth（1980）“Privacy and the Limits of Law,” *Yale Law Journal,* 89, 421-471.

Gellman, Barton, Tate, Julie, and Soltani, Ashkan（2014）“In NSA-intercepted Data, Those Not Targeted Far Outnumber the Foreigners who are: Files Provided by Snowden Show Extent to Which Ordinary Web Users Are Caught in the Net,” *Washington Post*, July 5, 2014. https://www.washingtonpost.com/world/national-security/in-nsa-intercepted-data-those-not-targeted-far-outnumber-the-foreigners-who-are/2014/07/05/8139adf8-045a-11e4-8572-4b1b969b6322_story.html

Ginzburg, Carlo（1966）*I Benandanti : Stregoneria e Culti Agrari tra Cinquecento e Seicento*, Giulio Einaudi. =（1986）竹山博英訳『ベナンダンティ――16-17 世紀における悪魔崇拝と農耕儀礼』せりか書房.

Ginzburg, Carlo（1976）*Il Formaggio e i Fermi : il Cosmo di un Mugnaio del'500*, Giulio Einaudi Editore. =（2003）杉山光信（2003）『チーズとうじ虫――16 世紀の一粉挽屋の世界像 新装版』みすず書房.

Ginzburg, Carlo（1991）*Il Giudice e lo Storico : Considerazioni in Margine al Processo Sofri,* Einaudi. =（2012）上村忠男・堤康徳訳『裁判官と歴史家』筑摩書房.

Goffman, Ervin（1959）*The Presentation of Self in Everyday Life*, Doubleday. =（1974）石黒毅訳『行為と演技――日常生活における自己呈示』誠信書房.

Goffman, Ervin（1967）*Interactional Ritual: Essays on Face-to-Face Behavior,* Anchor Books. =（2002）浅野敏夫訳『儀礼としての相互行為〈新装版〉』法政大学出版局.

Goffman, Erving（1963）*Stigma: Notes on the Management of Spoiled Identity,* Prentice-Hall. =（2003）石黒毅訳『スティグマの社会学――烙印を押されたアイデンティティ 改訂版』せりか書房.

Goodin, Dan（2016）“Firefox 0-day in the Wild is Being Used to Attack Tor Users: Publicly Released Exploit Works Reliably against a Wide Range of Firefox Versions,” *Ars Technica*, Nov. 29, 2016. http://arstechnica.com/security/2016/11/firefox-0day-used-against-tor-users-almost-identical-to-one-fbi-used-in-2013/

Goodman, Leah McGrath（2014）“The Face Behind Bitcoin,” *Newsweek*, Mar. 6, 2014. http://www.newsweek.com/2014/03/14/face-behind-bitcoin-247957.html

Granovetter, Mark S.（1973）“The Strength of Weak Ties,” *American Journal of Sociology*, 78, 1360-1380 =（2006）大岡栄美訳「弱い紐帯の強さ」野沢慎司編著『リーディングス ネットワーク論――家族・コミュニティ・社会関係資本』勁草書房，123-158.

Guevara, Marina Walker（2013）“ICIJ Releases Offshore Leaks Database Revealing Names Behind Secret Companies, Trusts,” *ICIJ*, June 14, 2013. https://www.icij.org/offshore/icij-releases-offshore-leaks-database-revealing-names-behind-secret-companies-trusts

Habermas, Jürgen（1990）*Strukturwandel der Öffentlichkeit : Untersuchungen zu einer Kategorie der bürgerlichen Gesellschaft*, Suhrkamp. =（1994）細谷貞雄・山田正行訳『公共性の構造転換――市民社会の一カテゴリーについての探究 第 2 版』未來社.

Haigh, Maria（2007）“Downloading Communism: File Sharing as Samizdat in Ukraine,” *Libri,* 57, 165-178.

Haigh, Thomas（2008）“The Web's Missing Links: Search Engines and Potals,” in Aspray,

William and Ceruzzi, Paul E. eds. (2008) *The Internet and American Business*, MIT Press, 159-199.
Hall, Edward (1966) *Hidden Dimension*, Double Day. = (1970) 日高敏隆・佐藤信行訳『かくれた次元』みすず書房.
Halsell, Grace (1986) *Prophecy and Politics : Militant Evangelists on the Road to Nuclear War*, Lawrence Hill & Co. = (1989) 越智美智雄訳『核戦争を待望する人びと――聖書根本主義派潜入記』朝日新聞社.
Hanlon, Michael (2010) "Just like out of a Bond film: Inside the astonishing subterranean WikiLeaks bunker," *Mail Online*, Dec. 9, 2010. http://www.dailymail.co.uk/news/article-1337014/WikiLeaks-bunker-Julian-Assanges-subterranean-Bond-villain-den.html (2016年12月19日アクセス)
Hannaford, Kat (2010) "Owner Of Segway Dies On Segway," *NPR*, Sept. 27, 2010. http://www.npr.org/sections/thetwo-way/2010/09/27/130153449/owner-of-segway-dies-on-segway = (2010) satomi 訳「セグウェイで川に転落死のセグウェイ社長」『Gizmodo Japan』2010年9月28日. http://www.gizmodo.jp/2010/09/post_7713.html
Hardin, Garrett (1968) "The Tragedy of the Commons," *Science* 162 (3859), 1243-1248.
Harfoush, Rahaf (2009) *Yes We Did! An Inside Look at How Social Media Built the Obama Brand*, New Riders Press. = (2010) 杉浦茂樹・藤原朝子訳『「オバマ」のつくり方――怪物・ソーシャルメディアが世界を変える』阪急コミュニケーションズ.
Havelock, Eric A. (1963) *Preface to Plato*, Harvard University Press.
Heidegger, Martin (1927) *Sein und Zeit*. = (2013) 熊野純彦訳『存在と時間 1・2・3・4』岩波書店.
Hepworth, Mike (1975) *Blackmail: Publicity and Secrecy in Everyday Life*, Routledge & Kegan Paul.
Hettinger, Edwin C. (1999) "Justifying Intellectual Property," *Philosophy and Public Affairs*, 18 (1), 31-52.
Himanen, Pekka (2001) *The Hacker Ethic, and the Spirit of the Information Age*, RandomHouse = (2001) 安原和見・山形浩生訳『Linuxの革命――ハッカー倫理とネット社会の精神』河出書房新社.
Himmelfarb, Gertrude (2006) *The Moral Imagination: From Edmund Burke to Lionel Trilling*, Ivan R. Dee.
Hock, Roger R. (2005) *Forty Studies That Changed Psychology : Explorations into the History of Psychological Research, 5th edition*, Pearson Prentice Hall. = (2007) 梶川達也・花村珠美訳『心理学を変えた40の研究――心理学の"常識"はこうして生まれた』ピアソン・エデュケーション.
Hughes, Justin (1988) "The Philosophy of Intellectual Property," *Georgetown Law Journal*, 77, 287-366.
IDA Ireland (2016)「アイルランドのIoT, ビッグ・データ, AI, Fin Tech技術の紹介」http://www.idaireland.jp/docs/2016.06.23-IDA-Presentation.pdf
Ingber, Stanley (1984) "The Marketplace of Ideas: A Legitimizing Myth," *Duke Law Journal*, 33, (1), 1-91.

Jacobs, Jane（1984）Cities and the Wealth of Nations : Principles of Economic Life, Random House.=（2012）中村達也訳『発展する地域 衰退する地域——地域が自立するための経済学』筑摩書房.

Johnson, Deborah（2001）Computer Ethics, 3rd edition, Prentice Hall. =（2002）水谷雅彦・江口聡監訳『コンピュータ倫理学』オーム社.

Johnson, Deborah G.（2009）*Computer Ethics, 4th edition*, Prentice Hall.

Josephson, Matthew（1959）*Edison,* Harold Ober Associates. =（1962）矢野徹・白石佑光・須山静夫訳『エジソンの生涯』新潮社.

Joy, Bill（2000）"Why the Future Doesn't Need Us," *Wired*, April 1, 2000. http://www.wired.com/2000/04/joy-2/

Kaliantra, Sofia（2016）"Using Aristotle's Theory of Friendship to Classify Online Friendship: A Critical Counterview," *Ethics and Information Technology,* 18, 65-79.

Kawaguchi Kanako and Kawaguchi Yukiko（2012）"What Does Google Street View Bring about? -Privacy, Discomfort and The Problem of Paradoxical Others," *Contemporary and Applied Philosophy*, 4, 19-34.

Keen, Andrew（2011）"Keen On... Sherry Turkle: Alone Together in the Facebook Age（TCTV）," *TechCrunch*, Feb. 15, 2011. http://techcrunch.com/2011/02/15/keen-on-sherry-turkle-alone-together-in-the-facebook-age-tctv/

Keynes, J. M.（1930）"Economic Possibilities for our Grandchildren," in *Essays in Persuasion.* =（2010）「孫の世代の経済的可能性」山岡洋一訳『ケインズ説得論集』日本経済新聞社, 205-220.

Klingberg, Torkel（2007）*Den Översvämmade Hjärnan: En Bok om Arbetsminne, IQ och Denstigande Informationsfloden,* Natur & Kultur Akademisk. =（2011）苧坂直行『オーバーフローする脳——ワーキングメモリの限界への挑戦』新曜社.

Kochetkova, Kate（2015）「ビッグデータを活用した犯罪捜査」『Kasperski Lab Daily』2015年4月24日. https://blog.kaspersky.co.jp/big-data-forensics/7382/

Koyré, Alexandre（1957）*From the Closed World to the Infinite Universe*, Johns Hopkins Press. = 横山雅彦訳（1973）『閉じた世界から無限宇宙へ』みすず書房.

Kozlowski, Michael（2012）「ソニー，欧州で50万台の電子書籍リーダーを販売」『IT media』2012年5月30日. http://ebook.IT media.co.jp/ebook/articles/1205/30/news041.html（原文記事の追跡は2016年5月13日現在不可のため邦訳記事のみ）

Kramera,Adam D. I., Guillory, Jamie E., and Hancock, Jeffrey T.（2014）"Experimental evidence of massive-scale emotional contagion through social networks," *Proceedings of the National Academy of Sciences of The United States of America*, 111（24）, 8788-8790, doi: 10.1073/pnas.1320040111.

Krazit, Tom（2009）"Advocates: Google Books can bridge digital divide," *CNET*, Sep. 3, 2009. http://www.cnet.com/news/advocates-google-books-can-bridge-digital-divide/ =（2009）中村智恵子・福岡洋一訳「書籍への平等なアクセスを求める団体が『Google Books』に支持を表明」『CNET News』2009年9月4日. http://japan.cnet.com/news/media/story/0,2000056023,20399434,00.htm?deqwas_inflow=relation&tag=deq:3

Kuflik, Arthur（1995）"Moral Foundation of Intellectual Property," in Deborah G. Johnson and

Helen Nissenbaum eds., *Computers, Ethics & Social Values*, Hall, 169–180.

Kuhn, Thomas S.（1957）*The Copernican Revolution : Planetary Astoronomy in the Development of Western Thought,* Harvard University Press. ＝常石敬一訳（1989）『コペルニクス革命——科学思想史序説』講談社 .

Kushner, David（2013）"The Real Story of Stuxnet: How Kaspersky Lab tracked down the malware that stymied Iran's nuclear-fuel enrichment program," *IEEE Spetrum,* Feb. 26, 2013. http://spectrum.ieee.org/telecom/security/the-real-story-of-stuxnet

La Rue, Frank（2011）"Report of the Special Rapporteur on the Promotion and Protection of the Right to Freedom of Opinion and Expression," Human Rights Council, Seventeenth session Agenda item 3, United Nations General Assembly, 16 May 2011.　http://www2.ohchr.org/english/bodies/hrcouncil/docs/17session/A.HRC.17.27_en.pdf

LaFrance, Mariane（2011）*Lip Service: Smiles in Life, Death, Trust, Lies, Work, Memory, Sex and Politics*, Brockman. ＝（2013）中村真訳『微笑みのたくらみ——笑顔の裏に隠された「信頼」「嘘」「政治」「ビジネス」「性」を読む』化学同人.

Lane, Edwsin（2014）"Google removes 12 BBC News links in 'right to be forgotten'," *BBC*, Aug. 19, 2014. http://www.bbc.com/news/technology-28851366

Langley, Adam（2001）"Freenet," in Oram, Andy, ed.（2001）*Peer-to-Peer: Harnessing the Power of Disruptive Technologies*, O'Reilly, 123–132.

Lazarsfeld, Paul Felix, Berelson, Bernard, and Hazel, Gaudet（1948）*The People's Choice: How the Voter Makes up his Mind in a Presidential Campaign,* Columbia University Press.

Leigh, David and Harding, Luke（with Ed Pilkington, Robert Booth and Charles Arthur）（2011）*Wikileaks: inside Julian Assange's War on Secrecy,* Guardian Books. ＝（2011）月沢李歌子・島田楓子訳『ウィキリークス——アサンジの戦争』講談社.

Lenz, Karl-Friedrich（2014）「『孤児著作物』等に関するドイツの最近立法」『青山法務研究論集』（8）, 1–19. https://www.agulin.aoyama.ac.jp/opac/repository/1000/16975/16975.pdf

Lessig, Lawrence（2001）*The Future of Ideas: The Fate of the Commons in a Connected World*, Random House. ＝（2002）山形浩生訳『コモンズ』翔泳社.

Lessig, Lawrence（2006）*Code Version 2.0,* Basic Books. ＝（2007）山形浩生訳『Code Version 2.0』翔泳社.

Lev-Ram, Michal（2011）"Zuckerberg: Kids under 13 should be allowed on Facebook," *Fortune,* May 20, 2011. http://fortune.com/2011/05/20/zuckerberg-kids-under-13-should-be-allowed-on-facebook/

Levy, Steven（2011）*In the Plex: How Google Thinks, Works, and Shapes Our Lives*, Simon and Schuster.

Lewis, Michael（2003）*Moneyball: The Art of Winning an Unfair Game*, W. W. Norton. ＝（2013）中山宥訳『マネー・ボール〔完全版〕』早川書房.

Libertore, Stacy（2015）"Minority Report is Here: Microsoft Reveals App that Can Predict Crimes in the Future - and Could Even Decide if Inmates Get Parole," *Dailymail*, Dec. 16, 2015. http://www.dailymail.co.uk/sciencetech/article-3362815/Minority-Report-Microsoft-says-developing-app-predict-crimes-future-decide-inmates-parole.html

Library Copyright Alliance（2015）"Google Books Litigation Family Tree" http://www.

librarycopyrightalliance.org/storage/documents/google-books-litigation-tree-16oct2015.pdf

Lih, Andrew（2009）*The Wikipedia Revolution : How a Bunch of Nobodies Created the World's Greatest Encyclopedia*, Hyperion ＝（2009）千葉敏生訳『ウィキペディア・レボリューション――世界最大の百科事典はいかにして生まれたか』早川書房.

Lippmann, Walter（1922）*Public Opinion*. ＝（1987）掛川トミ子訳『世論』岩波書店.

Liszt, Franz von（1905）"Der Zweckgedanke im Strafrecht," in *Ders Strafrechtliche Aufsätze und Vorträge*, Bd.1, Berlin, 126-179. ＝（1998）西村克彦訳「刑法における目的思想」『近代刑法の遺産（下）――ヘップ，フランツ・フォン・リスト，ユーイング』信山社，185-244.

Locke, John（1690）*Two Treatise of Government*. ＝（2010）加藤節訳『監訳 統治二論』岩波書店.

Lowi, Theodore J.（1969）*The End of Liberalism: Ideology, Policy, and the Crisis of Public Authority*, W. W. Norton. ＝（1981）村松岐夫監訳『自由主義の終焉――現代政府の問題性』木鐸社.

Lucas, Colin（1973）"Nobles, Bourgeois, and the Origins of the French Revolution," *Past and Present*, 60（1973）, 84-126.

Lyons, Dan（2011）"Hackers' Egypt Rescue: Get Protesters Back Online," *The Daily Beasts*, Feb. 1, 2011. http://www.thedailybeast.com/articles/2011/02/01/egypt-protests-hackers-work-to-get-demonstrators-back-online.html

Madison, James（1787）"The Same Subject Continued: The Union as a Safeguard Against Domestic Faction and Insurrection," November 22, 1787. ＝（1999）斎藤眞・中野勝郎訳「派閥の弊害と連邦制による匡正」『ザ・フェデラリスト』岩波書店，52-66.

Mansfield,Brian（2012）"Jermaine Jones disqualified from 'American Idol'," *USA Today*, Mar. 14, 2012. http://content.usatoday.com/communities/idolchatter/post/2012/03/jermaine-jones-disqualified-american-idol/1#.Vw2oQvmLTIV

Markoff, John（2006）*What the Dormouse Said: How the Sixties Counterculture Shaped the Personal Computer Industry*, Penguin. ＝服部桂訳（2007）『パソコン創世「第 3 の神話」――カウンターカルチャーが育んだ夢』NTT 出版.

Mathiesen, Kay（2013）"The Internet, Children, and Privacy: the Case against parental monitoring," *Ethics and Information Technology*, 15（4）, pp. 263-274.

Mayer-Schönberger, Viktor（2009）*Delete : the Virtue of Forgetting in the Digital Age*, Princeton University Press.

Mayer-Schönberger, Victor and Cukier, Kenneth（2013）*Big Data: A Revolution That Will Transform How We Live, Work, and Think*, Houghton Miffin Harcourt. ＝（2013）斎藤栄一郎訳『ビッグデータの正体――情報の産業革命が世界のすべてを変える』講談社.

McCarthy, Caroline（2011）"Court rejects Google Books settlement," *CNET*, March 22, 2011. http://www.cnet.com/news/court-rejects-google-books-settlement/=（2011）中村智恵子・高森郁哉訳「『Google Books』和解案、米連邦地裁が承認を拒否」『Cnet』2011 年 3 月 23 日．http://japan.cnet.com/news/business/35000760/

McFarland, Michael C., SJ（2001）"Intellectual Property, Information and the Common Good," in Richard A. Spinello and Herman T. Tavani eds.（2001）*Readings in Cyberethics*, Jones and Bartlett, 252-262.

McIntyre, Alasdair (1984) After Virture: A Study in Moral Theory, Second edition, University of Notre Dam Press. = (1993) 篠崎榮訳『美徳なき時代』みすず書房.

McIntosh, Neil (2015) "List of BBC Web Pages which Have Been Removed from Google's Search results," *BBC,* June 25, 2015. http://www.bbc.co.uk/blogs/internet/entries/1d765aa8-600b-4f32-b110-d02fbf7fd379

McIntosh, Neil (2016) "May 2016: List of BBC Web Pages which Have Been Removed from Google's Search Results," *BBC,* July 5, 2016. http://www.bbc.co.uk/blogs/internet/entries/b5963593-e7ca-4605-98fe-31f171874743

McLuhan, Marshall (1962) *The Gutenberg Galaxy : the Making of Typographic Man*, Routledge & Kegan Paul. = (1986) 森常治訳『グーテンベルクの銀河系——活字人間の形成』みすず書房.

McLuhan, Marshall (1964) *Understanding Media: The Extensions of Man*, McGraw-Hill. = (1987) 栗原裕・河本仲聖訳『メディア論——人間の拡張の諸相』みすず書房.

Merton, Robert K. (1957) *Social Theory and Social Structure, Revised Edition*, Free Press. = (1961) 森東吾・森好夫・金沢実・中島竜太郎訳『社会理論と社会構造』みすず書房.

Merton, Robert K. (1968a) *Social Theory and Social Structure, Enlarged Edition*, Free Press.

Merton, Robert K. (1968b) "The Matthew Effect in Science: The Reward and Communication Systems of Science," *Science* 999 (Jan. 5), 55-63.

Merton, Robert K. (1973) *The Sociology of Science : Theoretical and Empirical Investigations,* University of Chicago Press.

Merton, Robert K. (1988) "The Matthew Effect in Science, II: Cumulative Advantage and the Symbolism of Intellectual Property," *Isis* 79, 606-623.

Merton, Robert K. and Zuckerman, Harriet A. (1973) "Institutionalized Pattern of Evalutation in Science," in Merton, Robert K. (1973) *The Sociology of Science: Theoretical and Empirical Investigations*, The University of Chicago Press, 460-498.

Milgram, Stanley (1967) "The Small World Problem", *Psychology Today*, 1 (1), 60-67. = (2006) 野沢慎司・大岡栄美訳「小さな世界問題」, 野沢慎司編・監訳 (2006)『リーディングス ネットワーク論——家族・コミュニティ・社会関係資本』勁草書房, 97-117.

Mill, John Stuart (1859) *On Liberty*. = (1971) 塩尻公明・木村健康訳『自由論』岩波書店.

Millard, Andre (1990) *Edison and the Business of Innovation*, Johns Hopkins University Press. = (1998) 橋本毅彦訳『エジソン発明会社の没落』朝日新聞社.

Miller, Georey F. (2000) *The Mating Mind: How Sexual Choice Shaped the Evolution of Human Nature*, Doubleday. = (2002) 長谷川真理子『恋人選びの心——性選択と人間性の進化 I・II』岩波書店.

Miller, Jody Greenstone and Miller, Matt (2012) "The Rise of the Supertemp," *Harvard Business Review*, May 2012. https://hbr.org/2012/05/the-rise-of-the-supertemp = (2013)「高度なスキルを有し、プロジェクトごとに会社を異動するスーパーテンプ——ハイクラス人材の新たな働き方」『DIAMOND ハーバード・ビジネス・レビュー』2013年3月号. http://www.dhbr.net/articles/-/1728

Mills, Elinor (2005)「米作家協会, グーグルを提訴…『Print Library Project』は重大な著作権侵害」『CNET News』2005年9月21日. http://japan.cnet.com/news/media/20087371/

（原記事はリンク切れ）

Mills, Elinor（2009a）“EU seeks opinions on Google Books,” *CNET*, July 20, 2009. https://www.cnet.com/news/eu-seeks-opinions-on-google-books/ ＝（2009）「欧州委員会，『Google Books』和解案で論議へ…米報道」『CNET』2009 年 7 月 21 日．http://japan.cnet.com/news/media/20396922/

Mills, Elinor（2009b）“Antitrust concerns linger in Google Books deal,” *CNET*, Nov. 17, 2009. http://www.cnet.com/news/antitrust-concerns-linger-in-google-books-deal/

Milton, John（1644）*Areopagitica: The Readie and Easie Way to Establish a Free Commonwealth.* ＝（2008）原田純訳『言論・出版の自由――アレオパジティカ 他一篇』岩波書店.

Mizutani, Masahiko, Dorsey, James and Moor, James H.（2004）“The internet and Japanese conception of privacy,” *Ethics and Information Technology*, 6（2）, 121–128.

Moody, Glyn（2002）*Rebel Code: The Inside Story of Linux and the Open Source Revolution* , Basic Books.

Moore, Adam（2001）*Intellectual Property and Information Control: Philosophic Foundations and Contemporary Issues*, Transaction Publishers.

Moore, Adam（2008）“Personality-Based, Rule-Utilitarian, and Lockean Justifications of Intellectual Property,” in Himma, Kenneth Einar and Tavani, Herman T.（2008）*The Handbook of Information and Computer Ethics*, 105–130.

Moore, Barrington Jr.（1984）*Privacy : Studies in Social and Cultural History,* Sharpe.

Morse, Edward Sylvester（1972）*Japanese homes and their surroundings*, C.E. Tuttle. ＝（2004）斎藤正二・藤本周一訳『日本人の住まい』八坂書房.

Morse, Edward Sylvester（1917）*Japan Day by Day,* Houghton Mifflin. ＝（1970–1971）石川欣一訳『日本その日その日 1・2・3』平凡社.

Mueller-Langer, Frank and Scheufen, Marc（2011）“Just Google It! A Law and Economics Analysis of the Google Book Search Settlement,” *Review of Economic Research on Copyright Issues*, 8（1）, 7–50.

Mullan, John（2007）*Anonymity: A Secret History of English Literature*, Faber and Faber.

Mumford, Lewis（1961）*The City in History: Its Origins, Its Transformations, and Its Prospects*, Harcourt, Brace & World. ＝（1969）生田勉訳『歴史の都市，明日の都市』新潮社.

Mundy, John Hine（1985）“Medieval Urban Liberty,” in Davis, Richard W. ed.（1985）*The Origins of Modern Freedom in the West*, Stanford University Press, 101–134. ＝（2007）「中世都市における自由」『西洋における近代的自由の起源』慶應義塾大学法学研究会，139–187.

Munn, Nicholas John（2012）“The Reality of Friendship within Immersive Virtual Worlds,” *Ethics and Information Technology,* 14（1）, 1–10.

Murphy, Robert F.（1964）“Social Distance and the Veil,” *American Anthropologist*, 66, 1257–1274.

Nagel, Thomas（2004）*Concealment and Exposure: And Other Essays,* Oxford University Press.

Nakamoto, Satoshi（2009）“Bitcoin: A Peer-to-Peer Electronic Cash System.” https://bitcoin.org/bitcoin.pdf

National Highway Traffic Safety Administration, U.S. Department of Transportation（2016）

"Federal Automated Vehicles Policy : Accelerating the Next Revolution in Roadway Safety–September 2016". https://www.transportation.gov/AV/federal-automated-vehicles-policy-september-2016

National Highway Traffic Safety Administration, U.S. Department of Transportation（2017）"ODI Resume: PE16-007" https://static.nhtsa.gov/odi/inv/2016/INCLA-PE16007-7876.PDF

Netanel, Neil Weinstock（2008）*Copyright's Paradox*, Oxford University Press.

Nissenbaum, Helen（1999）"The Meaning of Anonymity in an Information Age," *The Information Society*, 15, 141-144.

Nock, Steven L.（1993）*The Costs of Privacy: Surveillance and Reputation in America*, Walter de Gruyter & Co.

Noorman, Merel and Johnson, Deboraha G.（2014）"Negotiating autonomy and responsibility in military robots," *Ethics and Information Technology*, 16（1）, 51–62.

Norman, Donald（1999）*The Invisible Computer : Why Good Products can Fail, the Personal Computer is so Complex, and Information Appliances are the Solution*, MIT Press. =（2009）岡本明・安村通晃・伊賀聡一郎訳『インビジブルコンピューター——PCから情報アプライアンスへ』新曜社.

Nozick, Robert（1974）*Anarcy, State, and Utopia*, Basic Books. =（2006）島津格訳『アナーキー・国家・ユートピア——国家の正当性とその限界』木鐸社.

Nussbaum, Martha（2006）*Hiding from Humanity: Disgust, Shame, and the the Law*, Princeton University Press. =（2010）河野哲也監訳『感情と法——現代アメリカ社会の政治的リベラリズム』慶應義塾大学出版会.

Obama, Barak（2006）*The Audacity of Hope*, Crown Publishers. =（2007）棚橋志行訳『合衆国再生——大いなる希望を抱いて』楓書店・ダイヤモンド社.

OK Go（2014）"I Won't Let You Down: Official Video." https://www.youtube.com/watch?v=u1ZB_rGFyeU

Olson, Parmy（2012）*We are Anonymous : Inside the Hacker World of Lulzsec, Anonymous, and the Global Cyber Insurgency*, Little Brown. =堀江貴文序文・監修，竹内薫訳（2013）『我々はアノニマス——天才ハッカー集団の正体とサイバー攻撃の内幕』ヒカルランド.

Ong, Walter J.（1982）Orality and Literacy : the Technologizing of the World, Methuen. =（1991）桜井直文・林正寛・糟谷啓介訳『声の文化と文字の文化』藤原書店.

Oram, Andy, ed.（2001）*Peer-to-Peer: Harnessing the Power of Disruptive Technologies,* O'Reilly.

O'Reilley, Tim（2011）"Government as a Platform," *Innovations*, 6（1）, 13-40. http://www.mitpressjournals.org/doi/abs/10.1162/INOV_a_00056#.V85E3JiLTIU

Otani, Takushi（2017）"Technology Transfer as a Dialogical Process Crossing the Pacific Ocean: Sony's Transistor Technology Transfer," *Historia Scientiarum*, 26（2）, 112-143.

Pariser, Eli（2011）*The Filter Bubble: What the Internet is Hiding From You*, Penguin. =（2012）井口耕二訳『閉じこもるインターネット——グーグル・パーソナライズ・民主主義』早川書房.

Pasquale, Frank（2015）*The Black Box Society: The Secret Algorithms That Control Money and Information*, Harvard University Press.

Perez, Juan Carlos（2008）"In Google Book Settlement, Business Trumps Ideals," *PCWORLD*,

Oct.30, 2008. http://www.pcworld.com/article/153085/article.html

Peston, Robert（2007）"Merrill's Mess," BBC Blogs, Oct.29, 2007. http://www.bbc.co.uk/blogs/thereporters/robertpeston/2007/10/merrills_mess.html

Peston, Robert（2014）"Why has Google Cast Me into Oblivion?" *BBC*, July 2, 2014. http://www.bbc.com/news/business-28130581

Pettegree, Andrew（2010）*The Book in the Renaissance*, Yale University Press. =（2015）桑木野幸司訳『印刷という革命――ルネサンスの本と日常生活』白水社.

Pinker, Steven（2003）*The Blank Slate : the Modern Denial of Human Nature,* Penguin. =（2004）山下篤子訳『人間の本性を考える 心は「空白の石版」か 上・中・下』日本放送出版協会.

Polanyi, Karl（1941（1957））*The Great Transformation : the Political and Economic Origins of our Time*, Beacon Press. =（1975）吉沢英成・野口建彦・長尾史郎・杉村芳美訳『大転換――市場社会の形成と崩壊』東洋経済新報社.

Polanyi, Karl（1977）*The Livelihood of Man, Academic Press.* =（1980）玉野井芳郎・栗本慎一郎・中野忠訳『人間の経済 1・2』岩波書店.

Posner, Richard（1983）*Economics of Justice*, Harvard University Press. =（1991）馬場孝一・國武輝久訳『正義の経済学――規範的法律学への挑戦』木鐸社.

Prosser, William（1960）"Privacy," *California Law Review*, 48（3）383-423.

喬良・王湘穂（1999）『超限战』解放军文艺出版社＝坂井臣之助・劉琦訳（2001）『超限戦 21世紀の「新しい戦争」』共同通信社.

Rachels, James（1975）"Why Privacy is Important," *Philosophy & Public Affairs*, 4（4）, 323-333.

Rainie,Lee and Wellman, Barry（2014）*Networked: The New Social Operating System*, MIT Press.

Raymond, Eric S.（2000）"The Cathedral and Bazaar." http://www.catb.org/~esr/writings/cathedral-bazaar/ =（2001）山形浩生訳・解説『伽藍とバザール』光芒社. 7-81.

Rheingold, Howard（1993）*The Virtual Community*, Addison-Wesley. =（1995）会津泉訳『バーチャルコミュニティ――コンピューター・ネットワークが創る新しい社会』三田出版会.

Rheingold, Howard（2002）*Smart Mobs: The Next Social Revolution*, Perseus. =（2003）公文俊平・会津泉監訳『スマートモブズ――〈群がる〉モバイル族の挑戦』NTT出版.

Richards, Neil（2015）*Intellectual Privacy: Rethinking Civil Liberties in the Digital Age*, Oxford Univesity Press.

Rifkin, Jeremy（2015）*The Zero Marginal Cost Society : the Internet of Things, the Collaborative Commons, and the Eclipse of Capitalism,* Palgrave Macmillan. =（2015）柴田裕之訳『限界費用ゼロ社会――「モノのインターネット」と共有型経済の台頭』NHK出版.

Rigney, Daniel（2010）*The Matthew Effect: How Advantage Begets Further Advantage,* Columbia University Press.

Robertson, Mark（2015）"Journal Publishing Models," 2015 Wiley Executive Seminar.

Rosenbach, Marcel and Stark, Holger（2011）*Staatsfeind WikiLeaks : Wie eine Gruppe von Netzaktivisten die Mächtigsten Nationen der Welt Herausfordert*, Deutsche Verlags-Anstalt. =（2011）赤坂桃子・猪股和夫・福原美穂子訳『全貌ウィキリークス』早川書房.

Rosnow, Ralph L. and Fine, Gary Alan（1976）*Rumor and Gossip: The Social Psychology of Hearsay,*

Elsevier Scientific Publishing. = (1982) 南博訳『うわさの心理学——流言からゴシップまで』岩波書店.
Ross, Michael W. (2014) "Do research ethics need updating for the digital age?: The Facebook emotional contagion study raises new questions," *Monitor on Psychology*, 45 (9) (Oct. 2014), 64. http://www.apa.org/monitor/2014/10/research-ethics.aspx
Rozak, Theodore (1986) *The Cult of Information: The Folklore of Computers and the True Art of Thinking*, Pantheon Books. = (1989) 成定薫・荒井克弘訳『コンピュータの神話学』朝日新聞社.
Rozenfeld, Monica (2014) "The Future of Crime Invention: Big Data Can Stop Criminals in Their Tracks," *The Institute*, (Sep. 2014), 8.
Sachar, Abram Leon (1964) *A History of Jews*, Alfred A. Knopf. = (2003) 滝川義人訳『ユダヤ人の歴史』明石書店.
Salus, Peter H. (1995) *Casting the Net: from ARPANET to Internet and Beyond*. Addison-Wesley.
Sanjek, Russell (1988) *American Popular Music and Its Business: The First four Hundred Years, Volume II From 1900 To 1984*, Oxford University Press.
Scanlon, Thomas (1975) "Thomson on Privacy," *Philosophy and Public Affairs*, 4, (4), 315-322.
Schmidt, Eric and Cohen, Jared (2013) *The New Digital Age : Reshaping the Future of People, Nations and Business*, John Murray. = (2014) 櫻井祐子訳『第五の権力—— Google には見えている未来』ダイヤモンド社.
Schoettle, Brandon and Sivak, Michael (2015) "A Preliminary Analysis of Real-World Involving Self-Driving Vehicles," The University of Michigan Transportation Research Institute, Oct. 2015. http://www.umich.edu/~umtriswt/PDF/UMTRI-2015-34.pdf
Shankland, Stephen (2009)「グーグル，除外通知期間の 60 日間延長を申請…書籍検索訴訟の和解案」『CNET Japan』2009 年 4 月 28 日. http://japan.cnet.com/news/media/20392458/ (2016 年 12 月 17 日現在原文へのアクセス不可)
Shepard, Aaron (2009) *Aiming at Amazon; The NEW Business of Self Publishing, or How to Publish Your Books with Print on Demand and Online Book Marketing on Amazon.com.*, Shepard Publications. = (2010) 佐々木俊尚監修，平林祥訳『私にはもう出版社はいらない——キンドル・POD・セルフパブリッシングでベストセラーを作る方法』WAVE 出版.
Shepardoson, David, Sage, Alexandria, and Woodall, Bernie (2016) "U.S. Opens Investigation in Tesla after Fatal Crash in Autopilot Mode," *Reuters*, July 1, 2016. http://www.reuters.com/article/us-tesla-investigation-idUSKCN0ZG2ZC
Shibutani, Tamotsu (1966) *Improvised news : a sociological study of rumor*, The advanced studies in the social sciences. = (1985) 広井脩・橋元良明・後藤将之訳『流言と社会』東京創元社.
Siegler, MG (2009) "Hey There! Tony La Russa Is Suing Twitter," *Techcrunch*, June 4, 2009. http://techcrunch.com/2009/06/04/hey-there-tony-la-russa-is-suing-twitter/ = (2009)「トニー・ラルーサ監督が Twitter を訴えたんだって」『Techcrunch』2009 年 6 月 05 日 http://jp.techcrunch.com/2009/06/05/20090604hey-there-tony-la-russa-is-suing-twitter/
Silver, Brenda R. (1979) "'Anon' and 'The Reader': Virginia Woolf's Last Essays," *Twentieth Century Literature*, 25 (3/4) (Virginia Woolf Issue, Autumn - Winter, 1979), 356-441.
Simmel, George (1957) *Brücke und Tür*, im Verein mit Margarete Susman ; Herausgegeben von

Michael Landmann, K. F. Koehler. ＝（2004）酒田健一・熊田義宣・杉野正・居安正訳『ジンメル著作集 12《新装復刊》橋と扉』白水社.

Simmel, Georg（1903）“Die Grosstadte und das Geistesleben”, *Brucke und Tur. Essays des Philosophen zu Geschichte, Religion, Kunst und Gesellschaft*, Koehler. ＝（1999）川村二郎編訳「大都会と精神生活」『ジンメル・エッセイ集』平凡社，173–200.

Singer, P.W.（2009）*Wired for War : the Robotics Revolution and Conflict in the 21st Century*, Penguin Press. ＝（2010）小林由香利訳『ロボット兵士の戦争』日本放送出版協会.

Smith, Anthony（1979）*The Newspaper : an International History*, Thames and Hudson. ＝（1988）千石紀訳『ザ・ニュースペーパー』新潮選書.

Solove, Daniel J.（2007）*The Future of Reputation: Gosship, Rumor, and Privacy on the Internet*, Yale University Press.

Solove, Daniel J.（2008）Understanding Privacy, Harvard University Press.=（2013）大谷卓史訳『プライバシーの新理論』みすず書房.

Solove, Daniel J.（2011）*Nothing to Hide : the false tradeoff between privacy and security,* Yale University Press.

Spar, Debora L.（2003）*Ruling the Waves: From the Compass to the Internet, a History of Business and Politics along the Technological Frontier*, Harvest Books.

Spector, Robert（2000）*Amazon.com: Get Big Fast-Inside the Revolutionary Business Model That Changed the World*, Harper ＝（2000）長谷川真実訳『アマゾン・ドット・コム』日経 BP 社.

Spielberg, Stephen（2002）*Minority Report*. ＝（2003）『マイノリティ・リポート 特別編［DVD］』20 世紀フォックス・ホーム・エンターテイメント・ジャパン．Standage, Tom（1998）*The Victorian Interent:The Remarkable Story of the Telegraph and the Nineteenth Century's on-Line Pioneers*, Walker & Company. ＝（2011）服部桂訳『ヴィクトリア朝時代のインターネット』NTT 出版.

Standage, Tom（1998）*The Victorian Internet : the Remarkable Story of the Telegraph and the Nineteenth Century's Online Pioneers*, Weidenfeld & Nicolson. ＝（2011）服部桂訳『ヴィクトリア朝時代のインターネット』NTT 出版.

StatCounter GlobalStat（2014）“Search Engine Market Share in Japan 2014, Jan to Dec 2014” http://gs.statcounter.com/search-engine-market-share/all/japan/2014

StatCounter GlobalStat（2015）“Search Engine Market Share in Japan 2015, Jan to Dec 2015” http://gs.statcounter.com/search-engine-market-share/all/japan/2015

StatCounter GlobalStat（2016）“Search Engine Market Share in Japan 2016, Jan to Dec 2016” http://gs.statcounter.com/search-engine-market-share/all/japan/2016

Stephenson, Neal（2002）*Cryptonomicon*, Avon. ＝（2002）中原尚哉訳『クリプトノミコン 4 データヘイブン』早川書房.

Stone, Brad（2009）“Amazon Erases Orwell Books From Kindle,” *New York Times* July 17, 2009 http://www.nytimes.com/2009/07/18/technology/companies/18amazon.html?_r=1

Stross, Randall E.（2008）*Planet Google : One Company's Audacious Plan to Organize Everthing We Know*, Free Press. ＝（2008）吉田晋治訳『プラネット・グーグル』日本放送出版協会.

Sunstein, Cass R.（2001）*Republic.com*, Princeton University Press. ＝（2003）石川幸憲『イン

ターネットは民主主義の敵か』毎日新聞社.
Sunstein, Cass R.（2009）*Republic.com 2.0,* Princeton University Press.
Taylor, Charles（1989）*Sources of the Self: the Making of the Modern Identity*, Harvard University Press. =（2010）下川潔・桜井徹・田中智彦訳『自我の源泉――近代的アイデンティティの形成』名古屋大学出版会 .
Tayler, Charles（1991）*The Ethics of Authenticity*, Harvard University Press. =（2004）田中智彦訳『「ほんもの」という倫理――近代とその不安』産業図書 .
Tesla Team（2016）"A Tragic Loss," *Tesla Blog*, June 30, 2016. https://www.tesla.com/blog/tragic-loss
Thaler, Richard H. and Sunstein, Cass R.（2008）*Nudge: Improving Decisions About Health, Wealth, and Happiness*, Yale University Press. =（2009）遠藤真美訳『実践行動経済学』日経 BP 社.
Thompson, Damian（2012）*The Fix: How Addiction is Invading Our Lives and Taking Over Your World*, Haper Collins. =（2014）中村京子訳『依存症ビジネス――「廃人」製造社会の真実』ダイヤモンド社.
Thomson, Judith Jarvis（1975）"The Right to Privacy," *Philosophy and Public Affairs*, 4, 295–314.
Tomasello, Michael（2009）*Why we cooperate : based on the 2008 Tanner Lectures on Human Values at Stanford*, MIT Press. =（2013）橋彌和秀訳『ヒトはなぜ協力するのか』勁草書房.
U.S. Department of Justice（2009）"Justice Department Submits Views on Proposed Google Book Search Settlement: Department Encourages the Parties to Continue Their Ongoing Discussions to Address Class Action, Copyright and Antitrust Concerns in the Proposed Settlement, September 18, 2009" https://www.justice.gov/opa/pr/justice-department-submits-views-proposed-google-book-search-settlement
U.S. Department of Justice（n.d.）"The USA PATRIOT Act: Preserving Life and Liberty," *Department of Justice Website*. https://www.justice.gov/archive/ll/highlights.htm 2016
Vaidhyanathan, Siva（2011）*The Googlization of Everything (And Why We Should Worry),* University California Press.
van den Hoven, M.J.（1997）"Privacy and the Varieties of Moral Wrong-doing in an Information Age", *Computers and Society,* 27（3）, 33–37.
van den Hoven, M.J.（2008）"Information Technology, Privacy, and the Protection of Personal Data," in van den Hoven, M.J. and Weckert, John eds.（2008）*Information Technology and Moral Philosophy,* Cambridge University Press, 301–321.
von der Heyden-Rynsch, Verena（1992）*Europäische Salons: Höhepunkte einer versunkenen wiblichen Kultur*, Artemis & Winker Verlag. =（1998）石丸昭二訳『ヨーロッパのサロン――消滅した女性文化の頂点』法政大学出版局.
Viala, Alain（1985）*Naissance de L'écrivain : Sociologie de La Littérature à L'âge Classique*, Éditions de Minuit. =（2005）塩川徹也・辻部大介訳『作家の誕生』藤原書店.,
Wagner, Kurt and Ray, Jason Del（2015）"Twitter Plans to Go Beyond Its 140-Character Limit," re/code, Sep. 29, 2015. http://recode.net/2015/09/29/twitter-plans-to-go-beyond-its-140-character-limit/
Warren, Samuel and Brandeis, Louis（1890）"The Right to Privacy," *Harvard Law Review*, 4（5）,

193-220.

Warwick, Kevin (n. d. a) "Project Cyborg 1.0," *Kevin Warwick Homepage*. http://www.kevinwarwick.com/project-cyborg-1-0/

Warwick, Kevin (n. d. b) "Project Cyborg 2.0," *Kevin Warwick Homepage*. http://www.kevinwarwick.com/project-cyborg-2-0/

Watson, Leon and Greenhill, Sam (2014) "Google Deletes Search Results About Millionaire Banker Blamed for Causing Financial Crisis and Referee who Lied as 'Right to be Forgotten' Kicks in on European Searches" Mail Online, July 2, 2014. http://www.dailymail.co.uk/news/article-2678376/Google-deletes-MailOnline-searches-lying-referee-right-forgotten-kicks-European-searches.html

Wegener, Daniel M. and Ward, Adrian F. (2013) "How Google is Changing Your Brain," *Scientific American*, 309 (6) (Dec. 2013), 58-61. ＝ (2014)「グーグル効果 ネットが変える脳」『日経サイエンス』44 (3) (2014 年 3 月号), 56-60.

Weinberg, Gerald M. (2008) *Perfect Software: and Other Illustrations about Testing*, Dorset House. ＝ (2010) 伊豆原弓訳『パーフェクトソフトウェア――テストにまつわる幻想』日経 BP 社.

Weiser, Mark (1991) "The Computer for the 21st Century," *Scientific American*, 265 (3) (Sep. 1991), 94-104.

Wellman, Barry and Haythornthwaite, Caroline, eds. (2002) *The Internet in everyday life*, Blackwell.

Westaway, Luke (2014) "Google right to be forgotten 'to get messy' after BBC story disappears," *CNET*, July 3, 2014 ＝ (2014) CNET 編集部訳「グーグルの『忘れられる権利』対応で波紋… BBC の記事削除を受け」『CNET』2014 年 7 月 4 日 http://japan.cnet.com/news/business/35050372/

Westin, Alan F. (1967) *Privacy and Freedom*, Atheneum.

Wiener, Norbert (1954) *The Human Use of Human Beings: Cybernetics and Society, 2nd ed.*, Anchor Books. ＝ (2014) 鎮目恭夫・池原止戈夫訳『人間機械論――人間の人間的な利用 第 2 版 新装版』みすず書房.

Wilson, Fred (2007) "John Stuart Mill," *Stanford Encyclopedia of Philosophy*. http://plato.stanford.edu/entries/mill/

Wyllie, Doug (2013) "How 'Big Data' is helping law enforcement," *PoliceOne.com*, Aug. 20, 2013. http://www.policeone.com/police-products/software/Data-Information-Sharing-Software/articles/6396543-How-Big-Data-is-helping-law-enforcement/

Young, Jeffrey R. (2012) "Inside the Coursera Contract: How an Upstart Company Might Profit From Free Courses," *The Chronicle of Higher Education*, July 19, 2012. http://chronicle.com/article/How-an-Upstart-Company-Might/133065/

Zetter, Kim (2007) "Rogue Nodes Turn Tor Anonymizer Into Eavesdropper's Paradise," WIRED, Sep. 10, 2007. https://archive.wired.com/politics/security/news/2007/09/embassy_hacks

Zetter, Kim (2013) "Report: NSA Was Granted Order to Snag Millions of Verizon Call Records for 3 Months," *WIRED*, June 5, 2013. https://www.wired.com/2013/06/nsa-verizon-call-records/ ＝ (2013) Nakamura Wataru 訳「国家による，大規模な米国民の通話情報収集が

明らかに」『WIRED』201 年 6 月 10 日．http://wired.jp/2013/06/10/nsa-verizon-call-records/
Zittrain, Jonathan L.（2008）*The Future of the Internet : and How to Stop It*, Yale University Press. ＝（2009）井口耕二訳『インターネットが死ぬ日――そして，それを避けるには』早川書房.
Zuckerman, Harriet A.（1968）“Patterns of Name-Ordering among Authors of Papers: A Study of Social Symbolism and its Ambiguity,” *American Journal of Sociology* 74（3）, 276-291.

邦　文

ACTIVE（2015）「インターネットバンキングに係るマルウェア（VAWTRAK）感染端末利用者に対する注意喚起について」2015 年 4 月 10 日．http://www.active.go.jp/active/news/info/entry-231.html
arg（2009）「2009-08-17（Mon）：第 1 回 ARG フォーラム「この先にある本のかたち」（長尾真 国会図書館長×金正勲・津田大介・橋本大也＋内田麻理香），無事開催」『Academic Resource Guide』2009 年 8 月 19 日．http://www.arg.ne.jp/node/5640
ICT 総研（2014）「2014 年度電子書籍コンテンツ市場動向調査」『ICT 総研』
http://ictr.co.jp/report/20141015000069.html
青池慎一・榊博文編著（2004）『現代社会心理学』慶應義塾大学出版会，95-96.
青木大我（2005a）「Google Print の図書館丸ごとデータベース計画，ついに法廷闘争へ」『Internet Watch』2005 年 9 月 22 日．http://internet.watch.impress.co.jp/cda/news/2005/09/22/9225.html
青木大我（2005b）「米出版業界団体が Google を提訴“図書館丸ごとデータベース計画”に反発」『Internet Watch』2005 年 10 月 20 日．http://internet.watch.impress.co.jp/cda/news/2005/10/20/9551.html
青柳武彦（2008）『情報化時代のプライバシー研究――「個の尊厳」と「公共性」の調和に向けて』NTT 出版.
赤木昭三・赤木富美子（2003）『サロンの思想史――デカルトから啓蒙思想へ』名古屋大学出版会.
浅川直輝（2013）「Suica 乗降履歴データの外部提供で問われるプライバシー問題… JR 東日本に聞く」『ITPro』2013 年 7 月 24 日．http://itpro.nikkeibp.co.jp/article/NEWS/20130724/493665/?ST = bigdata
蘆立順美（2004）『データベース保護制度論』信山社.
アスキー総合研究所（2009）「国内ユーザー 450 万人？ 『Twitter』のいまが知りたい」『ASCII.jp ×ビジネス』2009 年 12 月 9 日．http://ascii.jp/elem/000/000/484/484364/
東浩紀（2009）「グーグル問題」『東浩紀の渦状言論 はてな避難版』2009 年 4 月 24 日．http://d.hatena.ne.jp/hazuma/20090424/1240540706
阿部浩二（2001）「日本著作権法とフェア・ユースの理論」『コピライト』（482）（2001 年 6 月号），2-19.

参考文献（邦文）

網野善彦（1996）『無縁・公界・楽』平凡社.

網野善彦（2013）『日本中世都市の世界』講談社.

綾部恒雄監修・川北稔編（2005）『結社の世界史 4　結社のイギリス史——クラブから帝国まで』山川出版社.

綾部恒雄（2006）「世界最大の秘密結社 フリーメイソン」綾部恒雄監修編『結社の世界史 5 クラブが創った国アメリカ』山川出版社, 57-71.

綾部恒雄（2010）『秘密結社』講談社.

綾部広則（1997）「専門家／非専門家論に関する一つの方法論的試案」『STS NETWORK JAPAN Year Book 97』, 18-31.

新井紀子（2010）『コンピュータが仕事を奪う』日本経済新聞出版社.

新井紀子（2014）『ロボットは東大に入れるか』イースト・プレス.

安藤健二（2015）「ライブ中にドローンを摑んで負傷 エンリケ・イグレシアスさん（動画）」『Huffington Post』2015 年 6 月 2 日. http://www.huffingtonpost.jp/2015/06/01/enrique-iglesias-drone_n_7489436.html

安藤健二（2016）「Twitter が国内ユーザー数を初公表『増加率は世界一』」『The Huffington Post』2016 年 2 月 18 日. http://www.huffingtonpost.jp/2016/02/18/twitter-japan_n_9260630.html

ESQ（2015）「イスラム国（ISIS）に対するツイッター利用者の攻撃と海外からの評価」『BLOGOS』2015 年 1 月 25 日. http://blogos.com/article/104194/

Igaya, Chika（2015）「海老名市立図書館, 選書やり直しへ 武雄市図書館問題が『飛び火』」『Huffington Post』2015 年 9 月 18 日. http://www.huffingtonpost.jp/2015/09/18/ebinashi-library_n_8157396.html

井口加奈子（2005）「NBL-Square NBL-Times P2P ソフトウェアと著作権侵害…米最高裁 MGM 対グロクスター判決」『エヌ・ビー・エル』(815), 4-6.

池内恵（2015）『イスラーム国の衝撃』文藝春秋.（Kindle 版）

池谷勇人（2012）「ゲハブログ最大手「はちま起稿」が謝罪文を掲載, 管理人交代へ」『IT media』2012 年 1 月 16 日. http://nlab.IT media.co.jp/nl/articles/1201/16/news145.html

石井夏生利（2008）『個人情報保護法の理念と現代的課題——プライバシー権の歴史と国際的視点』勁草書房.

石井夏生利（2014）『個人情報保護法の現在と未来——世界的潮流と日本の将来像』勁草書房.

石井昴（2016）「未曽有の出版危機の正体——公立図書館との新たな共生の道を探る」『現代の図書館』54 (2), 68-72.

いちる（2010）「円谷エイプリルフール 2010『円谷ッター』まとめ」『小鳥ピヨピヨ』2010 年 4 月 7 日. http://kotoripiyopiyo.com/2010/04/tsuburayaaprilfool20100407.html

伊藤剛（2007）『マンガは変わる——“マンガ語り”から“マンガ論”へ』青土社.

伊東寛（2012）『「第 5 の戦場」——サイバー戦の脅威』祥伝社.

伊東寛（2016）『サイバー戦争論——ナショナルセキュリティの現在』原書房.

伊藤洋一（2003）「〈2002 年末の韓国（大統領選挙, ネット, そして人々の思い）-Cyberchat〉」『Y Caster 2.0』2003 年 1 月 24 日. http://arfaetha.jp/ycaster/chat/asia/korea2002.html

伊藤陽一・小川浩一・榊博文（1974a）「デマの研究…愛知県豊川信用金庫“取り付け”騒ぎの現地調査（概論・諸事実稿）」『総合ジャーナリズム研究』11 (3), 70-80.
伊藤陽一・小川浩一・榊博文（1974b）「デマの研究…愛知県豊川信用金庫“取り付け”騒ぎの現地調査（考察・分析編）」『総合ジャーナリズム研究』11 (4), 100-111.
井上忠司（1977）『「世間体」の構造——社会心理史への試み』日本放送出版協会.
井上忠司（2007）『「世間体」の構造——社会心理史への試み』講談社.
猪木武徳（2009）『大学の反省』NTT 出版.
今井秀樹編著（2006）『ユビキタス時代の著作権管理技術—— DRM とコンテンツ流通』東京電機大学出版局.
今岡直子（2015）「『忘れられる権利』をめぐる動向」『調査と情報』（854）（2015.3.10）http://dl.ndl.go.jp/view/download/digidepo_9055526_po_0854.pdf?contentNo=1
岩村充（2016）『中央銀行が終わる日——ビットコインと通貨の未来』新潮社.
インプレス総合研究所編（2016）『電子書籍ビジネス調査報告書 2016』インプレス.
Ueda Haruka（2010）「『10 時間も本は読まない』（ジョブズ，iPad のバッテリー駆動時間について）」『エンガジェット・ジャパン』2010 年 2 月 1 日．http://japanese.engadget.com/2010/01/31/10-ipad/
上野達弘（2007）「著作権法における権利制限規定の再検討——日本版フェアユースの可能性」『コピライト』（560）（2007 年 12 月号），2-29.
宇賀克也（2014）『番号法の逐条解説』有斐閣.
歌田明弘（2008）「DIGITAL PUBLISHING (63) 長尾眞氏の電子図書館構想」『出版ニュース』(2144), 29.
海野敦史（2015）『「通信の秘密不可侵」の法理——ネットワーク社会における法解釈と実践』勁草書房.
瓜知生（2011）「3 月 11 日，東日本大震災の緊急報道はどのように見られたのか」『放送研究と調査』2011 年 7 月，3-15.
AP 通信（2005）「8000 人を超える作家ら，著作権侵害でグーグルを提訴」『WIRED』2005 年 9 月 21 日．http://wired.jp/2005/09/21/8000%E4%BA%BA%E3%82%92%E8%B6%85%E3%81%88%E3%82%8B%E4%BD%9C%E5%AE%B6%E3%82%89%E3%80%81%E8%91%97%E4%BD%9C%E6%A8%A9%E4%BE%B5%E5%AE%B3%E3%81%A7%E3%82%B0%E3%83%BC%E3%82%B0%E3%83%AB%E3%82%92%E6%8F%90/
江川紹子（2013a）「【PC 遠隔操作事件】報じられない捜査の問題」『Yahoo!Japan ニュース』2013 年 3 月 27 日．http://bylines.news.yahoo.co.jp/egawashoko/20130327-00024083/
江川紹子（2013b）「【PC 遠隔操作事件】報じられてきた『決定的証拠』はなかった」『Yahoo!Japan ニュース』2013 年 7 月 11 日．http://bylines.news.yahoo.co.jp/egawashoko/20130711-00026343/
江川紹子（2014）「PC 遠隔操作事件を巡る自己検証」『Yahoo!Japan ニュース』2014 年 5 月 26 日．http://bylines.news.yahoo.co.jp/egawashoko/20140526-00035705/
江川紹子（2015）「江川紹子の『事件ウオッチ』第 31 回 非難轟々の【元少年 A の手記『絶歌』】で軽視される『言論の自由』と出版の意義」『Business Journal』2015 年 6 月 23 日．http://biz-journal.jp/2015/06/post_10453.html
江口聡（2001a）「知的所有権の正当化」加茂直樹編『社会哲学を学ぶ人のために』世界

思想社，250-260.
江口聡（2001b）「大衆メディア批判者としてのキェルケゴール」『新キェルケゴール研究』1, 82-101.
江口聡（2003）「フリーソフトウェア運動の倫理的含意」水谷雅彦・越智貢・土屋俊編『情報倫理の構築』新世社，123-131.
江崎浩（2007）『P2P 教科書』インプレス.
SE 編集部（2010）『僕らのパソコン 30 年史——ニッポン パソコンクロニクル』翔泳社.
榎並利博（2010）『共通番号（国民 ID）のすべて』東洋経済新報社.
NHK スペシャル「NEXT WORLD」制作班（2015）『NEXT WORLD ——未来を生きるためのハンドブック』NHK 出版.
江畑謙介（2003）「実証された米軍の RMA（軍事における革命）効果 イラク戦争の軍事的総括」『世界週報』84（17），6-11.
fut573（2010）「Twitter で起きたデマ流言まとめ 2」『情報の海の漂流者』2010 年 7 月 7 日. http://hatena.fut573.com/entry/20100707/twitter_dema2
江間有沙・秋谷直矩・大澤博隆・服部宏充・大家慎也・市瀬龍太郎・神崎宣次・久木田水生・西條玲奈・大谷卓史・宮野公樹・八代嘉美（2016）「運転・育児・防災活動，どこまで機械に任せるか——多様なステークホルダーへのアンケート調査」『情報管理』59（5）, 322-330.
MMD 研究所（2016）「2016 年電子書籍に関する利用実態調査　無料版レポート　調査期間／ 2016 年 2 月 29 日～ 3 月 2 日」.
遠藤誉（2012）『ネット大国中国——言論をめぐる攻防』岩波書店.
遠藤貢（2016）『崩壊国家と国際安全保障——ソマリアにみる新たな国家像の誕生』有斐閣.
大串夏身・常世田良（2014）『〈第 2 版〉図書館概論』学文社.
大谷卓史（2003）「P2P がインターネットを食い尽くす日」『ハッカージャパン』x(x)（2003 年 7 月号），12-33.
大谷卓史（2004）「Winny 開発者の逮捕は何を意味するのか？」『科学』vo. 74, no. 8, 935-938.
大谷卓史（2008）『アウト・オブ・コントロール——ネットにおける情報共有・匿名性・セキュリティ』岩波書店.
大谷卓史（2011）「著作権の哲学——著作権の倫理学的正当化とその知的財産権政策への含意」『吉備国際大学紀要（国際環境経営学部）』（21）, 1-24.
大谷卓史（2012a）「情報セキュリティ——脅威と脆弱性の社会的浸透」吉岡斉編集代表（2012a）『〔新通史〕日本の科学技術 世紀転換期の社会史 1995 年～ 2011 年 第 2 巻』原書房，587-613.
大谷卓史（2012b）「デジタル社会における機密保全の動揺——機密漏えいとプライバシー危機」吉岡斉編集代表（2012b）『〔新通史〕日本の科学技術　世紀転換期の社会史 1995 年～ 2011 年　別巻』原書房，154-176.
大谷卓史（2012c）「インターネット EC の生成と展開——社会史の試み」『吉備国際大学研究紀要（人文・社会科学系）』22, 59-82.
大谷卓史（2012d）「ウィキリークス・P2P・地下出版」『情報管理』55（7）, 524-527.

大谷卓史（2013a）「江戸時代における『板権』」『情報管理』55（11), 852-854.
大谷卓史（2013b）「日本における職業作家の誕生」『情報管理』55（12),932-934.
大谷卓史（2013c）「明治時代における版権と著作権」『情報管理』56（2), 120-122.
大谷卓史（2013d）「著作者と出版者の協力と競合」『情報管理』56（4), 255-257.
大谷卓史（2013e）「著作権の変容と芸術・テクノロジー」志田陽子編著『武蔵野美術大学造形研究センター研究成果報告書別冊　芸術と法』武蔵野美術大学, 113-122.
大谷卓史（2014a）「子どもに SNS（Social Networking Service）を使わせるべきなのか——最近の情報倫理学文献からの検討」『電子情報通信学会技術研究報告. SITE, 技術と社会・倫理』vol. 113, no. 442, 121-126.
大谷卓史（2014b）「SNS は世論を製造するか？」『情報管理』vo. 57, no. 6, 420-422. http://doi.org/10.1241/johokanri.57.420
大谷卓史（2014c）「動画共有サイトに MAD 動画を投稿してもよいだろうか」『改訂新版情報倫理入門』アイ・ケイコーポレーション, 129-145.
大谷卓史（2015a）「フィールド実験における技術者・工学者への信頼の役割——技術者倫理からの考察」『電子情報通信学会技術研究報告. SITE, 技術と社会・倫理』114（494), 273-278.
大谷卓史（2015b）「ユビキタスセンシングの向こうへ—— Ambient Intelligence の情報倫理」経済広報センター企業人派遣講座『二一世紀における科学技術と社会〜センシング技術の現状と展望』早稲田大学, 2015 年 12 月 21 日. http://www.slideshare.net/takushiotani/beyond-ubiquitous-sensing-information-ethics-of-ambient-intelligence
大谷卓史（2016a）「過去からのメディア論——過去から TSUTAYA 図書館を眺める」『情報管理』58（10), pp. 782-786. DOI: http://doi.org/10.1241/johokanri.58.782
大谷卓史（2016b）「プライバシーの多義性と文脈依存性をいかに取り扱うべきか——Nissenbaum の文脈的完全性と Solove のプラグマティズム的アプローチの検討」『吉備国際大学研究紀要人文・社会科学系』26, 41-62.
大谷卓史（2016c）「『自己像の同一性』の利益とプライバシー : “Scored Society” の歩き方」『電子情報通信学会技術研究報告 = IEICE technical report : 信学技報（技術と社会・倫理)』115（481), 285-290.
大谷卓史（2016d）「Facebook は大統領選を左右してもよいか——情報倫理学からの視点」『情報管理』59（264), 264-267.
大谷卓史（2016e）「メディアの現在史 76 電子書籍読み放題サービス」『みすず』(653)（2016 年 10 月号), 2-3.
大谷卓史（2016f）「ダークウェブ——インターネットアンダーグラウンド今昔」『情報管理』59（8), 557-560.
大谷卓史（2017a）「過去からのメディア論　『言論の自由市場』再論」『情報管理』59（10), 699-701.
大谷卓史（2017b）「過去からのメディア論　インターネット上の死者の記憶」『情報管理』59（12), 859-862.
大谷卓史（印刷中）「技術と社会・倫理」電子情報通信学会（印刷中）『電子情報通信学会百年史』電子情報通信学会.
大塚正雄（2005）『図書館員選書 21 公立図書館の経営 補訂版』日本図書館協会.

参考文献（邦文）

大塚裕史・十河太朗・塩谷毅・豊田兼彦（2016）『基本刑法 1　総論 第2版』日本評論社.
大槻久（2014）『協力と罰の生物学』岩波書店.
大貫聡子（2013）「2ちゃんねる個人情報流出の波紋――『書き込み主』特定の戦慄」『アエラ』2013年9月23日号, 63.
大豆生田崇志（2016）「マイナンバーカード管理システムの不具合, J-LISが障害原因を特定」『ITPro』2016年4月28日. http://itpro.nikkeibp.co.jp/atcl/news/16/042801270/?rt=nocnt
大屋雄裕（2007）『自由とは何か――監視社会と「個人」の消滅』筑摩書房.
大屋雄裕（2014a）『自由か, さもなくば幸福か？ 二一世紀の〈あり得べき社会〉を問う』筑摩書房.
大屋雄裕（2014b）「平成25年度 全国知事会 自主調査研究委託事業　政策の影響範囲と条例制定権の関係　平成26年3月」http://www.nga.gr.jp/ikkrwebBrowse/material/files/group/2/h26%20oya.pdf
岡聡（2015）「『絶歌』の出版について 2015. 6. 17」『太田出版 OHTABOOKS.COM』http://www.ohtabooks.com/press/2015/06/17104800.html
岡田敏一（2013）「『匿名コメント』廃止に踏み切った米メディアの“判断”」『MSN産経ニュース』2013年10月6日. http://www.sankei.com/west/news/131006/wst1310060053-n1.html
岡田直之（1985）「マス・コミュニケーションの過程――『コミュニケーションの2段階の流れ』仮説をめぐって」『コミュニケーション学紀要』3, 41-60.
岡田仁志・高橋郁夫・山崎重一郎（2015）『仮想通貨――技術・法律・制度』東洋経済新報社.
岡田有花（2009）「“日本版Kindle” なるか　auの『読書ケータイ』を写真でチェック」『ITmedia』2009年5月25日. http://www.ITmedia.co.jp/news/articles/0905/25/news048.html
岡田有花（2012）「『大きなミスを犯してしまった』――楽天koboに何が起きたのか」『ITmediaニュース』2012年7月25日. http://www.ITmedia.co.jp/news/articles/1207/25/news106.html
岡村久道（2015）『番号利用法――マイナンバー制度の実務』商事法務.
岡村久道（2016）『個人情報保護法の知識 第3版』日本経済新聞出版社.
岡村光章（2011）「東日本大震災における災害情報提供について――メディアの特徴的変化と今後の課題―」『レファレンス』2011年9月, 3, 51-65.
興山英雄（2015）「大批判の渦中, ツタヤ図書館が身内の中古書店から“無用の100円本”を大量購入」『週プレNEWS』2015年9月7日. http://wpb.shueisha.co.jp/2015/09/07/53198/
荻上チキ（2011a）「東北地方太平洋沖地震, ネット上でのデマまとめ」『荻上式BLOG』2011年3月12日. http://d.hatena.ne.jp/seijotcp/20110312/p1
荻上チキ（2011b）「東北地方太平洋沖地震, ネット上でのデマまとめ その4」『荻上式BLOG』2011年3月19日. http://d.hatena.ne.jp/seijotcp/20110319/p1
荻上チキ（2011c）『検証 東日本大震災の流言・デマ』光文社.
奥田太郎（2000）「情報化時代におけるプライバシーと道徳的不正行為」水谷雅彦編『情

報倫理学研究資料集 II』京都大学文学研究科，174-179.（van den Hoven（1997）の抄訳）
奥田喜道編著（2015）『ネット社会と忘れられる権利　個人データ削除の裁判例とその法理』現代人文社.
小倉欣一（2007）『ドイツ中世都市の自由と平和――フランクフルトの歴史から』勁草書房.
小倉秀夫・金井重彦（2013）『著作権法コンメンタール』レクシスネクシス・ジャパン.
苧阪満里子（2014）『もの忘れの脳科学』講談社ブルーバックス.
おさだこうじ（2011）「【拡散希望】を疑え！ 東日本大震災でのデマツイートやチェーンメールを考える」『ガジェット通信』2011 年 3 月 23 日．http://getnews.jp/archives/105904
小沢コージ（2016）「小沢コージのビューティフルカー【テスラ・オートパイロット】小沢もショック，衝撃の自動運転時代!!」『日経トレンディネット』2016 年 01 月 15 日.
http://trendy.nikkeibp.co.jp/atcl/column/15/1031823/011300011/?rt = nocnt
小田光雄（n. d.）『出版・読書メモランダム』http://d.hatena.ne.jp/OdaMitsuo/
小田光雄（1999）『出版社と書店はいかにして消えていくか――近代出版流通システムの終焉』論創社.
小田光雄（2009）『出版状況クロニクル』論創社.
小田光雄（2010）『出版状況クロニクル〈2〉2009 年 4 月 − 2010 年 3 月』論創社.
小田光雄（2012a）『出版状況クロニクル〈3〉2010 年 3 月 − 2011 年 12 月』論創社.
小田光雄（2012b）「2012-04-01 出版状況クロニクル 47（2012 年 3 月 1 日～ 3 月 31 日）」『出版・読書メモランダム』http://d.hatena.ne.jp/OdaMitsuo/20120401
折田明子（2008）「リンク不能性の観点による匿名性の分類と活用――匿名性の高い実名と匿名性の低い仮名」『電子情報通信学会コミュニティ活性化時限研究専門委員会（CoA: CommunityActivation）研究会予稿』19-24.
怪盗らんま（2011）「東ドイツはピクニック．日本は『お台場おさんぽ』から」『ガジェット通信』2011 年 9 月 16 日．http://getnews.jp/archives/141843
風間立信（2015）「新たな国際課税ルールを策定『BEPS プロジェクト』の取組と概要」『ファイナンス』51 (8), 2-9.
加戸守行（2013）『著作権法逐条講義 六訂新版』著作権情報センター.
加藤尚武（1991）『環境倫理学のすすめ』丸善.
加藤尚武・児玉聡編（2016）『徳倫理学基本論文集』勁草書房.
加藤雅信（2001）『「所有権」の誕生』三省堂.
加藤祐介（2016）「刈谷市で決めたスマホルールの成果と課題～スマホおきなわルールシンポジウム」スマホおきなわルールづくりシンポジウムの開催――家族で決めよう適切な使い方，2016 年 2 月 14 日，於・沖縄県立総合教育センター．http://ryukyushimpo.jp/archives/002/201602/%E3%80%90%E3%82%B9%E3%83%9E%E3%83%9B%E3%82%D7%E3%83%B3%E3%83%9D20160214%E3%83%AC%E3%82%B8%E3%83%A5%E3%83%A1%E3%80%91%E9%9B%81%E3%81%8C%E9%9F%B3%E4%B8%AD%E5%AD%A6%E6%A0%A1%E5%8A%A0%E8%97%A4%E7%A5%90%E4%BB%8B%E6%B0%8F.pdf
金子勇（2005）『Winny の技術』翔泳社.
鎌田博樹（2010a）「アマゾン vs. マクミラン（1）：E-Book の価格問題」『EBook2.0Forum』

2010年2月3日．http://www.ebook2forum.com/2010/02/amazon-versus-macmillan-1/
鎌田博樹（2010b）「アマゾンvs.マクミラン（2）：agency modelの幻想」『EBook2.0Forum』2010年2月4日．http://www.ebook2forum.com/2010/02/amazon-versus-macmillan-2/
上村圭介（2006）「クリエイティブ・コモンズ――コンテンツの自由な共有のためのプラットフォーム」『情報の科学と技術』56 (6), 272-276.
川上善郎（1997a）「うわさ概論――なぜ噂が流れるのか」川上善郎・佐藤達哉・松田美佐（1997）『うわさの謎』日本実業出版社，26-59.
川上善郎（1997b）「うわさの噂――バラエティに富む噂」川上善郎・佐藤達哉・松田美佐（1997）『うわさの謎』日本実業出版社，12-24.
川上善郎・佐藤達哉・松田美佐（1997）『うわさの謎』日本実業出版社.
川上正史・高橋正己（2013）「Suicaシステムについて」『鉄道と電気技術』24 (5), 3-8.
川上泰徳（2011）『岩波ブックレット No. 809 現地発エジプト革命 中東民主化のゆくえ』岩波書店.
川北稔（2005）「開かれた社交・閉じられた社交――コーヒーハウスからクラブへ」，綾部恒雄監修・川北稔編（2005）『結社の世界史4　結社のイギリス史――クラブから帝国まで』山川出版社，86-105.
川口嘉奈子（2014）「ユビキタス社会とプライバシー」土屋俊監修（2014）『情報倫理入門』アイ・ケイコーポレーション，87-108.
川口由紀子（2014）「情報技術者の責任」土屋俊監修（2014）『情報倫理入門』アイ・ケイコーポレーション，203-220.
河原温（1996）『世界史リブレット23 中世ヨーロッパの都市世界』山川出版社.
神崎洋治（2016）「【神崎洋治のロボットの衝撃vol. 27】人工知能ロボット「Pepper」の感情生成エンジンのしくみとメカニズム」『ロボスタ』2016年6月28日．http://robotstart.info/2016/06/28/kozaki_shogeki-no27.html
喜多千草（2012）『インターネットの思想史』青土社.
北岡弘章（2007）「北岡弘章の『知っておきたいIT法律入門』 Winny著作権法違反幇助事件判決（5）捜査を困難にする『もの』は問題視される」『ITPro』2007年6月8日．http://itpro.nikkeibp.co.jp/article/COLUMN/20070605/273610/?rt=nocnt
北川善太郎（2003）『コピーマート――情報社会の法基盤』有斐閣.
北川東子（1997）『現代思想の冒険者たち01 ジンメル 生の形式』講談社.
北嶋武彦編著（2005）『新訂 図書館概論』東京書籍.
北田暁大（2005）『嗤う日本のナショナリズム』日本放送出版協会.
kitahashi-ryoichi（2015）「Suicaのシステムがいかにすごいか仕組みを徹底解説」『炎と硝煙にむせる開発現場から』2015年11月19日．http://tatase.hatenadiary.jp/entry/2015/11/09/%E4%BB%8A%E3%81%AE%E3%82%A8%E3%83%B3%E3%82%B8%E3%83%8B%E3%82%A2%E3%81%8C%E5%AD%A6%E3%81%B6%E3%81%B9%E3%81%8DSuica%E3%81%AE%E3%82%B7%E3%82%B9%E3%83%86%E3%83%A0%E3%81%AE%E5%87%84%E3%81%95
北村行夫（2007）「ストレージ・サービスを著作権侵害と認定――『MYUTA』事件判決」『コピライト』47 (559)（2007年11月），28-35.
北村豊（2009）「中国政府が頭を抱える『大卒生の就職問題』『大卒＝エリート』は，も

う過去の話」『日経ビジネス On Line』2009年6月12日．http://business.nikkeibp.co.jp/article/world/20090609/197127/?rt=nocnt
木戸蓊（1990）『激動の東欧史』中央公論社.
城所岩夫（2005）「スピーチ『米国最高裁のソニー・ベータマックス判決見直し』」『日本デジタルコア』．http://www.nikkei.co.jp/digitalcore/report/050422/01.html
城所岩生（2013）『著作権法がソーシャルメディアを殺す』PHP研究所.
城所岩生（2016a）「教育機関の著作物利用とフェアユース」ICT CONNECT21 学習資源・データ利用 SWG，2016年10月29日，於，慶應義塾大学.
城所岩生（2016b）『フェアユースは経済を救う――デジタル覇権戦争に負けない著作権法』インプレス R&D．（Kindle 版）
木下富雄（1999）「現代の噂から口頭伝承発生のメカニズムを探る」佐藤達哉編『現代のエスプリ別冊 流言，うわさ，そして情報 うわさの研究集大成』至文堂，13-30.
清原聖子（2010）「日本におけるインターネット選挙運動導入に向けた検討…2008年米国大統領選挙の事例から何をまなべるのか？」『InfoCom review』（51), 15-26.
京都市（2015）「『京都市廃棄物の減量及び適正処理等に関する条例』の改正について 2015年4月7日」 http://www.city.kyoto.lg.jp/kankyo/page/0000180454.html
金城珠代（2012）「脱原発で盛り上がれ～　そのまま『合コン』『婚活』も！」『アエラ』25（32）（2012年7月30日号），60-61.
技術検討ワーキンググループ（2013）「技術検討ワーキンググループ報告書　2013/12/10」．http://www.kantei.go.jp/jp/singi/it2/pd/dai5/siryou2-1.pdf
久我山徹（2012）「2ch『ステマ』戦争 人気板が住民大移動で一気に縮小，その背景の事情と心情」『ITmedia』2012年1月13日．http://www.ITmedia.co.jp/news/articles/1201/13/news070.html
久我山徹（2014）「『サーバーを確保しました』『2ちゃんねる』に何が起きたのか 運営費がひっ迫？」『ITmedia』2014年2月19日．http://www.ITmedia.co.jp/news/articles/1402/19/news151.html
栗本慎一郎（2013）『経済人類学』講談社.
経済産業省経済産業政策局（2015）「ビッグデータ・人工知能がもたらす 経済社会の変革」2015年4月21日．http://www.meti.go.jp/committee/kenkyukai/sansei/kaseguchikara/pdf/010_03_03.pdf
経済産業省経済産業政策局（2016）『第4次産業革命への対応の方向性 領域横断型の検討課題――人材・教育 平成28年1月』．http://www.meti.go.jp/committee/sankoushin/shin_sangyoukouzou/pdf/005_04_02.pdf
経済産業省産業構造審議会（2016a）『新産業構造ビジョン 中間整理 平成28年4月27日』2016年4月27日．http://www.meti.go.jp/committee/sankoushin/shin_sangyoukouzou/pdf/008_04_00.pdf
経済産業省産業構造審議会（2016b）『「新産業構造ビジョン」――第4次産業革命をリードする日本の戦略 産業構造審議会 中間整理 平成28年4月27日』2016年4月27日．http://www.meti.go.jp/committee/sankoushin/shin_sangyoukouzou/pdf/008_05_01.pdf
警察庁（2002）『平成14年版 警察白書 我が国の治安回復に向けて――厳しさを増す犯罪情勢への取組み』警察庁.

参考文献（邦文）

警察庁（2016）「東日本大震災に伴う警察措置 平成28年3月」．https://www.npa.go.jp/archive/keibi/biki/keisatsusoti/zentaiban.pdf
警視庁（2015）「ネットバンキングウイルス無力化作戦について」．http://www.keishicho.metro.tokyo.jp/haiteku/haiteku/haiteku504.htm 2015年5月8日アクセス．（現在はリンク切れ）
小泉仰（1997）『J. S. ミル』研究社．
coldcup（2012）「2ちゃんねる 5つのコピペブログが名指しされた経緯ログ」『coldcupのメモ』2012年6月4日．http://d.hatena.ne.jp/coldcup/20120604/p1
国際社会経済研究所監修（2007）『ネット戦争——サイバー空間の国際秩序』NTT出版．
国土交通省（n. d.）「4．改正航空法に関するよくあるご質問や条文などの資料について」『国土交通省』．http://www.mlit.go.jp/koku/koku_fr10_000043.html
国立国会図書館（2009）「EU，Googleブック検索和解に関連して出版社等と会合開催か」『カレント・アウェアネス・ポータル』2009年7月22日．http://current.ndl.go.jp/node/13757
国立国会図書館（2010）「国立国会図書館における資料デジタル化の取組と課題 平成22年12月20日」．http://www.kantei.go.jp/jp/singi/titeki2/tyousakai/contents_kyouka/2011/dai4/siryou2_3.pdf
国立情報学研究所監修，土屋俊・安達淳・高野明彦著（2003）『情報学シリーズ6 電子ジャーナルで図書館が変わる』丸善．
国領二郎（1999）『オープン・アーキテクチャ戦略——ネットワーク時代の協働モデル』ダイヤモンド社．
小島秀夫（2010）「中立的行為による幇助…故意帰属の観点から」『刑法雑誌』50 (1), 23-30.
小島秀夫（2015）『幇助犯の規範構造と処罰根拠』成文堂．
小谷卓也・Keys, Phil（2009）「特集 電子書籍 メジャーへのページをひらく」『日経エレクトロニクス』no. 1007（2009年6月29日号），33-57．
小谷真理（1994）『女性状無意識（テクノガイネーシス）』勁草書房．
子どもとネットを考える会（n. d.）「スマホの利用制限を宣言している地域」．http://www.safewebkids.net/document-introduction/regulation
小林恭子・白井聡・塚越健司・津田大介・八田真行・浜野喬士・孫崎享（2011）『日本人が知らないウィキリークス』洋泉社．
小林哲（2011）「中国でデモ計画 きょう13都市，ネット通じ」『朝日新聞』2011年2月20日朝刊4頁．
小林登志子（2005）『シュメル——人類最古の文明』中央公論新社．
小林弘人（2011）「【特別寄稿】日本のメディアが変わった10日間 小さなメディアの大きな力」『現代ビジネス』2011年3月24日．http://gendai.ismedia.jp/articles/-/2308
コンピュータソフトウェア著作権協会（2013）「ファイル共有ソフトのユーザーが大きく減少——『ファイル共有ソフトの利用実態調査（クローリング調査）』結果 2013年2月22日」．http://www2.accsjp.or.jp/activities/201224/news39.php
斎藤哲也（2011a）「著者に聞く『2万人の固定ファンがいれば好きなことができる．できないのなら，それはシステムのせいです』 異例のヒット『思想地図β』編集長，東浩

紀氏に聞く その1」『日経ビジネスONLINE』2011年3月4日．http://business.nikkeibp.co.jp/article/life/20110223/218572/
斎藤哲也（2011b）「著者に聞く『金を持った人に読ませる努力をしなければ，どんなにありがたい言論も続くわけがない』 異例のヒット『思想地図β』編集長，東浩紀氏に聞く その1」『日経ビジネスONLINE』2011年3月11日．http://business.nikkeibp.co.jp/article/life/20110225/218624/
斎藤哲也（2011c）「著者に聞く『こんなところ客は来ないと言われたけど，ちゃんと購買層がいるのが確認できたんです』 異例のヒット『思想地図β』編集長，東浩紀氏に聞く その3」『日経ビジネスONLINE』2011年3月18日．http://business.nikkeibp.co.jp/article/life/20110225/218625/
斉藤博（2007）『著作権法 第3版』有斐閣．
斉藤博（2014）『著作権法概論』勁草書房．
斎藤美和編（2006）『編集者 齋藤十一』冬花社．
佐伯仁志（1984）「プライヴァシーと名誉の保護（1）～（4・完）」『法学協会雑誌』101(7-9)．
酒井啓子（2011）「チュニジア・ジャスミン革命の『意外』性」『ニューズウィーク』ネット版2011年1月20日．http://www.newsweekjapan.jp/column/sakai/2011/01/post-274.php
坂上康博（2001）『日本史リブレット58 スポーツと政治』山川出版社．
坂本賢三（1978（2008））『科学思想史』岩波書店．
坂本賢三（1987）『先端技術のゆくえ』岩波書店．
阪本俊生（2009）『ポスト・プライバシー』青弓社．
阪本昌成（1986）『プライヴァシー権論』日本評論社．
作花文雄（2008）『著作権法 制度と政策 第3版』発明協会．
作花文雄（2010）『詳解著作権法 第4版』ぎょうせい．
札幌市（n.d.）「協議会におけるマナー改善の取組状況」．https://www.city.sapporo.jp/seiso/gomistation/kyodo_kyogikai/index.html
札幌市環境局環境事業部（2013）『これで解決！ ごみステーション問題――札幌市ごみパト隊ガイド』札幌市環境局環境事業部業務課．https://www.city.sapporo.jp/koho/pamphlet/documents/00_gomi_pato.pdf
佐藤賢一（2005）『そして数は遙かな海へ…東アジアの数理科学史』北樹出版．
佐藤健二（1995）『流言蜚語』有信堂．
佐藤秀峰（2012）『漫画貧乏』佐藤漫画製作所／漫画onWeb．
佐藤達哉（1997）「うわさの検証――流言としての当たり屋チラシ」川上善郎・佐藤達哉・松田美佐（1997）『うわさの謎』日本実業出版社，204-241．
佐藤達哉（1999）「一九九六年春，福島での当たり屋情報」佐藤達哉編『現代のエスプリ別冊 流言，うわさ，そして情報 うわさの研究集大成』至文堂，64-79．
サトウタツヤ（2004）「うわさとパニック」『立命館人間科学研究』7, 193-203. http://www.ritsumeihuman.com/uploads/publication/ningen_07/193-203sato.pdf
佐藤広英・吉田富二雄（2008）「インターネット上における自己開示…自己－他者の匿名性の観点からの検討」『心理学研究』78 (6), 559-566.

参考文献（邦文）

佐藤勇馬（2012）「2ちゃんねるが『まとめブログ』に転載禁止を通知したワケ」『メンズサイゾー』2012年6月4日．http://www.menscyzo.com/2012/06/post_4132.html
佐藤慶浩（2016）「情報法制研究会第4回シンポジウム　国際規格動向　2016年6月12日」情報法制研究会第4回シンポジウム，2016年6月12日，於，一橋大学一橋講堂．http://www.dekyo.or.jp/kenkyukai/data/4th/20160612_Doc4-3.pdf
satoru.net（2014）「【安部銃蔵】真犯人の名乗る人物からのまたメール（全文＋ヘッダー）」『Satoru.net』2014年6月1日．http://d.hatena.ne.jp/satoru_net/20140601/1401561600
椎橋章夫（2005）「ICカード乗車券システムにおける自律分散高速処理技術とそのアプリケーション」『計測自動制御学会産業論文集』4(7), 41-49. http://www.sice.jp/ia-j/papers/jitk6-20050722-1305.pdf
JPCERT（n. d. a）「JPCERT/CCに関してよくある質問と答え――『組織概要』に関してよくある質問と答え」．http://www.jpcert.or.jp/faq.html#q01
JPCERT（n. d. a）「セキュリティインシデントとJPCERT/CC歴史年表（～2006）」．https://www.jpcert.or.jp/magazine/10th/index.html
塩澤一洋（1999）「『一時的蓄積』における複製行為の存在と複製物の生成」『法学政治学論究』43, 213-245.
志賀櫻（2013）『タックスヘイブン』岩波新書．（Kindle版）
志賀櫻（2014）『タックスイーター』岩波新書．（Kindle版）
執行文子（2011a）「東日本大震災・ネットユーザーはソーシャルメディアをどのように利用したのか」『放送研究と調査』2011年8月，1-13.
執行文子（2011b）「東日本大震災・被災者はメディアをどのように利用したのか――ネットユーザーに対するオンライングループインタビュー調査から」『放送研究と調査』2011年8月，18-30.
柴田克己（2012）「Tポイントの会員データ分析から企業は何を知るのか」『ZDNetジャパン』2012年06月11日．http://japan.zdnet.com/article/35018019/
柴田三千雄（2007）『フランス革命』岩波書店．
柴野京子（2009）『書棚と平台――出版流通というメディア』弘文堂．
柴野京子（2010）「グーグル問題とは何か」長尾真・遠藤薫・吉見俊哉編著（2010）『書物と映像の未来』岩波書店，19-33.
島並良・上野達弘・横山久芳（2016）『著作権法入門［第2版］』有斐閣．
清水幾太郎（1937（2011））『流言蜚語』筑摩書房．
清水勉・桐山桂一（2012）『「マイナンバー法」を問う』岩波書店．
清水真（2009）「東欧旧社会主義国におけるメディア利用に関する考察」『応用社会学研究』(51)，49-64.
自民党（2013）「公職選挙法の一部を改正する法律案（インターネット選挙運動解禁）平成25年3月15日」https://www.jimin.jp/news/policy/130298.html
社団法人私的録画補償金管理協会・社団法人私的録音補償金管理協会（2006）『私的録音・録画と著作権に関する海外調査報告　第1回　平成18年5月8日～19日　第2回　平成18年10月9日～20日（2006年12月）』社団法人私的録画補償金管理協会・社団法人私的録音補償金管理協会．
出版科学研究所（2009）『2009出版指標年報』全国出版協会・出版科学研究所．

出版年鑑編集部（2010）『出版年鑑 2010』出版ニュース社.
出版年鑑編集部（2011）『出版年鑑 2011』出版ニュース社.
庄司克宏（2015）『はじめての EU 法』有斐閣.
情報処理推進機構（2011）『情報セキュリティ白書 2011』情報処理推進機構.
情報処理推進機構（2013a）「標的型サイバー攻撃の脅威と対策」. https://www.ipa.go.jp/security/event/2013/isec-semi/documents/2013videosemi_targeted_cyber_attacks_v1.pdf
情報処理推進機構（2013b）『情報セキュリティ白書 2013』情報処理推進機構.
情報処理推進機構（2014）『情報セキュリティ白書 2014』情報処理推進機構.
情報セキュリティ政策会議（2010）「国民を守る情報セキュリティ戦略　2010 年 5 月 11 日」.
白井康之（2010）「データ匿名化に関する検討」. http://www-erato.ist.hokudai.ac.jp/wiki/wiki.cgi?page=ERATO-seminar&file=shirai.pdf&action=ATTACH
白田秀彰（1998）『コピーライトの史的展開』信山社出版.
新條まゆ（2008）「思うこと.」『新條まゆ最新情報ブログ』2008 年 6 月 8 日. http://blog.mayutan.com/archives/51397618.html
新宅純二郎・柳川範之（2008）『フリーコピーの経済学――デジタル化とコンテンツビジネスの未来』日本経済新聞社.
新保史生（2000）『プライバシーの権利の生成と展開』成文堂.
新堀通也編（1985）『学問業績の評価――科学におけるエポニミー現象』玉川大学出版部.
Suica に関するデータの社外への提供についての有識者会議（2014）「Suica に関するデータの社外への提供について中間とりまとめ 2014 年 2 月」http://www.jreast.co.jp/chukantorimatome/20140320.pdf
菅原健介（1998）『人はなぜ恥ずかしがるのか――羞恥と自己イメージの社会心理学』サイエンス社.
菅原健介（2004）『ひとの目に映る自己「印象管理」の心理学入門』金子書房.
菅原健介（2005）『羞恥心はどこへ消えた？』光文社.
菅原琢（2009）『世論の曲解――なぜ自民党は大敗したのか』光文社.
椙山敬士（2008）『著作権論』日本評論社 .
椙山敬士（2010）「フェアユースを中心とした著作権法の新潮流」『ジュリスト』1405, 33-41.
杉山高志（2015）「海老名のツタヤ図書館，購入本に風俗案内」『朝日新聞』2015 年 10 月 6 日朝刊 37 頁.
鈴木英子（2014）「Google,『忘れられる権利』に応じた措置で英メディアの記事を削除」『IT Pro』2014 年 7 月 4 日. http://itpro.nikkeibp.co.jp/article/NEWS/20140704/568943/?rt=nocnt
鈴木信行（2016）「事故物件借りちゃった人の末路 事故物件公示サイト運営管理人，大島てる氏に聞く」『日経ビジネス ONLINE』2016 年 4 月 21 日. http://business.nikkeibp.co.jp/atcl/interview/15/238739/042000163/?n_cid=nbpnbo_twbn&rt=nocnt
鈴木正朝（2016）「対 EU『越境データ』問題で顕在化『個人情報保護』歪んだ日本 テロ防止に乗客データ提供を求めようにも，行政管理局の縄張り意識が壁になっている.」『FACTA』2016 年 4 月号. https://facta.co.jp/article/201604021.html

参考文献（邦文）

鈴木雄一（2015）「孤児著作物問題の解決策としての拡大集中許諾——米国著作権局の最近の提案をめぐって」『Nextcom』21（2015 spring），14-29.
鈴木雄一・玉井克哉・村上愛（2013）「EU における電子図書館構想と著作権——孤児著作物問題の検討をかねて」『研究報告電子化知的財産・社会基盤（EIP）（2013-EIP-62）』（3），1-8.
鈴木友紀（2009）「著作権法の一部を改正する法律案——『デジタル・ネット時代』への対応と今後の課題」『調査と立法』（291），24-31.
鈴木友紀（2012）「違法ダウンロード刑事罰化をめぐる国会論議——著作権法の一部を改正する法律（特集 第 180 回国会の論議の焦点（4））」『立法と調査』（334），25-31.
須藤龍也（2013a）「2 ちゃん会員情報流出 カード番号など，3 万件の可能性」『朝日新聞』2013 年 8 月 26 日夕刊 15 頁.
須藤龍也（2013b）「2 ちゃん，匿名の代償 ライバル作家を中傷…身元ばれて信頼失う」『朝日新聞』2013 年 12 月 23 日朝刊 39 頁.
スマイリーキクチ（2011）『突然，僕は殺人犯にされた——ネット中傷被害を受けた 10 年間』竹書房.
政府・与党社会保障改革検討本部（2011）『社会保障・税番号大綱——主権者たる国民の視点に立った番号制度の構築 2011/6/30』http://www.cas.go.jp/jp/seisaku/bangoseido/pdf/110630/honbun.pdf
関根素子・二宮宏之（2000）「『モダンクラシックス版』追記」関根素子・二宮宏之訳（2000）『革命前夜の地下出版』岩波書店，338-341.
関谷直也（2011）『「災害」の社会心理』KK ベストセラーズ.
関谷直也（2014）「災害時のデジタルメディア——東日本大震災が示した災害時にソーシャルメディアとデジタルサイネージを活用する際の課題」『放送メディア研究』（11），149-178.
セキュアブレイン（2015）「セキュアブレイン，警視庁の『ネットバンキングウイルス無力化作戦』に技術協力 2015 年 4 月 10 日」. http://www.securebrain.co.jp/about/news/2015/04/keishicho2.html
セキュリティ集団スプラウト（2016）『闇（ダーク）ウェブ』文藝春秋.
瀬戸山順一（2011）「東日本大震災における情報通信分野の主な取組——被害の状況・応急復旧措置の概要と今後の課題」『立法と調査』377（2011 年 6 月），44-55.
芹澤英明（2006）「外国判例・文献紹介 P2P ファイル共有ソフトの宣伝行為を伴う頒布が著作権の寄与侵害（contributory infringement）に該当するとされた事例… MGM Studios Inc. v. Grokster, 125 S. Ct. 2764（2005）」『エル・アンド・ティ』（30），143-149.
全国出版協会・出版科学研究所（2008）『2008 年版出版指標年報』全国出版協会・出版科学研究所.
全国出版協会・出版科学研究所（2009）『2009 年版出版指標年報』全国出版協会・出版科学研究所.
全国出版協会・出版科学研究所（2010）『2010 年版出版指標年報』全国出版協会・出版科学研究所.
全国出版協会・出版科学研究所（2011）『2011 年版出版指標年報』全国出版協会・出版科学研究所.

全国出版協会・出版科学研究所（2016）『2016年版出版指標年報』全国出版協会・出版科学研究所.
総務省（n. d.）「インターネット選挙運動の解禁に関する情報」. http://www.soumu.go.jp/senkyo/senkyo_s/naruhodo/naruhodo10.html
総務省（2011）「東日本大震災に係るインターネット上の流言飛語への適切な対応に関する電気通信事業者関係団体に対する要請 平成23年4月6日」2011年4月6日. http://www.soumu.go.jp/menu_news/s-news/01kiban08_01000023.html
総務省（2016）『平成28年版情報通信白書 IOT・ビッグデータ・AI～ネットワークとデータが創造する新たな価値～』日経印刷.
総務省電気通信事業におけるサイバー攻撃への適正な対処の在り方に関する研究会（2015）「電気通信事業におけるサイバー攻撃への適正な対処の在り方に関する研究会 第二次とりまとめ 平成27年9月」. http://www.soumu.go.jp/menu_news/s-news/01ryutsu03_02000100.html
曽我部真裕（2013）『反論権と表現の自由』有斐閣.
ソル（2010）「韓国が『2ちゃんねる』の801板を八百長と勘違いしてサイバーテロ攻撃！」『GetNews』2010年2月26日. http://getnews.jp/archives/49157
ソル（2012）「楽天の電子書籍リーダー『kobo Touch』が不具合だらけでユーザーの不満爆発　クレームの書かれた1000件のレビューが削除」『ガジェット通信』2012年7月25日. http://getnews.jp/archives/236309
孫浩哲（2002）「ネットが世論を主導 韓国大統領選　孫浩哲氏（視点）」『朝日新聞』2002年12月20日朝刊6頁.
高木耕一郎（2015a）「『戦場の霧』は晴れるか（2－1）―― NCWと情報RMAの終焉，そして未来のWar Robotへ」『陸戦研究』27. 6, 1-21.
高木耕一郎（2015b）「『戦場の霧』は晴れるか（2・完）―― NCWと情報RMAの終焉，そして未来のWar Robotへ」『陸戦研究』27. 7, 1-21.
髙木秀明・佐藤匡・大谷卓史・山根信二・芳賀高洋・池畑陽介・長尾憲宏（2016）「児童・生徒の保護者および社会人を対象とする情報リテラシー地域社会教育の実践――ネットワークフィルタリング講習設計のための調査と大学生活への接続についての一考察」『吉備国際大学研究紀要（人文・社会科学系）』no. 26, 179-191. http://kiui.jp/pc/kiyou/kiyou-no26/honbun/14.pdf
高木浩光（2013a）「パーソナルデータ保護法制に向けた最近の動向」. http://masatomo.info/takagi3.pdf
高木浩光（2013b）「遠隔操作ウイルス事件での冤罪・誤認逮捕を警察自身が問題点検証した報告書」『高木浩光＠自宅の日記』2013年1月19日. http://takagi-hiromitsu.jp/diary/20130119.html
高槻忠尚（2002）「ネット選挙，過熱に苦心（韓国大統領選）」『朝日新聞』2002年12月6日朝刊8頁.
高野秀行（2013）『謎の独立国家ソマリランド』本の雑誌社.
高橋信頼（2005）「大学関連の出版活動団体，米Googleの書籍本文検索サービスに公開質問状」『NikkeiBP Net』2005年5月26日. http://itpro.nikkeibp.co.jp/free/ITPro/USNEWS/20050526/161555/?rt=nocnt

高橋雄造（2006）「ロックンロールとトランジスタ・ラジオ――日本の電子工業の繁栄をもたらしたもの」『メディア史研究』20, 70-87.
高橋友佳里（2011）「『革命』動かしたIT世代の若者 在日エジプト人らも連携 ムバラク前大統領退陣」『朝日新聞』2011年2月14日夕刊15頁.
高谷知佳（2016）『中世の法秩序と都市世界』塙書房.
高山正也・岸田和明（2011）『図書館概論』樹村房.
竹内悊編・訳（2014）『図書館のめざすもの 新版』日本図書館協会.
竹内洋（2003）『教養主義の没落――変わりゆくエリート学生文化』中央公論新社.
竹熊健太郎（2004）『マンガ原稿料はなぜ安いのか？――竹熊漫談』イースト・プレス.
武田徹（1995）『偽満州国論』河出書房新社.
田崎篤郎・児島和人編著（2003）『マス・コミュニケーション効果研究の展開 改訂新版』北樹出版.
田島裕（2002）「アメリカ著作権法の歴史的展開」論文集編集委員会 編『知的財産法の系譜　小野正延先生古希記念論文集』青林書院, 608-630.
橘玲（2008）『黄金の扉を開ける賢者の海外投資術』ダイヤモンド社.
田中辰雄・大木良子（2008）「私的コピーは被害を与えているか」新宅純二郎・柳川範之編著『フリーコピーの経済学――デジタル化とコンテンツ・ビジネスの未来』日本経済新聞出版社, 117-147.
谷川卓（2014）「情報公開と機密情報」土屋俊監修（2014）『情報倫理入門』アイ・ケイコーポレーション, 147-161.
Tane Kiyoshi (2016)「アップル, 電子書籍の価格吊り上げ談合につき4億5千万ドルの賠償を支払い」『エンガジェット・ジャパン』2016年3月10日. http://japanese.engadget.com/2016/03/10/apple/
田部祥太（2015）「少年Aの手記の仕掛人は幻冬舎・見城徹だった！ 自社では出さず太田出版に押し付け!?」『LITERA』2015年6月17日. http://lite-ra.com/2015/06/post-1197.html
玉井克哉（2015）「行政処分と事務管理――孤児著作物問題の二つの解決策」『Nextcom』21 (2015 spring), 4-13.
田村奈央（2013）「総務省と民間企業が連携, URLフィルタなどを使ったマルウエア感染被害防止プロジェクト開始」『IT Pro』201年10月4日. http://itpro.nikkeibp.co.jp/article/NEWS/20131004/508862/
田村善之（2001）『著作権法概説 第2版』有斐閣.
千葉市（n. d.）「ごみの分別・排出ルールの指導制度　2015年4月15日更新」『千葉市ホームページ』. https://www.city.chiba.jp/kankyo/junkan/shushugyomu/bunbetuhaishutu-sidou.html
地方公共団体情報システム機構（n. d. a）「マイナンバーカード交付申請」『マイナンバーカード総合サイト』. https://www.kojinbango-card.go.jp/kofushinse/index.html
地方公共団体情報システム機構（n. d. b）「マイナンバーカードの受け取り」『マイナンバーカード総合サイト』. https://www.kojinbango-card.go.jp/uketori/index.html
千代田区立図書館（n. d.）「資料収集方針」. https://www.library.chiyoda.tokyo.jp/about/collection/

趙章恩（2012）「SNS選挙運動が合法化で変わる韓国大統領選挙 ユーザーが記者，歴史家に」『日経ビジネス ONLINE』2012年12月14日．http://business.nikkeibp.co.jp/article/world/20121212/240915/?rt=nocnt
辻井重男（2012a）『電子情報通信レクチャーシリーズ A-3 情報社会・セキュリティ・倫理』コロナ社.
辻井重男（2012b）『暗号――情報セキュリティの技術と歴史』講談社.
津田大介（2009）『Twitter社会論――新たなリアルタイム・ウェブの潮流』洋泉社.
土屋俊（1990）「情報はだれのものか――知識への権利」市川浩ほか編『現代哲学の冒険 交換と所有』岩波書店，197-258.
土屋俊（2010）「電子出版 '09」『文藝年鑑 2010』新潮社，71-73.
土屋俊（2011）『土屋俊 言語・哲学コレクション5 デジタル社会の迷いと希望』くろしお出版.
土屋俊（2013）「デジタル・メディアによる大学の変容または死滅」広田照幸・吉田文・小林傳司・上山隆大・濱中淳子編『グローバリゼーション，社会変動と大学』岩波書店，167-196.
筒井康隆（1975）『家族八景』新潮社.
筒井康隆（1989）『ダンヌンツィオに夢中』中央公論社.
手塚洋輔（2010）『戦後行政の構造とディレンマ――予防接種行政の変遷』藤原書店.
テレコムサービス協会（2011）「東日本大震災に係るインターネット上の流言飛語への対応に関する情報提供 平成23年6月27日」2011年6月27日．http://www2.telesa.or.jp/taisaku/
電通総研（2016）『情報メディア白書 2016』ダイヤモンド社.
東芝（n. d.）「ETC料金収受システム」『東芝未来科学館』．http://toshiba-mirai-kagakukan.jp/learn/sci_tech/kaitai/etc_j.htm
時実象一（2005）「オープンアクセス運動の歴史と電子論文リポジトリ」『情報の科学と技術』55 (1), 421-427.
富田英典（2009）『インティメイト・ストレンジャー――「匿名性」と「親密性」をめぐる文化社会学的研究』関西大学出版部
富田寛之・髙橋未沙（2015）「グーグルサジェスト削除請求等事件――サジェスト機能と『忘れられる権利』」奥田喜道編著『ネット社会と忘れられる権利――個人データ削除の裁判例とその法理』現代人文社，72-92.
富田倫生（1994）『パソコン創世記』TBSブリタニカ.
鳥澤孝之（2009）「動向レビュー――Google Book Searchクラスアクション（集合代表訴訟）和解の動向とわが国の著作権制度の課題」『カレントアウェアネス』(302) (2009年12月20日), 12-17.
内閣府（2016）「科学技術基本計画」『内閣府ホームページ』．http://www8.cao.go.jp/cstp/kihonkeikaku/index5.html
内閣官房IT総合戦略室（2016）「自動運転レベルの定義を巡る動きと今後の対応（案）平成28年12月7日」http://www.kantei.go.jp/jp/singi/it2/senmon_bunka/detakatsuyokiban/dorokotsu_dai1/siryou3.pdf
内閣官房社会保障改革担当室・内閣府大臣官房番号制度担当室（2015）「マイナンバ

ー 社会保障・税番号制度概要資料 平成27年11月版」．http://www.cas.go.jp/jp/seisaku/bangoseido/download/summary_zentai.pdf
中井大助（2016）「米警官，また黒人男性射殺 ネット中継で批判高まる」『朝日新聞Digital』2016年7月8日．http://www.asahi.com/articles/ASJ782D1BJ78UHBI00H.html
長尾眞（2008）「基調講演　ディジタル図書館サービスと出版界」『特別シンポジウムデジタル時代の図書館と出版』2008年4月26日，日本出版学会2008年度春季研究発表会，於，日本大学法学部三崎町校舎．

長尾真（2009）「ディジタル図書館サービスと出版界」日本出版学会2008年度春季研究発表会，於，日本大学法学部 三崎町校舎，2008年4月26日．

長尾真（2010）「デジタル・ネットワーク社会における出版物の利活用の推進に関する懇談会 説明資料 平成22年3月17日」．http://www.soumu.go.jp/main_content/000059074.pdf
長尾真・遠藤薫・吉見俊哉編著（2010）『書物と映像の未来』岩波書店．

長岡義幸（2007）「ネット発マンガは新たな“鉱脈”となるか」『創』37(6)(2007年6月号)，68-73.

中川一郎（2007）『メソポタミア文明入門』岩波書店．

中川裕志（2014）「K-匿名化と濡れ衣」．http://www.slideshare.net/hirsoshnakagawa3/k-31921914
中川裕志（2016a）『プライバシー保護入門』勁草書房．

中川裕志（2016b）「数式を使わないプライバシー保護技術の俯瞰」2016年3月21日公開．

中田一郎（2007）『メソポタミア文明入門』岩波書店．

中野明（2010）『裸はいつから恥ずかしくなったか――日本人の羞恥心』新潮社．

中村征樹（2016）「研究不正問題をどう考えるか――研究公正と『責任』の問題」『哲学』67, 61-79.

中村好寿（2001）『軍事革命（RMA）――〈情報〉が戦争を変える』中央公論新社．

中谷内一也（2006）『リスクのモノサシ――安全・安心はありうるか』日本放送出版協会．

中山信弘（2007）『著作権法』有斐閣．

中山信弘（2014）『著作権法 第2版』有斐閣．

名和小太郎（1996）『サイバースペースの著作権――知的財産は守れるのか』中央公論社．

名和小太郎（2001）『起業家エジソン――知的財産・システム・市場開発』朝日新聞社．

名和小太郎（2002）『学術情報と知的所有権――オーサシップの市場化と電子化』東京大学出版会．

名和小太郎（2004）『ディジタル著作権』みすず書房．

名和小太郎（2005）『情報セキュリティ』みすず書房．

名和小太郎（2006a）「総論 デジタルネットワーク時代の著作権」『情報の科学と技術』56(6), 252-256.

名和小太郎（2006b）『情報の私有・共有・公有――ユーザーからみた著作権』NTT出版．

名和小太郎（2010a）『著作権2.0――ウェブ時代の文化発展をめざして』NTT出版．

名和小太郎（2010b）「グーグル・ブック・サーチ 近未来の著作権」長尾真・遠藤薫・吉見俊哉編著（2010）『書物と映像の未来』岩波書店，47-62.

名和小太郎（2012）「重要インフラの防御」吉岡斉編（2012）『[新通史] 日本の科学技術

別巻』原書房，53-76.
名和小太郎（2016）「私は私」『情報管理』58（11），853-857. http://doi.org/10.1241/johokanri.58.853
名和小太郎（2017）「情報論議 根掘り葉掘り――ゴミのなかのプライバシー，雲のなかのプライバシー」『情報管理』59（11），780-783.
ニールセン（2014）「TOPS OF 2014: DIGITAL IN JAPAN 〜ニールセン 2014 年 日本のインターネットサービス利用者数ランキングを発表〜」2014 年 12 月 16 日．http://www.netratings.co.jp/news_release/2014/12/Newsrelease20141216.html
ニールセン（2015）「TOPS OF 2015: DIGITAL IN JAPAN 〜ニールセン 2015 年 日本のインターネットサービス利用者数ランキングを発表〜」2015 年 12 月 15 日．http://www.netratings.co.jp/news_release/2015/12/Newsrelease201510201215.html
ニールセン（2016）「TOPS OF 2016: DIGITAL IN JAPAN 〜ニールセン 2016 年 日本のインターネットサービス利用者数ランキングを発表〜」2016 年 12 月 20 日．http://www.netratings.co.jp/news_release/2016/12/Newsrelease20161220.html
二階堂遼馬（2012）「コボのネガティブな口コミは消す 楽天・三木谷浩史会長兼社長に聞く」『東洋経済オンライン』2012 年 7 月 27 日．http://toyokeizai.net/articles/-/9697
西秀治（2009）「出版業界の流通革命？ 返品改善へ『責任販売制』広がる」『asahi.com』2009 年 6 月 22 日．http://book.asahi.com/news/TKY200906210201.html
西田圭介（2008）『Google を支える技術――巨大システムの内側の世界』技術評論社.
西田宗千佳（2010）『iPad vs キンドル』エンターブレイン.
ニフティ（2015）「インターネットバンキングに係るマルウェア（VAWTRAK）感染者に対する注意喚起の実施 2015 年 4 月 10 日」．http://support.nifty.com/cs/suptopics/detail/150410478407/1.htm
日本音楽著作権協会（n. d.）「使用料徴収額の推移」．http://www.jasrac.or.jp/profile/outline/detail.html
日本音楽著作権協会（2013）「ファイル共有ソフト『Cabos』及び『Share』を用いた著作権侵害 音楽ファイルの違法アップロード者 1 名を逮捕，4 名を告訴 2013 年 2 月 27 日」．http://www.jasrac.or.jp/release/13/02_3.html
日本書籍出版協会（2009a）「Google とアメリカ作家組合，アメリカ出版協会会員社との和解について 2009. 2. 20　2009. 4. 30 修正」．http://www.jbpa.or.jp/pdf/documents/google-jbpa.pdf
日本書籍出版協会（2009b）「Google ブック検索訴訟和解の件についての補足説明　2009. 3. 19　2009. 6. 22 修正」．http://www.jbpa.or.jp/pdf/documents/google-hosoku2.pdf
日本書籍出版協会知的財産権委員会（2009）「Google ブック検索和解の件についての補足説明（書協見解）　2009 年 3 月 19 日」.
日本私立学校振興・共済事業団私学経営情報センター私学情報室編集（2015）『今日の私学財政 平成 27 年度版大学・短期大学編』学校経理研究会.
日本新聞協会（2006）『実名と報道』日本新聞協会.
日本獣医師会（n. d.）「動物の福祉及び愛護 マイクロチップを用いた動物の対識別」『日本獣医師会ホームページ』．http://nichiju.lin.gr.jp/aigo/index02.html
日本図書館協会（1979）「図書館の自由に関する宣言 1954 採択 1979 改訂」『日本図書館

協会』．http://www.jla.or.jp/library/gudeline/tabid/232/Default.aspx
日本図書館協会（2012）「武雄市の新・図書館構想について」『日本図書館協会』2012年5月28日．http://www.jla.or.jp/demand/tabid/78/Default.aspx?itemid=1487
日本図書館協会図書館ハンドブック編集委員会（2010）『図書館ハンドブック 第6版補訂版』日本図書館協会．
日本文藝家協会（2009）「グーグル・ブック検索についての声明 2009年4月15日」http://www.bungeika.or.jp/pdf/statement_for_google.pdf
日本放送協会（2007）『NHKスペシャル グーグル革命の衝撃 あなたの人生を検索が変える』（DVD）ポニーキャニオン．
日本レコード協会（1999）『日本のレコード産業』日本レコード協会．
日本レコード協会（2004）『日本のレコード産業』日本レコード協会．
日本レコード協会（2009）『日本のレコード産業』日本レコード協会．
日本レコード協会（2014）『日本のレコード産業』日本レコード協会．
日本レコード協会（2016）『日本のレコード産業2016』日本レコード協会．
ネットエージェント株式会社（2015）「2015年最新P2P利用状況調査　2015年1月ネットエージェント調べ」http://www.netagent.co.jp/product/p2p/report/201501/01.html
野木恵一（2005）「トータルフォースとRMA 兵力数から見た21世紀米軍の戦略」『軍事研究』40（7），28-38．
野口悠紀夫（2014）「ビットコインは従来の『マネー』とどこが違うか」『DIAMOND online』2014年3月27日．http://diamond.jp/articles/-/50759
野沢慎司編・監訳（2006）『リーディングスネットワーク論——家族・コミュニティ・社会関係資本』勁草書房．
野沢慎司（2009）『ネットワーク論に何ができるか「家族・コミュニティ問題」を説く』勁草書房．
信原一貴（2016）「ネット炎上，1枚の写真で伝える防止法 年300回講演，プロの教え」『withnews』2016年6月7日．http://withnews.jp/article/f0160607000qq000000000000000W03610701qq000013405A
野間英樹（2014）「特別弁護人から見たPC遠隔操作事件」2014年9月29日デジタルフォレンジック研究会．https://digitalforensic.jp/wp-content/uploads/2014/09/f7a0d4079d64b9618e9c3ecc2dff1fc5.pdf
芳賀高洋・鈴木二正・小野永貴・大谷卓史「教育用デジタル著作物をめぐるステークホルダー（利害関係者）の布置状況分析——デジタル著作物の教育利用に関する著作権調整コンソーシアム設立を目指して」『電子情報通信学会技術研究報告．SITE，技術と社会・倫理』114（494），267-272．
長谷川輝夫（2006a）「アンシャン・レジーム下の社交文化——サロンとフリーメイソン」綾部恒雄監修・福井憲彦編『結社の世界史3 アソシアシオンで読み解くフランス史』山川出版社，44-58．
長谷川輝夫（2006b）「文芸共和国の知的アソシアシオン 地方アカデミー」綾部恒雄監修・福井憲彦編『結社の世界史3 アソシアシオンで読み解くフランス史』山川出版社，59-71．
長谷川一（2003）『出版と知のメディア論——エディターシップの歴史と再生』みすず書

房.
長谷川博（2016）「【速報】権利者不明著作物を使うための制度の使いやすさ向上へ，権利者団体らが実証事業」『日経 ITPro』2016 年 11 月 9 日．http://itpro.nikkeibp.co.jp/atcl/news/16/110903323/?ST=spleaf
浜田幸一（2010）『ハマコーだう！ ツイッターの言葉力』講談社.
浜田幸絵（2016）『日本におけるメディア・オリンピックの誕生――ロサンゼルス・ベルリン・東京』ミネルヴァ書房.
林紘一郎・田中辰雄編（2008）『著作権保護期間――延長は文化を振興するか？』勁草書房.
林毅（1986）『西洋中世都市の自由と自治』敬文堂.
林信行（2010a）「ジョブズが語った iPad 発表会を総力レポート！（前編）」『ASCII × iPhone/Mac』2010 年 01 月 28 日．http://ascii.jp/elem/000/000/493/493551/
林信行（2010b）「ジョブズが語った iPad 発表会を総力レポート！（後編）」『ASCII × iPhone/Mac』2010 年 01 月 28 日．http://ascii.jp/elem/000/000/493/493703/
林由美（2010）「【韓フルタイム】韓国の『2 ちゃんねる』サイバーテロ攻撃，本命は 3 月 1 日 か？」『livedoor ニ ュ ー ス』2010 年 2 月 27 日．http://news.livedoor.com/article/detail/4629187/
原田泉編著（2009）『国民 ID――導入に向けた取り組み』NTT 出版.
春名風花（2012）「いじめている君へ」『朝日新聞ディジタル』2012 年 8 月 16 日．http://www.asahi.com/special/ijime/TKY201208160557.html
半澤誠司（2016）『コンテンツ産業とイノベーション――テレビ・アニメ・ゲーム産業の集積』勁草書房.
半田正夫（2015）『著作権法概説 第 16 版』法学書院.
パーソナルデータに関する検討会技術検討ワーキンググループ（2013）「技術検討ワーキンググループ報告書」2013 年 12 月 10 日．http://www.kantei.go.jp/jp/singi/it2/pd/dai5/siryou2-1.pdf
日置巴美・板倉陽一郎（2015）『平成 27 年改正個人情報保護法のしくみ』商事法務.
PIE データセンター（2010a）「PIE データセンターに大規模アタック 現在緊急即応体制中」2010 年 3 月 2 日．http://maido3.cc/0301/
PIE データセンター（2010b）「PIE データセンターへのサイバー攻撃に関するステートメント」2010 年 3 月 5 日 16 時 00 分発表．http://maido3.cc/0301/statement.html
東日本旅客鉄道株式会社（2013a）「Suica に関するデータの社外への提供について 2013 年 7 月 25 日」．http://www.jreast.co.jp/press/2013/20130716.pdf
東日本旅客鉄道株式会社（2013b）「Suica に関するデータの社外への提供における対応について　2013 年 9 月 20 日」．http://www.jreast.co.jp/press/2013/20130913.pdf
馮富久（2012）「未来の“普通”を今。技術評論社が目指す Web ベースの電子出版リービスのご紹介」2012 年 2 月 21 日．http://sssslide.com/www.slideshare.net/tomihisa/web-11697244
平田直人（2008）「最近の著作権裁判例について」『コピライト』47（562）（2008 年 2 月），2-24.
平林祐子（2013）「ポスト 3.11 の反原発デモ参加者調査」『社会と調査』（10），70-75.

参考文献（邦文）

廣井脩（1988）『うわさと誤報の社会心理』日本放送出版協会.
廣井脩（2001）『流言とデマの社会学』文藝春秋.
樋渡啓祐（2012）「図書館貸出情報の扱い，ご安心ください！」『樋渡啓祐物語（2005 年 5 月 ― 2015 年 2 月）』2012 年 5 月 6 日．http://hiwa1118.exblog.jp/15827483/
ぴこ（2009）「ニセ鳩山由紀夫ツイッター（twitter）事件について速報まとめ――笑えない話」『みたものきいたもの』2009 年 12 月 25 日．http://d.hatena.ne.jp/piquoh/20091225/p1
フィードフォース（n. d.）「LINE は危険？ 嘘と誤解の解説（1）アドレス帳データを勝手に取るって本当？」『非公式 LINE GUIDE』．http://linenavi.net/use/use_10/
フェアユース研究会（2010）『著作権・フェアユースの最新動向――法改正への提言』（第一法規.
深水英一郎（2011）「【速報】フジテレビの偏向報道に反対するデモ，スポンサー『花王』にも及ぶ【デモ 1200 名＋ネット中継 10 万視聴】」『ガジェット通信』2011 年 9 月 16 日．http://getnews.jp/archives/141594
深水英一郎（2012a）「Facebook 市長『T カード図書館構想』を懸念するネットの声に反論――『構想そのものの動機が善だし炎上とか全然気にならない』『Twitter は 2 ちゃんねる化してる』」『ガジェット通信』2012 年 5 月 8 日．http://getnews.jp/archives/206212
深水英一郎（2012b）「【TSUTAYA 図書館問題】Facebook 市長がセキュリティ研究者に『公開討論を』『お背中流しまーす』と誘うも断られ『卑怯だ』と怒る」『ガジェット通信』2012 年 5 月 10 日．http://getnews.jp/archives/208412
福井健策（2009）「全世界を巻き込む，Google クラスアクション和解案の衝撃」『骨董通り法律事務所』2009 年 2 月 10 日．http://www.kottolaw.com/column/000033.html
福井健策・岡本健太郎（2016）「TPP 後の著作権 保護期間延長と非親告罪化を中心に」『現代の図書館』54 (2), 55-62.
福澤諭吉（2002a）『福澤諭吉著作集 第 1 巻 西洋事情』慶應義塾大学出版会.
福澤諭吉（2002b）『福澤諭吉著作集 第 3 巻 学問のすゝめ』慶應義塾大学出版会.
藤井涼（2012）「2 ちゃんねる，人気まとめサイトを転載禁止に… livedoor Blog への影響は？」『Cnet』2012 年 6 月 4 日．http://japan.cnet.com/news/service/35017742/?ref=rss
藤倉俊幸（2012）『形式手法によるソフトウェアの仕様記述と検証――組み込みソフトウェアへの数理的アプローチ』CQ 出版社.
藤代裕之（2012）「楽天，電子書籍端末の不具合よりも『口コミ操作』に問題」『日本経済新聞』電子版 2012 年 8 月 2 日．http://www.nikkei.com/article/DGXNASFK3100S_R30C12A7000000/
藤田康人（2010）「次世代マーケティング考 今こそ“ツイッター”の功罪が議論されるべきでは」『MSN 産経ニュース』2010 年 10 月 28 日．http://sankei.jp.msn.com/economy/it/101228/its1012281004001-n1.htm（2016 年 7 月 10 日現在リンク切れ）
藤原夏人（2012）「【韓国】選挙をめぐる最近の動向―― SNS，在外選挙，選挙区画定」『立法情報』2012 年 4 月.
船越一幸（2001）『情報とプライバシーの権利――サイバースペース時代の人格権』北樹出版.
BLOGOS 編集部（2013）「ネット選挙運動解禁を日本の民主主義を変える第一歩に」

『BLOGOS』2013年3月22日. http://blogos.com/article/58564/?axis=&p=1
文化審議会著作権分科会（2008）「文化審議会著作権分科会報告書 平成19年1月」.
文化審議会著作権分科会（2009）「文化審議会著作権分科会報告書 平成21年1月」.
文化審議会著作権分科会法制問題小委員会（2010）「権利制限の一般規定に関する中間まとめ 平成22年4月」.
文化庁（n. d. a）「平成21年通常国会 著作権法改正等について」. http://www.bunka.go.jp/seisaku/chosakuken/hokaisei/h21_hokaisei/
文化庁（n. d. b）「平成24年通常国会 著作権法改正等について」. http://www.bunka.go.jp/seisaku/chosakuken/hokaisei/h24_hokaisei/
文化庁（n. d. c）「違法ダウンロードの刑事罰化についての Q&A」http://www.bunka.go.jp/seisaku/chosakuken/hokaisei/download_qa/
星川明江（2016）「権利者不明著作物の活用促進について」『カレントアウェアネス』328（2016年6月30日）. http://current.ndl.go.jp/ca1873
星野渉（2009）「【出版】『委託販売』から『買い切り』へ 本の流通を変える様々な動き」『asahi.com』2009年4月10日. http://www.asahi.com/digital/mediareport/TKY200904070280.html
堀江貴文（2009）「鳩山ポッポ最終戦争／孤独のグルメ新作レビュー」『六本木で働いていた元社長のアメブロ』2009年6月10日. http://ameblo.jp/takapon-jp/entry-10277925792.html
堀部政男・新保史生・野村至編著（2014）『OECD プライバシーガイドライン――30年の進化と未来』JIPDEC.
前川徹（2009）「住基ネットの目的と問題点」原田泉編著（2009）『国民 ID――導入に向けた取り組み』NTT 出版, 11-49.
前田愛（1993）『近代読者の成立』岩波書店.
増田聡（2005）『その音楽の〈作者〉とは誰か――リミックス・産業・著作権』みすず書房.
間瀬憲一・阪田史郎（2007）『アドホック・メッシュネットワーク――ユビキタスネットワーク社会の実現に向けて』コロナ社.
松田美佐（2014）『うわさとは何か――ネットで変容する「最も古いメディア」』中央公論新社.
松永俊男（2009）『チャールズ・ダーウィンの生涯――進化論を生んだジェントルマンの社会』朝日新聞出版.
松本三和夫（2016）『科学社会学の理論』講談社.
三浦基・小林憲一（2005）「フェアユース（公正利用）をめぐる20年 家庭録画の『大憲章』ソニー判決の成立と黄昏」『放送研究と調査』55 (11), 14-23.
三島由紀夫（1950）『仮面の告白』新潮社.
三島由紀夫（1968）『午後の曳航』新潮社.
三隅譲二（1991）「都市伝説―流言としての一考察」『社会学評論』42 (1), 17-31.
水越伸（1993）『メディアの生成――アメリカ・ラジオの動態史』同文館.
水越伸（2011）『21世紀メディア論』放送大学教育振興会.
水谷雅彦（2003）『情報の倫理学』丸善.

南出拓平・平井良和（2011）「飛び交うデマ，惑わされないで 宮城県警が注意呼びかけ 東日本大震災」『朝日新聞』2011 年 3 月 26 日朝刊 30 頁.
宮川佐知子（2016）「犯罪予測システム 京都府警，全国初の導入へ」『毎日新聞』2010 年 2 月 10 日．http://mainichi.jp/articles/20160210/k00/00e/040/210000c
宮澤溥明（1998）『著作権の誕生――フランス著作権史』太田出版.
宮下規久朗（2008）『刺青とヌードの美術史――江戸から近代へ』日本放送出版協会.
宮下紘（2015）『プライバシー権の復権――自由と尊厳の衝突』中央大学出版部.
宮本真希（2009）「ヒット漫画が変わった――完全無料の『ガンガン ONLINE』で『常識外れの作品』試す」『ITmedia』2009 年 02 月 13 日．http://www.itmedia.co.jp/news/articles/0902/13/news037.html
三好規正（2015）『事例解説すぐわかる選挙運動 第 3 版』イマジン出版.
三輪和弘（2006）「我が国のインターネット選挙運動 その規制と改革」『調査と情報　第 517 号』．http://www.ndl.go.jp/jp/diet/publication/issue/0517.pdf
民主党（2013）「インターネット選挙運動の解禁へ 公選法改正案を民主，みんなで共同提出 2013 年 3 月 1 日」．https://www.dpj.or.jp/article/102052/%E3%82%A4%E3%83%B3%E3%82%BF%E3%83%BC%E3%83%8D%E3%83%83%E3%83%88%E9%81%B8%E6%8C%99%E9%81%8B%E5%8B%95%E3%81%AE%E8%A7%A3%E7%A6%81%E3%81%B8%E3%80%80%E5%85%AC%E9%81%B8%E6%B3%95%E6%94%B9%E6%AD%A3%E6%A1%88%E3%82%92%E6%B0%91%E4%B8%BB%E3%80%81%E3%81%BF%E3%82%93%E3%81%AA%E3%81%A7%E5%85%B1%E5%90%8C%E6%8F%90%E5%87%BA
棟居快行（2008）『人権論の新構成』信山社.
村上圭子（2011）「東日本大震災・安否情報システムの展開とその課題――今後の議論に向けて」『放送研究と調査』2011 年 6 月，18-33.
村上聖一（2011）「東日本大震災・放送事業者はインターネットをどう活用したか――放送の同時配信を中心に」『放送研究と調査』2011 年 6 月，10-17.
村上祐子（2014）「インターネットコミュニティ――オフラインコミュニティとの共通性とインターネットならではの特性」土屋俊監修『改訂新版　情報倫理入門』アイ・ケイコーポレーション，67-83.
村上陽一郎（2002）『近代科学と聖俗革命〈新版〉』新曜社.
村崎百郎（1996）『鬼畜のススメ――世の中を下品のどん底に叩き堕とせ!!』データハウス.
村林聖子（2006）「ヒンメルファーブと『二人のミル』」『創文』（492）（2006 年 11 月号），14-17.
室伏哲郎（1987）『コンピュータ犯罪戦争　日本のネットワーク犯罪――攻防最前線』サンマーク出版.
メステッキー ジェリー・飯島歩（2005）「著作権侵害の新たな類型…グロクスター事件米連邦最高裁判決の分析［Metro-Goldwyn-Mayer v. Grokster, 000 U. S. 04-480 2005. 6. 27]」『知財ぷりずむ』4 (37)，58-66.
元麻布春男（2010）「元麻布春男の WatchTower ―― iPad は“でかい iPod touch”なのか，あるいは……」『ITmedia』2010 年 1 月 28 日．http://www.ITmedia.co.jp/pcuser/articles/1001/28/news082.html

百瀬響（2008）『文明開化――失われた風俗』吉川弘文館.
森正人（2008）『大衆音楽史――ジャズ，ロックからヒップホップまで』中央公論新社.
森洋介（2003）「一九三〇年代匿名批評の接線――杉山平助とジャーナリズムをめぐる試論」『語文』第百十七輯，97-114．http://www.geocities.co.jp/CollegeLife-Library/1959/GS/anonymous01.htm
森村進（2001）『自由はどこまで可能か――リバタリアニズム入門』講談社.
守屋英一（2013）「もし，誰かがあなたになりすましたら？―― Facebook，横行するなりすましの現状と対策」『atmarkIT』2013 年 7 月 1 日．http://www.atmarkit.co.jp/ait/articles/1307/01/news012.html
文部科学省（n. d.）「国立大学法人等の平成 26 事業年度決算について」http://www.mext.go.jp/a_menu/koutou/houjin/detail/__icsFiles/afieldfile/2016/01/05/1365687_01.pdf
八木晃二編著（2012）『マイナンバー法のすべて』東洋経済新報社.
野次馬（2008）「ネットでビビるな！ ネット音痴の業界人たちへ 第 1 回 ネットで食えるか？…読者 10 万人，年間 10 億円稼げるサイトが出てきたとき世の中はかわる」『ニュースソース』2008 年 12 月 17 日．http://blog.kuruten.jp/newssource/58117
野次馬（2009）「アフィで儲ける」『ネットゲリラは潜水艦戦である　潜水艦に前線はない．自分に有利な時と場所で戦闘を開始する』2009 年 1 月．http://shadow-city.blogzine.jp/net/2009/01/post_4dcf.html　2016 年 5 月 14 日現在アクセス不可.
安岡孝一（2013）「『個人番号』では串刺しができない」『ITPro』2013 年 5 月 17 日．http://itpro.nikkeibp.co.jp/article/COLUMN/20130514/476842/?ST=govtech&P=1
柳田國男（1938）『木綿以前の事』創元社.
yama88（2016）「主な電子書籍ストアの蔵書数調査（2016 年 1 月 11 日調べ）」『電子書籍まとめノート』．http://www7b.biglobe.ne.jp/~yama88/pla_6.html
山神清和（2007）「CD 等の楽曲を自己の携帯電話で聴くことのできる『MYUTA』という名称のサービスの提供が，音楽著作物の著作権者の複製権及び自動公衆送信権を侵害するとされた事例―― MYUTA 事件判決」『判例評論』（591），39-43.
山岸俊男（1998）『信頼の構造――こころと社会の進化ゲーム』東京大学出版会.
山岸俊男（1999）『安心社会から信頼社会へ――日本型システムの行方』東京大学出版会.
山岸俊男（2008）『日本の「安心」はなぜ，消えたのか――社会心理学から見た現代日本の問題点』集英社インターナショナル.
山岸俊男・吉開範章（2009）『ネット評判社会』NTT 出版.
山口厚（2015）『刑法 第 3 版』有斐閣.
山口恵祐（2016）「『ロボットは東大に入れるか』成果報告会（1）：“東大断念” も『近未来 AI としての結果に驚き』――人工頭脳『東ロボくん』，今年は 535 大学が合格圏内に」『ITmedia』2016 年 11 月 14 日．http://www.itmedia.co.jp/news/articles/1611/14/news132.html
山沢清人（2015）「平成 27 年度信州大学入学式 学長式辞」『Withnews』2015 年 4 月 6 日．http://withnews.jp/article/f0150406007qq000000000000000G0010401qq000011795A
山田英夫（2009）『デファクト・スタンダードの競争戦略［第 2 版］』白桃書房.
山中浩之（2014）「『ビットコインはそもそも出来が悪いです』岩村充・早稲田大学商学研究科教授に聞く」『日経ビジネスオンライン』2014 年 3 月 13 日．http://business.

nikkeibp.co.jp/article/interview/20140311/260891/?rt=nocnt
やまもといちろう（2009）「Twitter は取り返しのつかないことをしている（追記あり）」『やまもといちろう official blog』2009 年 12 月 9 日．http://lineblog.me/yamamotoichiro/archives/3000638.html
山本恭介・後藤一也（2015）「災害時にドローン活用，愛知県警が防災の日に初訓練」．『朝日新聞 Digital』2015 年 9 月 1 日．http://www.asahi.com/articles/ASH91470FH91OIPE00S.html
山本順一（2015）『図書館概論――デジタル・ネットワーク社会に生きる市民の基礎知識』ミネルヴァ書房．
山本大輔（2011）「リビア政権側，報復攻撃　反体制派，多数死傷か」『朝日新聞』2011 年 2 月 25 日朝刊 1 頁．
山本隆司（2002）「A&M Records, Inc., v. Napster, Inc., 239 F. 3d 1004 (9th Cir. 2001) … ファイル名データベースおよびその検索システムによって，ユーザーが CD レコードを音源とする MP3 ファイルをユーザー間で交換させるナプスターシステムには著作権侵害の寄与侵害責任および代位責任が成立する」『アメリカ法』2002 (2), 450-454.
山本隆司（2009）「米国 Google ブック検索訴訟の和解が持つ意味…図書館関係者への助言」『情報管理』52 (7), 405-416.
山本隆司・奥邨弘司（2010）『フェア・ユースの考え方』太田出版．
山本義隆（2007a）『一六世紀文化革命 1』みすず書房．
山本義隆（2007b）『一六世紀文化革命 2』みすず書房．
湯浅慎一（1990）『フリーメイソンリー』中央公論社．
湯地正裕（2010）「ウィキペディア『質』の壁 削除対象 1 割足りぬ管理者」『朝日新聞』2010 年 3 月 2 日 36 面．
横浜市資源循環局（n. d.）「分別ルールを守らない者に対する，罰則（過料）制度“分けて出す”のがハマのルールです」『横浜市ホームページ』http://www.city.yokohama.lg.jp/shigen/sub-jigyo/jigyo/basoku/
吉岡斉（1986）『科学革命の政治学』中央公論社．
吉岡斉編集代表（2012a）『〔新通史〕日本の科学技術 世紀転換期の社会史 1995 年～2011 年 第 2 巻』原書房．
吉岡斉編集代表（2012b）『〔新通史〕日本の科学技術 世紀転換期の社会史 1995 年～2011 年 別巻』原書房．
吉田薫（2013）「世界のビジネス潮流を読む エリアリポート 米国 教科書も電子化」『ジェトロセンサー』63 (755)（2013 年 10 月号), 64-65.
吉次由美（2011）「東日本大震災に見る大災害時のソーシャルメディアの役割――ツイッターを中心に」『放送研究と調査』2011 年 7 月，16-23.
吉野孝・前嶋和弘編著（2009）『2008 年アメリカ大統領選挙――オバマの当選は何を意味するのか』東信堂．
吉見俊哉・水越伸（2001）『メディア論』放送大学教育振興会．
ら（2009）「佐藤秀峰さんに言及する増田さんに言及する素人の僕 Add Star」『教えてお星様』2009 年 4 月 15 日．http://d.hatena.ne.jp/kkk6/20090415/1239811451　2016 年 11 月 22 日現在プライベートモードで閲覧不可．

雷句誠（2008）「（株）小学館を提訴.」『（旧）雷句誠の今日このごろ.』2008 年 6 月 6 日.
http://88552772.at.webry.info/200806/article_2.html
LINE 株式会社（2016）「【コーポレート】2016 年 1-3 月期，業績についてのお知らせ」2016 年 4 月 28 日．https://linecorp.com/ja/pr/news/ja/2016/1347
楽天（2016）「楽天，ドローンを活用した配送サービス『そら楽』を開始 一般消費者向けドローン配送サービス，第一弾はゴルフ場で展開」2016 年 4 月 25 日．http://corp.rakuten.co.jp/news/press/2016/0425_01.html
ロバーツ，アキ（2017）『アメリカの大学の裏側——「世界最高水準」は危機にあるのか？』朝日新聞出版．（Kindle 版）
ロバーツ町田（2015）「ブラジルのマネキンはドローンで空を飛ぶ」『Gizmodo』2015 年 2 月 11 日．http://www.gizmodo.jp/2015/02/camisaria-colombo-brazil.html
ysdx 編（2014）「トラブル多発！ 小学館と漫画家のトラブルまとめ【パワハラ，原稿紛失】」『NAVER まとめ』2014 年 1 月 23 日．http://matome.naver.jp/odai/2139045940025408301
若杉隆平（1986）『技術革新と研究開発の経済分析——日本の企業行動と産業政策』東洋経済新報社.
鷲巣力（2008）『公共空間としてのコンビニ——進化するシステム 24 時間 365 日』朝日新聞出版.
渡辺信一郎（1996）『江戸の女たちの湯浴み——川柳にみる沐浴文化』新潮社.